北大高等教育文库
·学术规范与研究方法丛书·

Applying Educational Research
(Sixth Edition)

教育研究方法
（第六版）

〔美〕梅瑞迪斯·高尔　〔美〕乔伊斯·高尔　〔美〕沃尔特·博格　著

徐文彬　侯定凯　范皑皑　等译

翻译分工如下：

第一章至第八章	徐文彬
第九章至第十二章	范皑皑　徐文彬
第十三章	徐文彬　由由
第十四章、第十五章	侯定凯
第十六章	侯定凯　江淑玲
第十七章	江淑玲　侯定凯
第十八章	陈华　由由
第十九章	陈华　范皑皑
第二十章	陈华　由由
术语表、主题索引	侯定凯

北京大学出版社
PEKING UNIVERSITY PRESS

著作权合同登记号　图字：01-2010-7672
图书在版编目(CIP)数据

教育研究方法：第6版/（美）高尔（Gall, M.），（美）高尔（Gall, J.），（美）博格（Borg, W.）著；徐文彬等译.—北京：北京大学出版社，2016.1
（北大高等教育文库·学术规范与研究方法丛书）
ISBN 978-7-301-26241-2

Ⅰ. 教… Ⅱ. ①高… ②高… ③博… ④徐… Ⅲ. ①教育研究-研究方法 Ⅳ. ①G40-034

中国版本图书馆CIP数据核字(2015)第208923号

Authorized translation from the English language edition, entitled APPLYING EDUCATIONAL RESEARCH, 6th Edition, 978-0-205-59670-6 by M. D. GALL, JOYCE P. GALL, WALTER R. BORG, published by Pearson Education, Inc., Copyright © 2010 Pearson Education, Inc.
All rights reserved. No part of this book may be reproduced or transmitted in any form or by any means, electronic or mechanical, including photocopying, recording or by any information storage retrieval system, without permission from Pearson Education, Inc.

本书原版书名为《教育研究方法》（第六版），作者M. D. 高尔，乔伊斯·P. 高尔，沃尔特·R. 博格，书号9780205596706，由培生教育出版集团2010年出版。
版权所有，盗印必究。未经培生教育出版集团授权，不得以任何形式、任何途径，生产、传播和复制本书的任何部分。
CHINESE SIMPLIFIED language edition published by PEARSON EDUCATION ASIA LTD., and PEKING UNIVERSITY PRESS Copyright © 2016.
本书简体中文版由北京大学出版社和培生教育亚洲有限公司2016年出版发行。
本书封面贴有Pearson Education（培生教育出版集团）防伪标签，无标签者不得销售。

书　　　名	教育研究方法（第六版）
	JIAOYU YANJIU FANGFA (DI-LIU BAN)
著作责任者	〔美〕梅瑞迪斯·高尔（M. D. Gall）〔美〕乔伊斯·高尔（J. P. Gall）〔美〕沃尔特·博格（W. R. Borg）　著
	徐文彬　侯定凯　范皑皑　等译
责任编辑	于　娜　郭　莉
标准书号	ISBN 978-7-301-26241-2
出版发行	北京大学出版社
地　　　址	北京市海淀区成府路205号　100871
网　　　址	http://www.pup.cn　　新浪微博：@北京大学出版社
微信公众号	通识书苑（微信号：sartspku）　科学元典（微信号：kexueyuandian）
电子邮箱	编辑部 jyzx@pup.cn　　总编室 zpup@pup.cn
电　　　话	邮购部 010-62752015　发行部 010-62750672　编辑部 010-62767857
印　刷　者	河北滦县鑫华书刊印刷厂
经　销　者	新华书店
	787毫米×1092毫米　16开本　36印张　760千字
	2016年1月第1版　2024年6月第6次印刷
定　　　价	88.00元

未经许可，不得以任何方式复制或抄袭本书之部分或全部内容。
版权所有，侵权必究
举报电话：010-62752024　电子邮箱：fd@pup.cn
图书如有印装质量问题，请与出版部联系，电话：010-62756370

作者简介

梅瑞迪斯·高尔（Meredith D. Gall），荣誉退休教授。哈佛大学获教育学学士、硕士学位，在加州大学伯克利分校获心理学博士学位。曾任"远西教育研究与开发实验室"（Far West Laboratory for Educational Research and Development）专家。后任俄勒冈大学教育学教授，担任过不同职务，包括教师教育项目和课程与教学研究生项目主任。他的研究领域包括研究方法、教师发展、教学策略、学习心理学。他还担任了一系列专业期刊的编委会成员，包括《实验教育杂志》（Journal of Experimental Education）、《教育研究杂志》（Journal of Educational Research）、《小学杂志》（Elementary School Journal）。他的专著包括《教育研究导论》（Educational Research: An Introduction）、《诊断性指导与教师发展》（Clinical Supervision and Teacher Development）。

乔伊斯·高尔（Joyce P. Gall），在伊利诺伊大学香槟分校获新闻学学士，在加州大学伯克利分校获心理学博士学位。曾任"远西教育研究与开发实验室"、美国研究学会、ROLM公司和俄勒冈大学等机构的培训师兼开发员。她的研究领域包括教育领导学、学习心理学及教育与产业中的培训与开发。她的专著包括《教育研究导论》（Educational Research: An Introduction）、《争取好成绩》（Making the Grade）、《帮助你的孩子取得学业成功》（Help Your Son or Daughter Study for Success）、《学习工具：学习技能的教学指南》（Tools for Learning: A Guide to Teaching Study Skills）。

序　言

本书目标

教师为学生尽心尽责，却经常遭遇困难的阻挠，我们称之为"实践问题"。我们想强调的是，教师在专业工作中会遇到资源需求、知识短板、冲突及其他方面的挑战。本书的主要目的，就是帮助教师掌握各种研究方法，从方法论的角度思考实践问题，并寻求解决之道。

为此，本书强调开发教师三方面的能力：第一，查阅教育研究文献及其他与实践问题相关的出版物的能力；第二，从技术角度读懂研究报告，并从研究结果中总结出恰当结论的能力；第三，独立开展研究的能力。

除了上述能力，本书还鼓励教师突破日常工作的视野，追问实践问题产生的原因，及其解决之道。在思考这些问题的过程中，教师们会逐渐认识到，研究社群是帮助他们回答上述问题，寻求新的、更有效的实践的最佳资源。

第六版新特点

本书（第六版）对第五版的内容作了重大修订。本书更强调职前和专业教师遇到的实践问题，帮助他们从自身和他人的研究结论中寻求解决问题的办法。本书还体现了自第五版问世以来学界在研究方法领域的最新研究进展。

- 本书新增了五章内容。第二章详细介绍了从准备开题报告到撰写结题报告的研究全过程；第八章解释了如何分析统计结果的实际意义；第九章在第五版的基础上，更全面地解释了统计显著性的检验问题。第十五章分析了叙事研究的方法和目的；第十八章介绍了混合途径研究的方法和用途。
- 本书呈现了一百多个教育实践问题的案例，其中大多数是新增的。我们选取的这些案例是不同层次（从幼儿园到研究生院）和不同岗位（包括普通教师、行政人员、辅导员、学校心理医生、高校教师、教师发展问题专家、教师培训师等）教育工作者都可能面临的。有些案例涉及如何为那些遭遇歧视、健康危机、致瘾物质滥用、霸凌、成绩不佳、学习障碍、自闭症等困扰的学生提供更好的服务；有些案例涉及辍学或学生智力水平导致难以在现有教育制度下得到恰当的教育；另一些案例涉及阅读、数学、社会科学、自然科学、工艺美术等科目的教学质量问题；还有一些案例涉及新近政策举措带来的挑战，如《不让一个孩子掉队法》（*No Child Left Behind Act*）、新的教师资格证书项目、特许学校、全国性课程标准、在线课程、问责制运动、利益相关者呼吁教育创新等。

● 本书介绍了近八十项在美国及其他国家实施的教育研究的成果，其中绝大多数发表于2005年以后，并首次收录在第六版中。许多研究课题与教育实践问题直接相关。凡是有志于提高全体学生教育质量的教育工作者和其他有关人士都会对这些实践问题感兴趣。

● 第五版中的部分章节在本书中重新编排了。第五版中的"民族志研究"和"批判理论研究"是独立的两章，在本书中，我们将其合为一章（见第十六章"民族志与批判性研究"）。第五版中有一章"描述研究和因果比较研究"，在本书中我们将其扩展为两章，其中一章为"描述研究"（第十章），另一章关于因果比较研究的，现称为"分组比较研究"（第十一章）。第五版有一章专门讨论"研究数据的统计分析"，其中一个主题是"描述统计"，在本书中，这一主题扩展为独立一章（第七章），另外两个主题"统计显著性"和"实际显著性"改编成本书中的两章（第八章和第九章）。

● 本书各章增加了不少新模块，或更新了第五版的模块。多数章节增加了"一个范例：……如何帮助解决实际问题"的模块。这部分安排在每一章的结尾处，通常首先呈现报纸或其他新闻渠道所报道的新近的教育实践问题，结合该章介绍的概念和研究程序，设计针对相关教育实践问题的研究课题。这一模块旨在展示如何运用本书介绍的研究方法，有效地围绕实践问题开展研究。

● 本书中另一个增加的模块，是各章结尾处关于特定研究方法的评价标准（第十章至第二十章）。读者可以参照这些标准去评价他们感兴趣的或计划纳入文献综述的研究报告的质量。我们还将这些特别设计的标准整合到一起，形成一个新的附录（附录4）。

● 第五版每一章有"后续学习材料"的模块，本书保留了这一模块。内容进行了更新，收录了自第五版出版至今问世的论文、专著及其他出版物。读者可以利用这些材料深入探讨各章主题。

本书结构

第一部分到第五部分

第一部分的第一章，概述了教育研究的本质及与解决教育实践问题的关系。第二章旨在帮助教育工作者理解研究设计及实施的所有步骤。这些步骤可以用来指导教育工作者自己的研究工作。作为补充，本书附录1提供了一个撰写研究提案的框架。

第二部分涉及如何做教育研究的文献综述，如何整合研究证据、相关理论、实践活动以及各种观点。第三章探讨了查询、撰写教育文献综述的完整过程。第四章介绍了利用搜索引擎获取教育文献的方法。第五章则讨论了如何围绕特定研究主题，获取现有权威文献综述的方法。

第三部分是关于教育研究中的定量研究方法的。第六章概述了如何阅读和评价以定量研究为主的研究报告。接下来三章分别介绍了不同类型的统计分析：描述统计（第七章）、统计结果与教育实践的相关性（第八章）和统计显著性检验（第九章）。第三部分剩下四章介绍了具体的定量研究方法：描述研究（第十章）、分组比较研究（第十一章）、相关研究（第十二章）和实验研究（第十三章）。

第四部分的各章几乎全部涉及质性研究方法。第十四章讲的案例研究方法，也可以运用到本部分中介绍的叙事研究（第十五章）、民族志与批判性研究（第十六章）和历史研究（第十七章）等质性研究中。

第五部分只有一章内容（第十八章），是关于混合途径研究的。这部分内容之所以独立出来，是因为它同时与第三部分的定量研究和第四部分的质性研究有关联。

第六部分包括行动研究（第十九章）和评价研究（第二十章）。这两种研究途径都是既可以运用定量研究方法，也可以运用质性研究方法，或两者都用。它们与改进教育实践尤其相关。

各章结构

本书每一章的开头都列出了该章的重要观点和关键术语。接下来是该章的主体部分。各章结尾部分包括自测题（答案见本书末尾）、本章参考文献及后续学习材料。另外多数章节都有"一个范例：……如何帮助解决实际问题"这一模块。前面我们对此已有介绍。

学习策略建议

考察全书的结构。 在开始阅读本书之前，请先浏览全书的编排方式：目录、各章结构以及全书结尾处的一系列附录。

每章开篇，先阅读本章重要观点和关键术语。 每章开篇会按照正文中出现的顺序，列举该章的重要观点。接下来是关键术语，都是本章涉及的重要概念和技能。阅读这些内容，可以让你清楚地了解本章哪些内容自己已经知晓，哪些内容还是未知。

阅读各章正文。 阅读各章正文时，你应设法找出与各章开头各重要观点和关键术语对应的地方。同时，找到与这些观点和术语相关的研究案例。在阅读这些研究案例时，请反思这些重要观点和关键术语如何与自己熟悉的教育环境联系起来。正文中，凡是对关键术语作解释的地方，术语本身用了黑体字。在个别地方，关键术语是用表格方式解释的。

检查你的掌握程度。 在读完一章后，你可以返回本章开头的重要观点，看看能否用自己的语言详述这些观点。同样，你可以检查自己能否对关键术语给出自己的解释。如果发现对某个主题还不甚理解，你需深度阅读正文，或借助其他资料（如互联网上的信息），也可以在像谷歌这样的搜索引擎中键入关键术语进行查询，通常你能发现不少内容丰富的网站。然后，你可以尝试完成各章后面的自测题，它们是涉及各章重要观点和关键术语的单项选择题。如果你希望深入了解某个主题，可以进一步查阅各章结尾的后续学习材料。

为考试作准备。 你可以反复阅读各章的重要观点和关键术语、你自己画出的重点内容和你的课堂笔记，以为考试作准备。另一个有效策略是与同学一起举行讨论会，大家轮流扮演教师的角色，就各章内容相互提问、回答。

完成家庭作业。 如果你的任课教师布置了课题设计或实地研究的作业，你可以到本书第二章及附录1中寻求帮助。如果你的作业涉及文献综述，可以参阅本书第二部分的有关章节。

如果你的作业是评价某一份研究报告的全文，请参考附录2（评价定量研究的一般标准）、附录3（评价质性研究的一般标准）和附录4（特定研究设计的评价标准）。你还可以参阅这些评价标准在各章中出现时的介绍和解释。

如果作业是让你确定实践问题，并解释运用研究能够如何帮助解决这些问题，各章末的"一个范例：……如何帮助解决实际问题"或许对你有帮助。

致谢

感谢许多同事让我们分享了他们在教育研究方面的知识、见解和经验。我们要特别感谢下列同仁对部分书稿的审阅：谢南多尔大学（Shenandoah University）的戴尔·福尔曼（Dale I. Foreman）、西弗吉尼亚大学（West Virginia University）的德博拉·亨德里克斯（Deborah J. Hendricks）、恩波利亚州立大学（Emporia State University）的琼·克罗斯（Jean Krows）以及东伊利诺伊大学（Eastern Illinois University）的玛丽莲·利索斯基（Marylin Lisowski）。感谢你们拨冗仔细审阅各章初稿，并给我们提供反馈意见，帮助我们完善了新的这一版《教育研究方法》。

梅瑞迪斯·高尔

乔伊斯·高尔

目　录

第一部分　引言

第一章　运用研究成果改善教育实践 / 3

　　重要观点 / 3

　　关键术语 / 4

　　专业循证实践 / 5

　　　　医学领域的循证实践 / 5

　　　　心理学领域的循证实践 / 6

　　教育中的循证实践 / 7

　　　　传统教育实践 / 8

　　　　朝向循证教育的运动 / 8

　　　　教育实践问题 / 9

　　　　教育研究和实践的伦理 / 11

　　与研究者合作 / 12

　　　　成为研究参与者 / 12

　　　　参与项目评估 / 12

　　　　影响教育政策议程 / 13

　　教育研究的目的 / 13

　　　　描述研究 / 14

　　　　预测研究 / 14

　　　　实验研究 / 15

　　　　解释研究 / 15

　　　　基础和应用研究 / 16

　　作为探究方法的研究的特征 / 16

　　　　使用共享的、精确的和可获得的概念和程序 / 17

　　　　研究成果的可重复性 / 17

　　　　知识主张的可反驳性 / 17

　　　　控制研究者的失误和偏见 / 18

定量研究和质性研究 / 18

个人观点：研究的"星火" / 20

    梅瑞迪斯·高尔 / 21

    乔伊斯·高尔 / 21

    你 / 21

自测题 / 23

本章参考文献 / 24

后续学习材料 / 25

第二章 做你自己的研究：从提案到最终的研究报告 / 26

重要观点 / 26

关键术语 / 27

确定研究问题 / 28

为研究提案列提纲 / 30

    研究目的 / 33

    研究问题与假设 / 34

    量化变量与案例描述 / 36

    文献检索 / 37

    研究设计 / 37

    抽样 / 37

    数据收集方法 / 38

    数据分析程序 / 38

    伦理学与人类关系 / 38

    时间安排 / 39

研究过程中的其他步骤 / 39

    试点研究 / 40

    数据收集 / 40

    撰写一份研究报告 / 40

    关于运用研究提案指南的最后一个提示 / 41

附录2.1 一项描述研究的提案大纲 / 41

附录2.2 一项案例研究的提案大纲 / 48

自测题 / 53

本章参考文献 / 54

后续学习材料 / 55

第二部分　应用研究文献发现实际问题

第三章　开展并撰写你自己的文献综述 / 59

　　重要观点 / 59

　　关键术语 / 60

　　非正式的文献综述 / 60

　　正式的文献综述 / 61

　　做正式文献综述的一个系统程序 / 62

　　　第一步：建构引导文献检索的问题 / 62

　　　第二步：咨询专家 / 63

　　　第三步：使用文献索引和搜索引擎 / 64

　　　第四步：阅读二次文献 / 64

　　　第五步：阅读一次文献 / 65

　　　第六步：将出版物分为有意义的类别 / 66

　　　第七步：撰写文献综述报告 / 67

　　一份文献综述的构成与表达 / 67

　　　引言部分 / 67

　　　文献检索结果部分 / 67

　　　讨论部分 / 68

　　　参考文献 / 69

　　　为文献综述准备直观的表达 / 69

　　自测题 / 71

　　本章参考文献 / 72

　　后续学习材料 / 72

第四章　在文献综述中运用搜索引擎 / 74

　　重要观点 / 74

　　关键术语 / 74

　　搜索引擎的目的 / 75

　　　文献索引和搜索引擎 / 75

　　选择一个有用的搜索引擎 / 75

　　　综合性网站搜索引擎 / 76

　　　书目搜索引擎 / 77

　　　书评搜索引擎 / 77

　　　图书搜索引擎 / 78

　　　学位论文和学术论文搜索引擎 / 78

　　　期刊文章、论文和报告搜索引擎 / 78

　　　　杂志和报纸文章搜索引擎 / 80
　　　用搜索引擎聚焦文献综述 / 80
　　　　ERIC搜索引擎的检索选项 / 81
　　　　ERIC中的其他高级检索选项 / 86
　　　　记录你的检索 / 88
　　　　保存、下载和打印ERIC记录 / 89
　　　　引文管理器 / 90
　　　在文献检索后获取出版物 / 91
　　　自测题 / 92
　　　后续学习材料 / 93

第五章　运用已有的文献综述 / 95
　　　重要观点 / 95
　　　关键术语 / 96
　　　已有文献综述的优势 / 96
　　　对研究发现的系统性综合 / 97
　　　　定量研究的元分析综合 / 97
　　　　质性研究的综合 / 99
　　　专业文献评论 / 101
　　　查询已发表的教育文献综述 / 102
　　　　搜索引擎 / 102
　　　　百科全书 / 103
　　　　手册 / 106
　　　　年鉴、期刊和定期报告 / 107
　　　评价已发表文献综述的标准 / 109
　　　自测题 / 111
　　　本章参考文献 / 113
　　　后续学习材料 / 113

第三部分　运用定量研究方法解决实际问题

第六章　定量研究报告的分析与评价 / 117
　　　重要观点 / 117
　　　关键术语 / 119
　　　定量研究报告的结构 / 119
　　　摘要和引言部分 / 120
　　　　构念和变量 / 121

变量和常量 / 123

研究假设、问题和目标 / 123

文献综述 / 124

研究者资质 / 125

方法部分：抽样过程 / 125

抽样的类型 / 126

志愿者样本 / 127

总体效度 / 127

方法部分：测量工具 / 128

测量工具的类型 / 129

测量效度 / 133

测量信度 / 136

题目反应理论 / 138

效度和信度检测的局限 / 139

已有测量工具的信息来源 / 139

开发测量工具 / 140

方法部分：研究设计和程序 / 141

结果部分 / 142

讨论部分 / 143

自测题 / 145

本章参考文献 / 146

后续学习材料 / 147

第七章　运用描述统计量研究实践问题 / 148

重要观点 / 148

关键术语 / 149

构念、变量和测量量表 / 151

构念 / 151

变量 / 151

测量量表的类型 / 152

数据的统计分析 / 154

统计量与参数 / 154

描述统计量 / 155

对集中趋势的测量方式 / 157

对变异性的测量方式 / 159

多元描述统计量 / 164

相关分析 / 164

分组比较 / 166
　　描述统计量的计算 / 167
　　自测题 / 169
　　本章参考文献 / 170
　　后续学习材料 / 171

第八章　统计结果的实际意义 / 172

　　重要观点 / 172
　　关键术语 / 173
　　统计结果的实际意义 / 173
　　与个人标准和组织标准的比较 / 174
　　与理想标准的比较 / 174
　　与课程标准的比较 / 174
　　基于排名的比较 / 177
　　涉及规范表格的比较 / 177
　　　年级等值 / 178
　　　年龄等值 / 178
　　　百分等级 / 178
　　涉及标准分数的比较 / 179
　　　最常用的标准分数：Z分数 / 179
　　　表格形式的Z分数的表达 / 182
　　　Z分数的实际意义 / 183
　　　标准分数的类型 / 183
　　效应量 / 184
　　增益分数 / 186
　　　百分比增益与减损 / 186
　　　学校问责的状态模型与成长模型 / 187
　　作为诠释过程的实际意义 / 188
　　自测题 / 190
　　本章参考文献 / 191
　　后续学习材料 / 191

第九章　统计显著性检验 / 193

　　重要观点 / 193
　　关键术语 / 194
　　统计显著性的逻辑与置信区间 / 194
　　　总体数据与样本数据 / 195

从一个总体中抽取随机样本 / 197
　　置信区间 / 199
推断统计 / 201
　　零假设 / 202
　　p值的意义与统计显著性 / 202
　　第一类错误和第二类错误 / 203
　　定向假设 / 203
统计显著性检验 / 204
　　两个样本均值的比较 / 205
　　多个样本均值的比较 / 205
　　复杂数据集中样本均值的比较 / 205
　　交互效应 / 207
　　协方差分析 / 207
　　样本频次的比较 / 208
　　相关系数的比较 / 209
　　统计显著性的参数检验与非参数检验 / 209
　　解释统计显著性检验时应注意的事项 / 210
计算统计量 / 211
运用统计改进专业实践 / 211
自测题 / 213
本章参考文献 / 214
后续学习材料 / 215

第十章　描述研究 / 216
　　重要观点 / 216
　　关键术语 / 216
　　描述研究与教育实践的相关性 / 217
　　　报纸上的描述研究 / 218
　　　盖洛普民意测验 / 218
　　　全美教育进展评估 / 219
　　　描述研究的案例：低收入学校的教学质量 / 221
　　描述研究报告的特征 / 222
　　　引言 / 223
　　　研究设计 / 224
　　　抽样过程 / 224
　　测量方法 / 225

　　　　问卷和访谈的构念 / 225

　　研究结果 / 229

　　　　讨论：实践意义 / 230

　　描述研究的评估 / 231

　　自测题 / 232

　　本章参考文献 / 234

　　后续学习材料 / 234

第十一章　分组比较研究 / 236

　　重要观点 / 236

　　关键术语 / 237

　　定量研究设计的分类 / 237

　　　　涉及因果关系的非实验研究 / 238

　　分组比较研究对教育实践的实用性 / 238

　　分组比较研究的案例 / 239

　　　　高收入学校和低收入学校的新教师体验 / 239

　　　　大学生对教授评价的性别差异 / 240

　　　　学生的住宅和学校流动性的作用 / 240

　　分组比较研究报告的特征 / 241

　　　　引言 / 241

　　　　研究设计 / 242

　　　　抽样程序 / 242

　　　　测量 / 243

　　　　结论 / 245

　　　　讨论：对实践的启示 / 248

　　评价一个分组比较研究 / 248

　　自测题 / 250

　　本章参考文献 / 251

　　后续学习材料 / 251

第十二章　相关研究 / 253

　　重要观点 / 253

　　关键术语 / 254

　　相关研究和分组比较研究的比较 / 254

　　相关研究的案例 / 255

　　　　影响青少年吸烟的因素 / 255

　　　　学校文化和学生成就之间的关系 / 256

以幼儿的认知记忆得分预测成年后的IQ和学业成就 / 256

两个变量间的相关 / 257

　　连续变量的优点 / 257

　　用散点图表示相关性 / 259

　　两个变量的相关系数的意义 / 263

　　二元相关统计类型 / 264

　　二元相关统计的统计显著性和效应量 / 266

多元相关 / 266

　　多元回归 / 267

　　判别分析和逻辑回归 / 267

　　典型相关 / 268

　　分层线性模型 / 268

　　路径分析和结构方程模型 / 269

　　差异分析 / 269

　　因素分析 / 270

相关研究报告的特征 / 270

　　引言 / 271

　　研究设计 / 271

　　抽样过程 / 272

　　测量 / 272

　　结果 / 272

　　讨论：对实践的启示 / 275

评价一个相关研究 / 275

自测题 / 277

本章参考文献 / 278

后续学习材料 / 279

第十三章　实验研究 / 280

重要观点 / 280

关键术语 / 281

教育实践中实验研究的实用性 / 282

实验研究的特征 / 283

　　实验研究的阶段 / 283

实验研究的例子 / 284

　　不同班级规模的影响 / 284

　　不同版本的历史教科书的作用 / 285

不同类型的教师教育的作用 / 286

随机控制组前后测实验报告的特征 / 287

 引言 / 288

 研究设计 / 288

 抽样过程 / 289

 测量方法 / 289

 结果分析 / 290

 讨论：对实践的启示 / 291

其他群组实验设计 / 291

 准实验设计 / 293

 析因实验设计 / 293

实验内在效度的威胁因素 / 294

 历史效应 / 295

 成熟效应 / 295

 测验效应 / 295

 工具效应 / 295

 统计回归 / 295

 差异性选择效应 / 296

 选择和成熟交互效应 / 296

 受试者流失 / 296

直接影响实验处理的威胁因素 / 297

实验外在效度的威胁因素 / 297

 总体效度 / 298

 个体变量 / 298

 生态效度 / 298

单一个案实验 / 298

单一个案实验设计报告的特征 / 300

 引言 / 300

 研究设计 / 301

 抽样过程 / 302

 测量方法 / 302

 实验结果 / 303

 讨论：对实践的启示 / 304

对实验研究的评估 / 305

自测题 / 307

本章参考文献 / 308

后续学习材料 / 309

第四部分　运用质性研究方法解决实际问题

第十四章　质性研究中的案例研究 / 313

重要观点 / 313

关键术语 / 314

质性案例研究如何帮助教师解决实际问题 / 315

 一则案例故事的例子 / 315

案例研究的主要特点 / 316

 对特定现象中具体事例的研究 / 316

 对案例的深入研究 / 316

 对自然情境中特定现象的研究 / 317

 主位视角和客位视角 / 317

案例研究举例 / 318

 一项关于教师发展的案例研究 / 318

 一项关于教学技术专家工作的案例研究 / 319

 一项关于教育私营化的案例研究 / 320

质性研究的本质 / 322

质性研究的传统 / 322

案例研究报告的特点 / 324

 引言 / 325

 研究设计 / 326

 抽样过程 / 327

 数据收集步骤 / 327

 数据分析 / 329

 研究发现 / 332

 讨论 / 335

检验案例研究发现的适用性 / 335

评价案例研究的质量和严谨性 / 336

 有用性 / 337

 参与者的介入 / 337

 定量数据的使用 / 337

 长期观察 / 338

 编码检验 / 338

参与者检核 / 338

三角验证 / 338

情境的完整性 / 339

证据链 / 339

研究者的反思 / 339

自测题 / 341

本章参考文献 / 342

后续学习材料 / 344

第十五章 叙事研究 / 346

重要观点 / 346

关键术语 / 347

作为研究焦点的叙事 / 347

叙事研究与案例研究的区别 / 348

叙事类型与叙事身份 / 348

教育叙事研究的例子 / 349

官方叙事与学生叙事 / 350

教师的职业发展 / 351

关于教学真实状况的故事 / 352

叙事研究报告的特点 / 356

引言 / 356

研究设计 / 357

抽样程序 / 357

数据收集过程 / 358

数据分析 / 358

讨论 / 361

评价叙事研究 / 361

自测题 / 363

本章参考文献 / 364

后续学习材料 / 365

第十六章 民族志与批判性研究 / 366

重要观点 / 366

关键术语 / 367

批判性民族志在研究教育实践问题中的应用 / 367

民族志研究的特点 / 368

关注文化或文化的不同方面 / 368

对个体的自然主义研究 / 369

从熟悉的事物中挖掘新意 / 369

深描 / 370

民族志研究与一般案例研究的差异 / 370

民族志研究的案例 / 372

一个有关视频博客的民族志 / 372

一项有关学习的民族志 / 373

作为一个探索和实践领域的批判性研究 / 373

批判主义者所研究的问题举例 / 374

批判性研究的价值取向 / 375

批判性研究的认识论取向 / 376

批判性思维对研究的贡献 / 379

批判性教育研究的基础 / 380

文化研究 / 380

批判教育学 / 381

理论在批判性研究中的作用 / 382

批判性民族志研究报告的特点 / 383

引言 / 384

研究设计、抽样、测量和结果 / 384

结论 / 390

评估民族志和批判性民族志 / 391

自测题 / 393

本章参考文献 / 395

后续学习材料 / 397

第十七章 历史研究 / 399

重要观点 / 399

关键术语 / 400

历史研究的本质 / 400

历史研究在教育中的作用 / 401

修正主义的历史观 / 402

未来学 / 402

历史研究的方法 / 403

甄别史料来源 / 403

搜索引擎和书目索引 / 403

二手资料 / 404

一手资料 / 405

　考证历史证据 / 406

　　确定史料真实性的程序 / 406

　　确定史料准确性的程序 / 407

　解释历史数据 / 408

　　历史研究中的因果推论 / 408

　　寻找历史证据的普遍性 / 409

　　历史研究中使用定量数据 / 410

　历史研究报告的特点 / 410

　　陈述研究目的 / 411

　　历史年代学 / 411

　　从历史研究中得到启示 / 412

　　历史概念 / 413

　对历史研究的评价 / 414

　自测题 / 416

　本章参考文献 / 418

　后续学习材料 / 418

第五部分　综合运用定量和质性研究方法解决实际问题

第十八章　混合途径研究 / 423

　重要观点 / 423

　关键术语 / 424

　运用多重研究方法的必要性 / 424

　　定量研究方法对应的研究问题 / 426

　　质性研究方法对应的研究问题 / 426

　　既适用于定量研究也适用于质性研究的研究问题 / 426

　混合途径研究的类型 / 428

　　用质性方法解释定量研究的结果 / 428

　　理论视角指导下的混合途径研究 / 431

　　使用质性方法和定量方法来三角验证研究结果 / 432

　阅读混合途径研究报告 / 433

　　引言 / 434

　　研究设计 / 434

　　抽样过程 / 435

　　测量方法 / 435

结果 / 436

讨论 / 438

评价混合途径研究报告 / 438

自测题 / 440

本章参考文献 / 441

后续学习材料 / 442

第六部分　运用其他研究方法解决实际问题

第十九章　行动研究 / 445

重要观点 / 445

关键术语 / 446

行动研究的历史 / 446

应用行动研究解决实践问题 / 447

行动研究实例 / 448

中学校园霸凌事件 / 448

中国大学生的需要 / 448

互惠教学的效果 / 449

设计行动研究的特征 / 450

第一步：确定研究问题 / 450

第二步：收集数据 / 450

第三步：分析和解释数据 / 451

第四步：采取行动 / 451

第五步：反思 / 452

第六步：实践的持续或调整 / 453

第七步：准备研究报告 / 453

行动研究与教育实践者采用的其他解决问题的方法的区别 / 453

行动研究的目的和益处 / 454

行动研究中的行动科学 / 455

合作行动研究中的局内人和局外人问题 / 456

评价行动研究项目的可靠性和可信性 / 456

结果效度 / 457

程序效度 / 457

民主效度 / 458

催化效度 / 458

对话效度 / 458

自测题 / 460

　　　本章参考文献 / 461

　　　后续学习材料 / 463

第二十章　评价研究 / 465

　　　重要观点 / 465

　　　关键术语 / 466

　　　在教育决策中运用评价研究 / 466

　　　评价研究的范例 / 467

　　　作为评价研究焦点的项目 / 468

　　　作为政治活动的评价研究 / 469

　　　评价研究的常见模式 / 469

　　　　基于目标的评价 / 470

　　　　需求评估 / 470

　　　　CIPP模式 / 470

　　　　回应性评价 / 471

　　　　教育研究与开发 / 474

　　　怎样阅读评价研究报告 / 476

　　　评价一项评价研究 / 477

　　　自测题 / 480

　　　本章参考文献 / 481

　　　后续学习材料 / 483

自测题答案 / 484

附录1　质性/定量研究计划书撰写指南 / 486

附录2　如何评价一份定量研究报告 / 488

附录3　如何评价一份质性研究报告 / 493

附录4　如何评价一份研究报告中的研究设计 / 498

术语表 / 501

人名表 / 524

主题索引 / 532

本书拓展阅读文献 / 544

— 第一部分 —

引 言

第一章
运用研究成果改善教育实践

■ 重要观点

1. 教育研究对教育政策和实践的影响正变得越来越大。
2. 循证实践在医学、心理学、教育学以及其他专业领域中正越来越盛行。
3. 教师的传统动机和工作场所条件无助于循证实践。
4. 教育中的循证实践包括四个关键要素：（1）关注实际问题；（2）依赖研究成果；（3）临床专业知识；（4）尊重利益相关者的价值。
5. 改善教育的一个重要原动力是高度关注亟待解决的问题以及给出解决它们的一份承诺。
6. 教育者需要理解研究方法论，这样才能评价他人研究的质量或者实施自己的研究。
7. 教育者需要从多种伦理角度审视研究证据。
8. 教育者可以通过参与研究或项目评价，或者通过和研究者共同影响关于教育改革的政策议程，来有效地与研究者进行合作。
9. 研究有异于其他形式的调查，主要在于其强调：（1）直接观察现象；（2）采取一定的措施减少数据收集、分析和解释过程中的偏见；（3）谨慎地确定研究成果对于已经研究的个体和情境之外其他个体和情境的推广性。
10. 研究产生四种类型的知识：（1）描述；（2）预测；（3）实验干预手段效果的证据；（4）解释。
11. 基础研究的目的是要了解观察到的行为背后的基本过程和结构，而应用研究的目的则是形成并检验能够直接用于改善实践的干预手段。
12. 后现代主义者认为没有一种研究方法天生就比其他方法好，而社会科学家则认为他们的研究方法具有特殊的合理性并具有权威性，这是基于运用了：（1）可以接受任何人检视的经明确定义的概念或程序；（2）对单项研究成果的合理性进行检验性的重复研究；（3）能够经由经验数据检验，也可能被驳倒的知识主张；（4）减少研究者失误与偏见的明确程序。
13. 质性研究和定量研究有很多的不同，但主要是认识论上的区别。定量研究者认为有一个独立于观察者和参与者而存在的客观社会现实，而质性研究者则认为社会现实是不断地被观察者和参与者所建构的。
14. 混合途径研究既使用定量研究的方法也使用质性研究的方法。

关键术语

行动研究（action research）
美国心理学会循证实践首席专家工作小组（APA Presidential Task Force on Evidence-Based Practice）
应用研究（applied research）
基础研究（basic research）
临床专业知识（clinical expertise）
科克伦协作组织（Cochrane Collaboration）
构念（construct）
描述研究（descriptive research）
教育研究（educational research）
认识论（epistemology）
评价研究（evaluation research）
循证实践（evidence-based practice）
解释主义（interpretivism）
《不让一个孩子掉队法》（*No Child Left Behind Act*）
实证主义（positivism）
后现代主义（postmodernism）
预测研究（prediction research）
进步话语（progressive discourse）
质性研究（qualitative research）
定量研究（quantitative research）
反身性（reflexivity）
反驳（refutation）
重复（replication）
理论（theory）
三角验证（triangulation）
有效教育策略资料中心（What Works Clearinghouse）

本书的主要作者（梅瑞迪斯·高尔和乔伊斯·高尔）都有超过40年的教育生涯。从我们目前所处的视角来看，许多杰出的教育实践者（本书里称作"教育者"）值得我们深深敬仰：他们面对长期存在的预算挑战和不断变迁的政策动议，仍维持学校和其他学习机构的正常运转，教育着越来越具有多样性的学生。

此外，过去40年教育研究的蓬勃发展也使我们印象非常深刻。世界范围内日益增长的教育研究群体已经发展出精细的方法来研究复杂的教育事业，并形成了一个庞大的研究知识体系以及用于获取这些知识的高度有效的电子路径。

不幸的是，这幅进步图景还遗漏了些东西。迄今为止，教育研究与教育实践之间仍然缺乏有意义的沟通。研究者和教育者几乎是在不同的世界里各自活动。只是在大学课程、研讨会、学术会议和两个群体都关注的期刊中，他们才能偶尔走到一起。

然而，有迹象表明，这两个世界——教育实践世界和教育研究世界——正在越走越近。这些迹象大多出现在国家法规与政策制定层面，意味着教育世界将发生巨大变化。教育研究成果对国家教育法规的制定正发挥着越来越大的作用，从而带来教育实践的变化。

如果你是一位教育者，那么这些变化就意味着你需要更多地了解研究，以便与研究者和基于研究结果进行决策的政策制定者进行有效的对话。否则，你和你的同事们可能会发现自己处于尴尬的情境中：尝试实施着一些自己不曾有过任何发言权的项目和政策。

简而言之，我们认为，教育研究对于任何关注学校和学生的个体来说，都不容忽视。在接下来的部分，我们会运用案例来证实我们的论断。希望读者能够思考这个论断的合理性；如果你认为这个论断是有价值的，那么，请思考作为教育者的你该如何回应这一论断。

专业循证实践

名为**循证实践**（Evidence-based Practice）的运动代表着教育研究与教育实践之间关系的重大变化。这种相对较新的专业决策方法依赖的是严谨的研究成果而不是惯例、个人经验或直觉。例如，假设一位教师建议说，某个学生在写作技能上需要一对一的家庭教师辅导才能赶上同级水平。此时父母询问说，这种家庭教师辅导是否对他们的孩子有帮助。如果是精于循证实践的教师，就能举出一些研究成果来展示这种辅导的有效性并证实这项研究对他们孩子的需要来说是适用的。

循证实践正在改变不同专业领域的基础。在讨论教育循证实践之前，我们先看看两个领域——医学领域和临床心理学领域——所发生的变化。这么做的目的是帮助你理解循证实践是一个大范围的专业性运动，而并非是一股易逝的潮流。

医学领域的循证实践

假设你有心脏问题，在寻求治疗。你怎样判断哪一种治疗效果最好？你可能会尝试与具有同样问题的病人联系，也许他们能够提供一些曾对他们有帮助的药物或医生的证据。另一种选择就是寻求专业帮助，也许是约见一位专业医生，比如在心脏病治疗方面通过认证的医生。

证据、成功例子和专家观点都是可行的方式。另一方面，如果这些方式基于未经验证的观念、不精确的观察或依赖于过时的研究，那么它们就可能会使你误入歧途。医学领域的循证实践正是为了努力避开这样的陷阱。它将治疗方案基于有关病人状况的可能最佳的研究证据之上。

医学领域的循证实践有两个重要特征。第一个特征是需要找到好的研究证据。一项研究成果得以发表并不意味着这项研究的发现是合理的。专业人士需仔细筛选研究成果，判定哪一种结果能够经受仔细审查。尽管研究者可能是做这种审查的最好人选，但医学实践者仍需要理解研究方法论，以判断其他人认为好的研究证据在具体的治疗决策中是否真的有效。研究者采用系统程序综合有关某种医疗干预手段的研究证据，比如元分析，我们将在第五章介绍。一些组织合作并发布了这些研究的综合结果。其中最出色的有**科克伦协作组织**（Cochrane Collaboration），它的网站（www.cochrane.org）上发布了关于不同医学问题的干预手段的研究综述。例如，当我们打开这个网站时，就能发现有关用于增进健康的抗氧化补充剂和用于减轻背痛的非甾体抗炎药物的有特色的综述，以及关于防止耐甲氧西林葡萄球菌传染的策略的综述。

医学领域循证实践的第二个特征就是在应用研究证据时对临床专业知识的使用。一种普遍有效的治疗方式可能对一位特殊病人有害。因此，科克伦协作组织宣布："循证医学是在针对单个病人给出治疗方案时对已有最佳证据的认真负责的、清楚的、审慎的运用。"（Cochrane Collaboration, 时间不详）。**临床专业知识**（clinical expertise）是就某种特别的专业干预手段是否既有研究证据支持又适合单个病人的需要，作出基于充分信息的伦理判断的能力。

循证医学遵循这样的原则，即研究证据本身并不能导向好的医疗实践。临床专业知识也不能。但这两者却是搭建医学研究和医疗实践之间桥梁所必不可少的。

心理学领域的循证实践

心理学实践在过去的半个世纪里快速发展，其实践者接受培训以帮助客户解决不同的情绪、认知和医疗问题。2005年，美国心理学会（American Psychological Association，APA）成立了**美国心理学会循证实践首席专家工作小组**（APA Presidential Task Force on Evidence-Based Practice, 2006）。教育者可能会关注这个工作团队的工作，因为一直以来教育实践都深受心理学影响，尤其是成就测验、教学设计和行为管理方面。

APA工作团队把心理学中的循证实践定义为"在病人特点、文化和偏好的情境中，对可利用的最佳研究成果与临床专业知识的整合"（2006，第273页）。这一定义类似于科克伦协作组织对循证医学所下的定义，但更强调在确定有效的治疗方案时客户个人特点的重要性。

这个工作团队认为，各种研究方法都能够得出指导心理学实践的证据，其中一些方法也是广泛应用于教育研究的。在本书中我们将在不同章节里对其进行介绍：

- 临床观察，包括案例研究（第十四章）
- 单一个案实验设计（第十三章）
- 民族志研究（第十六章）
- 关于处理效果的实验（第十五章）
- 用于综合来自多个研究的结果的元分析（第五章）

记住，学习本书中所介绍的教育研究方法有很多益处。你的学习内容不仅可以应用于教育领域，也可以在其他领域如心理学和医学，以及商业、科学和技术的研究当中推广使用。

APA工作团队（2006）分析了心理学临床专业知识的八种要素。由于这些临床专业知识可以应用于教育领域当中，我们把它们列入图1.1当中。当你学习这些内容时，建议你和教学过程联系起来，并思考临床专业知识和研究证据是怎样交织在一起的。

> 1. 诊断和治疗计划。"临床心理学专家能够形成明确的、符合理论的案例概念，评估病人的病理以及临床相关条件，理解病人提供的复杂陈述，并作出精确的诊断。"
> 2. 治疗实施和监督。"临床专业知识能够提供有技巧的、灵活的治疗。而技巧和灵活则要求掌握实施心理干预的知识和操作，以及把这种治疗运用于具体案例的能力。"
> 3. 人际才能。"临床专业知识的核心是人际技能，它是在形成治疗关系过程中展现出来的：对语言的和非语言的回答进行编码和解码，建立现实而积极的期望，对病人的外在和内在的经历和担忧作出同情的响应。"
> 4. 自我反思和自我发展。"临床专业知识要求反思自己的经验、知识、假设、推论、情绪反应和行为，并用反思的结果相应地修正自己的实践能力。"
> 5. 研究证据的评价和应用。"心理学的临床专业知识包括科学的专业知识……心理学家对于科学方法的理解使其能够从一系列研究设计中发现研究证据、评价个体研究的内部与外部效度、评价研究结果的影响的大小，把相关研究运用于个体案例中。"
> 6. 对个体差异的敏感性。"临床专业知识要求意识到病人的个人、社会、文化背景，包括但不局限于年龄和成长、地位、文化、种族、性别、性取向、宗教信仰和社会经济地位。"
> 7. 积极运用其他资源。"当研究证据证实了附加服务的价值或当病人没有取得预期的进展时，心理学家可以寻求咨询意见或参考其他资料。"
> 8. 开始治疗之前先做计划。"临床专业知识要求用一种有计划性的方法来对心理问题进行治疗……心理学家需要依靠理论概念和临床专业知识提供的明确的操作模式、相关研究的知识和组织来规划治疗，以取得预期效果。"
>
> **图1.1　循证心理学实践中的临床专业知识组成要素**
>
> 资料来源：摘自APA Presidential Task Force on Evidence-Based Practice (2006). Evidence-based practice in psychology. American Psychologist, 61 (4): 271-285.

教育中的循证实践

罗伯特·斯莱文（Robert Slavin, 2002）对教育实践的历史与现状进行了简洁的陈述：

在即将进入21世纪时，教育最终一边踢打和尖叫，一边被拖入了21世纪。科技革命在20世纪初就使医学、农学、交通、技术和其他领域焕然一新，唯独教育与这场革命几乎彻底擦肩而过。如果瑞普·凡·温克尔（Rip Van Winkle）[①]曾是

[①] 瑞普·凡·温克尔是美国作家华盛顿·欧文（1783—1859）笔下的人物，在山中醉酒后醒来，发现世间已过去了20年。——校译者注

一名医生、农民或工程师，当他在今天醒来，他可能不会得到聘用。如果他在19世纪是一名优秀的小学教师，那么他在今天仍然可以做一名优秀的小学教师。这并不是说我们自温克尔时代至今没有学到任何东西，而是想说明教育研究成果的应用仍然不受重视，研究证据只是偶尔受到重视，且仅仅在与当前的教育或政策潮流相一致时才受到重视。（第16页）

我们认为，斯莱文的评价是准确的。这就使得我们不禁要问，为什么教育对研究如此抵触呢？

传统教育实践

多数教育者都是从准备当老师开始自己的职业生涯的。他们的动机常常是对孩子的爱，在目睹学生学习和成长中获得个人满足，对某一学科的热爱（比如科学、社会研究、文学），以及把这种热情传递给他人的愿望。另一种推动因素就是教师职业允许独立和创造性的自由；教师一般只需要对自己的班级负责，几乎不受他人监督。把研究应用于实践的愿望，即便存在，也无法与进入教师职业的那些动机具有同等的优先地位。

教师职业的另一种吸引力在于教师职业培训计划并不像其他专业如医学和心理学领域那样苛刻。实际上，在一些师资缺乏的地方，如果大学毕业生同意接受职业培训，不管是在职培训还是利用几个暑期培训，他们马上就可以开始教学工作。在一般的教师培训课程中，关于研究的训练机会少得可怜。

在获得认证，正式成为一名教师之后，老师们都会发现，班级教师的工作是非常耗时且有压力的。他们也会经历专业上的隔绝状态，因为他们和同事们把大部分时间都花在了满足学生的学习需要上，几乎没有空闲时间来讨论教育问题和观点，或者如何将研究成果运用于实践问题。

很多教师随着职业生涯的深入能够不断增加专业知识，但他们几乎没有机会与他人分享。等到最终退休，他们也带走了他们来之不易的专业知识。没有一项能系统记下这些专业知识，并通过系统化的研究验证其有效性，再传给新手教师的制度。

在职业生涯中，一些教师获得了其他认证和学位。凭着这些证书，他们能够取得教学专家、学校管理者或教育教授的位子。然而，他们基本的教育观仍然主要取决于他们作为班级教师的经验，而不是他们关于研究证据的知识。

在搭建教育研究和教育实践之间的桥梁上还有其他一些障碍。尽管研究者有强有力的证据来支持一种教学方法，但他们缺乏足够的权力来将其付诸实施。那些邀请教育者一同呼吁为教育研究资助立法的研究者发现，教育者通常更愿意寻求解决自身迫切实践需要的资助。

朝向循证教育的运动

如前所述，美国心理学会已经对心理学中的循证实践给出了正式定义。我们对这一定义进行修改，以定义教育中的循证实践：通过整合可利用的最佳研究成果与教育者的专业知识、价值观来解决实践问题的艺术。临床专业知识涉及图1.1所列出的技能。而价值观则统领着研究与实践二者的伦理，本章后面将对此进行解释。

联邦政府强烈支持教育循证运动。2001年的《不让一个孩子掉队法》（NCLB），要求各州将学生在各年级基本技能学习中应达到的标准具体化。而且，要求教育者采用科学研究成果去挑选计划和程序，帮助学生达到这些标准。NCLB的实施者和很多研究者都认为，实验研究（见第十三章）能够为改善教育实践提供可利用的最好的研究成果。

然而，NCLB因为各种原因受到严厉的批评（如Darling-Hammond, 2007），比如没有提供足够的资助就把要求强加给学校，仅仅关注基本技能，迫使教师"为考试而教"，以及允许家长把孩子从"失败"的公立学校转到私立学校，以此威胁公立教育。

我们不知道NCLB是否能够在政治竞争中存活下来。然而，我们相信，将会有一种持续不断的压力要求教育实践建立在可利用的最佳研究成果的基础之上。因为医学、心理学和其他领域长期坚持着循证实践，教育很难独自对抗这一运动。

另一个朝向循证教育的运动的标志是2002年美国教育部成立了教育科学研究所（Institute of Education Sciences，IES）。这个研究所的任务是"提供科学严谨的研究成果，指导教育实践和政策制定"（美国教育部,时间不详）。IES目前包括四大中心，都支持基于科学的研究，以改善学生的学习成绩。

IES还设立了有效教育策略资料中心（What Works Clearinghouse，WWC），这一机构的任务是"通过一系列易获取的数据库和方便阅读的研究报告来推动更明智的教育决策，这些数据库和研究报告主要向教育客户提供关于可复制的旨在提高学生学习成绩的干预手段（计划、产品、实践和政策）的高质量评论"（IES,时间不详）。WWC对有关教育干预手段的研究成果的综合类似于科克伦协作组织所做的，在前面循证医学部分已介绍过。我们将在第五章详细地描述WWC。

教育实践问题

改善教育实践的最大动力是承认教育实践中存在问题。医学专业是这一原则的绝佳例子。疾病和伤痛以及与之相伴的人类所遭受的折磨，都是渴盼解决的问题。由此，全世界的政府机构和私人部门都将巨资投入基础与应用医学领域的研究。能够改善医疗问题的新的治疗手段，即便改善程度轻微，也会慢慢地应用于医疗实践。

教育中也大量存在严重问题，新闻媒体渐渐地让这些问题引起了公众的注意。看一下达纳·霍金斯–西蒙（Dana Hawkins-Simons, 2008）在《美国新闻与世界报道》（*U. S. News & World Report*）中的言论：

> 当提及儿童教育的时候，每周似乎都有证据表明美国如何与其他发达国家步调不一。70%的八年级学生在阅读上还不熟练，每年有多于一百万的高中生辍学，大约三分之一的大学新生必须重修数学或英语课程。（第29页）

如果循证计划和程序能够减轻这些问题的严重性，教育领域有义务严格审查这些计划并考虑采纳这些计划。

你可以通过阅读不同新闻来源，包括日报等，来培养对教育者需要解决的这些问题的敏感性。一些报纸，比如《纽约时报》，能在网上免费获得。它们经常会发表一些关于学校事件、学术成就数据、测验结果和有关教育实践问题的政策讨论的文章。

ASCD SmartBrief 是关于教育者可能感兴趣的教育问题和教育成就的专门的信息源。该通讯里的每一个条目都概括了一篇近期发表的与教育相关的报纸文章、期刊文章或机构报告。它由督导与课程开发协会（Association for Supervision and Curriculum Development，ASCD）——这个协会是美国最大的教育专业组织协会——发布在网上可免费获取（www.smartbrief.com/ascd）。

我们查看了2008年的通讯条目，以确定哪些教育问题频繁出现在新闻报道中。我们的搜索揭示的教育问题样本显示在图1.2中。

教师专门知识

国家科学教师协会执行主任杰拉尔德·维勒（Gerald F. Wheeler）写道，数据表明，具有科学学位的学生选择除教书之外的其他领域的工作，每年可多挣数千美元。也许那就是为什么将近一半的学习生物的高中生和大约三分之二的学习物理和化学的学生，都由非相关专业或无相关证书的老师来教的原因。

（《教育周报》，2008年5月13日）

对天才儿童和有天赋的学生的教育

一位支持者说，达尔顿·萨金特（Dalton Sargent）的智商非常高，学习成绩却很差，这象征了国家在教育三百万已确认的美国天才儿童及更多的没有被发现的天才儿童上的失败。

（《洛杉矶时报》，2008年5月12日）

数学教育

加利福尼亚州要求每位高中毕业生能够通过代数的考试，更好地为上大学做好准备，但结果却正相反，社区大学发现越来越多的学生缺乏代数和基本的数学技能。玛丽·马丁（Mary Martin）是一所社区大学的数学系主任，她说："这是一个百万美元的问题。"在这所社区大学中，将近52%的学生需要重修数学课程，2003年时只有43%。"我们也在询问越来越多的高中学生，为什么不直接把它转到大学来呢？"

（《萨克拉门托蜜蜂报》，2008年5月12日）

培养学生的创造力

很多雇主重视具有创造技能的员工，而最新研究显示，大多数高中都会提供被认为可以培养创造力的问题解决或艺术课程。美国学校管理协会执行主任保罗·休斯敦（Paul D. Houston）说："这些发现……为学校系统和企业领导者提供了进一步就如何最有效地培养学生的创造力展开交流的机会，不仅是为了培养出更有竞争力的人才，也是为了帮助所有学生在生活中获得成功。"

（《学校电子新闻》，2008年5月2日）

> **学生学习倦怠**
>
> 研究者说，能够制作在线视频、发布动画或者播客内容的青少年可能不会给学校留下太好的印象。斯坦福大学教授、教育系主任黛博拉·斯蒂派克（Deborah Stipek）说："孩子们总是把'厌烦'和学校联系在一起"，"这个问题已经成为更大环境下学校的角色问题了"。
>
> （CNET，2008年4月24日）
>
> **学生霸凌现象**
>
> 一项对871名学生的研究发现，那些自我报告说有日常霸凌行为的学生较之他们的同班同学，更可能在与朋友或父母的交往过程中感到困难，更容易与其他霸凌人员走到一起，展示攻击性行为，缺乏较强的道德观念等。这项研究是由约克大学和皇后大学的研究者实施的。
>
> （《科学日报》，2008年3月26日）
>
> **图1.2　教育实践中的重要问题**
>
> 资料来源：*ASCD SmartBrief* 里的新闻条目，*ASCD SmartBrief* 是督导与课程开发协会的电子简讯。

学区和教师个体可能会尝试独自解决这些类似问题。然而，这些问题规模巨大，因此需要有足够的投资和更多的努力，比如经过研究验证了有效性的革新计划和程序等。另一方面，一些问题的解决需要进行**基础研究**（basic research），即跳过问题的表面特征，从一个更为基本的层面上去研究，发现潜在的过程和结构。最终，基础研究应该产生具有实际应用意义的认识。

简言之，教育中的循证实践用来处理教师教学和学生学习过程中比较紧迫的问题，这种循证实践似乎是我们改善教育的最佳长期办法。为了使这种办法能够发挥作用，每位教育者和决策者都有必要理解研究成果是怎么产生的，并学会从哪些方面区分高质量研究和较弱的研究。本书的目的便是帮助你获得这种理解，不管你是为了以后自己亲自做研究，还是为判断他人的研究是否合理，是否能够应用到你的教育实践中。

教育研究和实践的伦理

教育事业完全是一种人的事业。对于教育研究和教育实践来说都是如此。作为人类，我们的价值观能够，也应该会影响我们的判断和行为。例如，研究者可能会找到一套有效的程序来减少学校中学生不良行为的发生概率。然而，这套程序可能会对学生的自尊、学习动机或对教师的尊重方面有负面影响。而其他对学生有效且没有负面影响的方法，花费又太高，会挤占其他教育活动的预算。

因此，不管研究成果多么有效，循证实践必须严禁对研究成果的盲目使用。例如，在医学领域，医生可能有很管用的方法来延长病人的生命，但病人要遭受巨大的痛苦并付出昂贵的医疗费。那么，所有的利益相关者，包括病人和病人家属，需要在做决定前再三衡量治疗的有效性和价值。一些专业人士被称为医学伦理学家，他们专门从事鉴别和衡量医学研究和实践中无法分割的那部分价值。类似的，教育中所有关心学生幸福的相关人士，也需要从他们的个人价值角度和社会的共同价值角度出发，去审视研究成果的有效性。

切记，理论研究与实践的关系是双向的。教育者需要对可利用的研究成果作出价值判断。然而，他们也需要意识到，他们愿意去支持研究和寻找研究发现本身也是一种价值判断。那些喜欢依靠自己的想法和经验，从不考虑科学研究成果的教育者，就很可能会使学生接触不到比他们所能提供的更有效的方案和程序。换句话说，拒绝循证实践是一个缺乏价值判断的决定，不可轻易作出。

与研究者合作

为了让教育研究在改善教育实践中发挥作用，教育者需要与专业研究者保持不间断的对话。当然，保持对话不是一件容易的事情。一个挑战就是研究者和教育者对于知识和研究容易有截然不同的观点。丽莲·卡茨（Lilian Katz）和戴安娜·罗森博格（Dianne Rothenberg）（1996）认为，研究者对知识的主要兴趣是科学式的。当遇到一个问题，不管要花多久的时间，他们都会去探究与发现问题的本质。相比之下，教育者对知识的主要兴趣是临床式的。当遇到一个问题时，他们通常会在有限的时间内，搜集相关信息用于解决问题。卡茨和罗森博格还留意到，有效的实践"一定程度上取决于实践者处理他/她的任务时的确定性。由定义可知，研究者的任务就是珍视怀疑和不确定性，对错误持开放态度"（第8页）。

然而，研究者和教育者的共同愿望都是改善教育实践。因此，他们应该采取措施逐步理解各自的需要，清楚地彼此交流。例如，研究者可以设立研究议程，满足教育者的需要。他们还可以用比较通俗的语言撰写研究成果报告和陈述他们的研究对实践的意义。相应地，教育者需要努力理解研究者所使用的语言和方法。除了提高交流的水平外，研究者和教育者还能够通过如下文所述的合作加强研究成果在实践中的运用。

成为研究参与者

研究者经常会邀请教育者参与他们的研究。需要付出的努力可能很小（比如填一份调查问卷），也可能较大（比如自愿让你的班级成为研究中实验组或控制组的一部分）。通过自愿参加研究，你可能会发现你有了接受特殊训练、向专家请教或者免费使用革新性的课程资料的资格。你也将有机会了解研究到底是怎么做的。

参与项目评估

教育机构有时会得到私人或政府资金，用于实施实验性课程。这些资金一般会要求受助者对课程进行评估。如果你所在的机构聘请了评估专家，你可以和他们一起工作，设计适当的评估研究。然而，要想使这种合作能够发生，你需要对评价研究有所了解。如果在获取资金和完成评价时得不到评估专家的帮助,你就需要对评价研究有更多的了解,以便有效地处理资助资金的要求。

第二十章将介绍如何进行评价研究,以及如何决定是否可以把其他人的评价研究结果应用到你的实际情形中。因为评价研究可能涉及本书第三、四部分所介绍的研究方法,学习本书这些部分的章节对你也会有所帮助。

影响教育政策议程

从国家以及各州的立法机构到地方学区的中心办公室,各种决策机关在不断地筹划直接影响教育者工作的教育实践变革。我们在前面提到过的《不让一个孩子掉队法》就是这样一项变革。

这些政策驱动的变革中,有些是合理的,有些则对必须实施这些变革的教育者而言没有什么意义。例如,许多州为了使教育者对学生的学习结果负责,已经实施了或正在考虑实施所有学生都参加的强制性成绩测验。教师特别担心的是这些测验的效度以及这些测验是否尊重了学生在学习需求和家庭环境方面的巨大个体差异。然而,没有关于成绩测验和学生特点的研究的知识,教师和其他教育者在影响全州性的测验项目方面就处于劣势。

如果教育者和研究者合作,使决策者了解他们的观点和知识,考虑欠妥的政策就有可能避免。然而,要实现这样的图景,研究者和教育者必须熟悉彼此的知识、目标和观点。

教育研究的目的

截至此处,我们已经讨论了教育研究和教育实践之间的关系,展示了循证教育如何搭起两者之间的桥梁。现在我们需要探讨教育研究的本质及其与其他形式的探究的区别。

我们先从定义开始。**教育研究**(educational research)是一种对经验数据的系统收集和分析,目的是得到有效的、概括性的知识,包括:(1)对教育现象的描述;(2)对未来事件或表现的预测;(3)关于实验干预手段的效果的证据;(4)对所观察到的现象的内在过程进行解释。

这个定义在你学习本书下面的章节时会越来越清晰。现在,我们希望强调这一点,即研究追求发现"有效"的知识,就是采用特殊方法来控制会影响研究发现正确性的个人偏见和干扰因素。研究还要追求"概括性"的知识,即采用特殊方法获取除了所调查的情境外还可应用于其他情境的知识。最后,研究还要依赖"经验"数据,即采用特殊方法对所研究的现象进行可重现的观察。

其他形式的探究,比如个人观察和直觉思考,也能够产生有用的知识。然而,它们没有用到教育研究的这些特殊方法。

从我们对教育研究的定义可以归纳出,教育研究产生四种类型的知识:(1)描述;(2)预测;(3)对于实验干预手段效果的证明;(4)解释。本章接下来的部分,我们将讨论如何产生每种类型的知识。

描述研究

描述研究（descriptive research）的目的在于对教育现象进行仔细的、高度细节化的观察。例如玛丽琳·亚当斯（Marilyn Adams）对学习阅读的标志性的综合研究就包括了对阅读文本时人们眼球移动方式的发现（Adams，1990）。与人们普遍的认识相反，研究者发现优秀的读者不是有选择性地浏览，而是阅读文本中的每一个词。这个发现对于教孩子阅读具有重要意义。

描述研究尤其有助于发现实践方面存在的问题。例如，玛丽·麦卡斯林（Mary McCaslin）和她的同事（2006）通过447次走访，对145个教师的课堂（3—5年级）进行了2,736次十分钟左右的观察。在众多研究发现中，包括：

> 在多数被观察的教学片段中，认知需求仅仅呈现为基本事实和技能内容（37%）或基本事实与技能、精心的设计和相关思考（37%）。对比之下，仅有3%的教学片段让学生完成高层次的思考/推理任务。（第324页）

麦卡斯林和她的同事记述，对这些规范性实践的观察与诸如全美幼儿教育协会（National Association for the Education of Young Children）和全美数学教师委员会（National Council of Teachers of Mathematics）这些组织所建议的"最好的实践"是有差异的。这些组织建议"给'建构性'的学习者们提供比我们所看到的多得多的机会去学习思考、推理和建构个性化的有意义的学习"（McCaslin et al.，2006，第327页）。

小学中规范性的实践与最好的实践之间所存在的巨大差异是一个重要问题，如果得到解决，将大大推动教育的发展。如果个体宣称这个问题可能在别处会存在但并不存在于他们那个学校中，我们则可以理直气壮地要求他们拿出经验数据支持他们的主张。

你将在第七章和第十章学习描述研究的各种方法，其中涉及数字形式的数据收集。另外一些类型的描述研究则主要依靠口头数据，诸如访谈、历史记录或民族志数据。这种研究形式通常称为质性研究，在本书的第四部分我们将予以探讨。

预测研究

预测研究（prediction research）的目的是确定某一时间点收集的信息是否可以预测未来某一时刻的行为或事件。这种类型的研究有助于解决实践问题。例如，我们知道，很大一部分学生从高中就辍学了或学习成绩很差。如果我们可以在这些学生很小的时候就把他们筛选出来，我们就能针对这些学生提供指导和其他干预，以防止这些问题的出现。预测研究能够提供相关知识引导筛选过程的进行。

另一个例子则是关于大学管理者的。他们经常面临申请人数多于招生人数的问题。预测研究能够帮助鉴别哪些特征的学生将在学业成绩和大学中的其他方面表现更好。未来就可对申请者的这些特征进行评估，以挑选出在某所特定的大学中最有可能成功的申请者。

预测研究通常涉及分组比较或相关分析方法的运用，这将在第十一章和第十二章中加以介绍。

实验研究

一些研究试图去判定在自然环境或实验环境下某个特殊干预手段的作用。这种类型的研究使用的是一种叫作实验手段的方法。例如，许多研究者都做过实验以判定在课堂上引入合作学习是否能改善学生的学习。任何观察到的学生学习上的进步都可能被认为是该干预手段的"效果"或干预"作用"的标志。

实验研究的发现对教育者特别重要。实际上，他们做的每一件事都是某种干预。例如，教师干预学生的生活以促进他们的学习或帮助他们解决个人问题。管理者的干预是用领导行为来促进组织中其他人的工作或解决工作中的问题。通过实验，可以判定哪种类型的干预最有可能成功。

涉及定量数据的实验研究方法将在第十三章介绍。一些研究者通过对干预手段在一种或一些状况中使用的深入探索研究其作用。这种类型的研究涉及我们在第十四章介绍的案例研究方法。

教育者可以以个人或小组的方式做小规模的实验，以改善本地的实践。他们可以检验当地开发的课程，或者判断其他地方开发的循证课程在他们自己的特定学校系统中会不会起作用。这种方法是本书第十九章介绍的**行动研究**（action research）。

教育者可以和专业研究者一起或和同事一起做研究去判定干预手段的作用、干预手段的价值以及是不是值得去做。例如，他们可能希望判定一种干预手段是不是比其他可能的干预手段花费小而且效果好，或者对于社区来说是这样。这种类型的调查是本书第二十章介绍的**评价研究**（evaluation research）。

解释研究

一些研究说明的目的是解释个体或群体的行为。我们这里所说的解释研究涉及对因果关系的说明。例如，一些学校的学生在州或全国的测验中表现好于平均水平，对此，一个常见的解释是他们来自具有较高社会经济地位的家庭。换种说法，社会经济地位（原因）被援引为对学生学习成绩（结果）的一个解释。

此前提到的所有研究方法，除了描述研究之外都可以用来调查因果关系。研究者假定一个或多个因素是原因，一个或多个因素是结果。然后收集数据去判定假定为原因的变量（如教师士气高的学校和教师士气低的学校）是否和假设为结果的变量（如学生出勤率高低）有关系。

一些研究者研究因果关系是为了满足他们对特定现象或问题的好奇心。另外的研究者调查因果关系则是为了形成和检验理论。实际上，一些研究者相信教育研究的最终目标是形成能解释教育各个方面的理论。**理论**（theory）是用一系列基础构念及把这些构念彼此联系起来的原则对特定现象作出的解释。**构念**（constructs）是假定对观察到的现象有基础作用的结构或过程。

关于大脑的结构和过程的理论是当前包括教育在内的许多学科非常感兴趣的话题。如果研究者能确定大脑是如何工作去促进或妨碍学生的学习或动机的，那么这个理解可能会给实践问题带来新的解决方法。

基础和应用研究

研究者并非只使用单一方法做研究。他们的有些研究可以被描述为基础研究，而其他的则是应用研究。如前所述，基础研究的目的是了解被观察到的行为的基本过程和结构，并作为研究的基础。

例如，我们可以在教师和学生进行课堂教学活动时，观察他们的行为。我们可能会注意到教师发给学生一张作业单，指导学生如何完成，学生拿着书写工具，在作业单上写字。这些行为观察可能是有用的信息，但是这些信息并没有告诉我们教师和学生正在思考的是什么，或者学生通过完成作业学习新技能和概念时，学生大脑中激发了什么样的神经—化学过程。对所观察的行为背后的潜在过程的研究就属于**基础研究**（basic research）的范畴。

与基础研究形成对比，**应用研究**（applied research）的目的是形成并检验能直接用来改善实践的干预措施。在教育领域，形成并检验一种用于帮助学生解数学题的新方法，就是应用研究的一个实例。第十三章（实验研究）、第十九章（行动研究）和第二十章（评价研究）所收录的研究论文就是应用研究的例子。

有些教育者认为可以指导工作的应用研究比基础研究更有价值，更应该获得资金的优先扶持。一项由朱利斯·科姆罗（Julius Comroe）和罗伯特·德里普斯（Robert Dripps）（1976）主持的医学研究对此观点提出了质疑。科姆罗和德里普斯研究了研究知识方面的进展，这些进展对于革新心血管疾病以及肺部疾病的治疗（如心脏手术和化学疗法）是非常必要的。令人惊讶的是，这些革新的发展更多地依赖于基础研究，而非应用研究。基础研究使人们从理论上认识潜在的过程和结构，而这种认识为构建可能有效的干预措施提供了最好的基础。

作为探究方法的研究的特征

一些哲学家和社会批评家质疑研究对于理解人类行为和社会的作用。他们对社会科学的批评引发了一场运动，名为**后现代主义**（postmodernism）。后现代主义学者（如Graham, Doherty, & Malek, 1992）承认科学有助于理解和控制自然界，但他们提出在发展有关人类社会知识方面，没有一种研究方法可以宣称自己是绝对正确的，或者优于其他的方法。例如，后现代主义者会认为，社会科学研究方法并不优于个人的反思，或优于诸如艺术或宗教研究等其他探究形式。

后现代主义对科学研究的批判已经引起社会科学研究者（包括教育研究者）重新思考他们自己在知识追求过程中所宣称的权威性。他们明确了研究所具有的几个特征，这些特征确立了研究的权威性，并将其与其他的探究形式区分开来。我们在下面对这些特征予以介绍。

使用共享的、精确的和可获得的概念和程序

社会科学研究者已经形成了专门性的概念（如测验信度）、程序（如目的抽样），以及经过严格定义的术语。这些术语、概念和程序明确且可获得。每个人都能免费学习和使用它们。实际上，大多数发表研究报告的期刊都采用匿名评审程序，这就意味着评审人看不到作者的名字或其他能够识别这些作者的信息。

当然，在资助和发布研究成果的竞技场上存在着力量的角逐，但长时间压制某些重要理论或成果是极不可能的，因为研究者通常都认可**进步话语**（progressive discourse）（Bereiter，1994）。任何人在任何时候都可以对某一项特定研究或研究方法论提出批评，如果这种批评被证实确有其价值，就会得到倾听和采纳。

许多教育者工作非常出色，而且从个人研究中获得了许多真知灼见。但是，他们缺少精心提炼的概念和能让自己的见解得到广泛传播的渠道。因而他们的知识得不到公开讨论，在他们退休后，这些知识通常也就随之消失了。与此形成对比的是，新的研究者可以向有经验的研究者学习，并且把研究成果发表在研究期刊上以便所有的人都能阅览和进一步研究。

研究成果的可重复性

研究人员如果想发表研究成果，他们必须将获得这些成果所用的研究程序公之于众。这些研究程序是公开的，其他研究者因此能够进行类似的研究以确认是否可以得到相同的结果。这种研究我们称之为**重复**（replication）研究，因为这种研究是在类似的情境中，选择一些新的被试样本，对原始研究的重复。这样的研究能够增加原始研究成果的可信度或对其进行反驳。

不按科学方法进行研究的人也可能获得重要的干预手段和认识。然而，他们的研究价值是非常有限的，因为他们的研究程序并不十分明确，其他人无法对它们进行重复再现。因此，我们没有办法知晓某人宣称的成果和认识是仅适合其个人，还是能启迪他人的工作。

知识主张的可反驳性

卡尔·波普尔（Karl Popper，1968）提出的检验知识主张（knowledge claim）的标准

在社会科学界获得了广泛的认可。波普尔指出，科学通过**反驳**（refutation）的过程而进步，在这个过程中知识主张（理论、预测、预感）要经受实际经验的检验，这一检验可能使它们被挑战和证伪。如果所得数据与该知识主张不一致，我们可以说这一主张已被驳倒。那么这一知识主张就必须被抛弃或修正，以适应否定性的发现。如果所得数据与该知识主张是相符的，我们就可以得出这样的结论，即这种主张是有证据支撑的，但并非就是正确的。我们只能说这种知识主张还没有被迄今任何一种检验驳倒。

相对于我们对知识主张的普通检验方式，对知识主张的反驳式检验更为严格。例如，设想一位学校管理者某一天巡视一位教师的课堂，他发现：（1）这位教师参加了近期有关行为管理的一次研讨会；（2）这位教师的课堂超乎寻常的安静和有秩序。这位管理者可能得出这样的结论：研讨会是有效的。因此，他提倡所有的教师都应该参加这个研讨会。实际上，这位管理者只是先进行了观察，随后就提出一个宽泛的知识主张。对比之下，遵循波普尔的理论，研究者会基于类似观察先提出一个知识主张，然后在下任何结论之前，通过进一步的观察去检验它。

控制研究者的失误和偏见

研究者承认这种可能，即他们自身的失误和偏见会影响对数据的收集。因此，他们对研究作精心筹划，最大限度地减少这些因素的影响。例如，在进行观察时，研究者经常通过使用多个观察者并事先对他们在数据收集方法方面进行培训的方式来减少误差。此外，他们会使用统计程序来评估观察者的一致程度。尽管不同观察者所进行的观察极少完全一致，但要认可观察数据有效，观察者之间的一致水平必须达到一定程度。

在质性研究中，经常用来验证个案研究结果的一种方法是对数据来源进行三角验证。**三角验证**（triangulation）是指研究者运用其他的数据收集方法（如个人访谈或文献考察）来确证用某种数据收集方法（如对个人的观察）所获得的数据。

我们在本书各个章节介绍的其他研究程序的目的也是要将研究者在数据收集和分析方面的失误和偏见降低到最小。我们建议你将这些方法的严密性与日常的方法作一个对比，我们是用这些日常的方法来形成并证明知识主张的。

定量研究和质性研究

教育研究不是整齐划一的。第三部分所描述的**定量研究**（quantitative research），这种研究方法包括对样本和总体的研究，并且大量依靠数字格式的数据和统计分析。与此形成对比的是，第四部分所描述的**质性研究**（qualitative research），这种研究传统依赖于个案研究，极少使用数字或统计，主要利用口头资料和主观分析。

为什么教育研究包含如此不同的方法呢？为了回答这个问题，我们需要考虑指导教育研究者的不同的**认识论**（epistemologies），即关于知识本质的看法。

有些研究者假定人类环境的特征具有客观真实性，也就是说它们可以独立存在于创造它们或正在观察它们的个体之外。这些研究者赞同的是实证主义认识论。**实证主义**（positivism）认为，"外面"有一个真实的世界，这个世界是可以通过与在自然科学中发展起来的研究方法相类似的科学方法来研究的。

大多数定量研究是由赞同实证主义认识论的研究者来进行的。他们根据可观察的行为来定义他们的兴趣主体（如"对教师感觉好"可能变成"学生表现了积极的态度"）。他们试图用具体的测量来定义这一行为（如"态度积极的学生在五级评分制中的平均得分在三分或三分以上"）。他们也关心在研究样本中的发现推广至更大范围内的可能性，此时样本是假定从这个更大范围内抽取的。

另一些研究者所采取的认识论立场则被称为解释主义（Erickson，1986），对他们而言，人类环境的各个方面都是参与其中的个体所建构的。**解释主义**（interpretivism）认为，离开了个体为社会现实建构的意义，社会现实就不存在。例如，根据教师对学生们的想法，第一节课中的学生可能被建构成"13个男生和16个女生"，或"29个有着各自需求的独特个体"，或"比以前教过的学生容易教"。如果校长走进这个教师的教室，根据当时学生们的行为表现、校长的感觉或者许多其他因素，她对学生的建构会有很大的不同。

大多数质性研究是由赞同解释主义认识论的研究者来完成的。这些研究者认为科学研究必须关注研究各种不同的社会现实，这些社会现实是个体在社会情境中参与其中时所建构的。由于这些建构的复杂性，质性研究者通常研究单独的个体或情境，每一个都称为"个案"。他们主要通过比较个案或建议教育者自己作比较，来确定个案研究成果在其他情境下的应用性。

质性研究者也接受并承认自身在建构研究报告里所描述的社会现实中的作用，因此经常将自己的经历包括在研究报告中。研究者对自身作为社会现实建构者的关注被称为**反身性**（reflexivity）。

尽管有些学者使用"实证主义"和"解释主义"来区分这两种不同的研究方法，但术语"定量研究"和"质性研究"更常用，我们将在本书中使用它们。词语"定量"和"质性"突出了研究者在数据收集的种类和数据分析解读的方式上的不同。表1.1对定量研究和质性研究之间的显著差异进行了进一步的详细说明。

这两种研究方法都被用来研究教育，这就产生了若干问题。某一种方法优于另一种方法吗？它们在某些方面会互补吗？它们会产生相互矛盾的结果吗？我们将在第十八章加以说明。现在，我们发现，许多教育者认为质性研究和定量研究是互补的，在混合途径研究中将两种方法结合使用的研究者最能给出教育实践与问题的完整图景。

表1.1 定量研究和质性研究的区别

定量研究	质性研究
假定一个客观的社会现实。	假定社会现实是由参与其中的人所建构的。
假定社会现实在不同的时间和情境中是相对不变的。	假定社会现实在局部的情境中被持续建构。
从机械论的角度看待社会现象中的因果关系。	在解释社会现象中的因果关系时人的目的被赋予主要的作用。
对研究参与者和他们的情境采取客观的、分离的姿态。	研究者本人与研究参与者直接相关，实现共享观点和互相关心。
研究总体或代表总体的样本。	研究个案。
研究行为或其他可观察的现象。	研究个体创造的内在含义和其他内部现象。
研究自然情境中或人为情境中人类的行为。	研究自然情境中的人类活动。
将社会现实分解为变量。	对社会行为发生的整个场景作整体的考察。
用预想的概念和理论去确定收集什么样的数据。	数据收集后再找出概念和理论。
用数字数据代表社会环境。	用口头和图像数据来代表社会环境。
用统计方法分析数据。	用分析归纳的方式分析数据。
用统计推断程序来将研究发现从样本推广至某个确定的总体。	通过确定个案发现在其他情况下的应用性来推广个案发现。
撰写非个人化的、客观的研究报告。	撰写解释性的报告，报告反映出研究者对数据的建构，及研究者明白读者也将对报告内容形成自己的建构。

资料来源：Gall, M. D., Gall, J. P., & Borg, W. R. (2007). *Educational research: An introduction* (8th ed.). Boston: Allyn & Bacon: 32. 版权属Pearson Education，收录已得到许可。

个人观点：研究的"星火"

我们知道一些人对我们在这本书中主要介绍的正规研究方法论不感兴趣。他们可能对新发现非常感兴趣，譬如医学领域的突破，或替代能源，或大脑如何影响我们的学习能力，但是对带来这些新发现的研究过程不感兴趣。

我们认为在研究方法论上的兴趣可以由一些"星火"点燃，而且这些"星火"因人而异。因为我们（梅瑞迪斯·高尔和乔伊斯·高尔）最了解我们自己的"星火"，所以，我们将在这里进行简单的叙述。

梅瑞迪斯·高尔

我开始我的博士研究时，是希望成为一名个人或团队执业的临床心理学家。渐渐地，我开始怀疑心理治疗是否真如宣称的那样有效。这就是让我对研究产生兴趣的"星火"，我想知道关于不同的心理治疗方式（如弗洛伊德分析方式、荣格分析方式、阿德勒分析方式）的有效性，研究者们知道些什么，以及我该如何实施我自己的研究来确定它们的有效性。

后来我成为一名教师教育者，在我的职业生涯中，我对教师的热情产生了兴趣，一些研究发现，教师的热情与学生的学习呈正相关。我的一些博士生想了解是否能把教师训练得在课堂教学中更有热情。这一问题就是我主持的一系列博士研究的"星火"。为了做这些研究，学生和我都需要学习怎样运用特殊的研究方法。我们尤其需要学习开展实验研究的方法（参见第十三章），因为每一个研究都涉及训练一些教师去运用热情的指示（实验组），另外一些不做这种训练（控制组），再观察这一干预对他们的学生学习和行为的影响。

乔伊斯·高尔

我带着对社会心理学以及诸如家庭、工作组织或者学校这样的团体对个人思想、情绪和行为的塑造方式的兴趣开始了我的博士研究。在做博士研究时，我受雇于两个心理学教授，这两位教授拥有基金拨款，用以基于科学发现的最新原理来开发针对年轻学子的课程材料。我开发了旨在使科学对年轻学子来说更生动的材料。以研究的发现为基础来开发课程或者培训材料的工作被称为研发。我对于研究和实践怎样结合的认识，就是从这一工作开始的。

在我的职业生涯中，我通过为教育管理者、教师和学生开发基于研究的课程和培训材料，持续地运用我的心理学研究和写作技能。我也关注不同社区群体的学习需要，包括学生家长。我的"星星之火"，是希望发现帮助个人通过其个人和共同学习的努力来理解和改善其社会环境的方式。

你

你可能已经经历了你自己的"星火"。那星火可能是希望找到你无法停止思考的疑问或者问题的答案，也可能是希望检验关于一种更好的教学方式的个人理论。如果你出于这样或那样的原因有了研究"星火"，那么你就有了学习本书的必要动机。

如果你主要的"星火"是进入学校帮助学生学习的愿望，我们支持你密切注意"什么起作用"（what works）和困扰你和你的同事的"问题"（problem）。你可能在工作中发现答案，但是我们支持你关注关于教育的研究综述。你可能会在那里发现答案，或者至少是思考教育中什么起作用、什么不起作用的新的方式。

我们支持你对于研究的价值持开放的心态。如果你是这样的，本书的各章将会为你揭示新的观点和形成新的技能,增加你作为教育者的专业知识。

一个范例:研究如何帮助解决实际问题

读者诸君注意,你将会在本书的其他大部分章节发现与此部分相似的特征。我们呈现一个已经通过报纸或者其他媒体,引起公众注意的实践问题。随后我们将说明该章节所描述的研究方法论如何用于设计处理这个问题的研究。

这些小版块是设计用来加深你对教育问题和教育研究之间关系的理解的。最重要的是,我们希望你能明白,传统的智慧和个人努力不足以完全解决这些问题。通过精心设计的研究得来的经验知识也是必要的。此种类型的知识使我们能够检验关于怎样解决这些问题的断言的有效性。而且,研究知识促进研究发现,从而能够产生我们可能无法自主想出来的创新性的、有效的解决方式。

一篇关于美国教育研究状况的社论出现在2008年11月的《波士顿环球报》上。下面的摘录来自这篇社论:

> 美国教育部研究机构负责人格罗佛·怀特赫斯特(Grover Whitehurst)说,当前教育研究的质量大致相当于20世纪20年代的医学研究。
>
> 【怀特赫斯特建议】运作一个国家的教育部,仅花费5.75亿美元——其预算的1%——用于研究。
>
> 来源:Editorial (2008, November 1). Healing America's schools. *Boston Globe*. 检索自:www.boston.com/bostonglobe.

医学研究已经带来了实践的巨大进步。教育研究可以对教育实践起同样的作用吗?一些教育者认为研究可以实现这个目标。然而,其他一些研究者则认为,联邦款项,包括由格罗佛·怀特赫斯特所建议的5.75亿美元,最好用于对学生的直接服务。一项研究可能会帮助教育者和他们的专业组织决定应该优先选择什么。

一项简单的调查研究就足以了解教育者的观点。例如,可以要求一个教师样本去阅读《波士顿环球报》的社论,并回答一个问题——例如,"基于你刚才所阅读的内容和你所认识的研究,你认为美国教育部应该分配它预算的1%用于研究吗?"

在设计这一研究时,我们需要特别地注意抽样过程。总体应该定义为美国所有的教育者。应该从这一总体中抽取一个大的随机样本,以便我们能够对调查结果代表所有教育者的观点有信心,而不是仅仅来自一个地区的教育者或者志愿完成这一调查的教育者。

自测题

1. 循证实践要求教育者_____。
   A. 收集有关他们自己教学效果的证据
   B. 运用相关研究发现来解决实际问题
   C. 在做决策时不考虑利益相关者的价值,除非其对研究结果有一致看法
   D. 运用不依赖于教育者临床专业知识的教学项目和程序

2. 教育科学研究所和有效教育策略资料中心展示了教育运动的方向是_____。
   A. 基础研究
   B. 质性研究
   C. 后现代主义
   D. 循证实践

3. 假设教育政策的议程越来越依赖于证据,教育者将最可能_____。
   A. 寻求对研究的概念和程序的深入理解
   B. 依赖他们的专业组织来抵制这类议程
   C. 主张教育问题是独特的,无法通过研究来加以解决
   D. 声称研究结果不能带来专业实践的改善

4. 教育研究强调_____。
   A. 经验数据的收集
   B. 在经验数据的收集、分析和解释中控制个人偏见
   C. 研究设计以使研究发现能够被推广至其他个人和情境
   D. 以上都对

5. 教育研究中理论的作用主要是_____。
   A. 对教育现象进行精准的描述
   B. 评价特定教学干预手段的效果
   C. 运用构念和原理解释现象
   D. 提供促进研究者和教育者合作的话语

6. 后现代主义者主张_____。
   A. 当代的研究方法已经克服了20世纪前半叶所使用的研究方法的严重不足
   B. 就实践问题而言教育研究并不优于其他形式的探究
   C. 基础研究在解决实践问题上最终要比应用研究更为重要
   D. 任何知识声明都可以被驳倒

7. 三角验证是研究者所运用的一个方法,旨在_____。
   A. 寻找关于为什么从一项研究中所得到的发现不能在后续研究中得以重复的解释
   B. 从不同来源收集数据并以此来检查研究发现中的偏见和失误

C．确定教育实践问题是否能够通过收集经验数据加以研究

D．在实证研究的设计上与教育者和政策制定者合作

8．实证主义研究者_____。

A．同意客观现实独立于观察者而存在的看法

B．认为人类环境的各个方面都由其参与者所建构

C．强调描述是科学研究的目的

D．否认其个人偏见对研究发现可能造成的影响

9．质性研究者通常_____。

A．关注对教育项目和程序的质量作出主观判断

B．运用量化测量手段来反映其所研究的每个个案的质量

C．主张社会科学探究方法并不优于其他形式的探究方法

D．强调对某种现象开展个案研究

10．混合途径研究_____。

A．在单项研究中得出描述性和预测性的研究结果

B．设计用来加速将研究发现迁移至教育实践

C．综合运用定量研究方法和质性研究方法

D．运用来自多学科的理论以研究实际问题

本章参考文献

Adams, M. J. (1990). *Beginning to read: Thinking and learning about print.* Cambridge, MA: MIT Press.

APA Presidential Task Force on Evidence-Based Practice. (2006). Evidence-based practice in psychology. *American Psychologist*, 61(4), 271-285.

Bereiter, C. (1994). Implications of postmodernism for science, or, science as progressive discourse. *Educational Psychologist*, 29, 3-12.

Cochrane Collaboration. (n.d.). *Evidence-based medicine and health care.* Retrieved from www.cochrane.org/docs/ebm.htm.

Comroe, J. H., Jr., & Dripps, R. D. (1976). Scientific basis for the support of biomedical science. *Science*, 192, 105-111.

Darling-Hammond, L. (2007, May 21). Evaluating "No Child Left Behind." *The Nation*. Retrieved from www.thenation.com/doc/20070521/darling-hammond.

Erickson, F. (1986). Qualitative methods in research on teaching. In M. C. Wittrock (Ed.), *Handbook of research on teaching* (3rd ed., pp. 119-161). New York: Macmillan.

Graham, E., Doherty, J., & Malek, M. (1992). Introduction: The context and language of postmodernism. In J. Doherty, E. Graham, & M. Malek (Eds.), *Postmodernism and the social sciences* (pp. 1-23). Basingstoke, UK: Macmillan.

Hawkins-Simons, D. (2008, May 19). Not a primary concern. *U.S. News & World Report*, 29-31.

Institute of Education Sciences. (n.d.). *What Works Clearinghouse*. Retrieved from http://ies.ed.gov/ncee/wwc/overview.

Katz, L. G., & Rothenberg, D. (1996). Issues in dissemination: An ERIC perspective. *ERIC Review,* 5, 2-9.

McCaslin, M., Good, T. L., Nichols, S., Zhang, J., Wiley, C. R., Bozack, A. R., Burross, H. L., & Cuizon-Garcia, R. (2006). Comprehensive school reform: An observational study of teaching in grades 3 through 5. *Elementary School Journal*, 106(4), 313-331.

Popper, K. (1968). *Conjectures and refutations*. New York:Harper.

Slavin, R. E. (2002). Evidence-based education policies: Transforming educational practice and research. *Educational Researcher,* 31(7), 15-21.

U.S. Department of Education. (n.d.). *About the Institute of Education Sciences*. Retrieved from www.ed.gov/about/offices/list/ies/index.html.

后续学习材料

Moss, P. A. (Ed.). (2007). *Evidence and decision making* (106th Yearbook of the National Society for the Study of Education, Part I). Malden, MA: Blackwell.

本书作者考察了教育者运用信息改善学校教育的过程。他们考虑了对定量和质性研究结果、标准测验分数，以及调查和访谈数据的使用，还考察了包括学生作业样本在内的各种材料。本书确认了教育循证实践的困难与希望。

Phillips, D. C., & Burbules, N. C. (2002). *Postpositivism and educational research.* New York: Rowman & Littlefield.

大多数人都了解一点儿关于包括教育研究者在内的科学家是怎样工作的情况。然而，很少有人知道科学研究之中的基础假设以及关于这些假设的持续不断的争论。如果你希望加深对科学的了解，本书将会对你有所启发。

Taber, K. S. (2007). *Classroom-based research and evidence-based practice: A guide for teachers*. Los Angeles: Sage.

本书是专为有兴趣将循证实践融入教学本领中的教师而写的。作者介绍了批判性地评价研究报告和开展自己的校本研究所需的各种技能。

第二章
做你自己的研究：
从提案到最终的研究报告

■ 重要观点

1. 为你的研究准备一份提案（proposal），会增加研究过程所有后续步骤获得成功的可能性。
2. 找到待研究的问题的最佳途径是阅读你感兴趣的研究领域中的文献综述和论文。
3. 通过对以往研究发现的重复研究，对于提升研究知识非常重要。
4. 遵循一份来自你所在大学或其他权威机构的标准提案指南，你更有可能写出一份成功的研究提案。
5. 尝试以一两句话陈述研究目的，可以检查你对你所提出的研究的理解。
6. 在简要地陈述了研究目的之后，你应该通过以下方式使其更加具体化：阐述研究问题或研究假设，明确你打算研究的变量（就定量研究而言）或案例特征（就质性研究而言）。
7. 一个系统的文献综述将有助于你准备一份合理的研究提案和解决实际问题。
8. 在准备一份研究提案的过程中，你需要选择最适合回答你的研究问题或检验你的研究假设的研究设计。
9. 通常情况下，要研究你感兴趣的总体中的每一个对象是不可能的，所以，你需要选取一个来自该总体的样本，并在研究提案中说明你的抽样程序。
10. 对于变量或案例特征的仔细确定将会使你更容易明确你的研究所需的所有测量工具或案例。
11. 在研究提案中说明你的数据分析程序，以确保你最后的数据能够得到恰当分析。
12. 你也许需要向一个机构科研伦理审查委员会提交你的研究提案，该委员会将判断你的提案是否充分保护研究参与者以使其远离某些风险。
13. 在计划你的研究提案的过程中，你需要考虑采用什么步骤去争取研究参与者的合作。

14. 你应该为你所提出的研究的所有步骤作出时间安排，以确保其与你个人的时间限制或研究参与者的时间限制之间没有冲突。

15. 最好能就你的测量工具和程序作一次试点研究，将其作为研究提案准备过程的一个组成部分，它将有助于确保你在实际实施研究的时候不会遭遇到意想不到的困难。

16. 研究实施过程中常会出现意想不到的难题，而你则需要寻找不损害研究完整性的解决难题的方法。

17. 为了有助于撰写你已完成的研究项目的报告，你首先应该阅读若干与你所要写的研究报告在格式上（如学位论文、期刊文章）十分相近的示范性研究报告。

关键术语

构念（construct）
数据库（database）
主题词（descriptor）
假设（hypothesis）
机构科研伦理审查委员会（institutional review board）

《美国心理学会出版手册》（Publication Manual of the American Psychological Association）
重复（replication）
搜索引擎（search engine）
理论（theory）
变量（variable）

如果你在攻读某大学的学位，你很有可能被要求完成一个研究项目。它可能会包括图书馆研究，其意思就是要完成一份关于你所选主题的文献综述。完成一份文献综述的详细步骤我们将在第三章介绍，在第四章与第五章中对其中的某些步骤进行了更为详尽的讨论。

另一项可能的学位要求就是实施一项你自己的研究，而这正是本章的主题。在介绍如何做一项研究的时候，我们会提到在其他章节中深入介绍的有关概念与程序。不过我们还是建议你首先阅读本章，因为本章为理解其他章节提供了一个框架。

做一项研究涉及如下三个主要的步骤：

（1）准备一份描述所要做的研究及其意义的提案；
（2）收集和分析数据；
（3）撰写一份针对已完成研究的研究报告。

第一步，准备提案，是最为关键的，因为它为研究过程的其他两步提供了基础。其他人能够审阅提案，发现缺陷并提出建议，而我们则可从中获益良多。显然，如果提案做得很细致的话，审阅人就能够提供更好的反馈。

准备一份良好提案的另一个益处是，它将成为最终研究报告的基础，从而加快写作过程。例如，如果你的提案包括一份良好的文献综述，以及对测验或其他测量工具的描述，你就能够把它们直接纳入最终的研究报告当中。

如果你要把完成的研究作为硕士学位论文或博士学位论文发表，或者在专业会议上提交，你将会被要求向一个机构科研伦理审查委员会上交提案，可能会以修改的形式提交。它将决定你是否已纳入了保护研究参与者权利的适当程序。如果委员会否决了你的提案，你需要对它进行修改。修改会推迟数据收集的开始，而这对于一项依赖于学校或其他组织的日程的研究来讲，有可能是一个极其严重的问题。

确定研究问题

做一项研究，关键的第一步是确定一个恰当的问题以便去研究。你如何建构这个问题决定了随后的每一件事，并通常是一项真正能推进关于教育知识的研究与一项不能做到这一点的研究之间的差异。因此，我们建议，在这一步，你要舍得花费一些时间。

新手研究者经常试图仅仅通过反思自己作为教育者的经验，或者只是大致思考一下教育，就确定一个问题。反思是好的，但需要通过阅读感兴趣的领域的研究文献来加以补充。可以通过阅读你感兴趣的领域中已出版的文献综述（可参见第四章和第五章了解如何确定一份恰当的文献综述）或者阅读相关杂志上的研究论文来开始。很快，你就应该会碰到一项或者一系列能引发你的兴趣的研究。这样一来，你就极有可能确定一个建立在该项研究或该系列研究基础上的研究问题。

某些教育者认为，这一方法并不能导向一项"独创"的研究，或者认为建立在他人观点之上会有"欺世盗名"之嫌。事实上，自然科学和社会科学研究的目标是，建构一个累积的知识和理论系统，而不是创造一系列彼此之间毫无关联的独创发现。

因此，通过**重复**（replication）研究来追求这一目标既是合理的又是有效的，即运用一项过往研究的方法来判断是否会得到同样的结果。但是，重复研究并不需要完全拷贝先前的研究方法。例如，它可以包含一个来自不同总体的样本，以判断原初的研究发现是否可以推广至研究者所使用的样本之外。

如果你对重复研究的价值还有怀疑的话，我们建议你研究一下爱因斯坦的工作，他被认为是最富创造力的科学家之一。在一本有关他生活的新出传记中，沃尔特·艾萨克森（Walter Isaacson，2007）展现了爱因斯坦是如何利用物理学家、科学哲学家和发明家的著作来建构导向他的广义和狭义相对论理论的问题的。因为爱因斯坦是一位理论物理学家，所以研究这些理论并设计经验研究以检验其合理性就留待他人了。

换句话说，爱因斯坦并不是一位孤立的、创造性的人物。他对知识的贡献建立在对其他科学家的研究和思考的基础之上，他又为其他科学家提供了一个探究的基础。

即便是一项简单的对过往研究的重复研究也能够对关于教育的知识产生重要贡献。安东尼·凯利（Anthony Kelly）和罗伯特·殷（Robert Yin）（2007）这样强调这一点：

> 教育中定量研究和质性研究的一个局限便是两者都很难重复，而这就导致许多研究（包括定量研究和质性研究）仅有一次研究的报告。但是，来自任何单一研究的发现都不能作为实践者或政策制定者就某一现象得出结论或采取行动的基础。对研究论文最为负责的使用是遵循横跨多项研究的知识累积。（第133页）

该表述中的短语"知识累积"很好地表达了这样的思想，即一项研究建立在另一项研究之上。在做一项研究时，你应把自己视为研究者共同体中的一员，而不是一位孤立的探索者。

我们建议你阅读一些相关杂志上的科研论文。在大量丰富的科研文献当中，你会发现有关研究者如何将其研究奠基于与其研究问题相关的现存文献之上的描述。而且，你也会发现基于其研究发现而对有关未来研究可以采取的方向的描述。

为说明确定一个研究问题的过程，我们可从一篇报纸文章开始，该文章已由督导与课程开发协会（参见第一章）所发布的电子简讯 *ASCD Smartbrief* 所引用。该文章发表在2008年4月17日的《基督教科学箴言报》上，有一个挑衅性的标题"好教师为测验而教"。该文作者沃尔特·加德纳（Walt Gardner）以这样的评论开篇："我有一个秘密要坦白，那就是我教高中英语的28年来，我一直为测验而教。我很自豪，我终于承认了这一点。"加德纳接下去说，对于他而言，为测验而教就意味着教测验所代表的知识和技能体系，而不是教确切的测验题目。

加德纳又说："如果我们都诚实地说出来，那么几乎所有其他的高效率的教师也都在为测验而教。"我们认为这一说法建立起了一个很好的研究问题。要研究的问题就是这一说法是不是真的。我们可以通过判断与效率不高的教师相比，高效率教师是否花费更多的教学时间来"为测验而教"（如加德纳所定义的那样），对此说法进行一次实证检验。

当然，如果没有明确我们所谓的"高效率"和"效率不高"的教师的含义，我们将无法研究这个问题。最有可能的是，像许多其他人所做的那样，我们可以把教师效率定义为，教师促进学生学习的能力。依据这个定义，学生从高效率教师那里要比从低效率教师那里学到更多的东西。

教师效率可能会有不同的定义。那是研究者的选择。但是，研究者有责任提供一个明确的定义并为之坚守。你可以回想一下第一章，使用明确定义的概念和程序是科学研究的特征之一。

做到这一点，我们的研究问题就可以稳固地落脚于实践了。这是一位富有经验的教师的表述。而且，我们通过阅读报纸和专业期刊还可以了解到，许多教育者对"为测验而教"是持批评态度的，尤其是联邦政府《不让一个孩子掉队法》所要求的高风险测验。一个常见的批评是，为学生们准备这些测验将会占用太多的教学时间。另一个批评是说，测验只关注特定的学习结果，却损害了其他重要的学习结果。

接下来的一步是阅读研究文献。我们想知道研究者是如何概念化这一问题的，以及关于这个问题他们已经了解了多少。在探索文献中，我们发现研究者通常把这一问题概念化为一个"教学一致性"问题。他们已经研究了州测验与州课程标准之间的一致性程度，以及教师的课堂教学与他们自己的测验、州测验和课程标准之间的一致性程度。

这类研究想说的就是，使教学与自己的测验以及政府机构要求的测验相匹配，就是好的教学。类似的，沃尔特·加德纳（2008），其文章我们前面已有引用，他声称"为测验而教"是一个好主意，换句话说，教师应该使其教学与测验"匹配"。当然，这还仅仅是一种说法，除非它能够经受涉及实证数据的研究的检验。数据或者将支持，或者将否定这一说法。

为研究提案列提纲

即便是对一个有经验的研究者而言，明确关于一项研究的想法并把它纳入一份提案当中的过程也是富于挑战性的。一份研究提案包含许多要素，其中每一个要素都需要仔细考量。正是由于这一原因，你可以从一份指明提案每一要素及其出现顺序的指南中获益，正如图2.1所示的那样。指南将有助于组织你的想法并确保你没有忽略使提案获得通过、收集与分析数据、撰写最终的研究报告等过程的任何部分。

图2.1所示的指南以九个部分来组织一份研究提案。你所在的大学或其他机构可能会要求一份格式不同的研究提案。不过它们的格式不太可能与图2.1所呈现的那个格式有特别大的出入。而且，大多数杂志都要求或建议作者以《**美国心理学会出版手册**》（*Publication Manual of the American Psychological Association*）（2001，第15–27页）中所描述的格式来组织其研究稿件。

- 导言——研究问题及其重要性，文献综述，变量定义，假设
- 方法——研究参与者，材料，用于研究设计的程序
- 结果——数据的统计或其他分析，表格与图示
- 讨论——对假设的确认或否认，对结果的解读，研究对理论与现实生活现象的贡献

本格式由一组问题和操作指南构成。完成这些操作步骤后，你就可以草拟一份研究计划大纲，并在此基础上撰写一份正式的研究计划书。

1. 研究目的

    A. 本研究的目的是_____。（用一两句话简要陈述研究目的）

    B. 你的研究最直接的研究基础是什么？（选择最关键的三至五份出版物）

    C. 你的研究是如何建立在已有研究基础之上的？

    D. 你的研究将对教育研究和实践有何贡献？

2. 研究问题、假设、变量和案例描述

    A. 列举你的研究问题或假设。

    B. 如果你计划验证假设，简要说明该假设来自何种理论。

    C. 如果你准备做一项定量研究，列举你将要研究的变量，明确哪些是自变量，哪些是因变量，哪些两者都不是。

    D. 如果你准备做一项质性研究，描述用以数据收集与分析的案例特征。

3. 文献检索

    A. 列出你将用以查找相关出版物的搜索引擎和索引。

    B. 列举你将在使用搜索引擎和索引时参考的关键词（keywords）和主题词（descriptors）。

    C. 找出与研究相关的已出版的文献综述（如果有的话）。

4. 研究设计

    A. 描述你所选择的研究设计：描述研究、因果比较研究、相关研究、实验研究、案例研究或其他质性研究传统、评价研究或行动研究。

    B. 如果你准备做一项定量研究，哪些因素会威胁到研究设计的内部效度？（内部效度指控制无关变量，使所观察到的效果可完全归因于自变量的程度。）为了减小或避免无关因素的干扰，你会采取什么措施？

    C. 如果你准备做一项定量研究，制约研究设计结果可推广性（generalizability）（即外部效度）的因素有哪些？为使研究发现更具推广性，你会采取什么措施？

    D. 如果你准备做一项质性研究，将用什么标准判断研究设计结果的可信度？

5. 抽样

    A. 如果你准备做一项定量研究，描述研究对象的总体特征。

    B. 如果你准备做一项质性研究，描述拟研究的现象和包含现象要素的案例。

C. 明确你的抽样程序和抽样单元。

D. 说明你的样本量，并解释为什么选取的样本量是充分的。

E. 说明样本是否分组，如果分组，描述各小组的特征。

F. 如果你的研究有志愿者参与，说明志愿者的特征是否会影响研究发现的可推广性。

6. 数据收集方法

   A. 对于你计划研究的每一个变量（参见本附录2.C），说明你是否将通过测试、问卷、访谈、观察程序或内容分析测量它们。说明准备利用已有的测量工具，或是需要自己开发测量工具。

   B. 对于上述每一个测量手段，说明将涉及哪些类型的效度和信度，你将如何检验它们。

   C. 如果你准备做一项质性研究，说明数据收集将借助客位视角还是主位视角，或者两者兼而有之；你将如何收集与案例特征相关的数据（参见本附录2.D）；如何确立研究者本人在参与数据收集过程中的角色。

7. 数据分析程序

   A. 如果可能，你会如何使用描述统计和推断统计分析研究中的每一个问题或假设？

   B. 如果你准备做一项质性研究，说明是否使用解释式（interpretational）、结构式（structural）或反思式（reflective）的分析方法。

8. 伦理学与人际关系

   A. 你的研究会给研究参与者带来什么样的风险（如果存在某种风险的话）？你会采取什么措施尽量减少这些风险？

   B. 研究是否需要得到学校科研伦理审查委员会的批准？如果需要的话，描述审查的程序。

   C. 你将如何进入研究现场？如何取得研究参与者的合作？

9. 时间安排

   A. 建立一个时间表，有序地安排研究的所有主要步骤。说明每一步大约需要多少时间。

图2.1　为一份定量或质性研究提案列提纲

通过比较APA指南和图2.1中的提案指南可以看出，它们是十分相似的。正因为如此，遵循研究提案指南不仅将有利于你实施研究的过程，而且还将有助于你准备一份最终的研究报告（例如一篇学术论文或学位论文）以及向期刊提交要发表的文稿。

本章接下来的部分将解释研究提案指南中的每一个部分，并用我们前面所介绍的关于教学一致性的研究问题来示范。

你会注意到，图2.1所呈现的指南明确了一份针对定量研究的提案与一份针对质性研究的提案在许多方面的差异。我们将在本章解释这些差异，而本书的其他章节还会对它们作进一步的阐释。

由于我们在全书各处都会提到图2.1的内容，所以我们把它收录为附录1，以便你能够比较容易地找到它。

研究目的

关于你是否理解了你所提出的研究，一个比较好的自我检查方法就是，尝试用一两句话来陈述你的研究目的。用"为测验而教"这一例子，我们可以这样陈述我们的研究目的：

> 我的研究的主要目的是，确定在多大程度上，教师在设计其课堂教学和评价时配合了州标准与评价。一个相关的目的是，如果教师保证其课程教学一致性，学生是否会在教师的评价与州的评价上表现得更好。

这一陈述既简明又足够细致，可为研究设计提供方向。注意我们使用的是"评价"而不是"测验"，因为评价意味着一个更为广泛的测验范围（例如项目、随笔、课堂表现），而测验则意味着更多的局限（通常都是单项选择题或简答题）。

在你能够以如此简洁的形式来陈述你的研究目的之前，你需要回顾相关的教育文献，包括为教育实践者而撰写的文章与书籍，以及研究报告。你很可能会发现，在重要的主题上有许多出版物，但通常只有少数能够直接影响你的研究设计。你应该深入地讨论这些出版物，以便给读者提供有关这一主题大家所知道的，以及你为了推进相关知识所要探究的内容。

我们在文献中发现了海量的有关教学一致性的研究论文、评论文章以及书籍。其中，一篇研究论文和一本书似乎特别有用。

> Parke, C. S., & Lane, S. (2008). Examining alignment between state performance assessment and mathematics classroom activities. *Journal of Educational Research*, 101(3), 132-146.

Squires, D. A. (2008). *Curriculum alignment: Research-based strategies for increasing student achievement.* Thousand Oaks, CA: Corwin.

包含这些资源的研究都与我们的研究目的有关，因此将有利于我们准备自己的文献综述。

帕克和莱恩（Parke & Lane，2008）指出了现行学校系统是如何试图修改其课程与评估，以增加在这些评估中表现好的学生的百分比。在可以预见的未来，对州标准与评估的强制执行似乎不会消失，因此，如果我们做了一项好的研究，那么它既能够改善教育实践，也能够增加关于教学一致性的研究知识。

研究问题与假设

一个目的陈述对于你希望通过研究而了解的东西提供了一个概要的描述。这一陈述应该得到进一步的阐释，以使其更为具体。通常，通过准备一系列的研究问题可具体化研究目的。下列研究问题就反映了前面部分的研究目的陈述。

（1）教师的科学课教学活动在多大程度上配合了四年级和六年级学生的州科学课评价标准？

（2）教师的科学课课堂教学评估在多大程度上配合了四年级和六年级学生的州科学课评价标准？

（3）那些教学活动较多参照州评估标准的四年级、六年级教师，其学生的州测试成绩，是否优于那些较少参照州评估标准的教师所教学生的成绩？

（4）那些课堂评价较多参照州评估标准的四年级、六年级教师，其学生的州测试成绩，是否优于那些较少参照州评估标准的教师所教学生的成绩？

当我们进行到研究提案中的其他部分时，这些问题将有助于我们选择合适的数据收集与分析的程序。当选择每一个程序时，我们都需要问我们自己，它是否适合于回答我们的研究问题。

上述四个问题是为做一项定量研究而写的。针对一项质性研究提案的研究问题通常会用一种不同的方式来写，因为质性研究者事先并不会确定数据收集与分析的具体方向。他们需要对他们观察到的以及研究参与者告诉他们的东西持开放态度；这些观察与评论经常会为研究提供新思路。

现在让我们考虑一项可能的质性研究提案。假设我们发现一个州正在实施专业发展工作坊以帮助教师们理解教学与评价的一致性，并将其融入他们的备课当中。再假设我们质性研究的目的是，了解教师们在这个一致性计划（即州标准及与其相配套的州评价）中所看到的好处与缺陷，以及他们在尝试改变其课堂教学以配合一致性计划时所遇到的难题。

如果我们选择针对某一学区的专业发展工作坊开展一项深入的质性案例研究，那么以下可能就是关于这一研究目的的一些研究问题的示例：

（1）工作坊期间教师们提到了哪些有关州一致性计划和课堂操作提案的好处与缺陷？

（2）在州官员和工作坊领导不在场的私密场景中，教师们又提到了其他哪些好处与缺陷？

（3）支持州一致性计划的教师与质疑其价值并抵制其在课堂中实施的教师之间，有什么不同？

注意，这些研究问题并没有限制可以使用的数据收集与分析程序的类型。

依据该质性研究的目的，还可以提出其他研究问题。例如，我们可以仅仅关注一所学校，并提出关于各种利益相关者（例如教师、管理者、专家、学生和家长）在一个指定的时期内对州一致性计划反应的研究问题。

在质性研究中，我们通常都会避免事先预测研究发现（甚至不确定所有的数据收集方法），而是让它们自己呈现。因此，我们不大可能在我们的研究提案中陈述研究假设。

回到定量研究提案，我们可能会选择陈述将指导我们研究的研究假设，而不是形成研究问题。简单说来，研究中的**假设**（hypothesis）就是对预期的研究结果的一个预测。例如，我们可提出下列研究问题："那些课堂评价较多参照州评估标准的四年级、六年级教师，其学生的州测试成绩，是否优于那些较少参照州评估标准的教师所教学生的成绩？"

这一问题可以陈述为一个假设："那些课堂评价较多参照州评估标准的四年级、六年级教师，其学生的州测试成绩优于那些较少参照州评估标准的教师所教学生的成绩。"

在考虑陈述研究假设之前，你应该意识到假设其实是来自于理论的一种特殊形式的预测。正如第一章所描述的那样，一个**理论**（theory）说明了一组**构念**（construct）及其相互关系。我们还讲过，构念被认为是观察到的事件和行为之下的结构与过程。例如，智力就是一个构念，因为许多人都相信，智力是一个真实存在却无法观察到的结构，它使得某些学生比另一些学生学得更好。

假设通常更多地运用于基础研究而非应用研究当中，因为基础研究的主要目的是通过发展好的理论来深化我们对现象的集体性理解。一个理论的合理性取决于对由它发展出的假设所做的实证检验。

量化变量与案例描述

一旦确定了研究目的及研究问题或假设（图2.1中的条目1.A、1.B、1.C、1.D、2.A和2.B），接下来的一步就是确定你要研究的变量（在定量研究中）或者案例详情（在质性研究中）。如果变量或案例详情的确定非常困难，这很可能意味着你需要更深入地阅读和思考研究文献。

如果你正在计划一项定量研究，那么你需要明确你要测量的每一个变量。我们会在第七章介绍变量的重要性及意义。现在，你只需要把**变量**（variable）看作你希望研究的具有一定差异的事物。例如，如果学生在一个测验上的分数有差异，我们就可以说学生的测验表现是一个变量。如果所有学生都参加同一测验，而测验自身没有变化，在这种情况下，研究者可以说，这一测验是一个"常量"，而不是一个变量。

前述定量研究的四个研究问题中，有三个主要的变量：

（1）教师的教学活动与州科学课评价的一致性程度（教师之间的教学一致性程度会有差异）；

（2）教师的课堂评价与州科学课评价的一致性程度（教师之间的评价一致性程度会有差异）；

（3）学生们在州科学课评价中的表现（学生之间的测验表现会有差异）。

每一个变量都将会在两个年级水平（四年级和六年级）上得到研究。因此，我们一共有六个变量。

质性研究者通常并不考虑变量，而是选择一个案例或几个案例作集中研究。然后他们会思考要研究案例的哪些特征。我们无法研究案例的每一个方面，而是必须通过确定一定数量的案例特征来聚焦我们的研究，就这些特征收集数据。这一过程将在第十四章中解释。

我们就所提出的质性研究陈述了三个研究问题。虽然州课程一致性计划涉及许多利益相关者，我们还是把我们的案例研究限定在教师的观点上。我们还划定了要研究教师观点的哪些特征，选择检视其对该项计划的两个方面（好处与缺陷）的观点，以及他们的总体态度是支持的还是抵制的。另外，我们选择在两种情境中来收集有关他们观点的数据：公开的工作坊与私下的会面。

第三个问题暗示着对个人特征，以及它们如何影响教师的感知与态度的兴趣。因此，我们需要决定研究个人特征的哪些方面。例如，我们可能会研究他们的人格模式、教养、受教育水平、学术成就、学生观和政治态度。当我们开始收集数据的时候，我们有可能会发现，我们提出了更多的研究问题，这些问题会要求我们考虑对新的案例及其新的特征进行研究的可能性。

文献检索

我们在本章前面曾说过，一项好的研究是建立在对我们希望研究问题的有关文献的深刻理解基础之上的。第三、四、五章将帮助你开展文献综述，以确定一个适当的研究问题，并从包括书籍、期刊文章、机构报告、会议报告和其他媒体在内的文献中了解关于该问题我们目前所知道的情况。

我们在这些章节中介绍专业协会、政府机构和商业出版商为这些出版物所建立起来的引用书目，以及由此组织而成的电子**数据库**（database）。你可以通过使用**搜索引擎**（search engine）和关键词来检索这些数据库。极有可能的情况是，即使还没有学习过研究方法论，但你已经对电子数据库、搜索引擎和关键词很熟悉了。例如，你可能会使用谷歌（Google）、雅虎（Yahoo）和类似的工具去搜索信息。

我们使用一个针对教育者的常用搜索引擎"教育资源信息中心"（Education Resources Information Center，ERIC）去寻找与我们的研究问题相关的研究。我们在ERIC搜索引擎中输入两个**主题词**（descriptor）短语"为测验而教"（teaching to the test）和"教学一致性"（curriculum alignment），它就会给出数百条相关的引用和简短的概括（摘要），而这些都将有助于我们了解已有研究的内容。

无论你是在准备一项研究的提案还是在寻找解决一个实际问题的办法，搜索教育文献的能力都能增加你的专业知识。

研究设计

图2.1所呈现的提案指南中的第四个部分涉及你的研究设计。随着时间的推移，研究者们已经开发出了用于回答他们的问题或检验他们的假设的标准途径（叫作"设计"）。事实上，本书中许多内容都是解释与示范最常用的或是值得一提的研究设计。

为说明研究设计的区别，我们可以考虑这样一个研究问题，即调查教师对一个州授权的教学一致性计划的反应。我们可以运用案例研究设计来对一所学校的几位教师进行深入的研究。我们可以访谈他们，以便广泛地了解他们对该计划的想法。

或者，我们也可以运用实验设计，比较两组教师：一组教师参加了一个工作坊，该工作坊试图帮助他们发展对教学—评价一致性的积极态度；另一组为控制组，教师没有参与该计划。我们使用一个量化量表在工作坊之前和工作坊之后，测量这两组教师的态度。

实验设计与案例研究设计相比并不存在孰优孰劣。两者都是成熟的研究设计，各自都有优势，取决于研究者的喜好、需要和制约因素。各自也都有不同的缺陷。你需要对此有所了解并采取措施避免它们。这就是为什么我们在本书中不仅介绍每种研究设计的特点，也介绍它们潜在的弱点及规避方法的原因。

抽样

要研究你感兴趣的每一个事例，那几乎是不可能的。例如，如果你想调查教师们对于其课堂上实施的州强制测验的反应,你不可能研究整个教师群体。那实在是既费钱又耗时。但是,有办法选择一个样本去代表你感兴趣的总体。通过使用适当的抽样程序,你可以把来自样本的定量研究发现推广至总体。如果你做了一项涉及一个或几个案例的质性研究,你可以考虑你的研究发现对于其他案例的应用性。

图2.1所示提案指南中的抽样部分详细说明了在研究中选择一个样本时所需要考虑的各种因素。定量研究和质性研究中的抽样程序分别在第六章和第十四章中讨论。

数据收集方法

不论你采用何种研究设计,你都需要收集数据。事实上,为回答问题或检验假设而进行的数据收集是研究的精髓所在。经验数据是对我们所研究现象的直接观察。与之形成对比的是,信念、思想和理论都是我们在收集数据后就我们可能的发现所作出的声明。在过去的一个世纪里,我们在医药、工程和其他专业领域所取得的主要进展,大部分是研究者们在收集数据的基础上作出的发现和对信念、思想和理论的检验。

图2.1所示提案指南的第6部分将有助于你确定用于收集经验数据的测量工具,以及如何确保这些测量工具能经受他人的严格审查。

仔细和全面地列出你的变量或案例特征(提案指南第2部分)将非常有助于你对经验数据收集方法的选择。如果你的列表是全面的,那么你将不会在后面阶段气馁地发现,研究的数据收集阶段忘记了测量某个重要的变量或案例特征。

第六章和第十四章分别讨论运用于定量研究和质性研究的一系列数据收集程序。其他章也会介绍一些适用于特定研究设计的测量程序。

数据分析程序

原始数据本身并不会说话。它们需要被分析和解读。因此,你的研究提案应该包括一个有关你计划如何分析数据的部分。图2.1所示提案指南的第7部分提供了一个对需要包含的信息类型的概览。

这一计划将有助于你确定你的研究设计是否会形成能够用统计或质性程序来分析并与你的研究问题和假设相关联的数据。你一定要避免以下情景,即你完成了数据收集后,却发现你的数据不足以或不适于解决你的研究问题或假设。

定量数据的分析涉及统计技术的使用,这些我们将在第七、八、九章介绍。某些质性数据也适合于统计分析,但更多的情况是,你需使用第十四章所介绍的分析技术。其他章也会介绍一些适用于特定研究设计的数据分析方法。

伦理学与人类关系

正如我们前面已经解释的那样,联邦政府要求大多数涉及人类研究的研究项目,在开始收集数据之前,都必须经受机构科研伦理审查委员会的评估。**机构科研伦理审查委员会**(institutional review board,IRB)的目的是确保研究参与者受到保护从而不受伤害或没有受伤害的风险。

机构科研伦理审查委员会将要求你在研究提案中包含一个部分，或者填写一份表格，描述你将如何保护研究参与者。例如，如果数据被公开，那么这些关于研究参与者的数据可能会使其暴露在危险之中。你可以采取措施确保研究参与者的匿名，从而避免这一风险。某些研究有着无法避免的风险，但是，如果风险很小而且该项研究的潜在收益大于风险，那么机构科研伦理审查委员会也可能会容忍它们。

每一个机构科研伦理审查委员会都有各自的研究提案评估程序。如果你正在做一项大学学位所要求的研究，那么很有可能的情况是，该大学就有一个机构科研伦理审查委员会并公布了其审查程序。由于这些程序互不相同，所以我们没有在图2.1所示提案指南中的第8部分详细描述提案准备的这一方面。

你会注意到第8部分还提及了人类关系。你不能想当然地认为，你想找的研究参与者会允许你直接从他们那里或他们的学生、客户那里收集数据。无论你的研究参与者是拥有某种专业角色的个体（例如学校职员）或社区代表（例如一个小区的居民），他们一般都想确认你正在进行的研究得到了他们所尊重的机构的批准。他们还想确认你是值得信赖的，而且会严肃地对待研究参与者和他们所提供的数据。

这样的保证可以由机构科研伦理审查委员会提供，一般它们都会有一个标准格式，以表明对你的研究的认可。这样的保证还可以来自研究参与者所尊重的一个机构的代表，比如以一份公函的形式，表明他们已经研究了你的提案并批准了它。理想的情况是，这封公函还说明了研究的可预期收益，以及谁会受益于你的研究发现。

时间安排

正如你所看到的，一项研究涉及许多步骤。这一工程看起来似乎有些庞大，但是，只要你能做到有条不紊，你就应该能完成一个成功的研究项目。

为能做到有条不紊，分析你研究中的所有步骤并为每一步预估一个完成的时间，将极其有帮助。如果你计划在学校中收集数据，那么这一过程会显得尤为重要。例如，如果你计划从教师那里收集数据，那么你最有可能的是需要在学校开会的时候去做这件事。如果你计划从学生那里收集数据，那么你可能需要在他们没有测验或郊游活动的时候去做这件事。

研究过程中的其他步骤

我们相信，准备一份完备的研究提案是研究过程的核心。一份详尽的提案能够极大地增加一项研究成功的可能性，并使得研究过程中的其他步骤变得容易。接下来我们便介绍这些步骤。

试点研究

对关键的测量工具和程序的试点研究有助于确保研究的成功。例如，如果你计划开发一份问卷、一个测验或其他数据收集工具，那么在正式的数据收集之前，对少数研究参与者进行试点研究将会是有帮助的。你也许会发现某些问题和说明不清晰，或者需要的技能数据收集者或研究参与者不具备。如果有必要，在修改题目或说明时你可以询问这些个体以寻求指导。

理想的情景是，在研究提案准备之前或期间，对关键测量工具和程序实施一次试点研究。如果你能够说明你的测量工具与程序已经进行了试点研究并进行了必要的修改，那么包括机构科研伦理审查委员会在内的提案审查者会更认可地来读你的提案。

如有必要，也可以在提案得到审查与批准之后开展一次试点研究。但是，如果试点研究带来了实质性的变化，你需要将其向机构科研伦理审查委员会提交。

数据收集

大量的教育研究都涉及从人群中收集数据，即使最完美的计划也有可能会走样。例如，假设你的研究涉及对一个班级的学生施行一项测验，那么极有可能出现某些学生因各种原因而缺席的情况。如果不干扰你的时间表，可以选择补做测验。

在研究的数据收集阶段还会有许多其他问题发生。在处理它们的时候你需要作出判断并发挥创造力。比你有经验的研究者能够帮助你设计针对特定情境的最佳解决办法。如果你已经很好地设计了提案，试点测试了关键测量工具和程序，与所有的利益相关者都建立了良好的关系，那么大多数问题都能够得到解决。

撰写一份研究报告

撰写一份包括如图2.1所示项目的研究提案，将极大地方便最后一步的完成——撰写一份研究报告。提案是最终的研究报告的轮廓或框架，提案的许多部分都包含在诸如毕业论文、学位论文、期刊文章和会议论文等最终的研究报告中。如果你所在的大学或其他机构对撰写研究报告有格式要求，那么你只需要遵循即可。

我们发现找到好的研究报告范例，采纳它们的组织方式和风格，是相当有帮助的。如果你正在撰写课程论文、硕士毕业论文或博士学位论文，你可以请求你的指导教师给你推荐一些可作为典范的课程论文、毕业论文或学位论文。

另一种方法就是阅读与你研究类似的已经发表在学术期刊上的文章。阅读五篇左右的文章之后，你就会对适合于正式研究报告的写作风格和格式有了感觉。

许多大学都要求其教育及相关学科领域的学生遵守《美国心理学会出版手册》（2001）中的格式规定。本章前面我们就已经提到了该手册对研究报告的格式的规定。此外，该手册还包含了大量的其他规定，诸如语言偏见、统计符号、表格与图示以及引用书目等。

《美国心理学会出版手册》（2001）大约有400页，看起来有些吓人。我们并不建议你一页一页地研究它。可以先浏览一下目录以便获得一个有关其主题的整体感觉。然后在你准备研究报告的过程中，有诸如如何建构一个表格或者如何准备一份引用文献列表等问题时再去参考它。

关于运用研究提案指南的最后一个提示

关于如何进行一项研究的介绍就到此为止了。当你阅读本书的后续章节时，这一过程的每一步会变得更加清晰。

如果你正计划做一项研究，我们建议，阅读每一章的时候都请回顾图2.1中的提案指南或者另一个适宜的指南。阅读一章之后，思考它的内容是如何与指南中的某个或某些特定部分相关联的。如果它们与你的研究相关的话，请完成这些部分。随着时间的推移，你将会看到你的研究逐步成形。

我们建议你不时向你的研究指导教师展示你不断推进的提案，以便获取反馈并确保你走在正确的轨道上。相对说来，修改一份提案的大纲或者放弃它并重新开始，要容易得多。而费尽心力完成一份精心打造的提案后却发现必须大修大改或必须废弃它，其困难和伤心程度是要严重得多的。

一个范例：为研究提案列提纲

我们创建了两份提案大纲以说明运用图2.1所示的提案指南的过程。这些提案都是为教学一致性的研究而写的。它们与本章已经讨论过的例子在某些方面类似。

第一个提案大纲见附录2.1。它是针对定量研究的。如果你计划运用本书第三部分介绍的某一研究设计来做一项定量研究，这一范例将会对你有帮助。

第二个提案大纲见附录2.2。它是针对质性研究的。如果你计划运用本书第四部分介绍的某一研究设计来做一项质性研究，这一范例将会对你有帮助。

附录2.1　一项描述研究的提案大纲

1. 研究目的

A. 目的陈述

本研究的目的是了解教育者如何调整其课程教学内容，使之与联邦或州授权条件下的测验内容相一致，从而促进学生的学习。

B. 已有相关研究

通过对已有文献的梳理，下列三项涉及定量研究设计的研究，与我们的研究目的尤其相关。我们提供了其文献信息以及每项研究的摘要，正如它们在"教育资源信息中心"（ERIC）数据库中所呈现的那样。

Blank, R. K., Smithson, J., Porter, A., Nunnaley, D., & Osthoff, E. (2006). Improving instruction through schoolwide professional development: Effects of the data-on-enacted-curriculum model. *ERS Spectrum*, 24 (3), 9-23. (ERIC文献号EJ795681)

摘要：基于既定课程数据的教学改进模式经受了采用随机地点试验的实验设计的检验。该改进模式运用基于教学实践和学业成就的数据以指导专业发展和对教学进行重新调整。该模式在美国五个较大的城市学区中的50所学校中进行了实验，每一学区有一半的学校被随机地指派接受一个为期两年的实验。每所学校都成立一个由五至七位成员组成的改进领导小组，其成员包括教师、学科专家和至少一名管理者。首先，领导小组接受关于数据分析和教学领导的专业发展培训；然后，领导小组为其所在学校的所有数学与科学教师提供培训和技术支持。该处理模式的核心前提是，为教师提供关于其教学实践和学生学业成就的数据，教会他们如何使用该数据来明确其教学较之于州标准存在的弱点与差距，并关注学校层面必要的课程内容和课堂实践的专业发展。在实施改进模式的一个为期两年的周期之后，对教学变化的分析表明，该模式有显著的效果。对实施该模式前后的纵向分析也表明，与控制组相比，实验组学校的数学教师在协调其教学与州标准方面有显著改进，而且领导小组中的数学教师较之其他教师有更多收获。

Parke, C. S., & Lane, S. (2008). Examining alignment between state performance assessment and mathematics classroom activities. *Journal of Educational Research*, 101(3), 132-147. (ERIC文献号EJ787815)

摘要：作者描述了对马里兰州数学课堂活动与"马里兰州学习结果"（Maryland learning outcomes）和"马里兰州学校表现评估计划"（Maryland School Performance Assessment Program, MSPAP; Maryland State Department of Education, 1995, 2000）的一致性程度的一项研究。该项研究是一项规模更大的研究项目（S. Lane, C. S. Parke, & C. A. Stone, 1999）的一部分，关注MSPAP对学校、教师和学生的全面影响。作者收集了来自全州经分层随机抽样的250位教师样本的3,948个教学活动、评价活动和测验准备活动，这些教师任教于考试年级（3、5和8年级）与非考试年级（2、4和7年级）。作者描述了用于收集、编码和分析教师课堂活动的方法，包括七种要素：（1）数学过程结果；（2）数学内容结果；（3）学生响应类型；（4）对图表、表格和图形的解释；（5）对教具和计算器的使用；（6）与其他学科领域的整合；（7）与MSPAP的相似性。他们还突出了整体一致性程度的结果，以及不同年级水平和不同活动类型

（教学与评估）的一致性程度的差异。大多数课堂活动都与州评价与标准的方方面面一致。年级之间只有极小的差异。但是，与评价活动相比，教学的一致性程度要高些。这一研究方法对于那些对标准、评价和教学之间的一致性有研究兴趣的教育者和研究者来说，可能是有用的。

Roach, A. T., Niebling, B. C., & Kurz, A. (2008). Evaluating the alignment among curriculum, instruction, and assessments: Implications and applications for research and practice. *Psychology in the Schools*, 45 (2), 158-167. (ERIC文献号EJ783243)

摘要：一致性是指课程预期与评价产生合力，共同为教育者促进学生取得理想学业成绩提供指导的程度。公立学校官员委员会已经明确了三个首选模式作为评价一致性的框架：韦伯的一致性模式、既定课程调查模式和成就模式。每一模式都由一系列概述或描述州标准、大规模评估和某些情况下的课堂教学之间的总体匹配度或相关性的指数所构成。该论文提供了一个关于评价一致性的这些框架及其在教育实践和研究文献中的应用的概览。在介绍了运用一致性对大范围问责系统进行评估之后，该文还讨论了将一致性扩展运用于特殊群体（例如残疾学生和学前儿童）、个体学生和任课教师的潜在可能。这些应用方面的建议能够为促进教师课堂教学改善和学生学业成就改善提供信息。

C. 建立在已有研究基础之上

先前的研究已经发现了有力的证据，即课程与教学及测验内容的一致性改善了学生的学业成就（Blank, Smithson, Porter, Nunnaley, & Osthoff, 2006，前面已有引用）。而且，某些研究还考察了学校中的课程、教学与测验之间现有的一致性程度（Parke & Lane, 2008，前面已有引用）。但是，我们发现还没有对学校改进这种一致性的过程的研究。

我们所提出的研究通过考察加强一致性的过程去拓展先前的研究。

D. 对教育研究与实践的贡献

对其他学校改进倡议的研究表明，改革过程经常会受困于一些难题，而教育者对这些难题的成功解决，会影响倡议被制度化的程度以及学生获益程度。通过考察选定学校的课程一致性调整过程，我们希望能够找出促进或阻碍这一过程的因素。

对这些因素的确定可能会有助于其他学校对增进一致性过程的计划，从而增加其成功改善学生学业成就的可能性。

我们所提出的研究，一旦完成并写成报告，可能会激发其他研究者开展更多针对学校改进的这种具体方法的研究，从而明确如何最好地计划并实施它。

2. 研究问题、假设、变量与案例描述

A. 研究问题

我们有四个研究问题：

（1）有多大百分比的学校致力于课程一致性调整？

（2）就致力于课程一致性调整的学校而言，在各种调整程序中它们最常用的有哪些？

（3）这些组织在计划和实施调整过程时，遇到了哪些问题？

（4）这些组织在处理计划和实施调整过程中的问题时，尝试了哪些解决办法？

B. 假设

与本研究无关。

C. 变量

下面的6.A部分中讨论的调查问卷包括询问一所学校此前两年内在"课程—教学—测验"一致性过程中做了些什么，以及期间的问题与解决办法的题目。

现在，我们假设这些题目包括三个问题（A、B、C），以及相应的三个问题的解决办法（A、B、C）。

在这种情况下，总共有13个变量：

（1）学校开展课程一致性调整的深入程度（一个7分量表）

（2）问题A的发生（一个"是—否"量表）

（3）问题B的发生（一个"是—否"量表）

（4）问题C的发生（一个"是—否"量表）

（5）解决办法A的出现（一个"是—否"量表）

（6）解决办法B的出现（一个"是—否"量表）

（7）解决办法C的出现（一个"是—否"量表）

（8）如果A发生了，那么它的严重程度如何（一个7分量表）

（9）如果B发生了，那么它的严重程度如何（一个7分量表）

（10）如果C发生了，那么它的严重程度如何（一个7分量表）

（11）如果尝试了A解决办法，那么它的有效性如何（一个7分量表）

（12）如果尝试了B解决办法，那么它的有效性如何（一个7分量表）

（13）如果尝试了C解决办法，那么它的有效性如何（一个7分量表）

D. 案例描述

与本研究无关。

3. 文献检索

A. 搜索引擎与索引

就我们的研究目的而言，"教育资源信息中心"（ERIC）搜索引擎是够用的。

B. 关键词与主题词

初步使用ERIC搜索引擎，发现使用"一致性"和"课程一致性"这两个关键词，或者与主题词"成绩增长"和"学业成就"结合起来使用，能够找到与我们的研究目的相关的研究。

C. 已出版的文献综述

下面的文献综述似乎与我们的研究相关。它是一篇期刊文章，内容是关于过去十年中教育者如何开发与研究有关课程一致性的方法论程序。

Beck, M. D. (2007). Commentary: Review and other views—"Alignment" as a psychometric issue. *Applied Measurement in Education*, 20 (1), 127-135.

4. 研究设计

A. 设计的类型

研究问题要求使用定量方法来描述研究设计。第一个问题要求我们确定具有某一特征的学校的"百分比"，即涉及课程一致性的学校的百分比。而其他三个问题则要求我们确定各种调整程序的使用"频次"，调整过程中各种问题发生的"频次"，以及这些问题的各种解决办法的使用"频次"。

B. 对内部效度的威胁

与本研究无关。

C. 对可推广性的威胁

研究将包含来自一个州的随机学校样本。研究结果至少应该可推广至本州的其他学校，也可能推广至具有相似特征的其他州。

D. 判断结果的确定性与可靠性的标准

与本研究无关。

5. 抽样

A. 总体特征

美国的所有学校系统都因《不让一个孩子掉队法》而正经历着需要让学生提高学习成绩。我们的资源不足以支持我们研究所有50个州和美国全境。因此，我们将聚焦于我们所居住的州。未来，我们或者其他研究者可在其他各州重复我们的研究。

B. 案例与现象

与本研究无关。

C. 抽样程序

我们将从我们所选定州的教育部门获取一份本州学校完全名录。然后我们将从中选取三个随机学校样本。具体而言，我们将抽取一个小学随机样本、一个初中随机样本和一个高中随机样本。每一个随机样本的学校数相同。

我们的抽样单位是学校。抽样程序是分层随机抽样，因为我们将从三种不同类型的学校中抽取随机样本。

D. 样本容量

我们没有足够的资源去研究该州的每一所学校。但是，我们希望能够得出可以从样本推广到总体（即该州的所有学校）的足够准确的结论。我们将咨询一位统计学家来确定样本容量，以将统计误差控制在可接受范围内。

E. 抽样分组

正如我们在上述5.C部分中所描述的，样本将包含三个子类：小学、初中和高中。

F. 志愿者的使用

我们当然希望包含在我们的随机样本中的每一所学校都参与我们的研究。如果某一学校不愿意参与，我们会从名录中再随机抽取同一类型（小学、初中、高中）的另一所学校。

我们还将跟踪那些拒绝参与的原始样本中的学校。我们知道，每一所拒绝参与的学校都会成为我们把研究发现推广至目标总体（即该州的所有学校）的一个风险。

6. 数据收集方法

A. 测量工具

我们将采用一个问卷作为我们的数据收集工具。该问卷会邮寄给每所学校的校长，除非该校长在位不足两年。如果是这种情况，那么我们将把该学校剔除出样本，并随机地抽取另一所该州的学校。

问卷将包含一份量表，而校长将据此评估其学校涉及"课程—教学—测验"一致性调整的过程。最低分表明，学校没有涉及调整过程；而最高分则表明，作为一个调整过程的结果，学校的课程与教学—测验实践发生了重大的转变。

问卷还包含一份在关于学校改进的文献中常见的问题（如质疑调整必要性的学校员工）和解决办法（如招聘一名外部顾问）的列表。问卷要求校长对量表中的每一个问题都从0分（没有发生）到7分（它是调整过程的一个重大障碍）进行评估。它还要求校长说明，是否尝试过某个解决办法，如果尝试了，那么就要从0分（无效）到7分（它是推动调整过程继续向前的一个巨大援助）评估其有效性。

问卷还将留有一些空间，以便校长们说明列表中所没有列出的问题与解决办法，并对调整过程作出评价。

B. 效度与信度

我们将请数位没有参与研究的校长，对问卷题目的明晰度及其与调整过程的相关性作出评估。我们将基于他们的反馈对问卷进行修改。

我们将选择研究样本中的部分校长来进行信度检查。我们将要求这些校长中的每一位都提名一位对过去一年学校活动比较熟悉的教育者（如教师或校长助理）。

我们将请每一位被提名的个体完成相同的问卷。如果问卷是可靠的，那么我们应该能在校长的回答与另一位教育者的回答之间发现较高水平的一致性。

C. 主位视角与客位视角

与本研究无关。

7. 数据分析程序

A. 统计分析

我们将计算报告了问卷中列出的三个问题或三个解决办法中每一项的百分比。我们也将报告每一个7分量表的平均分与标准差。我们将分别对每一个子类（小学、初中和高中）都作出这样的分析。

我们将对每一个比率量表分数进行方差分析，以判断小学、初中和高中的分数之间是否存在显著性的差异。我们还将进行卡方分析，以判断这些问题和解决办法中的每一个的百分比在这些教育水平的每一级上是否有显著性的不同。

我们将对校长们就没有包含在我们的列表中的问题与解决办法所作出的评论进行内容分析。我们将确认被提及的每一个问题与解决办法，然后计算其被每一个子类（小学、初中和高中）校长所提及的频次。

B. 质性分析

与本研究无关。

8. 伦理学与人类关系

A. 道德风险

如果对课程调整过程的评价被透露给学校员工和其他管理者，校长们就会觉得有风险。因此，我们将向他们保证，在数据分析和最后的研究报告中他们的身份会一直保密。

我们要报告样本中学校的人口学数据，但是，我们应使用一种让人不大可能把某一具体学校的人口学数据与该学校的校长评分联系在一起的方式。

B. 机构科研伦理审查委员会的批准

该项研究需要一个机构科研伦理审查委员会的审核，尤其是因为它可能会给某些参与者带来风险。我们将确定合适的委员会，并遵循其所指定的程序。

C. 准入与合作

我们认为，各州教育部将会对该项研究产生极大的兴趣，因为他们受联邦和州立法授权，需关心学生学业成就的改善。我们想要获得来自所选择州的教育部的一份信函，内容为赞成我们的研究并鼓励校长们完成问卷。我们会随问卷一并发送该信函。

9. 时间安排

我们将在学年开始几个月后邮寄问卷。尽管校长们总是很忙，但是，与学年伊始相比，这一时期他们可能会空闲一些。

由于邮寄问卷是在学年初期而非末期，所以，我们将会有足够的时间完成后续邮寄，以便增加问卷的响应率。

附录2.2 一项案例研究的提案大纲

1. 研究目的

A. 目的陈述

本研究的目的是了解教育者如何调整其课程教学内容,使之与联邦或州授权条件下的测验内容相一致,从而促进学生的学习。

B. 已有相关研究

通过对已有文献的梳理,下列三项研究与我们的研究目的尤其相关。

Foley, E. M., Klinge, A., & Reisner, E. R. (2007). *Evaluation of New Century High Schools: Profile of an initiative to create and sustain small, successful high schools. Final report.* Policy Studies Associates, Inc. (ERIC文献复制服务号ED498781)

摘要:就学分增长的测量而言,对学生表现的最重要的学校层面的影响是"教学系统的质量",包括教学与政府标准一致性的测量……2005—2006学年度的案例研究和早些时候的评价发现都表明,就新世纪高中(NCHS)各校而言,影响学生学习成绩的因素是相同的。影响因素包括:(1)小规模招生;(2)亲密的师生关系和成人对青年的指导;(3)在学校外的延展学习;(4)对追踪学生表现的数据的使用。

Larson, W., & Howley, A. (2006). *Leadership of mathematics reform: The role of high school principals in rural schools.* Appalachian Collaborative Center for Learning, Assessment, and Instruction in Mathematics. (ERIC文献复制服务号ED498435)

摘要:该专著呈现了对七位挑选出来的校长(在遥远的阿巴拉契亚的学校)的质性访谈结果……校长们的反应揭示出六个类别……(第二个类别是)策略:有两个策略被大多数学校所使用:课程一致性和个性化。

Campbell, T. (2007). *The science laboratory experiences of Utah's high school students.* (ERIC文献复制服务号ED497728)

摘要:该项研究考察了犹他州高中学生的科学实验室经历与国家标准文件中所罗列出的改革要求之间的一致性程度。通过运用定量与质性研究方法,研究结果揭示,关于科学内容的要点,科学实验室经历与国家标准文件之间有一致的实例;而在经历是否强调了科学过程上,并没有同样的一致性。

C. 建立在已有研究基础之上

先前的研究已经发现了有力的证据,即课程与教学及测验内容的一致性改善了学生的学业成就。但是,我们也发现,还没有一项研究考察过实际的一致性调整过程。我们的研究将通过详尽地考察这一调整过程来拓展先前的研究。

D. 对教育研究与实践的贡献

对其他学校改进倡议的研究表明,改革过程经常会受困于一些难题,而教育者对这些难题的成功解决，会影响倡议被制度化的程度以及学生获益程度。通过考察选定学校的课程一致性调整过程，我们希望能够找出促进或阻碍这一过程的因素。

对这些因素的确定可能会有助于其他学校对增进一致性过程的计划，从而增加其成功改善学生学业成就的可能性。

我们所提出的研究，一旦完成并写成报告，可能会激发其他研究者开展更多针对学校改进的这种具体方法的研究，从而明确如何最好地计划并实施它。

2. 研究问题、假设、变量与案例描述

A. 研究问题

我们有三个研究问题：

（1）管理者、教师和专家在计划和实施调整课程内容与教学和测验内容的一致性的过程时，采用了什么样的程序？

（2）在计划和实施调整过程时，这些群体遇到了哪些问题？

（3）在处理计划和实施调整过程中的问题时，这些群体尝试了哪些解决办法？

B. 假设

与本研究无关。

C. 变量

与本研究无关。

D. 案例描述

我们计划聚焦于：（1）调整过程中所产生的问题以及问题是如何获得解决的；（2）获得一致同意的调整程序和产品以及没有达成一致的调整程序和产品。

3. 文献检索

A. 搜索引擎与索引

就我们的研究目的而言，"教育资源信息中心"（ERIC）搜索引擎是够用的。

B. 关键词与主题词

初步使用ERIC搜索引擎，发现使用"一致性"和"课程一致性"这两个关键词，或者与主题词"成绩增长"和"学业成就"结合起来使用，能够找到与我们的研究目的相关的研究。

C. 已出版的文献综述

我们没有找到有关"课程—教学—测验"一致性的文献综述。

4. 研究设计

A. 设计的类型

研究设计为一个案例研究。该选择是基于我们对课程调整过程进行深度描述的期望。我们希望从那些直接参与课程调整过程的人的角度深入地理解少数几所学校的经历，而不

是泛泛地了解多所学校的经历。

　　B. 对内部效度的威胁

　　与本研究无关。

　　C. 对可推广性的威胁

　　我们使用志愿者样本的计划可能会限制我们的发现对于其他经历课程调整过程的学校的可应用性。我们会对学校特征作集中描述，以帮助阅读我们最终研究报告的读者们决定我们的发现是否可应用于他们的情境。

　　D. 判断结果的确定性与可靠性的标准

　　我们通过记录下研究过程中收集到的所有数据、数据收集中牵涉的个体以及数据收集的日期而建立起一个证据链。数据分析中所确定的构念和主题将与数据源中推导出它们的特定案例相关联。

　　我们将就课程调整过程中所发生的关键性事件撰写详细的短文，以使课程调整过程对于该项研究的读者们来说变得清晰和真实。我们还将请几位参与课程调整过程的教育实践者阅读研究报告并依据其对他们的合理性与有用性来进行评价。他们的反馈将用于对研究报告进行修改。

　　数据收集的主要方法是访谈、对关键事件的直接观察以及对课程调整过程中所产生的作为该过程一部分的文档的查阅。所收集到的数据将用于分析是否产生了我们在课程调整过程中所确认的构念与主题的确凿证据。

　　数据编码合理性的检查方法是由几位研究者对数据样本进行编码，以确定他们是否从这些样本数据中推演出了相似的构念与主题。

　　访谈数据、观察数据和选择用于分析的文件的合理性的检查方法是选择几位研究参与者，对其准确性、误差和完整性进行检查。

　　为确保数据收集的完整性，我们将持续与研究参与者一起检查是否找到了所有涉及课程调整过程的个人，以及是否找到了所有导致课程调整过程倡议和课程调整过程本身的相关事件。检查将包含我们所找到的个人和事件的列表，并把这一列表呈现给样本的参与者，询问他们该列表是否遗漏了任何个人或事件。

5. 抽样

　　A. 总体特征

　　与本研究无关。

　　B. 案例与现象

　　我们所感兴趣的现象是学校层面上实施的课程调整过程，当然，我们明白学区和州层面的行政官员会对其产生影响。因此，我们的案例是一所涉及这一过程的学校。

　　C. 抽样程序

　　因为本研究需要集中的数据收集，所以，我们只选择一所学校（案例）。抽样策略就是选择一个典型的案例，对我们而言就是某所最近在学校变革方面既不是学区领先者也不是落后者的学校。

我们认为，这一抽样策略能使我们找到来自一项课程调整过程的典型（而不是非典型）的问题、解决办法和产物。某种程度上，抽样还涉及一个便利策略，即我们将从研究者工作场所附近的学区选择这样的一所学校。这种近距离将使得研究者能够经常深入学校收集数据，并做有效性检查。

D. 样本容量

我们将只选择一所学校做案例研究。但是，样本包括了学校、社区、学区以及涉及该校课程调整过程的其他机构中的每一个人。

E. 抽样分组

该项研究中的参与者将被挑选出来以代表课程调整过程中所有的利益相关者。已知的利益相关者包括学区层面的专家、校长、课程调整团队中的教师，以及不是调整团队成员但却受调整结果影响的教师。

如果在研究进展过程中确定了其他利益相关者，那么他们也将被邀请参与该项研究。如果一个利益相关者群体成员数量过大，那么就需要从中有目的地选取一个样本。

F. 志愿者的使用

我们需要确定这样的一所学校，即它有一项开展"课程—教学—测验"调整过程的授权，但却还没有开始这一调整过程。我们将在我们的工作场所附近确定几所这样的学校，然后咨询它们志愿成为研究参与者的意愿。

样本志愿者的性质可能会限制其对其他经历课程调整过程的学校的可推广性。为此，我们将提供对该学校特征的集中描述，以帮助阅读我们最终研究报告的读者们决定，我们的研究结果能否应用于他们的境况。

6. 数据收集方法

A. 测量工具

案例研究是探索性的，所以我们将使用采集大范围数据的测量方法。

我们应对课程调整过程中的重大事件进行观察并作记录。这些记录将提供一个基础，从而就某事件发生过程中的具体事例而对事件参与者进行访谈。

如果即将发生的事件事关重大，那么我们会尽量把它们录下来。我们将与事件参与者一起观看录像，以便观察事件展开时他们的感受。

我们还将访谈那些没有直接关涉事件但却受其影响的利益相关者。我们还将收集课程调整过程中利益相关者们所准备的重要文件。

B. 效度与信度

一名研究者将是主要的观察者和访谈者。但是，另一名研究者间或也会观察同一事件，以作为对观察者间信度的检查。而且，另一名访谈者还将访谈拥有相同视角的研究参与者（如同一年级的两位教师），以判断是否两位访谈者都提问了设定的问题和收集到了相似类型的数据。

C. 主位视角与客位视角

数据收集程序将聚焦于主位视角，也就是利益相关者们经历课程调整过程时的视角。

收集数据的研究者不参与课程调整过程。他们将保持一个支持性的视角，但主要扮演观察者。如果要询问他们的观点或建议，那么他们将推迟回答。

7. 数据分析程序

A. 统计分析

我们并不预期我们会收集定量数据。

我们可能会报告学校层面的学区或州授权的标准化测验的结果。这些结果可能会由某机构作统计分析。

B. 定性分析

我们将会使用数据分析的解释性方法。访谈和观察数据将会被输入计算机文档，并使用"人种学"软件程序来分析质性数据。我们关注的是确定与问题和问题解决过程相关的构念、主题和模式，以及调整程序和产品。

8. 伦理学与人类关系

A. 道德风险

课程调整过程中的某些参与者可能会觉得，如果他们在访谈期间批评课程调整过程，可能会引起同事和管理者的不悦。

另一个风险是，在与课程调整过程相关的会议上，研究者的在场可能会影响与会者的言谈与行为。

我们将向参与者们保证，所有参与者的身份都会保密，以降低风险。而且，我们还将向参与者们保证，他们向我们所作出的任何评论都不会被转达给任何人，除了直接参与该项研究的研究者。

B. 机构科研伦理审查委员会的批准

该项研究需要一个机构科研伦理审查委员会的审查，特别是因为它给研究参与者带来了风险。我们将确定合适的机构科研伦理审查委员会，并遵循其所设定的程序。

C. 准入与合作

我们将会首先与学校董事会、当地学校管理者和当地教师协会的代表们会面。如果他们欣赏该项研究的价值，以及我们所描绘的降低研究参与者风险的安全保障措施，那么，他们的支持应该有助于我们获得教师和直接参与该项研究的其他人的合作。

而且，我们将告知研究参与者，他们可以在任何时候表达他们对数据收集或者其他研究事项的担心。我们会告诉他们，我们可以在一定程度上对研究设计进行适当的调整，但要以无损该项研究的总体目标和完整性为前提。

9. 时间安排

我们对课程调整过程中的最初几个阶段特别感兴趣。这些最初的阶段一般发生在计划小组召开会议和开展工作坊的夏季。因此，我们需要在夏季之前获取所有必要的许可，并细化我们的数据收集程序。

根据我们的资源，我们可能需要把数据收集限定在夏季的几个月内。如果资源许可，我们会在新学年开始后继续收集数据，直至寒假。

自测题

1. 旨在重现已有研究发现的一项研究_____。
   A．对研究文献没有增加有价值的东西
   B．对研究文献而言是一项有价值的贡献
   C．应该仅仅由报告最初研究发现的研究者来施行
   D．对理论建构很重要但对像教育这样的应用领域并不重要
2. 你感兴趣的研究领域中的文献综述_____。
   A．只有在你确定研究问题之后才应该去阅读
   B．通常在你确定研究设计之后才应该去阅读
   C．在你试图解释你的数据分析结果时是最有用的
   D．对你想出自己的研究项目特别有用
3. 研究假设是_____。
   A．对于在分析研究数据时你预期发现的东西的预测
   B．对能够最好地描述你的研究数据的构念的陈述
   C．在施行一项重复研究时尤其有用
   D．在应用研究中非常有用
4. 下列哪一个是有关变量的最佳例子？_____
   A．研究样本中的所有学生都将阅读一本历史教科书中的同一章内容
   B．一名研究者将研究一位教师在整个一学年内对学生作文的书面评价
   C．一名研究者将测量学生在学业自尊方面的个体差异
   D．一名研究者陈述一个关于班级规模与学生开小差行为的关系的假设
5. 如果一名研究者对教师如何看待自闭症学生感兴趣，那么案例描述对于以下哪一项特别有用？_____
   A．访谈和课堂观察而言，确定教师观点中的哪些特征是关注的焦点

B. 确定研究中要包括多少教师

C. 排除在教学反思方面有困难的教师

D. 以上所有情况

6. 搜索引擎、数据库和主题词对于以下哪一项最有用？_____

   A. 进行复杂数据分析

   B. 进行文献综述

   C. 确定量化研究和质性研究哪一个更适合于回答你的研究问题

   D. 确定哪一种抽样程序能获得最恰当的样本容量

7. 数据分析程序_____。

   A. 对于一项定量研究而言，应该在研究提案中详细说明

   B. 对于一项质性研究而言，应该在研究提案中详细说明

   C. 仅仅是研究过程的一部分，无法在研究提案中详细说明

   D. 能在研究提案中详细说明，即便还没有收集任何类型的数据

8. 一个机构科研伦理审查委员会（IRB）的主要功能是确定研究提案是否_____。

   A. 在所有方面都遵循《美国心理学会出版手册》

   B. 遵循由研究者所在大学或其他已出版的提案指南中的所有规定

   C. 包含了能够避免或最小化对研究参与者的伤害的程序

   D. 包含了使研究参与者最大可能的忠实执行的具体程序

9. 试点研究和时间安排_____。

   A. 最好作为撰写研究提案过程的一个部分而完成

   B. 对于试图重复先前研究发现的一项研究而言，不是必要的

   C. 是机构科研伦理审查委员会所要求的

   D. 仅仅对于将要使用定量研究方法论的研究来说是有用的

10. 如果一项研究有执行诚实度，这就意味着_____。

    A. 它已经通过了机构科研伦理审查委员会的审查并得到其批准

    B. 研究参与者以研究者指定的方式遵循了研究程序

    C. 每一位研究参与者都签署了一份声明，表明其会遵循研究者所指定的程序

    D. 研究提案中所明确的每一个变量或案例特征都已经得到测量了

本章参考文献

American Psychological Association. (2001). *Publication manual of the American Psychological Association* (5th ed.). (2001). Washington, DC: Author. 另见：www.apastyle.org.

Gardner, W. (2008). Good teachers teach to the test. *Christian Science Monitor*. 检索自：www.csmonitor.com.

Isaacson, W. (2007). *Einstein: His life and universe*. New York: Simon & Schuster.

Kelly, A. E., & Yin, R. K. (2007). Strengthening structured abstracts for education research: The need for claim-based structured abstracts. *Educational Researcher*, 36(3), 133-138.

后续学习材料

Henson, K. T. (2003). Writing for professional publication: Some myths and some truths. *Phi Delta Kappan*, 84(10), 788-791.

作者提供了有关如何准备一份可能出版的稿件以及如何选择一份可能接受该稿件的合适杂志的建议。文中还包含了一个包含众多教育杂志列表，并附有诸如拒绝率以及如何与杂志编辑联络的信息。

Kilbourn, B. (2006). The qualitative doctoral dissertation proposal. *Teachers College Record*, 108(4), 529-576.

该文章将给你提供有关撰写一份质性研究提案的思路，不论是针对学位论文、论题、课程的要求还是其他目的。作者提供了准备一份提案的各部分的建议，诸如明确研究问题、撰写文献综述、提供理论视角以及选择数据收集方法。作者还列举了若干来自真实的质性研究提案的例子。

Krathwohl, D. R., & Smith, N. L. (2005). *How to prepare a dissertation proposal: Suggestions for students in education and the social and behavioral science*. Syracuses, NY: Syracuse University Press.

本书是一本有关准备学位论文提案的经典教材的修订版。尽管其针对的读者是博士生，但正在准备一份任何类型的研究提案的人都会从中获益。

— 第二部分 —

应用研究文献发现实际问题

第三章
开展并撰写你自己的文献综述

■重要观点

1. 一份学术期刊的质量部分地取决于它是否实行同行评审以及它的编委会的声誉。

2. 一份正式的文献综述能够帮助你：（1）增长关于某一个教育主题或实践问题的专门知识；（2）为自己的研究选择或开发研究方法；（3）确定一个其他研究者认为有意义的研究问题。

3. 建构与你的研究问题相关的具体研究问题或假设，将有助于你集中文献检索，并因此降低信息过量的风险。

4. 你感兴趣领域中的搜索引擎、文献索引和专家能够帮助你极大地提高文献检索的效率和有效性。

5. 先阅读二次文献出版物将有助于你对关于某一个教育主题或实践问题的现有研究知识有一个较为宽泛的理解，然后再阅读一次文献出版物以获取对这些知识的更为深入和更为细致的理解。

6. 获取某一出版物复本最方便的方法之一便是，在你的电脑上以PDF文件格式（参见第四章）把它下载下来。

7. 在为文献综述选择相关出版物时，你应该建立类别，并把它们加以归类；而这些类别将有助于你决定先阅读哪些出版物，以及如何整合其研究发现。

8. 一份文献综述报告一般包括四个部分：（1）导言；（2）检索结果的介绍；（3）讨论；（4）参考文献列表。

9. 在撰写文献综述报告时，你应该尽可能客观地呈现文献检索结果；但在讨论部分，你应该提出对检索结果的个人解释，并提出你对未来研究与实践的建议。

10. 如果你正在为一所大学或其他研究机构撰写一份文献综述，那么你需要了解它对参考文献列表的文献格式要求。

> **关键术语**

文献引文（bibliographic citation）
图表短文（chart essay）
列表服务器（listserv）
实行同行评审的期刊（peer-reviewed journal）

一次文献（primary source）
搜索引擎（search engine）
二次文献（secondary source）

在本章和接下来的两章，我们将介绍关于教育主题或实践问题的文献综述的程序。当然，我们也将介绍文献综述的两种类型，即正式和非正式的文献综述。

我们的起点就是对我们所使用的"文献"这一术语的含义的解释。从字面意义上说，任何书面的文件都可被视为文献。然而，在教育研究背景下，文献意味着权威性。我们可能认为期刊文章、报纸文章或书籍具有权威性，因为其作者通常都会被认为是其所撰写主题方面的专家。

如果研究论文发表在**实行同行评审的期刊**（peer-reviewed journal）上，那么它们一般会被认为更具权威性，这种类型的期刊中，同行就是权威，他们将审阅研究论文原稿并决定其是否值得发表。审阅者可能会毫不客气地直接拒绝原稿，或在其依据审阅意见与建议修改后接受它。基于其主编与编委会的声誉，期刊会被认为更具权威性或更少权威性。期刊一般都会在每期刊物的前面列出这些人员的名单及其所属机构的名称。

你可以运用本章所介绍的程序去检索任何出版物。但是，我们要强调的是那些用我们刚才所描述的观点来看具有权威性的出版物。

非正式的文献综述

文献检索有着不同的目的与深度。例如，假设你听到了一则有关学校网络欺凌的新闻报道，它引起了你的好奇心。你可以问自己如下几个问题：

（1）准确地来讲，网络欺凌究竟是什么？
（2）学校网络欺凌的实例有哪些？
（3）它是我们当地学区的一个问题吗？

一个满足你好奇心的快捷方法便是用"谷歌"检索"网络霸凌"（cyberbullying）这个词。因为我们也对这个词感到好奇，所以我们在2009年1月18日使用了"谷歌"搜索引擎。它列出了286,000个网址。我们进入其中的一个网址，http://en.wikipedia.org/wiki/Cyberbullying，该网址有一个关于该主题的百科全书条目。

该条目足以满足我们对前两个问题的即时好奇心。要回答第三个问题，我们很可能需要与学区的教育者进行交谈。但是，我们也应该考虑这样一种可能性，即如果网络霸凌是我们学区的一个问题，那么本地报纸很可能已有文章报道。为找出报道文章，我们需要检索报纸文献。实际上，我们再一次运用了"谷歌"来完成检索。我们输入"网络霸凌，尤金，注册后卫"（"注册后卫"是我们当地报纸的名称）。"谷歌"列出了170个网址，其中有些网址就直接与我们的第三个问题相关。

正式的文献综述

非正式的文献检索，就像我们刚刚所描述的那样，是了解许多实践问题的一个既快捷又实用的方法。但是，本章和接下来的两章的主要关注点是学术性的文献综述。做这些正式的文献综述一般都出于两种目的。

一种目的是评阅文献以发展关于某一具体教育主题或实践问题的已有知识的个人理解。为自学或者为完成某一课程或学位之要求，你可能会做这类文献综述。我们将介绍能够使你完成这种类型的高质量的文献综述的程序。

另一种做正式文献综述的主要目的是启动你自己的研究计划。如果你正在考虑研究计划，那么做任何研究的理由就是给某一具体问题或主题的已有知识添砖加瓦。如果你对该具体问题或主题一无所知，那么你将无法确定你是否会为其研究知识作出任何贡献。毫无疑问，我们想要在我们的研究当中避免这样的难堪局面，即所断言的一个新发现却只是已有文献中所报告过的相同的研究结果。

因此，正式的文献检索就会告诉你，关于你试图探究的问题，人们已经知道了多少。同样重要的是，文献检索还会让你知道其他研究者已经使用过的研究设计、抽样方法和测量。你可以采用或改编它们以为自己的研究服务，这样一来，你就可以节省从头开始开发自己的研究程序和材料所需的大量时间。不仅如此，研究者们还会经常讨论其研究的局限，而这些就为进一步的研究提供了一个切入口。你可以在自己的研究当中专注于这些难题，并由此而为探索这一具体问题作出重要贡献。

最后，但至少同等重要的是，正式的文献检索将有助于你明确一个值得研究的研究主题。在其报告的讨论部分，研究者们通常都会明确指出那些需要进一步探究的问题。如果你正在学习如何做研究，那么阅读近期研究报告的讨论部分，将能够为你提供一个好的开端。你可以从许多有经验的研究者那里学到，研究哪些问题会促进研究知识的发展。如果研究这些问题中的一个，你的研究旅程将会得出有助于改善教育实践的发现。

做正式文献综述的一个系统程序

只要运用一个系统程序，作出一份好的文献综述是比较容易的。我们将要讨论的系统程序包括一系列的步骤，而这些步骤都将在图3.1中得到概述。本章将对其每一个步骤都进行探讨，而在第四章和第五章中也会偶尔提及这些步骤，这些步骤的某些方面在那里将会得到更为细致的探讨。

> 1. 将你的信息需求建构为可以引导你进行文献检索的一组问题或假设。
> 2. 与能够直接回答你的研究问题或能够就有关出版物给你指导的专家们联系。
> 3. 选择能够有助于你确定研究问题的相关出版物的文献索引和搜索引擎。
> 4. 阅读二次文献（即已发表的文献综述）以便获得对相关出版物的概观，以及设计自己的文献综述的基础。
> 5. 阅读并评估与你的研究问题相关的一次文献。
> 6. 对与你的文献综述相关的已确定的出版物进行有意义的分类。
> 7. 就你的文献查阅结果准备一份报告。
>
> 图3.1 撰写一份正式的研究文献综述的系统程序

第一步：建构引导文献检索的问题

身处信息大爆炸的时代当中，我们是很容易迷失方向的。就连简单地在"谷歌"检索一下"网络欺凌"，你都会获得成千上万的网站信息。为避免信息过载，你需要集中力量进行文献检索。方法之一便是思考你的信息需求，并把它们建构成就像下面的例子所示的那样一组问题。

案例一：一位小学教师非常关注学生在校内与校外的斗殴现象。她听说已有为学校而开发的管理愤怒和解决冲突的项目，想了解它们。她设想了如下这些问题以引导其文献检索：（1）如果有的话，那么有哪些管理愤怒和解决冲突项目是针对小学阶段而开发的呢？（2）这些项目有什么特点？（3）有表明其有效性的证据吗？

案例二：为更好地了解全州针对特定年级水平的强制性学生学业成就测验的计划，某校督学委员会与州教育部门的官员见面，并表达了他们对测验项目的若干关切。教育部门的官员和督学们一起工作并建构了州教育部门也在寻求解答的若干问题：（1）实行强制性测验项目的其他各州都做了哪些工作以确保测验能够准确地反映学校课程？（2）他们还做了哪些工作以确保测验能够得以公平地实施与评分？（3）在测验中没有达到州标准得分的学生比例有多大？（4）如果有的话，那么这些州都开发了哪些补救项目以帮助这些学生？（5）这些补救项目的效果如何？

案例三：一位来自亚洲国家的教育者在美国一所大学攻读硕士学位，并想了解她能够运用于她在本国所经营的一所私立学校的教学方法。她对将英语作为第二语言（ESL）进行教学的最新教学方法尤其感兴趣，这也是其硕士学位论文的主题。因此，她设计了如下一些问题：（1）目前美国中小学中运用于ESL教学的教学方法有哪些？（2）如果有的话，这些方法的理论基础是什么？（3）这些教学方法的效果如何？（4）为有效地使用这些教学方法，需要特定的教学资源吗？

引导文献检索的问题建构会因情况的不同而有所不同。例如，当你开始阅读由最初的文献检索所确定的出版物时，你可能还会提出希望解答的新问题。这些问题可以添加到你最初所建构的问题当中，并据此来重新确定你的文献检索方向。

另一种可能的目的是，寻找证实或否定你所感兴趣的某一知识主张的研究证据。例如，你可能会认为，如果学生们在考试的时候没有时间限制的压力，那么他们在大学里的表现可能会好很多。在这种情况下，你进行文献检索的目的就是要寻找支持这一观点的研究证据，而不是去解答某一个问题。

第二步：咨询专家

教育工作者也会在急需信息和建议的时候求助于专家。当然，专业顾问常常是收费的。然而，如果你的信息需要极为明确集中而又能很快解决，许多专家出于职业礼貌还是乐于免费帮助你的。他们常常愿意——甚至迫切地告诉你他们的观点，并且能够把你指向与你的信息需求相关的重要出版物。有了他们的专业知识作为最初的框架，你可以更有信心和效率地进行文献检索。

你所在社区的教育工作者们也许认识你感兴趣领域的专家，或者他们能够把你介绍给可能认识这样的专家的某些人。例如，俄勒冈州波特兰市一位中学校长近来准备实行大课时制，这种课时安排与传统的课时安排相比，课的节数减少，但每节课的时间延长。他需要关于如何最好地实施大课时制的信息，以使教师们"买他的账"，而且也能有助于学生的学习。

他向一位教师提及了自己的信息需要，此人便给我们打来了电话。我们不是大课时制实施方面的专家，但是我们认识一位这样的同事。我们把这位校长介绍给了我们的同事，他就可以从我们的同事那儿得到这方面的指导。这样，在检索这种课时制实施情况的文献之前，他就有了充分的背景信息。

联系你所在区域外专家的一个好办法是通过互联网发送电子邮件。你可以用各种搜索引擎来帮助你找到你希望交流的各类人或某个特定的人。如果你知道这个人的所在机构，你就可以通过登录机构网站和搜索来找到他的相关信息。

教育者们已经建设了许多计算机网络系统，通过这些系统，用户可以进行网上讨论或发布各种类型的信息，如会议通告和对用户观点和经验的征集。这些互联网上的网络系统被称为电子公告板（bulletin board）或论坛（discussion forum），由一个叫作**列表服务器**（listserv）的计算机软件程序来管理。有些网络系统有主持人，有些则没有主持人，这种区分主要取决于是否有人监控上传的信息，以决定哪些内容可以发布。

第三步：使用文献索引和搜索引擎

教育文献有成千上万种出版物：书、期刊、学术报告、会议论文、课程标准等。即使把你要选择搜索的出版物年限限制在过去的五至十年间，你需要检索的文献数量也有可能是巨大的。因为这个原因，专业的期刊和出版者创设了文献索引和搜索引擎来帮助你找到与你的主题或研究的问题最为紧密相关的出版物。

文献索引是有关一个特定主题或若干主题的出版物的列表，一般是按照作者或标题的字母顺序进行排序的。索引一般以图书形式出现，现在越来越多地以网站形式出现。**搜索引擎**（search engine）是以用户自定义的标准在数据库中查找出版物或其他信息的软件。第四章将会介绍多种文献索引和搜索引擎，你可以运用它们来检索相关出版物的引用情况。文献索引和搜索引擎的区别在于其出版物的数据库和进入数据库检索相关出版物的程序。

文献索引和搜索引擎的数据库中关于每种出版物的信息量也是不同的。每种出版物的详细条目有时被称为**文献引文**（bibliographic citation）。大多数引文包括作者的姓名、出版物的标题、出版单位和出版日期。如果出版物是期刊，那么其页码也会包括在内。一些文献引文还包括出版物信息的一个简短的摘要。

文献索引和搜索引擎一般包括二次文献和一次文献的出版物。我们将在后面章节讨论它们之间的重要区别。

第四步：阅读二次文献

一旦你确定了想通过文献查阅来解答的问题，最好去阅读一些二次文献，以便对别人在这方面所做的研究有一个总的认识。**二次文献**（secondary source）是作者对其他人所提出的研究、理论、教育的实践与方案等所做出的评述。

第四章所介绍的二次文献中有一些是关于诸多教育主题的文献评述。《教育研究百科全书》是这种类型的二次文献的例子。其他的二次文献更为专业化，它们只关注一个主题或一些相关主题，《多种文化教育研究手册》就是这种二次文献的例子。

在第四、五章中，我们将把对二次文献的讨论重点放在已经出版的研究文献的评述上。但是我们也会讨论其他种类的二次文献，譬如对教育项目、课程指南与材料、测验、测量等的评述。

第五步：阅读一次文献

与二次文献相比较而言，**一次文献**（primary source）是由实际从事研究工作的人所撰写的出版物，而出版物所探讨的就是他们所开展的研究工作。一次文献的样例包括：报告作者所进行的研究工作的期刊文章；以作者原有编写形式所呈现的课程指南；以作者原有撰写形式所呈现的反思和体验日记；描述作者就某一特定教育现象或实践所持观点的报告。

简而言之，如果说二次文献是由作者A根据作者X、Y、Z的作品而写就的出版物，那么，一次文献就正是作者X、Y、Z的作品。

有时候有必要直接阅读一次文献，而不应该仅仅依赖于二次文献对一次文献的总结。譬如，如果你打算开展一项教育研究，并以硕士学位论文或博士学位论文的形式来报告这一研究，那么该研究报告就必须包含一份相关的文献综述。文献综述必须包括对一次文献的详细分析，并说明它们与你所研究问题的联系。

其他情形也可能要求你阅读一次文献。假设你阅读了一份二次文献，此文献回顾了与某一项目相关的研究发现，而此项目正是你想让你们学校或其他组织所采纳的。由于这一研究发现在说服他人采用这一项目时会发挥关键作用，因此，你会非常乐于阅读提出这一研究发现的一次文献本身，而不是只依赖评述这些研究的二次文献。

同样的道理，你也会非常乐于阅读项目开发者所撰写的项目资料和文件（即一次文献），而不想依赖他人在二次文献中对这些内容的描述。因为与一次文献相比，二次文献不可避免地会对研究或开发过程进行一个简单化的处理。一般而言，二次文献的作者对项目的细节也不会太熟悉，所以就有可能会产生忽略或误报的情况。

在图书馆查阅一次文献或者通过馆际互借借阅一次文献是比较耗时的。如果通过这种方式所获取的文献与你的信息需求毫不相关，可能更是一件令人沮丧的事情。为了避免这个问题，你需要对文献引文中的摘要部分进行仔细研究。这些摘要通常包含了足够的信息，使你能够决定特定的某些出版物是否与你的信息需求相关。

如果你正准备阅读一系列研究文献，那么一个较好的想法是从最近期的文献开始。大多数近期研究都会运用以往的研究作为其研究基础，因此，它们可能会有助于你理解人们对所研究的问题已经了解了多少，而且会使你更容易地阅读早期的研究文献。

大多数教育研究报告都遵循《美国心理学会出版手册》的样式，正如我们在第二章中所描述的那样。其样式如下所示：

（1）标题、作者及其联络信息；
（2）摘要；
（3）导言：研究问题、具体问题与假设、文献综述；
（4）方法：研究样本、测验与其他测量方法、数据收集过程；
（5）结果：统计程序与结果、质性分析与描述；

（6）讨论：研究问题的解答，研究假设的论证或反驳，对研究文献的贡献，研究结果的实践运用，进一步研究的建议；

（7）参考文献：报告中引用的出版物；

（8）附录：不宜包含在研究报告主体部分中的有关研究测量、研究材料和研究程序的更为详细的描述。

研究论文可能会使用稍有不同的标题或添加副标题，但是一般来说变化并不大。因此，一旦你学会了针对期刊的美国心理学会出版物的样式，那么你就能够更为有效地阅读研究文章并且更为快速地寻找到特定的信息。

获得一次文献和二次文献的复本。你可能会发现你需要的一次或二次文献只有图书馆有，或者只能从图书馆借很短的时间。遇到这种情况，你可以对这些文献做笔记，而这些笔记就文献综述的撰写和其他使用而言很可能就已经足够了。但是，如果这个出版物对你的研究很重要，那么你就应该考虑复印它。虽然复印需要花钱，但是比你为了查阅该出版物的某些细节而反复去图书馆要更为划算。

另一个选择就是，如果你有扫描仪、电脑和扫描软件的话，那么你可以对出版物进行扫描。但是，如果出版物是装订在一起的，不能平铺在扫描仪的扫描面上，那么扫描就会很困难或不可能。

如果可以的话，最好的选择是使用与出版物复印服务相关联的搜索引擎。我们将在第四章介绍这一功能。简而言之，它涉及用搜索引擎确定相关出版物，然后链接到可以免费或少量付费获得的电子复本资源。

第六步：将出版物分为有意义的类别

在研究从文献检索中获得的出版物时，你应该考虑对它们进行分类。譬如，假定为了帮助你们学校系统地规划一个管理层所使用的员工培训课程，你正在查阅文献。在你阅读文献的时候，你可能会注意到有些出版物只涉及学校的管理人员，而其他的则涉及工商业界的管理人员或一般的管理人员。

这样的观察意味着我们可以将这些出版物划分为三个类别：（1）学校管理人员；（2）工商业界管理人员；（3）一般管理人员。你还会发现不同类别的出版物所论及的员工培训目的也会有所不同，这将引导你在每一个主要类别之下形成如下子类：（a）帮助管理者提高士气的员工培训；（b）帮助管理者缓解压力并保持健康生活方式的员工培训；（c）帮助管理者改善组织效率的员工培训；（d）为其他目的而进行的员工培训。

在阅读从文献检索中所查询到的与你的研究主题或问题相关的出版物时，做好分类将有助于你确定阅读的先后次序。确定好的分类也将有助于你将检索结果组织成有意义的组群，而这些组群也将有助于你撰写文献综述报告。

如果你为每一种类别都进行了编码，那么使用它们就会更加容易。这些编码可以写在文献目录卡片或出版物的复印件上面。另一种做法是把编码作为主题词输入诸如Endnote或Procite目录软件当中（第四章介绍）。

第七步：撰写文献综述报告

虽然在准备一份文献综述时要做大量的工作，但当它以一篇典型的期刊论文出现时一般都会比较简短。阅读研究期刊上的某些论文将会给你提供一个有关如何撰写文献综述，以及如何使文章的整体结构适宜的认识。一般而言，重要的研究与研究趋势都会在文章的导言部分找到。这些话题通常还会在讨论部分再次提及，即本研究发现对已有研究文献的贡献有哪些。

一份文献综述的构成与表达

一些大学把完成一份正式的文献综述作为获得学位的要求。当然，文献综述本身可能就构成了一篇论文或学术论文，特别是当它涉及关于研究问题的研究证据的一个详尽的搜索并使用了一个诸如元分析（第五章介绍）这样的正式分析程序时则更是如此。文献综述一般由以下几个部分构成：引言部分、文献检索结果部分、讨论部分和参考文献。

引言部分

报告的引言部分应该说明促使你做文献综述的研究问题或假设，以及你选择研究它们的理由（图3.1中的步骤1）。引言部分还应该包括对文献检索程序的描述，用以说明你所参考的文献索引和搜索引擎（图3.1中的步骤3）、文献覆盖年限、所使用的主题词和关键词，以及你所遇到的任何特殊问题。如果你阅读了为你的文献综述提供历史背景或概念框架的二次文献，那么这些二次文献应该在引言部分得到强调。

文献检索结果部分

你可以围绕引导你进行文献检索的问题来组织检索结果（图3.1中的步骤1），或者按照你所确定的类别来组织检索结果（图3.1中的步骤6）。

你需要决定研究问题、假设或类别的呈现顺序。然后针对每一个问题或类别，确定相关研究、理论、项目、方法和意见的呈现顺序。通过把相关出版物集中在一起，你才能够强调读者可能会感兴趣的意见一致的内容和意见不同的内容。某一出版物可能与几个问题或几个类别都有关，因此在你的报告中有可能会被引用多次。

图3.2呈现了关于撰写文献综述报告中的文献检索结果部分的建议。你可以在《教育研究评论》（*Review of Educational Research*）上找到高质量的文献综述样例。

1. 使用能够清晰地表达你是否在报告他人的研究成果、理论或观点的浅显易懂的文字。譬如，某位作者可能描述了一个新的项目及其优势，但却没有给出任何经验证据。在这种情况下，你可以这样报告："吉米奈兹（1991）声称……"如果这位作者开展了研究工作，你就可以这样报告："吉米奈兹（1991）发现……"如果这位作者形成了某种理论或参考了他人的理论，你就可以分别这样报告："吉米奈兹（1991）所提出的理论表明……"或者"吉米奈兹（1991）参考了皮亚杰的……理论"。

2. 使用常用标题和次级标题以帮助读者更容易地理解你的主题序列。

3. 描述重要研究工作中所运用的研究方法的优缺点，以使读者拥有足够信息来权衡研究结果并得出自己的结论。

4. 对主要的研究进行详细的讨论，对次要的研究可一带而过。譬如，你可以首先深入探讨最值得关注的研究，然后简要地引用其他人在同一问题上的看法："几项其他研究也给出了类似的结果（安德森，1989；福林德斯，1991；莱曼，1985；莫散德，1990；瓦克特，1990）。"

5. 使用不同的词或短语，诸如："马丁雷斯发现……"，"史密斯研究了……"，"在温彻文斯基的实验中，控制组在……上表现得更好"，"由辛格和杨所开展的研究表明……"。

6. 只有当直接引用能够特别好地传达某种观点或者要表达一种特别值得关注的观点时，我们才使用直接引用。

图3.2　撰写文献检索结果部分的建议

讨论部分

在撰写文献综述的文献检索结果部分时，重要的是在介绍研究结果、理论、项目特征以及其他类型的信息时能够做到客观、真实。而在讨论部分，你就可以自由地提出自己对这些信息的解释和评价了。

举例来说，假设你的文献综述旨在确定那些帮助少女妈妈完成中学学业的项目计划的有效性。假设你将就你的文献检索向州立法会议员提供一份简要的报告，而这些议员正在考虑一项旨在为此类项目计划提供资金资助的议案。

在撰写文献综述的文献检索结果部分时，你需要客观地陈述研究者在这些项目计划中发现了什么，以及专家们对这些项目计划的看法。但在撰写报告的讨论部分时，你则需要根据查阅文献时所了解到的来得出自己的结论。譬如，你可能会断定："研究证据一致表明，针对少女妈妈的中学学业完成项目计划具有积极的效果。但是，也有研究发现，将她们与主流学生隔离开来，或者将她们与孩子分开来的项目计划，保持率较低。"

撰写讨论部分的一个较好方式是从列举主要的检索结果开始。你可以通过问自己"我从文献查阅中得到了什么？"来编辑这个列表。然后努力在不看检索结果报告的情况下回答这一问题。通过回忆，较之于各种细节而言，你很有可能会更关注那些重要的研究发现。若有必要，你可以回过头来再核实一下此前所撰写的检索结果部分，以确保没有遗漏掉任何重要的检索结果。

接下来可以按照重要程度来排列检索结果，并反思每一项检索结果。你可以问自己此类问题："我在何种程度上同意我所考察过的研究证据、理论、描述以及专家意见的总体趋势？有没有其他可供选择的解释？如果文献中有什么矛盾的地方，我将如何解释这些矛盾？对于我所需要解决的实践问题或我想要回答的疑问来说，某一特定检索结果的意义是什么？"

针对激发你进行文献查阅的难题或疑问，讨论部分应该包含相关的建议。这些建议应该陈述得非常清晰，而且若有可能，最好不要限定性条件。如果你只是尝试性地或间接地提出建议，那么读者就会不清楚你的立场。是你做了这项文献综述，读者想通过阅读你的文献综述来了解你的意见和建议。因此，与不了解这些文献的政策制定者或同行相比较而言，你就是这方面的专家。

譬如，在前面所提到的针对少女妈妈的项目计划的例子当中，你可能会提出如下建议："我建议提供专项资金为少女妈妈们创设一所校中校，并为她们的孩子建立校内日托中心。这些建议是建立在已有研究发现基础上的，这些研究都表明，如果与主流学生一起上课，少女妈妈们的自尊会得到更好的保护。不仅如此，如果她们在校上课期间也能够不时地去照看孩子，那么她们辍学的可能性就会减少。"

参考文献

文献综述报告中你所提及的所有出版物都应该包括在报告最后的参考文献列表当中。反之，报告中没有提及的出版物不能出现在参考文献列表当中。如果你出于某种原因想在参考文献中放入没有提及的出版物，那么你应该把它们放在一个单独的列表中，并标上诸如"补充参考文献"这样的标题，同时附上它们为何被引用的解释。

不同的文献索引和搜索引擎使用不同的引文格式，而且你所阅读的二次文献和一次文献可能也会有不同的引文格式。将所有引用文献转化为同一种格式是非常重要的，这一格式应该符合你提交文献综述的相关学术机构、期刊或学术会议的格式要求。

如果没有特殊的格式要求，我们建议你使用美国心理学会（APA）的引用文献格式，因为这种格式广泛应用于教育学和心理学期刊中。譬如，本书各章的参考文献以及推荐读物部分所采用的就是APA格式。要想学习APA格式，最好找一本第五版的《美国心理学会出版手册》。大量的以APA格式所撰写的引用文献的指南和助手在http://apastyle.apa.org.网站上也可以找到。

为文献综述准备直观的表达

也许你准备把文献综述的结果展示给教育实践者或包括非专业人士在内的受众。在这种情形下，采用你的受众能够理解的、有趣且非专业性的格式来呈现你的结果，对你是很有帮助的。

在图3.3中，我们提供了一个**图表短文**（chart essay）的实例。图表短文是一种格式，它利用图表将受众的注意力集中在他们有可能感兴趣的文献综述的各个方面。图表短文格式最初用来总结一个单项研究的结果（Haensly，Lupkowski，& McNamara，1987；Jones & Mitchell，1990）。这里我们将它调整一下，用来说明以非专业的形式直接呈现文献综述结果的意义。图3.3中的图表短文用图表的形式呈现了一项对合作学习所做文献综述的两个结果（Slavin，1992）。

研究问题1：较之于传统的教学，合作学习在促进学生学业成绩方面的效果如何？

在60项研究当中，有68个合作学习班级和传统班级就某项学业成绩测验进行了比较：

传统班级明显较高的占比较总数的	传统班级和合作学习班级没有显著差别的占比较总数的	合作学习班级明显较高的占比较总数的
4%	34%	62%

研究问题2：同时提出小组目标和个人责任对提高合作学习有效性来说究竟有多重要？

研究显示，提出小组目标与个人责任对合作学习成绩产生显著正面影响的百分比为：

有效	无效
80%	36%

趋势

在提高学生学业成绩方面，合作学习比传统学习更为有效。

合作学习在包含了小组目标和个人责任的时候最为有效。

图3.3 关于合作学习文献检索结果部分的直观展示

资料来源：根据Slavin, R. (1992). Cooperative learning. In M. C. Alkin (Ed.), *Encyclopedia of educational research* (6th ed., vol.1, pp. 235-238). New York: Macmillan的资料进行处理。

你可以看到，这张图表提出了一个研究问题，紧接着便是关于这个问题的实证研究成果。第二个问题也是以相似的方式呈现的。图表总结出两个趋势，这些归纳性的趋势是从实证研究结果中推断出来的。之所以将这些陈述称之为"趋势"（trend）是因为与一个问题相关的证据并不总是一致的。然而，这些证据还是有足够的一致性来确定一个能够指导教育实践的趋势。

图3.3中的图表短文是一个单张图。然而，在幻灯片上或分发的资料上向受众展示图表短文时，发言人可能想使用三个图表——两个用于两个研究问题，第三个用于趋势陈述。

自测题

1. 教育工作者在进行文献检索时最常遇到的困难之一是_____。

    A. 缺乏足够的与自己问题相关的信息

    B. 与自己问题相关的信息太多

    C. 缺乏与教育问题有关的一次文献

    D. 缺乏与教育问题有关的二次文献

2. 在进行文献综述前咨询专家特别有助于_____。

    A. 形成与你的综述主题相关的理论

    B. 确定重要的一次和二次文献

    C. 确立综述的可信性

    D. 确定适当的文献引文格式

3. 搜索引擎_____。

    A. 在文献覆盖范围和引文格式上与文献索引是一样的

    B. 提供了一个通用的文献引文格式

    C. 在数据库里就每种出版物提供的信息量方面是不同的

    D. 在数据库里就每种出版物提供的信息量方面要比一般文献索引的少

4. 由某项研究的研究者撰写的关于该项研究的研究报告是_____。

    A. 一次文献

    B. 二次文献

    C. 既是一次文献又是二次文献

    D. 没有使用同行审阅程序

5. 很多出版的教育研究报告所遵循的格式是由谁规定的?_____

    A. 谷歌

    B. 美国教育研究协会

    C. 美国心理学会

    D. 最广泛使用的文献索引和搜索引擎

6. 研究期刊上的文章_____。

    A. 只能通过刊载其的期刊获得

    B. 基本上包括在它们的文献索引里

    C. 不能被电脑的搜索服务提供

    D. 有时能够从搜索引擎中直接以电子形式下载

7. 将通过文献检索所获得的出版物进行分类的最为有用的系统极有可能是根据什么来进行出版物分类的?_____

    A. 出版年份

B． 研究问题和假设的相关主题

C． 统计结果的重要性

D． 所采用的搜索引擎和文献索引

8． 一份文献综述报告应该_____。

A． 包括对文献搜索程序的描述

B． 主要引用一次文献

C． 重点描述研究中被认可的结果而不是没有被认可的结果

D． 包括以上所有

9． 对进一步研究和实践应用的建议一般会出现在_____。

A． 文献综述的引言部分

B． 文献综述的检索结果部分

C． 文献综述的讨论部分

D． 文献综述的"补充参考"这一单独部分

10． 图表短文较之于文献综述书面报告的主要优势在于图表短文_____。

A． 确定了文献综述检索结果所依据的特定研究

B． 将焦点放在用于检验研究结果重要性的统计数据上

C． 强调了用于归纳文献检索中的出版物的类别

D． 是以一种外行更容易理解的形式呈现文献检索结果

本章参考文献

American Psychological Association. (2001). *Publication manual of the American Psychological Association* (5th ed.). Washington, DC: Author. See also www.apastyle.org.

Haensly, P. A., Lupkowski, A. E., & McNamara. J. F. (1987). The chart essay: A strategy for communicating research findings to policy makers and practitioners. *Educational Evaluation and Policy Analysis*, 9, 63-75.

Jones, B. K., & Mitchell, N. (1990). Communicating evaluation findings: The use of a chart essay. *Educational Evaluation and Policy Analysis*, 12 (4), 449-462.

Slavin, R (1992). Cooperative learning. In M. C. Alkin (Ed.), *Encyclopedia of educational research* (6th ed., vol.1, pp. 235-238). New York: Macmillan.

后续学习材料

Cooper, H. M. (1998). *Synthesizing research: A guide for literature reviews* (3rd ed.). Thousand Oaks, CA: Sage.

如果你正计划为硕士论文或博士论文准备一份文献综述，而且你所评述的研究主要都是定量研究设计，那么你会发现本书很有用。

Dunkin, M. J. (1996). Types of errors in synthesizing research in education. *Review of Educational Research*, 66, 87-97.

作者指出了不时出现在文献综述中的九种类型的错误。譬如，综述者可能会把有关文献排除在外，错误地报告某项研究的细节或从查阅的文献中得出毫无根据的结论。

Maxwell, J. A. (2006). Literature reviews of, and for, educational research: A commentary on Boote and Beile's "Scholars before Researchers". *Educational Researcher*, 35(9), 28-31.

这篇文章与布特和贝勒在本刊前些时候发表的一篇文章都列举了已出版文献综述中的常见缺陷。作者就研究中进行文献综述的目的发表了自己的观点。

Sandelowski, M., & Barroso, J. (2007). *Handbook for synthesizing qualitative research*. New York: Springer.

如果你的文献综述所关注的主要是质性研究，那么这本书将对你很有用。作者介绍了计划文献综述的程序：质性研究报告的搜索、报告质量的评估、研究发现的整合以及撰写研究报告。

第四章
在文献综述中运用搜索引擎

■ 重要观点

1. 基本上每个搜索引擎的数据库和特辑中都有成千上万的文献引文，能帮助你比较容易地识别出与你的研究问题或实践问题最相关的文献。
2. 一些搜索引擎是综合性的、免费的，并且对教育者来说很有用：谷歌（用于查找网络资源）、ERIC（用于查找所有种类的教育出版物）、美国国会图书馆在线目录（用于查找书籍）。
3. 人们设计了很多搜索引擎以帮助教育者查找特殊类型的出版物：书目、书评、书籍、学位论文和学术论文、期刊文章、杂志和报纸文章。
4. ERIC的搜索引擎有大量的选项，这些选项可以帮助你聚焦你的文献检索：关键词、短语、算符、主题词库以及有关出版类型和教育水平的选择。
5. 保持搜索引擎的使用记录可以帮助你避免无谓的重复搜索，让你在写文献综述报告时，能够对你的检索过程作出精确的描述。
6. 可以用搜索引擎提供的功能或用引文管理器来保存相关的文献引文。
7. 搜索引擎，如ERIC，提供如何获得与你的需求相关的实际出版物复本的信息。
8. 免费的在线教育期刊越来越多。

■ 关键术语

"与"算符（AND connector）
文献引文（bibliographic citation）
引文管理器（citation manager）
引文滚雪球检索（citation pearl growing）
教育资源信息中心（Education Resources Information Center，ERIC）
灰色文献（fugitive literature）

关键词（keyword）
"否"算符（NOT connector）
"或"算符（OR connector）
pdf文件（pdf file）
搜索引擎（search engine）
截词（truncation）
通配符（wildcard）

搜索引擎的目的

在第二章，我们介绍了开展文献综述时的重要帮手——搜索引擎和文献数据库。在本章，我们将详细说明如何使用这些资源。

教育文献非常多。关于教育文献的一个主要指南是**教育资源信息中心**（Education Resources Information Center，ERIC），早在2009年它就有120万个文献引文。如果你想对这些引文进行有效的搜索，你需要学习一种系统的检索策略。

考虑"出版物"一词的含义是一个好的出发点。书和期刊文章很明显是出版物，但是报纸文章、政府报告、课程指南、考试手册、教育方面的统计数据表格、会议文献和网站，它们是不是出版物？在本章，我们把这些都看作是出版物，是你在文献综述中希望找到的。出版物，顾名思义，一个重要特征就是在很大程度上是公开可得的。

一个大的出版社出版的图书在书店或网店（如亚马逊网站）都可以找到，这显然是"公开可得"。其他的出版物，如数年前小批量出版的已经不再发行的图书，可能还算是公开可得的，但要找到就比较困难了。即便是一篇在会议上呈递，且会议没有出版论文集的论文，也是潜在公开可得的，如果你能找到作者，且作者也愿意寄一份复本给你的话。这样的出版物有时被称为**灰色文献**（fugitive literature），因为它们虽流通不广泛或不易获得，但它们仍然存在，是专业文献的组成部分。

在这一章，我们将说明如何搜索多种不同类型和不同公开程度的出版物。更精确地说，我们将说明如何搜索这些出版物的文献引文。**文献引文**（bibliographic citation）由关于某一特定出版物的信息构成，如作者、题名和出版年。如果你想查看实际的出版物，文献引文可能会提供如何找到它的信息。

文献索引和搜索引擎

电脑普及以前，专业文献的**文献索引**（bibliographic index）（有时也被称为指南或者索引）一般以物理的图书馆卡片目录、书或定期刊物的形式取得。它们有时被称作纸质索引（hard-copy index），因为它们有一个物理的实体。

很多纸质索引已经不见了，它们的信息被转入电子数据库和搜索引擎。就像第三章中讲到的，**搜索引擎**（search engine）是帮助使用者在数据库里检索相关出版物或其他信息的电脑软件。使用者可以通过选择搜索引擎中的检索选项来界定什么是相关。

本章的下面部分介绍了选择和使用搜索引擎的程序。如果你学会了这些程序，你就可以编辑出一份出版物清单，这份清单可以为一个好的文献综述提供基础。

选择一个有用的搜索引擎

你可能只需要使用ERIC就能完成文献综述的出版物查找。我们做这样的论断，是因为其网站主页（www.eric.ed.gov）把ERIC描述成"世界上最大的教育文献数字图书馆"。它是由美国政府出资的免费服务，使用网页浏览器（如IE，Safari，Firefox）就可轻松进入。

如果你对ERIC搜索引擎不熟悉，我们建议你花一些时间进入这个网址，然后用你感兴趣的任何术语［如"教育领导力"（educational leadership），"班级管理"（classroom management）］作一个基本的搜索。这有助于你理解本章接下来主要聚焦于ERIC的内容。

ERIC在创建搜索引擎之前，通过纸质形式给出版物编排索引。这些索引每年定期更新，然后累积为年卷。索引有两种类型。期刊文章的索引编在《教育期刊常用索引》（Current Index to Journals in Education，CIJE）中，其他报告的索引编在《教育资源》（Resources in Education，RIE）中。你可能还能在某些大学图书馆的书架和学院办公室里发现这些索引。但是现在，自1966年ERIC初创以来的这些索引中的全部引文都电子化归档在搜索引擎中了，它比纸质索引用起来更方便。

有一些搜索引擎要求订阅或交费。但是，大学图书馆基本上都有一个网站，向自己的学生、教师、职员和其他人提供免费进入一些商业搜索引擎的入口。这些搜索引擎可能由商业服务来运作，以特殊的方法组织搜索引擎。因此，你会发现通过公司网站直接进入的搜索引擎和通过大学图书馆或其他服务进入的同一个搜索引擎有一些区别。通常来说，这些区别是很小的。

在本章，我们通过以下分类来介绍搜索引擎：（1）综合类；（2）书目；（3）图书；（4）学位论文和学术论文；（5）期刊文章、论文和报告；（6）杂志和报纸。以上分类并未穷尽，但我们已经努力囊括了最重要的。

上述种类的很多引文适用其网站主页而不适用搜索引擎。你需要判定你所在大学或其他机构能不能进入实际的搜索引擎。额外的搜索引擎在本书其他两章进行介绍：第六章介绍关于测验和测量的搜索引擎，第十七章介绍关于历史出版物的搜索引擎。

根据经验，你会找到与你的专业需求最相关的搜索引擎。就我们个人来说，我们经常依赖四种引擎：谷歌（找到相关网站），ERIC（找到大范围的相关出版物，包括期刊文章），心理学文摘数据库（PsycInfo）（找到不在ERIC数据库里的期刊和其他来源中的出版物），美国国会图书馆在线目录（找到相关图书）。除了心理学文摘数据库，其他的都是免费的在线搜索引擎。

综合性网站搜索引擎

Google，Yahoo!，AltaVista，HotBot，MetaCrawler，AOL Search是综合性的搜索引擎，它们的数据库包括全世界的大量网站。你可以通过输入"文献检索"（literature search）以及你的主题作为关键词来找到包含教育文献数据库的网站。

关键词（keyword）是一个词或短语，你在恰当的搜索引擎窗口中输入它，以找到该搜索引擎的数据库中包含该词或短语的所有条目（如图书、期刊、网站）。如果你给某个短语加上引号，如"literature search"（文献检索），你将只检索到包含这两个词且两个词的内部顺序不变的条目。

我们用两个关键短语——"educational technology"（教育技术）、"literature search"（文献检索）——进行组合检索，看谷歌能从它的数据库中返回哪些网站。它返回了1050个网站，包括：

● 综合性学校改革与发展中心（The Center for Comprehensive School Reform and Improvement）（www.centerforcsri.org）。我们在其检索窗口中输入"technology"（技术），获得了包括36种出版物的列表。

● 宾夕法尼亚州立大学教学系统项目（Pennsylvania State University Program on Instructional System）（www.libraries.psu.edu/ebsl/insy.htm）。主页中包含多个与教育技术有关的条目的链接，比如职业协会、图书、索引和文摘、期刊以及教学资源。

类似上述两者这样的网站，提供了关于教育技术领域的出版物和其他资源的一个很好的概览。

书目搜索引擎

研究者有时会编辑关于特定教育主题的书目。它们能为你自己的文献综述提供一个好的起点。下面的搜索引擎可以帮助你找到与你的研究问题或实践问题相关的书目。

● 普拉斯书目索引（Bibliographic Index Plus）（www.hwwilson.com/databases/biblio.htm）。这个搜索引擎的数据库里有超过450,000种书目的引文。其中有超过136,000种是可以看到全文的。

书评搜索引擎

有一些你在文献综述中找到的出版物可能是书籍。关于某本书的书评可以帮助你判断这本书是不是有用到值得去找一份副本。下面的搜索引擎的设计目的就是帮助你确定书评是否可得。

● 纸质书的书评（Books in Print with Book Reviews）（www.bowker.com/catalog/index.htm#online）。这个索引现在有CD光盘的格式，其中有超过50万篇书评全文。

● 书评索引（Book Review Index）（http://library.dialog.com/bluesheets/html/b10137.html）。这个搜索引擎有关于近两百万本书的四百万篇书评。

● 教育评论（Education Review）（http://edrev.asu.edu）。这个搜索引擎有与教育研究和教育实践相关的书评，而且是免费的。

● 心理学评论（PsycCritiques）（www.apa.org/psyccritiques）。这个搜索引擎有关于心理学方面图书、电影、视频及软件的评论。大多数评论是关于教育相关出版物的。

图书搜索引擎

除大量的案例研究（见第十四章）以外，教育类图书一般不报道原创研究。但是，很多教育类图书是关于教育领域研究方法论和实践问题的。另外还有众多的手册和百科全书，包含有对于特定主题进行综合整理的章节。下面的搜索引擎可以帮助你找到这些书。

● 出版书籍名录（Books in Print）（www.booksinprint.com/bip）。这个搜索引擎有超过四百万种图书、音频和视频的文献数据。如果你去其出版者的主页（www.bowker.com），你会找到更加专业化的搜索引擎和纸质书索引的信息，如《El-Hi在版教材与丛书》（El-Hi Textbooks and Serials in Print）、《在版儿童图书》（Children's Books in Print）。

● 美国国会图书馆在线目录（http://catalog.loc.gov）。这个搜索引擎有图书、录音、地图和手稿的综合数据库。它是美国联邦政府提供的免费服务。

学位论文和学术论文搜索引擎

作为博士学位要求的研究报告叫作学位论文（dissertation）。硕士学位水平的研究报告一般叫作学术论文和论文（thesis）。一些学生修改他们的学术论文或学位论文以用于期刊发表，但很多人也没有这样做。如果你想做一个全面的文献综述，你至少要考虑搜索相关的学位论文。一个详尽的综述也应该包括这些内容。下面的搜索引擎或者它的纸质索引可用于这个目的。

● 学术论文和毕业论文数据库（Proquest Dissertations & Theses）（www.proquest.com）。这个搜索引擎的数据库有全世界的超过两百万篇学位论文和学术论文的文献引文。大部分的文献引文里有相关学位论文和学术论文的全文版本。下面是该数据库中许多子集的纸质索引：《国际学位论文摘要》（Dissertation Abstracts International）、《国际硕士论文摘要》（Masters Abstracts International）和《美国博士学位论文》（American Doctoral Dissertations）。

期刊文章、论文和报告搜索引擎

一些搜索引擎被设计用来帮助你找到与教育法规、最佳实践的描述和统计概要相关的期刊文章、会议论文、机构报告、意见书，以下的搜索引擎就有大而全面的数据库。

● 教育索引回顾：1929—1983（Education Index Retrospective: 1929—1983）（www.wilson.com）。这个搜索引擎涵盖了没有被ERIC收录的较老的教育文献，ERIC收录的时间年限是1966年至今。由同一出版商开发的相关搜索引擎还有"教育全文"（Education Full Text）、"教育摘要"（Education Abstracts）和"教育索引"（Education Index）。在这三个当中，"教育全文"提供了最完整的文献信息。

● ERIC（www.eric.ed.gov）。毋庸置疑，这个搜索引擎是教育研究人员和教育者使用最多的。我们将在本章的后面部分对之进行详细讨论。

● 谷歌学术（Google Scholar）（http://scholar.google.com）。这个搜索引擎的数据库有来自众多学科的出版物。因此，你可以找到在教育类搜索引擎中找不到的相关出版物。

● 国家教育统计中心（National Center for Education Statistics）（http://nces.ed.gov）。这个网站包括一个搜索引擎，以及与公立、私立的小学、初中、高中、学区及高等教育的人口学特征和表现结果相关的众多出版物和统计表格。推荐通过点击"Most Viewed NCES Sites"（国家教育统计中心常用网站）链接来探索其资源。其中包括Nation's Report Card（国家报告卡）、Digest of Education Statistics（教育统计摘要）以及Data Tools（数据工具）。

● 心理学文摘数据库（PsycInfo）（www.apa.org/psycinfo）。这个搜索引擎由美国心理学会维护。它的数据库里有超过两百四十万种出版物，来源于自19世纪至今的2000种期刊及其他资源。它的综合性可能会帮助你找到在教育类搜索引擎中找不到的相关出版物。

● 科学网（Web of Science）（http://scientific.thomson.com）。这个搜索引擎有一个特殊的功能。设想你找到一篇对你的研究问题或实践问题有决定性作用的期刊文章。你想知道是否有其他出版物参考了这篇文章，如果有，这些出版物就也有可能与你的目的有关。通过科学网，你可以找到感兴趣的期刊文章，然后搜索引用过它的其他出版物。

其他搜索引擎和少量纸质索引在图4.1中列出。列出的内容并未穷尽，因为教育有太多的特性，新的数据库正在不断开发。

● 美国政府出版物目录（Catalog of U.S. Government Publications）（http://catalog.gpo.gov/F）。针对美国政府出版物数据库的免费搜索引擎。

● 奇卡诺数据库（Chicano Database）（www.oclc.org）。这个搜索引擎有大约60,000种关于墨西哥裔、波多黎各裔、古巴裔美国人及中美洲移民的出版物。

● 剑桥科学文摘社会学摘要（CSA Sociological Abstracts）（www.csa.com）。这个搜索引擎有关于社会学各个方面的出版物，包括文化和社会结构、评价研究、管理和复杂组织、教育社会学以及致瘾物质滥用与预防。

● 教育政策联合（Education Policy Alliance）（http://epicpolicy.org）。一个可用于查找对教育实践问题所做的政策研究的搜索引擎。研究报告来自23个州中的33个领先的大学研究中心。

● 教育管理摘要（Educational Administration Abstracts）（www.sagepub.com）。一个关于教育管理多个方面的出版物的纸质索引。

● GPO数据库（GPO Access）（www.gpoaccess.gov/about/index.html）。由美国政府开发的，用于检索大范围的信息产品的免费搜索引擎。

● 黑人期刊国际索引（International Index to Black Periodicals）（http://iibp.chadwyck.com）。这个搜索引擎中有出现在超过150种国际期刊中的关于非裔美国人研究的出版物。

● JSTOR数据库（www.jstor.org）。这个搜索引擎中包括众多领域重要学术期刊按其最初设计、印刷和呈现进行的存档。

● 医学文献数据库（PubMed）（www.ncbi.nim.nih.gov/PubMed）。这个搜索引擎由美国

医学图书馆维护。它有超过一千七百万种来自联机医学文献数据库和其他生命科学期刊的引用文献。

- 塞奇家庭研究文摘（Sage Family Studies Abstracts）（www.sagepub.com）。一个关于家庭研究各个方面出版物的纸质索引，如家庭服务、生育问题、求婚和结婚。
- 运动科学全文数据库（SportDiscus）（www.sirc.ca/products/sportdiscus.cfm）。这个搜索引擎是关于运动、健康、健身和运动医学相关出版物的数据库。
- 国际女性研究（Women's Studies International）（www.nisc.com/factsheets/qwri.asp）。这个搜索引擎是关于一系列女性研究主题（如女性主义研究、心理和身体形象、女性和媒介、生育权利、种族与民族研究、女孩研究）的出版物的数据库。

图4.1 教育领域特定主题的搜索引擎和文献索引

杂志和报纸文章搜索引擎

杂志和报纸上的文章是确定实践问题以及教育者、社区和政府官员如何处理这些问题的好渠道。下面的搜索引擎能够帮助你找到相关的文章。

- 杂志门户（MagPortal）（www.magportal.com）。这个搜索引擎能够帮助你找到关于一系列主题（包括教育）的杂志文章。
- 报纸资源（Newspaper Source）（www.epnet.com）。这个搜索引擎的数据库里有从20世纪90年代至今的245种报纸、新闻专线和其他资源的全文内容。
- 搜索引擎观察（SearchEngineWatch）（http://searchenginewatch.com）。这个网站有查找新闻条目的搜索引擎。
- 乌利希期刊指南（Ulrich's Periodicals Directory）（www.ulrichsweb.com）。这是一个关于期刊、杂志和报纸的综合性国际搜索引擎。乌利希也出了纸质版本的指南。

用搜索引擎聚焦文献综述

你可能有在一个搜索引擎网站（如谷歌）输入一个词或短语（例如"不让一个孩子掉队法"）的经验。你几乎是立刻就获得了成千上万的网站列表。谷歌把它认为最相关的网站列在最前面，以此为你提供帮助。在这个例子中，相关性是由谷歌开发的精密的算法来决定的。

上面介绍的图4.1中列出的一些搜索引擎则有所不同，它们提供了选项来帮助你建立搜索"优先性"（prior）的相关标准。为了说明这一点，我们下面将介绍ERIC搜索引擎中提供的选项。

我们选择ERIC的原因有三个。首先，它是被教育研究者和实践者最广泛使用的搜索引擎。第二，它是免费的。第三，其检索选项和其他完善的搜索引擎（如心理学文摘数据库）提供的选项是相似的。

当你阅读本章下一个部分时，我们建议你进入ERIC网站（www.eric.ed.gov），这样的话，我们介绍检索选项时，你就可以在电脑屏幕上实际进行查看了。①

ERIC搜索引擎的检索选项

图4.2显示的是你进入ERIC网站时看到的第一个页面（即主页）。这个页面包括两个

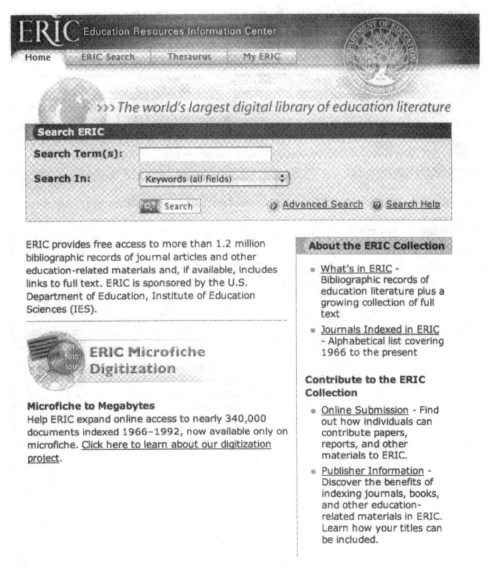

图4.2　ERIC主页

---

① ERIC网站已进行改版。鉴于其检索的基本规则没有发生实质性变化，本章以下内容仍忠实于原书。

窗口："Search Term(s)："（检索词）和"Search In："（检索范围）。由此，你可以完成对ERIC出版物数据库的一个基础检索。如果你单击页面上的"Advanced Search"（高级检索）链接，就会看到一个新的页面。图4.3中显示了这个页面的部分内容。我们用图4.3显示的页面来介绍ERIC的检索选项。一旦你理解了这些选项，如果基础检索对于你的目的来说是最合适的，你会发现做基础检索也变得更加简单了。

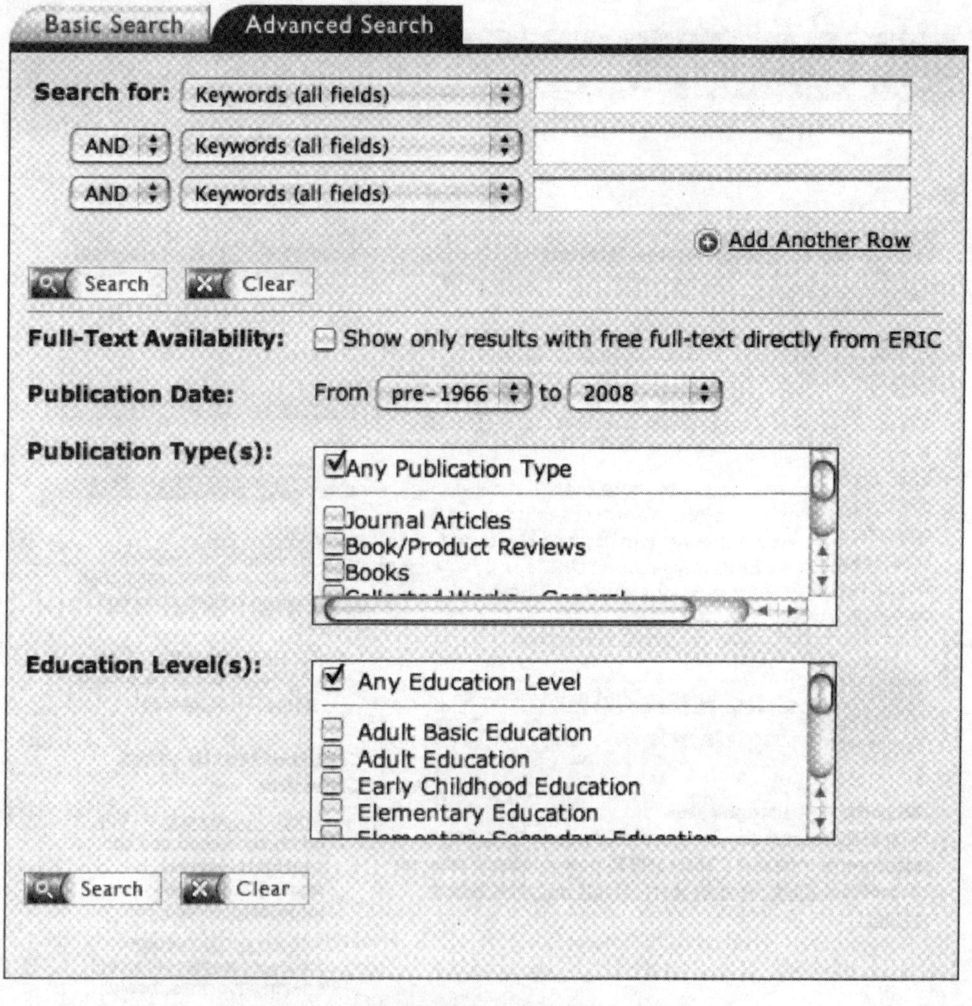

图4.3 ERIC高级检索

为了介绍检索选项，我们在图4.4中展示了ERIC为其数据库中各个出版物所提供的文献引文的一个范例。一个文献引文就构成了ERIC所称的一条"记录"（record）。

我们通过在高级检索中使用关键短语"questioning techniques"（提问技巧），获得了这条记录。

```
9. Asking the Right Questions: Teachers' Questions Can Build Students' English Language Skills (EJ782243)    Add
Author(s):   Hill, Jane D.; Flynn, Kathleen           Pub Date:      2008-00-00
Source:      Journal of Staff Development, v29 n1 p46-52 Win   Pub Type(s):   Journal Articles; Reports - Descriptive
             2008                                      Peer-Reviewed: Yes
Descriptors:
Educational Strategies; Action Research; Second Language Learning; Language Skills; English (Second Language); English
Instruction; Questioning Techniques; Limited English Speaking; Mainstreaming; Classroom Environment; Faculty
Development; Teacher Role; Teaching Methods
Abstract:
This article presents an instructional strategy that helps teachers engage English language learners (ELLs) in learning, thus
increasing their own belief that they can effectively teach English language learners, and proposes a professional development
activity that will cement this strategy in teachers' minds. By using an action research strategy, teachers can increase their skills
in targeting classroom questions to students. The beauty of this strategy is that it helps teachers specifically address the needs
of ELLs while also meeting the needs of every student in the classroom. It allows teachers to integrate learning for ELLs in
mainstream classrooms and to help these students achieve academic success at the same levels as their native English-speaking
peers. Finally, it shows teachers one direction for creating a supportive environment for English language learners. (Contains 1
table.) ▲ Hide Full Abstract
Full-Text Availability Options:
Not available from ERIC | Find in a Library | Publisher's Web Site
```

图4.4　一个ERIC文献引文

关键词下拉菜单。在图4.3中，你可以看到短语"Search for：Keywords（all fields）"〔检索：关键词（全范围）〕。这个短语的右边有两个极小的箭头，一个指向上，一个指向下。这些箭头表示通过单击这个短语，可以看见下拉菜单。下拉菜单里的选项有"Keywords"（关键词）、"Title"（标题）、"Author"（作者）、"Descriptors（from Thesaurus）"〔主题词（来自叙词库）〕、"ERIC#"（ERIC号）、"Source"（来源）、"Identifier"（标识符）、"ISBN"（国际标准书号）、"ISSN"（国际标准刊号）、"Institution"（机构）、"Sponsoring Agency"（主办机构）。正如接下来对下拉菜单中各选项的介绍所显示的那样，每一个选项都让你能够以一种不同的方式检索相关出版物。

Keywords（关键词）。关键词是你想在ERIC数据库中查找的任意词或短语。你可以在图4.3中的这个项目右边的窗口里输入任何关键词或关键短语。ERIC的搜索引擎会搜遍它的整个数据库，查找在所有"域"（field）下包含有该词或短语的记录。（术语"域"指的是一条记录中各黑体标题下的信息。）举例来说，我们通过在关键词窗口输入短语"questioning techniques"（提问技巧），获得了如图4.4所示的记录。在这个记录中，该短语全部都以高亮形式显示。

如果你给短语加上引号，如"questioning techniques"，则搜索引擎只给出这两个术语相毗邻的记录。在相关记录中，这个短语里的每个词都会高亮显示，但至少有一处，这两个词须以关键词窗口中的顺序相毗邻。在图4.4所示的记录中，"主题词"（Descriptors）域下就是这种情况。

考虑一下你的关键词有不同的后缀的情况。比如，关于教师的提问实践。我们应该输入"teacher question"（教师问题）、"teacher questions"（教师问题）、"teacher questioning"（教师提问）还是三个都试试？实际上，我们只需要输入词干，再加上一个星号（*），它被称为**通配符**（wildcard）。词干加通配符，称为**截词**（truncation）。

当我们在关键词窗口输入"teacher questions"后，搜索引擎返回了20,167条记录。（这是2008年2月执行的一次检索所获得的记录数。ERIC的数据库内容一直在增加，所以你执行同样的一个检索，可能会获得更多的记录数。下面的检索也是如此。）当我们输入"teacher question*"后，则返回了44,516条记录。显然，使用通配符功能，能获得更全面的一组可能有用的记录。

`Title`（**标题**）。如果你在检索一个特定的出版物，并且知道它的标题，你可以在下拉菜单中选择"Title"选项。你可以输入部分或全部标题。

`Author`（**作者**）。也许你想找到一个特定作者的全部出版物。使用"Author"选项，输入作者名字的部分或全部，就会找到相应的出版物。

`Descriptors（from Thesaurus）`[**主题词（来自叙词库）**]。使用关键词，你将找到ERIC数据库中各个域下包含有该词的全部记录。然而，你可能无法找到一些相关记录，因为它们不包含你所选择的特定关键词。因此，ERIC的员工开发了一套全面的主题词列表，编辑成叙词库，用于为每个出版物分类。

要进入叙词库，我们可以点击基础检索或高级检索页面上方的"Thesaurus"（叙词库）链接。现在出现一个新的页面，我们看到，我们能够按音序或者按类别找到相关叙词。使用类别选项，我们找到与教师提问实践可能相关的两个类别"Educational Process"（教育过程）、"Classroom Perspectives"（教室观察）。点击链接，我们找到几个相关主题词，比如"Questioning Techniques"（提问技巧）、"Classroom Communication"（教室沟通）、"Discussion（Teaching Technique）"[讨论（教学技巧）]以及"Discussion Group"（讨论组）。使用其中一个或多个主题词，我们可能检索到更多的相关记录，较之仅仅依赖一个选择如"teacher question*"作为关键词，能获得更佳的文献集合。

`ERIC#`（**ERIC号**）。这是ERIC的员工为数据库中每个出版物对应的记录分配的唯一的号码。每个ERIC号的前缀要么是EJ，表示该出版物是一篇期刊文章，要么是ED，表示它是其他种类出版物。

关键词下拉菜单中的其他选项。你可以点击高级检索页面上的"Search Help"（搜索帮助）按钮以了解关键词下拉菜单中其他检索选项的含义，包括"Source"（来源）、"Identifier"（标识符）、"ISBN"（国际标准书号）、"ISSN"（国际标准刊号）、"Institution"（机构）、"Sponsoring Agency"（主办机构）。

算符下拉菜单。在图4.3中，你可以看到三个关键词下拉菜单。其中两个的旁边，还有两个下拉菜单，上面的标签是"AND"。"AND"下拉菜单对于聚焦你的研究有着重要帮助。它包括三个选项："AND"（与）、"OR"（或）以及"NOT"（否）（没有在图4.3中显示）。这些选项有时被称为"算符"或"逻辑算子"，因为它们来自被称为"布尔逻辑"的一个数学分支。在ERIC中，算符检查的是数据库中两组或多组出版物记录的关系。

我们继续用教师提问实践的这个例子来进行说明。我们在第一个关键词下拉菜单旁边的窗口输入"teacher question*"，检索到44,516条记录。假设我们只希望关注与数学教育中的教师提问实践相关的出版物。ERIC叙词库显示，"mathematics instruction"（数学教学）是一个主题词。检索归类在这个主题词下的条目，得到19,081条记录。

现在，如果我们在第一个窗口输入"teacher question*"作为关键词，在第二个窗口输入"mathematics instruction"作为主题词，使用"AND"（与）作为算符，我们将得到1,389条记录。**"与"算符**（AND connector）用于检索数据库中同时包含两种关键词或两种主题词的所有出版物。

查看这些记录，我们发现有一些记录并不相关，是关于教师问卷（teacher questionnaire）的，刚好包含在"teacher question*"下了。因此，我们决定重新进行检索，在第一个窗口中输入叙词库主题词"questioning techniques"（提问技巧），在第二个窗口中输入叙词库主题词"mathematics instruction"（数学教学），用"AND"连接。（要注意的是，这些叙词库主题词都需要用引号引起来。）这次检索出108条记录，所有记录看上去都与我们的兴趣——数学教学中的教师提问实践的作用——高度相关。

假设我们对于有关教师提问实践和讨论实践的出版物都感兴趣。我们可以用"OR"（或）算符来检索这些出版物。我们在第一个窗口输入"questioning techniques"（提问技巧），在第二个窗口输入"discussion（teaching technique）"［讨论（教学技巧）］，选择"OR"（或）作为算符。ERIC搜索引擎返回7,270条记录。使用"或"算符几乎总是会比使用"与"算符要返回更多的记录，因为"与"算符要求出版物的记录中同时包含两个关键词。而**"或"算符**（OR connector）只要求出版物的记录中包含两个关键词当中的一个。

下拉菜单中的**"否"算符**（NOT connector）用于排除一组其特征与你的文献综述无关的出版物记录。例如，假设我们感兴趣的是课堂教学中的教师提问技巧。在ERIC数据库中，我们使用叙词库主题词"questioning techniques"（提问技巧）检索得到4,259条记录。我们查看这些记录，发现其中有一些是关于测试中的提问，而非教室中师生互动时的提问。

为了排除涉及测试提问的记录，我们重新进行检索，在一个窗口中输入"questioning techniques"（提问技巧），在另一个窗口中输入"test*"作为关键词，在第二个窗口的左边选择"NOT"作为算符。这次检索获得的3,482条记录与我们的兴趣更为相关。

在图4.3中，你可以看到一个标签"Add Another Row"（添加一行）。点击这个标签，就可以添加其他关键词（或下拉菜单中其他选项）和其他算符。

ERIC中的其他高级检索选项

在前面的部分，我们介绍了使用ERIC的高级检索选项来限定和聚焦文献检索的一些最重要的方法。在图4.3中，还有其他的检索选项，比如"Publication Type(s)"（出版物类型）和"Education Levels"（教育层次）。这些选项一般不能帮助你限定你的文献综述所要围绕的主题的范围（由关键词或主题词来表述），但它们能够帮助你将检索限制在可控且相关的一组出版物记录中。

全文可得性（Full-Text Availability）。ERIC数据库中存储的一些出版物是不需费用全文可得的。全文可得性显示在图4.4的左下角。如果全文可得，你可以在电脑上以pdf格式查看该出版物。如果你希望今后再次查看或打印备份，还可以将其存储为**pdf文件**（pdf file），即可以用免费软件Adobe Acrobat打开的"可移植文档文件"（portable document file）。

出版时间（Publication Date）。ERIC数据库中的文件绝大多数出版于1966年至今。在一些主题上，你也许能找到出版时间早于1966年的少量文件。如果你想要检索更早的文献，我们建议你使用搜索引擎"教育索引回顾：1929—1983"。如果你的研究问题涉及心理学方面，可以尝试使用"心理学文摘数据库"，其数据库中的出版物可追溯至19世纪。

一般来说，我们建议你在ERIC中开始文献检索时，以每两年作为一个区间往前追溯十年，然后再以每五年作为一个区间追溯更早的文献。从最近的两年入手，你通常能够获得可控数量的记录以供浏览。阅读这些记录的摘要（图4.4中展示了一个摘要的示例）能够帮助你在感兴趣的主题上获得有关近期的知识与实践的了解。然后你可以选择最相关的几个记录，阅读完整的期刊文章或其他类型出版物。这些出版物中可能包含有文献综述，让你由此了解长时间以来累积的知识，及其在作者看来其意义何在。

你可以利用"出版时间"域，继续以两年为一个区间往前推进检索的过程。在往前追溯到十年的时候，你对于你所关心的主题的相关知识是如何发展的，以及目前的状态，应该都有了一个比较充分的了解。根据出版物的数量和质量，以及他人出版物中的引用情况，你也应该能够分辨出哪些人是该研究领域的领军人物。

出版物类型和教育层次（Publication Types and Education Levels）。如图4.3所示，你可以把在ERIC中的检索限制为特定的出版物类型和教育层次。如图所示，默认设置是Any Publication Type（任意出版物类型）和Any Education Level（任意教育层次）。这些选项适合于全面的文献综述。然而，如果你的关注重点有限，你就可以使用其他选项来排除不相关的出版物记录，以此节省时间。

图4.3中只显示了"Publication Type(s)"（出版物类型）和"Education Level(s)"（教育层次）下拉菜单中的少数几个选项。这两个域的完整下拉菜单选项见图4.5。

出版物类型（Publication Types）

1. Journal articles（期刊文章）
2. Book/product reviews（图书/产品评论）
3. Books（图书）
4. Collected works—general（合集——一般性）
5. Collected works—proceedings（合集——会议）
6. Collected works—serials（合集——刊物）
7. Computer programs（计算机程序）
8. Creative works（创意作品）
9. Dissertations/theses（学位论文/学术论文）
10. Dissertations/theses—doctoral dissertations（学位论文/学术论文——博士学位论文）
11. Dissertations/theses—masters theses（学位论文/学术论文——硕士学位论文）
12. Dissertations/theses—practicum papers（学位论文/学术论文——实习论文）
13. ERIC Digests（ERIC文摘）
14. ERIC publications（ERIC出版物）
15. Guides—classroom—learner（指南——课堂——学习者）
16. Guides—classroom—teacher（指南——课堂——教师）
17. Guides—general（指南——通用）
18. Guides—nonclassroom（指南——非课堂）
19. Historical materials（历史材料）
20. Information analyses（信息分析）
21. Legal/legislative/regulatory materials（法律/立法/监管材料）
22. Machine-readable data files（机读数据文件）
23. Multilingual/bilingual materials（多语/双语材料）
24. Non-print media（非印刷媒介）
25. Numerical/quantitative data（数值/量化数据）
26. Opinion papers（观点文献）
27. Reference materials—bibliographies（参考材料——书目）
28. Reference materials—directories/catalogs（参考材料——目录/编目）
29. Reference materials—general（参考材料——通用）
30. Reference materials—geographic（参考材料——地理学）
31. Reference materials—vocabularies/classifications（参考材料——词汇表/分类）
32. Reports—descriptive（报告——描述类）
33. Reports—evaluative（报告——评估类）
34. Reports—general（报告——通用）
35. Reports—research（报告——研究）
36. Speeches/meeting papers（演讲/会议论文）
37. Tests/questionnaires（测试/问卷）
38. Translations（翻译）

教育层次（Education Levels）

1. Adult basic education（成人基础教育）
2. Adult education（成人教育）
3. Early childhood education（儿童早期教育）
4. Elementary education（小学教育）
5. Elementary secondary education（初中教育）
6. Grade 1（一年级）
7. Grade 2（二年级）
8. Grade 3（三年级）
9. Grade 4（四年级）
10. Grade 5（五年级）

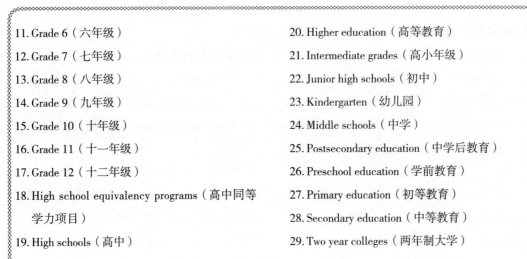

图4.5 ERIC高级检索窗口的"出版物类型"和"教育层次"域的下拉菜单选项

引文滚雪球检索（Citation Pearl Growing）。假设图4.4所引期刊文章和你的文献检索直接相关。在这种情况下，你可能想要找到类似的其他出版物，而一个叫作**引文滚雪球检索**的程序能够为你提供帮助，即使用一篇相关文章（即"雪球"）去检索其他的相关出版物。"滚雪球"的一个办法是查看图4.4中文章的参考文献列表，其中至少有一些文章是与你的主题相关的。

另一个"滚雪球"的方法是查看这篇文章的文献引文。图4.4显示的ERIC引文包括13个主题词。你可以选择最相关的主题词，然后在图4.3所示的高级检索窗口中分别输入这些主题词，从而在ERIC中执行检索。因为你的"雪球"文章（图4.4所示文章）归属于这些主题词的类别下，那么ERIC数据库中其他相关文章也可能归属于这些主题词的类别下。

还有一个"滚雪球"的办法是使用本章前面提到的"科学网"搜索引擎，它能查找参考文献列表中有图4.4所示文章的出版物。如果另一个出版物的参考文献列表中引用了我们的"雪球"文章，则表明这个出版物的作者认为这篇文章与他的研究问题或者实践问题相关。因此，这个出版物就有可能与我们感兴趣的"提问技巧"相关。

引文滚雪球检索的部分理论依据是，对于某个实践问题特别感兴趣的研究者和教育者，可能会彼此沟通，阅读彼此的研究成果。由此，他们便会在自己的写作中引用彼此的研究成果。如果你能找到一篇来自这个新兴团体的相关出版物，你就可以用"滚雪球"的策略找到这个团体的其他相关出版物。

记录你的检索

事实上，为文献综述进行相关出版物的检索，是一个"试错"（trial-and-error）的过程。在ERIC搜索引擎中，你可能会尝试不同的关键词、叙词库主题词、算符，以及出版时间区间，直到能够找到相关出版物。你也可能最终会使用多个不同的搜索引擎，且每个搜索引擎的使用方式都不一样。

检索的次数可能会快速增加。一般来说，要记住所有的这些检索是不可能的，尤其是当好几天的时间过去以后。结果就是，你可能会无谓地进行重复检索，浪费宝贵的时间。因此，我们建议你建立一份检索日志，记录以下细节：（1）执行检索的日期；（2）关键词、主题词以及限定检索的算符；（3）检索中的其他限制，比如出版物类型、教育层次以及出版时间区间；（4）检索获得的记录数。输入每次检索的这些信息只需要花费一两分钟，却能为今后节省下数以小时计的时间。

一份好的文献综述报告，会包括有关检索程序的信息，以便读者评估其合理性。如果你建立了一份详尽的检索日志，要报告这些信息就很容易了。

保存、下载和打印ERIC记录

在确定了你的所有检索设置（例如主题词和算符）后，点击"Search"（检索）链接（如图4.3左下角所示），搜索引擎将会返回符合这些设置的全部记录。你的电脑页面会呈现出检索记录结果，每一个都有如图4.4所示的格式。靠近页面顶部的位置，有一个选项，让你可以用不同方法对结果进行排序（如最新的记录排在最前面）并决定每个页面显示的记录数量。

假设你想要保存或打印显示的这些记录。ERIC搜索引擎用一个称为"My Clipboard"（我的剪贴板）的功能来实现这一过程。在图4.4中，我们可以看到右上角有一个小小的剪贴板图标，以及单词"Add"（添加）。点击"Add"（添加），它就会变成"Added"（已添加），表示这条记录已经添加至你的剪贴板。（点击"Added"，你则可以从剪贴板中去除这一条记录。）最多可添加50条记录至剪贴板。

在显示检索结果的页面顶部有一个"Clipboard"（剪贴板）图标，右边简明地显示有你保存至剪贴板的条目数量。点击这个数量，将打开一个新的页面，图4.6中是一个示例。图4.6中的信息显示，我们用主题词"questioning techniques"（提问技巧）在ERIC中进行检索，并把出版时间限定为2008年，我们添加了三条检索到的记录至剪贴板中。

剪贴板提供了四个选项，在图4.6中显示为单独的一行。

（1）Print citations（打印引文）。点击这个选项，会打开新的页面，你可以选择打印：①简要引文；②简要引文和摘要；③详细引文和摘要。

（2）Email citations（邮件发送引文）。点击这个选项，会打开新的页面，输入邮件地址和其他少量信息，这些记录就会发送至你的邮箱。可以发送简要引文、简要引文和摘要，或者详细引文和摘要。

（3）Export citations（输出引文）。点击这个选项，会打开新的页面，有两个选项。一个选项是将这些记录下载至一个"引文管理器"，比如EndNote或ProCite。（我们将在下面介绍引文管理器。）另一个选项是"文档"，让你可以把这些记录（简要引文、简要引文和摘要，或者详细引文和摘要）以电子文件格式直接下载到你的电脑里。因为文件存在你的电脑里，你可以随时随地查看，而不必打开ERIC网站。

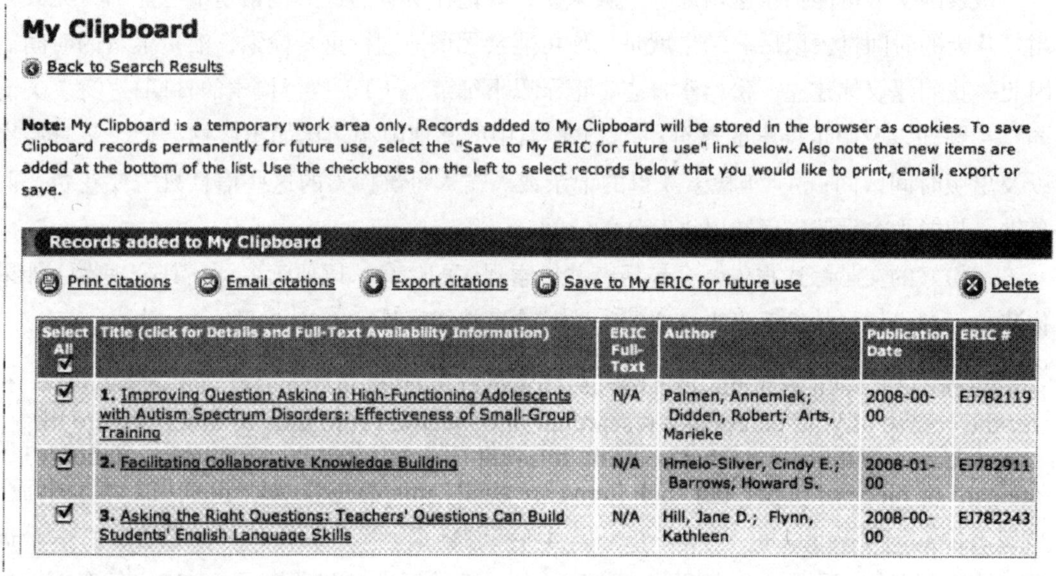
My Clipboard

Back to Search Results

Note: My Clipboard is a temporary work area only. Records added to My Clipboard will be stored in the browser as cookies. To save Clipboard records permanently for future use, select the "Save to My ERIC for future use" link below. Also note that new items are added at the bottom of the list. Use the checkboxes on the left to select records below that you would like to print, email, export or save.

Records added to My Clipboard

Print citations Email citations Export citations Save to My ERIC for future use Delete

Select All ☑	Title (click for Details and Full-Text Availability Information)	ERIC Full-Text	Author	Publication Date	ERIC #
☑	1. Improving Question Asking in High-Functioning Adolescents with Autism Spectrum Disorders: Effectiveness of Small-Group Training	N/A	Palmen, Annemiek; Didden, Robert; Arts, Marieke	2008-00-00	EJ782119
☑	2. Facilitating Collaborative Knowledge Building	N/A	Hmelo-Silver, Cindy E.; Barrows, Howard S.	2008-01-00	EJ782911
☑	3. Asking the Right Questions: Teachers' Questions Can Build Students' English Language Skills	N/A	Hill, Jane D.; Flynn, Kathleen	2008-00-00	EJ782243

图4.6　一个ERIC剪贴板

（4）Save to My ERIC for future use（保存至“My ERIC”以供将来使用）。首次点击这个选项，会打开一个窗口，引导你提供信息，建立一个免费账号。一旦建立了自己的账号，你就可以把某次检索选中的记录（不超过50条）保存到“My ERIC”网页中。在这个网页中，你可以保存多次的检索，每次的检索有一个独立的文件夹，最多可有10个文件夹。登录“My ERIC”之后，你可以看到你的检索结果，以及选中的每个出版物的完整记录。你也可以打印这些信息。“My ERIC”的优势在于，在执行检索的电脑以外的其他电脑上，你也能得到你的检索结果。

剪贴板的一个重要功能是，它允许你选中记录进行打印、邮件发送、输出或保存至“My ERIC”。举例来说，如果你希望打印检索产生的一条记录，你就选中这条记录。如果你希望打印全部记录，你可以点击页面上“Select All”（全选）下面的选择框。

引文管理器

引文管理器（citation manager）是一个软件，用于记录文献引文，以便简单、系统化地对它们进行存储和提取。比如，用ERIC或者其他搜索引擎进行文献检索获得的结果，就可以存储在引文管理器中。你可以用你自己的主题词表对每个引文进行分类，日后就可以提取出该主题词下的所有引文。你还可以在你的文字处理软件中内置一个引文管理器，那么你在写论文的时候，你在论文正文中提及的引文，能够自动生成为论文的参考文献部分。

教育领域比较常用的引文管理器是EndNote和ProCite。你可以去它们的网站（www.

endnote.com和www.procite.com）了解它们的特性。在线维基百科中有一份全面的引文管理器列表。可以进入其主页（http://en.wikipedia.org），在搜索窗口输入"comparison of reference management software"（参考文献管理软件比较）。

如果你只打算在一个项目，如硕士学位论文中使用引文管理器，就没有必要去购买软件了。不过，作为研究者或教育者，引文管理器将对于你的整个职业生涯起到帮助作用。你可能会不时地遇到与你的工作相关的出版物。你可以在笔记本或纸片上大致记下相关的引文信息，但这些东西很容易随着时间推移而丢失。

与之相比，引文管理器是安装在电脑上的软件，你的引文"图书馆"存储在这个软件里，那么，这些引文就和你的电脑一样近在手边。你可以随时添加新的引文，需要的时候随时方便地提取。简而言之，引文管理器是一个多用途的专业工具，能够满足你除了大学课程所要求的研究项目或论文作业以外的其他需求。

在文献检索后获取出版物

搜索引擎提供的是每个相关出版物的文献引文，而非出版物本身。我们在这里要介绍的是，一旦你确定某个出版物与你的文献综述相关，如何去取得该出版物的副本。

要记住，获取出版物可能会比较花时间，所以应阅读摘要，以免费尽力气得到的出版物其实与你的文献综述并不太相关。某些情况下，你在文献综述中提到某个出版物时，可以只涉及摘要中的信息。

图4.4显示了在ERIC中检索时获得的一条文献记录，记录的底部提供了三种用于找到该记录所指向的出版物的方式。

（1）Availability from ERIC（可否从ERIC获取）。虽然图4.4底部第一个位置显示的是"Not available from ERIC"（不可从ERIC获取），但ERIC数据库中引用的一些出版物是可以直接从ERIC获取的。在这样的情况下，第一个可点击按钮会显示"ERIC Full Text"（ERIC全文）。点击这个按钮，就能看到该出版物以pdf格式显示的页面。

（2）Find in a Library（从图书馆获取）。点击这个按钮，会打开一个页面，上面显示的是保存有该出版物的图书馆的列表。这个列表的一个很好的功能是，它可以按照与你所指定位置的距离，由近到远排序。例如，我们在一个窗口中输入我们的区号，这个列表上显示的图书馆就会根据其与我们的区号的距离排序。

（3）Publisher's Web Site（出版者网站）。点击这个按钮，就会把你带到ERIC记录中所引用文献的出版者的网站，前提是该出版者有网站。这个网站有可能会为你提供关于出版物的其他信息，包括如何获取一份副本。

另一个获取出版物副本的途径就是大学图书馆，前提是你与该图书馆有从属关系。一个拥有丰富电子资源的图书馆，会有一个关于其藏书和其他馆藏资源的在线编目，这样你就可以通过电脑查询这个图书馆是否有你想要的图书的副本，或载有你想要的文章的期刊。大学图书馆也有你可以免费使用的一组搜索引擎，以及你可以免费下载期刊文章和其他出版物的订阅服务。那么，在开始文献综述以前，你应该联系你的图书馆，确定其可用于文献检索的馆藏资源和电子资源的范围。

在接下来的时间里，可能会有越来越多的专业期刊走向文章的在线出版，并提供免费的在线阅览、下载与打印。你可以在线获得目前的教育类电子期刊的列表（http://aera-cr.asu.edu/ejournals）。这个列表局限于可以在线免费全文阅览的学术性、同行评审类期刊。

自测题

1. 用于文献综述的搜索引擎一般_____。
   A. 包括文献引文的集合以及一个可以把它们转换成《美国心理学会出版手册》要求格式的程序
   B. 包括文献引文的集合以及搜索它们的程序
   C. 能以纸质形式买到
   D. 在出版物以印刷方式出现后的一到两年间为它创建一个文献引文
2. 如果使用ERIC作为搜索引擎，你_____。
   A. 每下载十个文献引文需要付少量费用
   B. 只能检索到2000年以后出版的文献
   C. 可以利用其文献引文的功能进行引文滚雪球检索
   D. 在其数据库中无法链接至任何全文出版物
3. 搜索引擎可以用于找到何种文献引文？_____
   A. 学位论文
   B. 书评
   C. 报纸文章
   D. 以上全部
4. 在搜索引擎中，通配符让你可以_____。
   A. 在数据库中检索所有共用词干的关键词，比如"instruction"（教学）、"instructor"（教学者）以及"instructional"（教学的）
   B. 在数据库中检索所有由短语构成的关键词，比如"instructional design"（教学设计）以及"multiple intelligences"（多元智能）
   C. 检索由三种类型的算符（"与""或""否"）链接起来的两个关键词
   D. 同时在两个数据库中使用同样的关键词
5. ERIC主题词_____。
   A. 在ERIC叙词库中列出
   B. 可用于检索期刊文章，但不能用于检索会议文集或机构报告

C. 必须由出版物作者在提交至ERIC前确定

D. 用于代替通配符

6. 使用下列哪一个最有可能限制ERIC检索返回的文献引文数量？_____

   A. 通配符

   B. "与"算符

   C. "或"算符

   D. 主题词

7. 引文滚雪球检索是一个好的技巧，如果你_____。

   A. 无法使用搜索引擎

   B. 想要与ERIC搜索引擎中引用的出版物的作者联系

   C. 需要增加你的文献综述报告中参考文献列表的引文数量

   D. 找到了一份和你的研究问题特别相关的出版物，想要寻找和这份出版物有着类似特征的其他出版物

8. 建立使用搜索引擎的连续日志_____。

   A. 是有必要的，因为它必须包括在你所撰写的任何研究报告中

   B. 是有必要的，因为每年都有许多搜索引擎从因特网上消失

   C. 在你撰写完整的文献综述报告时会成为有用的资源

   D. 只需要包括你所使用的关键词和算符

9. 引文管理器_____。

   A. 提供了存储来自搜索引擎的文献引文的方式

   B. 让你可以用你自己的主题词来归类文献引文

   C. 可以用于将文献引文与文字处理软件整合到一起

   D. 以上全部

10. 教育类和其他专业的在线期刊目前_____。

    A. 数量极少

    B. 总体上在不断增长

    C. 只能通过ERIC搜索引擎获取

    D. 是非同行评审的，因此质量低于纸质期刊

后续学习材料

Reed, J. G., & Baxter, P. M. (1994). Using reference databases. In H. Cooper & L. V. Hedges (Eds.), *The handbook of research synthesis* (pp. 57-70). New York: Russell Sage Foundation.

该章节提供了关于如何使用搜索引擎去找到与你的研究问题和实践问题相关的出版物的详细信息。本书的第二版于2009年出版。

Schlosser, R. W., Wendt, O., Bhavnani, S., & Nail-Chiwetalu, B. (2006). Use of information-seeking strategies for developing systematic reviews and engaging in evidence-based practice: The application of traditional and comprehensive pearl-growing—A review. *International Journal of Language and Communication Disorders*, 41 (5), 567-582.

作者介绍了用于检索相关出版物的搜索引擎和各种"滚雪球"检索方式。他们用涉及言语和语言缺陷的研究及实践案例来说明了"滚雪球"检索。

第五章

运用已有的文献综述

重要观点

1. 已有的文献综述是能够节省时间且有价值的资源，当该领域专家是综述作者时尤为如此。
2. 阅读已发表的文献综述中所引用的一次文献能增加你对文献综述的理解，并且能帮助你检查文献综述者是否存在偏见和错误。
3. 系统性文献综述通常是出于研究团体的需要和兴趣而撰写；相反，专业性文献综述是为教育者所写，且关注实际问题。
4. 元分析提供了一种方式，用以确定在一个研究或者一系列研究中观察到的因果关系的程度。
5. 方法论者对于元分析应该包括哪些种类的研究没有达成统一意见。
6. 质性研究的系统性文献综述应该从文献中确定关键构念和因果关系，以及文献综述中包括的不同类型的出版物。
7. 与系统性文献综述相比，专业性文献综述通常没有那么正式。它更多地关注已有的研究发现对改善教育实践的启示。
8. 搜索引擎，如ERIC、"国会图书馆在线目录"以及"在印书籍"，能帮助你找到其他研究者和教育者已经做过的文献综述。
9. 关于不同教育主题的文献综述可以在百科全书、手册、年鉴和期刊上找到。
10. 阅读文献综述，你应该关注文献综述者的研究程序、时间段与范围、涵盖的出版物、每一出版物所提供的信息量、综述者的偏见以及综述者怎样处理研究中不一致的发现。

关键术语

构念（construct）
效应量（effect size）
教育资源信息中心（ERIC）
探索性案例研究方法（exploratory case study method）

文献综述（literature review）
元分析（meta-analysis）
一次文献（primary source）
二次文献（secondary source）

已有文献综述的优势

要了解关于某个教育主题人们业已知道的内容，你可以自己完成文献综述，或者依赖别人所做的文献综述。在本章中，我们将帮助你找到并利用别人所做的文献综述。

已发表的文献综述有时也被称为**二次文献**（secondary source），在这样的出版物中，人们评述他人的工作——他人进行的研究、他人提出的理论、他人的课程材料、他人的经历以及他人的见解。

正如我们在第三章中所阐述的，二次文献与**一次文献**（primary source）有显著的不同，一次文献是作者描述自己的工作和自己的观点的出版物。

与依赖二次文献相比，阅读一次文献有一些十分明显的优势。例如，你能深入了解某个特定的研究，因为你将读到研究者用自己语言陈述的完整报告。你能够直接了解作者的观点，而不必听文献综述者转述。

然而，阅读一长串的一次文献有一个致命的缺点——那就是，需要大量的时间和精力，这一要求超过了大多数教育者的能力。尽管如此，大多数政策制定者和共同体成员都认为学校系统内的教育工作者应该用研究成果为他们的决策提供信息。如果你在攻读学位或证书课程，你也需要引用一次文献。

与对一次文献进行彻底的搜索并且研读这些文献相比，阅读已公开发表的文献综述能够让你在完成上述任务时节省大量的精力。即便是一篇写于几年前的二次文献，仍然会为你节省大量的时间，因为这样你就只需要检索最近的资料以更新二次文献中的信息。

如果一篇已发表的文献综述的作者是该综述主题方面的专家，那么这篇文献综述的价值就非凡了。他们在查找、组织及解读与你的实践问题有关的研究、理论和观点方面的专门知识会让你获益匪浅。这样的作者非常熟悉用于研究某个教育问题的方法论、测量方法和统计方法，而大多数的教育者则很难达到这样的水平。

阅读有名望的刊物或者书本上刊载的文献综述的另外一个好处在于，它具有权威性。

因此，相对于时间有限的其他人所做的文献综述，政策制定者可能会认为它更可信。而且，如果你能引用有许多文献支持的文献综述作为你观点的支撑，政策制定者和你的同事可能会对你的观点给予更多的重视。

尽管有这些优势，你仍不能完全依赖于一份已发表的文献综述来形成自己的观点。你仍然需要对其中所引用的文献进行自己独立的判断，看综述作者所得出的结论是否确实来自文献中的研究证据本身。例如，当文献综述作者遗漏一次文献中的重要信息，或用自己的价值观去解释这些信息时，偏见就会出现。因此，明智的做法是选择综述中提及的一些研究，亲自阅读。有选择地阅读一次文献能让你获得比二次文献中所包含的更为详尽的信息，而且能加深你对研究过程的理解。

在本章的下面部分，我们将区别两种已发表的文献综述——对文献的系统性综合以及对文献的专业评论，并阐述它们的特征。

对研究发现的系统性综合

我们用系统性文献综述（systematic literature review）这一术语来描述对文献的这种综合，它运用的是由研究团体开发的标准程序，目的是确保已经对文献进行了深入的检索，并对研究所展示的研究证据的公正性进行评估。系统性文献综述的主要读者是研究团体或是在理解文献综述的技术方面拥有充分专业知识的教育者。

"科克伦协作组织"和"有效教育策略资料中心"，正如在第一章中所描述的，展示了在特定主题方面的系统性文献综述成果。他们将做文献综述的程序清晰化，并不断修正这些程序。

系统性文献综述的目的是严苛地检查关于特定问题的不同研究发现并形成关于此问题的研究知识现状的连贯图像。此外，此种类型的文献综述通常包括关于这一主题的未来研究建议以及当前研究知识现状对于改善专业实践的启示。

定量研究的元分析综合

一些系统性文献综述关注的是探究同一个问题的定量研究的研究发现，但这些研究有着不同的参与者、测量手段和统计方法。伴随着教育中的循证实践运动（第一章中有详细介绍），此种类型的文献综述越来越常见。

最近几年，元分析成为综合不同定量研究成果的最为普遍的方法。**元分析**（meta-analysis）是把关于同一问题的一系列量化研究成果转化成一个叫作效应量的统计值。

元分析中的效应量。我们将在第八章深入解释效应量的统计基础。此处我们仅提供关于这个概念的一个简单介绍。

假设文献综述者已经找到关于检验某一特定教育项目有效性的实验的单个研究。在这种情况下，**效应量**（effect size）是指体现实验组参与者与对照组——称为控制组，即不接受实验处理或参与其他项目的组——相比在表现方面优异程度的一个数值。

效应量通常用一个简单的公式计算。分子是实验组和控制组的标准测量（如成绩测验）平均分之差。分母通常是标准测量中两组的标准差（分值变化的幅度）的平均值。

例如，设想一个研究，其内容是小额现金奖励对一所位于市中心的中学学生成绩的影响。一学年内，实验组学生在通过周测验后都可以得到现金奖励，而控制组学生则没有奖励。学年末，两组学生都参加相同的标准化成绩测验，这是一个标准测量。实验组学生的平均分为46.2，标准差为4.0；控制组学生的平均分是41.2，标准差是3.6。

效应量的分子是46.2减去41.2，等于5.0。分母是两个标准差的平均值：（4.0+3.6）÷2=3.8。用分子（5.0）除以分母（3.8）约等于1.32，这就是效应量。

效应量1.32的实际显著性通常由百分位的比较来确定。在我们的例子中，效应量1.32意味着，处于实验组中第50个百分位的学生，其分数等同于处于控制组中第91个百分位的学生的分数。

此种类型的百分位数比较将在第八章中以数学术语来解释。此处我们简单解释下，即成绩测验中你通常在同学间排在第50个百分位。假设现金奖励的刺激激励你更加努力地学习更多的知识。效应量1.32则可预测你的成绩测验得分可能达到或者接近第91个百分位。这对你来说可是成绩上的巨大进步。

通常得分低于或者高于第50个百分位的学生，在现金奖励的刺激下，较之不接受这一刺激的学生，也更可能获得百分位数上的重大进步。具体的进步取决于他们起始的百分位和成绩测验中学生得分的分布。

从我们的经验看，教育研究者认为效应量大于或者等于0.33才具有实际显著性。效应量0.33意味着，实验组第50个百分位的学生，在另一组的分数分布中将位于第63个百分位。

与其他比较表现的方法相比，效应量的优点在于，它将各个研究的结果转换成了可以比较的测量单位。虽然一个研究可能使用XYZ数学测验（其分数从0到70不等），另一个研究可能使用ABC历史测验（其分数从0到100不等），但它们的研究结果都可以计算出效应量，而这些效应量是可以直接比较的。不管使用什么测量方法和评分系统，效应量1.00都是效应量0.50的两倍。

不是所有研究文献中的研究都提供了按上文介绍的方式计算效应量所需的平均数和标准差。然而，存在从任何统计数据中估算出效应量的程序。

从不同研究中得出的效应量的平均值可以综合起来确定这些研究涉及的某个实验项目或者方法较之对照措施产生的平均影响。例如，假设你发现了关于班级规模影响的七个研究。在每一个研究中，都有大班样本和小班样本的对比。同样，在每一个研究中，关于所有学生在学年末的成绩测试中的表现的数据都进行了收集。

七个研究每一个都将产生一个效应量。不管样本的规模大小如何，抑或成绩测验或其他测量的类型如何，效应量都有着相同的意义。因此，通过计算七个研究的效应量的平均值，你可以综合七个研究的结果。与单个研究取得的效应量相比，效应量平均值可能会让你对班级规模的影响作出更加有效的估算。

在医学、心理学、教育学及其他领域，元分析已经成为一种用于综合研究发现的流行方法。

元分析的局限。 对于文献综述来说，元分析是综合定量研究的有效方法。但是，你必须考察你读到的每一个元分析，看是否存在潜在局限。你特别需要考虑文献综述作者在选择纳入元分析的研究时是否存在偏见，或是没有找到所有相关研究。

例如，哈勒、蔡尔德和瓦尔贝格（Haller, Child, & Walberg, 1998）做了一个关于阅读理解中元认知策略的研究的元分析（元认知策略涉及教学生如何调节他们的思考和学习过程）。哈勒和她的同事声称他们考察了150个参考文献，但把他们的分析限定在20个研究上。这20个研究符合一定的标准：使用元认知干预，采用控制组作比较，提供了计算效应量所需的数据信息。

作为元分析方法的最初提出者之一，吉恩·格拉斯（Gene Glass, 1976）可能会建议哈勒和她的同事们在分析中尽可能多地采用那150个原始的研究，尽管其中有些在方法上比其他的更合理。格拉斯认为，较弱的研究会与较强的研究展现同样的结果，或者，纳入较弱的研究将会呈现一幅更真实的画面，因此，应将较弱的研究纳入分析中。

与此形成对比的是，罗伯特·斯莱文（Robert Slavin, 1986）反对在元分析中纳入所有可能的研究。斯莱文考察了由六个独立的综述小组所做的八个元分析，根据他们所分析的研究比较了他们的程序及结论。斯莱文报告说，他在八个元分析中所发现的错误严重到每一个研究的一个或数个主要结论都无效或存在问题。

因此，斯莱文建议在元分析中只纳入提供"最佳证据"的研究，即那些满足标准（如方法适当并与当前问题相关）的研究。他强烈主张不仅要计算一个总的效应量平均值，还要为各研究子集计算单独的效应量平均值，例如那些使用同样的因变量进行测量的研究，或针对特定的某一族群的研究。

不管你是同意格拉斯还是斯莱文，我们建议你不要接受元分析中效应量的表面价值，至少应该考察为计算效应量提供数据的一些研究。通过这个额外步骤，你可以检查文献综述作者怎样综合这些研究并判断出这些研究对于你感兴趣的教育实践或问题的实际探究程度。

质性研究的综合

在前面的部分，我们考察了涉及定量方法的研究的文献综述程序。正如我们在第一章中所介绍的，质性研究代表了科学探究的另一种方法。它研究单个个案，以期认识每一个个案独一无二的特点和情境。

奥加瓦和马伦（Ogawa & Malen, 1991）提出了一种综合质性研究的方法，叫作探索性案例研究方法。**探索性案例研究方法**（exploratory case study method）使文献综述作者能够在承认每个个案的独特个性的同时，通过识别个案中都存在的概念和原理，给出对有关同一主题的个案的综合。尽管主要聚焦质性研究，奥加瓦和马伦的方法也允许文献综述作者将其他文章（如报纸社论或者面向在职教师的期刊文章）纳入他们关于某一特定教育问题的文献综合之中。

博斯、克拉伊奇克和帕特里克（Bos, Krajcik, & Patrick, 1995）的文献综述展示了奥加瓦和马伦推荐的质性研究综述的几种程序。他们的综述刊登在《计算机在数学和理科教学中的应用》（Journal of Computers in Mathematics and Science Teaching）期刊的一期特别号上，主要探讨电子通讯的问题。文章的目的是澄清计算机通信（computer-mediated communications，简称CMC）在改善数学和理科教学实践中的潜在角色。文章介绍了对一定数量（13个）项目的研究，关于这些项目的研究已较比较充分了。文章主要关注对这些项目的个案研究，但也收集了一些定量调查数据并进行了分析。

奥加瓦和马伦（1991）所推荐的一个程序是明确综述的中心并界定综述中使用的关键构念。**构念**（construct）是从被观察现象的共性中推断出来并能够用来解释这些现象的概念。遵从这种建议，博斯和他的同事们为他们的文献综述确定了一个明确的中心："这篇综述将集中探讨为辅助教师教学而设计的计算机网络项目（computer networking projects）。"（1995，第188页）他们把计算机通讯界定为"为教师设置的电子邮件网络、公告板、邮件列表以及文件传输服务器"（第188页）。

奥加瓦和马伦（1991）建议文献综述者要对他们在文献检索时找到的文献进行分类，如：质性个案研究、定量研究实验，以及立场说明。博斯和他的同事们在他们的文章中没有对提到的文献进行分类，可能是因为所有的文献在性质上都是相似的，都是对具体的计算机通讯（CMC）项目的描述。

奥加瓦和马伦建议综述作者通过进行叙事总结和组织编码系统来分析个案研究，这样能够将文献中所有相关信息都纳入考量中。关于计算机通讯（CMC）的这篇文献综述包括一个三栏表：（1）每一个计算机通讯（CMC）网络的名称；（2）网络的用途和目的；（3）与网络有关的研究发现。

奥加瓦和马伦（1991）认为，对质性研究进行文献综述的目的是增加对所研究的现象的理解并指导后续的研究。这些目的要靠探究综述中的文献以发现包含在其中的相关构念和因果关系来实现。一份定量研究的综述也具有指导后续研究的目的，但它有另外一个完全不同的目的，即在统计结果的基础上进行概括。

博斯和他的同事们确定了几个有助于他们了解计算机通讯（CMC）网络对教师的潜在益处和局限的关键构念。这些构念包括反思性实践（reflective practice）、创新支持（support for innovation）、专业隔离（professional isolation）、学习共同体（communities of learning）。此外，作者们还根据对所考察文献的结果的分析提出了几个因果命题。例如，他们提出计算机通讯（CMC）（假设的原因）有助于创设一个"独特、平等的，用以相互表达和观念分享的在线'课堂'"（1995，第190页），这是一个假设的结果。

奥加瓦和马伦（1991）提醒考察质性研究的文献综述者要意识到他们在文献查阅过程中的偏见。例如，文献综述中关于计算机通讯（CMC）网络的各种陈述显然表明，作者非常相信这些网络作为教师的辅助工具具有极大的潜力。因此博斯和他的同事们需要非常谨慎，不可忽视文献综述所包括的研究中由研究者报告的任何负面效果。值得赞扬的是，他们在文献综述中包含了被称之为"有争议问题"的突出部分，让读者注意到几个这样的限制条件。他们还建议了计算机通讯（CMC）开发和研究的未来方向。

专业文献评论

专业文献评论也是对研究发现的综合，但相较于系统性文献综述来说，它没有那么正式，因为其主要的读者不是研究人员，而是教育者、政策制定者以及其他专业知识不足的利益相关者。专业文献评论的常见目的是关注实践问题，综合相关的研究和其他文献，而最重要的是得出改善教育实践的启示。

专业文献评论一般用非专业语言介绍研究成果。它们往往很简洁，而且在引用一次文献方面有所选择。例如，《教育研究百科全书》（*Encyclopedia of Educational Research*）主要由专业评论组成，每一个评论大约四页篇幅，所列参考文献为10到15个。

应邀为类似《教育研究百科全书》这样的出版物撰写文章的评论者，一般都是受到认可的某一方面的专家。例如，斯莱文在合作学习领域的研究和开发在教育工作者和研究人员中都享有盛名。在文章中，斯莱文总结了他自己以及其他研究人员和教育工作者的工作。

专业文献评论的作者一般通过考察已发表的研究成果、对研究的综合和理论性文章来确定它们对改善专业实践的意义。例如，斯莱文就引用了大量合作学习方法对不同学生学习成绩有积极影响的研究成果，并且指出了在实际的课堂上想获得这样的效果的必要条件。

然而，只有当一份专业评论是近期的，它才能作为实践决策的基础。随着时间的推移、研究的新进展以及教育实践条件的变化，评论者的结论可能会失去价值。即使这样，专业文献评论作为它出现时期流行的知识状态和实践做法的反映，也是很有用处的。可以对专业文献评论出现之后的出版物进行文献检索，以对它进行补充。

专业评论一般缺乏元分析所具有的严谨，所以需要考虑评论者的结论和建议是否有充分的根据。也有一些专业评论是由在从事研究或解释研究方面经验有限的人士撰写的。因此，我们建议在根据评论者的结论作出重要的教育决策之前，亲自阅读专业评论中引用的一些一次文献和二次文献。

查询已发表的教育文献综述

近几十年来教育出版物不断增加，幸运的是，综合其研究发现和观点的文献综述也相伴而生，不断增加。因此，你所感兴趣主题的文献综述有可能已经发表。问题是怎样找到它。在接下来的部分，我们将介绍为此目标而生的各种资源。

搜索引擎

在试着寻找你所感兴趣领域的已发表文献综述时，我们推荐优先使用搜索引擎。我们在第四章描述了这些资源并且在图4.1中列出了许多。同样，在第四章我们详细介绍了教育资源信息中心（ERIC）搜索引擎，因为它涵盖了很多类型的教育出版物。

使用ERIC和其他类似的搜索引擎来查找感兴趣主题的文献综述的一种方法是，直接输入"文献综述"（literature review）作为主题词或者关键词，再输入你的主题作为另一个主题词或关键词。假设我们对有关写作教学的文献综述感兴趣。进入ERIC网站（www.eric.ed.gov），使用高级搜索功能，输入"写作教学"（writing instruction）作为一个主题词（在ERIC的词库中能找到）和"文献综述"作为另一个主题词（同样在ERIC词库中能找到）。这一搜索的结果产生了多年以来的139篇关于写作教学的不同方面的文献综述。下面是找到的一些近期的文献：

Andrew, R., Torgerson, C., Beverton, S., Freeman, A., Locke, T., Low, G., Robinson, A., & Zhu, D. (2006). The effect of grammar teaching on writing development. *British Educational Research Journal*, 32 (1), 39-55.

McMaster, K., & Espin, C. (2007). Technical features of curriculum-based measurement in writing: A literature review. *Journal of Special Education*, 41 (2), 68-84.

Panofsky, C., Pacheco, M., Smith, S., Santos, J., Fogelman, C., Harrington, M., & Kenney, E. (2005). *Approaches to writing instruction for adolescent English language learners: A discussion of recent research and practice literature in relation to nationwide standards on writing.* Providence, RI: Education Alliance at Brown University. (ERIC Document Reproduction Service No. ED491600)

Stein, M., Dixon, R., & Barnard, S. (2001). What research tells us about writing instruction for students in the middle grades. *Journal of Direct Instruction*, 1 (2), 107-116.

另外一个搜索选择是运用"元分析"（meta-analysis）作为一个主题词，尤其是在搜索使用元分析的定量研究的文献综述时，我们用"写作教学"作为一个主题词，"元分析"作为另外一个主题词（ERIC词库将mete-analysis作为中间没有连字符的两个单词）来再次进行我们关于写作教学的搜索。搜索没有任何结果。这本身就是很有趣的发现，它表明一个人能通过对写作教学的某些方面实施元分析，从而对这个已经受到广泛研究的主题作出贡献。

我们确定了从1966年到2008年6月，ERIC的数据库中有多少元分析。以"元分析"作为唯一的主题词，在ERIC数据库中寻找到了2,027个出版物。下面是一些例子：

Merrell, K. W., Gueldner, B. A., Ross, S. W., & Isava, D. M. (2008). How effective are school bullying intervention programs? A meta-analysis of intervention research. *School Psychology Quarterly*, 23 (1), 26-42.

Patall, E. A., Cooper, H., & Robinson, J. C. (2008). The effects of choice on intrinsic motivation and related outcomes: A meta-analysis of research findings. *Psychological Bulletin*, 134 (2), 270-300.

Wang, S., Jiao, H., Young, M. J., Brooks, T., & Olson, J. (2008). Comparability of computer-based and paper-and-pencil testing in K-12 reading assessments: A metaanalysis of testing mode effects. *Educational and Psychological Measurement*, 68 (1), 77-108.

以下介绍的一些文献综述的主要资源，如百科全书和手册，可能会过期或者被新的版本所取代。因此，我们建议使用一个搜索引擎来检查这些资源的最新版本以及查找新的资源。能实现这一目的的好的搜索引擎是国会图书馆在线目录（http://catalog.loc.gov）和在印书籍（www.booksinprint.com/bip）。

百科全书

很多教育文献综述发表在百科全书上。这些书以这样的事实为特征，即囊括多种主题的文章［也称作"条目"（entries）］，但是文章通常很短，从几段到几页不等。然而，在提供关于各个主题人们已知内容的概览方面，它们是有用的。

搜索关于教育的百科全书的好办法是使用搜索引擎。国会图书馆搜索引擎（http://catalog.loc.gov）很好用，因为它是综合且免费的。进入它的高级搜索功能，我们以"百科全书"（encyclopedia）作为关键词，采用"与"算符，以"教育"作为另外一个关键词来搜索百科全书。你也可以使用你特定的主题（如"历史教育"）取代"教育"作为关键词。我们将我们的搜索限制在从2000年到2008年这一期间所出版的百科全书。图5.1包括了从这一搜索中得出的一些综合性百科全书。

> Alkin, M. C. (Ed.). (2001). *Encyclopedia of educational research* (6th ed.). New York: Macmillan.
>
> Guthrie, J. W. (Ed.). (2003). *Encyclopedia of education* (2nd ed.). New York: Macmillan.
>
> Husén, T., & Postlethwaite, T. N. (Eds.). (1994). *International encyclopedia of education* (2nd ed.). New York: Elsevier. 这本百科全书的条目涉及特定主题（如教育技术学、教育经济学、教学和教师教育）后来累积并作为分卷出版。
>
> McCulloch, D., & Crook, D. (Eds.). (2008). *Routledge international encyclopedia of education*. New York: Routledge.
>
> Salkind, N. J. (Ed.). (2008). *Encyclopedia of educational psychology*. Thousand Oaks, CA: Sage.
>
> Unger, H. G. (Ed.). (2008). *Encyclopedia of American education* (3rd ed.). New York: Facts On File.

图5.1　包含综合教育主题文献综述的百科全书

除综合性百科全书之外，你还可以发现大量关注教育事业特定领域的百科全书。国会图书馆搜索引擎的搜索结果显示为如表5.1所列的百科全书，它们以主题进行组织。记住可能还有没在表5.1中出现的其他特殊化的百科全书。我们仅仅查找了一个搜索引擎，尽管是综合性的，而且我们使用了一个综合性的关键词（"教育"），而不是用具体教育主题来作为关键词。

表5.1　含有特定教育领域文献综述的百科全书

领域	百科全书
成人教育	English, L. M. (Ed.). (2005). *International encyclopedia of adult education*. New York: Palgrave Macmillan.
双语教育	Cummins, J., & Hornberger, N. H. (Eds.). (2008). *Bilingual education* (2nd ed.). New York: Springer.
儿童早期教育和人类发展	Farenga, S. J., & Ness, D. (Eds.). (2005). *Encyclopedia of education and human development*. Armonk, NY: M. E. Sharpe.
	New, R. S., & Cochran, M. (Eds.). (2007). *Early childhood education: An international encyclopedia*. Westport, CT: Praeger.
外语教育	van Deusen-Scholl, N., & Hornberger, N. H. (Eds.). (2008). *Second and foreign language education* (2nd. ed.). New York: Springer.

续表

领域	百科全书
教育基础	Kazdin, A. E. (Ed.). *Encyclopedia of psychology*. Washington, DC: American Psychological Association. Levinson, D. L., Cookson, P. W., Jr., & Sadovnik, A, R.(Eds.).(2002). *Education and sociology: An encyclopedia*. New York: Routledge Falmer.
性别与教育	Bank, B. J., Delamont, S., & Marshall, C. (Eds.). (2007). *Gender and education: An encyclopedia*. Westport, CT: Praeger. Martínez, A. M., & Renn, K. A. (Eds.). (2002). *Women in higher education: An encyclopedia*. Santa Barbara, CA: ABC-CLIO. Sears, J. T. (Ed.). (2005). *Youth, education, and sexualities: An international encyclopedia*. Westport, CT: Greenwood.
高等教育	English, L. M. (Ed.). (2005). *International encyclopedia of higher education*. New York: Macmillan. Forest, J. J. F., & Kinser, K. (Eds.). (2002). *Higher education in the United States: An encyclopedia*. Santa Barbara, CA: ABC-CLIO.
国际教育	Marlow-Ferguson, R. (Ed.). (2002). *World education encyclopedia: A survey of educational systems worldwide*(2nd ed). Detroit, Ml: Gale Group/Thomson Learning.
教育法	Russo, C. J. (Ed.). (2008). *Encyclopedia of education law*. Thousand Oaks, CA: Sage.
读写能力	从2000年起，Springer出版公司已经出版了关于读写能力的众多主题的百科全书，包括： ·论说与教育　　　　　·语言测试与评价 ·语言生态学　　　　　·读写能力 ·教育中的语言政策和政治问题　·语言和教育中的研究方法 ·语言社会化
数学教育	Grinstein, L. S., & Lipsey, S. I. (Eds). (2001). *Encyclopedia of mathematics education*. New York: RoutledgeFalmer.
中学	Anfara, V. A., Jr., Andrews, G., & Mertens, S. B. (Eds.). (2005). *The encyclopedia of middle grades*. Greenwich, CT: IAP-Information Age.
多元文化教育	Mitchell, B. M., & Salsbury, R. E. (Eds.). (1999). *Encyclopedia of multicultural education*. Farmington Hills, Ml: Macmillan.
和平教育	Bajaj, M. (Ed.). (2008). *Encyclopedia of peace education*. Charlotte, NC: Information Age.
特殊教育	Reynolds, C. R., & Fletcher-Janzen, E. (Eds.). (2007). *Encyclopedia of special education* (3rd. ed.). New York: Wiley.
教育技术	Kovalchick, A., & Dawson, K. (Eds.). (2004). *Education and technology: An encyclopedia*. Santa Barbara, CA: ABC-CLIO.

手册

手册是不错的文献综述资源。百科全书通常包括关于很多主题的简明条目,而手册只涉及较少的主题,每个主题都有一个独立的章节。手册有一个或者多个主编,负责章节的设计并决定由谁写作。表5.2阐明了现有的手册所涉及教育领域的范围。除少数几个外,它们在2000年或者其后出版。

表5.2　含有特定教育领域文献综述的手册

领域	手册
管理	Young, M., Crow, G., Ogawa, R., & Murphy, J.(Eds.). (2008). *Handbook of research on leadership education.* New York: Routledge.
天主教教育	Hunt, T. C., Joseph, E. A., & Nuzzi, R. J.(Eds.). (2001). *Handbook of research on Catholic education.* Westport, CT: Greenwood Press.
教室管理	Damon, W., & Lerner, R. M. (Eds.). (2006). *Handbook of child psychology* (6th ed., Vols.1-4). New York: Wiley.
	Evertson, C. M., & Weinstein, C. S. (Eds.).(2006). *Handbook of classroom management: Research, practice, and contemporary issues.* New York: Lawrence Erlbaum.
儿童早期教育	Spodek, B., & Saracho, O. N. (Eds.). (2006). *Handbook of research on the education of young children* (2nd ed.). New York: Lawrence Erlbaum.
教育心理学	Alexander, P., & Winne, P. (Eds.). (2006). *Handbook of educational psychology.* New York: Lawrence Erlbaum.
实验学习	Silberman, M. L. (Ed.). (2007). *The handbook of experiential learning.* San Francisco: Jossey-Bass.
高等教育	Smart, J. C. (Ed.). (2008). *Higher education: Handbook of theory and research.* New York: Springer.
读写能力	Flood, J., Heath, S. B., & Lapp, D. (Eds.). (2007). *Handbook of research on teaching literacy through the communicative and visual arts* (Vols. 1-2). New York: Lawrence Erlbaum.
	Neuman, S. B., & Dickinson, D. K. (Eds.). (2001—2006). *Handbook of early literacy research*(Vols. 1-2). New York: Guilford Press.
数学教育	English, L.D., Bussi, M.B., et al. (Eds.).(2008). *Handbook of international research in mathematics education*(2nd ed.). New York: Routledge.
中学	Anfara, V. A., Jr. (Ed.). (2001). *Handbook of research in middle level education.* Greenwich, CT: Information Age Publishers.
多元教育	Banks, J. A., & Banks, C. A. M. (Eds.). (2004). *Handbook of research on multicultural education* (2nd ed.). San Francisco: Jossey-Bass.
制定政策	Cooper, B., Cibulka, J., & Fusarelli, L. (Eds.). (2008). *Handbook of education politics and policy.* New York: Lawrence Erlbaum.

续表

领域	手册
阅读	Kamil, M. L., Moje, E., Mosenthal, P., Pearson, D., & Afflerbach, P. (Eds.). (1996—2008). *Handbook of reading research* (Vols. 1-4). New York: Lawrence Erlbaum.
学校管理	Christenson, S. L., & Reschly, A. L. (Eds.). (2009). *Handbook of school-family partnerships*. New York: Routledge.
	Kowalksi, T., & Lasley, T. (Eds.). (2009). *Handbook of data-based decision making in education*. New York: Routledge.
	Randazzo, M. R. (Ed.). (2006). *Handbook of school violence and school safety: From research to practice*. New York: Lawrence Erlbaum.
科学教育	Abell, S. K., & Lederman, N. G. (Eds.). (2007). *Handbook of research on science education*. New York: Lawrence Erlbaum.
第二语言教育	Hinkel, E. (Ed.). (2005). *Handbook of research in second language teaching and learning*. New York: Lawrence Erlbaum.
社会公正	Ayers, W. C., Quinn, T., & Stovall, D. O. (Eds.). (2008). *Handbook of social justice in education*. New York: Lawrence Erlbaum.
社会学习教育	Levstik, L. S., & Tyson, C. A. (Eds.). (2008). *Handbook of research in social studies education*. New York: Lawrence Erlbaum.
运动心理学	Tenenbaum, G., & Eklund, R. C. (Eds.). (2007). *Handbook of sport psychology* (3rd ed.). New York: Wiley.
教师教育	Cochran-Smith, M., Feiman-Nemser, S., McIntyre, D. J., & Demers. K. E. (Eds.). (2008). *Handbook of research on teacher education: Enduring questions in changing contexts* (3rd ed.). New York: Routledge.
教学	Richardson, V. (Ed.). (2001). *Handbook of research on teaching* (4th ed.). Washington, DC: American Educational Research Association.
教育技术	Carliner, S., & Shank, P. (Eds.). (2008). *The e-learning handbook: Past promises, present challenges*. San Francisco: Jossey-Bass.

搜索你所感兴趣主题的手册的一种有效方法是使用国会图书馆在线目录来作为搜索引擎。使用高级搜索功能，你可以输入"手册"（handbook）作为关键词，采用"与"算符，用你所感兴趣的主题作为另外一个关键词。我们建议你以最少限制性的形式来输入你的主题（如：以"写作"替代"写作教学"）从而增加你找到相关手册的可能性。

年鉴、期刊和定期报告

一些年鉴和期刊主要发表教育文献综述，主要关注当前教育工作者感兴趣的主题。此外，一些组织发布的定期报告也涉及文献综述。

《全国教育研究会年鉴》（NSSE Yearbooks）。《全国教育研究会年鉴》是由全国教育研究会（National Society for the Study of Education，NSSE）主办的。从1977年到

2004年出版的《全国教育研究会年鉴》列在www.press.uchicago.edu/Complete/Series/NSSE.html上。较近期的《全国教育研究会年鉴》能够以纸质形式或在布莱克韦尔出版（www.blackwellpublishing.com）上以在线形式取得。

每一部年鉴都涵盖一个重大教育主题相关的近期研究、理论和评论。近些年，这些主题包括：

- 证据和政策的制定（2007）
- 民主之声：转型领导人的奋斗和庆贺（2006）
- 更审慎的速度：实现公平和卓越的教育（2006）
- 媒介素养：转型课程与教学（2006）
- 教育问责和改良中数据的使用与误用（2005）

这些主题中的每一个都反映了当前教育工作者感兴趣的实际问题。

美国教育研究协会出版物。《教育领域研究概览》（*Review of Research in Education*）是由美国教育研究协会（American Educational Research Association, AERA）出版的年鉴。每一卷都包含由领军的教育研究者撰写的章节，对教育领域重要问题和趋势方面的研究提供关键性评述。例如，出版于2008年的第32卷，关注"教育情境中的哪些知识是重要的"这一主题。包括10个章节，主题如：课程社会学、艺术教育、历史教育、外语教育、数学教育和教师专业学习。

《教育研究评论》（*Review of Educational Research*）同样由美国教育研究协会出版，是关于教育问题的研究文献综述的期刊。它每季度出版一期，每期一般包含四到七篇综述。另外一个由美国教育研究协会出版的刊物是《研究观点》（*Research Points*），是刊载联结研究和教育政策的报告的季刊。近期报告包括：

- 学习时间（2007冬季）
- 合理的科学教育（2007夏季）
- 做数学：认知需求的重要性（2006秋季）
- 外语教学：实施最优教学方法（2006春季）
- 儿童早期教育：讲求质量才有意义（2005秋季）
- 教师教育：改善学生成绩的专业发展（2005夏季）

这些报告可在线免费获取（www.aera.net/publications/?id=314）。

有效教育策略资料中心（What Works Clearinghouse）。美国教育部的一个分支——教育科学研究所发起了有效教育策略资料中心（WWC）。有效教育策略资料中心（http://ies.

ed.gov/ncee/wcw）发布定期报告来对各种教育项目和实践的科学证据进行综述。这些报告的目的是帮助教育工作者和政策制定者选择那些最有可能会改善学生成绩的项目和实践。

有效教育策略资料中心近期关注对早期阅读、性格教育、防止辍学、儿童早期教育、小学数学、英语学习者和中学数学课程这些领域的干预研究的综述。如果你在其主页上点击最新资讯，你会发现它的报告存档。它们中大部分呈现的是对特定干预或者一系列相关干预的研究的综合。下面是近期报告中的干预主题：

- 干预：工作团体（2008年4月）。一个针对经济困难青年的联邦资助教育和工作培训项目。
- 干预：所有人都成功（2007年8月）。一个学校改革模式，包括从学前班到八年级学生的阅读、写作和口语发展项目。
- 干预：同伴互助学习策略（2007年7月）。改善不同学业需求学生的学业表现的项目。

WWC也发布一些其他类型的报告，每一份报告都尝试综合可用于改善教育实践的研究成果。

评价已发表文献综述的标准

下列标准能帮助你判断你感兴趣领域中已发表的文献综述的价值。

1. 评论者的可信度。阅读文献综述时，作者在这个主题上的声望和经验是需要考虑的因素。作出这种判断的一个方法是查看文献后面所列的参考文献，看作者是否对这个问题进行过研究工作，如果有，看看研究成果是在什么地方和什么时候发表的。还可以从文章本身查看有关作者的信息，如隶属于哪个学会、职称如何、与问题有关的经验怎样等。

2. 检索程序。在以往发表的综述中，作者一般并不会详细说明自己的检索程序。因此，读者并不能判断综述中所引的研究来自于全面的还是粗略的检索。现在作者通常都要详细说明自己使用的搜索引擎及查看的文献索引、所使用的主题词和所覆盖的年份。相对于专业文献评论而言，综合性文献综述更可能是这种情况。

3. 检索的广度。从对有关问题的所有一次文献的详尽无遗的检索，到有高度选择性的检索，研究综述在广度上差异很大。全面检索的益处在于有一定的把握保证重要的研究证据或理论框架不会被忽略。范围较小的检索可能也会满足你的要求，但在这种情况下了解作者如何选择综述中的文献就更为重要了。下列维度反映了综述作者检索文献的广度。

　　a. 检索覆盖的时间段。最早和最晚的资料的出版日期可以表明时间段。尽管如此，要注意的是：如果作者的搜索没有找到涉及这个主题的更早或者更晚的出版物，但资料涉及的时间段可能超出这些出版日期的标示范围。

b. 所综述的文献的类型。例如，综述可能只包括期刊发表的文章，或者还包括博士论文及所谓的灰色文献，比如研究小组为其资助机构撰写的专业报告。

c. 检索的地理范围。有些综述作者只考察美国进行的研究工作，而有些还考察其他国家的研究。

d. 综述中涉及的学生、教师、教育机构或其他实体的层次水平和类型的范围。

e. 有关该主题的理论视角或思想视角的范围。例如，作者是否同时考虑了建立在行为理论基础上的研究和建立在认知理论基础上的研究？是否考虑了诸如批判理论（见第十六章）和问责制运动等不同的思想观点？

f. 运用标准将某些最初考察过的报告排除在外。例如，作者可能排除掉涉及非典型学生的研究，或没有使用随机安排程序的实验（随机安排在第十三章进行介绍）。

4. 所提供的有关被考察的研究的信息量。综述作者有一个具有挑战性的任务：为了使综述更容易阅读，要对大量研究成果进行简要总结，但要有足够的细节，使得他们的结论和解释的基础足够清楚。在进行全面的归纳之后，简单地在括号中引用一两个参考资料是无法实现这个目标的。对作者来说，一个比较好的方法是简要介绍能够支持其归纳的研究的有关信息。

5. 批判性判断的运用。研究综述各种各样，从不加批判地接受研究成果的，到找寻每一个研究的缺陷，从而坚持说从这些研究中得不出任何结论的都有。对于得到广泛研究的问题而言，这两种极端都不可能是合理的。批判性判断的另一个方面是看综述者是否倾向于把各种研究混在一起，或在研究中区分出看起来处理同样的问题、但实际上在研究设计或目的方面完全不同的研究。后者通常反映出更好的批判性判断。

6. 对不一致的研究结果的处理。几乎每一个研究综述都会揭示出，某些研究的结果与其他研究的结果不一致。应该仔细考察综述作者如何处理这些不一致的结果。

一个范例：文献综述怎样帮助解决实际问题

我们偶尔会读到关于这种观点的文章，即在学生取得好的分数时应给予学生实在的奖励。这个观点是有争议的，相关人士就支持还是反对该实践始终存在争论。华盛顿哥伦比亚特区正在做关于这个实践的实验，退休教师凯西·梅杰里在《华盛顿邮报》上发表了一篇相关文章。基于她做了34年英语教师的经验，她声称"小装饰品、礼物和奖励"对她来说非常有用。她不知道现金能否比她的小奖励更有效。梅杰里观察到这些小的奖励在她的学生身上产生了积极的影响：

> 我给出的这些小奖品增加了课堂上学习、共享和表现良好的合作氛围，特别是对于那些学业上不太成功或者来自贫困家庭的学生。

紧接着这个评论，她陈述道：

因此，当副校长打电话抱怨我"贿赂"我的学生并说有大量谴责这一实践的研究和文献时，我很震惊。

Megyeri, K. A. (2008, November 6). Like Wall Street bonuses for doing well. *Washington Post*. Retrieved November 23, 2008, from www.washingtonpost.com.

事实上，有没有一定数量的研究结果表明小奖励无效或者有害？

回应这个问题——以及梅杰里副校长的抱怨——的一种方式是寻找总结这一研究结果的文献综述。如果你没有时间直接考察单个的研究，那么文献综述将是特别有帮助的。

我们以ERIC作为我们的搜索引擎来快速搜索文献。我们以"文献综述"和"奖励"搜索一次，以"文献综述"和"外在的激励"再搜索一次。我们发现了少量的文献综述，且每个都总结了小范围的研究。总体上，研究结果是不能令人信服的，并且不能让人强烈支持或者反对运用小的奖励，包括现金。然而，梅杰里的观察是令人信服的，并且它们引发我们建议以正式的实验（见第十三章）或者行动研究（见第十九章）来研究这一实际问题。这些研究应该被设计成测试像这位教师所使用的奖励的效用。

自测题

1. 文献综述_____。
    A. 就是一次文献
    B. 只有在综述作者所做的研究和所评述的文献类似时才有价值
    C. 只有在五年内发表的才有价值
    D. 即使是十年前或者更早时间发表的，也可能有价值
2. 元分析_____。
    A. 是综合定量研究发现的标准程序
    B. 是综合质性研究发现的标准程序
    C. 避免计算文献综述中每个研究的效应量
    D. 用在系统性文献综述中来排除研究发现不具统计显著性的研究
3. 效应量_____。
    A. 计算出来用于确定研究样本是否代表总体
    B. 不能用来判断研究发现的实际显著性
    C. 提供关于研究发现的实际显著性的信息
    D. 不能用来比较关于同一主题的，但使用不同测量的研究的发现

4. 研究人员的共识是，当效应量有着实际显著性时，它的值是_____。

   A．0.10或更大

   B．0.33或更大

   C．0.20或更大

   D．–0.10到0之间

5. 专家在元分析中_____。

   A．关于某个研究的方法论质量是否需要考虑以确定是否将其纳入元分析中，没有达成共识

   B．同意即使研究者是具体项目的开发者，其关于这个项目的有效性的研究也应该包括在元分析中

   C．同意只有发表在经过同行评议的期刊上的研究才应该纳入元分析中

   D．以上各项

6. 使用探索性案例研究方法的综述者_____。

   A．在一组质性研究中仅关注每个案例的独特个性

   B．在一组质性研究尝试识别个案中都存在的概念和原理

   C．与在综述定量研究时使用的相比，以不同的公式计算效应量

   D．除在线资源之外，可能在他们的综述中包括各种类型的出版物

7. 使用探索性案例研究方法的综述者_____。

   A．做出的总结或者声明很少超出综述中包括的研究的研究实施者的总结或者声明

   B．仅仅使用综述中包括的研究的研究实施者已经陈述的构念

   C．仅仅包括收集多个案例数据的质性研究

   D．试着增加教育工作者对包括在综述中的出版物所研究的现象的理解

8. 专业文献评论_____。

   A．与系统性文献综述相比，更可能呈现对于研究发现的元分析

   B．与系统性文献综述相比，更可能呈现效应量

   C．与系统性文献综述相比，呈现对于研究发现的元分析的可能性更小

   D．与系统性文献综述相比，得出对实际问题的启示的可能性更小

9. ERIC搜索引擎_____。

   A．不能用来查找包含在灰色文献资源中的文献综述

   B．可以用来查找发表过的文献综述和元分析

   C．可以用来查找教育百科全书，但不能用来查找元分析

   D．可以用来查找系统性文献综述，但不能用来查找专业文献评论

10. 文献综述作者在写文献综述报告时_____。

    A．应该提供对他们的研究程序的详细描述

B. 不需要提供对他们的研究程序的详细描述，因为这些程序已经由美国心理学会标准化了
C. 应该解释他们查找到文献综述中包含的每一个出版物副本的方式
D. 如果想让他们的文献综述发表在美国的研究期刊上，那么就该把他们的搜索范围限制在美国的出版物上

本章参考文献

Bos, N. D., Krajcik, J. S., & Patrick, H. (1995). Telecommunications for teachers: Supporting reflection and collaboration among teaching professionals. *Journal of Computers in Mathematics and Science Teaching*, 14, 187-202.

Glass, G. V. (1976). Primary, secondary, and meta-analysis of research. *Educational Researcher*, 5 (10), 3-8.

Haller, E. P., Child, D. A., & Walberg, H. J. (1988). Can comprehension be taught? A quantitative synthesis of "metacognitive" studies. *Educational Research*, 17 (9), 5-8.

Ogawa, R. T., & Malen, B. (1991). Towards rigor in reviews of multivocal literatures: Applying the exploratory case study method. *Review of Educational Research*, 61, 265-286.

Slavin, R. E. (1986). Best-evidence synthesis: An alternative to meta-analytic and traditional reviews. *Educational Researcher*, 15 (9), 5-11.

后续学习材料

Lather, P. (1999). To be of use: The work of reviewing. *Review of Educational Research*, 69, 2-7.

这篇文章将会帮助你理解已发表的文献综述怎样在一定程度上反映作者的偏见、价值观和日常工作。作者论证了在阅读文献综述时，需要运用批判性判断。

Lipsey, M. W., & Wilson, D. B. (2000). *Practical meta-analysis*. Thousand Oaks, CA: Sage.

作者介绍了如何确定元分析中应该包含的研究报告，如何就每个研究的特征进行信息编码，如何使用计算机软件分析得到的数据。

Sandelowski, M., & Barroso, J. (2006). *Handbook for synthesizing qualitative research*. New York: Springer.

这本手册虽是为健康领域而写，但它也能帮助对于教育主题相关的质性研究感兴趣的教育工作者。作者描述了文献综述过程的所有方面，从确定相关研究到综合它们、得出有效的结论，以及写作综述报告。

— 第三部分 —

运用定量研究方法解决实际问题

第六章
定量研究报告的分析与评价

■ 重要观点

1. 教育领域中大部分的定量研究报告都遵守《美国心理学会出版手册》（*Publication Manual of the American Psychological Association*）中指定的格式。

2. 在阅读定量研究报告时，你应该辨别报告中所提及的构念，因为这些构念会决定研究者选择什么研究现象，他们如何测量这些现象，以及他们如何解释通过测量所获得的数据。

3. 构念可以被看成是变量，意味着研究参与者能够对它们进行量化地区分。如果参与者在某个构念上不发生变化，那么这个构念就可以被看作是一个常量。

4. 在一份定量研究报告的引言部分，你应该寻找明确的研究假设、研究问题或研究目标，因为你要通过假设的验证、问题的回答或目标的达成来判断该项研究的质量。

5. 因为研究期刊的版面有限，所以无法容纳大规模的文献综述，但作者至少应该讨论一下与自己的研究关系最为紧密的前期研究。

6. 定量研究报告的作者，应该清晰地陈述他们的研究对象是整个相关总体，还是来自于目标总体或可获得总体的某个样本。

7. 定量研究报告的作者应该清晰地陈述，他们是通过分层随机抽样还是比例随机抽样来确保他们所选择的样本能充分地代表总体中各分组（或分层）。

8. 教育研究者通常所研究的都是志愿者样本，因为关于知情同意的法律规定允许任何个体都有权拒绝参与某项研究。

9. 为了判断根据研究样本所获得的研究结果是否可推广到目标总体、可获得总体或者你的当地情景，你需要对研究参与者和那些更大范围内的群体在重要变量（如社会经济状况、年龄、性别和种族）上作比较。因此，定量研究报告应该包括上述这些变量的信息。

10. 定量研究报告的作者，应该明确每一个变量，以及它是否能够通过纸笔测验、量表、问卷、访谈、直接观察、内容分析或者其他方法来测量。

11. 在评估定量研究报告中所描述的问卷时，你应该检查它是否经历了前测，是否含有具有引导性或产生心理威胁的问题，以及是否可以合理预期问卷的应答者能够拥有问卷所要调查的信息。

12. 在评估定量研究报告中所描述的访谈时，你应该检查它是否经历了前测，访谈者是否接受过适当的培训，访谈是否含有具有引导性或产生心理威胁的问题，以及为了其后的分析，数据是如何被记录的。

13. 在评估定量研究报告中所描述的直接观察程序时，你应该检查被观察变量是否具有高推断性或低推断性，观察者是否接受过充分的训练，是否使用了标准的观察表，观察是否持续了足够的时间，以及观察者对于被观察者（研究参与者）来说是否易见。

14. 在评估定量研究报告中所描述的内容分析时，你应该检查内容分类是否得到准确定义并值得研究，样本文件的选择过程是否妥当，对每一个文件进行内容分析的观察者是否能够得出可靠的数据。

15. 定量研究报告中所描述的纸笔测验应该是有效的，也就是说，对测验完成者所获分数的解释在某种程度上能够得到各种类型证据的支持：内容相关证据、预测性证据、辐合证据、并行证据、应答过程证据以及间接证据。

16. 定量研究报告中所描述的纸笔测验应该是可靠的，也就是说，在某种程度上它的测量误差可以忽略不计。测验信度可以通过计算测验项目的一致性、跨越时间的稳定性、控制和得分的一致性以及测量标准差等来确定。

17. 根据项目反应理论的方法来设计的纸笔测验，是由一系列依据难度等级排列的题目所构成的，这样，就测验所要测量的某项能力而言，一定能力的个体能够回答量表中某个分数点以下的大部分题目以及这个分数点以上的极少数题目。

18. 搜索引擎和书目索引也可以帮助你定位或评估一份定量研究报告中所描述的可用纸笔测验和其他测量。

19. 定量研究报告中的方法部分应该详细地解释研究设计的各项细节。这样，读者就能够据此判断该项研究是否达到了此类研究设计普遍接受的标准。

20. 定量研究报告中的结果部分是统计结果的客观呈现，而非主观解释。讨论部分为研究者提供了一个对研究结果作个人解释，对研究方法论作评估，就研究结果的未来研究意义、理论发展以及专业实践之改进展开讨论的机会。

关键术语

摘要（abstract）
可获得总体（accessible population）
封闭式题目（closed-ended item）
同时性测验效度证据（concurrent evidence of test validity）
后果性测验效度证据（consequential evidence of test validity）
常量（constant）
构念（construct）
内容分析（content analysis）
与内容有关的测验效度证据（content-related evidence of test validity）
测验效度的辐合证据（convergent evidence of test validity）
克隆巴赫系数（Cronbach's alpha）
直接观察（direct observation）
表面效度（face validity）
高推断性变量（high-inference variable）
假设（hypothesis）
评分者信度（inter-rater reliability）
访谈（interview）
题目一致性（item consistency）
题目反应理论（item response theory）
低推断性变量（low-inference variable）
测量误差（measurement error）
开放式题目（open-ended item）
参数（parameter）
实际作业测量（performance measure）

总体效度（population validity）
预测性测验效度证据（predictive evidence of test validity）
比例随机抽样（proportional random sampling）
《美国心理学会出版手册》（*Publication Manual of the American Psychological Association*）
问卷（questionnaire）
信度（reliability）
信度系数（reliability coefficient）
测验效度的应答过程证据（response-process evidence of test validity）
抽样误差（sampling error）
量表（scale）
简单随机抽样（simple random sampling）
测量标准差（standard error of measurement）
《教育与心理测验标准》（*Standards for Educational and Psychological Testing*）
分层随机抽样（stratified random sampling）
目标总体（target population）
测验（test）
重测信度（test-retest reliability）
测验稳定性（test stability）
测验效度（test validity）
真实分数（true score）
变量（variable）
志愿者样本（volunteer sample）

定量研究报告的结构

第一章将定量研究和质性研究作为教育领域中两种不同的科学研究方法进行了介绍。

定量研究的主要特点是其认识论认为存在客观现实，将现实分解为可测量的变量，通过研究精确代表总体的样本以及使用统计方法分析材料来建立普适性知识。

你将在本书的这一部分（即第三部分）读到几份定量研究报告——均选自研究期刊所收录的研究论文。本章将向你介绍如何分析性地和评判性地阅读这些定量研究报告。

大多数定量研究报告在组织结构上都是相似的，因为研究者一般都会遵循《**美国心理学会出版手册**》（*Publication Manual of the American Psychological Association*）（2001）中的格式指南。这些指南具体规定了一份定量研究报告的所有构成部分及其呈现顺序，如下所示：

摘要
引言
方法
    抽样程序
    测量（或材料）
    研究设计和程序
结果
讨论

本章将对其每一部分都进行详细说明。

当然，仅仅能够在充分理解的基础上阅读定量研究报告还是不够的，你还需要能够评价研究报告所描述的研究的恰当性。因此，在说明定量研究报告中的每一部分的内容时，我们都将解释如何去判断每一部分是否恰当或者是否有错误。

为了作出这些判断，在阅读定量研究报告的每一部分时都向自己提出问题，这是一种很有帮助的做法。附录2列举出了为实现这一目的而需要解决的一系列问题，而附录4则列举出了针对某类特殊研究设计所需要解决的若干问题。

摘要和引言部分

一份研究报告的开始是**摘要**（abstract），这是对报告内容的简要总结（一般约100字）。先阅读摘要会使你了解该项研究的目的、研究方法和主要结果。头脑中有了这一全貌，理解整篇研究报告及其细节就会容易很多。

下面是一份发表在《教师教育杂志》上的研究报告的摘要（Ridley, Hurwitz, Hackett, & Miller, 2005）：

    当下，关于专业发展学校（Professional Development School, PDS）职前教师准备的文献基础长久以来建立在态度分析之上，缺乏对结果变量的比较分析。我们对专业发展学校及基于校园的方案中的教师储备进行了一项持续两年的研究，对课堂设计、教学有效性、课后反思以及专业教学知识内容的保持进行了比较。教学成果变量由资深评价者进行打分。尽管专业发展学校在师范生的职前准备方面得分通常要高于基于校园的方案，但我们在统计结果上并未发现两者存在显著性差异。但是，在为期一年的教学过程中，专业发展学校的教师在教学有效性方面的得分要显著高于基于校园的方案中的教师。对于这个结果我们提供了一些可能的解释。（第46页）

这个摘要简约地陈述了研究目的及其主要结果。在本章的后面几个部分中，我们还将继续讨论这项研究以解释研究报告的其他特征。

紧接在摘要后面的是定量研究报告的引言部分。引言主要说明研究的目的、相关变量和研究假设、研究问题和研究目标。此外，引言部分还包括对以往研究结果的评述以及其他与该项研究有关的信息。我们将在下文说明研究报告的这些特征。

构念和变量

研究报告中的引言部分应该确定和描述所研究的每一个概念。教育研究者所研究的概念有学习方式、能力倾向、学业成绩、内在动机、学校领导和课程标准等。研究者通常把这些概念称为构念或变量。

构念（construct）是从被观察的行为中推导出来的结构或过程。例如，心理学家注意到有些人往往会以一贯的方式来谈论自己，例如"我擅长运动"，"我有抱负"，"我不喜欢把注意力吸引到自己身上"。这些自我知觉表现出跨时间、跨情境的一致性，促使社会心理学家作出推断：个体具有一个称之为"自我概念"（self-concept）的心理结构。那么，"自我概念"即是一个从被观察的行为中推导出来的构念，它不能被直接观察到。其他诸如自尊、自我决定和自我效能等相关构念也可以同样地被推导出来。

某些构念是与某些特定的理论联系在一起的。例如，逻辑运算和感觉运动智力就是皮亚杰（Piaget）关于人的发展理论中的关键构念，元认知、短时记忆以及长时记忆等则是某些认知理论中的关键构念，而压抑和发声则是批判研究中的关键构念（参见第十六章）。

构念在所有类型的教育研究中都是极其重要的。它们决定了研究者如何看待现实、他们所研究的现象、测量这些现象的程序，以及他们对研究结果的解释。如果你不接受某位研究者对某一构念的界定，那么你就非常有可能拒绝整个研究，认为其与教育理论和教育实践改善无关。

在前面我们所提及的教师教育研究（Ridley et al., 2005）中，有两个重要构念：（1）基于专业发展学校的教师教育方案；（2）基于校园的教师教育方案。该项研究对于你和他人的价值主要取决于研究者如何界定这两个构念。每个构念的主要特征都列举在表6.1中，和在期刊文章中所呈现的一样。如果你对专业发展学校教师教育方案的实施或者应该如何实施有不同的看法，那么，对于你来说，这些研究者的研究很可能只有极其有限的价值。

表6.1 专业发展学校和基于校园的储备方案对比

专业发展学校的教师教育方案	校园的教师教育方案
● 在一个学年（三个学期，包括夏季学期）内提供相同的教师教育课程	● 在两个学年（四个学期，不包括夏季学期）内提供相同的教师教育课程
● 职前教师在他们的教师储备期中的每一个学期都置身在现场当中（即所有课程与实践准备都是基于现场的）	● 除了方法论课程的那一学期在现场之外，职前教师的课程都是在校园中完成的
● 职前教师在整个方案当中都会受到监督，并接受实践反馈	● 职前教师在教学生时受到监督，并接受实践反馈
● 职前教师在方案中参与大量不间断的课堂教学（以团队或个人的形式），包括夏季学期的教学	● 职前教师在其基于现场的学期中，独立地教授三天至两周的课程
● 学校中的大多数或所有教师都投身于并致力于整个方案	● 经过挑选的，通常是很少的一部分现场教师投身于并致力于整个方案
● 队伍规模是18—20人，而且职前教师间彼此形成了密切的联系，就如中学教师与大学教师成员之间一样（强大的支持系统）	● 队伍规模是35—36人，职前教师可能相互关系紧密，也可能不是这样
● 贯穿于行动研究的调查始终是教师储备方案和学校努力改进的一个基本内容	● 贯穿于行动研究的调查并不一定是方案的一个重要内容
● 大学教师成员居住在专业发展学校现场（从星期一到星期四），而且积极地奉献以成就专业发展学校的所有四个目标	● 大学教师是基于校园的，但并非必然要积极投身于学校改进努力当中（除非是有酬劳的顾问）
● 现场教师在方案设计和提供方面扮演积极角色	● 现场教师并不一定是方案发展方向的积极贡献者

资料来源：Table 1 on p. 50 of Ridley, D. S., Hurwitz, S., Hackett, M. R. D., & Miller, K. K. (2005). Comparing PDS and campus-based preservice teacher preparation: Is PDS-based preparation really better? *Journal of Teacher Education*, 56 (1), 46-56. Copyright © 2005 by Sage Publications. Reprinted by permission of Sage Publications.

这项研究中的其他一些重要构念涉及教师教育方案的成果：（1）专业教学知识；（2）教师的教案质量；（3）课堂中的教学表现；（4）教师课后反思的质量。你同样需要确定你是否同意研究者对这些构念的界定；你还需要确定这些界定是否真的就是教师教育方案的有价值的结果，以及对于你来说该项研究是否还有尚未考虑到的其他有价值的结果。

变量和常量

定量研究通常使用术语"变量"而不是"构念",尤其是当对研究进行概念化和撰写研究报告时更是如此。**变量**(variable)是对构念的量化表达。例如,我们可以认为自我概念的构念是高度消极到中性再到高度积极之间的波动。我们这样思考的时候,正是把自我概念视为变量。

变量通常以诸如成绩测验或态度量表等测量的分数来衡量。变量也可以是类别(categories)的形式,譬如,高与低,公立学校与私立学校,权威型领导方式、民主型领导方式和自由放任型领导方式,等等。

如果一个构念是某项研究设计中的一部分,却又没有任何变化,我们就称之为**常量**(constant)。例如,假设某研究者要开展一项实验研究,以比较教学方法A和教学方法B对社区学院学生的影响,那么,学生的教育层次(即社区学院)就是一个常量,因为研究设计中没有包含其他教育层次。但是,假设这个实验研究比较两种教学方法效果的目的是为了搞清楚哪一种方法对社区学院学生更有效,而哪一种方法对中学生更有效,那么在该项实验研究中,教育层次就是一个变量,因为它有两个值:社区学院和中学。

在评价研究报告的时候,你应该仔细研究每一个构念是如何界定、如何处理为变量以及这一变量是如何测量的。如果定义不清楚或不存在,那么该项研究结果的意义就要打上大大的问号。如果构念的定义与用于测量它们的方法不一致,就会引发更多的疑问。

在前述教师教育研究中,变量"教师教育方案"包含了两个类别:专业发展学校的方案和基于校园的方案。我们也可以构想其他的类别,比如,一个教师教育方案,它只包含表6.1中所列举出的专业发展学校模式的某些特征,却不包含该模式中的其他特征。

该项研究中的每一个结果构念都是可以通过等距量表(参见第七章)来测量的变量。专业教学知识测量的得分为0—38分。其他结果构念的测量是等级量表,可以是0—18级(教案质量)、0—22级(教学表现),以及0—9级(课后反思)。不同的研究者也许还会考虑不同的选择。譬如,研究者可以把"教案质量"这一构念视为一个具有三个等级的变量:优秀、合格和不合格。

研究假设、问题和目标

研究中的**假设**(hypothesis)是对两个或更多变量之间关系的一种理性推测或预测。例如,研究者们可能会假设孩子在兄弟姐妹中的排行与他们在学校活动中的领导能力有关系,或者假设在提高参与远程学习的学生学业成绩方面方法A比方法B更有效。在提出假设后,研究者收集检验假设的数据,然后检视数据,以决定是否排除这个假设。

假设的提出通常建立在理论和以往研究成果的基础上。例如,专业发展学校和基于校园的教师教育方案的研究就是为验证以下两个明确的假设而设计的:

假设1:在学生教学过程中,专业发展学校的学生在课堂设计、教学有效性

以及课后反思等方面都优于基于校园方案中的学生，在专业教学知识内容的保持方面两组学生的能力相当。（第48页）

假设2：在教学第一年，专业发展学校的毕业生在课堂设计、教学有效性以及课后反思方面都优于基于校园方案中的毕业生。（第48页）

研究者提出这些假设的根据是他们对方案特征的分析。他们认为专业发展学校方案较之基于校园方案具有一些优势。一个专业发展学校能够为学生们提供更多的实践机会，其职前教师在整个方案中可以既从基于学校的教育者那里接受实践指导，也可以从基于大学的教育者那里接受实践指导。

你会注意到，在假设1中，研究者并没有预测在两个组之间，其专业教学知识方面是否存在差异。研究者对此的解释是，因为他们还没有证据来预测专业发展学校教师教育方案中的学生会比基于校园的教师教育方案中的学生更注重他们的方案中呈现的"理论内容"（相对于"实践课堂经验"）。理论内容可能会在专业教学知识考试中得到强调。

如果理论或以往的研究都没有为提出具体假设而提供充分的基础，那么，研究者就会转而提出研究问题或者研究目标来引导其研究。举例来说，假设一个研究小组想了解高水平的认知问题对学生学习社会研究课程的影响，却找不到提出关于影响情况的假设的基础。在这种情形下，他们可以提出这样的问题："高水平的认知问题对学生学习社会研究课程的影响是什么？"或者他们也可以提出这样的目标："本研究的目标是确定高水平的认知问题是否可以改善学生社会研究课程的学习。"

选择研究问题还是研究目标往往属于个人的偏好。在我们的经验中，与陈述研究目标相比，期刊文章更倾向于陈述研究问题。

提出假设、问题或目标是研究者计划一项定量研究时首先要采取的步骤之一。这些假设、问题或目标支配着计划过程的其他部分以及数据收集和数据分析。因此，你应该在研究报告的引言部分中寻找研究假设、问题或目标。如果什么都没有，你有理由担心该项研究的质量以及研究结果的效度。如果你看到了研究假设、问题或目标，但研究设计和统计分析没有直接涉及这些内容，也应该引起你的注意。

文献综述

如果你正在就某一特定问题对研究文献进行全面的考察，你很快就会注意到有几个关键性的研究在多数研究报告中都得到了引用。如果在某一研究报告中没有对这些关键性的研究进行评论，那么这可能意味着研究者在文献综述方面是粗心大意的。如果与研究者的研究结果不一致的重要研究被遗漏了，这说明研究者可能有偏见。

大多数研究期刊仅给予研究者有限的篇幅来回顾以往的研究，因此你不要指望看到详细的评述。但是，再怎么简短，五到十个最相关的以往研究还是应该讨论到的。对文献的重要整合也是值得讨论的。并非期刊文章的其他研究报告，比如博士论文，通常会提供详细得多的评述，因为它们不受篇幅的限制。

前述专业发展学校的研究报告包含了27个参考文献。大部分是报告专业发展学校教师准备所谓的好处的文章以及此前关于其有效性的经验性研究。

研究者资质

因为定量研究者要努力做到客观，所以他们在报告中通常极少或根本不透露自己的情况。他们的机构隶属关系一般列在报告开始处其姓名的下方，可能有注释表明他们的头衔。文献综述可能会提及他们所撰写的其他研究报告或学术著作。

有关研究者的信息可以提供某些线索或迹象，以判断研究者的偏见是否影响了他们的研究结果。例如，有些研究涉及运用实验以检验某项教育计划或某种教育方法的有效性。如果我们知道研究者与这个计划或方法有利害关系（情况常常如此），那么我们就应该对实验设计倾向于其有效性的任何迹象保持警觉。

当研究者因某些原因想用自己的研究支持某一种观点的时候，产生偏见的可能性就大大增加了。有时候，偏见非常大，研究者会使结果具有某种倾向，甚至会对研究设计进行谋划以期产生预定的结果。关于研究者偏见的一个著名的案例是由西里尔·伯特爵士（Sir Cyril Burt）进行的基于双胞胎样本的智力研究。伯特一心想证明智力是遗传的，以至于他歪曲甚至编造研究数据以支持他的假设。（Evans，1976）

方法部分：抽样过程

在进行研究的时候，研究者想要研究他们希望从中归纳出研究结果的所有个体。这些个体便构成了**目标总体**（target population），即它们构成了一个由具有研究者感兴趣的特征的个体（或者组织、事件、对象等）所组成的完整集合体。由于研究大多数的兴趣总体（population of interest）所需费用太高，研究者一般只能局限于研究一个由能够代表总体的若干个体所构成的样本。

例如，假设研究者想要研究一种新的阅读课程对美国小学中有视觉障碍的孩子们的阅读理解力的影响，却又缺乏足够的资源，不能在所有这类孩子中试用这种新的阅读课程。因此，研究者必须首先确定一个可获得总体，随后从这个总体中选择一个样本。**可获得总体**（accessible population）是由能够被实际可行地包含在研究样本中的个体（或者其他实体）所构成的一个完整集合体。例如，研究者可以把他们工作所在州的某个地区的所有这类学生确定为一个可获得总体。

现在研究者已经解决了研究可行性的问题，但在这个过程中又出现了另一个难题，即他们从选自可获得总体的一个有限样本中得出的研究结果是否可以推广到美国小学中所有有视觉障碍的孩子们。正如我们将要在下面介绍的，研究者可以利用各种不同的抽样程序以保证他们的研究结果更具有可推广性。

样本极少具有和其总体完全一模一样的特征。例如，假设你从一个规模较大的高中的每一个班级随机选择三个男生并测量他们的身高。由于总体中每一成员都有成为样本个体的同等和独立的机会，因此，你的抽样程序是随机的。尽管如此，这个样本的平均身高与学校所有男生的平均身高也不可能是完全相等的（在这个例子中，学校的所有男生被确定为目标总体）。

随机样本的平均身高与总体平均身高之间的差异是随机抽样误差。用专业术语来说，**抽样误差**（sampling error）是样本的一个统计量（如平均数）和总体同一统计量之间的差异。描述总体某一统计量的量，其专业术语为**参数**（parameter）。

即使是在总体中随机地抽取样本，抽样误差也可能发生。误差的大小往往会随随机抽样的样本容量的增加而减小。因此，与小容量随机样本的研究相比，我们从大容量随机样本中概括研究结果的时候会更有信心。我们将在第十章中详细描述抽样误差的影响。

尽管随机样本有各种长处，研究者们仍常常必须研究非随机样本。不幸的是，非随机样本中的抽样误差还不能用数学方法来估计。因此，基于非随机样本的有关总体的概括应被看成是推测性的。如果研究结果具有理论或实践价值，那么，研究者可能会运用其他样本（随机的或非随机的）来做重复研究，以判断原初的研究结果是否可以推广至某一确定的总体当中。

抽样的类型

研究者们开发了从一个确定的总体中抽取随机样本的各种技术。最常见的两种技术是简单随机抽样和分层随机抽样，我们会在接下来的部分中介绍这两种技术。其他抽样技术，尤其是纵向研究的抽样技术，将会在第十章中进行介绍。

简单随机抽样。在简单随机抽样（simple random sampling）中，确定的总体中所有个体都有成为样本一员的同等且独立的机会。所谓"独立"（independent），是指一个个体的选择无论如何也不会影响到任何其他个体的选择机会。

我们可以运用各种手段来进行简单随机抽样。例如，研究者可以先给总体中的每个个体都编上一个号码，然后再利用计算机的随机数字发生器，或者用随机数码表来选取所需数量的个体。

简单随机抽样在调查研究中最为可行。例如，如果研究者想要了解心理学家对某些教育问题的意见，他们可以找到一份如美国心理学会这样的全国性的心理学家组织的通讯录。然后，可以从通讯录中抽取心理学家的一个简单随机样本，并请求样本成员完成一份邮寄问卷或接受电话访谈。

然而，不是样本中的每一个成员都可能同意参与研究。在这种情况下，参与者的结果样本就不再是一个随机样本了。如果问卷或电话访谈的应答率低于70%，你应该对样本的随机性有所关注。

分层随机抽样。分层随机抽样（stratified random sampling）是一个保证样本能够代表总体中具有一定特征的个体的程序。例如，假设研究者想要了解来自四种不同家庭环境（单亲母亲，单亲父亲，双亲，其他监护人）的男孩和女孩对待数学的态度是否不同。

如果研究者从某学区的学生名单中进行简单随机抽样，他们也许会在下面八个类别中的某一类只能抽取到极少或根本抽取不到学生：（1）有单亲母亲的男孩；（2）有单亲母亲的女孩；（3）有单亲父亲的男孩；（4）有单亲父亲的女孩；（5）有双亲的男孩；（6）有双亲的女孩；（7）有一个或多个监护人的男孩；（8）有一个或多个监护人的女孩。

为了保证样本能够代表所有八个组，研究者可以使用分层随机抽样。他们可以把每一个组［在抽样术语中，这些组被称为层（stratum），或水平（level）］都看成一个单独的总体，然后从每个组中抽取确定数量的随机样本，这样就保证了各个总体在样本中都有足够的代表。

另一种选择是抽取不同容量的随机样本（但每一个容量中要有足够的数量），这样，每一组学生在样本中的比例与他们在总体中的比例相同。这个抽样程序被称为**比例随机抽样**（proportional random sampling）。

志愿者样本

当研究者需要在标准条件下举行测验或需要实验一种新的教学方法时，教育研究通常需与个体进行面对面的互动。然而，确定一个覆盖广大地理范围的总体，从这个总体中随机抽取样本，然后再乘车到样本包含的个体那里去收集必要的数据，这样做的代价是很高昂的。因此，研究者一般都会采用非随机样本来进行研究。

在让参与者参与研究课题之前，研究者有着法律上和道德上的义务去获得个人或他们合法监护人的知情同意，这个问题使得抽样变得更为复杂。一个人可以无须任何理由而拒绝参与研究。结果，几乎所有的教育研究采用的都是**志愿者样本**（volunteer sample），即不是基于系统抽样策略的样本，而是基于表示愿意参与研究的志愿者的样本。有时候，这种类型的样本也被称为"便利样本"（convenience samples）。

在专业发展学校的研究中，职前教师样本都抽取自专业发展学校教师储备方案和基于校园的教师储备方案中招收的学生，两个方案都位于同一所大学。研究者备注道："参与专业发展学校方案的学生都是自愿的"（Ridley et al.，2005，第48页）。因此，我们似乎可以合理地得出结论：整个样本就是一个志愿者样本，而非抽取自确定总体的一个随机样本。尽管研究报告中没有提及该大学的名称，但很有可能就是四位作者中的三位工作所在的同一所大学（即亚利桑那州立大学）。

总体效度

志愿者样本的主要问题是可能会具有与其应代表的总体相较而言的不同特征。如果这种差异很大，意味着样本具有低总体效度。术语**总体效度**（population validity）是指研究中的个体样本代表从其中抽取此样本的总体的程度。

总体效度是通过论证所选取样本与可获得总体的相似性而部分建立的，可获得总体即研究者直接从中抽取样本的总体。研究者还必须论证可获得总体与目标总体之间的相似性，而目标总体就是研究者想用来推广或应用其研究成果的总体。

例如，如果研究者对研究高中毕业班学生的职业规划感兴趣，目标总体就可以确定为美国公立、私立学校中的所有高中毕业班学生。这个目标总体对于选取样本来说可能太大了。研究者可以将范围局限在他们的当地，比如说科罗拉多州的丹佛（Denver）。在这种情况下，丹佛所有学校的高中毕业班学生就是可以从中抽取样本的可获得总体。

要建立总体效度，研究者要说明以下三者在研究问题所涉及的变量上有何相似性：（1）样本；（2）可获得总体（丹佛所有学校的高中毕业班学生）；（3）目标总体（美国所有高中毕业班学生）。例如，预测职业规划会由于性别、社会经济地位和种族的不同而不同，这似乎是合理的。因此，研究者应该确定样本、可获得总体和目标总体在这些变量上的相似程度。相似性的证据将有助于建立其样本的总体效度。

在对研究报告进行严谨的评价的时候，你应该特别注意目标总体、可获得总体和样本。同等重要的是，要确定研究样本中的学生、教师或者其他群体与你想要应用研究成果的当地环境中的群体有何种程度上的相似性。随着研究样本与当地群体相似性的下降，研究成果能应用的可能性也会相应减少。

由于某些原因，把研究样本和你当地的群体进行比较有时是一个困难的任务。首先，研究者在研究报告中常常极少包含样本和从中选取样本的可获得总体的信息。其次，当地教育机构能够提供的常常只是你所感兴趣的当地群体特征的有限信息。再次，很难判定研究样本与当地群体的哪些差异会实际影响研究成果的可应用性。

考虑到这些问题，对总体效度的最好的检验也许就是实验一下研究结果所建议的教育策略，收集数据，看一看它们推广到当地群体后的效果。这种方法是行动研究，我们将在第十九章进行讨论。

方法部分：测量工具

研究数据的可靠性取决于研究所运用的测量工具的可靠性。因此，研究报告应该包括研究所运用的每一种测量工具的如下信息：想要测量的构念、测量的评分程序、测量的效度和信度证据。你还可以通过运用本章后面所列举的搜索引擎或者书目索引来获得更多有关某一测量工具的相关信息。

另一个了解研究中所运用的测量工具的好办法是分析其副本（copy）。有些学校系统和大学保存有常用的测验和附带的使用指南。另外，你也可以向出版者订购一份副本。如果测量工具是专门为某个研究而开发的，你还可以写信给研究者以索取一份测量工具的副本。如果你所陈述的目的合理，而且你保证会维护这个测量工具的机密性，那么，研究者应该会愿意送你一份副本。

测量工具的类型

定量研究中常用的测量工具有四种类型：（1）纸笔测验和量表（paper-and-pencil tests and scales）；（2）问卷（questionnaire）；（3）访谈（interview）；（4）直接观察（direct observation）。下面对每一种类型的测量工具进行介绍。

测验、量表和实际作业测量。测验（test）测量的是一个人在某一课程领域内的知识、技能或理解的深度。它们一般会产生一个总分数，以正确答题的数目为基础。

量表（scale）测量的是一个人的态度、人格特点、情绪状态、兴趣、价值观和其他相关因素。它们通常会产生一个总分数，是个体对量表项目所做出的应答的分数之总和。例如，李克特量表（Likert-type scale）的项目一般都有五个应答选择（如5分代表"非常同意"，1分代表"非常不同意"）。

很多测验和量表设计在标准尺寸的纸张上。应答者可以直接用铅笔或钢笔把答案写在试卷上或者写在答题纸上。由于这个原因，这些测量工具经常被称为"纸笔测验"。现在，计算机非常普及，测验和量表的项目通常呈现于电脑屏幕上，研究参与者可以使用电脑键盘输入他们的应答。

实际作业测量（performance measure）是在个体执行复杂的实际生活任务时对其进行评价。驾驶测验便是一个实际作业测量的例子，因为该测验要求你在驾驶汽车的时候接受政府考官的评估。

实际作业测量一般必须逐个实施。纸笔测验或者计算机测验通常实施起来费用低廉且用时也少，因此，在教育研究中要比实际作业测量常见得多。而且，纸笔测验的数量和种类极为丰富，研究者通常能够为几乎每一个变量都找到至少一种可用的测量工具。

纸笔测验和量表也有局限。首先，大多数纸笔测验或量表都要求受测验者会读写。那么，缺乏这些技能的个体就无法通过测验或量表来呈现关于所测量的构念的所知或所想。这些测量工具的另一个局限是它们依赖于自陈报告（self-report）。这在测量学业成绩时问题并不严重，但在测量态度时却可能是严重的问题，比如，为了获得社会接纳反应，个体可能希望隐藏自己的真实态度。第三个局限是许多测验和量表是集体实施的，因此研究者就很难确定受评估者当时的生理和心理状态。如果他们正巧生病、疲倦或情绪低落，他们就很可能在测量中表现反常。

专业发展学校研究中的一个结果测量工具是一份包含关于专业教学知识的38道多项选择题的测验。另一个测量则是要求样本中的每一位教师都准备一份书面教案。看上去，后一种测量可以被称为实际作业测量，因为教案设计是一项需要教师完成的实际生活任务，而且毫无疑问，教师们都知道这种实际任务的完成会根据质量评分。

问卷。 纸笔测验或量表通常只测量一个或两个变量，如词汇的知识或对待学校的态度。相比之下，**问卷**（questionnaire）由一组以纸笔形式或计算机形式呈现的问题组成，一般可测量许多变量。例如，一份问卷可能问及受调查者他们所使用计算机的类型、所用的软件程序、每个程序使用的频度、他们以往在计算机方面的培训，以及他们将来扩大计算机使用的意愿。对每一问题的应答均可构成研究中的一个独立变量。

在对研究中所使用的问卷进行评价时，你应该考虑下列这些问题。

（1）问卷经过预先检验了吗？一位研究参与者对某个问卷项目的解读可能与研究者所预期的不同，因此，研究者应该在实施正式研究之前试用问卷并分析小样本中个体的应答。这种试验性研究的结果应该用来完善问卷。如果进行了试验性研究，你对正式研究中所报告的结果的有效性可以有更大的把握。

（2）问卷中包含诱导性问题吗？研究报告中有时会附有一份问卷的副本。你应该仔细检查一下它是否含有诱导性问题，诱导性问题在提问方式上给了受调查者关于预期应答的某些线索。由诱导性问题得到的结果可能会存在偏见，所以在解读这些问题的时候要小心。

（3）问卷中包含具有心理威胁性的问题吗？研究者应该避免可能会对受调查者产生心理威胁的问题。例如，分发给中小学校长的关于学校教师士气的问卷，就有可能对某些校长构成一定的威胁，因为教师士气低落暗示着校长不太称职。如果感受到威胁，他们可能不会完成并返回问卷。如果他们返回了问卷，他们回答的准确性也很值得怀疑，因为这种情况涉及他们个人的利益问题。

（4）收到问卷的人有研究者所需要的信息吗？研究者可能会无意间把问卷分发给没有他们所需要信息的人群。如果发生了这种情况，样本就会提供不准确的信息或者回收的问卷填写不完整。

在专业发展学校研究中，一个结果测量工具是课后反思。这个测量工具是一份包含两个开放式题目的问卷。其中一个要求教师对他们的教案设计和他们在课上实际获得的教学结果进行比较。另一个则要求教师讨论如何改进课堂教学。

这些都是**开放式题目**（open-ended item），因为它要求教师用自己的语言来作出书面回答。有些问卷包含**封闭式题目**（closed-ended items），封闭式题目要求应答者在备选项中选择一个确定的答案。例如，有些问卷以态度量表的形式来设计封闭式题目，要求个体就题目在同意至不同意的各级水平之间选择最能代表他们自身情况的水平。例如"我相信社会公正应该是学校教育的首要目标"这一表述下面可能会有五个选项：5=非常同意；4=同意；3=中立；2=不同意；1=非常不同意。我们在第十章提供了更多有关建立问卷的信息。

访谈。 与纸笔测验、量表和问卷不同，**访谈**（interview）涉及口头数据与非口头数据的收集，要通过研究者和被研究者之间的直接互动来实现。

访谈的主要优势是其灵活性。研究者通常会设计一个访谈的提纲，但是，也应允许访谈者提问补充性的问题，以便从受访者那儿获得尽可能全面的回应，或者跟进一个意想不到的应答。访谈的另一个好处是与其他测量技术相比，所获得的数据要深入得多。例如，大多数问卷往往比较浅显，也就是说，它们不能深入到足以引导出应答者的真实意见和情感的程度。

访谈法的主要弊端，是研究者和受访者之间的直接互动使得主观和偏见更容易产生。受访者有可能渴望取悦访谈者，另一方面，也可能与访谈者产生模糊的对抗。这些受访者的情感或者访谈者想要获取支持其预想观点的答案的倾向，都是导致访谈偏差产生的因素。

下列问题将有助于你评价用访谈法收集数据的研究。

（1）访谈者是否受过良好培训？访谈者所需要的培训水平与所收集信息的类型直接相关。结构性访谈所需要的培训较少，因为访谈者所问的具体问题来自访谈提纲，而且不会 偏离这些问题。半结构性访谈和非结构性访谈需要比较多的培训，因为访谈者不使用详细的访谈提纲，而只有一个笼统的计划，为了将受访者引向访谈者的目标，访谈者需现场决定该提出何种问题和评论。研究报告中应该包括访谈者所受培训的信息。

（2）信息是如何记录的？录音是记录访谈信息的最准确的方法。如果访谈者用笔记代替录音，他们就可能会忽略重要信息或者记下有偏见的笔记。

（3）研究开始前访谈程序试用了吗？由于访谈往往具有高度的主观性，所以研究者必须采用各种安全措施以获得较为客观的数据。在收集主体研究所需的数据之前，有必要进行细致的试验性研究以开发这些安全措施。这种试验性研究应该在研究报告中有所介绍。

（4）有含有诱导性或心理威胁性的问题吗？与问卷一样，含有诱导性和心理威胁性的问题都能够导致访谈数据无效。

如果访谈是一项研究所运用的主要测量工具，那么，研究报告中应至少包括访谈所提出的主要问题。你应该研究这些问题以寻找偏见的迹象。我们在第十章提供了更多有关访谈建构的信息。

直接观察。 直接观察（direct observation）是观察者在个体进行某种行为或某一事件正在展开的时候收集数据。观察者通常会使用一个标准的观察表，该表确定了观察的每一个变量，并指导如何就观察到的变量进行记录。

与问卷和访谈相比，直接观察往往能够收获更准确的有关某些变量的数据，因为问卷与访谈依赖于自陈报告，而自陈报告较之直接、公正的观察更易导致失真与错误。然而，直接观察的弊端之一就是非常耗时。而且可能在无意间，观察者会改变被观察的情境。

在对一项研究中观察程序的使用进行评价时，你应考虑下列问题。

（1）被观察的是高推断性变量还是低推断性变量？所观察的变量在观察者所要求的推断性大小上是不同的。**高推断性变量**（high-inference variable）要求观察者检视一种行为，并仔细思考它是不是一种潜在的认知或情感过程的结果。**低推断性变量**（low-inference variable）则只要求观察者检视一种行为，并判断它是不是一个行为构念的案例。如果观察变量是高推断性的而不是低推断性的，那么观察者数据的效度就会更成问题。

例如，与判定教师作了多少口头表扬相比，在判定教师在一节课中表现出多少热情时，观察者就需要使用更多的推断。因为热情是支撑并激发行为的一种认知和情感构念，而口头表扬则是一个可以根据个体所使用的语言进行界定的构念，它不要求对个体潜在的认知和情感进行推断。

（2）观察者有没有经过培训以学会如何确定将要被进行观察的变量？研究者应该介绍观察者所接受的培训。

（3）观察时间有多长？观察时间应该足够长，以便获得被研究行为的有代表性的样本，否则，观察数据可能会产生非典型的结果。必要的观察时间之长短取决于诸如被观察行为的性质、行为发生的环境以及行为发生的频度等一些因素。

（4）观察者是不是引人注目？出于伦理的原因，大多数研究中观察者需要出现在被研究个体的面前。结果，他们就可能对正受观察的个体产生影响。如果观察者最初不记录任何观察数据，这个难题还是可以在一定程度上克服的。例如，在课堂上，学生们会很快适应观察者并表现出惯常的行为。你应该分析研究报告，以确定研究者是否对观察者影响的可能性敏感，并采取措施以使之减到最小。

在专业发展学校的研究中，研究者并没有直接观察教学过程中的每一位教师。而是采用了常见的视频记录课堂教学过程的方法，这也是一种直接观察的形式，但它具有可反复观看以进行评价的优势。评价者观看每一节课的视频录像并根据以下类别来进行评价："情感状态、教学、课堂管理、兴趣/参与度、反馈、评价和结束。"（Ridley et al., 2005，第51页）

内容分析。 研究者有时会将他们的观察集中在研究参与者所制作或使用过的文件上。对来自这些文件的数据的调查被称为**内容分析**（content analysis）。例如，研究者可能会研究教科书中是如何描绘男性和女性形象的，或者学校委员会会议记录中所提到的问题。

内容分析包括分类设计以及文件中每个类别出现的频数。例如，研究者在分析小学数学教科书时可能形成下列类别：数字计算问题；儿童可能会遇到的真实生活情境的应用题；儿童不大可能遇到的真实生活情境的应用题。研究者可以收集每一类问题在不同系列教科书中出现的频率和百分比。

在评价一个内容分析的可靠性的时候，你应该寻找这样一些证据：（1）类别界定清晰而且有价值；（2）文件样本的选取程序合理；（3）不同的观察者都可以可靠地使用这些类别。

测量效度

在判定测验和其他测量工具质量方面的权威指南是《教育与心理测验标准》（*Standards for Educational and Psychological Testing*，American Educational Research Association et al., 1999）。我们下文提到该书时简称《标准》。依据《标准》，一个好的测验是那些能够获得可靠测验分数的测验，而且依据这些分数，我们可以作出具有高效度的解释。

这种测验质量观中的关键概念是信度和效度。我们将在这一部分讨论效度，然后在接下来的部分讨论信度。

测验效度（test validity）是指"证据和理论在多大程度上支持对计划使用的测验所产生的测验分数"（《标准》，第9页）。例如，如果我们为一群学生组织一次科学成绩测验，那么每个学生在测验中都将会得到一个分数。由此，我们可以将这个分数解读为每个学生与其他学生相比在科学学习上获得了多少知识的体现。把这个解读看成是我们关于测验分数的"断言"（claim）是很有帮助的。

但是应该注意，依据《标准》，一个测验既不是有效的也不是无效的。更进一步说，个体在测验中所获得的分数既不是有效的也不是无效的。当然，这是我们对测验分数的解读——或者换句话说，是我们对测验分数所作出的断言——才是有效的或无效的。测验的设计者和测验的使用者都需要提供经验证据来证明他们的解读和断言是有效的。我们可能会发现关于测验分数的某个断言是有效的，而另一个关于同样的测验分数的断言则是无效的。

五种证据和理论可用来表明对来自测验或其他测量工具的个体分数所作出的解读的效度：

（1）来自测验内容的证据；
（2）来自内部结构的证据；
（3）来自与其他变量的关系的证据；
（4）来自应答过程的证据；
（5）来自测验后果的证据。

有些类型的证据在判断运用于某项研究中的某一测验的效度时比其他类型的证据更重要。为了作出这样的判断，你需要熟悉这五种类型的证据。你还应该注意到以往的研究者可能使用了不同的术语来指代这些证据类型。1999年版的《标准》中所使用的术语其目的是传达这样一个事实，即没有不同类型的测验效度，只有不同类型的支持测验效度的证据。测验效度是一个单一的构念。

来自测验内容的证据。 与内容有关的测验效度证据（content-related evidence of test validity）是要证明测验项目的内容与要测量的内容相一致。例如，研究者可能声称XYZ测验是测量中学生代数知识掌握程度的有效工具。为了支持这个主张，研究者可能会说测验具有**表面效度**（face validity），表面效度涉及的是测验看起来在多大程度上测量了测验所声称的要测量的内容。例如，我们可以分析XYZ测验中的题目，并因为其题目与我们所认为的中学生一般在代数课上所学的内容是一致的，从而推断出测验是有效的。

如果我们超越表面现象（即测验的"表面"）来系统地比较测验内容和课程内容，那么测验效度的证据就会显得更有说服力。但是，这种比较是耗时的，因为我们需要仔细分析教师所使用的教科书、教案，分发的讲义或练习，课堂作业，教师自编测验，以及XYZ测验中的每一个题目。

与内容有关的测验效度证据在研究不同的教学方法对学生学习影响的时候特别重要。教学测验应该尽可能准确地测量那些运用被研究的教学方法进行教学的课程内容。

在专业发展学校的研究中，结果测量的效度并未得到专门的讨论。但是，研究者描述了书面教案设计的一些打分规则、教学过程的视频记录，以及被大多数教育者认为是与课后反思相关的有效教学特征的问卷项目，这些特征通常都被认为是良好教学实践的指标。

来自内部结构的证据。 几乎所有的测验和其他测量工具都包含多项选择题目，而这些题目及其彼此之间的关系便构成了该测验的内部结构。对一项测验的内部结构的研究可以提供关于其效度的证据。

假设研究者声称一份包含十个题目的测验能够测量教师参与持续性专业发展的愿望。如果这个说法是可靠的，那么这十个题目中的每一个都应该测量这一变量。这就意味着，如果某个教师以某种方式来回答某个题目，那么他也应该以同样的方式来回答所有其他的题目；反之，如果一个教师以某种不同的方式来回答这个题目，那么他也应该以这种同样的不同方式来回答其他所有题目。这种预测可以运用相关统计来检验（参见第七章和第十一章）。

来自与其他变量的关系的证据。《标准》介绍了拥有共同特征的几种效度证据类型。其证据是建立在个体在测验中所获分数与他们在另外一个测量中所获分数之间的联系程度的基础上的。我们将在这一部分介绍这些效度证据类型中的几个。

预测性测验效度证据（predictive evidence of test validity）可以用来表明，个体在一个测验上的得分可以预测他将来在另一个测验或测量上的表现。例如，假设一项测验的编制者宣称该测验可以测量高年级学生的阅读理解能力。如果测验确实能测量高年级学生的阅读理解能力，那么在测验中获得高分数的八年级学生也应该能够在他们的高中课程中获得好成绩，因为良好的阅读理解能力是在这些课程上取得成功所必需的。研究者可以收集经验数据来检验这一假设。如果结果支持了该假设，那么它们就可以作为该测验效度的证据。

测验效度的辐合证据（convergent evidence of test validity）是另一个选择，它主要用来表明，对于同一个变量，个体在一个测验上的得分与他们在另一个测验或测量上的得分是相关的。例如，测验编制者可能要考察个体在这一测验上的分数与他们在另一个据称同样测量阅读理解能力的测验分数之间的关系。如果在测验编制者的测验中获得高分数的学生在测量同一变量的另一测验中也取得了高分数，这可以作为两个测验的效度证据。如果另一测验还有大量可靠的证据支持其效度，那么这个证据就更有说服力。

有些测验相当长，因此测验编制者希望把它改短一些。支持较长测验的效度的证据可能有说服力，但并不意味着改短后的测验也有效度。为表明改短后的测验的效度，测验编制者需要进行研究，在其研究中让样本个体参加两个测验。如果在长测验中获得高分数的个体能够在短测验中也获得高分数，这可以作为短测验效度的证据。因为这种证据类型是建立在同一测验的两个不同版本时间间距很短的施测基础上的，所以，这种证据在《标准》中被称为**同时性测验效度证据**（concurrent evidence of test validity）。

来自应答过程的证据。 参加一个测验要求参与者投入特定的认知和评价过程。有时这些过程与测验想要测量的变量是一致的，有时这些过程可能与测验想要测量的变量不一致。**测验效度的应答过程证据**（response-process evidence of test validity）可以表明，受试者参与测验时所运用的认知和评价过程与测验想要测量的特定变量是一致的。

例如，批判性思维测验的目的是让学生运用高层次的推理过程来解决一定类型的数学问题。假设有些学生在测验中获得了高分数，但他们不是通过运用高水平的推理过程获得的，而是由于接受了关于这些问题类型的大量教学，因此能利用专门的算法解决这些问题。在这种情况下，测验分数反映高水平推理的效度就要大打折扣。

来自测验后果的证据。 个人在测验中所获得的分数对他们具有一定影响。**后果性测验效度证据**（consequential evidence of test validity）是某项测验所测量构念的内在价值观，与答题者、将测验结果用于决策的人士或其他利益相关者的价值观的一致程度。

例如，学生在标准化测验中获得低分数可能会影响他们被所报考学校录取。儿童在一系列测验中的分数可能影响到他们是否被鉴定为有学习障碍，而进一步的后果可能就是他们将被指派给特殊教育教师。这些后果需要加以仔细地分析以确定其是否恰当。从这些考察中所得出的证据能够而且应该用于判断测验的效度。

我们所举的例子体现了由于其他人对个体测验分数的解读而导致的直接后果。从更普遍的层面上看，有关测验的政策也有其后果。例如，有些政策制定者坚持，职前教师应该参加并通过能力测验才能获得教师资格证书，他们认为这个要求会产生更为有效率的教师队伍（Mitchell, Robinson, Plake, & Knowles, 2001）。这样，就需要收集更多的与这个教师能力测验后果认识相关的证据。这些证据可以用来判断政策制定者想要使用的能力测验的效度。

在专业发展学校的研究中，研究者并没有直接讨论他们的测量结果的后果性测验效度。尽管如此，后果性效度仍然是与这些测量相关的合理内容。例如，假设政策制定者、教师教育者以及其他学者都得出结论说，与基于校园方案中的毕业生相比，专业发展学校方案中的毕业生是更好的教师，因为他们在这些结果测量中表现得更好。他们的结论就可能会被用来向教师教育者施压，使之改变他们当前的方案而采用专业发展学校的方案。改变的过程可能既痛苦又耗时，且基于大学的教师教育者或许不得不学习新的技能并与预算问题较劲。

简而言之，专业发展学校研究中的测量可能会带来潜在的严重后果。无论是开展此项研究的研究者还是该项研究的阅读者，都需要把这些后果看成是对该项研究中测量效度进行检验的一个部分。

测量信度

一个测验或其他测量工具摆脱测量误差的程度，即是其**信度**（reliability）。在经典测量理论中，**测量误差**（measurement error）被看作是个体在测验中实际获得的分数与他们的真实分数之间的差异。

如果有可能完美地测量其表现的话，那么个体所获得的分数就是**真实分数**（true score）。例如，如果两个测验者给同一个人的测验进行评分，得到了不同的总分，那么，测量误差就出现了。因为一个个体在一个测验中只可能获得一个真实分数，这就意味着至少有一位评分者的计算有误。

还有不太明显的情况就是，假设某位学生两天中参加了同样的成绩测验，并获得了不同的分数，那么，这些不同的结果也构成了测量误差。它们不是通常字面意义上的差错，也就是说，它们不是因为学生缺乏技能而导致的错误。相反，它们反映了该项测验有不能准确测量学生成绩的缺陷。因为个体在同一测验中只能有一个真实分数，这就意味着两天中测验的实施至少有一个必然存在测量误差。

各种因素都会导致误差。可能的因素有主持测量的个人在技能上的差异、不同考试日期中测验环境的变化、个体对测验环境反应的临时波动，以及对不同人产生不同影响的测验项目特点等。消除测验或其他测量的所有这些误差来源几乎是不可能的。

信度低的测验或其他测量工具会产生较大的测量误差。这些误差会使得方法和计划的效果或者变量之间的关联程度变得模糊。考察一项完全不可靠的测验就可以理解这个问题：在测验施行之后，最终的分数完全由测量误差组成，也就是说它们基本上都是些随机数字。而随机数字显然是不能揭示出教育项目的真正效果或者变量之间真正关系的。因此，在从研究结果中得出结论之前，你需要查验作为其基础的测量的可信程度。

一项教育测量的信度水平通常可用**信度系数**（reliability coefficient）来表示。信度系数是一种相关系数（我们在第七章和第十二章中对其进行解释）。现在对于你们而言，了解信度系数的范围就足够了：信度系数最低值为0，表示不可靠；最高值为1，表示完全可靠。换句话说，信度系数为0，意味着测验分数没有意义，因为它们完全由测量误差构成。相反，信度系数为1，意味着测量绝对没有测量误差。一般而言，就大多数研究和实践的目的来说，如果一个测量的信度系数等于或大于0.80，就可以认为它是可靠的。

人们设计了各种程序以用来估计某项测验中不同类型测量误差的范围。我们在接下来的部分介绍其中四种。在介绍每种程序时，我们使用术语"测验"（test）来指代不同形式的测量，如学业成就测验、态度量表、观察量表以及内容分析中类别的频数计数。

题目一致性。一种类型的测量误差是因构成测验的题目之间的不一致而造成的。例如，如果一个关于视觉创造性的测验包含有某些测量这个变量的题目和某些测量其他不同变量的题目，那么，其总分数就不可能是视觉创造性的准确指标。因此，测验编制者要争取**题目一致性**（item consistency），即一项测验中的所有题目都测量同一构念。也就是说，他们希望题目具有一致性。如果题目完全一致，个体在一个题目中的得分情况应该与在余下所有题目中得分一致。**克隆巴赫系数**（Cronbach's alpha）是一种信度系数，它通常用来量化个体在某项测验中不同题目上的得分之间的相互一致的程度。

测量的稳定性。正如前述，如果个体在不同的几个场合参加同一测验，通常会产生测量误差。这些变化会因某些原因而产生。例如，应试者可能在某一测验场所感到疲倦，而在另一场所感到精力充沛。或者应试者可能正好在一次测验之前复习了相关的内容，而在另一次测验之前则没有。

如果某项测验没有这种类型的测量误差，个体就应该在每一次测验的时候都取得同样的分数。为了判定情况在何种程度上是这样的，研究者可对一个样本人群进行测验，隔一段时间后再对同样的样本进行同样的测验。从两次测验中获得的分数是相关的，可用来判断其信度，即它们跨越时间的一致性。这种类型的信度被称为**重测信度**（test-retest reliability）或**测验稳定性**（test stability）。

实施和评分的一致性。由于心神不定或其他原因，如不了解正确的程序，实施测验或评分的个体也会导致测量误差。高度客观性的测量，如多项选择测验，往往没有这种测量误差。然而，即使是评分机器，也会由于机械缺陷而出现评分错误。客观性较低的测验，如个别施行的智力测验、人格测验或者高推断性的观察量表，更容易出现实施和评分的误差。

测验的实施误差的存在可以通过让几个不同的施测者对同样的样本实施同一测验来判定。类似地，评分误差的存在可以通过让几个评分者或者几台机器对同一套测验进行评分来判定。信度系数可以在几组分数的基础上来计算，以确定它们相符的程度。实施测量或给测量评分的个体之间的可靠性程度有时被称为**评分者信度**（inter-rater reliability）。这种信度类型在专业发展学校的研究中是一个重要的考量因素。

专业教学知识的多项选择测验可以在完全没有误差可能性的情况下进行评分，但其他的结果测量则要依赖评价者或观察者的判断。因此，每一个教案设计、教学过程视频以及课后反思都由两位评价者进行评估。而且，这些评价者对于受评教师是参与专业发展学校方案还是基于校园方案不知情。这种盲评是可取的，因为它消除了，或者至少是大幅度地减少了评价者在判断每一个教师教学有效性时的偏见。

在其期刊文章中，研究者声称："对于师范生和有一年教龄的教师来说，关于其教案设计、视频以及课后反思，最初的评分者信度平均值为0.82。"（Ridley et al.，2005，第51页）这个数值的信度系数一般被认为是可接受的。

测量标准差。 另一种表示测验信度的方式是计算测量标准差。这个信度统计量建立在这样的假设基础上，即每个个体的测验分数由两部分组成：个体的真实分数和测量误差。

假设测验要测量词汇方面的知识。个体的真实分数会完全测量个体实际拥有的这种能力。个体在测验中获得的分数与个体真实分数之间的差异被认为是测量误差。我们无法知晓个体的真实分数（除非是通过绝对可靠的测验），但运用**测量标准差**（standard error of measurement），可对个体的真实分数的分布区间进行估计。

测量标准差的计算过程和说明是相当复杂的。从当前目的来看，我们明白测量标准差的计算可以使研究者作出诸如"样本测验中的真实分数处于12.75和16.63之间的几率为95%"这样的论断就足够了。对于研究者而言，使用高信度的测验有很多好处，因为它缩小了可能包含真实分数的数值范围。

评价研究者对信度的判断。 我们在前面讨论了评估测验信度的四种程序：计算题目一致性、测量的稳定性、测验实施和评分的一致性以及测量标准差。研究者要确定研究中所使用的每项测量的所有信度类型是不可能的。根据研究所涉及的测量和研究情境，通常使用其中一种信度类型。

题目反应理论

设计一个对于所有个体来说都可信的测验是相当困难的。例如，设想一下对数学方面的问题解决能力的测量。这个能力是一个连续的统一体，从一点能力没有，到解决学校中所学的各种类型数学问题的能力，最终到解决数学理论方面的复杂难题的能力。

如果一个测验主要包含的题目涉及的是中间范围的这种能力，那么用它来估计具有最初级的问题解决技能的个体的真实分数和具有高级复杂的问题解决技能的个体的真实分数就不适当。即使是对于那些能力处于中间范围的人来说，这个测验也可能只对那些能力处于这一中间范围某些点的个体具有令人满意的信度，而对处于其他点的人则没有。

这些问题在很大程度上可以通过编制基于**题目反应理论**（item response theory，IRT）的测验来克服。这个理论假设，如果个体在某种能力上有差异，那么他们在测量这一能力的题目上的成绩也将会有所不同。例如，假设我们有一个代表整个数学问题解决能力统一体的巨大的题目样本，也有一个反映整个能力统一体的巨大的个体样本。大多数个体能够回答最简单的题目。题目越难，就只有越少的个体——具有更多问题解决能力的人——能够解答它们。

利用个体对题目的反应和题目反应理论统计程序，测验编制者可以按难度顺序排列题目，这样他们就可以确定某个个体能在哪个水平上"经受考验"（test out），即这个人能够回答那个难度水平以下的大多数题目，而极少或不能回答那个难度水平以上的题目。一旦我们找到了这个人在测验中能通过的难度水平，我们就可以在那个难度水平设置更多的题目以便提高测量的信度。

使用题目反应理论程序编制测验既复杂又昂贵。而且测验实施一般需要一台计算机，它一次呈现一个题目，并根据被试者对前一题目的反应调整题目的难度。但是，由于基于题目反应理论的测验信度优良，这种方法越来越多地被用于编制高风险测验，如那些用来评估学生学业成绩，或在大学学业及不同职业中成功的潜在能力的测验等。从这些测验中所获得的分数可能会逐渐运用到教育研究当中。

效度和信度检测的局限

研究者有时用其他研究中的证据来确定自己的测量工具的效度和信度。如果这些研究所研究的总体不同于研究者的研究对象，效度和信度证据就不适用。换句话说，一个测量对一个总体来说可能是有效的和可信的，但对另一个来说则很可能不是这样。因此，你需要查看研究报告中出现的效度证据和信度证据的来源。

有时会在研究报告中出现的另一个问题是研究者设计了测量工具，但是没有充分地检测它的效度和信度。没有做这些检测的一个常见原因就是它们既费时又昂贵。

相对于开发新的测量工具，很多研究者选择已有的比较完善的测量工具。如果你正在计划做定量研究，你应该考虑是否能够依靠已有的测量工具测量你的变量，从而建构你的研究问题，还是必须重新设计新的测量工具。

已有测量工具的信息来源

教育研究和相关学科领域中已经开发出了很多测量方法。它们能够测量范围广泛的个体特征，包括学业成绩、学业倾向、学习风格、人格特征、自我概念、态度以及职业兴趣。

正如前面所陈述的，在为自己的研究或实践开发测量工具之前，你应该考虑寻找一种已有的并适合你的研究目的的测量工具。各种搜索引擎和目录索引将有助于你寻找合适的测量工具。在第四章中我们已经介绍了搜索引擎和目录索引的特点。

一些常用的搜索引擎和目录索引可参见图6.1。其中，《心理测量年鉴》（*Mental Measurements Yearbook*）可能是教育和其他学科研究领域中最知名、最常用于获取测量工具信息的资源。这些资源也能帮助你评价在研究报告或学校系统中遇到的测量方法。这些资源描述了每种测量工具，并且总结了有关其信度和效度的已知情况。广泛使用的测量工具，尤其是倾向测试和成绩测试，一般都包括能够提供某些或者全部这方面信息的手册。而且，你可以检查测量工具本身，并根据你的需要就其合理性及可应用性作出判断。

行为评估：

Herson, M., & Bellack, A. S. (2002). *Dictionary of behavioral assessment techniques*. Clinton Corners, NY: Percheron.

心理评估综合手册：

Herson, M. (Ed.). (2004). *Comprehensive handbook of psychological assessment* (Vols. 1-4). Hoboken, NJ: Wiley. 每卷包含关于一个特定目标的测验：智力评估、人格评估、行为评估、勤度评估、组织评估。

特别优秀的学生：

Taylor, R.L. (2009). *Assessment of exceptional students: Educational and psychological procedures* (8th ed.). Upper Saddle River, NJ: Pearson/Merrill.

家庭过程：

Touliatos, J., Perlmutter, B. F., Straus, M. A., & Holden, G. W. (Eds.). (2001). *Handbook of family measurement techniques* (Vols.1-3). Thousand Oaks, CA: Sage.

心理测量年鉴：

Geisinger, R. A., Spies, R. A., Carlson, J. F., & Plake, B. S. (Eds.). (2007). *Mental measurements yearbook* (17th ed.). Lincoln, NE: Buros Institute of Mental Measurements. 该年鉴不断更新以纳入新的测验、修订的测验、经常被引用的测验。这些年鉴的在线版本就是"在线测验评论"（Test Reviews Online）（可参看下面的介绍）。另一项相关的资源是《在版测验》（*Tests in Print*），它是一本有关所有这些年鉴的纸版索引，定期更新。

社会过程：

Kempf-Leonard, K. (Ed.). (2004). *Encyclopedia of social measurement* (Vols. 1-3). Washington, DC: American Psychological Association.

测验链接：

网页（www.ets.org/testcoll/index.html）由教育测试服务中心（Educational Testing Service）维护，它拥有一个包括25,000多项测验的有关信息的数据库。其中少量的测验可以从网站上获取。在其主页的搜索窗口键入"Tests on Demand"或"Tests in Microfiche"即可。

在线测验评论：

在线测验评论（http://buros.unl.edu/buros/jsp/search.jsp）是《心理测量年鉴》基于网络的一个版本，它提供了近4,000项测验的有关信息，以及相关批判性评论。这些测验信息是免费的，但批判性评论是收费的。

图6.1 用于教育研究中的已有测量工具的信息来源

开发测量工具

开发测量工具是一个涉及许多步骤的复杂过程。在涉及学业水平测验、态度量表以及人格量表时更是如此。开发步骤主要包括以下方面。

- 定义要测量的构念，并说明它与其他相似却又不同的构念的关系。阐明这些构念的重要性。
- 确定构念和测量所适用的总体。
- 综述已有的相关测量工具。解释为什么需要你的新的测量工具。
- 设计测量工具的一个原型。编写充足数量的题目，并关注每个题目与构念的关系，及其与测量中其他题目的关系。编写的测量题目应足以使受测者理解。
- 进行实地测试。收集充足的数据用来分析每个题目。
- 根据实地测试结果修订测量工具。反复进行实地测试和修订，直到测量工具达到可接受的效度、信度标准以及适合在目标总体中向个体或样本实施测量的人员使用的标准为止。

这些步骤说明，开发一种测量工具需要专门知识和时间。事实上，一些研究者所做的研究，其目标仅仅就是判断他们或者其他人开发的测量工具的效度和信度。下面列举这类研究的几个例子。

Hager, K. D., & Slocum, T. A. (2008). Utah's alternate assessment: Evidence regarding six aspects of validity. *Education and Training in Developmental Disabilities*, 43 (2), 144-161.

Smith, D. W., Lee, J. T., Colwell, B., & Stevens-Manser, S. (2008). Confirming the structure of the "Why Do You Smoke?" questionnaire: A community resource for adolescent tobacco cessation. *Journal of Drug Education*, 38 (1), 85-95.

Thompson, T., Sharp, J., & Alexander, J. (2008). Assessing the psychometric properties of a scenario-based measure of achievement guilt and shame. *Educational Psychology*, 28 (4), 373-395.

如果你正计划开展一项自己的研究，那么，你就应该设法找到适合你所选变量的已有的完善的测量工具。否则，你就需要获取测量工具方面的专门知识，并延长你的研究时间，以便开发测量工具。

方法部分：研究设计和程序

研究报告应该描述用于收集检验研究假设、回答研究问题或实现研究目标所需的数据的研究设计。我们将在第十章到第十三章中解释定量研究在研究设计方面的变化。

作为一个简要的说明，我们来考虑这样一个研究问题：与大班教学相比，小班教学中的学生学得更多吗？为回答该问题，一种可能的研究设计是，找到已有的大班或小班，这些班级所在的年级相同，所学的课程内容也相同。经过一段的教学时间以后，我们可就这两组班级学生在成就测试上的表现进行对比。

另一种研究设计可以是，首先选择一个教师样本，然后随机地把样本教师安排到一个大班或小班。这是一个经典的实验研究设计，因为它涉及的是操控一种情境，而非直接研究现有的某种情境。和我们在前面段落中所描述的研究设计一样，在一段教学时间过去后，我们可就这两组班级学生在成就测试上的表现进行对比。

这个简要的说明表明，相同的研究问题可以用两种不同的研究设计来回答。这些研究设计相较之下，各有其优缺点——关于这个问题，我们将在后面几章中进行讨论。

研究报告中对研究程序的描述有长有短。因为描述性研究设计（参见第十章）一般都比较简单，因此，研究者可能认为，只要提及何时以及如何进行测量就足够了。如果描述性数据是定期收集的，譬如纵向研究中的数据收集，那么，研究者应该详细地说明时间间隔。

其他研究设计，尤其是实验性研究设计（参见第十三章）则要求更为详尽的说明。譬如，报告应指明实验的时间表，以便读者知晓各种测量和实验处理的实施时间。每一种实验处理（譬如，一种新的教学方法）也应得到详尽的说明，这样，其他研究者如果想要重复研究的话，可以再次实施它们。

为了评价某个定量研究中研究设计的恰当性，你需要对各种研究设计都有基本的了解。第十章到第十三章将会帮助你提升这方面的理解。除了说明每种研究设计，我们还提供了一个运用该研究设计的真实研究案例。

结果部分

定量研究报告的结果部分呈现了对数据进行统计分析的结果，而这些数据则来自对样本所施行的测量。对研究结果的解释留待报告的最后一部分，即讨论部分。

在专业发展学校研究中，最终的研究结果来自对基于专业发展学校和基于校园这两个方案的教师在结果测量上的比较。这些比较以描述统计的形式呈现在表6.2中。期刊文章也报告了对统计显著性的检验结果。我们将在第七章、第八章和第九章这三章中解释如何恰当地运用常用的统计技术和条件。然后在第十章到第十三章中，我们将解释这些统计方法如何与特定的定量研究设计联合使用。如果你正打算开展一项定量研究，你可能会发现阅读这些章节可以满足你的专业需求。但是，你可能还需要学习用于测验开发的研究统计和测量统计等课程，当然，这取决于你的学位或证书学习计划。这些课程将会增强你独立开展研究或者解释相关文献中的研究发现的能力。

表6.2所示的平均分相当简洁地表明，除了教学第一年的课后反思之外，专业发展学校中的预备教师在所有结果测量方面都优于基于校园的方案中的预备教师。

表6.2 每一阶段各变量的平均分比较

	阶段Ⅰ：教学实习		阶段Ⅱ：教学第一年	
	专业发展学校	校园	专业发展学校	校园
内容保持				
平均分	26.10	26.68	没有测量	没有测量
标准差	3.54	3.75		
N	10	12		
教案				
平均分	12	10.21	11.61	9.56
标准差	3.3	4.26	3.7	3.59
N	10	14	14	12
教学效果				
平均分	15.2	14.0	16.82	13.5
标准差	2.35	3.96	2.90	4.58
N	10	14	14	12
专业反思				
平均分	3.78	3.57	4.29	5.04
标准差	2.17	1.34	1.76	2.26
N	9	14	14	12

资料来源：Adapted from Table 2 on p.52 of Ridley, D. S., Hurwitz, S., Hackett, M. R. D., & Miller, K. K. (2005). Comparing PDS and campus-based preservice teacher preparation: Is PDS-based preparation really better? *Journal of Teacher Education*, 56 (1), 46-56. Copyright © 2005 by Sage Publications. Reprinted by permission of Sage Publications.

讨论部分

定量研究报告的最后一个实质性部分是讨论（有时也被称为"结论"）。讨论部分之后紧跟着的是报告正文中所提及的参考文献列表。再接下来，可能还有一个或多个附录，譬如一个补充性的统计分析或者研究中所运用的测量的副本。

讨论部分为研究者提供了一个机会，以表达他们自己对研究结果的解读，评价研究设计和研究执行中的不足，就研究结果的实践意义和理论价值作出结论，以及对后续研究提出建议。

在评估定量研究报告的讨论部分的时候，你应当判断你是否赞同研究者对研究结果的解读及对其理论和专业实践意义的判断。其中，最为关键的因素是，你是否认为研究者的判断得到了他们的实证结果和所引用的以往研究结果的支持。随着你对研究方法论的理解和对某项特定的研究对研究文献的贡献的认识，你的这种评估能力将会不断增强。

在专业发展学校的研究中,研究者对其统计结果以及此前的相关研究结果进行了反思,并得出结论:"结果……开始表明,在基于专业发展学校的职前教师教育方案中成长起来的教师,其教学确实要比在传统的基于校园的职前教师教育方案中成长起来的教师更为有效。"(Ridley et al., 2005, 第54页)

作为一名教师教育者,你很有可能被要求作出判断:这些"建议性的"研究结果是否足够令人信服,以至于应当把一项现存的基于校园的教师教育方案更改为基于专业发展学校的方案。如果你决定做出这种变更,那么,若这两种方案在有效性方面确实没有什么本质的差异,那么你就会做许多无谓的艰苦工作。相反,如果你决定不做任何变更,那么,你和你的同事们继续培养的新教师,其有效性可能会因为专业发展学校不在其培养方案中从而大打折扣。

你可能得到的另一个结论是,为明确"专业发展学校的方案优于基于校园的方案"这一判断,需要开展进一步的研究。如果真是这样,那么你就需要明确现有研究的不足(包括本章中所讨论的研究),并设计一项或一组研究,以期获得最终的结果。

这种情形表明,在实施和解释研究的时候会涉及高风险。因此,如果你希望对教育的改进有所贡献的话,你就需要学习尽可能多的有关研究方法论的知识。否则,你和你的同事们可能会在实践中发起毫无实际证据支持的变更,或者相反,会无法做出能够确凿地、显著地改善实践的改进。

一个范例:定量研究如何帮助解决实际问题

下面的教育实践问题涉及美国学生较之其他国家学生的科学和数学技能。

鉴于美国在诸如科学与技术、竞赛数学、机器人竞赛和旨在吸引顶级天才学生的科学博览会等方面变得越来越缺乏竞争力,美国国家自然科学基金"数学与科学伙伴关系计划"项目负责人吉姆·哈默斯(Jim Hamos)说:"我认为我们有一代人在数学和科学方面变得不酷了,人们想知道什么时候会有刺激(就数学和科学教育而言),竞争也许就是那刺激。它会使科学和数学变得酷起来……而不是抽象再加极简艺术。"

ASCD SmartBrief news item, May 19, 2008, summarizing an article in the *Christian Science Monitor,* May 16, 2008.

有组织的竞赛是否就是能够帮助美国学生在科学与数学上取得优异成绩的"刺激"呢?我们还不能确定,除非我们对此问题进行研究。有一种研究就可以为我们提供答案。

定量研究者可以做一项纵向研究，以查明参与这些竞赛活动的学生在大学和随后的职业生涯中，是否比拥有同等才能却没有机会参与这些活动的学生，在更大程度上于这些领域中继续追求科学和数学专业。如果研究结果支持了上面文章中所描述的这些类型的竞赛活动，那么，它们就可能导致政策制定者资助这些活动，并由此而增强美国的"科学与技术能力"。

自测题

1. 定量研究报告一般_____。
   A．比质性研究报告在撰写方面更具有个人色彩
   B．遵循美国心理学会的写作方式指导
   C．不包括摘要
   D．开始就要描述所用的研究设计

2. 许多教育研究被设计用来检测不同教学方法的有效性。在这类研究中，被研究的教学方法构成了一个_____。
   A．常量
   B．量表
   C．变量
   D．研究假设

3. 简单随机抽样中，研究者_____。
   A．选取在目标总体中容易获取的个体样本
   B．确定一个总体样本，随机选取其中的一个总体进行研究
   C．确保总体中的每一个个体都有同等的成为样本的机会
   D．以上所有各项

4. 要评价总体效度，研究者必须分析_____。
   A．被选取样本、可获得总体和目标总体
   B．被选取样本和目标总体
   C．可获得总体和目标总体
   D．用来确定目标总体的成员名单

5. 研究问卷通常应该_____。
   A．包括几个确保问卷回答者比较放松的诱导性问题
   B．仅测量一个变量
   C．用来替换访谈以收集在心理上有威胁性的信息
   D．在用于实际研究样本之前经历前测

6. 在一项涉及对课堂教学进行直接观察的研究中，一个低推断性可观察变量的最佳范例可能是_____。

　　A．教师热情

　　B．分配给课堂作业的时间量

　　C．课堂作业完成期间的学生任务行为

　　D．学生对教师提问的响应之认知水平

7. 如果研究者想要设计一项其构成题目是按照难度等级排列的测验，那么，他们将会发现极为有用的是_____。

　　A．进行内容分析，以明确被测量的构念

　　B．遵循由题目反应理论所规定的程序

　　C．集中收集同时性测验效度证据

　　D．集中收集后果性测验效度证据

8. 如果一个测量具有高信度，这意味着_____。

　　A．相对来说没有测量误差

　　B．能够被大多数学生所理解和完成

　　C．将为几乎所有的使用者提供有效的结果

　　D．有一个较低的克隆巴赫系数值

9. 以下内容一般都会出现在定量研究报告的讨论部分，除了_____。

　　A．统计结果的总结

　　B．对统计结果的解释

　　C．结果的实践意义

　　D．对后续研究的建议

本章参考文献

American Educational Research Association, American Psychological Association, and National Council on Measurement in Education. (1999). *Standards for Educational and Psychological Testing*. Washington, DC: American Educational Research Association.

American Psychological Association. (2001). *Publication Manual of the American Psychological Association* (5th ed.). Washington, DC: Author. See also: www. apastyle. org.

Evans, P. (1976). The Burt affair: Sleuthing in science. *APA Monitor*, 12, 1, 4.

Mitchell, K. J., Robinson, D. Z., Plake, B. S., and Knowles, K. T. (Eds.). (2001). *Testing teacher candidates: The role of licensure tests in improving teacher quality*. Washington, DC: National Academy Press.

Ridley, D. S., Hurwitz, S., Hackett, M. R. D., & Miller, K. K. (2005). Comparing PDS and campus-based preservice teacher preparation: Is PDS-based preparation really better? *Journal of Teacher Education*, 56 (1), 46-56.

后续学习材料

Downing, S. M., & Haladyna, T. M. (Eds.). (2006). *Handbook of test development. Mahwah,* NJ: Lawrence Erlbaum.

本书共有32章，涵盖了测验设计与使用的所有方面，还包括一项关于能够用以确立测验效度的证据类型的广泛讨论。

Fowler, F. J. (2008). *Survey research methods* (4th ed.). Thousand Oaks, CA: Sage.

本书提供了一个设计和实施包含问卷和访谈的教育研究调查的基本指南。所涉及的主题主要包括构建调查问题的方法、如何获得高回收率的方法以及运用电脑、互联网、固定电话和手机收集和分析数据的方法。

Gall, M. D., Gall, J. P., & Borg, W. R. (2007). *Educational research* (8th ed.). Boston: Allyn & Bacon.

本书旨在帮助这样一些读者，即想要发展自己对本章所涉及的每一个主题的深刻理解，并常常以此为基础来引导自己的研究。

Green, J. L., Camilli, G., & Elmore, P. B. (Eds.). (2006). *Handbook of complementary methods in education research*. Mahwah, NJ: Lawrence Erlbaum.

本书各章均由教育研究方法论专家撰写。其中，有些章节涵盖了我们在第六章中所讨论的主题，如直接观察、访谈、测量、题目反应理论和调查研究。

Krippendorff, K., & Bock, M. A. (Eds.). (2008). *The content analysis reader*. Thousand Oaks, CA: Sage.

本书解释了如何做定量的内容分析，并提供了若干运用该方法论的教育研究案例。

Waxman, H. C., Tharp, R. G., & Hilberg, R. S. (Eds.). (2004). *Observational research in U.S. classrooms: New approaches for understanding cultural and linguistic diversity*. Cambridge, UK: Cambridge University.

本书各章介绍了多种多样的观察测量方法，以及如何在教育研究和教育实践改进当中运用它们。

第七章
运用描述统计量研究实践问题

■ 重要观点

1. 量化数据在改善教育实践方面起到了重要作用。
2. 对一个构念的测量与该构念并非同义。我们可以运用不同的方法来测量同一个构念,而每种方法都各有其优缺点。
3. 构念可以作为一个变量而出现,它表明个体在该构念上有何差异。
4. 依据量表中的值是否具有排序等级,任意两组相邻值之间是否等距,是否有真实的零点,量表可以区分为称名量表、顺序量表、等距量表和比率量表。
5. 一个样本统计量或者总体参数仅仅在我们考察构念、变量、测量量表以及从中推断出各组分数的时候才变得具有意义。
6. 平均数、中位数和众数是表示分数分布集中点的不同方法。
7. 标准差提供了关于一组分数分布在其平均数附近的变化是大还是小的有用信息。
8. 如果一组分数是正态分布,那么标准差单位能够使我们估计出其分数在特定区间内的样本的百分比。
9. 研究者能够通过做一个相关分析或者分组比较,确定一组分数分布和另一组分数分布之间关系的强度。
10. 研究者越来越喜欢使用相关分析,因为它提供了对两个或多个分数分布之间关系的强度在数学上更为精确的表达。

第七章 运用描述统计量研究实践问题

关键术语

钟形曲线（bell-shaped curve）
类别量表（categorical scale）
集中趋势（central tendency）
构念（construct）
相关系数（correlation coefficient）
因变量（dependent variable）
描述统计量（descriptive statistics）
电子表格（Excel）
自变量（independent variable）
等距量表（interval scale）
平均数（mean）
平均差（mean absolute deviation）
中位数（median）
众数（mode）
多元描述统计量（multivariate descriptive statistics）
称名量表（nominal scale）
正态曲线（normal curve）

正态概率分布（normal probability distribution）
顺序量表（ordinal scale）
异常值（outlier）
参数（parameter）
全距（range）
等级（rank）
比率量表（ratio scale）
量表（scale）
散点图（scattergram）
点聚图（scatter plot）
偏态（skewness）
标准差（standard deviation）
统计量（statistic）
平方和（sum of squares）
值（value）
变量（variable）
方差（variance）

人们进入教育行业，一般主要是因为他们有兴趣帮助他人——孩子、青少年、青年以及终身学习者。而没有从事教育实践，是因为他们主要想做数字数据方面的工作。正如我们将在本章中所展现的那样，数字数据和统计与人们的生活息息相关，它们对于发现和解决教育实践问题非常有帮助。

有些教育者担忧诸如智商（IQ）和平均成绩点数（grade-point average，GPA）这些数字会禁锢学生，消极地影响他们作为学习者的自我概念或者阻碍他们获得某些教育机会。他们也担忧《不让一个孩子掉队法》所要求的学校"报告卡"要教育者对学生的学习负责（Yell & Drasgow，2008）。他们声称这些以数字为基础的报告卡忽略了某些影响学生学习但又超出教育者控制范围的因素。

该举什么案例来解释教育领域中数字和统计的有益之处呢？为了回答这个问题，我们可以先来考虑一个来自医学领域的案例，该案例选自发表在《纽约时报》上的一篇文章（Abelson，2007）。它关注的是辛辛那提儿童医院在成为全国最好的小儿科中心方面所作出的努力。文中提到："辛辛那提儿童医院是相对较少的几个能够细心收集大量数据，观察病人是否得到良好的有效治疗，并寻找改进方法的医学中心中的一个。"举例来说，医院把外科手术的感染数从2005年的95例减少到2006年的42例；这几乎是一个50%的改进。这一进步要求医院工作人员收集定量数据，把它看成是一个实践问题，并把数据作为判断医院改善措施是否有效的一个标志。

该文还引用了在治疗严重的儿童疾病中取得进步的其他领域。例如，通过仔细监控定量数据，医院工作人员帮助患有囊肿性纤维症疾病的儿童改善了他们的肺部功能，通过注射流感疫苗避免感染，并且通过营养改善避免严重的低体重。

定量数据对于教育者能够有类似的帮助吗？我们先来看一篇发表在《俄勒冈人报》上的文章（Hammond, 2007）。这篇文章报道了俄勒冈15,517个无家可归的儿童和青年，这个数字要比前一年高出18%，比两年前高出37%。而且，其中2,500人不仅没有家，也没有父母或监护人。很明显，这种情况向教育者和社区提出了一个实践问题。如果这个问题没有量化，那么它可能不会得到关注或者在严重性方面被低估。

其他严重的教育实践问题，比如白人学生和少数族群学生之间的学业成绩差距，如果没有被量化的话，同样可能不会得到我们的关注。图7.1列举了其量化数据，展示了在过去30年中白人学生和黑人学生在全美教育进展评估中数学测验上得分情况的比较（Perie, Moran, & Lutkus, 2005）。看到这些数据，教育者、政策制定者以及其他人都不得不把这种学业成绩差距看成是一个需要解决的重要实践问题。

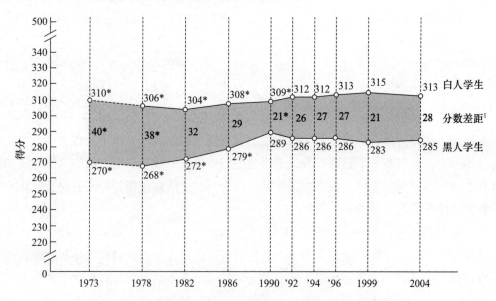

图7.1　白人学生与黑人学生在数学测验分数上的差距：1973—2004

*与2004年显著不同。

1：白人学生平均成绩分数减去黑人学生平均成绩分数。

注：虚线表示推断性数据。分数差距是依据未经四舍五入的平均量表分数之间的差异计算得出的。

资料来源：Adapted from Figure 3.6 on p. 42 of Perie, M., Moran, R., & Lutkus, A. (2005). The nation's report card. NAEP 2004 trends in academic progress: Three decades of student performance in reading, 1971—2004 and mathematics, 1973—2004. Washington, DC: NCES. (ERIC Document Reproduction Service No. ED3460802).

如果你同意定量数据在教育和其他专业领域都能发挥重要作用，那么接下来你就需要学习这类数据的特征，它们如何应用到研究当中，以及它们如何用于统计分析。本章的目的就在于此。尽管我们关注的焦点在于研究过程中的定量数据和统计分析，但大部分讨论仍是教育实践中的定量数据和统计分析。

构念、变量和测量量表

我们中的很多人都体验过测验、态度量表以及其他测量的最终形式。我们阅读测验的标题，或许是其中一些题目，以及样本测验分数的总结。然而，还有更多的内容。测量有其自身的逻辑。为了理解测量，我们需要研究它的逻辑。我们首先来考察一下我们测量的是什么。

构念

一望即知，定量数据以数字形式呈现。这些数字代表什么？回答这个问题的一种方法就是设想一下课堂测验。课堂测验一般测量学生是否掌握了课程中所覆盖的事实、概念以及技能。假设一个测验包含30个题目，而每个题目的分值均为1分，那么，学生的得分想必可以测量他们掌握一个课程单元或主题的好坏情况。因此，我们可以认为，得25分的学生在知识内容的掌握上要比得18分的学生好。

研究者们采用了严谨的方法来研究这个常见的教育问题。首先，他们把测验看成是对某一特定构念或一组构念的测量。在此语境中，**构念**（construct）就是受测个体的某个特定的特征。构念可以是指对某个特定的课程主题的掌握（如上述例子），也可以是指态度、倾向、人格特质（如外向型）或组织特征（如学校类型）等事物。

认识到测验和其他测量工具都是测量特定构念的这一点很重要，但是对构念的测量与构念并不是相同的。例如，教师可能会要求学生写一篇文章（测量手段）来说明他们对自由（构念）的理解。然而，教师也可运用其他测量工具，比如传统的多项选择测验或口头陈述，来测量这个构念。换句话说，构念不是被直接测量的，而是通过可测量的行为等形式（比如学生在测验和文章中的表现）来展现的。

测量可能有个标签，表明其意欲评估的构念，但这并不能保证测量是有效的。例如，智力测验已经出现一百多年了，但是关于它们是否能够真正地测量智力，还是存在争议的（White，2005）。

变量

如果所有的个体都是相同的，那么定量分析就会变得很简单。例如，如果我们对"对学校的态度"这一构念感兴趣，那么我们可以设计一种测量该构念的工具，并把它运用到某个个体身上。然后我们就可以知道其他所有个体对学校的态度如何。但是，在现实中，个体在我们所能够想象的几乎任何一个构念上都是各不相同的，且常常差异巨大。定量研究和统计分析在很大程度上就是研究这些差异的。

当我们的兴趣是个体在某个构念上的差异时，把这个构念看作变量是很有用的。例如，当我们把"对学校的态度"看作变量时，就意味着我们关注这些个体在"对学校的态度"方面的差异。**变量**（variable）可以被定义为某个构念的量化表达，其在量上的每一个差异都代表该构念在量上的某一差异。变量在数量上可区分的差异被称为该变量的**值**（value）。

基于这个变量定义，我们需要思考我们感兴趣的变量究竟可以区分出多少个值。例如，长度变量可以有无限多个值，因为物体的长度变化范围可从比如说电子的长度到宇宙的无限长，而两者之间任一个点也都可以是长度的值。

当我们把"对学校的态度"看作一个变量时，构成这一变量的值的数量是很难概念化的。我们可以区分出两个值——对学校的积极态度和对学校的消极态度。或者我们可以区分出四个值——非常积极、积极、消极、非常消极。甚至可以区分出更多的值，但总有一个更高的水平。个体可能能够区分出他们"对学校的态度"落在一个6个值的连续体当中（如一个等级量表中的6点）的哪个位置，但是他们不太可能在一个由20个值构成的连续体中完成这个任务。

一个变量的值可以显示为量表中的数字。例如，一些学校报告卡使用"百分制量表"，100分表示学业成绩优异，而其他的某个分数（如60分）则表示学业成绩落后。在其他情境中，一个变量的值也可以用一个符号而不是一个数字来表达。例如，一些报告卡使用字母来表示学业表现（如A+、A、A-、B+、B等等）。这些都是符号，但如果你想用数字的话，也可以把它们转换成数字。

测量量表的类型

正如之前我们所说的那样，一个变量可以有不同的值，每一个值则可以用不同的数字来表示。为了实现测量某一构念的目的，可把这些数字组织成量表。**量表**（scale）就是表示一个变量值的范围的一组数字。例如，美国的货币就是由一个量表来测量的，这个量表用一系列数字代表钱的值，以一美分的间隔递增（在货币的某些使用情况中，被称为厘的数值是更小的单位）。

接下来，我们将讨论教育研究领域中所使用的四种类型的量表。每种类型的量表都会产生适用于不同类型的统计分析的数据。

称名量表。 称名量表（nominal scale）是代表某个变量的一组数字，变量的值是类别，它们具有相互排斥和无序的特征。婚姻状况就是一个很好的称名量表的例子。个体可能是已婚或者未婚，但不会两者兼有。而且，一个已婚的人较之一个未婚的人不存在数值上的大或小。我们可以给已婚和未婚的个体赋值，比如说"1"代表已婚，"2"代表未婚。这种赋值是武断的，但对于把研究样本的信息输入数据库作统计分析是有用的。

称名量表有时候也被称为**类别量表**（categorical scale），因为量表中的每个数字代表一个不同的类别。在涉及用称名量表来测量的变量的研究中，研究者通常会报告代表每个类别的个体或对象的数字出现的频率。例如，研究者可能会被要求判断50个州和联邦中每个州或联邦的教师数量，而每个州或联邦就是一个独立的类别。

顺序量表。顺序量表（ordinal scale）是代表某个变量的一组数字，变量的值可以依据大小顺序排列，但任意两个相邻数值之间的差距可能会不同。这些值通常被称为**等级**（rank）（或排名，ranking）。我们通常会看到体育比赛中出现顺序量表。例如，在高尔夫球锦标赛中，得最高分的人是第一名，得第二高分的人是第二名，以此类推。每个"位置"代表一个不同的等级。

引用最广泛的顺序量表之一出现在诸如《美国新闻和世界报道》（*U.S. News & World Report*）上的全美高校排名中。例如，法学院可以由不同群体用不同量表进行评估，然后以某种方式把这些量表累加在一起从而得出一个总分。如果调查中有50所法学院，那么得分最高的法学院排名第一，得分最低的法学院排名第五十。

顺序量表的一个比较大的局限就是它们以等级的形式提供数字数据，但相邻等级之间的差异并不是完全相同的。例如，在某个班级中排名第一的学生GPA是3.98，排名第二的学生GPA可能是3.97或3.85或3.62。换句话说，排名第二仅仅表明其GPA仅次于排名第一的学生，但是它不能表明GPA的差距到底是多少。

尽管存在这种局限，顺序量表所产生的排名对各种团体通常仍是有意义的，而且很重要。例如，奖学金可能会奖励给班上前五名的学生，不管他们之间在排名评价标准上的差距有多大或多小。在挑选工作候选人时，调查委员会可能会选择得分结果中排名前三的申请者参加面试，而不管他们相互之间的得分差距有多大，也不管第四名与第三名的得分差距有多小。

等距量表与比率量表。等距量表（interval scale）是代表某个变量的一组数字，变量的值不仅可以依据大小顺序排列，而且任意两个相邻值之间的差距是相同的。理解此类量表的一个简单方法就是设想一把普通的尺子。1英寸和2英寸所对应的点之间的距离，与5英寸和6英寸所对应的点之间的距离，是相等的；17.4英寸和17.8英寸所对应的点之间的距离，与11.4英寸和11.8英寸所对应的点之间的距离，是相等的；以此类推。

等距量表通常会出现在自然科学及其相关专业的测量工具当中。运用于教育中的诸如成绩和态度量表这样的测量工具是否属于等距量表，还存在疑问。例如，就某个由50道题目所构成的成绩测验而言，由5分上升至10分所需要的学习量，很有可能比由45分上升至50分所需要的学习量要少。因此，某些研究者就名正言顺地把教育测验和其他测量视为顺序量表，因为顺序量表无须假设任意两个相邻分数之间等距。但是，为了统计分析的目的，这些测验和测量通常都会被视为等距量表。

这是由于在接下来的部分所描述的统计程序都假设存在一个等距量表的测量。只要研究者在诸如成绩增益等方面作出结论时小心谨慎，这一假设通常不会成为一个问题。例如，两个学生在补习后的重新考试中，一人比另一人进步大，但如果两人在第一次考试中得分不同，其进步程度的含义可能就会不同。

比率量表（ratio scale）除了具有与等距量表相同的特征——其变量的值可以依据大小顺序排列，而且任意两个相邻值之间的差距是相同的——之外，还有一个真实的零点。例如，货币就是比率量表：一个人可以处于拥有零美元、零欧元、零谢克尔（以色列货币）或其他货币之状态。

比率量表常出现在自然科学及其相关专业中而不是教育及其相关领域中。正如我们前面所说明的那样，一个比率量表具有一个等距量表的所有属性，而这些属性在教育中是很难实现的。然而，某些教育的构念确有真实的零点。例如，许多个体对某一特定的语言、国家或学科完全没有任何知识。

数据的统计分析

统计量（statistic）就是描述收集自某样本的量化数据的某特征的数字。这些量化数据是以一个或若干量表中的一组分数的形式而呈现的，与此同时，这些量表代表对诸如学业成绩和态度这些变量的测量。

其实，统计量的计算是一连串事件中的一步。首先，研究者要确定他们感兴趣的构念；其次，他们要设想个体在这一构念上有何差异，并由此把这一构念视为一个变量；再次，他们应设计一个关于该变量的测量，以获取呈现为某个适当量表（称名量表、顺序量表、等距量表、比率量表）的分数；接下来，就一个样本实施该测量，并获取样本中每一成员在测量中的分数。此时，研究者就可以开始统计分析的过程，以便确定该组分数的某些特征。

由此可知，统计分析并不是一个独立的程序，其质量取决于导向统计分析的每一步的合理性。

统计量与参数

统计量关注的焦点是测量中样本分数的分布而非个体分数本身。那么，为解读统计量，我们就需要理解样本的性质。第六章已经提供了关于定量研究中的样本与抽样程序的讨论。就本章的目的而言，只要理解"样本就是一组具有一个共同特征的个体"便足够了。例如，史密斯先生数学课上的学生就可以构成一个样本，他们的共同特征是都注册在该班级。所有史密斯先生所教班级的学生也可以构成一个样本，他们的共同特征是都由史密斯先生来教。

参数（parameter）与统计量相似，只不过它所描述的是一个总体在一个或若干量表上的分数的特征。确定一组个体是构成一个样本还是一个总体，只是视角的问题。如果我们只对史密斯先生的学生感兴趣，那么他们就可以构成一个总体。但是，如果史密斯先生是一位数学老师，而我们感兴趣的是学习数学老师一般如何教学生，那么他和他的学生就只能被视为一个样本，以某种方式代表所有数学老师。

统计量（基于样本）与参数（基于总体）之间的不同，在许多方面影响统计分析的过程。尤其影响第九章将会讨论的推断统计。

描述统计量

描述统计量（descriptive statistics）是对样本在一个或若干量表上的分数分布的数字化概括。假如我们询问一位教师她班上的30名学生家庭作业做得怎样，该教师可能会说，做得很好、好或差。这就是一个描述性的概括。描述统计量，如果运用恰当的话，可以提供对诸如"很好""好"或"差"这些短语所蕴涵的意义更为全面、数量上更加精确的描述。

为了说明描述统计量，我们可先来思考一下美国学校中的教师薪水问题。我们之所以选择教师薪水这一变量，是因为我们认为，如果教师在教育学生方面对社会的贡献没有得到充分的补偿，那么教师薪水就是一个重要的实际问题。过低的薪水可能会对教师的士气有不利的影响，也可能导致无法吸引有天分的个体进入教师行业。

本例中，我们把对全职教师的财政补偿视为基础的构念。当然，对该构念还可作进一步的提炼。我们需要考虑财政补偿是否仅仅定义为固定工资，或者它还可以包括加班费以及退休金计划和医疗保险中雇主出资部分。

关于这一点，表7.1所示的教师薪水统计数据是有一点含混的。有几个州（如佐治亚州与俄克拉何马州）的教师薪水统计数据包括了这些工资补助，而其他州是否也支付了这些工资补助或者是否报告了这些工资补助，则并不清楚。但不管怎样，表中所示的统计数据还是就2004—2005年度的教师薪水提供了一个十分有效的描述。

表7.1表明，教师薪水是有差异的，因此，我们把薪水这一构念作为一个可以有许多值的变量。我们可以用美国货币来测量薪水这一变量，美国货币是一个比率量表，因为任意两个相等的范围，其距离是相同的——例如 \$30,000与\$32,000以及\$47,000与\$49,000之间的距离，而且还有一个绝对的零点（理论上，一个教师可以免费工作，而挣得零美元工资）。

对该变量的实际测量可用多种方式来进行，比如，要求每一位教师自陈其工资薪水，或者检视学校财务办公室所提供的工资报表。用于产生表7.1中的薪水统计数据的测量程序是由全美教师工会（American Federation of Teachers）派送至各州教育部的一项调查。了解这一调查程序的细节可能会很有趣，但其网站（www.aft.org/salary/2005）上并没有提供。

表7.1　2004—2005年美国各州教师薪水的描述统计

州	教师平均薪水 （2004—2005）	离均差 （$44,916）	离均差的平方	家庭平均收入 （2004）
亚拉巴马州	$38,186	6,730	45,292,900	$36,709
阿拉斯加州	$52,467	7,551	57,017,601	$57,027
亚利桑那州	$39,095	5,821	33,884,041	$41,995
阿肯色州	$41,489	3,427	11,744,329	$32,983
加利福尼亚州	$57,604	12,688	160,985,344	$51,185
科罗拉多州	$43,965	951	904,401	$48,198
康涅狄格州	$57,760	12,844	164,968,336	$60,528
特拉华州	$52,924	8,008	64,128,064	$50,315
佛罗里达州	$43,095	1,821	3,316,041	$41,236
佐治亚州	$46,437	1,521	2,313,441	$43,037
夏威夷州	$47,833	2,917	8,508,889	$53,554
爱达荷州	$40,864	4,052	16,418,704	$39,934
伊利诺伊州	$56,494	11,578	134,050,084	$48,953
印第安纳州	$46,591	1,675	2,805,625	$42,195
艾奥瓦州	$39,284	5,632	31,719,424	$41,350
堪萨斯州	$39,351	5,565	30,969,225	$41,638
肯塔基州	$41,075	3,841	14,753,281	$35,269
路易斯安那州	$39,022	5,894	34,739,236	$35,110
缅因州	$40,935	3,981	15,848,361	$42,163
马里兰州	$52,330	7,414	54,967,396	$57,424
马萨诸塞州	$54,688	9,772	95,491,984	$55,658
密歇根州	$53,959	9,043	81,775,849	$44,905
明尼苏达州	$47,411	2,495	6,225,025	$50,860
密西西比州	$38,212	6,704	44,943,616	$31,642
密苏里州	$39,064	5,852	34,245,904	$41,473
蒙大拿州	$38,485	6,431	41,357,761	$35,239
内布拉斯加州	$39,441	5,475	29,975,625	$41,657
内华达州	$43,212	1,704	2,903,616	$44,646
新罕布什尔州	$43,941	975	950,625	$55,580
新泽西州	$56,635	11,719	137,334,961	$61,359
新墨西哥州	$39,391	5,525	30,525,625	$36,043
纽约州	$55,665	10,749	115,541,001	$47,349
北卡罗来纳州	$43,343	1,573	2,474,329	$39,428
北达科他州	$36,449	8,467	71,690,089	$39,447
俄亥俄州	$49,438	4,522	20,448,484	$42,240
俄克拉何马州	$37,879	7,037	49,519,369	$35,357

续表

州	教师平均薪水 （2004—2005）	离均差 （$44,916）	离均差的平方	家庭平均收入 （2004）
俄勒冈州	$48,320	3,404	11,587,216	$41,794
宾夕法尼亚州	$53,281	8,365	69,973,225	$42,941
罗得岛州	$56,432	11,516	132,618,256	$48,722
南卡罗来纳州	$42,189	2,727	7,436,529	$39,837
南达科他州	$34,039	10,877	118,309,129	$38,472
田纳西州	$42,076	2,840	8,065,600	$38,794
得克萨斯州	$41,009	3,907	15,264,649	$41,759
犹他州	$37,006	7,910	62,568,100	$47,074
佛蒙特州	$44,346	570	324,900	$46,543
弗吉尼亚州	$45,377	461	212,521	$51,689
华盛顿州	$45,722	806	649,636	$47,659
西弗吉尼亚州	$38,404	6,512	42,406,144	$31,504
威斯康星州	$43,099	1,817	3,301,489	$45,315
怀俄明州	$40,487	4,429	19,616,041	$44,275
平均薪水		$44,916		
平均差		$5,562		
平方和		2,147,072,021		
方差		43,817,795		
标准差		6,553		
家庭平均收入		$44,201		
教师薪水与家庭收入之间的相关		$r=0.73$		

资料来源：教师薪水统计数据来自：www.aft.org/salary，2008年1月14日检索。

对集中趋势的测量方式

某些描述统计旨在确定一个样本在某个测量上的分数的**集中趋势**（central tendency），其可以定义为分数分布中的一点，在其周围，分数分布集中。最常见的对于集中趋势的测量方式是平均数，但在某些情形下中位数和众数也会得到报告。

平均数。平均数（mean）是对于集中趋势的一种测量方式，计算时先把样本的每一个成员的分数加起来，然后再除以样本个体总数即可。例如，如果四个人在某个量表上的得分分别是1、2、4、4，那么，其平均分就是2.75（1+2+4+4=11；11÷4=2.75）。表7.1中所报告的该统计量是用"平均"（averages）这一标签来标示的。

你会注意到，针对每个州的教师的描述统计就是他们的平均薪水，即该州所有教师的薪水总和再除以教师总数。此外，该统计表还报告了这些平均薪水的平均数（$44,916）。

实际上，由全美教师工会所报告的美国50个州的教师平均薪水是$47,602。这是因为他们的分析还考虑到了每个州的教师数量。例如，加利福尼亚州2004—2005年度有299,660位教师，他们的平均薪水很高（$57,760），而南达科他州只有8,988位教师，他们的薪水较低（$34,039）。

我们的平均薪水的计算获得了一个较低的数字（$44,916）。这是因为我们无法获得每个州的教师总人数。因此，全美教师工会所报告的平均薪水更加准确一些。但是，就说明描述统计量而言，我们的数据已经足够准确。

中位数。中位数（median）就是分数分布中的中间分数。如果有51个州，那么，中位数就是各州教师平均薪水分布当中排名第26的那个州的教师平均薪水。以此为分界线，有一半的州有较高的教师平均薪水，而另一半则只有较低的教师平均薪水。

然而，实际上只有50个州，所以，我们不能确定一个精确的中位数。在这种情况下，确定中位数的一般程序是，用分数分布中居中的两个数计算其平均数。在表7.1中，内华达州排名第25（$43,212），威斯康星州排名第26（$43,099），因此，各州教师平均薪水的中位数就是$43,156。该统计量表明，几乎一半的州其教师平均薪水高于$43,156，与此同时，几乎也有一半的州其教师平均薪水低于这个数。

与中位数相比较而言，平均数更常见于教育研究报告当中。人们喜欢运用平均数的主要原因是，它具有为计算诸如标准差（下面介绍）等其他统计量所需的数学性质。

尽管如此，在某些情景中，中位数仍然是一个有用的对于集中趋势的测量方式。例如，房地产专业人士经常会报告某城市的房价中位数。其原因是中位数价格为找房者（house hunters）提供了有用信息。如果其财务状况可允许其购买$200,000以内的房屋，那么，知道其所在城市房屋的中位数价格是$190,000，就意味着他们可找到大量负担得起的房屋。

众数。众数（mode）是样本在某个特定测量上的分数分布中出现频率最多的那个分数。在教育研究中，它很少被用于集中趋势的测量。总的来说，其原因是大多数测量所得的分数有相当大的差异，以至于没有一个分数能够脱颖而出，成为一个分数分布集中趋势的代表。例如，表7.1中的各州教师薪水便各不相同。换句话说，它们都以相同的频率出现，因此就没有薪水众数。如果某一具体薪水多次出现，那么它就构成了众数，但是我们并不知道它在薪水分布中的具体位置。因此，我们也就不知道这个薪水众数是否能够代表所有州的薪水。

可以想象一些可运用众数来有效测量集中趋势的情景。例如，假设教育者正在与建筑师一起工作，以设计一所新的中学。他们开展了一项有关当地学校班级规模的调查，结果发现，有26名学生的班级规模最为流行。这一发现告诉教育者和建筑师，他们应该设计足够数量的可以容纳这一规模班级的教室。他们可以考察下一个最常出现的班级规模，并作出相应设计决定。在本例中，该统计方法要比计算班级规模平均数或中位数更为有效。

异常值。某些样本可能会包含**异常值**（outlier），即在某一测量中得分极高或极低的个体。一个样本中几个异常值的存在可能会扭曲对于集中趋势的测量，并导致错误解读。

为说明这一原理，我们可以假设加利福尼亚州、康涅狄格州和新泽西州都有很多极富经验的教师，这些教师的薪水居于教师薪水量表的顶端。假设这三个州的教师平均薪水比表7.1中所示的高出＄10,000，那么加利福尼亚州的就是＄67,604，康涅狄格州的就是＄67,760，而新泽西州的则是＄66,635。显然，它们都是异常值，因为它们比接下来的薪水最高的伊利诺伊州要多出＄10,000。

现在让我们来计算一下包含这三个异常值的50个州的教师平均薪水。平均薪水是＄45,516，高出实际平均薪水（＄44,916）＄600。这三个异常值的存在可能会导致一个误解，即全国范围内的教师得到了比实际情景更好的补偿。

教育者可能有理由担心国家或州要求他们为了问责的目的而测试每一班级的所有学生。一位教师可能会有一两名学生因教师无法控制的原因而造成测试成绩不同寻常的低。另一位教师可能没有这样的学生，仅因这个原因，其班级平均分就会较高。

这个案例并非暗示应把某些可能的异常值学生排除在测试之外。它只是说明，不能把平均数作为测量集中趋势的唯一方法。为了获得一个班级、一所学校、一个学区或者其他学生群体在某测验上的一个有效图景，应该考察整个分数分布以明确异常值或其他异常。

称名量表数据。我们在本章前面部分已经介绍过，称名量表的值——类别——是没有顺序的。因此，运用对集中趋势的测量来确定称名量表数据中分数分布的一个代表性分数，是毫无意义的。相应的做法是，研究者对归入称名量表中每一个类别的样本个体进行计数。例如，婚姻状况就是一个称名量表。用作该量表的值的类别有未婚、已婚、离异和丧偶。这些类别是无序的，即没有一个类别比其他类别要"大"或"小"。

假设一个样本包含200个个体，而每个个体的婚姻状况都是已知的。这一信息可以概括为频次或百分比。假设结果是70人未婚、100人已婚、20人离异、10人丧偶。这些频次计数提供了关于该数据的有意义的概括。另一个有意义的概括是把频次计数转换为百分比：35%未婚、50%已婚、10%离异、5%丧偶。

对变异性的测量方式

对于集中趋势的测量提供了诸如平均数或中位数这样的一个分数，它代表的是一个样本在某一测量上的分数分布。它本身经常就是有用的信息。然而，分数的变异性在确定和研究实际问题上也极受关注。为理解为何如此，我们可先来考察一下表7.1。它表明，各州教师平均薪水是＄44,916。假设所有州的教师平均薪水都紧密地集聚在平均薪水的周围。例如，假设没有一个州的教师薪水高于或低于该平均薪水＄1,000。这种较低的变异性可能不会引起什么注意。但是，实际的变异性却是不容忽视的。最高的州平均薪水＄57,760（康涅狄格州）要比最低的州薪水＄34,039（南达科他州）多出几乎＄25,000。

那是一大笔钱，而且引起了担忧。薪水的差异是否意味着某些州与其他州相比更加看重教师的价值？它是否意味着高薪水的州与其他州相比更能吸引优秀的教师，因而高薪水州的孩子与其他州的孩子相比能够接受更好的教育？如果是真的，这公平吗？学生的学习与潜能应该受制于其所居住的州吗？

也许还有一个更好的解释。各州教师薪水的差异也许仅仅反映了各州生活成本的不同。也许康涅狄格州的生活成本要比南达科他州高许多。如果真是如此，那么各州教师薪水的差异就仅仅反映了这一经济现实，而不会对教师质量、教师士气或学生学习机会产生什么影响。

由此，我们看到，变异性是某一测量的样本分数的一个重要方面。在接下来的部分，我们将介绍几个旨在表示变异性的描述统计量。其中每一个统计量都假设其分数具有等距量表或比率量表的关键性质，也就是说，任意两个相邻分数之间都有一个相等的间距。所以，变异性的这些测量不适用于类别或等级数据。

全距。全距（range）就是样本分数分布中的最大分数减去其最小分数。在表7.1中，最大值＄57,760减去最小值＄34,039等于＄23,721，因此，全距就是＄23,721。这是样本分数分布中变异性大小的一个有效指标。

全距的一个不足之处就是，它可能被分数分布的任何一端的异常值所扭曲。如果最高薪水比＄57,760还要多＄10,000或者最低薪水比＄34,039还要少＄10,000，那么全距就会大幅增加到＄33,721。这个巨大的全距值，忽略了这样一个事实，即其他49个州的变异性没有发生任何改变。下面将要描述的对变异性的测量——标准差——不容易受这种扭曲的影响。

平均差。平均差（mean absolute deviation）就是每个样本分数与实际平均分之差的绝对值的平均数，即不考虑其是正的（即一个分数比平均分大）还是负的（即一个分数比平均分小）。

为说明平均差，表7.1包含了标有"离均差（＄44,916）"的一栏。每一行中这一栏的数字就是该州平均薪水与各州平均薪水＄44,916之差。例如，亚拉巴马州的教师平均薪水是＄38,186，其离均差就是＄6,730。表7.1底部单独一行标有平均差，为＄5,562。

平均差提供了一个关于一组分数变异性大小的极其简单而清晰的测量。在教师薪水这个案例中，＄5,562的平均差说明各州之间存在一个比较公平的变异性。一个州的教师薪水要么高于各州平均薪水（＄44,916）大约＄5,000，要么低于各州平均薪水（＄44,916）大约＄5,000。

平方和。与平均差相较而言，标准差是对于较之平均数的变异性的一个更加稳定和数学上有效的测量。为了解释标准差的意义，我们必须先介绍两个对变异性的其他测量：平方和与方差。

看一下表7.1，我们看到亚拉巴马州的教师平均薪水的离均差是＄6,730。紧挨着的右面一栏（名为"离均差的平方"）表明其平方是45,292,900。同一栏还展示了其他49个州的离均差的平方。一组样本分数的所有"离均差的平方"之总和，就称为**平方和**（sum of squares）。在表7.1中，这一统计量是2,147,072,021。

平方和是用于统计分析的最重要的统计量之一。简单来说，平方和代表一组分数的变异性的总量。许多统计分析的目的——例如，相关、t检验、方差分析、多元回归——就是确定某项研究中的其他被测变量能否"解释"由平方和所表示的变异性。

方差。 方差是对一组分数较之平均数的变异性的另一种测量。有时它是作为统计分析的一部分来计算的。**方差**（variance）就是平方和除以样本大小减1（$n-1$）。换句话说，它就是离均差的平方的平均数。如果分析的数据代表了一个总体，那么上述等式可以略加修改而变为：平方和除以总体大小（在这一案例中，就是50个州），而没有必要除以50-1。

在此，为了我们的目的，可以假设全美教师工会已获得了一个教师样本的薪水数据，尽管是一个非常大的样本。如果你考察一下表7.1，你会看到该表中单独一行中的方差（等于43,817,795）。该数等于平方和（2,147,072,021）除以样本大小减1（50-1=49）。

标准差。 标准差（standard deviation）是一个样本的测量分数的方差的平方根。表7.1中的各州教师薪水的标准差应该是6,620，即方差的平方根。你会注意到，表7.1中的平均差（5,562）与标准差（6,553）相比，量级上没有多大区别，但一般都会使用标准差，因为它具有几个可取的统计性质。标准差是教育研究中最常见的用于测量样本分数变异性的测量方法。"标准差"这一术语在研究报告中通常会缩写为"SD"。在本章接下来的部分中，我们将遵循这一惯例。

正态曲线。 如果样本测量分数能够形成一个如图7.2所示的正态概率分布，那么标准差就是一个特别有用的统计量。为理解该图，我们可以假设，就某个具体变量对大量的个体进行了测量。曲线上的任何一点沿纵轴（即y轴）的高度意味着具有该点所表示的分数的个体总数。你会注意到，样本分数的平均数标示在横轴（即x轴）上。如果样本分数是

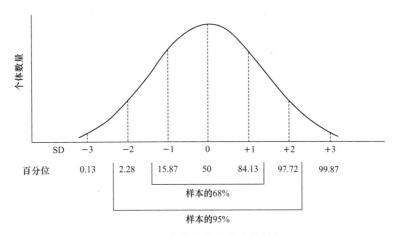

图7.2　正态曲线分数分布的特征

注：本图中的x轴表示标准差单位，y轴表示一个样本或总体的个体数量，个体在测量上的得分在x轴上有一个对应的标准差单位值。

正态分布的，那么就会有更多的个体取得分数分布中的平均分，而不是其他分数。

仔细观察图7.2将有助于你理解，**正态概率分布**（normal probability distribution）就是一组分数，聚集在一条被称作**正态曲线**（normal curve）或**钟形曲线**（bell-shaped curve）的对称图形中的平均数的两侧。

你还会注意到，实际的测量分数并未显示在图7.2中。分数是用曲线下面的标准差单位（–3、–2、–1等）来代表的。为理解这些单位的意义，可以假设我们有某一特定样本的一组测量分数。它们的平均分是34.15，SD是7.32。如果某个样本个体的得分高出平均分一个标准差单位，那么他或她的得分就是41，即34.15+7.32=41.47，四舍五入得到整数41，其在图7.2中所对应的就是+1。如果样本个体的得分低于平均分一个标准差单位，那么实际得分就是27，即34.15–7.32=26.83，其在图7.2中所对应的就是–1。

现在让我们来考虑一下这种情形：某个样本个体的得分高出平均分两个标准差单位，也即7.32×2=14.64。该个体的实际得分是49，即34.15+14.64=48.79，其在图7.2中所对应的就是+2。

图7.2所示的正态曲线下方的标准差单位包括一个"0"。这个0就是样本或总体的原始分数的平均分。想一想就会明白，平均分与其自身是没有差距的。因此，以标准差单位来表示平均分，它就会得到一个"0"值。

图7.2所示的标准差单位的优势是，如果分数是正态分布的话，任何测量的原始分数都可以用它们来表示。无论测量总分100分还是20分，或者使用的是等距量表还是比率量表，都没有关系。就正态曲线而言，任何测量的标准差单位都有相同的含义。

正态曲线有助于解释研究结果。如果知道某一测量的分数的平均分和标准差，你就能够运用这两条信息来确定分数变异性的量（假设分数是正态分布的）。参考图7.2，你会看到，比平均分低1个标准差单位的分数大约位于16%的百分位，而高于平均分1个标准差单位的分数大约位于84%的百分位。因此，大约有68%的样本（84–16）其分数在–1与+1个标准差单位之间。运用类似的程序，我们可以确定，大约有96%（97.72–2.28）的样本个体，其分数在–2与+2个标准差单位之间。

就某一特定的样本而言，假设在总分50分的某一测量上的分数之平均分是25，标准差是2。假设这些分数形成一个正态曲线，那么我们就可以推断，大多数样本（大约96%）其分数在21（–2标准差单位）与29（+2标准差单位）之间。换句话说，分数都紧密地聚集在平均分附近，那么，平均分就是整个样本表现的一个很好的代表。

就另一个样本而言，假设其平均分还是25，而标准差是10。分数的变异相当大。如果我们仅仅考虑那些分数在–1和+1个标准差单位之间的样本个体（约占样本的68%），那么在其分数分布符合正态曲线的前提下，分数可以从15（25–10）变化到35（25+10）。在解释研究结果时，我们需要牢记，研究样本中的个体就被测变量而言，差异性大于相似性。

标准差单位还提供了有关样本中个体成员的有用信息。图7.2中的百分位一行表明了每一样本成员在整个样本中的大致百分位。例如，一个分数高出平均分2个标准差单位的个体，较之其余样本就几乎高居98%（97.72）的百分位位置。统计教材都会包含一些表示每一个标准差单位的百分位的表格，通常保留2位小数（如-1.37标准差单位）。

平均数与标准差从数学意义上说是简练的，因为这两个统计量一起提供了对样本测量分数的简洁概括。即使样本包含1000个个体，我们也能够仅仅通过计算其测量分数的平均数与标准差，就了解其在某一测量上的表现。

偏态。 许多由研究者和教育者所测量的变量，其分数都符合正态曲线。但是，也有一些不符合。事实上，表7.1中的教师薪水数据就是这种情况，其分布的近似图形可用图7.3来表示。

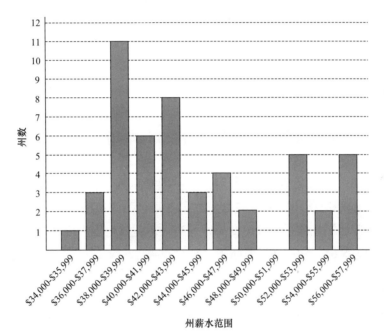

图7.3　全美教师平均薪水分布中的偏态

如果各州教师平均薪水符合正态分布，我们可以期待在总的平均薪水（＄44,916）之上或之下有大致相等的州的个数。然而，正如图7.3所示，有29个州的教师平均薪水低于＄44,000—＄45,999这一范围，18个州的教师平均薪水高于这一范围。

如果州教师平均薪水的分布符合正态曲线，那么包含总的平均薪水在内的这一薪水范围应该包含最多数量的州在其中。正如我们在图7.3中所见，很显然，情况并非如此。只有3个州的教师平均薪水在这一范围内。

图7.3所示的这种类型的分数分布展示了一个大幅度的**偏态**（skewness），即大多数分数捆绑在了平均数的一侧，而其他分数呈尾状落到平均数的另一侧的趋势。偏态无所谓好坏，它只是某些分数分布的一个特征。事实上，就其自身权利而言，它只是一项研究的发现。可能有人会好奇，为什么会有如此多的州其教师平均薪水在＄34,000—＄40,000这一范围内，而与此同时，只有少数州的教师平均薪水在＄50,000及其以上。

多元描述统计量

本章前面的部分介绍了如何使用描述统计量来解释单个测量上的样本分数的若干特征。现在我们再来看看能够揭示两个或多个测量上的分数分布之间关系的描述统计量。能够描述若干分数分布之间这种关系的统计量称为**多元描述统计量**（multivariate descriptive statistics）。

为了说明两个分数分布之间关系的含义，我们可以考虑这样一个问题：就教师平均薪水而言，为什么各州之间有如此多的差异？本章前面我们推测过，也许某些州更看重教育而给予了教师以相应的补偿。这可能会是一个引起担忧的问题，因为教育者们毫无疑问地都希望美国所有州的所有社区都重视其工作价值。不过，也许各州教师薪水的差异只是反映了各州经济的差异。

我们可以假设，家庭收入是州经济的一个指标：经济越发达的州，其居民挣的钱就越多。依据该假设，我们找到了每个州2004年家庭收入的中位数，它与表7.1所呈现的各州教师薪水属于相同的时间周期。这些数据来源于美国政府的一个网站（参见表7.1的资料来源）。

每个州的家庭平均收入在表7.1中用独立一栏来呈现。正如表7.1的底端所呈现的那样，50个州的家庭平均收入是＄44,201。如果考察名为"家庭平均收入（2004）"这一栏，那么你会发现，围绕该平均数的变异性相当大。差异范围中低者为＄31,504（西弗吉尼亚州），高者为＄61,359（新泽西州）。

相关分析

我们希望能够回答这样一个问题：某个州的教师补偿与其整体经济状况之间是否存在某种关系？为了回答这一问题，我们需要把这两个构念视作变量，并运用量表来测量它们。教师补偿可用薪水（它是一个等距量表）来测量，而州的经济状况则可用家庭收入（也是一个等距量表）来测量。

接下来的一步就是要确定教师薪水的差异与家庭收入的差异是否有关系。更确切地说，我们希望做一个相关分析，来确定一个测量上的分数（即薪水），其分布与另一个测量上的分数（如家庭收入）的分布之间是否存在某种关系。

要做出这种决定，一个简单方法就是绘制一个**散点图**（scattergram）（也称为**点聚图**，scatter plot），该图有：（1）表示两个量表的数轴（x轴和y轴）；（2）一个点集。其中每一点均表示一个样本成员在两个量表上的得分。

图7.4就是一个散点图的例子。横轴（即x轴）是表示教师薪水变化范围的量表，而竖轴（即y轴）则是表示家庭收入变化范围的量表。该散点图中的每一点都表示某个州的数据。从某一个点往下看，我们可以看到某一个州的教师平均薪水，而看每一点的左侧，则可以看到州的家庭平均收入。

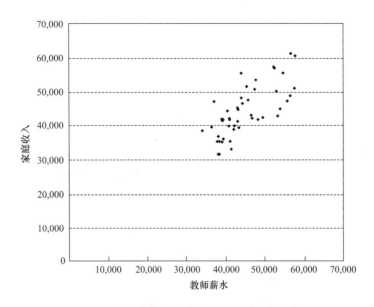

图7.4 教师薪水与家庭收入之间关系的散点图

直接观察这一散点图，可以看出州教师薪水与家庭收入之间存在着一个清晰的关系。家庭收入高的州，教师薪水也高。这种关系的程度还可以用一个称为**相关系数**（correlation coefficient）的统计量来数学化地加以描述。我们将在第十二章介绍相关系数。

仔细观察图7.4，除了发现州经济强弱与其教师薪水相关之外，还有更多的信息。这一发现存在例外，某些州有相近的家庭收入却有着不同的教师薪水。例如，回顾一下表7.1，我们会发现，尽管艾奥瓦州与俄勒冈州有相近的家庭收入（分别为＄41,350和＄41,794），但其教师平均薪水却有很大不同（分别为＄39,284和＄48,320）。另一个例子则是伊利诺伊州与科罗拉多州：它们的家庭平均收入相近（分别为＄48,953和＄48,198），但其教师平均薪水却有很大不同（分别为＄56,494和＄43,965）。

很明显，除了州经济强弱之外，还存在其他变量与教师薪水差异相关。也许某些州有较强的教师工会或者教师更有经验或证书更多，所有这些都可能会在州经济影响之外提高教师薪水。第十二章所描述的相关分析技术能够梳理出这些其他变量与教师薪水之间的关系。

当我们不仅考察哪些因素导致教师薪水的差异，而且考察这些差异反过来可能对学生的学习产生的影响，教师薪水研究变得更为复杂——而且更为有趣。我们的研究问题是，高薪水的教师会导向更多的学生学习量吗？

这个问题能够通过测量每一个变量并使用相关分析考察某个测量上的分数与其他测量上的分数是否相关来回答。在本例中，教师薪水是**自变量**（independent variable）（即假定的原因），而学生学习量则是**因变量**（dependent variable）（即假定的结果）。在前面的例子中，由家庭平均收入来测量的州经济强弱就是一个自变量（假定的原因），而教师薪水则是一个因变量（假定的结果）。

分组比较

相关分析是一种描述在两个（有时更多）测量上的分数分布之间的关系的方法。另一种方法就是先把来自某个测量的分数划分为若干类别，并以这些类别为基础形成若干组，然后比较这些组在另一个测量上的分数。

为了说明这种方法，我们可以先依据各州家庭收入是高于还是低于中位数，把所有州分成两类：高家庭收入州与低家庭收入州。表7.2就呈现了这两种类型的各州（高和低家庭收入）及其教师平均薪水。

表7.2 高家庭收入州与低家庭收入州的教师（平均）薪水比较

高家庭收入州的教师平均薪水		低家庭收入州的教师平均薪水	
阿拉斯加州	$52,467	亚拉巴马州	$38,186
加利福尼亚州	$57,604	亚利桑那州	$39,095
科罗拉多州	$43,965	阿肯色州	$41,489
康涅狄格州	$57,760	佛罗里达州	$43,095
特拉华州	$52,924	爱达荷州	$40,864
佐治亚州	$46,437	印第安纳州	$46,591
夏威夷州	$47,833	艾奥瓦州	$39,284
伊利诺伊州	$56,494	堪萨斯州	$39,351
马里兰州	$52,330	肯塔基州	$41,075
马萨诸塞州	$54,688	路易斯安那州	$39,022
密歇根州	$53,959	缅因州	$40,935
明尼苏达州	$47,411	密西西比州	$38,212
内华达州	$43,212	密苏里州	$39,064
新罕布什尔州	$43,941	蒙大拿州	$38,485
新泽西州	$56,635	内布拉斯加州	$39,441
纽约州	$55,665	新墨西哥州	$39,391
俄亥俄州	$49,438	北卡罗来纳州	$43,343
宾夕法尼亚州	$53,281	北达科他州	$36,449
罗得岛州	$56,432	俄克拉何马州	$37,879
犹他州	$37,006	俄勒冈州	$48,320
佛蒙特州	$44,346	南卡罗来纳州	$42,189
弗吉尼亚州	$45,377	南达科他州	$34,039
华盛顿州	$45,722	田纳西州	$42,076
威斯康星州	$43,099	得克萨斯州	$41,009
怀俄明州	$40,487	西弗吉尼亚州	$38,404
	M（平均数）=$49,541		M（平均数）=$40,292
	SD=5,997		SD=2,991

我们接下来计算每一种类型的25个州的教师平均薪水。正如表7.2底端所示，高家庭收入州的教师平均薪水是＄49,541，而低家庭收入州的教师平均薪水则是＄40,292。这些描述统计量能够使我们很容易看出：教师薪水的高低在很大程度上取决于其所在的州是高家庭收入州还是低家庭收入州。

如图7.4所呈现的相关分析也可以获得相同的发现。那么，与表7.2所呈现的分组比较相较而言，相关分析有哪些优势呢？一个简单的回答就是，与分组比较相较而言，相关分析提供了对两个或多个分数分布之间关系的在数学上更精确的描述。此外，相关分析还有助于我们很容易地找到多元变量之间的关系。由于这两个原因，许多教育研究者对于相关分析和分组比较，他们更喜欢相关分析。

当然，为了解读这种类型的分析结果，研究报告的阅读者需要能够理解相关统计量。这就是为什么写给一般读者阅读的研究报告经常会使用一些基于分组比较的统计量的原因。因为大多数人都发现，这样的统计更易于理解。

第十一章将介绍基于分组比较的研究设计，第十二章将介绍基于相关分析的研究设计。尽管这两种设计运用了极为不同的统计量来分析数据，但其目的却是相近的，即考察变量之间的关系。

描述统计量的计算

可以通过手工计算来为一组分数计算描述统计量，尤其是当数据组较小的时候。某些手持式计算器就可以做这些分析，你所要做的就是输入数据并按恰当的功能键。

我们发现，就计算描述统计量而言，电子表格（Excel）软件相当好用。如果你的计算机已安装了Windows或Mac的Office办公软件，你就拥有了作为Office办公软件一部分的Excel。你可以先在一张Excel表格中输入你的数据，然后使用"工具"下拉菜单中的"数据分析"功能。我们仅使用Excel就可以获得本章中的各种表格，包括其中展现的描述统计量。"插入"菜单下的"图表"功能可用于绘制分数分布图、散点图和其他图示。

更为复杂的统计分析需要运行于个人计算机或工作站的软件。社会科学统计包（Statistical Package for the Social Sciences，SPSS）就是这类软件中的一个（有关它的信息可从www.spss.com这一网址获取）。SPSS可用于开展本书所介绍的任何一种统计分析。由于其广泛的使用范围，如有必要，你可以在研究共同体中觅得某人帮助你学习如何使用SPSS。另一个可供选择的软件是统计分析系统（Statistical Analysis System，SAS）（可从www.sas.com这一网址获取）。就使用而言，SAS要比 SPSS更难一些，但其功能更强大。

在进行统计分析时很容易出现差错，因此，你需要检查数据输入和软件操作。一个有用的检查方法是手工做少量统计分析，然后比较其结果与使用统计软件得到的结果。

一个范例：描述统计量如何帮助解决实际问题

许多教育者都认为，强调对事实的学习而非思维技能的发展，是教育中的一个重大问题。下面就是社会研究中教师用以处理这一问题的一个新的资源的描述。

> 现在，社会研究教师有了一项新的资源（"面向21世纪技能与社会研究地图"）来帮助他们……一个免费的在线文档，它针对相应技能定位出各种社会研究项目、任务及成果，想要在21世纪获得成功，这些技能的重要性日益增长，如问题解决、批判性思维。
>
> "对于我们而言，这就是这些地图的承诺——它能够通过实践者使这些技能既可理解又可获得……"["面向21世纪技能的合作伙伴关系"副总裁瓦莱丽·格林希尔如是说]。
>
> Devaney, L. (2008, July 18). New resource helps teach 21st-century skills. *eSchoolNews*. Retrieved from www.eschoolnews.com.

我们如何帮助学生掌握问题解决与批判性思维的专门知识？"面向21世纪技能与社会研究地图"是一个解决方案吗？我们需要通过研究来回答这些问题。获取描述统计量的研究可能有帮助。

研究者可以通过从"面向21世纪技能/地图"网站安装软件去收集描述性数据。该软件可对该网站的访问者，以及他们在此网站上所花费的时间、是否下载了社会研究地图（假设该文档可下载）等进行计数。

研究者可以计算时间测量的平均数和标准差，以判断网站所有访问者逗留的平均时长以及逗留时间的差异性总量。还可以对该网站的访问量进行总计，并计算下载"地图"的访问者百分比。

研究者还可以请网站访问者填写一个简要的调查问卷。问卷可以要求访问者提供人口信息，并完成一份用于测量社会研究地图就满足他们需要而言的有用性的态度量表。研究者可分析通过计算描述统计量而得到的结果数据，这些统计量包括具有各人口统计学特征的访问者的百分比、在态度量表上的得分分布的平均数与标准差。

如果描述统计量展示出了关于"面向21世纪技能/地图"的积极结果，这一证据就可用于向资助机构申请资源，以扩展与支持这一课程路径。

自测题

1. 量化数据_____。
    A. 只在基础教育研究中有用
    B. 在确定实践问题中有用
    C. 在确定实践问题中没有用
    D. 在教育研究中有用,而在医学研究中没有用

2. 一个教育构念_____。
    A. 只能由一个测量工具来测量
    B. 不能表示为一个变量
    C. 是不随样本个体不同而发生变化的常量
    D. 能被概念化为一个变量,样本成员在其上可有不同

3. 一个顺序量表其构成是_____。
    A. 没有顺序的类别
    B. 可按照大小顺序排列的值,但任意两个相邻值之间没有相等的差距
    C. 可按照大小顺序排列的值,但任意两个相邻值之间有相等的差距
    D. 可按照大小顺序排列的值,但任意两个相邻值之间有相等的差距,且有一个真实的零点

4. 一个等距量表其构成是_____。
    A. 没有顺序的类别
    B. 可按照大小顺序排列的值,但任意两个相邻值之间没有相等的差距
    C. 可按照大小顺序排列的值,但任意两个相邻值之间有相等的差距
    D. 可按照大小顺序排列的值,但任意两个相邻值之间有相等的差距,且有一个真实的零点

5. 统计量区别于参数是因为它_____。
    A. 代表一个样本,而参数则代表一个总体
    B. 代表一个总体,而参数则代表一个样本
    C. 来自于一个随机样本,而参数则来自于一个非随机样本
    D. 来自于一个非随机样本,而参数则来自于一个随机样本

6. 作为集中趋势的一个测量方式_____。
    A. 与中位数相比,众数在随机样本中更为稳定
    B. 与中位数相比,平均数在随机样本中更为稳定
    C. 与中位数相比,众数更能够检测样本的异常值
    D. 众数得到研究者的厚爱而被用于其研究当中,因为大多数教育测量中的个体得分差异都只在一个很小的范围内变化

7. 平方和是指_____。

   A. 每一样本分数与所有分数之实际平均数的偏差的平均数

   B. 方差的平方根

   C. 某样本全部成员在某一测量上的得分之平方的总和

   D. 各样本分数与样本平均数之差的平方的总和

8. 如果一个分数分布是正态分布，那么其分数在-1和+1个标准差单位之间的包括_____。

   A. 68%的样本成员

   B. 98%的样本成员

   C. 少于10%的样本成员

   D. 分数最高的10%的样本成员

9. 如果一个样本的分数分布是偏态的，那么我们可以推断_____。

   A. 样本不是随机地选自某个总体

   B. 使用了一个比率量表来测这一变量

   C. 大多数分数都集中在平均数的一侧

   D. 分数中没有异常值

10. 散点图主要用于判断是否_____。

    A. 两个分数分布的标准差相近

    B. 两个分数分布的平均数相近

    C. 两个分数分布中至少有一个是偏态的

    D. 两个分数分布之间存在某种相互关系

本章参考文献

Abelson, R. (2007, September 15). Managing outcomes helps a children's hospital climb in renown. *New York Times*. Retrieved from www. nytimes. com.

Hammond, B. (2007). More kids have a school but not a home. *The Oregonian*. Retrieved from www.oregonlive.com.

Perie, M., Moran, R., & Lutkus, A. (2005). *The nation's report card. NAEP 2004 trends in academic progress: Three decades of student performance in reading, 1971—2004 and mathematics, 1973—2004*. Washington, DC: National Center for Education Statistics. (ERIC Document Reproduction Service No. ED346082).

White, J. (2005). Puritan intelligence: The ideological background to IQ. *Oxford Review of Education*, 31 (3), 423-442.

Yell, M. L., & Drasgow, E. (2008). *No child left behind: A guide for professionals* (2nd ed.).

New York: Pearson.

后续学习材料

Leech, N. L., Barrett, K. C., & Morgan, G. A. (2007). *SPSS for intermediate statistics: Use and interpretation* (3rd ed.). Mahwah, NJ: Lawrence Erlbaum.

Morgan, G. A., Leech, N. L., Gloeckner, G. W., & Barrett, K. C. (2004). *SPSS for introductory statistics: Use and interpretation* (2nd ed.). Mahwah, NJ: Lawrence Erlbaum.

这两本书介绍了SPSS的功能与程序，SPSS是最常用的统计软件包之一。即使你是把数据移交给一位SPSS专家，这两本书也将有助于你理解SPSS，以使你能够就你所想要做的统计分析向专家进行咨询。

Smith, L. D., Best, L. A., Stubbs, D. A., Archibald, A. B., & Roberson-Nay, R. (2002). Constructing knowledge: The role of graphs and tables in hard and soft psychology. *American Psychologist*, 57 (10), 749-761.

本文作者讨论了本章所介绍的各种描述统计量。作者不仅论证了这些统计量在社会科学中的重要性，而且也论证了它们在自然科学中的重要性。文章表明，即便是简单的统计分析也能够得出关于我们正在研究的现象的洞见。

Vogt, W. P. (2005). *Dictionary of statistics and methodology: A nontechnical guide for the social sciences* (3rd ed.). Thousand Oaks, CA: Sage.

本词典提供了大约2,000个术语的定义，其全面性意味着你在阅读研究报告时所遇到的任何一个统计的或方法论的术语，你都能找到其定义。

第八章
统计结果的实际意义

▌重要观点

1. 如果一个统计结果对与其相关的个体有重要的后果,那么它就有实际意义。
2. 当统计结果与个人标准、组织标准或课程标准相比较的时候,它就可能会有实际意义。
3. 为了确定奖项或奖励,有时要把一个分数分布转换成等级分数,而这些奖项或奖励对其获得者而言,通常都会有其实际意义。
4. 基于年级等值、年龄等值或百分等级的规范表格有着实际意义,因为这些表格可以告知教育者,相对于他们认为十分重要的一个规范化群体而言,一个学生个体或一组学生表现得好还是差。
5. 一个测验或其他测量上的原始分数可以转化为Z分数。这些Z分数有助于我们解读,就某个测量而言一个个体较之其他个体表现如何,一个个体在不同的测量上的表现是如何变化的,以及就某个测量而言,一组个体较之其他个体表现如何。
6. 最常用的标准分数是Z分数,但是,某些测验设计者会把他们的测验原始分数转化成其他类型的标准分数。
7. 效应量是一个有用的统计量,因为它提供了一个量化的指数,而该指数可以告诉我们,两个组在某一测量上有多大的差异,或者两个变量的关系强度有多大。
8. 增益分数和百分比增加或减少都是有用的,因为它们也提供了量化的指标,而该指标可以告诉我们,作为教学、成熟或其他因素的结果,随着时间的流逝,一个个体或一个小组的变化有多大。
9. 为响应联邦政府对学校问责的要求,越来越多的教育者正在使用成长模型作为学生学业成就逐年进步的证据。
10. 统计结果的实际意义可以在一定程度上量化,但教育者还必须运用自己的专门知识与判断力,去决定统计结果是否预示着实际问题,或者是否有助于问题的解决。

第八章 统计结果的实际意义

关键术语

年龄等值（age equivalent）
天花板效应（ceiling effect）
效应量（effect size）
增益分数（gain score）
年级等值（grade equivalent）
成长模型（growth model）
全美教育进展评估（National Assessment of Educational Progress，NAEP）
《不让一个孩子掉队法》（No Child Left Behind Act，NCLB）
正态曲线（normal curve）
正态曲线下面积（normal curve area）
规范化群体（norming group）

常模参照测验（norm-referenced test）
百分等级（percentile rank）
实际意义（practical significance）
《美国心理学会出版手册》（Publication Manual of the American Psychological Association）
排名（ranking）
原始分数（raw score）
标准分数（standard score）
统计量（statistic）
状态模型（status model）
规范表格（table of norms）
Z分数（z-score）

统计结果的实际意义

在前面的章节，我们介绍了描述一个测量中的分数分布的**统计量**（statistics）。这些统计量包括平均数、中位数、众数和标准差等。我们也介绍了诸如相关系数和分组比较等描述两个或多个分数分布之间关系的统计量。

这些统计量本身几乎没有什么专业实践意义。我们需要运用判断力和专业知识去解读统计结果对专业实践而言的意义和价值。我们认为，如果一个统计结果对与其相关的个体有，或者可能有，重要的后果，那么它就有**实际意义**（practical significance）。

确定一个统计结果的实际意义经常会涉及要把某个测验或其他测量上的原始分数转换为诸如年级等值或排名这样的其他度量标准。**原始分数**（raw score）就是个体在某个测验或其他测量上所获得的数值。例如，在一个选择题测验中，回答每一个题目通常会获得1分（正确时）或0分（错误时），而所有题目上的得分总和就是该测验的总得分。这就是个体的原始分数。在阅读本章时，你将会学到各种转换原始分数的方法，以使其对教育者和其他群体更加有用。

与个人标准和组织标准的比较

在第七章中，我们用于说明描述统计的主要案例是关于美国各州的教师薪水。表7.1呈现了50个州中每一个州的教师平均薪水。假设你生活在亚利桑那州，你发现那里的教师平均薪水是＄39,095。如果你居住在亚利桑那州，并想把当教师作为职业，那么你就会关注这一平均薪水，并做出推断：（1）这一薪水能够支撑你所期望的生活方式；（2）这一薪水不能够支撑你所期望的生活方式；（3）你想要知道更多有关这一平均薪水的变异性，以确定是否某些教学科目会获得高于平均数的薪水，以支撑你所期望的生活方式。

无论以上哪种情况，你都是正在就一个标准来判断统计结果（即州教师平均薪水），这个标准便是能够支撑你所倾向的生活方式所需的薪水。因此，这个统计结果对你作出有关职业选择的决定就有了实际意义。其实，这一统计结果对那些把薪水作为影响职业选择的一个因素的任何其他人也都具有实际意义。

各种组织（如，学校董事会、州立法机构、教师工会等）的政策制定者也可能会发现，这些统计结果对于他们来说也有实际的重要性。例如，假设其所在州的学校行政官员正在经历招聘和留用教师方面的困难，而且还发现其主要原因之一便是他们的教师薪水不够充足。与其他统计数据相比，表7.1所呈现的教师薪水和家庭收入统计数据，结合其他统计数据，能帮助他们决定，教师薪水需要增加到何种水平才能够解决教师招聘和留用难题。增加后的薪水会成为目前薪水比较的标准，政策制定者还需要证明这一标准的合理性，以获取纳税人的支持。

与理想标准的比较

要就教师薪水的某个标准达成共识可能比较困难，但关于理想条件下的教育实践的标准，要达成共识还是比较容易的。例如，很难想象有人不同意如下标准：学校应该追求零辍学率；不应存在学校暴力和故意毁坏财物的行为；所有学生都应该身体健康；应该有100%的高中毕业率。

当与理想比率标准相比较时，关于某一现象的实际发生率的描述统计量就有了实际意义。例如，如果我们发现一个学校系统有30%的辍学率，那么我们就会认为，该学校系统存在亟待解决的严重问题。如果来自研究的统计结果能够确定影响辍学率的变量或者改变辍学率的实验干预措施，那么它们就具有实际意义。

与课程标准的比较

最近几年，教育者们看到了针对学校各学科开发的新的课程标准。由联邦机构与教育组织建立的全国委员会，协同各州教育部门，参与了该项工作。这些标准通常伴随着关键性的测验开发，可用于判断统计结果的实际意义。

全美教育进展评估（National Assessment of Educational Progress，NAEP）是国家教育统计中心开展的一项重要的持续性活动。NAEP管理委员会及其员工一直处在创建课程标准及测量该标准的测验这一焦点工作的最前沿。

举个例子，我们来看一下关于8年级学生阅读学业成就，课程标准是怎么规定的。如图8.1所示，该标准区分出了三种水平的阅读能力。图8.1中还显示，NAEP开发了一项关键性的测验，并为阅读表现的每一级水平确定了分数节点。

在8年级，针对以文学体验为目的的阅读与以获取信息为目的的阅读，设计有相同比例的评估问题。其余的评估问题测试的是以完成某任务为目的的阅读，此类阅读分配的时间只有文学体验的阅读或获取信息的阅读的一半。2007年的8年级阅读评估共计13个阅读段落和140个问题。

下面的描述是完整版的8年级阅读学业成就水平描述的一个精简版。*该水平最低得分的分数节点标注在括号中。

基础水平（243）：达到基础水平的8年级学生应该能够对所阅读的材料有字面上的理解，并能做出一些解读。当阅读适合8年级的文本材料时，他们应该能够在文中找到反映文本整体意义的具体部分，能够用简单的推理来拓展文本的观点，能够辨认文本中的观点及其之间的联系，并将其与个人经历关联起来，能够基于文本得出结论。

熟练水平（281）：达到熟练水平的8年级学生应该能够展示对文本的整体理解，既包括字面信息，又包括推论。当阅读适合8年级的文本材料时，他们应该能够通过对文本的清晰推理、通过得出结论及通过建立其与个人经验（包括其他阅读体验）的联系，来拓展文本的观点。达到熟练水平的8年级学生应能够发现作者行文中所运用的某些技巧。

优秀水平（323）：达到优秀水平的8年级学生应该能够描述关于整个文本的更加抽象的主题与观点。当阅读适合8年级的文本材料时，他们应该能够对文本的意义与形式两方面进行分析，并运用来自文本的例子明确地支持其分析。他们应该能够通过建立文本与个人经验、世界事件的联系，拓展文本的信息。在这一水平，学生的回答应该是全面的、深思熟虑的和广博的。

图8.1 NAEP的8年级阅读课程标准与成就测验

*完整版的描述可以从下面的网站找到：www.nagb.org/frameworks/reading_07.pdf。

资料来源：p.38 of http://nces.ed.gov/nationsreportcard/pdf/main2007/2007496_3.pdf。

表8.1展示了2007年参加该阅读测验的一个8年级学生样本的统计结果。该表包含了整个样本中各阅读能力水平学生所占的百分比，以及5个种族/民族分组中的情况。

表8.1 一个8年级学生样本在一次NAEP阅读测验上的表现

组别	平均量表分数	基础水平以下学生所占比率	基础水平以上学生所占比率	熟练水平以上学生所占比率	优秀水平以上学生所占比率
白人学生	270	17	83	38	3
黑人学生	244	46	54	12	<1
西班牙裔学生	246	43	57	14	1
亚洲/太平洋岛屿学生	269	21	79	40	5
阿拉斯加原居民学生	248	42	58	19	2

注：NAEP是"全美教育进展评估"的缩写。
资料来源：http://nces.ed.gov/nationsreportcard/pdf/main2007/2007496_4.pdf.

第一数据栏呈现了每一组学生在该阅读测验上的平均分数。这些分数意味着什么，其实际意义又是什么？在该网站的其他地方也可以找到这些数据，我们发现，该测验是一个分数值从0到500分的量表，而且测验项目评估了三项阅读技能：获取信息的阅读、获取文学经验的阅读、完成某任务的阅读。借助这一信息，我们对于这些分数的含义及其意义只能获得有限的理解。

其他数据栏则为我们提供了更多的信息。该统计显示的是各阅读能力水平的学生所占百分比。例如，我们在表8.1中发现，有83%的白人学生至少达到了阅读能力的基础水平。通过查看图8.1，我们可以读到对各个水平的阅读能力标准的描述，从而确定所有这些学生所具有的阅读技能。我们还可以通过查看图8.1来确定达到熟练水平以上的38%的学生的阅读技能。

有关少数族裔学生的统计数据也很容易加以解读。例如，我们发现，各组都有较大比例的学生缺乏如图8.1所界定的基础水平的阅读技能。

这些统计数据（本例中就是百分比）与确定的课程标准联结在一起这一事实，使得教育者有可能明确实践中的问题并设定解决它们的目标。换句话说，这些统计数据具有实际意义。看一下表8.1中的统计数据，教育者可以断定，白人学生和其他种族/民族学生在基础阅读能力上的学业成就差距是最为严重的问题，那么，用于缩小这些差距的资源分配就应该获得最大的优先权。另一个需要优先考虑的问题可能是，不考虑种族/民族状态，增加达到图8.1中所确定的能力标准的学生的百分比。

与课程标准相关的关键性测验和其他测量在教育研究当中并不经常用到。但是，当标准和基于标准的测量成为教育实践主流的一部分的时候，它们就可能成为教育研究方法论的一个中心焦点。在这种情况下，教育者会因其实际意义而更多地关注基于课程的学业成就测验的相关统计数据。

基于排名的比较

排名（ranking）指的是在某一测量中，某个个体相对于其他个体的位置。教育者会因各种目的而使用排名。例如，学校可能会就学业成绩对某个年级的学生进行排名，运动员会据其在体育竞赛中的表现而被排名（如：第一名、第二名以及第三名）。这些排名对于学生的自尊以及未来学习、表现的机会都有重要的影响。因为其重要性，教育研究者有时会收集排名加以分析。

排名往往是非等距的。例如，在一个班级中，学业成就第一名和第二名的学生之间可能只存在微小的差异，而在另一个班级中，这两个排名可能反映了学业成就的重大差别。在解读基于这类分数的统计结果的时候，应牢记排名的这一局限。

涉及规范表格的比较

你可能对医生办公室里常见的身高与体重表很熟悉。这样的表格显示的是从婴儿期开始的众多年龄段（如6岁、6岁1个月、6岁2个月等）的儿童平均身高与平均体重。它是由收集不同年龄段儿童的数据构成一个大样本，以代表总人口，从而建构起来的。利用每一年龄段儿童的数据，研究者计算出其平均身高与平均体重。

当父母带着孩子来到医生办公室时，会有人对孩子的身高与体重进行测量。随后医生就用这些数据来判断孩子的身高与体重是高于还是低于同年龄段孩子的平均身高与平均体重。这一比较是有诊断价值的，尤其是当发现孩子的数据严重偏离平均数的时候。

在这个例子中，用来代表一个测验或其他测量上的总人口得分的大样本被称为**规范化群体**（norming group）。不同年龄组的平均身高和平均体重的表格则通常称为**规范表格**（table of norms）。把某一特定个体或多个个体构成的组的得分（或值，如身高或体重）与规范化群体的数据相比较，是有其实际意义的。

例如，如果规范表格涉及的是一项特定测验的分数，那么我们就能够判定我们的研究样本的测验分数是典型的还是非典型的。假设样本的测验分数比规范化群体的分数低很多，这一统计结果很有可能会促使教育者在本地采取行动以修复这一问题。教育者还可以运用这些参照标准的统计结果作为一个基础，来确保额外的联邦和州政府资助，以帮助那些学业成就超低的学生或天才学生。

意图推广使用的商业测验经常会有规范表格，这样一来，各地的使用者就可以对比他们的学生的得分与同年龄或同年级的总人口的学生得分。像这样包含有规范表格，以便教育者将学生得分与规范化群体对比的测验，通常称为**常模参照测验**（norm-referenced test）。

规范有许多种。上述涉及医疗情景的案例包含的是与身高和体重有关的规范。下面将介绍教育研究和实践中常用的几种规范。

年级等值

年级等值（grade equivalent）是一种类型的规范，在其中，某学生在某个测验上的得分，将以获得该分数的其他学生的年级水平的形式来解读。举个例子，艾奥瓦州基本技能测试（Iowa Test of Basic Skills, ITBS）是得到广泛使用的一组测验，用于测试学生在四个学科上的学业成就：语言艺术、数学、社会研究和科学。ITBS的主页解释了年级等值。

> GE（即年级等值）是一个十进制的数字，用年级和月份来描述个体的表现。例如，如果一个6年级学生在词汇测验中获得了一个8.4的年级等值，那么，他的分数就类似一个完成了8年级第4个月学习的典型学生在该词汇测验上可能获得的分数。（www.education.uiowa.edu/itp/itbs/itbs_interp_score.htm）

规范表格的建立，来自于组织每个年级具有全国代表性的样本，每个月参加一次测验。对每一组（例如，所有8年级的第4个月的学生）分数的平均数都加以计算，这个平均数就被认为是规范。

这些规范表格具有实际意义，因为它们可以告诉教育者，某个学生或某组学生是等于、低于还是高于年级水平。当然，要理解年级等值的实际意义，首先得知道，比如，掌握了典型的8年级学生的词汇量，意味着什么。

年龄等值

年龄等值（age equivalent）类似于年级等值，只不过某学生在某个测验上的得分，被解读为规范化样本中获得该分数的学生的平均年龄。"平均年龄"是获得那个分数的学生的年龄平均数。因此，年龄等值的规范表格中有一列是某项测验上的可能得分，旁边是每个分数所对应的获得该分数学生的平均年龄。

如果我们知道了某个学生的年龄，那么我们就可以判断其是否等于同年龄组的水平，或者更接近较年长的或较年幼的学生。如果教育者和研究者了解了不同年龄水平的学生对于测验所测量内容的掌握情况，这就是很有用的信息。

百分等级

百分等级（percentile rank）确定了一个样本或人口中的学生，分数在某一特定分数之下的百分比。例如，如果一个研究样本在某测验上的平均数在规范表格中转化成72%，我们就可以说，样本的平均数位于规范化群体学生的第72个百分位。换句话说，规范化群体中有72%的学生，其分数等于或低于研究样本的平均分（即平均数）。

如果测验是专门为某一特定的年龄组或年级水平而设计的，那么，百分等级的计算就特别合适了。规范化群体中的学生可能年龄大致相同，且都属于同一个年级，那么，年龄规范表格或年级规范表格在这里就派不上用场。但是，百分等级的计算，可以从最低分数开始，计算每一个可能的分数上学生累积的百分比。

查阅建立于这样的累积百分比基础之上的规范表格，我们就能够确定规范化群体中获得与某个特定学生或某组学生相同分数的学生的百分比。了解某研究样本较之于同年龄组的表现情况，对于判断他们的表现水平是否提出了某个需要解决的实践问题，可能有实际意义。例如，如果研究样本获得的是一个较低的百分等级，那么，教授近似于该研究样本的学生的教育者，就可能决定采取专门的干预措施以帮助这些学生。

表8.2所呈现的是建立于百分等级基础上的一个规范表格。该表格是关于SAT学科测验的，这一测验用于美国大学的国内与国际招生。这一测验由美国教育考试服务中心（www.ets.org）开发，由美国大学理事会（www.collegeboard.com）实施。

该百分等级的规范化群体是一个2006年的准大学生的大样本（样本数呈现在表8.2的底部）。为说明该表格的作用，可假设某学生在两项生物学测验上的分数都是600分。我们由此可以把该学生定位到生态生物学测验规范化群体的第48个百分位上，以及分子生物学测验规范化群体的第34个百分位上。

在接下来的部分，我们将介绍如何使用排名来确定某测验上的一组分数的实际意义。百分等级与此类似，只不过百分等级要建立在规范化群体的基础上。如果我们有某测验的一个样本的分数，那么我们可以通过比较其分数，而为每一个个体进行排名。如果有一个百分等级的表格可用，我们也可以参考规范化群体来确定每一个个体的等级。

涉及标准分数的比较

在前面的部分，我们已经讨论了如何使用规范表格来理解一项测验或其他测量上的原始分数的实际意义。在接下来的部分，我们将讨论根据分数分布自身来解读原始分数的一种方法。这种方法涉及将原始分数转换为标准分数。**标准分数**（standard score）是通过运用分数分布的标准差，对某个体在某测验或其他测量上的原始分数加以转换，从而得到的一个分数。标准分数的优势之一是，它能够对某个学生在一系列测量中的表现进行直接比较。

最常用的标准分数：Z分数

为解释标准分数，我们需要参考第七章中所介绍的**正态曲线**（normal curve）这一概念。我们曾在图7.2中展现了一个分数分布的正态曲线。为方便计，我们在图8.2中再次展示这个正态曲线。

如果一个样本中个体的分数分布近似于一条正态曲线，那么就可以用原始分数的平均数和标准差来把它们转换为标准分数。转换的过程很简单。我们只需用个体的原始分数减去样本平均数，然后再除以样本标准差即可。

表8.2 SAT科学学科测验百分等级

分数	生态生物学	分子生物学	化学	物理	分数	生态生物学	分子生物学	化学	物理
800	99	98	95	92	480	13	9	11	8
790	99	97	94	90	470	13	7	9	7
780	98	93	91	88	460	11	7	8	6
770	97	93	89	93	450	10	6	7	5
760	96	90	86	82	440	8	3	5	4
750	94	88	83	80	430	7	4	4	3
740	93	84	80	77	420	6	4	3	2
730	91	81	77	74	410	5	3	2	1
720	89	77	74	71	400	4	3	1	1
710	86	73	71	67	390	3	2	1	1−
700	83	69	67	64	380	3	2	1−	1−
690	81	66	64	60	370	2	1	1−	1−
680	77	62	61	57	360	2	1	1−	1−
670	74	58	58	54	350	1	1	1−	1−
660	70	55	54	51	340	1	1	1−	−
650	67	51	52	47	330	1	1−	1−	−
640	63	47	48	44	320	1−	1−	−	−
630	60	43	43	40	310	1−	1−	−	−
620	56	40	43	38	300	1−	1−	−	−
610	53	37	40	34	290	1−	1−	−	−
600	48	34	37	32	280	1−	1−	−	−
590	43	30	34	29	270	−	1−	−	−
580	42	28	32	26	260	−	1−	−	−
570	39	25	29	24	250	−	−	−	−
560	35	23	27	22	240	−	−	−	−
550	32	20	25	19	230	−	−	−	−
540	32	20	25	19	220	−	−	−	−
530	26	16	20	15	210	−	−	−	−
520	24	14	18	14	200	−	−	−	−
510	21	11	16	12	数量	32,546	38,171	54,652	32,895
500	19	11	15	11	平均	591	630	629	643
490	16	10	13	9	SD	104	105	110	107

注：全部组别SAT学科测验分数百分等级见2006—2007年度测验实施的SAT学科测验分数报告。百分等级基于2006年准大学生群体的分数。

资料来源：www.collegeboard.com/prod_downloads/highered/ra/sat/SubjTestPercentileRanks.pdf.

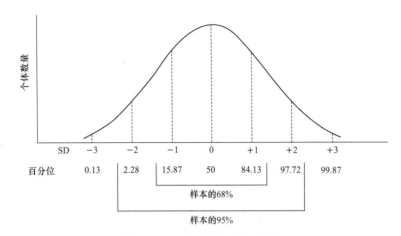

图8.2 正态曲线分数分布的特征

注：本图中的x轴表示标准差单位，y轴表示一个样本或总体的个体数量，个体在测量上的得分在x轴上有一个对应的标准差单位值。

例如，假设某一样本的平均分是20，标准差是5。如果样本中某个体的原始分数是20，我们就可以用20减去平均分，结果为0。再用0除以标准差（5），结果等于0。因此，该样本个体的标准分数为0。在图8.2中，我们可看到，标准分数0令该个体位于正态曲线的"0"位置，即平均数（20）的位置，也即分数分布的第50个百分位。换一种说法就是，标准分数0距离平均数0个标准差单位（图8.2中的x轴）。

再举一个例子，假设某个体的原始分数是25，减去平均分（20）等于5，再除以标准差（5），得到标准分数1.0。在图8.2中，我们可看到，25这一原始分数，即标准分数1.0，令个体位于分数分布的第84个百分位数。换一种说法就是，标准分数1距离平均数1个标准差单位（图8.2中的x轴）。

某些标准分数是负值。假设某个体的原始分数是15，减去平均分（20）等于-5，再除以标准差（5），得到标准分数-1.0。在图8.2中，我们可看到，15这一原始分数，即标准分数-1.0，令个体位于分数分布的第16个百分位。

在接下来的段落中，我们将以0、1.0和-1.0这三个标准分数为参照。这些标准分数的另一个名称是Z分数。**Z分数**（z-score）就是原始分数的另一种形式的分数表达，即以分数分布的标准差为基础的标准分数。在本章下面部分，我们将介绍其他几种类型的标准分数。

正如我们所解释的那样，我们可以运用Z分数来表示样本个体在样本或总体中的百分等级。例如，在图8.2中，我们可以看到，某个体的原始分数经转换成Z分数+2，大约在分数分布中位于第98个百分位。第98个百分位的含义是，样本或总体中有98%其Z分数等于或低于+2。

陈述这一信息的另一种方法是，设想正态曲线包含了一定的面积。整个面积中的构成部分由曲线和穿过x轴任意一点的垂直线之间的所有区域组成。如果正态曲线能够被划分成各个区域，那么第98个百分位意味着什么呢？它意味着正态曲线98%的面积都位于Z分数+2以下。反过来说，我们可以说第98个百分位意味着正态曲线2%的面积位于Z分数+2之上。

举Z分数-1.0作为另一个例子。查看图8.2中的正态曲线，我们就可解读这一Z分数的含义是，大约16%（或者，精确一点，15.87%）的正态曲线的面积位于Z分数-1.0之下，大约84%的面积位于-1.0之上。

表格形式的Z分数的表达

用一条典型的正态曲线来确定某一特定的Z分数的百分等级是不精确的，因为它只包含了少量的基准Z分数（-3、-2、-1、0、+1、+2、+3）。因此，统计学家构建了包含等距量表上大量单元的各种表格，通常有三到四个小数位。表8.3呈现了少量几个Z分数，以说明这些表格的样子。

表8.3　Z分数与正态曲线下面积

正态曲线		正态曲线		正态曲线	
Z分数	面积	Z分数	面积	Z分数	面积
0.00	0.0000	0.05	0.0199	0.10	0.0398
0.01	0.0040	0.06	0.0239	1.00	0.3413
0.02	0.0080	0.07	0.0279	2.00	0.4772
0.03	0.0120	0.08	0.0319	3.00	0.4987
0.04	0.0160	0.09	0.0359	4.00	0.5000

你会注意到，该表格包含了展示Z分数的一栏和展示它们对应的正态曲线下面积的一栏。**正态曲线下面积**（normal curve area）就是正态曲线中Z分数为0的平均数，与我们感兴趣的Z分数之间的面积的量。

在表8.3中，Z分数0的正态曲线下面积为0，意味着其与平均数之间没有面积。Z分数0.05与平均数之间面积为0.0199。如果我们把0.0199四舍五入到0.02，那么我们就能够推断，Z分数为0.05的个体，将位于分数分布的第52个百分位（50+2=52）。

表8.3也可以用于负值的Z分数。例如，Z分数为-0.1将位于分数分布的第46个百分位（50-3.98≈46）。

表8.3只呈现了非常少的Z分数。完整的表格可以在大多数统计教材中找到，其呈现了从0.00到3.00的两位小数Z分数。没有必要展示3.00之后的Z分数，因为Z分数等于或大于3.00的个体，都会在第99个百分位以上（如果Z分数为正值）或者第1个百分位以下（如果Z分数为负值）。

Z分数的实际意义

一般而言，某个体在某测验或其他测量上的原始分数对于教育者来说并没有太大用处。一个较低的分数可能意味着较低的学业成就或负面的态度，但那也可能是参加该测验或其他测量的同组其他人的典型情况。然而，如果我们把原始分数转换为Z分数，我们就会获得该个体在群组中的相对位置的信息。Z分数可以告诉我们，该个体是否是其他人当中的典型代表（较低的Z分数），或者该个体相对不典型或者非常不典型（较高的正值或负值Z分数）。

Z分数还有另外一个重要的作用。假设学生参加了如化学、物理和数学等几门课程的学业成就测验。再假设每个测验都有不同数量的题目。这样一来，不同测验的原始分数就具有了不同的含义。但是，Z分数在不同的测验之间却有着相同的含义。例如，假设某学生在数学和物理测验中有较高的Z分数，在化学测验中Z分数较低，那么，教育者就可能运用这一信息，建议该学生做更高难度的数学与物理课程作业，而在尝试更高难度的化学课程作业之前，进行一些补救性的学习。

当就某测验或其他测量进行组间比较时，我们还会发现Z分数的另一种作用。假设有男生与女生两个组参加同一测验，我们为各组分别计算平均分数，发现存在差异。我们应该把这些差异解读为微不足道，还是大到需要进一步的探究呢？

回答这一问题的方法之一是，首先，绘制出比如说女生组的分数分布，以使其看起来有些像图8.2所示的正态曲线。其次，确定男生组的平均分数（即平均数）。现在我们可以问这个问题：如果一个女生获得了那个分数，它将令她位于女生组分数分布中的哪个位置呢？为回答这一问题，我们可以把该原始分数转为Z分数，用女生组分数的平均数和标准差来计算得出。

如果该Z分数为+1，这就意味着，获得平均分的男生位于女生分数分布的第84个百分位。如果该Z分数为–1，这就意味着，获得平均分的男生位于女生分数分布的第16个百分位。依据实际的百分位数，教育者可以判定是否存在性别差异，且以百分位数而论，这个差异是否大到构成一个亟待解决的实际问题。

事实上，将Z分数应用于组间比较，在教育研究中是极为重要的。我们这里所介绍的计算，是计算效应量的基础，我们将在本章后面部分介绍效应量。

标准分数的类型

在前面的部分，我们解释了Z分数是原始分数的一种分布，原始分数在转换为标准分数之后，其平均数为0，标准差是1。有些测验设计者会使用一种不同类型的标准分数，来代表其测量产生的原始分数。举个例子，如斯坦福–比奈智力测验量表和韦氏成人智力测验量表这样的智力测验，其原始分数用的是平均数100、标准差是16。个体在这些测验上的标准分数，通常被称为他们的IQ，即智商。智商为100的成人，在代表美国成人总体的规范化样本中，处于第50个百分位。而智商为116的人，大约处于该规范化样本中的第84

个百分位。

位于美国教育考试服务中心（ETS）的美国大学理事会开发了一些在教育领域广泛应用的测验——用于大学录取的SAT推理与学科测验，用于检定非英语为母语者的英语能力的TOEFL考试（施测对象通常为寻求进入美国大学的国际学生），用于研究生入学考试的GRE考试，用于教师教育资格的实践测验（Praxis tests）。

由这些测验的原始分数转换而成的标准分数，范围在200至800之间。每一个测验的标准分数，其平均数和标准差都是不同的，因此你需要就你所感兴趣的测验，获取相关信息。例如，你可以经由一个网址，获取2006–2007年度测试实施中每一个SAT学科测验的标准分数分布、平均数和标准差（www.collegeboard.com/prod_downloads/highered/ra/sat/SubjTestPercentileRanks.pdf）。

效应量

想象一项研究，旨在调查小额现金奖励对高中生学业成就的影响。在一个学年当中，实验组学生通过周测验便获得现金奖励，控制组学生则没有奖励。学年末，实验组和控制组学生都参加了标准化测量——XYZ数学测验。结果，实验组的平均分数是46.2，标准差是4.0，控制组的平均分数是41.2，标准差是3.8。

这一假定性的实验表明，现金奖励对学生学习有正面影响，因为实验组在数学测验上的分数比控制组高5分。这一结果提出了两个问题：5分的差别究竟有多大？它有实际意义吗？

越来越多的研究者通过计算一个被称为效应量的统计量来回答这些问题。**效应量**（effect size）是一种数学表达，它可以量化两个组之间的差别的大小，或者更一般地讲，可以量化两个变量之间的关系的大小。确定两个组之间的差异的计算方式是，用第二个组的平均分数减去第一个组的平均分数，然后再除以控制组的标准差（SD）。（在某些实验中，用的是实验组和控制组的复合分数分布的标准差。）

为说明这一计算程序，我们来看一下前述实验。

1. 用实验组的平均分（46.2）减去控制组的平均分（41.2），结果是5.0。
2. 用5.0除以控制组的标准差（3.8），结果是1.32。这个数字（1.32）就是效应量。

我们现在面临的任务就是解读这一效应量（1.32）的意义。它的意义与我们前面讲的Z分数非常接近。样本中某个体的标准分数是从其分数中减去样本平均数，然后再除以样本标准差。在计算效应量的时候，我们遵循的程序是差不多的，只不过是用一个组的平均数减去另一个组的平均数，然后再除以控制组的标准差。

在表8.3中，我们可以看到，1.32这一效应量大致位于第91个百分位（50+40.66=90.66）[①]。要理解这一结果，可设想实验组的一些学生在学年末取得了46.2这一数学测验平

[①] 原书表8.3中并没有1.32对应的面积。——译者注

均分数。这些学生在实验组的分数分布中位于第50个百分位，而在控制组的分数分布中则位于第91个百分位。这是因为控制组中在数学测验上取得46.2的学生，在与控制组中其他同学相比时，位于第91个百分位。

当然，并非只有那些获得数学测验平均分数（46.2）的实验组学生，较之于控制组学生，获得了较大的进步。整个实验组的分数分布，较之于控制组的分数分布，都提高了。换句话说，获得现金奖励的大多数学生，不管其学业成就测验分数是多少，都比假定其处于控制组中的情况要好。

关心高中生数学成绩进步的教育者应该重视这一大小的效应量。当然，他们也需要思考以现金奖励学习的伦理问题。统计结果有其实际意义，但它们不能成为教育决策中唯一的决定性因素。

以我们的经验来看，教育研究者会认为等于或大于0.33的效应量具有实际意义。一个0.33的效应量表明，高平均分数组中处于第50个百分位的某学生，在另一组的分数分布中会处于第63个百分位。

假设有两项研究探究了同一个变量，但使用的是不同的统计分析。例如，在第七章中我们就讨论了如何运用分组比较或相关分析来探究州教师平均薪水与州家庭平均收入之间的关系。一位研究者可能会运用分组比较来探究这一关系，而另一位研究者则可能会运用相关分析来探究这一关系。

效应量这一统计量的优势之一是，运用不同统计方法的两项研究的结果可以转化为一个通用的指标，即效应量。两份研究报告的读者通过比较两个效应量就可以判断，两项研究所观察到的教师薪水与家庭收入之间的关系是否近似。

我们在第五章中介绍的对不同研究的研究结果所做的元分析，就依赖于效应量这一度量标准。研究者可以通过将多种统计分析的结果转换为效应量，来综合多项研究的发现。不同的研究是否使用了不同的测量工具来测量同一个变量，这无关紧要。所有的研究发现都可以转换为效应量这一度量标准。

此外，假设这些研究考察了同一个自变量对于不同的结果变量的效果，那么，不管结果变量是什么或如何被测量，统计结果都可以转换成一个单一度量标准，即效应量。进行元分析的个人，只需把每个研究的每个发现都转换为一个效应量，并根据被测量的结果变量对效应量进行分组，然后就可以判断自变量（如某种实验干预措施）在不同的结果变量上是否有不同的效果。

效应量通常出现在定量研究报告中，尤其是近年来更是如此。其部分原因可能是由于《美国心理学会出版手册》（APA，2001）的特别建议："为了使读者能够完全理解你的研究发现，在你的研究结论部分纳入某些效应量指标或关系强度指标，几乎永远都是必要的。"（第25页）大多数的教育期刊都遵从美国心理学会的出版指南，因而期刊编辑们也倾向于要求作者遵循这一建议。

前述美国心理学会的引文中说，可以报告"效应量"或"关系强度"指标。关系强度是相关系数的一个特征，我们将在第十二章中详细介绍。相关系数在得到正确解读的情况下，可以用于解释某一统计结果的实际意义。一些研究者既报告相关系数又报告其效应量等值。

增益分数

教育者的根本任务是促进学生的学习和个人发展。研究者认为，学习与发展是随着时间的推移发生在学生身上的一系列变化。他们能够通过在两个或多个时间点上，向个体施测同一个测量，以检测这些变化。变化量可以通过计算增益分数而加以量化，**增益分数**（gain score）即个体在一个时间点和下一个时间点的测量分数之间的差异。增益分数通常是正的，也可能是负的，比如当学生忘了早前学习的信息时。

研究者有时会在其研究报告中纳入增益分数，但你应谨慎看待它们。例如，它们有可能属于**天花板效应**（ceiling effect），即学生的学业成就超过了测验所能测量的最高成就。为理解天花板效应，可假设某学生在满分100分的初始测验中得了95分。那么再次施测时，学生进步的最大幅度也只有5分。5分的幅度对于测量学生在一段时间间隔中所学习的所有新信息与技能而言，可能是不够的。换句话说，天花板（100分的满分）太低了。

增益分数的另一个局限是，大多数测验都不是真正的等距量表，也就是说，它们没有相等的间隔。举例来说，假设一个测验有50道题目，答对一题得1分。再假设题目的难度有不同。现在来看这种情况：两名学生都获得了5分的增益分数，但是，一名学生是从原始分数10分增加到原始分数15分，而另一名学生则是从原始分数40分增加到原始分数45分。后一名学生取得5分的增益分数，可能要比前一名学生困难得多，因为他（她）需要正确回答的题目，其难度大得多。如果这是真实情况，那么相同的增益分数对于两位学生而言就会有不同的意义。

还有一个问题是，大多数测验会包含不同类型的题目。例如，假设两名学生在一个减法测验中获得了相同的增益分数，但他们是通过做不同类型的减法题目而获得分数提高的。同样，增益分数相同，但对于这两名学生而言意义却不相同。

百分比增益与减损

增益与减损有时也会用百分比来表示。例如，我们可能会读到，某校报告的网络欺凌受害学生人数，从一个学年到下一个学年增加了50%。这一统计量表明，存在着需要解决的实际问题，但这个问题究竟有多大呢？

计算的程序如下：（1）用第二年的网络欺凌频次，减去第一年的网络欺凌频次；（2）用上述计算结果除以第一年的频次；（3）用百分比的形式表示计算结果。假设第一年的网络欺凌频次是100，第二年的频次是150。150减去100等于50，50除以100等于1/2，用十进制小数表示1/2，是0.50。以百分比的形式来表示，则是50%。

如果只报告了百分比的增加或减少，那么就可能会导致不完善的解读。在刚刚提到的例子中，网络欺凌方面50%的增加，不是一个好兆头，因为它表示多了50个学生报告自己遭受网络欺凌。但是，假设第一年报告自己成为网络欺凌受害者的学生人数是4，第二年的人数是6，那么，增加的百分比仍然是50%（[6-4]÷4=2/4，即0.50或50%）。

在两个例子中，百分比的增加都是50%。然而，在第二个例子中，仅仅增加了2名学生，与第一个案例中增加50名学生的情况相比，对于教育者而言，这可能表示的是一个情况轻微得多的实际问题。

以上例证表明，不仅需要知道增加或减少的百分比，还需要知道其所涉及的实际频次。出于这种需要，一些研究者和教育者取而代之报告的是"比率"。例如，我们在维基百科上一篇有关自闭症的文章中发现了这些统计量（http://en.wikipedia.org/wiki/Epidemiology_of_autism；检索时间为2009年5月15日）。

> 关注的焦点集中在自闭症患病率是否会随时间而增加。较早时期的患病率评估比较低，20世纪60年代和70年代自闭症的患病率大约为0.5/1000，20世纪80年代大约为1/1000，现在则达到了1-2/1000。

在这个例子中，作者把自闭症的发生率表示为一个比率。我们可以看出，自闭症的患病率有一个增长，但是目前的患病率（1-2/1000）仍然是很低的。当然，从人性化的视角来看，从一年到下一年，即使只多了一个孩子被诊断为自闭症，对于孩子、其父母及所在社区来说，都是严重的个人问题。

学校问责的状态模型与成长模型

为了让学校对学生的学习负起责任，越来越多的政策制定者开始对收集与分析增益分数感兴趣（Goldschmidt et al., 2005）。为理解这一趋势的成因，我们需要考察联邦政府《不让一个孩子掉队法》（*No Child Left Behind Act*，NCLB）中的问责标准，我们在第一章及其他地方都提到过这一法案。

除了其他事项，NCLB要求，截至2013—2014学年，所有学生都应在数学和阅读上达到熟练水平。为确保学校正在取得足够的增益以实现该目标，教育者必须证明在数学和阅读上达到熟练水平的学生人数百分比在逐年增长。

例如，如果某学校2008—2009学年有60%的5年级学生在阅读方面达到了熟练水平，那么，下一学年（2009—2010）的5年级学生在阅读方面达到熟练水平的比例必须在一定幅度上超过60%。如果年度目标是提高10%，那么教育者应该确保2009—2010学年上5年级的学生有66%在阅读上达到熟练水平。

这种学校问责的方法有时会被称为状态模型。在**状态模型**（status model）中，特定年级水平的学生每年都要参加测试，X学年该年级水平学生的成就测验分数要与Y学年同样年级水平学生的分数进行比较。我们可以假设年级是5年级，年份是2009年。我们可以期待2010年入读5年级的学生的分数（或达到熟练水平的学生比例）要比2009年入读5年级的学生要高。

这种测量增益的方法存在着几个问题。其一，2009年的5年级学生可能与2010年的5年级学生有显著的差异。如果真是如此，我们就是用了两种不同类型的学生来测量增益，那么，其增益或减损量就可能是无法解释的。其二，统计结果没有提供2009年的5年级学生在2010年成为6年级学生时所获得的增益的相关信息。

当学生依据表现标准被评估为诸如基础以下水平、基础水平、熟练水平和优秀水平时，状态模型的一个特别严重的问题就会出现。（这些标准是国家教育进展评估所使用的，我们在本章前面部分提到过。）《不让一个孩子掉队法》要求，教育者必须在一定的年限内，让所有学生都提高到熟练水平。

假设某学校2009年有40%的学生为基础以下水平，40%的学生为熟练水平。再假设教育者在接下来的一个学年内奋力地工作，以促进学生的学习，并取得了这样的结果：只有10%的学生分数为基础以下水平，30%的学生分数达到基础水平，40%的学生分数达到熟练水平。该学校的学生学习已经有了巨大的进步，但统计结果显示，达到熟练水平学生的百分比没有任何增益，两年中都是40%。

鉴于测量增益的状态模型存在着这样那样的一些问题，研究者和评估专家建议使用成长模型。**成长模型**（growth model）使用测验来测量同一批学生随着时间推移的学习。例如，研究者和教育者可能会在学年末对4年级学生实施一个测验，在其5年级学年末再对这批学生实施同一测验，在其6年级学年末再实施同一测验。统计分析可以聚焦于，在这些学生经历不同的年级水平时，他们在该测验中取得了多大的增益。

成长模型的主要优势之一是，他们提供了相对清晰的统计量，去描述一组学生在年级增长中是否有所学习，以及每年入学的新生是否比早入学的学生学习得更多。成长模型的不足之处包括，要求大量的学生测验和数据分析，要求开发能够测量多个年级水平课程内容的测验。

作为诠释过程的实际意义

统计结果本身并不会说话。平均数、标准差、全距、相关系数和分数分布等，都不能直接指导实践，也不能直接导向影响实践的理论发展。教育者和研究者必须始终运用自己的专业知识和判断力，去确定一个具体的统计结果是否具有实际意义。

他们尤其需要考虑统计结果所涉及的变量。在探讨确定统计结果实际意义的不同方法时，我们主要使用的例子是以学业成就测验分数来测量的学业成就。许多教育者还对其他学业结果感兴趣，诸如帮助学生发展创造力、提高学生的自尊、减少学校暴力和欺凌行为，或是帮助学生建立包括保持身体健康在内的习惯等。较之虽有较大的效应量，但无多大价值的某个结果变量，这些结果变量的即便较小的效应量也可能很有价值，因此就有较高的实际意义。

一个范例：确定统计结果的实际意义怎样帮助我们解决实际问题

教育者经常会发现，某些学生存在干扰其学习的个人问题。这些问题中有些与身体的疾病有关。教育者需要了解这些疾病，知道它们如何影响学生，可以采用哪些治疗方法。

一类这样的疾病就是哮喘。最近一篇有关哮喘研究的文献综述发表在医学杂志《BMC医学实践》（BMC即British Medical Council，英国医学委员会）上，并由包括路透社在内的多家新闻服务机构介绍给了大众。路透社的新闻指出，撰写该文献综述的研究者发现，锻炼可以促进哮喘患儿的有氧健身与心理健康。但是，研究者也发现，患有哮喘的儿童和年轻人与没有患病的同龄人相比，倾向于较少的活动，而且许多患有哮喘的年轻人都认为，他们不能够充分地参加体育和体力活动。

（引自 www.reuters.com/article/healthNews/idUSGOR18144620080731）

文章表明，哮喘患儿和年轻人比起他们的同龄人"更少活动"。但是，文章并没有用量化术语来明确"更少活动"意味着什么。因此，我们无从知道这个问题有多严重。

我们可以通过获取该研究团队的文献综述副本，以洞察该问题的严重性。令人欣喜的是，文献综述中包含了效应量，可用于分析哮喘患儿的锻炼水平较之于非哮喘患儿的锻炼水平分布的百分位。如果哮喘患儿平均位于第40个百分位，那么，比起位于第20个百分位，问题的严重程度就要轻一些。

短语"许多患有哮喘的年轻人"也暴露出一个类似的问题。"许多"意味着什么？计算百分比可能会有帮助，以便我们准确地了解，有多大比例的患有哮喘的年轻人对自身参与体力活动的能力持消极态度。

通过对"更少活动"与"许多年轻人"的精确量化，我们对该问题的实际意义会有更加深入的理解。如果效应量和百分比预示着严重问题，就可能会触动政策制定者和教育者发起项目，以更好地满足哮喘患儿的需要。这些项目通过改善患儿的健康以及减少因疾病而可能导致的缺勤，从而带来好处。

自测题

1. 课程标准_____。
   A. 在国家层面的任何学校科目上都没有
   B. 对形成研究假设有用
   C. 对判断统计结果的实际意义有用
   D. 对开发测验有用，但对开发课程用处极小

2. 一个规范化群体代表_____。
   A. 一项测验开发所针对的整个总体
   B. 一项测验开发所针对的总体的随机样本
   C. 规范表格中第25个百分位至第75个百分位之间的样本的比例
   D. 用于创设某测验的一个规范表格的样本或总体

3. 某测验的一个年级等值表示_____。
   A. 在该测验中取得某一特定原始分数的一般学生的年级水平
   B. 该测验最适合的年级水平
   C. 两个不同年级水平上学生的平均分数之差异的效应量
   D. 特定测验预测某一学生总体中随机样本的年级的准确性

4. 关于以下哪方面，标准分数可以代表个体的原始分数？_____
   A. 分数分布的标准差
   B. 年级等值或年龄等值
   C. 基于规范表格的百分等级
   D. 以上所有

5. 如果一组个体参加了同一测验，那么Z分数为+1.0的个体_____。
   A. 比该组平均数低1个标准差
   B. 比该组平均数高1个标准差
   C. 位于分数分布的第18个百分位
   D. 位于分数分布的第99个百分位

6. Z分数_____。
   A. 不是一种标准分数
   B. 等值于一个效应量
   C. 可用于比较个体在包含不同题目数的不同测验上的得分
   D. 可用于比较个体在包含相同题目数的不同测验上的得分

7. 智力测验和SAT学科考试的结果报告的形式通常是_____。
   A. 原始分数
   B. 标准分数

C. 效应量

D. 等级分数

8. 效应量_____。

    A. 比较A组与B组的标准差

    B. 用规范表格比较A组与B组的平均分

    C. 比较规范化群体的分数分布，与A组与B组的分数分布

    D. 比较A组的平均数与B组的分数分布，或两组的分数分布

9. 增益分数的解读可能很困难，因为_____。

    A. 存在天花板效应的可能性

    B. 大多数测验的分数量表都不等距

    C. 大多数测验都包含不同类型的题目

    D. 以上所有

10. 学校问责的状态模型可通过_____来举例说明。

    A. 选择一组5年级学生并追踪其学习情况数年

    B. 选择同一所学校2008年上5年级的学生与2009年上5年级的学生，比较其学习

    C. 选择样本中各个学校2008年的5年级学生班级，使用基于年级等值的规范表格对他们进行比较

    D. 选择2008年不同年级水平的学生样本，通过计算效应量来比较他们的测验表现

本章参考文献

American Psychological Association. (2001). *Publication manual of the American Psychological Association* (5th ed.). Washington, DC: Author.

Goldschmidt, P., Roschewski, P., Choi, K., Auty, W., Hebbler, S., Blank, R., & Williams, A. (2005). *Policymakers' guide to growth models for school accountability: How do accountability models differ?* Washington, DC: Council of Chief State School Officers. Retrieved from www.ccsso.org/publications/index.ctm.

后续学习材料

除了下列材料之外，我们建议你再看一下第七章章末所列的后续学习材料。

Bracey, G. (2006). *Reading educational research: How to avoid getting statistically snookered.* Portsmouth, NH: Heinemann.

作者提供了一份包括32条指南的清单,指导如何避免被教育研究报告中所呈现的统计结果所误导。作者列举了许多案例,来说明统计结果可以如何被操纵,以支持研究者和资助机构的偏见和政治议程。

Coe, R. (2000). *What is an "effect size"? A guide for users*. Retrieved from www.cemcentre.org/File/CEM%20Extra/EBE/ESguide.pdf.

该指南可以从网上免费获取,它提供了有关效应量的含义及其作用的一个上佳介绍。作者提供了在各种教育方法的研究中可以见到的有关效应量的案例。

第九章
统计显著性检验

■ 重要观点

1. 统计显著性检验通常用于从可获得的随机样本统计量推断总体参数。
2. 从一个样本统计量（如均值）的置信区间能够估计可能包含实际总体参数的一个取值范围。
3. 零假设是关于总体参数的一个预测，而且做一项统计显著性检验就是为了判断预测正确的可能性。
4. 当样本很大或者样本所代表的总体之参数有重大的实际差异时，一项统计显著性检验更有可能倾向于拒绝零假设。
5. 每一项统计显著性检验都会受第一类错误和第二类错误的影响。一般而言，第一类错误比第二类错误更容易被接受。
6. 存在许多统计显著性检验（方法），每一种方法都适用于一种不同类型的零假设或直接假设。而 t 检验、方差分析和协方差分析是其中最常用的统计显著性检验。
7. 统计显著性参数检验需要对样本的数值分布和数据类型作出假设，而统计显著性非参数检验则不需要作出这些假设。
8. 统计显著性检验继续被广泛地运用于教育研究当中，但是它们也是有问题的。因为这些显著性检验都假设样本是随机地抽取自某一确定的总体，而这在实际的教育研究当中很难实现。
9. 教育是一项"人的职业"，因此很容易摒除统计所提供的看似"冷漠"的数字。然而，统计还是在改进教育方面扮演着一个至关重要的角色。

关键术语

协方差分析（analysis of covariance）
方差分析（analysis of variance）
卡方检验（chi-square test）
置信区间（confidence interval）
置信限（confidence limit）
定向假设（directional hypothesis）
F值（F value）
推断统计（inferential statistics）
交互效应（interaction effect）
误差幅度（margin of error）
统计显著性非参数检验（nonparametric test of statistical significance）
零假设（null hypothesis）
单尾统计显著性检验（one-tailed test of statistical significance）
统计显著性参数检验（parametric test of statistical significance）
总体（population）
p值（p value）
随机样本（random sample）
雪费检验（Scheffé's test）
统计显著性（statistical significance）
统计显著性检验（test of statistical significance）
独立样本均值的t检验（t test for independent means）
相关样本均值的t检验（t test for related means）
杜克检验（Tukey's test）
双尾统计显著性检验（two-tailed test of statistical significance）
第一类错误（Type I error）
第二类错误（Type II error）

统计显著性的逻辑与置信区间

许多定量研究报告都包括统计显著性检验以及诸如"$p<0.05$"这样的数学表达式。因此，你就需要理解这些检验和表达式的意义。我们对统计显著性检验的讨论主要聚焦于其相关的逻辑与意义，而非其计算程序。希望我们的非技术性解释与论证，将有助于你对统计教科书中的统计显著性检验的计算程序及其背后的数学推导的理解。

实践意义与统计意义（即统计显著性）是两个相近的概念，但它们却有着不同的目的。实践意义的指标（如增益分数、效应量等）有助于我们确定一个统计结果对教育实践有多大的重要性。统计结果的实践意义是第八章讨论过的主题。

相比较而言，当我们只有一个可能代表总体的样本的测验分数时，统计显著性检验更有助于我们对总体的分数作出推断。由于统计检验聚焦于从样本推断总体，统计显著性检验经常被称为**推断统计**（inferential statistics）。有关推断统计的推断过程，我们将在本章随后的部分加以讨论。

总体数据与样本数据

为说明总体数据，我们使用了一个数据集，该数据集是由美国哈佛大学的国际发展中心（Center for International Development，简称 CID）所创建的。该中心的研究人员计算了2000年世界上136个国家的公民受教育的平均年数。根据我们的研究目的，我们把这136个国家的总人口视作总体。一个**总体**（population）就是一项研究感兴趣的所有个人、小组、事件或其他单位的完整集合。

另外，像About.com（http://geography.about.com/od/countryinformation/a/capitals.htm）这样的网站资源声称，世界上实际有194个国家[①]。我们假设，由于从所有国家获取相关的现时数据存在困难，所以CID选择的国家数量虽略少，亦可视作总体。

CID的研究人员收集和计算了每个国家25岁及以上公民的平均受教育年限。对教育工作者和政策制定者而言，受教育年限是一个重要变量，因为它对个人生活，以及一个国家的经济、政治和社会福利都有重要影响。如果一个国家拥有受教育状况不佳的公民群体，那就表明，该国存在着需要国家和世界共同体联合解决的一个实践问题。

表9.1呈现了构成CID研究人员所研究的总体的134个国家中每个国家的平均受教育年限。你会发现，各国受教育年限之间有相当大的差异，变化范围从低水平的0.76年（马里）到高水平的12.25年（美国）不等。正如表的底部所呈现的那样，134个国家的平均受教育年限是6.14，其标准差是2.89。

表9.1　世界各国*平均受教育年限（$N=134$）

阿富汗	1.14	利比亚	2.87
阿尔及利亚	4.72	立陶宛	9.30
安提瓜和巴布达	4.80	马拉维	2.58
阿根廷	8.49	马来西亚	7.88
澳大利亚	10.57	马里	0.76
奥地利	8.80	马耳他	7.57
巴林	6.09	毛里塔尼亚	1.94
孟加拉国	2.45	毛里求斯	5.55
巴巴多斯	9.11	墨西哥	6.73
比利时	8.73	摩尔多瓦	9.07
贝宁	2.10	莫桑比克	1.19
玻利维亚	5.54	缅甸	2.44
博茨瓦纳	5.35	尼泊尔	1.94
巴西	4.56	荷兰	9.24
文莱	5.81	新西兰	11.52

---

① 世界上共有224个国家和地区，其中国家为193个，地区为31个。——译者注
* 表中所列为部分国家。——译者注

续表

保加利亚	9.74	尼加拉瓜	4.42
布隆迪	1.23	尼日尔	0.82
喀麦隆	3.17	挪威	11.86
加拿大	11.43	巴基斯坦	2.45
中非共和国	2.11	巴拿马	7.90
智利	7.89	巴布亚新几内亚	2.39
中国	5.74	巴拉圭	5.74
哥伦比亚	5.01	秘鲁	7.33
刚果	4.68	菲律宾	7.62
哥斯达黎加	6.01	波兰	9.90
克罗地亚	6.49	葡萄牙	4.91
古巴	7.78	波多黎各岛	9.14
塞浦路斯	8.77	留尼汪	2.28
捷克斯洛伐克	9.46	罗马尼亚	9.51
丹麦	10.09	俄罗斯	10.49
多米尼加岛	4.54	卢旺达	2.03
多米尼加共和国	5.17	塞内加尔	2.23
厄瓜多尔	6.52	塞舌尔	5.79
埃及	5.05	塞拉利昂	1.99
萨尔瓦多共和国	4.50	新加坡	8.12
爱沙尼亚	9.17	斯洛伐克	9.19
埃塞俄比亚	1.15	斯洛文尼亚	7.35
斐济	7.96	所罗门群岛	2.53
芬兰	10.14	南非	7.87
法国	8.37	西班牙	7.25
冈比亚	1.86	斯里兰卡	6.09
德国	9.75	圣基茨和尼维斯	7.65
加纳	4.01	圣卢西亚	4.22
希腊	8.51	圣文森特和格林纳丁斯	4.99
危地马拉	3.12	苏丹	1.91
圭亚那	6.05	斯威士兰	5.73
海地	2.67	瑞典	11.36
洪都拉斯	4.08	瑞士	10.39
匈牙利	8.81	叙利亚	5.74
冰岛	8.75	塔吉克斯坦	9.62
印度	4.77	泰国	6.10
印度尼西亚	4.71	多哥	2.83
伊朗	4.66	特立尼达和多巴哥	7.62
伊拉克	4.34	突尼斯	4.20
爱尔兰	9.02	土耳其	4.80

续表

以色列	9.23	乌干达	2.95
意大利	7.00	阿拉伯联合酋长国	2.88
牙买加	5.22	英国	9.35
日本	9.72	美国	12.25
约旦	7.37	乌拉圭	7.25
哈萨克斯坦	9.03	委内瑞拉	5.61
肯尼亚	3.99	越南	3.81
韩国	10.46	西萨摩亚	6.65
科威特	7.05	南斯拉夫	7.48
拉脱维亚	9.54	扎伊尔	3.18
莱索托	4.47	赞比亚	5.43
利比里亚	2.26	津巴布韦	4.88
		$M=6.14$（$SD=2.89$）	

资料来源：Data in table is from Barro, R. J., & Lee, J. (2000). *International Data on Educational Attainment: Updates and Implications*. Center for International Development, Harvard University (www.cid.harvard.edu/ciddata/ciddata.html). Years of schooling are projections for 2000 based on data estimates for 1995.

正如第七章中所解释的那样，本案例中的平均数与标准差都被称为（总体）参数，因为它们都是指向研究者关注的所有国家的总体特征。如果我们计算的是该总体中的某一个国家样本的均值与标准差，那么它们就被称作（样本）统计量。

从一个总体中抽取随机样本

假设没有一个人收集过世界上各个国家的受教育年限数据，而我们希望获取这一信息，但支持收集数据的经费有限。面对这一问题，我们通常会被建议去研究一个来自这些国家的随机样本。一个**随机样本**（random sample）就是一组个体，其中每一个体都是随机地从总体中抽取出来的。随机样本的样本量应在预算允许范围内尽量大。

这一方法会产生一个重要的问题：样本统计量与实际总体参数在多大程度上一致呢？我们可以运用表9.1中所呈现的实际总体参数来回答这一问题。我们将从这一总体中抽取随机样本，并确定如何依据样本统计量来很好地估计总体。

我们的第一步是随机抽取一个由5个国家组成的样本，并运用表9.1中所呈现的数据来计算它们的受教育年限的均值和标准差。其结果呈现在表9.2中"5个随机样本（每个样本量都是5）"这一标题下面的第一行中。样本均值是7.36，高出了总体均值（6.14）1.22年，正如"离均差（6.14）"这一栏所显示的那样。

下一步是再抽取4个由5个国家所组成的随机样本（这里运用随机数码表来抽取样本）。结果，没有一个样本均值与总体的实际平均数相等。碰巧，5个样本均值都高于总体均值；正如表中标有"平均差"一行所显示的那样，它们的平均差是1.04。

表9.2 基于来自134个国家总体的不同大小样本的受教育年限

样本均值	离均差（6.14）	置信区间	样本标准差	离准差（2.89）
\multicolumn{5}{c}{5个随机样本（每个样本量是5）}				
7.36	1.22	4.67–10.05	2.16	0.73
7.98	1.84	3.68–12.28	3.46	0.57
6.63	0.49	4.50–9.76	1.72	1.17
7.10	0.96	2.40–11.80	3.79	0.90
6.81	0.67	3.82–9.80	2.40	0.49
平均差	1.04			0.77
\multicolumn{5}{c}{5个随机样本（每个样本量是10）}				
5.56	−0.58	3.03–8.09	3.54	0.65
6.08	−0.06	3.74–8.42	3.27	0.38
7.51	1.37	5.26–9.76	3.15	0.26
6.47	0.33	4.61–8.33	2.61	0.28
5.53	−0.61	3.32–7.74	3.10	0.21
平均差	0.59			0.36
\multicolumn{5}{c}{5个随机样本（每个样本量是20）}				
6.38	0.24	4.86–7.90	3.25	0.36
7.32	1.18	5.89–8.75	3.05	0.16
5.88	−0.26	4.73–7.03	2.46	0.43
6.30	0.16	5.04–7.56	2.70	0.19
6.49	0.35	5.20–7.78	2.75	0.24
平均差	0.44			0.28

表9.2呈现了5个样本的标准差，它们中也没有一个能够与总体标准差（2.89）相等；其"离准差"的均值是0.77年。

如果我们将样本量加倍（$N=10$）会发生什么呢？表9.2中的第二部分呈现了5个样本的均值与标准差，每一个样本都包含从134个国家中随机抽取的10个国家。如果看一下表9.2，你就会知道，没有一个样本的均值和标准差等于总体的均值和标准差，但平均而言，$N=10$时的样本统计量与总体参数的差比$N=5$时要小。譬如，$N=10$时的平均差只有0.59。

甚至还出现了这样一种情况，一个随机样本的平均受教育年限为7.51年，与总体均值差异较大。因此，抽取一个数量较大的样本并不能保证会取得一个对总体参数较好的估计；它仅仅增加了获得一个较好估计的可能性。

如果我们再把样本量增加至20又会怎样呢？表9.2中的最后一部分呈现了我们处理这5个样本时所发生的情况。你能够看出，其中有4个样本均值都是总体均值的良好估计，只有一个（7.32）与总体均值的差异较大，但是，这项偏差仍然小于样本量是5（7.98）或10（7.51）时的5个样本中最差的样本均值估计。而且，离准差（0.28）要小于样本量是5

（0.77）或10（0.36）时的离准差。

这些数据分析表明，样本量的增加也相应地增加了获取对总体参数的良好估计的可能性。另一个结论就是，甚至从一个只有20个国家的、只占国家总数（$N=134$）很小比例的随机样本，就能获取对总体参数的良好估计。因此，当资金不足以支持研究一个整体的时候，随机抽样就是一个很好的选择。

美国人口调查在研究人口特征（如每户家庭大小）或公众对教育和其他事项的意见时，遵循了以上原则。从每个人身上收集数据太昂贵了，不具有可行性，但从一个随机样本就能获取对总体参数的很好估计。在本章接下来的部分我们将讨论多大的样本是必须的这一问题。

置信区间

在先前的部分，我们同时得到了总体参数（如，总体均值和标准差）和样本统计量（如，样本均值和标准差）。假设我们只知道样本统计量，比如一个由20个国家所构成的随机样本的统计量。我们能够运用这些统计结果对总体参数说些什么吗？如果不能，那么，我们就只能得出关于这20个国家的结论，即使我们的真正兴趣是134个国家这一总体。

幸运的是，统计学家已经设计出数学方程式，允许我们运用样本确定可能包含实际总体均值的一个均值范围。该方程式利用了样本均值和标准差，而且构建了一个以样本均值为中心的区间，而该区间很有可能就包含总体均值。

例如，样本均值和标准差分别是7.36和1.22的样本（表9.2中样本容量为5的第一个随机样本），其所对应的总体均值的置信区间就是[4.67，10.05]。简单来说，置信区间能够告诉我们，实际总体均值有很高的可能性位于4.67和10.05之间的某一点。更准确地说，置信区间能够告诉我们，如果从总体中抽取100个样本量为5的随机样本，那么就将有95个随机样本的置信区间包含了总体均值。因此，我们的样本就极有可能是其置信区间包含总体均值的这95个样本中的一个。

置信区间（confidence interval）可以被定为一个数值范围，它来自一个随机样本的已知特征（均值、标准差和样本量），并且很有可能就包含总体参数。你可以在表9.2中看到估计总体均值的置信区间这一栏，也可利用样本统计量计算总体标准差或其他参数（如，总体中两个变量的相关系数）的置信区间。

如果看一下表9.2，你就会知道，其实这里的每一个置信区间都包含了实际总体均值。无须惊讶，因为我们所计算的置信区间是指，每100个给定样本量的随机样本中就有95个将包含实际总体均值。如果我们继续抽取随机样本，那么迟早会遇到一个置信区间不包含总体均值的随机样本。

如果研究者希望更加确信其样本包含总体的区间，那么他们就会计算来自总体的每100个随机样本中就有99个包含总体参数的置信区间。但这时的置信区间取值范围将会大一些。

我们估计的精确度还是样本量的函数。如果考察一下表9.2中的置信区间，你就会发现，随着样本量的增加，区间也会越来越窄。当$N=5$时，置信区间的平均间隔是6.82，$N=10$时是4.48，而$N=20$时是2.66。

理解置信区间这一概念的另一种方法是，考虑一个随机样本，其中某一变量的均值是7.36（表9.2中的第一个均值）。即使我们不知道对于该变量的总体均值，也极易理解总体均值不大可能是50。一个均值是50的总体可能会有7或更低的值，但是我们要抽到一个由如此低的值所构成的随机样本却几乎是不可能的。

再比如，一个均值是30的总体包含有足够多的低分，以致我们能从中抽取一个均值是7.36的随机样本，这也几乎是不可能的。然而，一个均值是4.67或10.05（表9.2中7.36的置信区间）的总体，我们会从中抽取出一个均值是7.36的随机样本，这确是合理的。

统计学家们使用术语**置信限**（confidence limit）来标示一个置信区间的最高值或最低值。例如，样本均值是7.36的置信限就是4.67和10.05。一个均值高于或低于置信限的总体要产生我们观察到的样本均值是不大可能的。

你很有可能会在报告或近期的教育研究中发现置信区间。对教育研究者而言，《美国心理学会出版手册》（美国心理学会，2001）是标准样式，其中提到：

> 对置信区间的使用［在研究论文中］是……得到强力推荐的。作为一条准则，最好在整个论文的过程中自始至终只使用一个单一的置信区间大小（如，95%或99%的置信区间）。（第22页）

置信区间也提示我们，样本均值或其他统计量（如，相关系数或标准差）只是其对应的总体参数的一个估计。

误差幅度。 你也许会在报纸等大众媒体中碰到"误差幅度"这一术语。该术语经常与政治民意调查联系在一起。例如，《波士顿环球报》等许多报纸都报道了，在一项影响2008年总统大选的新罕布什尔州共和党选民中的民意调查中，米特·罗姆尼（Mitt Romney）获得了28%的选民支持，而约翰·麦凯恩（John McCain）获得了25%的支持。而且该项民意调查"存在±4.9%的误差幅度"（Helman，2007）。

误差幅度（margin of error）也有如置信区间一样的精确含义。它是来自一个随机样本的已知特征（平均数、标准差和样本容量）的数值范围，而且很有可能包含总体参数。误差幅度通常设定为95%。在新罕布什尔州共和党选民民意调查这一案例中，误差幅度的含义是，米特·罗姆尼的支持率极有可能在25.55%（28-4.9/2）到30.45%（28+4.9/2）之间，而约翰·麦凯恩的支持率极有可能在22.55%（25-4.9/2）到27.45%（25+4.9/2）之间。

这一信息可引导我们得出如下的结论，即在像新罕布什尔州共和党选民这一总体（而非被调查的样本）中，罗姆尼的实际支持率可能低至25.55（甚至更低），而麦凯恩的实际支持率则可能高至27.45（甚至更高），尽管概率较小，但仍有可能。因此，尽管民意调查的结果正好相反，但实际上，麦凯恩也有可能获得多于罗姆尼的支持。基于调查结果和误差幅度的最保险的结论是，两人的支持率大致相同。

如果民意测验调查专家能调查每一个可能的选民或者增加其样本量以降低误差幅度，就更能确定选民的偏好。但是，随着样本量的增加，民意调查的成本也会随之增加。一般而言，能够获得95%的置信区间水平的误差幅度便是经济有效的。民意调查应该承受得起这样的成本；而那些想获得调查信息的人也可以接受结果的确定性水平。

上述案例来自政治领域，但是教育领域也会有民意调查。例如，学区会经常调查社区成员对新的学校联结的需求，学校是否为不同特征的学生提供了充足的服务，等等。这些调查的经费通常都出自社区预算，因此，管理者就需要选择一个既能承受得起，又能获得准确代表整个社区情况的样本量。

推断统计

正如我们所揭示的那样，置信区间是很有用处的，因为它们能让我们基于样本均值估计总体参数。样本与总体间的另一种关系对研究者来说也是很有趣的。这就是本章以下部分的主题。

我们可从考虑表9.2中所呈现的统计量开始。每一个"受教育年限"变量的样本均值，都是通过从一个既定的134个国家的总体中抽取一个随机样本计算而得到的。从样本容量为20的5个随机样本，我们可以看出样本均值是波动的：6.38，7.32，5.88，6.30，6.49。每当我们从总体中抽取一个随机样本时，都可能出现波动。

尽管样本均值是波动的，而且没有一个样本均值与总体均值是完全一样的，但确定无疑的是：所有5个样本都来自同样一个总体。假设我们只知道样本均值，而对总体均值则一无所知。例如，一位研究者研究了南半球的20个国家，并发现其平均受教育年限是6.38；而另一位研究者研究了北半球的20个国家，并发现其平均受教育年限是7.32（这是表9.2中样本容量为20的前两个样本平均数）。

依据这些样本均值，我们可以作出两个推论。一个推论便是，这两个样本的平均受教育年限是随机地波动于有相同的均值和分布的两个总体（南半球国家与北半球国家）之间。这是一个完全合理的推论，因为正如表9.2所示的那样，均值的波动是来自同样一个总体的样本的波动。

另一个推论则是，两个样本均值的差异是因为它们来自两个有不同均值的总体。这也是可能的，例如所有南半球国家总体有一个较低的平均受教育年限，而这会导致我们得到的样本均值（6.38）低于北半球国家的样本均值（7.32）。

哪一个是正确的推论呢？两个样本均值的差异反映了来自同一个总体的随机波动吗？或者它反映了这两个样本所代表的两个总体的真实差异吗？

统计学有一个分支致力于解决研究者通过抽样收集数据时遇到的类似问题。这一分支有时被称作**推断统计**（inferential statistics），它专门探讨如何基于被抽取出来代表总体的样本数据，对总体特征做出推断的统计程序。

零假设

推断统计遵循特定的逻辑。在上述两个样本均值的例子中，研究者会检验两个推论中某一个的合理性，也就是"两个样本来自同一个总体"这一推断的合理性。这一可能的推论被称作零假设。在涉及两个样本的比较中，我们把**零假设**（null hypothesis）定义为一个预测，即两个样本所代表的总体之间没有差异；换句话说，零假设就是一个"两个样本都来自同样一个总体"的预测。

我们通常用一个被称作统计显著性检验的统计程序来确定"零假设是真的"可能性有多大。如果统计检验发现，零假设不大可能是真的，那么我们就会作出相反的推论：两个样本来自均值不同的总体。我们并不确切地知道两个总体的均值是多少，或者它们的差异有多大，但我们能通过计算置信区间来对其进行估计。

p 值的意义与统计显著性

p**值**（p value）是指总体均值相同时，样本均值发生偶然差异的次数的百分比，此处的 p 代表可能性。p 值越低，偶然差异就越不可能发生，因此，零假设就更可能是假的。

例如，一个 .001 的 p 值表示，与一个 .01 的 p 值相比，零假设更有可能是假的。一个 .001 的 p 值表示，两组之间的均值差异如此之大，以致从同一个总体中抽取 1000 次这样的两个样本，只会发生一次这样的差异。一个 .01 的 p 值表示，均值差异如此之大，以致 100 次抽样中只发生一次。

在教育研究中，一般一个 .05 的 p 值就足以拒绝零假设了。较高的 p 值使得拒绝零假设更容易，因为这样观察到的样本均值差异就无须太大。

我们也有可能拒绝真实的零假设。换句话说，我们可能会得出如下结论，即当它们事实上来自同一个总体时，我们却认为两个样本之间所产生的均值差异是因为它们来自不同均值的两个总体。与 p=.01 时相比，p=.05 时这种对零假设的错误拒绝更有可能发生。正是由于这一原因，当 p 值等于或高于 .05（如 .10）时，应特别谨慎地把结果从样本推广到总体。不过，如果其他研究的发现与你获得的发现相同，那么你就无须太过谨慎（尽管也要谨慎）。

某些研究者会以小于 .05（<.05）而不是等于 .05（=.05）的形式来报告 p 值。通常情况下，p 值不会完全等于 .05，而会比它更小。符号"<"（意思是"小于"）就是一个简化的表示。

如果 p 值达到了拒绝零假设所希望的水平，那么研究者就会认为这两个样本均值的差异是统计显著性的。否则，结果就是非统计显著性的。我们可以把**统计显著性**（statistical significance）定义为一个判定，即观察到的两个样本的均值差异大到足以拒绝零假设的一个判定。

用于确定一个观察到的差异是否统计显著性的程序被称作**统计显著性检验**（test of statistical significance）。表述为"零假设的检验"可能更贴切，因为该程序的目的是——确定零假设应该被接受还是拒绝。

第一类错误和第二类错误

应该记住，统计显著性检验并非完美。它们是基于数学逻辑的经验猜测，旨在由样本统计量而对总体均值（或其他参数）进行估计。因此，估计错误在所难免。一种类型的错误被称作**第一类错误**（Type I error），它是指当零假设其实是真，我们却拒绝了它。另一种类型的错误被称作**第二类错误**（Type II error），它是指当零假设其实是假，我们却接受了它。

研究者能够降低犯第一类错误的风险，但却是以增加第二类错误的风险为代价。在医学研究中，较好的风险通常是第一类错误。例如，假设研究者正在运用一个病人实验组（他们获得新药）和一个病人控制组（他们获得常规药）试验一种新药。如果研究者拒绝了"两种药有相同的疗效"这一零假设，并认为新药有更好的疗效，那么，一般的结果便是研究者对该新药进行更多的试验。这些增加的试验将揭示新药是否真的更为有效，或者最初的试验发现的只是一个偶然的疗效差异。

现在考虑第二类错误的情况，即当零假设其实是假，我们却接受了它。假设最初的新药试验条件都是一样的，但是，观察到的试验组与控制组间的差异不足以拒绝零假设。这一推断可能会引导研究者作出"新药是一个死胡同"的结论，而且，他们与其他研究者也会放弃新药。这确实是一个不幸的错误，即使它是有效的，而且其有效性还会在进一步的试验中被发现，但一种有效的新药即将被放弃。

类似的，在教育研究中，犯"把一种无效的新实践当作有效的"这一错误要比犯"把一种有效的新实践当作无效"这一错误要好一些。后续研究终将纠正这一错误。研究者既不想浪费有价值的资源而把它们归入死胡同，也不想过早地放弃有希望的新实践。因此，应该在统计显著性检验的第一类错误与第二类错误之间仔细地权衡。

定向假设

正如我们已经表明的那样，一般零假设会预测样本所代表的总体的参数没有差异。而且大多数研究也检验零假设。然而，在某些研究中，研究者会预测样本所代表的总体之间存在差异，他们还会进一步预测差异的方向。

这种类型预测被称作定向假设。**定向假设**（directional hypothesis）是指样本所代表的总体的参数之间存在差异，而且这个差异有方向性，即某一总体将会有比另一总体更高的均值。

例如，研究者们可能会预测，在他们的研究中，由样本A所代表的总体A将会有一个比样本B所代表的总体B更高的艾奥瓦州基本技能测试平均分。为明确一个定向假设而非零假设，研究者应该把假设建立在理论或已有研究发现基础上。

定向假设的优势是，统计显著性检验使得获取"接受定向假设"的发现更为容易。换句话说，统计显著性检验使得拒绝定向假设更为困难。这是我们所希望的，因为研究一般旨在发现差异（如，创新的教学方法要好于常规的教学方法）而不是发现没有差异。

检验两个方向上的某个差异的可能性称作**双尾统计显著性检验**（two-tailed test of statistical significance）。检验一个方向上的差异可能性称作**单尾统计显著性检验**（one-tailed test of statistical significance）。

统计显著性检验

后续几章将讨论几种不同的量化研究设计。这些研究设计要求不同类型的零假设，而每一个零假设是被接受或拒绝都要通过不同的统计显著性检验来判断。下面我们将介绍几种很常用的统计显著性检验。表9.3列举了这些检验中的统计值和零假设。

表9.3 常用的统计显著性检验和零假设

统计显著性检验	值	被检验的零假设
独立样本均值的t检验	t	所观察到的两个样本均值之间的差异是有相同均值的总体的偶然波动
相关样本均值的t检验	t	所观察到的以某种方式相互关联的两个样本均值之间的差异是有相同均值的总体的偶然波动
方差分析（ANOVA）	F	所观察到的三个或多个样本均值之间的差异是有相同均值总体的偶然波动。后续检验还可判断是否这些样本中的任意两个均值之间的差异也是有相同均值的总体的偶然波动。ANOVA也可用于判断是否某水平的甲因素与某水平的乙因素的相关作用是有相同均值的总体中该水平的甲因素与该水平的乙因素相关关系的偶然波动
协方差分析（ANCOVA）	F	用于检验与ANOVA一样的零假设，除了不同的样本均值在某项前测上或多或少是相等的之外，而依据前测结果样本可能被区分
卡方检验	x^2	所观察到的两个样本在某一称名量表上的频次差异是在该量表上有相同频次的总体的偶然波动
相关系数的t检验	t	所观察到的样本相关系数是有一个相关系数为0.00的总体的随机波动。另一个可用t检验的零假设是，两个样本相关系数之间的差异是有相同相关系数的总体的随机波动

两个样本均值的比较

许多研究涉及两个样本的选择,其中每一个样本都代表着一个独立的总体。例如,我们想知道美国的男性与女性在平均受教育年限上是否有所不同。我们的研究资源可能仅仅允许选择100位男性和100位女性,而这些男性与女性则分别代表着美国男性总体与美国女性总体。

独立样本均值的 t 检验(t test for independent means)可用于判断,应接受还是拒绝这样的零假设,即由样本所代表的两个总体(本例中即男性与女性)在某一变量(本例中即受教育年限)上有相同的均值。之所以被称作 t 检验是因为它获得的一个值叫作 t。t 的数学基础已经超出了本书的范围,但是它们能够在统计学教材中被找到。为了当前的目的,你需要知道,t 能够被转化为一个 p 值。正是这个 p 值可决定应接受还是拒绝零假设。

在某些研究中,代表两个总体的两个样本的值是彼此相关的。例如,假设我们用一个量表测试一个高中生样本的政治兴趣,测试在其观看一段有关民主选举重要性的视频之前后各进行一次。观看视频之前,样本代表了所有没有看过该视频的高中生总体。而观看视频之后,样本则代表了所有观看过该视频的高中生总体。因为两个样本中是相同的个体,所以要使用**相关样本均值的 t 检验**(t test for related means,有时也表示成"t test for correlated means"或"t test for dependent means")。

多个样本均值的比较

一些研究还会涉及更多的样本,而其中的每一个样本都代表一个不同的总体。例如,假设我们要比较四种不同类型的大学生的平均绩点(GPA):(1)住在大学宿舍的学生;(2)住在"兄弟会"或女生联谊会的学生;(3)与其他学生一起住在校外的学生;(4)单独住在校外的学生。我们的零假设就是,这四组学生所代表的四个总体的平均GPA是一样的。恰当的统计显著性检验便是**方差分析**(analysis of variance)。方差分析一般用于两个以上的均值比较。

方差分析会产生一个 F 值(F value)。参考大多数统计学教材,都可以找到一张统计表,它把 F 值转换为 p 值。如果只有两个样本均值要比较,那么 F 值与 t 值(来自运用 t 检验的结果)将是一样的。

如果方差分析导致了对零假设的拒绝,并不必然地意味着,四个样本所代表的四个总体都有不同的平均GPA。很有可能是两个总体有不同的平均GPA(如,标示为"1"与"3"的两个组彼此不同)。对于代表不同总体的每对样本的零假设可以运用特殊形式的 t 检验,通常是**杜克检验**(Tukey's test)或**雪费检验**(Scheffé's test)。

复杂数据集中样本均值的比较

方差分析是一个通用的统计程序,因为它能够检验一个复杂数据组的几个零假设。为说明其通用性,我们建构一个比较两种类型教材的实验。试验前将学生分为两组:高阅读能力学生与低阅读能力学生。

这两个组中的每一位学生都被随机地分派到实验组和控制组。实验组的学生阅读一段插入问题的文字，并邀请其把该段文字所表达的信息与他们已知的某些事情联系起来。控制组的学生阅读同样一段文字，但没有插入问题。我们用一项覆盖该段文字内容的选择题测验，在学生阅读该段文字的前一天（前测）和后一天（后测）分别对其进行测试。

表9.4呈现了每类学生（如，实验组中的高阅读能力学生）在后测上的描述统计量。也呈现了实验组和控制组的描述统计量，例如，所有实验组学生的平均分（M）和标准差，不论他们是高阅读能力还是低阅读能力。

表9.4 插入问题文本实验的各类学生的后测分数

实验组		控制组	
高阅读能力	低阅读能力	高阅读能力	低阅读能力
23	18	19	3
14	17	12	7
16	9	16	1
18	10	14	6
16	17	7	4
17	19	8	7
19	8	13	6
20	20	10	5
17	15	19	3
17	16	9	2
M=17.70	M=14.90	M=12.70	M=4.40
SD=2.50	SD=4.33	SD=4.32	SD=2.12

	分组统计量		
分组	样本量	平均分	标准差
实验组	20	16.30	3.73
控制组	20	8.55	5.39
高阅读能力组	20	15.20	4.29
低阅读能力组	20	9.65	6.33

对于表9.4中所呈现的平均分，可以作许多比较——例如，所有实验组学生与所有控制组学生，实验组中的高阅读能力学生与低阅读能力学生，实验组中的高阅读能力学生与控制组中的高阅读能力学生。所有这些比较都可用t检验来进行。但是，不仅这些程序枯燥乏味，而且随着比较数量的增加，错误结论的可能性也会增加。（其"数学地表达"就是，随着针对一个数据集的推断统计频次的增加，错误地拒绝零假设的可能性也会相应地

增加。）

当运用于一次就进行这些比较以判断哪些是偶然差异时，方差分析是一个更为优异和准确的方法。表9.5呈现了一组对表9.4所表示的数据进行方差分析时所产生的F值，以及是否每个F值都是统计显著性的（$p=.05$或更小）。第一行的结果表示对所有实验组学生（$M=16.30$）和所有控制组学生（$M=8.55$）的后测成绩比较的F值（49.88），不考虑学生是否具有高阅读能力或低阅读能力。这个F值是统计显著性的（$p<.001$），其意思是指，样本所代表的总体存在差异。

表9.5 插入问题文本实验的后测分数方差分析总表

来源	F	P
干预（T）	49.88	<.001
阅读能力（R）	25.58	<.001
交互反应（T×R）	6.28	<.051

第二行的F值（25.58）是所有高阅读能力学生（$M=15.20$）与所有低阅读能力学生（$M=9.65$）后测成绩的比较结果。这一F值也是统计显著性的（$p<.001$）。

交互效应

表9.5的再下面一行表示交互效应的F值为6.28（$p<.05$）。在教育实践中，通过**交互效应**（interaction effect）可以发现，一项干预对实验组的成员有不同的效果。在统计学上，两组中变量B的值随变量A的值变化而有所差异，交互效应就会发生。

为理解交互效应意味着什么，可考虑表9.4中所呈现的研究结果。对于那些低阅读能力（变量B的一个水平）学生而言，在实验组和控制组（变量A）中后测的均分差异是很大的（14.90-4.40=10.5分）。对于那些高阅读能力（处理变量B的另一个水平）学生而言，在实验组和控制组（变量A）中后测的均分差异就要小得多（17.70-12.70=5.00分）。

因此，我们发现，实验的文本段落更有助于差的阅读者而不是好的阅读者。交互效应的这一显著的F值表明，实验中样本所代表的总体之间存在着真实的差异。

协方差分析

我们还没有解决实验的前测结果的含义问题。实施前测是为了确定实验前学生对文本段落内容有多少了解。表9.6呈现了每一组的前测平均分。这些结果使得我们对后测结果的解释更为复杂，因为它们表明，与控制组相比，实验组有较高的平均分。实验组在后测中获得高分可能是由于他们原来具有的关于阅读内容的知识积累，而不是由于插入问题的训练。

表9.6　插入问题文本实验的前测平均分

	实验组	控制组
高阅读能力者	10.10	7.70
低阅读能力者	4.30	2.90

我们可以通过另一项实验消除用前测中的知识积累解释结果差异的可能性，那就是使得控制组和实验组的学生的前测成绩相当。但是，这种方法既耗时又昂贵。另一种解决方法就是使用增益分数，其计算方法是，从参与实验的每一位学生的后测分数中减去其前测分数。然而，增益分数法有一些局限，所以，它们很少被用于分析实验数据。

该问题的最好解决办法是，运用一个被称作**协方差分析**（analysis of covariance，ANCOVA）的统计技术来对各组进行等值处理。ANCOVA将根据前测分数调整每一个参与者的后测分数。协方差分析所获得的F值与方差分析所获得的F值意义相同。

运用于协方差分析的程序有点类似于运用于诸如高尔夫球这类体育运动项目中的设限程序。通过依据其过往的表现而分配一个差点，一般的高尔夫球选手就可以与优秀的高尔夫球选手抗衡了。每一位高尔夫球选手在一项比赛中的得分，将通过他/她做得比他/她自己的差点（即先前的表现）好多少或差多少来确定。

样本频次的比较

上述部分中所讨论的统计显著性检验都涉及样本在某一变量上的均值比较。但是，某些变量是以频次测量的，因为它们构成称名量表（我们在第七章中介绍过称名量表）。**卡方检验**（chi-square test）就是一个对是否接受或拒绝涉及称名量表上的频次数据的零假设进行检验的恰当方法。

为说明卡方检验的使用，假设我们想确定，与农村学区相比，城市学区是否更倾向于聘用女性总监。从学区总体中抽取了100个城市学区和100个农村学区。每一个学区总监的性别是确定的。

该项研究所涉及的两个变量是性别（男性与女性）和学区类型（城市与农村）。两个变量都是分类的，因为它们不是有序的。例如，一个农村学区既不比一个城市学区"多"，也不比它"少"。

表9.7呈现了与我们的研究问题相关的假想数据。描述统计量以频次的形式出现，每一个频次就是某一具体类型学区中每一性别类型的学区总监之人数。表9.7呈现了横跨学区类型的男性和女性总监的分布。我们需要判断这些差异是偶然发生的，还是随机样本所代表的总体的特征。

卡方检验就是用于作出这一判断的方法。它有一个推断统计的名字，即"卡"（chi），而且还要平方，用符号"x^2"来表示。统计学家编制了把x^2转换为p值的表格。

表9.7中分布的x^2值是7.42。与该值相对应的p值小于.01。因此，我们要拒绝"这些结果的发生是偶然"这一零假设。换句话说，我们可以作出如下结论，即两个样本所代表的学区总体的男性总监与女性总监的比率存在真实差异。

表9.7　城市和农村学区男性与女性总监的分布

	城市	农村
男性	65	82
女性	35	18

相关系数的比较

教育研究中相关系数的使用将在第十二章中进行详细的描述。在此我们提及它们的目的是要表明，统计显著性检验可以用于接受或拒绝涉及相关系数的零假设。最普遍的零假设便是，从一个样本获得的相关系数是其所代表的相关系数为零（$r=.00$）的总体的一个偶然波动。一个零相关系数的意思就是，两个变量之间没有关系。因此，一个个体在某变量上的值对于预测另一变量的值没有价值。

即使总体的相关系数是零，从中抽取的随机样本也可能会产生异于零的相关系数。这些相关系数中某些可能会很小，而另一些则可能会很大。某些相关系数可能会是正的，这预示着，某变量的高分与另一变量的高分是相互关联的。另一些相关系数则可能是负的，这预示着，某变量的高分与另一变量的低分是相互关联的。

一项统计显著性检验可以用于帮助我们决定是否接受零假设，即样本相关系数只是来自相关系数为零的总体的一个偶然变异。如果检验获得了统计显著性的结果，那么就要拒绝零假设，并作出这样的结论：样本所代表的总体的相关系数不是零。尽管检验并没有告诉我们总体的相关系数是多少，但是，在样本相关系数附近构建一个置信区间（本章前文已介绍）能够给我们提供一个很有可能包含总体相关系数的相关系数变化范围。

统计显著性的参数检验与非参数检验

前面的部分讨论了用于辅助接受或拒绝零假设或定向假设决策的统计显著性检验。当零假设或定向假设涉及多元变量时，还有其他统计显著性检验可以使用。如果你理解了简单统计显著性检验背后的推理，那在理解更为复杂的统计显著性检验的基本特征时，也不会感到太困难。

上面所介绍的所有统计显著性检验，除了卡方检验之外，都是**统计显著性参数检验**（parametric tests of statistical significance），其意思是指，它们需要作出几个关于所使用的测量和样本所代表的总体的（前提）假设。这些假设是：（1）测量的值之间是等距的；（2）变量的值呈正态分布；（3）不同比较组的值的方差相同。

假设参数检验背后的假设，尤其是"等距假设"不能满足。在这种情况下，如果这些假设没有被严重违反，那研究者还可以使用参数检验。否则，他们就要使用**统计显著性非参数检验**（nonparametric tests of statistical significance），这种检验无须对所使用的变量值和样本所代表的总体作出任何假设。卡方检验就是最常用的非参数检验，因为许多变量都是分类的，而不是等距量的。

解释统计显著性检验时应注意的事项

我们可能容易被教育研究报告中的"实验组和控制组之间的差异是统计显著性的"这类表述所误导。"显著性"可能意味着研究结果是重要的。正如我们前面所论述的那样，统计显著性仅仅意味着能拒绝零假设或定向假设，统计显著性的结果也可能会犯第一类或第二类错误。

使用统计显著性检验面临的最严重的问题可能是，教育研究者没有机会从一个确定的总体中抽取随机样本。这是很遗憾的，因为随机抽样是统计显著性检验的数学逻辑的本质，而且这也是置信区间的逻辑本质之所在。

与选择随机样本不同，教育研究者通常会选择志愿者样本，也就是碰巧能够获取的样本（我们在第六章中已经解释过志愿者样本）。志愿者样本可能会有研究者感兴趣的总体的一些特征，但是，他们也会有一些独特的特征。

由于这样和那样的原因，研究方法论者（如，哈洛、穆莱克、斯泰格尔，1997）就关注到在教育及相关领域研究中使用统计显著性检验的适切性。我们的建议是，你可以把一个统计显著性的结果看作是一个试验性的发现。类似地，如果一项改革或技术的正面效果通过了统计显著性检验，那我们建议你把这一结果视为一项有希望的发现，而这也正是我们持谨慎乐观态度的原因。

关键的是下一步我们要力图复制这一发现。仔细设计的重复研究确实是决定一项研究发现是否只有较窄的普遍性，或者说是否可以推广到总体的最为有力的方法。不同的研究者应该尽可能地使用不同的样本（包括志愿者样本），以及对同样的变量运用不同的测量方法来重复最初的研究。

随着时间的流逝，不同的研究结果就可以被聚集和分析，以决定哪些研究结果适用于总体，以及哪些研究结果不适用于总体。最为有效的聚集和分析的方法便是元分析，我们在第五章中对元分析已有所介绍。

雅各布·科恩（Jacob Cohen，1990），一位统计学家，曾简洁地谈到统计显著性检验的局限和重复研究的优势：

> 现在依靠单一研究中神奇的.05水平进行"是-否"决策，这离明智的判断还相距甚远。科学不能只是简单地那样做。一个成功的研究是不可能确凿地解决一个问题的。它最多只能在一定程度上提供某些理论主张。只有未来在相同和不同

情境（也可以通过元分析来发现）下的成功重复研究才是解决问题的方法。（第1311页）

科恩的建议正呼应了本书在第一章和其他部分中关于把重复研究作为一项研究策略的见解。

如果你正在学习如何做研究，那么你就可以通过重复和拓展先前的研究来推动教育领域研究的知识发展。相比于在一个新方向研究一个知之甚少、测量与数据分析程序不可得或不确定的问题，这是一条更为可靠的发展专业知识和体现研究贡献的路径。

计算统计量

正如我们在第七章所描述的那样，Excel是一个大多数计算机上都会有的标准软件，是一项用于计算许多统计量的有效工具。你只需要输入原始数据，双互校验其准确性，然后再使用恰当的Excel函数即可。工具菜单下的数据分析函数能够计算描述统计量，也能进行某些本章所介绍的统计显著性检验。

更为复杂的统计分析需要能够在个人电脑或工作站上运行的软件。我们在第七章已经介绍过两个这样的软件程序（SPSS和SAS）。

依据我们的经验，涉及许多变量和样本或总体的大数据集需要统计专家和数据管理员来辅助分析。例如，如果有许多组学生都参与了一项标准化测验，他们一般都要在一张答题卡上记录下他们对每一个题目的回答，答题卡要能够被扫描。而这个扫描过程是很复杂的，它要把扫描结果转化为可用统计软件分析的数据集。该过程中的每一步都需要专家技能与专家判断。

在自己擅长的专业实践领域，你很可能会发现，咨询受过大数据集处理和进行过统计显著性检验训练的统计学家和数据管理员是一个最好的方法。但只是简单地把数据交给这些专家是错误的，最好的方法是与他们一起工作，这样一来，你和他们都理解了这一过程。只有这样，你才能回答你的同事和利益相关者的提问，而不是不得不说不知道和参考专家意见。而且你还能够帮助统计学专家明确可能的错误，而这些错误可能渗透在数据输入和数据分析的每个阶段（想一想那些能够潜藏在你支票簿项目和计算中的错误）。正因为如此重要，你才要确保数据分析准确地回答你的问题，而不是让专家猜测你可能想要回答的问题。

运用统计改进专业实践

人们进入教育专业领域是因为他们希望与人一起工作，而不是与数字一起工作。教育首先和最重要的是一项"人的职业"。教师与学生、家长、同事之间的相互关系的质量对帮助学生学习很重要。相比而言，统计分析则只处理数字并依赖于数学逻辑，而这对于我们中没有较强数学背景的人来说，既遥远又神秘。

但是，统计分析仍然是改进教育实践的必不可少的工具。教育研究的历史表明，将对学习、动机、态度、兴趣、教学行为，以及其他集中于教育实践的构念有效地量化是可能的。量化是便于收集数据，而这些数据则为我们提供了一个关于学校实际发生事件的合理、客观的理解。我们通过考察这些理解来判明它们是否符合理想的实践。实际与理想之间的差异可以而且应该成为我们改进实践以使所有学生都有最好的学习机会的激励。

而且，量化数据收集和统计分析可用于明确，有希望的改革是否确实改进了学习、教师士气、社区对学校的支持，以及其他重要的结果。这些改革成效的统计证据则可能成为一个支点，为传播与实施这些改革争取到资金和支持。

由于这些或其他原因，对于专业教育工作者来说，学习本章所介绍的统计概念和程序是很重要的。统计分析本身并不是目的（可能理论统计学家除外），但它是达成目的也就是改进教育实践的重要手段。

一个范例：统计显著性检验如何帮助解决实际问题

当科罗拉多作为一个州来力争提升其在标准化测验中落后学生的分数时，某些学校可能会通过日常的测试或家长的介入等来提升学生的分数。但是，所有学校的校长都说，没有什么方法能够适合每一所学校。

ASCD SmartBrief news item, July 31, 2008, summarizing an article in *Teacher Magazine*, July 29, 2008.

当我们得知某些学校找到了一种改进学生在其学业成就测验上的表现的方法时，这（无疑）是一个好消息。虽然我们怀疑校长们的声明"没有什么方法能够适合每一所学校"，但那是真的吗？实验研究能回答这一问题。

实验研究的关键在于，样本是代表某一确定总体的随机学校样本，因为随机样本为把样本结果一般化至其所代表的总体提供了坚实的基础。随机样本被划分为两组：一个是为日常测验提供训练和支持、家长介入的学校实验组；另一个是继续贯彻传统教学法的学校控制组。

通过对学生的学业成就测验分数做一个统计显著性检验，就可以确定把在两个样本之间的差异归结为偶然误差（零假设），或者归结为样本所代表的总体之间的真实差异的可能性。

假如统计显著性检验导致了对零假设的拒绝，那么我们就会发现，实验学校学生的测验成绩与控制组有差异。这一结果可能并不允许我们得出这样的结论，即这些干预将在每一所学校都起作用。然而，这一结果确实允许我们作出如下试验性的结论，即总体中有一定比例的学校都将或多或少从这些干预中受益。这一结论为决定是否大范围地推广这一干预提供了一个更好的基础，而不是简单地断言"没有什么方法能够适合每一所学校"。

自测题

1. 推断统计的目的是判断是否_____。
    A. 一组分数形成了一个正态分布
    B. 样本量足够大以至于能够判明实验组与控制组之间的区别
    C. 对来自一个总体的随机样本的观察统计结果是一个偶然的发现
    D. 一项研究结果构成了另一项研究结果的非偶然性复制

2. 随着样本量的增加，置信区间_____。
    A. 很有可能会增大
    B. 很有可能会减小
    C. 就会变得更加不可能包含总体参数
    D. 就会变得更加接近于总体的标准差

3. 研究者在统计显著性检验中使用 p 值的目的是_____。
    A. 确定它是不是对一条零假设或定向假设的最好说明
    B. 判断是否有第一类或第二类错误发生
    C. 确定是否接受或拒绝零假设
    D. 判断样本量是否足够大

4. p 值是_____时，"零假设是假的"可能性最大。
    A. .001
    B. .01
    C. .10
    D. 1.00

5. 发生了第一类错误则意味着研究者_____。
    A. 拒绝了零假设而实际上它却是真的
    B. 接受了零假设而实际上它却是假的
    C. 使用了错误的统计显著性检验
    D. 使用了志愿者样本而不是随机样本

6. 假设有研究者对一个学生样本在其开始（前测）与结束（后测）大学生涯时实施了一项有关开放态度的测量，那么，应该建议他们在判断前测与后测平均分差异的统计显著性时做_____。

    A. 协方差分析

    B. 方差分析

    C. 独立样本均值的t检验①

    D. 相关样本均值的t检验

7. 如果一项实验中的两个组的前测分数不同，那么研究者通常会为弥补这一问题而_____。

    A. 使用协方差分析

    B. 计算前测平均分的置信区间

    C. 把前测与后测分数转换为增益分数

    D. 使用统计显著性非参数检验

8. 研究者可能会推测在一项方差分析中发生了交互效应，如果他们发现_____。

    A. 在一项数学学业成就测验上男生与女生有不同的前测平均分

    B. 与低学业成就学生相比，发现学习对高学业成就学生更为有效

    C. 在原始实验中而不是在重复实验中发现了统计显著性效果

    D. 以上所有情况

9. 统计显著性非参数检验_____。

    A. 假设被分析的数据为等距数据

    B. 不假设被分析的数据为等距数据

    C. 必须被使用，即使分数对方差分析的基本假设构成了一个极小的违背

    D. 只适用于连续数据

10. 统计显著性检验最严重的问题是_____。

    A. 第一类错误普遍存在

    B. 第二类错误普遍存在

    C. 教育研究者只能够收集形成一个称名量表的数据

    D. 教育研究者通常只能研究志愿者样本而不是随机样本

本章参考文献

American Psychological Association. (2001). *Publication manual of the American Psychological Association* (5th ed.). Washington, DC: Author.

---

① 原文为"the t test for related means"，译者认为有误，改为"独立样本均值的t检验"。

Cohen, J. (1990). Things I have learned (so far). *American Psychologist*, 45, 1304-1312.

Harlow, L. L., Mulaik, S. A., & Steiger, J. H. (Eds.). (1997). *What if there were no significance tests?* Mahwah, NJ: Lawrence Erlbaum.

Helman, S. (2007, December 23). McCain closing gap with Romney. *The Boston Globe*. Retrieved from www. boston. com.

后续学习材料

Fidler, F. & Cumming, G. (2007). Lessons learned from statistical reform efforts in other disciplines. Psychology in the Schools, 44 (5), 441-449.

本书作者认为，统计显著性检验的价值有限，对专业实践的改进尤其如此。他们同时还认为，效应量和置信区间为判断统计结果的实际意义提供了更为有力的证据。

Thompson, B. (2006). *Foundations of behavioral statistics*. New York: Guilford.

许多有关统计的书籍都是可以利用的。本书提供了有关统计显著性及其相关主题的深度介绍。

第十章
描述研究

重要观点

1. 描述研究提供了关于现状的知识，而这通常是改善教育实践的第一步。
2. 描述研究可以探究某一群体在某一时间点的特征或这些特征随时间的变化，但并不能探究这些特征涉及的因果关系。
3. 盖洛普民意测验、全美教育进展评估和其他组织经常收集关于教育的不同方面的描述性数据。
4. 定组追踪研究、趋势研究与横断面研究采用不同的抽样方法来研究一段时间中的一个群体或组织的发展或变化趋势。
5. 在描述研究中，可用测验、问卷、观察计划、访谈以及其他测量方法来收集数据。
6. 研究者一般通过分析描述性数据来确定研究主题的集中趋势和变异程度。
7. 描述研究的发现能够揭示关于某一特定群体的一般的研究问题、观点、学术研究成果及其他现象。

关键术语

定群研究（cohort study）
置信区间（confidence interval）
横断面研究（cross-sectional study）
描述研究（descriptive research）
纵向研究（longitudinal research）
误差幅度（margin of error）
平均数（mean）
全美教育进展评估（National Assessment of Educational Progress，NAEP）
定组追踪研究（panel study）
菲德塔卡帕和盖洛普联合民意测验（Phi Delta Kappa/Gallup Polls）
标准差（standard deviation）
调查研究（survey research）
趋势研究（trend study）

描述研究与教育实践的相关性

教育者和研究者一般都对学校发生的事情很好奇。比如，教师是否都采用有科学依据的教学方法？学校到底有多安全？少数民族学生在学校能受到尊重与支持吗？教师在工作中都会遇到哪些问题？公众对教育券及特许学校的看法如何？

回答这些关于教育现状的问题需要描述研究。通过描述研究所获得的知识往往是尝试改善教育状况的第一步。例如，一个学区的问题与成功经验往往能帮助教育工作者解决其他学区的问题。反过来，多个学区对常见问题的认识与成功实践也能为某一学区的教育工作者提供帮助。

大规模描述研究的价值可用医学界人工关节问题的解决来清楚地解释（Meier，2008）。一位外科医生发现他的好几个病人在植入一种金属的髋关节后，都经受着巨大的痛苦。这种髋关节被称为Durom cup，是由吉玛集团（Zimmer Holdings）所制造的。这位医生将这个问题告诉了他在专业协会的同事。研究结果发现，这种髋关节存在问题。在问题解决前，这种设备被暂停使用。

迈耶（Meier）记载道，他的病人本来可以避免痛苦：

> 假如那些病人居住在别的国家，如澳大利亚、英国、挪威和瑞典等，这些国家的人工关节是要接受国家数据库追踪调查的，那么这些病人就不会经受这样的痛苦了。吉玛可能在几个月前就暂停了Durom cup的销售。

> 但是美国就缺少这样的国家数据库，也称为联合注册表，这种数据库能够追踪病人安装了假臀部或假膝盖之后的状况。马萨诸塞州总医院亨瑞克·马考（Henrik Malchau）医生指出，因为相关产品或技术存在瑕疵，病人需要一种可替换程序。美国发生这种情况的风险是有政府数据库的国家的两倍。

教育者经常发现，举行会议和专题研讨会最有用的地方在于他们能够有机会与其他教育者分享他们所在学校存在的问题和实践经验。这种分享活动无疑是非常有帮助的，但教育者还需要考虑到对于问题和实践进行国家水平的描述研究的意义与价值。在这一章，我们一起来探讨描述研究如何能够丰富这一类型的知识，从整体层面促进国家教育的发展，从个人层面促进某特定群体的教育的发展。

关于教育的描述研究结果都发表在学术期刊以及大众媒体上，接下来我们来看一些具体案例。

报纸上的描述研究

《纽约时报》有一篇题为《漫长的一天在失败学校所看到的解决方案》的文章，描述了当今学校存在的一个主要问题以及可能的解决方案：

> 全国范围内的州和学区都倾向于延长学生在校的学习时间，因为糟糕的考试结果表明，超过10,000所学校可能在下一年联邦法律的颁布下宣告失败。
>
> 但是一些学校延长了学生的在校学习时间，少至30分钟、多至两个小时，这样的行为受到了很多批评：行政管理者担忧学校的花费大；教师认为他们的工作量已经够多了，并要求提高工资水平并进行修改合同的商谈；家长认为孩子在学校的时间已经够多了（Schemo，2007）。

与此类似的故事和数据统计经常能在报纸和其他大众媒体上看到。一些成功的故事被报道出来，但存在的问题和失败的例子似乎越来越多。作为教育者，你有必要将这些报道记载下来，因为这些报道形成了公众对于学校的一般看法，当然，也包括对你所在的学校和你的工作表现的看法。

盖洛普民意测验

你可能对盖洛普民意测验很熟悉，因为这些民意测验的结果广泛地发布在大众媒体以及其他出版物上。盖洛普民意测验的主要目的是充当公众对感兴趣的不同社会问题的看法的"晴雨表"。

教育者对盖洛普民意测验的一个典型案例应该非常关注，就是每年公众对于公立学校的态度的**菲德塔卡帕和盖洛普联合民意测验**（Phi Delta Kappa/ Gallup Polls）。这一民意测验开始于1969年。在他们的网站（www.pdkintl.org/kappan/kpollpdf.htm）上，你可以找到从开始到现在的所有年份的民意测验结果。

我们在此列举2006年进行的第38期民意测验。这份报告包括44张表格，上面的统计内容描述了公众对于学校管理、测验、成绩差距、课程、教师以及《不让一个孩子掉队法》等问题的看法。表10.1就是其中的一张表格，它展现了其他大多数表格的典型特征，同时强调了教育中存在的实践问题。这种类型的描述研究所表明的问题能够为未来学校改进、研究基金以及政府干预提供优先权。

菲德塔卡帕和盖洛普联合民意测验是调查研究的一种形式。我们把**调查研究**（survey research）定义为系统收集关于被试的观念、态度、兴趣以及行为的数据，通常采用标准化的测量方法如问卷、访谈和测验等。这些测量方法之所以标准，在于每位被试将接受同样的测量，并且以同样的方式进行数据处理。数据通常以描述统计量的形式总结出来。（描述统计量在本章和第七章详细讨论。）

表10.1　菲德塔卡帕和盖洛普联合民意测验：实践问题的调查

你认为你所在地区的公立学校所必须解决的最大问题是什么？

	国家总量			学校中没有儿童			公立学校家长		
	'06%	'05%	'04%	'06%	'05%	'04%	'06%	'05%	'04%
缺乏财政支持/基金/拨款	24	20	21	25	19	22	21	21	20
过度拥挤	13	11	10	12	9	9	16	15	13
纪律差	11	10	10	12	12	10	7	8	8
毒品的使用	8	9	7	8	9	7	7	8	7
学生缺乏学习兴趣	6	*	3	6	*	4	6	*	2
缺乏家长的支持	5	12	4	5	2	5	6	3	3
打架/暴力/赌博	5	8	6	6	7	6	4	10	6

注：*是指少于1%的一半。

资料来源：Table 10 on p.45 of Rose, L.C., & Gallup, A.M.The 38th annual Phi Delta Kappa/Gallup Poll of the public's attitudes toward the public schools. Phi Delta Kappan, 88 (1): 41-56.

调查研究或者任何一种类型的描述研究的价值，取决于数据收集的样本。如果菲德塔卡帕和盖洛普联合民意测验仅仅反映出教育者，或学校学生的家长，或公共环境中的数据收集样本群体的观点，其结果的作用与价值将与这些样本所代表的全体美国人有更大的不同。

实际上，实施第38期盖洛普民意测验的研究者想要反映的是全体美国人的意愿，为实现这个目标，他们采用了一种系统的方法。主要程序如下：

- 他们采用随机数字进行电话拨号，以使没有列入电话黄页的家庭和列入电话黄页的家庭一样包括在调查样本中。
- 他们采用分层抽样（详见第六章），这样就能同等反映美国不同规模的地区和社区人民的意愿。
- 调查所选中家庭是否有近期出生的成员，以确保家庭中所有成员被选入调查样本的机会相等。
- 一般要给每个被选中家庭打三个电话，时间和日期不定，这样就能确保白天不在家而去外面工作的家庭成员有同等的接受调查的机会。

这些程序说明了采取一种科学的调查方法的真正含义。这与和某个圈里的朋友或邻居谈论教育问题，并从这些谈话中得出关于美国人如何看待教育现状的结论这样的调查方法完全不同。

全美教育进展评估

全美教育进展评估（National Assessment of Educational Progress，NAEP）是国会授权的由国家教育统计中心（National Center for Education Statistics）主办的项目（www.ed.gov/programs/naep）。自1969年以来，NAEP一直都在对美国学生的学习成绩表现进行评估，以了解学生在学校学习如阅读、数学、科学、写作、历史和地理等课程的情况。

图10.1是NAEP所开展的描述研究类型的一种。条形图表示国家调查样本中所反映的17岁学生阅读熟练程度（类似的对9岁学生和13岁学生的阅读熟练情况调查的条形图能够在这个网站上找到：http://nces.ed.gov/nationsreportcard/ltt/results2004/nat-reading-perf.asp）。这个条形图显示了某一年中达到非常熟练水平的学生比例。

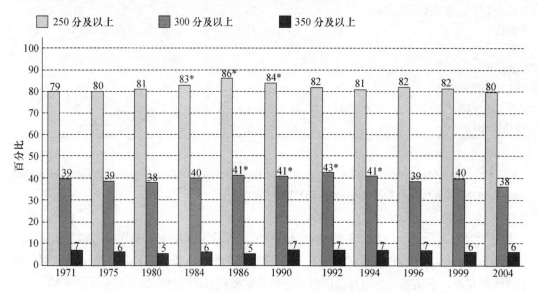

图10.1　1971—2004年17岁学生的阅读水平

注：*表示与2004年情况有显著差异。

资料来源：U. S. Department of Education, Institute of Education Sciences, National Center for Education Statistics, National Assessment of Educational Progress (NAEP), selected years, 1971—2004 Long-Term Trend Reading Assessments. Retrieved from http://nces.ed.gov/nationsreportcard/ltt/results2004/not-reading-perf.asp.

我们将参照2004年的描述结果来解释这个条形图。通过查看图表左上方的图例，我们可以看到样本中80%的学生阅读熟练水平在250分以上，38%的学生阅读熟练水平在300分以上，6%的学生阅读熟练水平在350分以上。

当然，如果我们不知道这些不同阅读水平所表示的意义，这些描述统计数据将毫无意义（第八章也呈现了类似关于NAEP的阅读水平调查的信息）。下面是NAEP提供的（国家教育统计中心）图表所代表的要点：

● 在250分的阅读水平，学生能够对文学、科学及社会研究领域相对较长的文章，进行查找、定位及组织信息等活动。他们还能推断出文章的主要观点和作者的写作意图。

● 在300分的阅读水平，学生能够理解在校学习过的相关主题的较为复杂的文学性和信息性的文章。

● 在350分的阅读水平，学生能够理解专业的且难度较高的文本信息，比如科学材料、论文、历史文件等。他们也能在观点之间的联系没有清晰陈述的情况下，理解不同观念之间的联系。

了解了这些相关信息之后，我们来更详细地分析图10.1。我们发现，在2004年进行的评估中，80%的17岁学生的阅读能力至少达到了250分的水平。这是一个令人欣喜的消息。然而，坏消息就是20%的学生仍然没有达到阅读熟练度的基本水平。描述研究的这些发现表明，对于这一实践情况的严峻形势，仍需要教育者、政策制定者和其他相关人士予以关注。

另一个发现就是，38%的17岁学生的阅读水平达到或超过300分。也许你和我们一样，看到这个结果会有些失望。这些学生都是高中的低年级或高年级学生。我们都觉得，在接受了11年或12年的正规教育之后，精通阅读的学生比例不应该只有38%。最后，图10.1显示17岁学生中阅读水平达到350分及以上的比例只有6%，350分以上意味着这些学生已经达到了大学对学生阅读水平的要求。

现在我们来看图10.1中所有年份的学生阅读情况，统计结果表明，在1971年到2004年期间，学生的阅读水平没有多大提高。每个阅读水平的学生比例实际上没有变化。然而，其他专业领域这段时间的变化是非常大的。例如，医学界提高了某些疾病的治愈率；公共安全管理领域的某些犯罪率下降了；技术上的进步促使更好和更有效的工程项目产生。随着越来越多的教育工作者熟悉并支持描述研究，我们期望他们能够在自己的领域取得更多成就。

描述研究的案例：低收入学校的教学质量

许多描述性研究论文都发表在学术性和实践性期刊上。我们下面来讨论一个描述研究的案例，以此来说明描述研究能解决哪一类实践问题。

玛丽·麦卡斯林（Mary McCaslin）和她的同事（2006）使用了一种结构化的观察工具来描述低收入学校的小学教师如何对三年级、四年级、五年级的学生进行语文和数学的教学。选这个学校的原因是他们得到学校综合改革示范法案（Comprehensive School Reform Demonstration Act）补充资金的资助，使他们能"应用有研究依据的、综合性的全校提升计划来增强学生的学习能力"（第314页）。

研究者对447个课堂中的145位教师进行了2,736次时长为10分钟的课堂观察。他们根据收集的数据分析得出以下结论，大体上，教师的教学都不是基于有效语文和数学教学有关研究的"最好实践"。教育者面临的挑战就是怎样向有需求的儿童提供这些"最好实践"的教学方法。

描述研究的一个非常有趣的特征就是，它能够纠正一些人对于低收入家庭儿童的班级行为的误解。表10.2总结了受过专业训练的观察者对儿童在课堂中活动模式的观察。

其中几项研究结果是非常重要的。在86%的10分钟观察中，至少75%的儿童正在进行学习。而且在85%的观察中，学生的学习行为都是富有成效的。

玛丽·麦卡斯林和她的同事总结了这些研究结果："与以往认为高贫困学校学生上课捣乱、对学习无兴趣的固有成见相反的是，本研究中这些低收入家庭的儿童都使班级呈现出有序、安全及理想的状态。"（第326页）这些研究发现告诉我们，尽管我们强调用描述研究来发现并记录实践问题，但描述研究也能用来鉴别与报告一些教育实践的成就。

表10.2 低收入学校的小学生行为的观察数据总结

变量	观察结果	
	数量	比例
学生在学习		
1=不是很明显/说不清	12	0.42
2=25%及以下	34	1.2
3=25%–75%	351	12.36
4=75%及以上	2,438	85.88
学习结果		
1=不是很明显/说不清	132	4.65
2=没有成效	292	10.29
3=有成效	2,400	54.54
学生问题		
1=没有	1,825	64.58
2=作业管理	488	17.27
3=作业管理与订正	152	5.38
4=作业订正	268	9.48
5=包括思考	93	3.29
课堂扰乱（来/去）		
1=没有	2,504	88.2
2=较少	304	10.71
3=较多	31	1.09
课堂扰乱（从主要办公室）		
1=没有	2,670	94.21
2=有	164	5.78

资料来源：Table 3 on p. 321 of McCaslin, M., Good, T.L., Nichols, S., Zhang, J., Wiley, C.R.H., Bozack, A.R., Burros, H.L., & Cuizon-Garcia, R. (2006). Comprehensive school reform: An observational study of teaching in grades 3 through 5. *Elementary School Journal*, 106 (4), 313-331.

描述研究报告的特征

我们所论述的描述研究具有哪些共同特征呢？第一，描述研究对教育行为、观点或其他教育现象提供了量化描述。第二，描述研究着重挑选有代表性的样本或描述总体，以便能得出普遍性的发现，而不仅仅是某一个体、群体或机构的真实情况。第三，在收集数据之前，研究者会详细论述他们所要研究的对象的典型特征（专业术语就是变量）。

根据描述研究所具有的三项特征，我们可以把**描述研究**（descriptive research）定义为为了精确描述具有代表性的样本行为或个体特征并将其作为预定变量，而进行的量化数据收集与分析。其他定量研究设计（分组比较研究、相关研究和实验研究）也会描述个体行为和个体特征，但这些研究设计的主要目的是揭示个体行为与个体特征之间的因果关系。描述研究不同于质性研究，质性研究主要是对个人、群体、文化、历史时期和其他现象的描述。与定量的描述研究不同，案例研究主要是一系列的研究发现，在研究过程中研究的侧重点和数据收集的方法会随着研究者的问题和研究兴趣的变化而变化。表10.3描述了教育期刊中、技术论文及其他形式的描述研究的典型特征。下面我们会详细阐述其每一个特征。

表10.3　描述研究报告的典型特征

组成部分	内容分析
引言	陈述研究假设、研究问题或研究目的以及相关文献综述。此类研究的共同目标是研究与分析一个实践问题的普遍程度与严重性。
研究设计	研究者选出一个具有他们所关注的特征或问题的样本。可能在某一个时间点或者预先确定的多个时间点来研究这些样本。收集数据之前要先确定和细化要研究的变量。
抽样过程	理想情况下，研究者挑选出一个能代表总体的样本，以便得到有关总体的一般性发现。
测量方法	实际上任何一种测量工具都可以用于数据收集。常用的方法有问卷、测验、结构性访谈。
数据分析	描述统计量通过计算得到并且通常以表格或图像的形式呈现。
结果讨论	总结研究的主要发现，指出研究的不足与局限性，讨论研究发现对进一步研究和专业实践的启示。

引言

描述研究报告的引言部分对将要调查的问题及涉及的方面进行了界定。每个方面都是一个独立的变量。例如，在本章前面所论述的NAEP的描述研究中有两个变量。一个变量是评估阅读水平的具体年份。研究中包含着相互独立的11个年份，因此这个变量就有11个值。另一个变量是阅读的熟练程度，这个变量有3个值（150+、200+和300+）。研究者需要解释为什么选择这些特定的变量来研究，还需要提供一份关于这些变量的已知信息的文献综述。

文献综述和变量的测量（下面要讨论）都比较耗费时间，因此最好是深入研究少数几个变量而不是泛泛地去研究多个变量。为了便于理解，你可以想想你所认识的教育者，他们现在已经成为某一个特定主题的专家，比如多元文化教育或班级管理等。如果他们没有非常透彻地去考察所研究问题的过去和现在的文献资料，没有接受过相关技能的训练，没有观察过技能适用的情境,他们就不可能成为这一研究领域的专家。类似地,研究者倾向于把他们的调查研究集中在与实践问题相关的少数中心变量和理论框架上,这样他们才能成为这一领域的专家。

研究设计

研究者有必要解释为什么选择用描述研究的方法来研究他们所关注的问题、疑惑或对象。通常,选择描述研究设计是因为所要研究的教育现象能够被量化,并用客观维度来测量。

抽样过程

抽样的方法与程序会极大地影响描述研究的可靠性与实用性。有效的样本选择指南在第六章呈现。

如果你正在从事一项描述研究,你主要关注的将是选择一个能代表感兴趣的总体的样本。如果你正在浏览一份描述研究报告,你主要关注的是这项研究选择的样本是否能代表你所关注的个体或群体。

纵向研究中的样本选择。纵向研究(longitudinal research)是指在某一特定时间段中收集某个总体特征的变化数据。这种类型研究中的样本选择比在某一时间点对一种问题或现象进行的描述研究要更复杂。

假设我们想以一组优秀的中学生为研究对象,来研究这些学生的才智在5年之中是如何发展的。这就是**定组追踪研究**(panel study),这类研究考察的是同一个样本在每一个数据收集时间点的情况。相比较而言,**定群研究**(cohort study)是在时间上一直跟踪此样本,但并不要求在每一个数据收集时间点上都必须是一样的群体成员。比如,我们可以选出1,000位优异的学生,在5年里每年从中随机抽取一部分样本来收集数据。

另一种研究纵向变化的策略是趋势研究。**趋势研究**(trend study)是通过在每个数据收集点上,从变化的总体中选择不同的样本来描述变化的研究。例如,假设在第一年里选择出了1,000位优异的学生,并且从中随机抽取了100位进行调查研究。在第二年,他们发现与总体中的75位学生失去了联系,那么他们必须从一个略有不同的总体中选择100位学生参与调查。

在纵向研究中,另一种常见的抽样策略是选取代表不同发展阶段的样本,而且在同一时间点上研究所有样本。这种类型的纵向研究叫作**横断面研究**(cross-sectional study)。例如,玛丽莲·尼波尔得(Marilyn Nippold)和她的同事(2005)想研究从儿童到成人的发展过程中,其句法表达的复杂性如何发展。

句法复杂性包括如句子长度、主句中从句的数量等语言因素。关于句法的复杂性的研究知识能够通过多种方式帮助教育者,比如这种知识可以指导教育者判断学生的语言发展是否典型,或者是优于还是落后于一般水平。

尼波尔得和她的同事（2005）选择在8岁、11岁、13岁、17岁、25岁和44岁这6个年龄段来研究句法的复杂性。如果她和同事从8岁的样本开始研究，那有必要在以后的36年里进行追踪研究，直到44岁。当然，这种方式是行不通的，除非在大规模的、有巨资投入的纵向研究中。路易斯·特曼（Lewis Terman）关于天才儿童的研究就是从被试的儿童期跟踪到成年期（例如，Terman & Oden，1959），这就属于此类纵向研究。

尼波尔得和她的同事在样本选择时，通过采用横断面抽样解决了这个问题。他们选择了分别代表这6个年龄段的个人作样本。这一抽样过程可能仅仅需要花费研究者几周的时间，而不是要像定组追踪研究那样需要花费36年。

横断面抽样的缺陷在于不同年龄水平可能代表了不同类型的群体。例如，与当代8岁的儿童样本相比，44岁的样本可能就没有那么多机会来发展他们的语言技能（如更少或不接触电视、计算机和其他媒体）。在阅读这份报告的过程中，我们发现研究者并没有考虑到总体差异的可能性，这就可能妨碍他们实现自己的研究目标——描述当前社会中不同年龄阶段人口的句法复杂性是如何发展的。

测量方法

描述研究中的变量能够通过第六章所描述的任何一种具体方法来测量：测验、量表、问卷、访谈和直接观察。例如，在前面已经提到过的菲德塔卡帕和盖洛普联合民意测验，就是通过电话完成态度量表来收集信息。前面还提到过的全美教育进展评估，主要依靠学业成绩的标准化测验来收集研究数据。任何一种描述研究的可靠性都取决于测量的质量。我们在第六章提到过的效度和信度，就是衡量测量质量的主要指标。

问卷和访谈的构念

许多新手研究者通常采用问卷或访谈进行调查研究，因为这些测量方法更易实施和控制。实际上，设计问卷和访谈提纲相对来说比较容易，但收集证据证实问卷和提纲的效度和信度需要专门的知识与资源条件。没有这些证据，教育者就不能确信通过使用这种测量方法所得到的研究结果准确可信。因此我们建议，尽可能选择成熟的、经过信度和效度检验的问卷或访谈提纲。这样就可以节省开发测量工具的时间。

如果你觉得有必要研制自己的问卷或访谈提纲，我们在下面提供了几个参考步骤。本章末尾部分的后续学习材料列出一些书籍，其中提供了更详细的关于研制过程的论述。这里有一个问卷的例子，本期关注问卷（the Stages of Concern Questionnaire，SoC），这个问卷自20世纪70年代以来在教育研究和实践领域广泛运用。这个问卷的测量方法和数据处理，以及信度和效度等相关资料都能在教育资源信息中心（ERIC）的引文（Hall，George，& Rutherford，1977）及其全文信息库中免费获取（我们在第四章介绍了ERIC搜索引擎）。

构念的定义。你首先要界定问卷或访谈测量的概念（构念在第六章已经解释）。例如，SoC是用来测量研究者关注的7个假设阶段的，当研究者思考是否在当地采用一项教育革新时，需要考虑这7个假设阶段。吉茵·豪尔（Gene Hall）和他的同事通过文献综述发现关注是教育实践中的一个重要构念。例如，研究者发现，教师对他们的教学很关注，这些关注会随着他们职业生涯的发展而发生类型和程度上的改变。

豪尔和他的同事（1977）（以下称"SoC的开发者"）想知道，教育者是否还关注其他因素，即关注学校要采用的教育革新（比如新的组织结构、项目、教材、教学方法等）。他们把"关注"定义为"对某项事件或任务的感受、关切、想法和考虑的综合描述"（第5页）。

SoC的开发者将对关注的构念划分为7个阶段，每一个阶段都是一个独立的构念：

1. 采用。较少关注或参与这种创新。
2. 信息。大致了解这项创新，并有兴趣对其进行更深入的了解。
3. 个人。不确定人们对这项创新的需求，能否满足这些需求，以及如果创新被采用，每个人的所担任的角色是什么。
4. 管理。关注这项创新的效果、组织、管理、计划以及时间要求。
5. 结果。关注这项创新在一定范围内对学生的影响。
6. 合作。关注在使用这项创新时，与他人的协调与合作。
7. 反思。探索从创新中得到的更广泛的益处，并关注是否有更有效的创新选择。

这7种构念有一个主要假设，就是上一阶段的问题必须解决或者关注度降低，下一阶段的问题才能成为教育者的关注点。

在问卷和访谈中常有关于人口学特征的问题。人口学特征的问题与样本或总体的特征有关，研究报告的读者都认为这很重要或很有趣。以下是SoC问卷中所包含的人口学问题：

- 你的工作中多大比例用于：教学__%管理__% 其他（详细说明）__%
- 你的工作是：全职____ 兼职____
- 女性____ 男性____
- 总教龄：____
- 在现在学校的教龄：____（Hall, George, & Rutherford, 1977, 第69页）

每个人口学特征本身都是一个构念，需要仔细地分析。如果你要求被试提供一些个人特征的信息，比如年龄，你应该首先判断其必要性。研究者通常认为要求被试提供个人信息是有违道德的，除非这些信息与研究目的有关。

在SoC案例中，该问卷的开发者需要询问这些和其他人口学问题以确定个人特性是否对他们关注教育创新有影响。他们这样表述了自己的发现：

> 令我们感到有趣的是，至今为止，标准的人口学变量与关注之间没有显著的相关。相反，正如研究所揭示的，越来越多的证据支持这样一种假设：与执行效果相联系的"干预"和"条件"，是比年龄、性别、教学经验等更重要的变量（Hall, George, & Rutherford, 1977, 第62页）。

我们看到问卷中包含一些人口学变量也获得了有用的发现。研究结果表明，那些试图把实验干预引入学校系统中的教育者应该集中关注有利于干预实施的条件的创设，而不是关注那些采纳和实施干预的人的特征。

编写问卷和访谈提纲。研究方法论的学者已经总结出编制问卷和访谈提纲的指导原则。如果这些问题设置水平较差，将给被试造成消极的影响。其结果是他们可能会非常草率地完成这些题目或者不回答。以下是编写问卷的指导原则，这也同样适用于访谈提纲的编写：

- 在问卷开始的部分，设置一些有趣的、没有多大顾虑的题目。
- 把一些有所顾虑或较难的题目放到问卷的结尾部分。
- 对于一些存在疑惑或较难理解的题目，需要给出如何回答的例子。
- 避免使用"几个""很多""经常"等没有确切意思的词语。
- 避免消极陈述的题目，因为这可能会误导答题者。
- 避免"双管"题，即让被试用一种答案来回答两个独立的问题。例如，"您支持禁欲教育和毒品教育吗？"这个问题就是一个双管题，因为它问了两种截然不同的教育，但要求只有一个回答。
- 避免一些带有偏向性的问题，比如，"您认为要求所有八年级学生都学习代数有何益处？"这个问题就偏向于让回答者看到学习代数的好处，实际上，他们可能认为学习代数没有多大好处。

随着在线调查的出现，人们也总结出了额外的指导原则来发挥电子媒介的优势，避免其劣势。这些额外的指导原则在本章结尾部分的后续学习材料中的几本著作中能够找到。

SoC的开发者们一开始设置了544道题，他们认为这些题能够测量采用一项创新时所关注的7个阶段。他们把这些题发给不同的群体，听取评价，并尝试对其进行统计分析，他们逐渐把544道题减少为35道题。这些题目的开发工作量是异常庞大的，但是即使是开发一个稍简单的工具也需付出相当大的努力。

35道题的每一道都要求被试在包含8个选项的答题卡中圈出一个数字。如果答案是"这不符合我现在的情况"，答题者就在较小的数字（0，1，2）中圈出一个；如果答案是"有点符合我现在的情况",就在稍大的数字(3,4,5)中圈出一个;如果答案是"非常符合我现在的情况",就在更大的数字(6,7)中圈出一个。

以下是35道题中的7道题。每一道题都代表了括号内所显示的不同关注的水平。

1. 我甚至不知道这项革新的内容是什么。(认知)
2. 我很想知道如果我们决定采用这项创新,哪些资源是可以利用的。(信息)
3. 我很想知道在新的系统下,谁将是决策者。(个人)
4. 我关心的是我是否有能力来管理创新需要的每项内容。(管理)
5. 我关心的是这项创新如何影响学生。(结果)
6. 我很想把我的努力与他人的付出协调一致,使这项创新的效果最大化。(合作)
7. 我想根据学生的经验来修改创新措施。(反思)

(Hall,George,& Rutherford,1977,第65–66页)

我们注意到每一道题看起来用语简单,且与计划测量的构念直接相关。这种简单与相关性就是SoC问卷能在研究者和教育者中得到广泛应用的原因之一。

SoC问卷刚开发出来的时候,是用于纸版调查。现在因特网已普及,这样的问卷也越来越多地成为在线调查。在线调查主要有以下三种类型。

第一,研究者可以给有望回复的回答者发送电子邮件,调查的内容就包括在邮件中。回答者通过回复邮件提供答复。

第二,研究者把调查内容以附件的形式通过电子邮件发送。回答者收到信息后打开附件,回答问题,然后以附件的形式把答案发给研究者。

第三,研究者发送电子邮件并在邮件中附上网络问卷的网址,这种调查设计常要依托网络调查软件。回答者答题的同时,他们的答案就直接通过网站反馈给了研究者。通过这种软件程序,就能够分析回答者完成的数据和记录。

采取以上哪种形式取决于回答者和调查问卷的特点,如问卷的长度等。第三种选择(在线调查)可能是目前教育研究中运用最广泛的形式。因为教育研究者所关注的研究对象通常都会用因特网和电子邮箱,同时能够遵循在线调查软件的具体要求进行填答。

效度和信度的证据。效度和信度经常与学习成绩测验联系在一起。因为很多测验都是具有高风险的测量方法。然而,当考虑问卷和访谈提纲的可靠性时,效度和信度是同等重要的。例如,想想关于回答者的年龄或职业的问题,我们怎么知道他们的回答是有效的?一位回答者可能会选择提供正确信息,但也可能由于种种原因提供错误的答案。因此,如果可能,研究者应该考虑用其他数据来核实自我陈述的信息是否有效。当有题项询问被试敏感问题时,这种有效性核实的方法尤其重要。

SoC的开发者们在测量方法指南中提供了不同类型的效度和信度证据(Hall et al.,

1977）。例如，他们发现教师做SoC问卷的得分与他们在访谈中所表达的关注的问题是相关的。他们还发现，与预期一样，从创新计划的第一次引入到学校慢慢接纳这项创新并开展实施活动的两年时间里，教师对于这7个阶段的关注点会不断发生变化。

研究结果

分析描述研究的数据所采用的方法很好理解。研究者通过分析样本在每个测量的变量上得分的分布来看他们的集中趋势和变异。**均值**（mean）和**标准差**（standard deviation）就是实现这一意图的最常用的统计量（均值和标准值在第七章进行了详细介绍）。

图像（figure）与图表（graph）有助于呈现统计结果，尤其对于那些不习惯阅读密集数据表格的人来说更是如此。图10.2就是尼波尔得和她的同事的研究中的一个图像的例子。

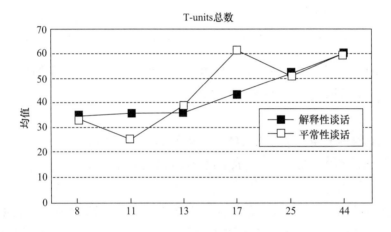

图10.2 每个年龄段的平常性谈话与解释性谈话中的语言输出（T-units总数）

资料来源：Figure 1 on p. 1054 of Nippold, M. A., Hesketh, L. J., Duthie, J.K., & Mansfield, T. C. (2005). Conversational versus expository discourse:A study of syntactic development in children, adolescents, and adults.*Journal of Speech, Language, and Hearing Research*, 48, 1048-1064. Copyright ©2005 by American Speech-Language-Hearing Association.All rights reserved.Reprinted by permission.

图像底端的水平线（x轴）表示研究所划分的6个年龄段。图像的左边的垂直线（y轴）是每个年龄段的群体的交谈中所出现的T-units的平均数量。一个T-unit就是与另一个人交谈时（在研究报告中被称为discourse），所出现一个独立的主句和它所带的从句群。一个T-unit通常包含一个完整的句子。

T-units的频次是每个被试进行的5到8分钟谈话中计算出来的，谈话包括两种类型：（1）关于平常性话题如学校、家庭和朋友的交谈（conversation）；（2）解释性谈话（explanation），在这种谈话中，被试要解释一种喜爱的游戏或运动的规则与策略。

图10.2使得研究结果更容易理解。在解释性谈话中，个体的语言输出在13岁之前都保持不变，13岁开始稳步上升，直至成年。相比而言，平常性谈话中语言输出变化波动更大，在11岁左右稍有下降，11—17岁之间又急剧上升。很有趣的是，关于人使用这种句法的复杂性程度，44岁使用的复杂性并没有高于17岁时使用的复杂性。同样的结果也能在统计表格中得到反映。但对大多数人而言，这些表格并没有图像那样容易理解。

一些描述研究还常用问卷或简短的结构化访谈提纲来进行调查。因为这些测量方法容易操作和统计，研究者确实有时也能从一个特定的总体中获得随机样本。如果情况真是这样，就可根据样本的均值或其他描述统计量来计算置信区间。**置信区间**（confidence interval），也称为**误差幅度**（margin of error），提供了关于概率的信息，即置信区间有多大可能包括了真正的总体参数（在第九章详细解释了置信区间）。

讨论：实践意义

一般而言，描述研究的讨论部分包括对主要的研究结果的总结，分析研究设计和实施中可能存在的不足，讨论这项研究对于进一步研究的启示。下面举一些例子来说明。

第38期菲德塔卡帕和盖洛普联合民意测验。2006年发表的民意测验报告，从统计结果中得出了关于教育实践的多个结论。以下就是其中一个主要的结论：

> 公众的强烈愿望就是提高已经存在的公立学校的质量。制定与此相关的政策就很有可能得到公众的支持。（Rose & Gallup，2006，第42页）

那些认可这些研究结论及其启示的人就可能以此来激励教育工作者、政策制定者及其他相关群体集中主要精力关注已经存在的公立学校系统的完善，而不是创造新的体系如特许学校或教育券计划等。

教师对于全纳教育的看法。本章最后的期刊论文报告了一项研究，论述了教师关于正常班级中包括有学习障碍的学生的看法和观念。论文的讨论部分从以下陈述开始：

> 调查和后续电话访问的研究结果表明，如果学校试图给学习障碍学生提供全纳数学教育，并且使所有的学生在标准化测验中达到联邦和州的要求，有三个主要问题急需解决。这些问题包括：（1）教师对全纳学生的数学学习需求缺乏认识；（2）教师合作的重要性；（3）教师在职前和入职后对全纳教育的准备不足。（DeSimone & Parmar，2006，第107页）

这个例子说明了描述研究如何揭示实践中存在的问题，进而促进教学的改善和教师教育的发展。

黑人大学生的地位平等。 劳拉·佩纳（Laura Perna）和她的同事（2006）对一个大规模调查数据进行了分析，这个数据中包含了有关美国南部公立大学中，黑人在入学和获得本科学位方面的公平性的信息。结果发现，1991—2001年黑人获得了更公平的待遇，但仍然存在很多的不公平现象。佩纳和她的同事基于他们的研究，论述了几点该研究对实践的意义：

> 黑人将继续代表一半的南方公立高中毕业生。这些数据显示，高等教育机构现在应该采取措施解决19个南部和南部边界各州黑人学生在大学入学和获得学位方面的不公平问题。（第223页）

> 作为解决一直存在的黑人入学和获得学位问题的第一步，公共机构的研究者首先应该监督自己学校的种族平等问题的解决。（第224页）

这些论述表明了描述研究能够揭示广泛存在的实践问题。很多人只知道当地学校存在的问题，因为他们仅仅依靠自身的经验来积累知识。好的描述研究能通过从更广泛的总体中抽取样本，使人们看到更广泛的不同情境。这样，研究者就能够判断问题存在的普遍程度，而不是仅仅判断在某个社区这种问题是否存在。

描述研究的评估

附录2所提供的标准是用来评估描述研究的。以下是一些额外的评估标准，以问答的形式呈现，这些标准同样能够用来判断一项描述研究的可靠性。

- 如果研究者把他们的研究发现从样本推广到某个特定的总体，他们是否运用一定方式证明了推广的合理性？

一项描述研究就是研究某一特定总体的特征。如果研究者以样本来代表这一特定的总体，就需要详细分析这一总体的特征。如果样本不是从总体中随机抽取的，他们就需要解释这些样本怎样具有代表性。

- 如果样本是从总体中随机抽取的，研究者对统计结果的样本误差进行测量了吗？

如果研究者从特定的总体中随机抽取样本，他们就应该给出每一个统计结果的置信区间。

- 研究者是通过试点研究开发问卷、访谈或观察量表吗？

测量工具的结构比想象的要难。因此，一般研究者会设计出测量的最初版本，然后进行试调查和修改。进行试调查表明了一种测量工具具有一定程度的效度和信度。

- 是否确保了用于调查的题目的高质量？

不管是在问卷、访谈，还是观察量表中，要设计高质量的题目是很难的。如果研究报告包括这些题目，要检验这些题目的清晰度和相关性。如果是问卷题目，你可以用本章前面呈现的标准来分析这些问卷题目。

一个范例：描述研究如何帮助解决实际问题

随着社会发展变化，学校课程也在一定程度上跟着改变。以下就描述了这样一种真实发生的变化。

这一代学生正在发生一种特别的改变。瑞秋·吉特（Rachel Gutter）是美国华盛顿绿色建筑委员会的教育外联协调员，他说："越来越多的年轻学生对于绿色环保的语言……越来越流利。"学生经常会带头发起绿色工程，因为"他们没有看见一些阻碍性因素"。吉特说："成年人该会想，'这成本太高了'；学生则会说，'让我们一起赚钱把这件事做好'。"

Chandler, M.A. (2008, July17). Student reaches for the sun and succeeds: Solar panel project at Mason High aims to bring awareness. *The Washington Post*, p. PW08.

美国绿色建筑委员会旨在确保建筑能符合高效、节能和环保的设计标准。这位教育外联协调员没有详细说明这种环境运动的规模有多大。这是否是一件值得教育者关注的事件呢？在学校课程方面还有许多其他要求变革的呼声，因此，教育者面临着抉择何种问题优先解决的困境。而描述研究能够帮助困境中的教育者解决这一难题。

为了判断这项学生发起的环境"绿色"运动的规模程度，定量研究的研究者能够通过随机抽取其中一部分学生样本，并设计一套问卷来测量：（1）学生对于"绿色"计划的态度如何；（2）他们是否为实施这些计划，参与了募捐活动；（3）他们筹集了多少资金。研究者也能调查出家长、教师、社区成员以及政策制定者等利益相关者对这项"绿色"运动的态度。

这项研究的结果可以判定是否有足够的动力来开发"绿色"课程和筹集资金活动，以及确定这些活动能否提高学生对学校的评价以及他们的学业成就。

自测题

1. 全美教育进展评估的主要目的在于_____。
   A. 收集公众对公立学校教育质量的看法的数据
   B. 收集教育者关于他们所在区的学校在五年期间的改善程度的信息

C. 判断美国学生在选修课程学习中的学习情况

D. 以上都是

2. 描述研究的一个主要特征是_____。

   A. 侧重发现变量之间的因果关系

   B. 集中对一种现象进行个案研究

   C. 在数据收集之前确定要关注的变量

   D. 在数据收集之后确定要关注的变量

3. 在横断面纵向研究中，研究者_____。

   A. 选择代表不同年龄阶段的样本并且在同一个时间点研究所有的样本

   B. 在不同时间从不断变化的总体中选择不同样本

   C. 选择一个样本并对其进行跟踪研究

   D. 对一个群体进行分层，以保证在不同时间点所关注的亚群体具有代表性

4. 术语置信区间和误差幅度是指_____。

   A. 10%或更多的样本没有参加调查的情况

   B. 一个样本统计的置信区间没有包括总体参数的可能性

   C. 样本分数没有呈现正态分布的可能性

   D. 样本的均值、中位数和众数之间有显著差异的情况

5. 描述研究_____。

   A. 只用于调查问卷的使用

   B. 只用于标准化成绩测验

   C. 可以采用任何一种方法收集量化数据

   D. 与其他类型的定量研究的不同之处在于，测量的效度和信度不重要

6. 问卷调查要求_____。

   A. 效度检验而不要求信度检验

   B. 信度检验而不要求效度检验

   C. 同时检验效度和信度

   D. 使用人口学问题

7. 问卷调查题目_____。

   A. 在编写前应该明确要测量的构念

   B. 应该进行排序并把难题放在最后

   C. 能够用来测量回答者的人口学特征

   D. 以上都是

本章参考文献

Hall, G.E., George, A.A., & Rutherford, W. L. (1977). *Measuring stages of concern about the innovation:A manual for the use of the SoC Questionnaire.* Austin: University of Texas Research and Development Center for Teacher Education. (ERIC Document Reproduction Service No. ED147342)

McCaslin, M., Good, T. L., Nichols, S., Zhang, J., Wiley, C. R. H., Bozack, A. R., Burross, H. L., & Cuizon-Garcia, R. (2006). Comprehensive school reform: An observational study of teaching in grades 3 through 5. *Elementary School Journal*, 106 (4), 313-331.

Meier, B. (2008, July 29). The evidence gap: A call for a warning system on artificial joints. *New York Times*. Retrieved from www.nytimes.com.

National Center for Education Statistics. (n.d.). *National Assessment of Educational Progress. Long-term trend: Reading performance-level descriptions.* Retrieved from http://nces.ed.gov/nationsreportcard/ 1tt/reading-description.asp.

Nippold, M. A., Hesketh, L. J., Duthie, J. K., & Mansfield, T. C. (2005). Conversational versus expository discourse: A study of syntactic development in children, adolescents, and adults. *Journal of Speech, Language, and Hearing Research*, 48, 1048-1064.

Perna, L. W., Milem, J., Gerald, D., Baum, E., Rowan, H., & Hutchens, N. (2006). The status of equity for Black undergraduates in public higher education in the South:Still separate and unequal. *Research in Higher Education*, 47 (2), 197-228.

Rose, L.C., & Gallup, A. M. (2006). The 38 th annual Phi Delta Kappa/Gallup Poll of the public's attitudes toward the public schools. *Phi Delta Kappa*, 88 (1), 41-56.

Schemo, D.J. (2007, March 28). Failing schools see a solution in longer day. *New York Times*.Retrieved from www. nytimes.com.

Terman, L.M., & Oden, M.M. (1959). *The gifted group at midlife* (Vol.5). Stanford, CA: Stanford University Press.

后续学习材料

Berends, M. (2006). Survey methods in educational research. In J. L. Green, G. Camilli, & P. B. Elmore (Eds.), *Handbook of complementary methods in education research* (pp. 623-640). Mahwah, NJ: Lawrence Erlbaum.

本书作者简要评述了教育研究中常用的调查方法。

Fowler, F. J., Jr. (2008). *Survey research methods* (4 th ed.). Thousand Oaks, CA: Sage.

作者解释了做调查研究时需要考虑的问卷和访谈的各个方面。

Rose, L. C., & Gallup, A. M. (2004). Sampling tolerances. *Phi Delta Kappan*. Retrieved from www.pdkintl. org/kappan/kpoll0409sample.htm.

这篇简短的论文详细说明了样本误差,采用了第36期菲德塔卡帕和盖洛普联合民意测验的例子详细解释,这次测验是关于公众对于公立学校的态度与想法。

Sue, V. M., & Ritter, L. A. (2007). *Conducting online surveys*. Thousand Oaks, CA: Sage.

本书提供了关于设计和实施在线调查的方法论的广泛内容。

Stewart, C. J., & Cash, W. B., Jr. (2008). *Interviewing: Principles and practices* (12th ed.). Boston: McGraw-Hill.

本书详细介绍了访谈调查的实践步骤以及这种研究方法的理论基础。

第十一章
分组比较研究

■ 重要观点

1. 教育的发展在很大程度上取决于我们发现教育实践问题之缘由及其可能产生的负面作用的能力。
2. 在分组比较研究和相关研究中,自变量没有被控制。
3. 分组比较研究报告的引言部分应包括:(1)为什么这项研究是重要的;(2)研究的特定目的;(3)被调查的变量;(4)文献综述中的发现。
4. 分组比较研究设计应包括多元的自变量和多元的因变量。
5. 在理想的分组比较研究设计中,样本是从特定总体中随机抽取的。
6. 分组比较研究设计对用来测量自变量和因变量的工具没有任何限制。
7. 在分组比较研究中,常用的统计显著性检验包括t检验、方差分析和非参数检验(曼-惠特尼U检验、维尔克松符号等级检验、克鲁斯克尔-瓦利斯显著性检验、卡方检验)。
8. 分组比较研究中的统计结果的实践意义是由效应量决定的。
9. 分组研究报告的讨论部分应包括:(1)概述研究的发现;(2)考虑研究设计和执行中的不足;(3)阐述该研究对后续研究和专业实践发展的意义和启示。

> [!NOTE] 关键术语

方差分析（analysis of variance）
因果关系（causal relationship）
构念（construct）
因变量（dependent variable）
效应量（effect size）
固定变量（fixed variable）
分组比较研究（group comparison research）
自变量（independent variable）
交互效应（interaction effect）
克鲁斯克尔-瓦利斯显著性检验（Kruskal-Wallis test of statistical significance）
曼-惠特尼 U 检验（Mann-Whitney U test of statistical significance）
匹配法（matching procedure）
统计显著性非参数检验（nonparametric test of statistical significance）
统计显著性参数检验（parametric test of statistical significance）
统计显著性检验（test of statistical significance）
t 检验（ t test）
维尔克松符号等级检验（Wilcoxon signed-rank test of statistical significance）
x 变量（x variable）
y 变量（y variable）

定量研究设计的分类

关于研究方法论的文献对定量研究设计的分类并无定论。我们在这一章和下一章的研究论述中也存在这样的状况。所以，在这一章的开始，我们来讨论研究的设计和分类方法的选择。

我们的出发点是研究者选择研究的变量。我们在第六章解释了变量是对**构念**（construct）的定量表达。比如，我们可以认为自我概念是一个变量，因为我们可以想象这个构念中的变动：人们对自我概念有不同的认识水平，从高到低的波动。

在描述研究（参见第十章）中，变量指的是样本的特征，比如，学术成就、受教育年限、社会经济地位和态度。描述研究不能尝试证明这些变量是否与其他变量之间有因果关系。

所有其他的定量研究设计，不管是明确的，还是含蓄的，都把变量界定为反应**因果关系**（causal relationship）的因素。如果研究中涉及两个变量，例如，一个通常被界定为原因变量，一个被界定为结果变量。研究者通常将"原因"变量称为**自变量**（independent variable），把"结果"变量称为**因变量**（dependent variable）。在统计中，将"原因"变量称为 x **变量**（ x variable），把"结果"变量称为 y **变量**（ y variable）。

在实验研究设计中，介入或干预的变量（如教育项目或者教学手段）是自变量，它被用于探究什么在起作用，或者作用是什么以及是如何起作用的。这些影响就是因变量。

"描述研究"和"实验研究"的含义是明确的，并且研究者使用时也不存在分歧。有一个例外是描述研究有时被称作调查研究。尽管在一些研究中，研究者收集了在概念上有因果关系的变量数据，但是这一研究设计中其实没有干预变量，既不是描述研究也不是实验研究。他们使用了另外两种研究设计，这正是我们在这一章和下一章要讲的。

涉及因果关系的非实验研究

一些没有通过实验方法来探索变量之间因果关系的研究在教育学和其他学科中已经被赋予了各种标签，包括因果对比研究、相关研究、纵向研究、分组比较研究、关系研究。伯克·约翰逊（Burke Johnson, 2001）注意到这些标签可能带来的混淆，并提出了两个新的概念：预测性的非实验研究与解释性的非实验研究。每种提法都有价值或优点。我们在这里提到它们，是希望你们在研究报告中遇到它们时能明白其所指。我们的着眼点在于比较和区别这两种研究设计，他们都是探索变量之间的因果关系的非实验研究。

一种类型的设计涉及分组对比（如比较两组数据中某变量的均值），我们把这种研究叫作分组比较研究。另一种类型设计涉及使用相关统计分析，我们把这种研究叫作相关研究。

在本书的上一版中，我们用了"因果比较研究"的概念，而不是"分组比较研究"的概念，因为前者在研究文献中被广泛地应用。但是，约翰逊和其他人批评这一概念称谓的使用会让人误以为因果比较研究是用于探索因果关系的，但实际上相关研究不能探索因果关系。

就像你将看到的，分组比较研究和相关研究这两种非实验研究设计对探索因果关系都是有用的，即使它们不能像实验研究那样在一定程度证实因果关系。

分组比较研究对教育实践的实用性

如果你反思所关心的教育实践，会发现很多都涉及因果关系。例如，当我们在准备这一版书时，由于一个州立大学的学生在杀了很多同学之后自杀，公众深感不安。大量的媒体调查此事，希望能够找出这名学生犯下杀人罪行的原因。媒体的反应很多是对原因和结果的关注：什么因素（原因）导致了这样暴力的行为（结果）？

同理可推及其他引起教育工作者及社会各界人士关注和警觉的现象。例如，青年肥胖症的增长，儿童自闭症的发生率上升，学生中白种人与其他种族间的长期分隔，校园恐吓行为的盛行。

这些问题引发一个关于原因和结果的疑问。这些问题为什么会发生？注意：这个问题成立的前提是结果（如自闭症）已经发生，我们现在只是通过对过去的探寻去找出导致结果的原因。换句话说，研究的重点是解释原因。我们观察某种特定现象并试图去解释为什么会发生。

除了解释原因，研究者同样关注预测或估计。例如，教师教育者和学校领导者希望挑选出最好的教师教育项目或最适合教师岗位的人选。他们会问这样的问题："如果我们为某项目或职位挑选了一个人，他有多大可能成为一个称职的教师？"

官员和普通民众都关心如何预测或估计。如果公共教育预算增加，那学校的教学质量会不会不断提高？如果缩小学校规模，学生是不是会对教育更满意，学到更多？如果政府支持特许学校，那些公立学校的质量会不会反而下降？

如果分析预测的过程，我们会发现预测也涉及因果关系的研究，但关注点是在未来而不是过去。这一因果关系中的原因是某一行为（如挑选教师或增加学校预算），而行为的结果就是影响。

分组比较研究被广泛地运用于探索以上可能的因果关系。我们将**分组比较研究**（group comparison research）定义为有以下任意一种情况的量化实证研究：（1）比较不同自变量的两组，其因变量是否也因此有所差异；（2）比较不同因变量的两组，其自变量是否也有所不同。

如果分组比较中的自变量不同（如高中的毕业者和退学者），研究的目的是比较和预测他们在未来某时间点是否会有不同的表现。如果分组比较中的因变量不同（如阅读能力），研究的目的则是用过去某时间点的特征变量解释这种差异。

分组比较研究的案例

下面是有关分组比较研究及其在运用中相关问题的案例。在这些案例中，我们将一些变量处理为自变量，一些变量处理为应变量。

高收入学校和低收入学校的新教师体验

> Johnson, S. M., Kardos, S. M., Kauffman, D., Liu, E., & Donaldson, M. L. (2004). The support gap: New teachers' early experiences in high-income and low-income schools. *Education Policy Analysis Archives,* 12 (61). Retrieved form http: //epaa.asu.edu/epaa/v12n61.

苏珊·约翰逊（Susan Johnson）和她的同事发现，与高收入学校的新教师相比，低收入学校的新教师得到的工作机会信息匮乏并且滞后，较少从经验丰富的同事那里得到指导，也很少得到符合国家标准且灵活的课程训练。

在这项研究中，这个学校的学生的家庭收入水平是自变量，新教师关于雇佣、指导、课程设计的经验是三个因变量。很明显的是，由于学校学生的家庭收入水平这个因素的形成早于其他因素,因此我们假设家庭收入水平会影响其他因素。分组比较即按自变量的不同进行分组(家庭收入水平)。

研究者建议学校管理者授权让所有学校提前招聘,那样低收入学校和高收入学校就有同等的机会得到最优秀的教师人选,并且低收入学校的管理者会努力地使一个新教师能跟着一个有经验的教师学习。

大学生对教授评价的性别差异

Basow, S. A., Phelan, J. E., & Capotosto, L. (2006). Gender patterns in college students' choices of their best and worst professors. *Psychology of Women Quarterly*, 30 (1), 25-35.

在高等教育的大部分历史中,很少有女性获得教授职位。这种现象正在迅速地改变,因为越来越多的女性受雇于大学。了解这种制度性变化是否会对女性教员以及与她们有相互影响的人产生实践问题就显得很重要。

研究者要求大学生描述他们认为的最好的和最差的教授。选择女教授作为最好教授的男学生数量要比预期的少,选择女性教授为最好教授的女学生的数量与预期相近。男学生普遍描述他们认为最差的女教授思想封闭、课堂互动技巧差。

学生性别和教授性别都是自变量,学生关于教授教学能力的观点是因变量。这种变量分类方式反映出一个事实,即学生性别和教师性别在大学之前业已形成,并且被认为影响着学生对教授的看法。

基于研究发现,研究者对实践的主要建议是:因为性别偏见的原因,学生对于教授优点的评估需仔细分析。他们还建议如果教授想得到学生的好评价,女教授应尝试使自己更容易被学生接近,男教授应尝试展示其博学、活力、清明和组织能力。

学生的住宅和学校流动性的作用

Engec, N. (2006). Relationship between mobility and student performance and behavior. *Journal of Educational Research*, 99 (3), 167-178.

每年,有相当比例的幼儿园到12年级的学生更换居住地和学校。这些学校能否满足流动学生的上学需求成为人们关注的焦点。

研究者分析了一学年中学生的流动类型,并据此划分了四组学生:(1)没有流动的学生;(2)一次流动的学生;(3)两次流动的学生;(4)三次及以上流动的学生。结果显示,随着流动次数的增加,学生的学术成就下降,且更可能休学或留级。

学生流动是自变量,学生学术成就、休学或留级是因变量。因为学生流动发生在前,后续才有被测出的学术成就、休学或留级。

研究者基于研究发现,给出了一些建议,如发展学生信息记录系统可以帮助新学校的教育者为流动学生提供相关服务。

分组比较研究报告的特征

表11.1展现了分组比较研究报告的显著特征。在接下来的部分,我们会解释每一种特征,并且用一种学校计划的研究来论证它,我们把这种学校计划称为大块时间课时制的学校计划。

表11.1　分组研究报告的基本结构

部分	内容
引言	阐述假设、问题、研究目标,综述相关文献。研究的目的是直接或间接地研究影响实践问题的因素或者去研究实践问题所产生的结果
研究设计	把研究对象分成两组或更多组。如果研究是考察引起组与组之间不同的因素,组就代表因变量,因素(也就是假定的原因)就是自变量。如果研究涉及预测和估计,组就代表自变量,随后测量的结果是因变量(也就是影响)
抽样程序	研究者试图选择每组的研究对象,他们在自变量和因变量上有不同的特征,但他们在其他方面又很相似
测量	事实上,任何测量方法都可以用来收集自变量和因变量的数据
数据分析	计算和描述自变量和因变量。检验组间差异的方法主要有t检验、方差分析、协方差分析和x^2检验
讨论	概述主要的研究结论,讨论研究的不足和局限性。考虑研究发现对以后研究和专业实践的意义

引言

分组比较研究报告的引言部分应包括:(1)为什么这项研究是重要的;(2)研究的特定目的;(3)被调查的变量;(4)文献综述中的发现。

考虑到由莱斯利·弗林,弗朗西斯·劳伦茨和马修·舒尔茨(Leslie Flynn, Frances Lawrenz, & Matthew Schultz, 2005)进行的大块时间课时制研究。他们在报告开始就提到,初中和高中的传统课时表包括六或七节课。每节课仅40或50分钟。相对比而言,大块时间课时制的节数更少,所以每节课的教授时间有85—100分钟。研究者还注意到近来的标准化教学,要求教师提高学生的问题解决能力和高阶思维能力。

研究者假设"因为许多根据课程标准进行的实践需要更深入的调查、讨论和反思，所以大块时间课时制是有效教学的催化剂，这也是传统教学中所忽视的"（Flynn et al., 2005，第15页）。该研究正是要验证这个假设。

这项研究还有帮助教育者处理实践问题的目的。研究者指出，目前教师需要对学生的学习负责并且达到课程标准。大块时间课时制能否帮助教育者达到问责的要求仍然是个问题。正如研究者指出，"目前的研究给学校管理者提供了额外的数据，这些数据可以帮助学校选择应采取哪种课时制"（Flynn et al., 2005，第16页）。

这项研究中的自变量（也就是假设的原因）是学校课时制，它有两种标准：（1）大块时间课时制；（2）传统课时制。因变量（也就是假设的结果）是数学教师的17项基于国家标准的教学行为，这17项活动反映了当前国家标准对数学教学的要求。

研究设计

当研究者不能够控制自变量时，他们通常会采用分组比较研究设计。在我们列举的研究中，无法想象研究者能够得到学校管理者的允许去选择传统课时制学校作为样本，并且随机地分配他们继续使用传统课时制或改用大块时间课时制。学校系统不习惯于这种实验，也提供不了相应的资源。

另一种可能的选择是寻找"自然"实验，这种实验是学校系统或其他服务机构自发地进行一些他们感兴趣的实践活动。大块时间课时制就是这种情况的一个实例。研究者挑选已经采用大块时间课时制的学校，并把这些学校与仍然采用传统课时制的学校相比较。

当自变量涉及不能被控制的个人或小组特征时，分组比较研究设计也是可行的。一些研究者把这些变量归纳为**固定变量**（fixed variable），因为他们不能被研究者或其他组改变。比如，种族对个人而言是固有的。同样，家庭结构（例如双亲家庭、单亲家庭、组合家庭）等其他特征是由外部因素决定的。

我们的检验研究涉及一个自变量：学校课时制。基本的分组研究设计也可以加入额外的自变量。例如，样本中的所有学校都是初中。如果研究者选择了有传统课时制和大块课时制的高中，学校的层次就是另外一个自变量。

额外的学校层次变量能够使研究者探究课时制（一个自变量）和学校层次（另一个自变量）对教师授课（因变量）的作用。同样，研究者能够调查不同层次的学校是否有不同的课时制。例如，研究者可能会发现大块时间课时制对初中教师的教学有作用，对高中教师的教学却没有作用。

分组比较研究设计还可以包括多个因变量。例如，研究者可以检验大块时间课时制对一些因变量的作用，这些因变量有教师的讲授、教师的抗压水平、学生对学校的态度和学生的学业成就。

抽样程序

就像所有定量研究一样，做分组比较研究的研究者应选择样本，这个样本对他们希望研究的整体有代表性。为了达到这个目标，他们需要确定总体数量并从中随机抽取样本。

通常，研究者缺乏资源去确定总体数量，并且从中随机抽取被试者。特别是，当总体分散在广泛的区域，并且要通过与样本直接联系收集数据。因此，研究者只能选择可用样本并描述他们的细节特征。报告的阅读者可以了解这些特征，并自己决定这一结果能否借鉴，是否可推及至他们关心的总体。

在学校课时制的研究中，研究者的样本学校来自三个州。他们说明"尽管样本不是随机选取的，也并不能代表这三个州的所有学校，但是它包括了不同特征的教师、学校负责人和学校"（Flynn et al.，2005，第17页）。

从理论上来说，比较组之间应只有自变量的值不同，而其他方面相同。否则，我们不能够确定因变量组间差异是自变量不同带来的结果，还是其他变量带来的。

在学校课时制的研究中，研究者把传统课时制和大块时间课时制进行了多方面特征的对比。他们发现较高比例的传统课时制学校的入学率较低，贫穷学生更多。两类学校的教师有相似的教学经验和专业准备。但是很明显，在采用大块时间课时制的学校，有数学学位的教师比例更高（75%：51%）。

使比较组更加相似，以便排除外部不相干的自变量影响的方法是把一组的每一个被试与另一组的每一个被试联系在一起，使其被试者具有相似的特征。把具有共同特征的两个被试配对，这被称为**匹配法**（matching procedure）。尽管这种方法是研究中常用的，但它有一些潜在的缺点。它可能会剔除部分样本，并且不能排除一种可能：特征相似的比较组的差异正是研究者配对的结果。

另一种使比较组相似的方法是用统计方法，如协方差分析（见第九章）或者多元回归分析（见第十二章）。这些方法并不是完美无瑕的，但是它们能使研究者估算出，除了自变量的作用，某具体的其他变量是否对因变量起作用。

在学校课时制案例中，有这样的可能性，即研究者用协方差分析来确定学校规模、教师数学专业的训练这些自变量是否对教师的授课（因变量）有影响，并且指出学校的课时制对教师的授课具有确定性的作用。换句话说，如果两个比较组的学校的规模、教师的数学专业准备方面都很相似的话，协方差分析能够估算出学校课时制对教师授课的作用有多大。

测量

分组比较研究中的变量可以通过第六章介绍的方法测量，这些方法有测验、量表、问卷、访谈和直接观察。

在学校课时制的研究中，研究者并没有自行展开数据收集，他们采用由国家科学基金会资助的跨州研究中的可得数据及其测量定义。在该研究中，校长填写了关于学校特征的调查问卷，教师完成了关于在数学课堂上教师的教学行为和教学所用时间的调查问卷。17项行为在表11.2中显示，所用的时间变量在表11.3中显示。

表11.2　在传统课时制学校和大块时间课时制学校的学生课堂行为

学生行为	课时制	N	均值	标准差	P
用计算器或电脑解决数学问题	大块时间课时制	69	4.07	0.90	.04*
	传统课时制	79	3.70	1.30	
解决实际问题	大块时间课时制	70	3.94	1.10	.91
	传统课时制	79	3.82	0.97	
参加讨论，加深对数学的理解	大块时间课时制	69	3.59	1.02	.07
	传统课时制	79	3.24	1.35	
小组内分享观点或解决问题	大块时间课时制	69	3.45	1.08	.49
	传统课时制	79	3.32	1.24	
记录和评价他们自己的数学学习	大块时间课时制	69	3.19	1.36	.34
	传统课时制	79	2.96	1.52	
在课内阅读数学教科书	大块时间课时制	70	3.11	1.52	.61
	传统课时制	79	3.24	1.48	
在教学前了解学生的相关知识基础	大块时间课时制	70	2.84	1.19	.32
	传统课时制	79	2.65	1.23	
参加学生组织的讨论	大块时间课时制	69	2.81	1.48	.22
	传统课时制	77	2.51	1.48	
参加数学动手实践活动	大块时间课时制	70	2.69	0.93	.54
	传统课时制	79	2.58	1.12	
记录、描述和/或者分析数据	大块时间课时制	70	2.64	0.96	.93
	传统课时制	79	2.68	1.15	
完成有核心技能要点的练习	大块时间课时制	70	2.50	1.03	.48
	传统课时制	79	2.62	0.93	
在笔记或日记中写反思	大块时间课时制	70	2.19	1.38	.00*
	传统课时制	79	1.59	1.10	
通过模仿学习	大块时间课时制	70	2.07	1.07	.96
	传统课时制	79	2.08	1.20	
在课内阅读其他与数学相关的资料	大块时间课时制	69	1.91	1.09	.96
	传统课时制	79	1.92	1.30	
在课内做正式的报告	大块时间课时制	69	1.48	0.82	.96
	传统课时制	79	1.48	0.89	
在课堂教学中利用社区资源（博物馆、商人）	大块时间课时制	69	1.35	0.64	.76
	传统课时制	79	1.32	0.63	
准备写最少三页的数学报告	大块时间课时制	70	1.07	0.26	.82
	传统课时制	79	1.08	0.31	

注：课堂行为为5分定序变量：1=很少或从不，2=每月一次，3=一星期一次，4=一星期2–3次，5=每天。

资料来源：Table 2 on p. 19 of Flynn, L., Lawrenz, F., & Schultz, M. J. (2005). Block scheduling and mathematics: Enhancing standards-based instruction? *NASSP Bulletin*, 89 (642), 14-23.

表11.3 课堂上的时间使用

行为	课时制	N	均值	标准差	P
教师展开集体教学	大块时间课时制	70	3.96	0.98	.91
	传统课时制	81	3.96	1.02	
学生个人自学	大块时间课时制	68	3.22	0.86	.12
	传统课时制	81	3.47	1.05	
学生分小组学习	大块时间课时制	69	3.14	0.88	.16
	传统课时制	78	2.91	1.08	

注：各类行为所占时间的百分比转化为6分定序变量：1=0%，2=1%–10%，3=11%–30%，4=31%–50%，5=51%–70%，6=71%–100%。

资料来源：Table 3 on p. 20 of Flynn, L., Lawrenz, F., & Schultz, M. J. (2005). Block scheduling and mathematics: Enhancing standards-based instruction? *NASSP Bulletin*, 89 (642), 14-23.

结论

通常，分组比较研究中数据分析的第一步是描述统计，主要是均值和标准差。大块时间课时制的统计结果在表11.2和11.3中显示。

仔细分析描述统计的结果可以发现，大块时间课时制学校和传统课时制学校的数学教师的教学行为很相似。两类学校教师的个别行为存在差异，大部分地方表明大块时间课时制的学校教师比传统课时制学校教师使用的标准教学实践略多一些。

接下来的一步是判断我们观察到的两组的均值差异是否显著。**统计显著性检验**（test of statistical significance）在第九章中已经阐述。分组比较研究常用的统计显著性检验在表11.4中显示。

表11.4 用于分析分组比较研究和实验研究数据的统计方法

统计显著性检验	目的
参数检验	
t检验	主要用来确定两个均值之间是否具有显著性差异；也用来确定一个单独的样本均值是否显著地不同于一个特定总体的均值
方差分析	用于判定一个或多个变量的均值是否有显著性差异以及是否有显著的交互效应
协方差分析	与方差分析相似，但允许对不同组因变量的后测均值进行调整，以补偿干预之前各组在与因变量有关的变量方面的差异
非参数检验	
曼-惠特尼U检验	用来确定两个不相关的均值之间是否有显著性差异
维尔克松符号等级检验	用来确定两个相关的均值之间是否有显著性差异
克鲁斯克尔-瓦利斯显著性检验	用来确定三个及以上组的某变量均值是否有显著性差异
卡方检验	用来确定两个频数分布或两组分类数据之间是否有显著性差异

分组比较研究的 *t* 检验。 学校课时制研究中的研究者对比了两组，所以他们用 *t* 检验来检验两组之间是否具有显著性差异（见表11.2和表11.3）。我们在第九章已经阐述了 ***t* 检验**（*t* test）。两组之间只有以下两个变量有显著性差异：（1）用计算器或电脑；（2）写反思。

随着比较次数的增加，发现显著性差异的可能性会降低，换句话说，如果反复做这项研究，在第一次研究中两组之间具有显著性差异，在重复做中却没有显著性差异。但事实是，所有比较都一致发现，大块时间课时制学校的教师比传统课时制学校的教师更多使用符合标准的教学，这种趋势表明他们代表的总体在这方面具有差异，即使是差异很小。

t 检验也可以用来检验两组分数的变化是否具有显著性的差异。一种典型的用来描述变化的统计量是标准差（SD）。如果考察在表11.2中用计算器和电脑解决数学问题来检验学生的行为，可以发现采用大块时间课时制教师行为的标准差是0.90，同时传统课时制教师行为的标准差是1.30。

虽然标准差不同，但如果大块时间课时制学校的教师与传统课时制学校的教师样本来自两个相同的总体时，这些差异有多大可能是偶然出现的？*t* 检验正好可以回答这个问题。

分组比较研究的效应量。 *t* 检验是用来检验两组均值或方差是否具有显著性差异。但是 *t* 检验没有提供两个重要问题的信息：两者之间的差异性有多大？这种差异是否具有实践意义？

效应量（effect size）在第八章已经阐述了。在学校课时制的研究中未报告效应量，但是如果研究报告中有两组的均值和标准差，那可以自己计算出研究的效应量。

用表11.2中的第一个自变量"用计算器或电脑解决数学问题"来说明。计算效应量的第一步是用一组的均值减去另一组的均值。我们对大块时间课时制比传统课时制好多少感兴趣，所以我们把大块时间课时制的均值（4.07）减去传统课时制的均值（3.70），得到的差是0.37，即为效应量等式的分子。

第二步是确定标准差，标准差就是效应量等式的分母。有几种不同的计算方法。我们选择的是用传统学校中该变量的标准差（1.30）。

把0.37除以1.30得到该研究的效应量0.28。这意味着大块时间课时制学校的教师在数学课上用计算器或电脑的平均水平，这种水平能相当于在传统课时制学校的教师中排名第61个百分位。从事教师专业发展研究的专家认为，从50百分位到61百分位的变动意味着教师技能的增加。

分组比较研究中的方差分析。 **方差分析**（analysis of variance）经常用于分组比较研究，所以我们可以通过学校课时制研究来阐述方差分析的特征（方差分析在第九章也已讨论过）。我们假设擅长数学教学的教师能够利用大块时间课时制的优点进行标准教学活动，而那些不擅长数学教学的教师则无法利用大块时间课时制的优点。我们进一步假设传统课时制阻碍了擅长和不擅长数学教学的教师，所以在传统课时制之下，任何一组教师都没有机会进行标准教学活动。

表11.5显示了"在笔记或日记中写反思"这一行为的模拟数据，并以此检验这些假设。看表11.5的每行的均值，我们发现不管他们处在何种学校，专家教师（$M=2.6$）比非专家教师（$M=1.8$）更多利用反思。方差分析可以判定均值之间是否具有显著性差异。

表11.5 "在笔记或日记中写反思"的模拟数据

教师技能	大块时间课时制的学校	传统课时制的学校	行均值
专家教师	3.4	1.8	2.6
非专家教师	1.8	1.8	1.8
列均值	2.7	2.0	

看表11.5的每列的均值，我们发现不管他们处在何种学校，专家教师（$M=2.7$）比非专家教师（$M=2.0$）的反思更多。方差分析可以判定均值之间是否有显著性差异。

最后，我们发现了**交互效应**（interaction effect），即只有在一定条件下两个变量之间有相关关系。在这一模拟数据中大块时间课时制学校的教师写更多的教学反思，但这些教师都是专家教师。与此同时，我们没有发现各种背景的专家教师都会多写教学反思，是由该教师是在大块时间课时制学校还是在传统课时制学校教学而定的。方差分析可以判定均值之间是否有显著的交互效应。

需要注意的是，前面的讨论并不是指向三个独立的方差分析。相反的，一个方差分析即可完成三个检验，并提出应支持还是拒绝以上两个假设。

是否为专家教师以及其他自变量的加入使学校课时制的研究更加复杂，并且要求更加复杂的显著性检验（方差分析）方法，而不仅仅是t检验。但是，它更好地表现了教育的复杂性，并让我们从中洞悉教育研究中复杂的因果关系。

作为研究的策略，可以仔细地去研究自变量的影响，就像弗林及其同事的研究那样。如果得到有趣的发现，可在后续的研究中探索更多复杂的因果关系，就像我们的模拟数据研究一样，考察大块时间课时制与教师水平（是否为专家教师）的关系。

统计显著性非参数检验。我们在第九章阐述的t检验和方差分析都是统计显著性参数检验。**统计显著性参数检验**（parametric test of statistical significance）对样本所代表的总体有许多假设。一个核心假设是总体服从正态分布。另一个核心假设是总体具有同方差。

如果没有严重违背以上假设，研究者通常采用参数检验。否则，应采用完全不同的统计显著性非参数检验。**统计显著性非参数检验**（nonparametric test of statistical significance）不要求总体满足参数检验的假设。表11.4列出了更多常用的非参数检验方法，并作了简单的描述。

讨论：对实践的启示

分组比较研究报告的讨论部分一般包括主要发现的总结，分析研究设计和执行中可能存在的缺陷。研究者或读者应注意到这种类型的研究在证实因果关系时存在固有的局限，这点是很重要的。例如，在学校课时制研究中，研究者并非通过分配一些学校实行传统课时制，而另一些学校实施大块时间课时制来控制自变量。因此，我们不确定更多使用标准教学活动是因为大块时间课时制还是因为其他一些因素。我们需要谨慎，因为两种类型的学校除了在课时制上不同以外，还存在着其他方面的不同。很明显，大块时间课时制学校中获得数学学位的教师的比例更高一些。

讨论部分经常包括研究者提出的研究发现对实践的意义。例如，学校课时制研究报告包括以下部分：

> 简单地改变学校课时制不是教学变革的唯一催化剂。需要为实施大块时间课时制学校的教师提供持续的专业发展，使之更好地利用延长的课时。（Flynn et al.，2005，第21页）

这个建议是合理的。它也说明了一项研究很少是确定性的。需要其他的研究来进一步检验教师教学行为的改进是因为大块时间课时制计划，而不是与大块时间课时制计划相关的其他因素。然后，可以展开一项关于教师专业发展的项目的研究（见第二十章），以优化大块时间课时制，并验证其有效性。

评价一个分组比较研究

附录2中列举的标准与如何评价分组比较研究相关。下面以问答形式陈述了另一些标准，借以判断分组研究中出现的特殊问题是否会削弱研究。

- 研究者建立变量间的因果模型了吗？

分组比较研究常被用于探索可能存在的因果关系。因此要检查研究是否明确指出了哪些变量是假设的原因，哪些变量是假设的结果。同样，检查研究者是否提供了判断因果关系的逻辑依据。

- 除了研究者选择的变量不同，比较组是不是在所有方面都相似？

很难会得到两个比较组，它们仅仅在研究者感兴趣的变量上不同。注意其他可能对因果关系产生作用的变量，找出它们相似的证据。同样，注意统计检验的方法，如协方差分析，使对比组在这些变量上具有统计上的一致性。

- 研究者是否得到了初步的而非最终的结论，即我们观察到的自变量和因变量之间的关系在现实中是否是因果关系？

分组比较研究可以探索因果关系，但是不能确切地证明变量A是由变量B引起的或者变量B是由变量A导致的。确认研究者没有用他们的发现做一个因果关系的断言，例如，教育者控制变量A（如实施一个干预，如大块时间课时制），变量B就会发生变化（如促进学生学习）。

一个范例：分组比较研究如何帮助解决实际问题

很多人相信体育课是学校课程的重要组成部分，因为它能使学生保持健康。下面一则消息描述了一个州的体能健康状况。

> 在加利福尼亚的公立学校，学生已经做了很多年的体能测试。如果他们能够做俯卧撑和快速地跑一公里则代表他们的身体健康，如果不能做到也无所谓。
>
> 这个春天，对整个州超过50万的九年级学生而言，这一要求有所改变。这一要求首次规定，很多地区的高中新生必须通过6选5的体能测试，否则他们将可能要学习额外年限的体育课程。
>
> 在两个地区，去年有67%的九年级学生通过了6选5测试。地区的代表希望这个春季合格的人数能够上升，因为这个测试是今年关注的重点。
>
> Kollars, D. (2008, April 24). Students' future shapes up: New rules require ninth-graders to pass fitness tests or retake PE. *Sacramento Bee*, p. A1.

就像我们一样，你们可能想知道，为什么2/3的九年级学生能够达到标准，另外的1/3却达不到。如果我们发现能解释两组（那些没有通过的和那些通过的）之间差异的因素，这个结论可能会帮助中学建立一个测试前辅导弱体能学生的项目。分组比较研究非常适合此类目的的研究，就像下面阐述的那样。

研究者可以通过回顾研究文献，以及与教育者的谈话发现影响学生身体健康的可能因素。他们应区分两组学生：一组能够通过6选5的体能测试，另一组不能通过6选5的体能测试。然后从两组收集有关影响因素的数据，并进行统计分析，判断两组的因素是否不同以及在多大程度上不同。

分组比较研究设计也适合于预测性的研究。研究者可以选择两组九年级的学生：一组达到了体能标准，一组没有。研究者可以预期两组成员成年后在体能健康上以及其他一些结果变量（如学术成就）会如何不同。他们会通过收集关于结果变量的纵向数据和分析数据来判断两组学生是否如同预测的那样在这些方面存在不同，从而检验他们的估计。

这个例子说明了多种分组比较研究都是为了研究因果关系。我们描述的第一个研究，其目的是为了发现影响九年级学生体能（结果）的因素（原因）。第二个研究的目的是发现九年级学生体能的好与坏（原因）在若干年后的影响（结果）。

两种类型的研究都为关于学生体能的知识作出了潜在的贡献。这种知识能够帮助教育者做一个很好的为体能项目筹资的案例。

自测题

1. 预测性研究指_____。
   A. 不涉及因果关系的研究
   B. 涉及因果关系的研究
   C. 涉及自变量的控制
   D. 只涉及因变量的研究

2. 如果一个变量被称为"因变量"是因为它_____。
   A. 在数据收集时没有被测量
   B. 由与本研究无关的个人来测量
   C. 被假设为一个特殊原因的结果
   D. 被假设为一个特殊结果的原因

3. 在一项调查学校预算及课堂上教学技术使用的影响的研究中，_____。
   A. 学校预算是自变量
   B. 学校预算是因变量
   C. 教学技术的使用是自变量
   D. 不可能判断学校预算和教学技术的作用是自变量还是因变量

4. 为了推断出两个变量之间有因果关系，需要创建的是_____。
   A. 同时发生的两个变量
   B. 自变量与多个因变量有关系
   C. 自变量比因变量发生的时间更早
   D. 因变量比自变量发生的时间更早

5. 分组比较研究设计_____。
   A. 不能用来探索多个假设原因的影响
   B. 能够用来探索多个假设原因的影响
   C. 假定一个原因产生一个结果
   D. 假定任何现象只有一个原因

6. 研究者通常在什么时候决定使用分组比较研究_____。
   A. 有三个以上的自变量

B. 最主要的任务是描述通过同时测量自变量得到的参与者的分数

C. 最主要的任务是比较通过不同时间测量自变量得到的参与者的分数

D. 他们希望研究很难控制或不可能控制的自变量

7. 分组比较研究的理想情况是_____。

   A. 选择在自变量上不同但其他方面一致的对比组

   B. 用匹配法将一组中的被试与另一组的被试配对

   C. 用协方差分析使两组中其他变量保持一致

   D. 选择在研究的因变量上不同，其他因变量相同的比较组

8. 当我们分析分组比较研究的数据时，t检验和方差分析的不同是_____。

   A. t检验能够用来比较两组均值的不同

   B. t检验能够用来判定对比组是否在一个或多个因变量上存在差异

   C. 方差分析可以用来研究交互效应

   D. 方差分析是统计显著性参数检验

9. 分组比较研究中，统计结果的实践意义主要是由什么决定的？_____

   A. 效应量

   B. t检验

   C. 方差分析

   D. 统计显著性非参数检验

10. 分组比较研究的发现_____。

    A. 只有理论上的重要性

    B. 只有得到重复研究的结果支持才有意义

    C. 对解决实践问题有尝试性的作用

    D. 是研究者解决实际问题的最好的基础

本章参考文献

Flynn, L., Lawrenz, F., & Schultz, M. J. (2005). Block scheduling and mathematics: Enhancing standards-based instruction?*NASSP Bulletin*, 89 (642), 14-23.

Johnson, B. (2001). Toward a new classification of nonexperimental quantitative research. *Educational Researcher*, 30 (2), 3-13.

后续学习材料

Gall, M. D., Gall, J. P., & Borg, W. R. (2007). *Educational research: An introduction* (8th ed.). Boston: Allyn & Bacon.

在这本书的第十章，作者提供了一个先进的因素处理方法，这种方法是分组比较研究应该考虑的（书中作者描述了类似因果对比研究的研究）。

Johnson, B. (2001). Toward a new classification of nonexperimental quantitative research. *Educational Researcher*, 30 (2), 3-13.

作者解释了分组比较研究设计（在这一章已经阐述了）、相关研究设计（在第十二章中阐述）和描述研究设计（在第十章中阐述）中的基本相似点。作者也讨论了研究者在证明两个变量具有因果联系上的困难。

第十二章
相关研究

■ 重要观点

1. 相关研究设计和分组比较研究设计目的相同但涉及不同的统计分析。
2. 相关研究要考虑至少一个变量被测得的所有值。
3. 相关系数和散点图提供了从多方面测得的样本数据间关系的信息。
4. 两个变量之间的关系可能是正相关、负相关、非线性相关和零相关。
5. 相关系数越大,研究者以在一个变量上所得到的数据去预测另外一个变量的数据的正确性就越大。
6. 在相关系数的案例中,研究者通常检验零假设,即两个变量间的相关系数在样本代表的总体中是零。
7. 多元相关技术显示了三个或多个变量如何彼此相关,适用于解释或者预测。
8. 相关研究报告的引言应该解释本研究的重要性、需要回答的研究问题或者待检验的假设、要研究的变量以及相关文献的回顾。
9. 相关研究与实验研究的区别在于研究者在相关研究中不控制自变量。
10. 相关研究中,研究者应该尝试去选择一个具有代表性的样本,以便推广他们的研究结果。
11. 在相关研究报告的讨论部分,研究者应该:(1)总结研究的发现;(2)反思研究在设计和实施中的缺陷;(3)声明对后续研究的启示和对专业性实践的改进。

关键术语

人为二分（artificial dichotomy）
二元相关统计（bivariate correlational statistics）
典型相关（canonical correlation）
连续变量（continuous variable）
相关研究（correlational research）
相关系数（correlation coefficient）
标准变量（criterion variable）
因变量（dependent variable）
二分变量（dichotomous variable）
差异分析（differential analysis）
判别分析（discriminant analysis）
效应量（effect size）
因素分析（factor analysis）
分层线性模型（hierarchical linear modeling, HLM）
自变量（independent variable）
线性相关（linear correlation）
最佳拟合线（line of best fit）
逻辑回归分析（logistic regression analysis）
调节变量（moderator variable）
多元回归（multiple regression）
多元相关统计（multivariate correlational statistics）
负相关（negative correlation）
嵌套（nesting）
路径分析（path analysis）
皮尔森积差相关系数［Pearson product-moment correlation coefficient（r）］
正相关（positive correlation）
预测研究（prediction research）
预测变量（predictor variable）
相关系数（r）
散点图（scattergram）
点聚图（scatter plot）
统计显著性（statistical significance）
结构方程模式（structural equation modeling）
真实二分（true dichotomy）

相关研究和分组比较研究的比较

我们建议你在读本章内容之前先阅读第十一章，第十一章讲解了分组比较研究设计，你会发现分组比较研究设计和本章中的研究设计有着相同的目的——解释事物的特定状态抑或去预测事物的发展趋势。

像在第十一章中一样，我们这里将因果关系中假定的原因设定为自变量，将假定的影响设定为因变量。

在分组比较研究中，分出的组用于代表不同类别的自变量或因变量。例如，回想一下我们在第十一章第一部分的分组比较研究。这一研究是探讨对新教师的支持与学校收入水平间的关系。研究设计是基于两组教师的比较，即在高收入学校工作的教师和在低收入学校工作的教师。

第二项研究是探讨学生对教授的评价与学生性别和教授性别之间的关系。这一研究设计基于两组教授（男性和女性）和两组学生（男性和女性）。

第三项研究是探讨学生流动和在校表现之间的关系。这一研究设计基于四个组的比较：没有流动的学生、流动一次的学生、流动两次的学生、流动三次及以上的学生。

如果你思考一下上述几项研究，会发现其中一些组间比较只涉及很少的值。例如，第一项研究涉及高收入学校教师和低收入学校教师的比较。研究者将低收入学校定义为有多于50%的学生有权享受免费或者降价午餐的学校，他们将高收入学校定义为有少于15%的学生有权享受免费或者降价午餐的学校。

事实上，这两组仅仅代表了从0%到100%的学生有权享受免费或者降价午餐中的量表中的两个点。**相关研究**（correlational research）设计将抽取样本学校并以他们实际符合条件的学生比例为变量，而不是人为地将比例仅缩减为两个类别。

我们也要注意，研究者关于高收入学校和低收入学校的定义将很多学校排除在这个样本之外。任何一个符合条件的学生比例介于15%和50%之间的学校由于不符合这个标准，我们将无法知道这些学校的收入水平（以免费或者降价午餐享受比例为衡量依据）是怎样影响新教师经历的。

另外一个例子，细想一下关于学生流动的调查研究。所有有着三次及以上流动的学生都被归入一类。因此，我们不能确定流动四次的学生与流动三次的学生是否会有不同的表现，抑或流动五次的学生与流动四次的学生是否会有不同的表现，等等。

相关研究会试着去测量某一变量可能涉及的所有值并且对它们进行统计分析。在这一章，我们将用**连续变量**（continuous variable）这一术语去指称一个研究者已测得所有值的变量。

相关研究的案例

下面的研究说明了相关研究对于实践问题的实用性。在每一个研究中，我们分别指出自变量和因变量。

影响青少年吸烟的因素

Chalela, P., Velez, L. F., & Ramirez, A. G. (2007). Social influences, and attitudes and beliefs associated with smoking among border Latino youth. *Journal of School Health*, 77 (4), 187-195.

研究者指出，青少年吸烟是一个非常严重的问题，统计数据表明有四分之一的青少年在高中毕业前成为吸烟者。这项研究的目的是找出社会因素（自变量）与吸烟行为（因变量）之间的关系。

研究者的一个主要发现是，同伴的影响与学生吸烟的发生率有很大的关联，青少年吸烟的发生率是连续变量。基于这一发现，研究者建议发展干预措施去帮助青少年了解尼古丁的成瘾性，学会抵制由社会压力导致的吸烟。

学校文化和学生成就之间的关系

Gruenert, S. (2005). Correlations of collaborative school cultures with student achievement. *NASSP Bulletin*, 89 (645), 43-55.

研究者调查了合作的学校文化（自变量）是否对学生的学业成就（因变量）有影响。学业成就被设为连续变量，并且通过阅读和语文的标准化测试来测量。研究还测量了学校文化的六个方面：（1）学校领导对教师合作的促进；（2）教师之间的合作；（3）对教师专业发展的重视；（4）教师与学校组织关于学校使命认同的一致性；（5）教师间的支持；（6）教师、学生和家长在提升学生成绩方面的合作关系。

研究者发现，在小学、初中和高中，六项合作因素中每一项都有着较高水平的学校同时有着较高的学生成就测试得分。这一发现表明，提高学生学习的一个关键在于促进教育者与其他利益相关者的合作以支持学校实现其使命。

以幼儿的认知记忆得分预测成年后的IQ和学业成就

Fagan, J. F., Holland, C. R., & Wheeler, K. (2006). The prediction, from infancy, of adult IQ and achievement. *Intelligence*, 35, 225-231.

这一研究涉及关于人类智力之天性的基本研究（见第一章）。通过研究幼儿的认知记忆（自变量）能否预测他们成年早期的IQ和学业情况（因变量），它检验了智力是一种加工信息的能力这一理论。每一项测验的分数都作为连续变量。

研究者向每个幼儿呈现一幅图片，呈现时间为30秒，然后移走这幅图片，最后将这幅图片配对一副新的图片呈现给幼儿并持续几秒钟，以此来测量幼儿的认知记忆。幼儿在看新图片时所用的时间是其认知记忆的程度，这是基于一种假设：如果幼儿已经获取旧图片的信息，那么他们将会对新图片观看较长时间。

研究者发现，幼儿在此项测量中所得结果很好地预测了他们在21年之后的IQ和学业成就。研究者总结到，"目前的发现支持了这样一个观点：人的智力是随年龄累积的，并且这种连续性是以加工信息的能力为基础的"（Fagan et al., 2006，第230页）。

在其他领域中，我们发现，从长远来看，基础研究很有可能改善实践。例如，关于智力的基础性相关研究，正如上面所描述的，最终可能帮助人类认识构成智力的原始认知过程。这样我们可以采取一些增强学生（特别是在这些方面不足的学生）认知过程的教育措施，从而提高他们的学习能力。

两个变量间的相关

相关研究是基于一种相关系数的统计分析。**相关系数**（correlation coefficient）是一个包含了某个样本的两个或多个变量间关系的方向和程度等信息的数学表达。相关系数的值在-1.00到+1.00之间。

统计学课程和教科书强调数理逻辑、方程式以及涉及相关性的运算指令。本书则不然，我们旨在提供简单的例子来帮助你获得关于相关性的直观理解，而不去呈现正规的数学方程式。这能帮你理解相关研究的特征，我们接下来将在这一章讨论的主题是理解相关研究，而不是探讨技术细节。

连续变量的优点

相关研究最主要的优点在于它提供了比分组比较研究更多的关于样本变量取值的信息。例如，假如我们想知道家庭的贫困是否与学生坚持上学有关系。我们关心的是生活在贫困家庭的学生是不是更有可能辍学从而失业或者获得低收入工作，因此导致贫困的循环。

全美教育统计中心所收集的数据能让我们考察我们关心的部分因果关系，也就是贫困和学业完成之间的关系。结果如表12.1所示。表中第一列为各州名称；第二列为各州低于国家划定的贫困标准的人口比例，第三列为各州完成高中及以上学业人口的比例。

表12.1　各州贫困人口比例和完成高中及以上学业的人口比例

州以及哥伦比亚特区	贫困人口的比例	完成高中及以上学业人口的比例
亚拉巴马州	16	75
阿拉斯加州	9	88
亚利桑那州	14	81
阿肯色州	16	75
加利福尼亚州	14	77
科罗拉多州	9	87
康涅狄格州	8	84
特拉华州	9	83
哥伦比亚特区	20	78
佛罗里达州	13	80
佐治亚州	13	79

续表

州以及哥伦比亚特区	贫困人口的比例	完成高中及以上学业人口的比例
夏威夷州	11	85
爱达荷州	12	85
伊利诺伊州	11	81
印第安纳州	10	82
艾奥瓦州	9	86
堪萨斯州	10	86
肯塔基州	16	74
路易斯安那州	20	75
缅因州	11	85
马里兰州	9	84
马萨诸塞州	9	85
密歇根州	11	83
明尼苏达州	8	88
密西西比州	20	73
密苏里州	12	81
蒙大拿州	15	87
内布拉斯加州	10	87
内华达州	11	81
新罕布什尔州	7	87
新泽西州	9	82
新墨西哥州	18	79
纽约州	15	79
北卡罗来纳州	12	78
北达科他州	12	84
俄亥俄州	11	83
俄克拉何马州	15	81
俄勒冈州	12	85
宾夕法尼亚州	11	82
罗得岛州	12	78
南卡罗来纳州	14	76
南达科他州	13	85
田纳西州	14	76
得克萨斯州	15	76
犹他州	9	88
佛蒙特州	9	86
弗吉尼亚州	10	82
华盛顿州	11	87
西弗吉尼亚州	18	75
威斯康星州	9	85
怀俄明州	11	88
平均值	12.4	80.4

资料来源：http://nces.ed.gov/programs/digest/d05/tables/dt05_011.asp；http://nces.ed.gov/programs/digest/d06/tables/dt05_020.asp.

表12.1的底部显示了包括哥伦比亚特区和50个州的贫困人口比例均值是12.4%。我们把这些州分成两类：（1）高贫困州，即贫困人口的比例超过12%（包括12%）；（2）低贫困州，即贫困人口的比例低于11%（包括11%）。我们发现，在低贫困州，高中毕业人口比例均值是85%。而在高贫困州，这一均值是79%。

这一结果验证了我们关于贫困影响学生坚持完成学业的理论。然而，我们还有一些问题没有得到解答。例如，是不是只有当贫困达到一定的水平时，贫困才影响学生完成学业？仔细看一下表12.1，我们发现，其中四个州（路易斯安那州、密西西比州、新墨西哥州和西弗吉尼亚州）以及哥伦比亚特区的贫困率较高（≥18%）。也许只有当贫困比例较高时，贫困这一因素才对该州的学生坚持完成学业产生影响。当贫困比例较低时，贫困的影响可能会降低或者消失。

因为我们仅仅注意两个水平上的贫困（低和高），而忽视了两个水平内的各种不同情况，从而无法检验这些可能性。然而，假如我们把贫困比例看成一个连续的变量，并且采用适合此种变量的统计，就能得出关于50个州以及哥伦比亚特区所有贫困人口的比例对学生坚持学业的影响。在下面的部分，你将会看到一种特殊的可视显示类型——散点图，以此来进行检验。

用散点图表示相关性

散点图（scattergram）是关于两个变量间关系的图表，它把每个个体在一个变量上的分数标注在坐标图的x轴（水平轴）上，把每个个体在另一变量上的分数标注在y轴（纵轴）上。散点图有时也称作**点聚图**（scatter plot）。

在先前的论述中，你可以注意到我们用"关系"（relationship）这一术语来界定散点图。不过，我们可以用"相关关系"（co-relationship）或者更简单一点的"相关性"（correlation）来替代这一术语。下文我们将使用"相关性"这一术语，因为它是统计员和研究者所使用的术语。

散点图是实用的，因为它将一个组中两个变量的分数关系通过一个简单、清晰的图片呈现出来。图12.1是两个变量间关系的散点图，一个变量是各州低于贫困线的人口比例，另一个变量是各州获得高中及以上学历的人口比例。

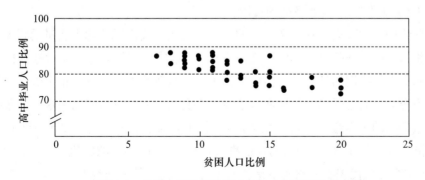

图12.1　贫困人口比例和高中毕业人口比例的散点图

如图12.1所示，各州及哥伦比亚特区的数据在散点图上以一个小点表示。例如，图12.1中最左边的点是新罕布什尔州。该州的贫困人口比例最低（7%），所以这个点在散点图的x轴（水平轴）中居于最小的位置；该州的毕业率接近最高（87%），所以这个点在散点图的y轴（纵轴）中居于很高的位置。

散点图中的负相关。图12.1揭示了贫困人口比例和高中毕业人口比例之间呈负相关。也就是说，随着贫困人口比例的上升（x轴从左到右），高中毕业的人口比例下降（y轴从高到低）。在50个州及哥伦比亚特区，贫困的总体影响大致如此：随着贫困水平的下降，高中毕业率上升，只有少数州例外，出现了高中毕业率的下降。

这个例子说明了**负相关**（negative correlation）的定义是：在任何一个情景中，一个变量测得的较高的数值对应着另一个变量测得的较低的数值。

散点图中的正相关。正如你猜想的，当一个变量取值越高，另一个变量取值也越高时就可以认为二者**正相关**（positive correlation）。例如，如果贫困水平和毕业率之间呈正相关，那么高贫困水平就对应着高毕业率。

如果你仔细看一下图12.1，会发现散点图中的数据点从左向右递减。这正是负相关的特点。如果散点图中的数据点从左向右递增，那就表明是正相关。

正相关经常在教育研究中出现。例如，在本章前面描述的有关学校文化的研究中，研究者发现随着学校合作文化水平的提升，学生的学业成就也随之上升。同样，在幼儿认知记忆的研究中，高水平的认知记忆与青少年期高水平的IQ和学业成就是联系在一起的。

散点图中的非线性相关。大多数相关研究都是基于两个变量线性相关的假设。如果样本中的两个变量所呈现的**线性相关**（linear correlation）是最优的，那么一个变量的数值每增加一个单位就伴随着另一个变量的数值增加一个单位，抑或一个变量的数值每增加一个单位就伴随着另一个变量的数值减少一个单位。

例如，细想一下图12.1。我们很容易想象有一条线穿过所有的数据点。这条线的一端连接着最左边代表着新罕布什尔州的数据点，它拥有最低的贫困比例（7%）和较高的毕业率（87%）。这条线的另一端连接着哥伦比亚特区、路易斯安那州和密西西比州的平均毕业率（75%），它们三个有着最高的贫困比例。

你会发现数据点大多集聚在这条直线的附近。因此，我们说这两个变量的相关性是线性的。如果我们用任何一种曲线去代表这种关系，那么它将不能完好地显示这种相关性。

在这个例子中，我们估计这条线很好地代表了这些数据点。尽管很多数据点没有完全地落在这条线上，但是它们没有远离这条线。事实上，完全有可能出现这样一条线，所有数据点离这条线的距离最小。这条**最佳拟合线**（line of best fit）可以被定义为这样一条线，这条线能让我们从个体在y轴上的取值准确地预测它在x轴上的取值。当然，在表12.1和图12.1中，这个数值代表着各州而不是各人（或者任何其他的研究对象）。

现在，我们准备去思考这样一个问题：是不是所有的两个变量间的相关性都可以很好地用一条直线来表示？事实上，一些变量是彼此相关，但并不是线性相关。例如，力量和年龄之间的关系。从幼儿期到成年期，大多数人会渐渐地强壮。但随着他们年龄的进一步增长，他们的力量会下降。也就是说，年龄和力量之间的正相关到一个点之后就变为负相关。

一些重要的教育变量之间的关系也是非线性的。例如，克雷格·梅森（Craig Mason）和他的同事（1996）猜测以下三个变量之间是非线性关系：（1）父母的控制；（2）青春期的问题行为；（3）青春期同龄人的问题行为。他们集中在非裔美籍家庭中去探寻这些变量之间的关系。

研究者向我们呈现了其中一个主要发现的简化散点图，如图12.2所示。x轴表示不同水平的父母控制。这一变量通过一个量表来测量，青少年样本（在研究开始时12到14岁）对父母在他们日常行为决策中的参与程度进行评价来衡量父母的控制水平，这些行为包括挑选衣服、睡觉时间或者宵禁。这一量表包括28个题目，但研究者决定将这些题目分成四组来简化散点图的x轴。例如，第一组包括了得分最低的25%的青少年，这意味着他们的父母很少控制他们的日常行为。

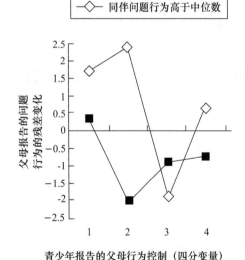

图12.2　用父母行为控制与同伴问题行为估计青少年问题行为的残差变化

资料来源：Figure 2 on p. 2123 of Mason, C. A., Cauce, A. M., Gonzales, N., & Hiraga, Y. (1996). Neither too sweet nor too sour:Problem peers,maternal control, and problem behavior in African American adolescents.*Child Development*, 67, 2115-2130.

y轴表示青少年问题行为在一年时间内的变化。问题行为是通过询问父母他们的孩子参加帮派活动、毒品使用、偷盗、逃学和打架行为的频率来测量。y轴上的负得分表示他们孩子的问题行为在一年之内减少了，反之，正得分表示问题行为增加。

你会注意到图12.2中有两条线连接着两组不同的数据点。这一分析反映了研究者关心同龄群体对青少年行为的影响。研究者要求被调查青少年对他们的同伴参与他们的问题行为（与父母评价问题行为一样）的程度进行评价。研究者假设最适宜的父母控制水平可能存在不同，这取决于孩子的同伴表现如何。

图12.2表明父母的控制水平与青少年问题行为之间的关系是非线性的。如果他们的孩子和表现好的同伴在一起，中等程度的父母控制（x轴上的水平2）是最佳的（也就是说，这与最低程度的青少年问题行为相关）。过多（水平3和4）或过少（水平1）的控制是无效的。

类似的情形发生在孩子与有反社会行为的同龄人在一起时。相对来说，较高但非极端程度的父母控制（x轴上的水平3）是适宜的（也就是说，这与最低程度的青少年问题行为相关）。极端的控制（水平4）或者较少的控制（水平1和2）几乎没有影响。

研究者从上面的发现和相关数据的分析中得出的研究结论如下：

总之，结果主要表明当青少年是有着较积极行为的同龄群体的一员时，父母的控制相对来说宽松一点。但当他们的孩子成为问题同龄人的一员时，父母的挑战是相当大的；过多或过少的控制都将导致他们的孩子有更多问题行为。（Mason et al.，1996，第2126页）

该结果说明，考虑解决你所感兴趣的实际问题的因果关系是线性的还是非线性的是很重要的。

大部分人常常猜测越多越好或者越少越好。事实上，可能存在最佳的干预水平。例如，尽管我们可能想象较多的家庭作业比较少的家庭作业更好，但是这可能会被最佳程度所取代。如果布置多于最佳程度的家庭作业，学生可能会气馁或愤愤不平。如果布置少于最佳程度的作业，学生可能得不到掌握课程内容所需的充分的训练。换句话说，家庭作业和学生积极的表现之间的关系可能是非线性的。

散点图中的零相关。我们现在已经考虑了两个变量间的关系的正相关、负相关和非线性相关。然而假如相关性是0，这意味着其中一个变量的数值无法预测另外一个变量的数值。

图12.3是关于零相关的例子。我们在一个随机数的表格中，取值1至9来代表x轴变量，另一组随机的数值代表y轴变量来生成这幅散点图。事实上，我们将两组随机数字相互关联。通过这幅散点图，你会发现数据点既不递增也不递减，也没有形成非线性形式。如果你画一条线来代表给定一个x值时所对应的y值的中点，这条线将是水平的或者接近水平。

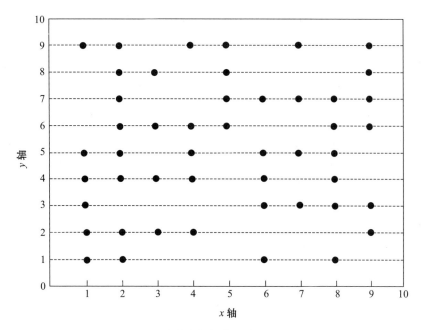

图12.3　两个变量数据的散点图（r=.00）

两个变量的相关系数的意义

这本章的前面，我们对相关系数进行了定义，并且说明这些系数在-1.00到+1.00之间变化。现在我们通过先前提到的散点图来检验这些观点。

其中一个例子是，我们探究了贫困可能与不能坚持上学之间存在关联的假设。图12.1的散点图证实了我们的假设。因为它表明较高水平的贫困和较低的毕业率相关联。

表12.2呈现了与表12.1相同的数据，但是经过了重新排列，我们看到：对于每一个贫困水平，所有有着这样贫困水平的州的高中毕业率。首先，我们看表12.2的第三列中各州毕业率的变化范围。例如，有6个州的贫困率是12%，这六个州中最低的毕业率是78%，最高是85%。数值变化的范围是7（85-78=7）。现在我们看不考虑贫困水平时，所有州的毕业率的变化范围。变化范围的总体范围是14，从74%到88%（见表12.2底部）。

如果我们不知道某州的贫困水平，那么只能说该州的毕业率在74%到88%之间，一旦我们知道这个州的贫困水平，就能在一个很小的范围内预测这个州的毕业率。表12.2显示，每个贫困水平对应的变化范围的均值是5（精确值是4.92）。因此，对于大多数贫困水平来说，我们可以用这个信息在5个百分点的区间之内预测一个州的毕业率。

前面的分析能够帮助我们理解相关系数的含义。我们希望回答的问题是：当我们知道一个州的贫困水平时，如果毕业率的变化范围是14并且变化范围的均值是4.92，那么4.92怎么和14比较？答案是4.92是14的35%（4.92÷14=0.35）。

表12.2 相同贫困水平各州的毕业率

贫困水平	高中及以上毕业率	毕业率的变化范围	变化区间
7	87	87–87	0
8	84,88	84–88	4
9	82,83,84,85,85,86,87,88,88	82–88	6
10	82,82,86,87	82–87	5
11	81,81,82,83,83,85,85,87,88	81–88	7
12	78,78,81,84,85,85	78–85	7
13	79,80,85	79–85	6
14	76,76,77,81	76–81	5
15	76,79,81,87	76–87	11
16	74,75,75	74–75	1
17			
18	75,79	75–79	4
19			
20	73,75,78	73–78	5
总体范围		74–88	14
范围均值			4.92

分析的最后一步是考虑35%的含义。当我们知道一个州的贫困水平时，毕业率的平均变化范围是4.92。当我们不知道一个州的贫困水平时，变化范围是14。这意味着我们已经将变化降低了65%（1–0.35=0.65）。这一数字（0.65）接近实际的经组合后的州的贫困水平和毕业率之间关系的相关系数（0.77）。

这两个系数（0.65和0.77）不同是因为对这一相关系数的估计过程应用了更多针对变化范围（方差，我们在第七章已经讲过）的数学指标，并且考虑了两个变量的数据分布的差异。然而，尽管相关系数提供了一些重要信息，而变化范围没有，但这两个系数的基本含义是类似的。它通过加号（+）和减号（–）显示了两个变量之间的关系是正相关还是负相关。

总之，相关系数告诉我们：如果我们知道个体在变量x上的数值，在多大程度上能预测个体（或者州，或者其他集合体）在变量y上的数值。相关系数的值越大，不管是正相关或者是负相关，预测就越准确。

记住，预测和因果关系的观念有很大的关联。如果我们能从变量x的取值推测变量y的取值，这可能是因为这两个变量存在某种因果联系。因此，不管是在提高预测的准确性上，还是在试图发现蕴藏在实际问题中的因果关系方面，相关系数都极大地帮助了我们。

二元相关统计类型

表12.3列出最常用的**二元相关统计**（bivariate correlational statistics）的类型。"二元"

涉及这样一个事实，即统计指标表明两个变量，且仅仅是两个变量之间关系的程度。最著名的二元相关统计量也许是r，也叫作"**皮尔森积差相关系数**"（Pearson product-moment correlation coefficient）。因为r的样本误差小（参见第六章），研究者通常会为任意两组值计算r，即使它们不是连续的值。表12.3中其他的二元相关统计使用频率较少，因为它们只适合在一定条件下使用，这些条件被列在"说明"一列中。

表12.3 用于不同变量形式的二元相关统计方法

方法	符号	变量1	变量2	说明
积差相关	r	连续型	连续型	最稳定的方法，即标准误差最小
等级相关	ρ	等级型	等级型	积差相关的一种特殊形式，用于样本量低于30时
肯德尔交错系数	τ	等级型	等级型	当样本量低于10的时候比等级相关更适合
二列相关	r_{bis}	人为二分	连续型	值可以超过1，标准误大于r；一般用于项目分析
广泛二列相关	r_{wbis}	广泛人为二分	连续型	当研究者对二分变量的极端个体感兴趣时使用
点二列相关	r_{pbis}	真实二分	连续型	产生一个比r_{bis}低的相关值
四分相关	r_t	人为二分	人为二分	用于当两个变量都可以在临界点上分开时
Φ（phi）系数	Φ	真实二分	真实二分	用于计算项目内的相关
列联系数	C	两个及以上类别	两个及以上类别	在一定条件下相当于r_t；与卡方紧密相关
相关比率，eta	η	连续型	连续型	用于找出非线性关系

资料来源：Adapted from Table 11.5 on p. 348 in Gall, M. D., Gall, J. P., & Borg, W. R. (2007). *Educational research: An introduction* (8th ed.). Boston: Allyn & Bacon. Copyright by Pearson Education. Adapted by permission of the publisher.

你会注意到在表12.3中，一些相关统计涉及二分变量。**二分变量**（dichotomous variable）只有两个值。如果一个变量是**真实二分**（true dichotomy）变量，那它事实上只有两个可能的值。例如，中学毕业是真正的二分变量，因为它只有两个值：毕业和不毕业。

相比之下，**人为二分**（artificial dichotomy）变量只有两个值，因为它们已经被研究者或者其他人处理过了。例如，表12.1呈现的各州的贫困比例有很多值，从7到20不等。然而，如果研究需要，我们可以人为地将变化的可能性减少到两个值：高贫困州和低贫困州。

表12.3表明我们可以通过计算四分相关系数来判断贫困水平的两个数值（高和低）是不是与另一个变量的数值相关。另一个选择是将高贫困州和低贫困州分成两组，比较他们在另一个变量上所做的统计显著性的t检验，这在第十一章中已经解释。这样实际上运用了分组比较研究。

这个例子说明：分组比较研究设计与相关研究设计产生的数据能够用相关统计和分组比较统计分析，如t检验和方差分析。事实上，研究者越来越多地使用相关统计去分析分组比较研究的数据。同样的趋势在实验研究中也很明显（参见第十三章），实验研究通常是涉及两个组（实验组和控制组）在一个或多个结果变量上的差异。

二元相关统计的统计显著性和效应量

正像我们在第九章中解释的，**统计显著性**（statistical significance）的检验表明了从研究样本中得到的统计结果偏离样本所代表的总体统计结果的可能性。

在相关系数的案例中，研究者通常检验零假设，也就是样本所代表的总体的相关系数是零。如果统计显著性检验拒绝零假设，研究者就有信心认为，他们所获得的相关系数反映了总体两个变量间的真实关系。

在第八章，我们说过**效应量**（effect size）对判断统计结果的实际显著性很有帮助。我们可以将相关系数转化为效应量。相关系数越大，效应量也将越大。

多元相关

在本章的前面部分，我们关注的是两个变量之间的关系。现在将考虑涉及三个或多个变量间的多元关系。

多元相关的研究发现对解决实际问题有很重要的意义。例如，研究者有时候发现一种特殊的教学方法（变量A）提高了学业成就（变量B），但不是针对所有学生。它可能对在某种特征（变量C）上达到很高水平的学生有显著性的影响，但对于在这种特征上低水平的学生没有影响。对于这三个变量之间的认识能帮助教育者决定该不该用这种教育方法，以及针对哪些学生实施。

针对此种情形，学者们发展了多种多元统计。它们被称为**多元相关统计**（multivariate correlational statistics），因为其涉及分析三个或多个变量彼此联系的数据分析。我们在表12.4中总结了关于此种类型最常用的统计方法，接下来的部分将解释这些统计方法。

表12.4 多元相关统计的类型

统计	目的
典型相关	用于确定一组预测变量与一组标准变量的关系程度
差异分析	用于确定两个或多个变量间关系的程度是否在不同特征组一致
判别分析	用于确定一组预测变量和分类标准变量间关系的程度
分层线性回归	用于确定两个或多个变量间的关系程度是否在不同层次一样，例如，单个教师与其所在学校的教师群体进行比较
逻辑回归	用于确定预测变量与二分的标准变量间关系的程度
多元线性回归	用于确定一组预测变量和标准变量间关系的程度，前提是它们之间的关系是线性的
路径分析	用于确定一组变量是否按照理论中预测的因果关系那样彼此相关
结构方程模式	和路径分析有着相同的目的，但是一些或者所有的变量是通过两种或更多的测试、量表或者其他工具测量的

多元回归

本章的前面，我们考虑了贫困影响坚持上学的假设。我们发现，来自全美教育统计中心的数据很好地支持了这一假设。这两个变量间的相关系数是0.77，但并不是最佳的。最佳的相关系数r是+1.00或者–1.00。

图12.1说明，事实上贫困水平不能很好地预测坚持上学。x轴上大多数值的点紧紧地聚集在一起，但是并非完全相同。因此，如果我们知道一个州的贫困水平，就可以预测这个州的高中毕业人口比例，但并非十分精确。

这种不精确的预测表明，除贫困之外，还有一些因素影响坚持上学。因此，如果研究者希望提高他们的预测能力，就需要考虑其他因素。当这些因素都弄清楚了，预测的精确性将会提高，我们对坚持上学的理解也会增加。

多元回归（multiple regression）使研究者能够判断：（1）每一个自变量的数值在多大程度上能预测因变量的数值；（2）所有自变量的组合数值在多大程度上能预测所测变量的数值。多元回归所使用的数学方法很复杂，且需要高级统计的学习。然而，我们在这里通过表12.2中所涉及的数据，提供一种简单的非技术性解释。

看表12.2中贫困水平是9的州的毕业率，你会发现有9个这样的州，并且它们的毕业率在82%～88%之间波动。如果我们使用该比例的中位数（85%）去预测某个州的毕业率，我们的预测将会要么是准确的（其中两个州的毕业率为85%），要么有少量的低估或高估。

然而，尽管我们发现了另外一个因素——例如，在预防辍学项目上的州投资——与毕业率呈正相关。并且假设不管贫困水平怎样，这样的投资对所有州的毕业率都有提高。

在这样的情况下，如果我们知道这个州的贫困水平是9，就能预测它的毕业率在82%～88%之间，并且如果我们知道这个州在预防辍学项目上的投资高于其他州，我们可能会做出更精确的预测，例如，它的毕业率在86%～88%之间。同样地，如果我们知道一个州的贫困水平是12，就能预测它的毕业率在78%～85%之间；并且如果我们知道这个州在辍学项目上的投资低，就可以做出更加精确的预测，例如，它的毕业率在78%～81%之间。

这些例子说明，多个自变量有可能提高我们预测因变量数值的准确性。多元回归是一种强有力的统计方法，可以决定哪些自变量组合起来可以比单个自变量更好地预测。同样记住，如果一个自变量，或者一些变量的组合能预测因变量，可能的原因是自变量和因变量之间有着因果关系。

判别分析和逻辑回归

当因变量是连续变量时，可以使用多元回归。但有时因变量是分类的。例如，假设因变量的数值包括三类，分别表示父母让他们的孩子上普通公立中学、私立中学或者特许公立中学。

假设我们现在已经确认一些可以预测每个孩子学校类型的自变量。那检验这些预测的最佳统计方法是判别分析。**判别分析**（discriminant analysis）是多元回归的一种类型，这种分析能让研究者确定当变量为分类变量时，用自变量取值预测因变量取值的适切性。

逻辑回归分析（logistic regression analysis）同样适用于此种目的，但是它更常用于当因变量是二分的时候。教育研究者感兴趣的二分变量的例子有以下几个：入学与不入学，升级与留级，注意力不集中与注意力集中。

典型相关

典型相关（canonical correlation）是特殊形式的多元回归，它适用于有多个能被看作潜在因素的不同方面的因变量时。例如，假设我们希望预测学生对学校的态度。我们可能分别用不同的方法去预测，包括他们对教师的态度、对学习计划的态度、对家庭作业的态度以及对教师评价方法的态度。

一种选择是用多元回归分析分别确定自变量怎样预测每项态度变量的值。然而，假设二元相关统计表明每项态度所测得的数值彼此相关。此时，我们可以概括出这些不同的态度是潜在的学生对学校总评价的一部分，学生对学校的总体评价或者是积极的，或者是消极的。

在这一案例中，我们可以做一个单一的典型相关分析，其目的是确定自变量能否预测一个代表潜藏在不同态度下的因素的综合数值。这与因素分析中的因子类型在意义上相类似，至于因素分析，我们将在后续部分予以阐明。

分层线性模型

假如我们要研究学生家庭的贫困水平与他们在由国家组织的社会学习课程的测试成绩之间的关系。进一步假设我们从随机抽取的25个学区样本中获得关于这两个变量的数据，在所选学区内的150所高中的4,700名九年级学生参加了400堂九年级社会学习课。

我们看到：（1）样本中的每个学生都有一个特定的社会学习教师；（2）每个社会学习教师在特定的学校工作；（3）每个学校都坐落在特定的学区。那么，我们怎样分析学生贫困状态与他们社会学习成绩之间的关系？

我们可以简单地计算样本中4,700名学生在这两个变量（贫困水平和学业成绩）上的相关系数，而忽略他们有不同的教师，上不同的学校以及居住在不同的学区的事实。或者我们可以计算400个相关系数（每个系数针对的是同一个课堂的学生），而忽略课堂位于不同的学校和学区的事实。或者我们可以计算150个相关系数（每个系数针对的是150所学校中的一所），而忽略学校位于不同的学区的事实。

哪一个数据分析是准确的？事实上，所有的分析都有优点。我们可能想知道学生贫困状态和他们社会学习成绩之间的关系是否随着他们的社会学习教师的不同而不同。如果确实是这样，这一发现将表明，某些教师在他们教学中采取了一些措施去减轻或者加重学生贫困对学业成绩的影响。类似地，我们可能想知道学生贫困状态和社会学习成绩的关系是否随着同一学区内学校的变化而不同。如果确实是这样，这一发现将表明，某些学校采取了若干措施减轻或者加重学生贫困对学业成绩的影响。

研究者以**嵌套**（nesting）来定义这些复杂的数据集，它表示一个变量存在于不同层级的组织结构中。他们认为学生"嵌套"于教室中，这意味着每个学生受教师的行为和其他学生行为的影响。教师"嵌套"于学校中，这意味着教师受在同一屋檐下的其他教师和工作人员的行为的影响。学校"嵌套"于地区，这意味着学校受其他学校的工作人员和该地区的教育管理部门的影响。

分层线性模型（hierarchical linear modeling，HLM）是一种复杂的统计方法，它使研究者能够确定两个变量间的关系是怎样受不同水平的嵌套的影响。如果没有发现嵌套的影响，这一发现说明两个变量间的关系是牢固的，意味着它不受学习环境的组织结构的影响。如果发现有嵌套的影响，表明两个变量间的关系将会因环境的不同而不同。

巨大的数据集表明多层次的嵌套在教育中越来越普遍。因此，使用HLM分析有关联的数据日渐增多。

路径分析和结构方程模型

路径分析（path analysis）和**结构方程模式**（structural equation modeling）是用于检验不同变量间的因果关系的复杂多元方法。例如，研究者提出假设，在教师中，（1）儿童时期的旅游经历导致（2）对模糊表达的容忍及（3）成人对旅行的渴望，并且（2）和（3）使教师更可能（4）寻找海外教学经历和（5）很好地适应这种经历。

路径分析和结构方程模式是检验这五个因素之间因果假设正确性的方法。它们主要的不同在于，结构方程模式对一些或者全部的因素将得出更加有效和可靠的测量。然而，两种方法在帮助研究者理解因果关系而不是从一些自变量的组合中最大化地预测标准变量这一目标上是相类似的。

差异分析

差异分析（differential analysis）有时在预测研究中被使用，是一种在考察另外两个变量间关系时，运用调节变量来形成子小组的方法。例如，假如我们有理由相信与社会经济地位高的学生相比，自我意识对社会经济地位低的学生的学业成绩影响更大；那么社会经济状况就是调节前面两个变量的关系的第三变量。第三变量称为**调节变量**（moderator variable），因为它影响另外两个变量间的关系的强度或者方向，抑或二者都是。它与在方差分析（参见第十一章）中有时出现的交互作用的意义相类似。

比如，社会经济地位低的学生其自我意识和学业成绩之间的相关系数是0.40，社会经济地位高的学生为0.25。这些结果表明社会经济地位调节了自我意识和学业成绩之间的关系强度。

因素分析

我们在前面的部分业已描述的多元相关方法有着类似的目的，就是考察一个或多个自变量与一个或多个因变量间关系的程度。

因素分析同样考察多个变量间关系的程度，但是不将它们分成自变量和因变量。**因素分析**（factor analysis）的目的是确定一些变量是否反映了一些潜在的因素。

例如，假如研究者要测量八种学习技能：（1）组织学习材料；（2）时间管理；（3）课堂听讲；（4）课堂做笔记；（5）为书面作业做计划；（6）做作业；（7）准备测验；（8）参加测验。研究者想了解这些技能是否相关，也就是说在某一项技能上获得高分的学生是否可能在所有技能或一些其他技能上获得高分。

因素分析可以考察所有八个变量，并确定它们是否可聚合成较少的因素。也许这八项学习技能反映了三个潜在的因素：（1）与写作有关的技能；（2）与计划有关的技能；（3）与回忆学习过的信息有关的技能。

如果确实存在一个潜在的因素结构，那么因素分析可以揭示出这种结构。在其有效范围内，这是一个有用的研究知识。另外一个优点是，如果有些测量能够简化为几个因素，那么接下来的统计分析将会简单化。

相关研究报告的特征

表12.5展示了相关研究报告的典型特征。接下来，我们将结合一个用幼儿的朗读的流利程度预测随后的阅读成绩的研究，并讨论其每个特征。

表12.5 相关研究报告的基本结构

部分	内容
引言	阐述假设、问题、研究目标，综述相关文献。研究的目的是直接或间接地研究影响实践问题的因素或者去研究实践问题所产生的结果
研究设计	如果研究是去探索因果关系，至少有一个变量应是自变量（即假定的原因）。至少有另外一个变量是因变量（即假定的结果）。如果研究关注预测，至少有一个变量是预测变量（也称作自变量）。至少有另外一个变量是标准变量（也称作结果变量或因变量）。在时间上，自变量必须在因变量之前出现。通常，至少有一个变量应定义成连续变量
抽样过程	研究者从在自变量和因变量上有代表性特征的对象中选择样本
测量	实际上任何测量方法都能用来收集自变量和因变量的数据
数据分析	计算关于自变量和因变量的描述统计量。如果研究目的是确定两个变量间的关系，那么使用二元相关统计。如果要确定三个或多个变量间的组合关系，那么使用多元相关统计
讨论	总结研究的主要发现。反思研究的不足和缺点。思考对今后研究和专业实践的启示

引言

相关研究报告的引言部分应该阐明研究的重要性、需要回答的问题或者检验的假设，以及所关注的变量。它还应该包括相关文献的综述，以便读者理解研究是怎样建立在现有的知识之上的。

作为一个例子，我们考虑的是一项由史蒂芬·席林（Stephen Schilling）、乔安妮·卡莱尔（Joanne Carlisle）、萨拉·斯科特（Sarah Scott）和曾吉（Ji Zeng）（2007）展开的预测研究。**预测研究**（prediction research）是一种用在一个时间点上所收集的数据来预测将来的行为或者事件的研究。研究者通过指出《不让一个孩子掉队法》使各州、各地区、各学校以及教师们对学生的阅读成绩负有责任来开始他们的报告。然后，他们阐明一个实际问题，也就是教育者需要有效的措施去确定在阅读上没有取得足够进步的学生，从而使这些学生能够及时获得教学指导。

从他们的文献综述中，研究者提到了一个针对这一目的有希望的措施，称作"早期基本语言技能的动态指标"（Dynamic Indicators of Basic Early Literacy Skills，DIBELS），以此来评价朗读的流利程度和准确性。潜藏在DIBELS中的理论是，如果学生已经掌握了低层次的阅读技能，如单词的解读，他们可以将其认知资源投入到掌握涉及阅读理解的高层次的技能中。

研究者所阐述的这个研究的主要目的是"检验以基于流畅的DIBELS测量来预测学年末阅读成绩的有效性与可信性"（Schilling et al., 2007，第430–431页）。另外一个目的是确定在DIBELS测量上的某一段得分是否能用来判别某类学生，如果这类学生不接受任何特殊的干预，他们在后续的阅读测验中得分会很低。朗读的流畅性和准确性是**预测变量**（predictor variable），它们在一个时间点上被测量并与标准变量相关。阅读成绩是一个**标准变量**（criterion variable），因为它在接下来的时间点上被测量并且是研究者试图去预测的结果。

研究设计

与分组比较研究相比，研究者常常选择相关研究的原因是他们不能掌控自变量。在我们所举出的这个预测研究案例中，研究者在朗读流畅性上拒绝给一些孩子指导，而只给另一些孩子指导会是不道德的。因此，席林和他的同事们考察了自然状态下发生的孩子在朗读流畅性和准确性上的差异，并确定这些差异能否预测他们后面的阅读成绩。

正如我们在前面所阐明的，预测研究常常基于因果关系的假设。预测变量（也称为自变量）是假定的原因，结果变量（也称为因变量）是假定的结果。

在我们所考察的预测研究中，预测变量是通过DIBELS测验获得的，包括：（1）字母命名的流畅性；（2）音位分节的流畅性，学生判别口语单词中的不同音节；（3）无意义单词的流畅性，要求学生读出三个字母的无意义单词；（4）单词的使用，给学生一个单词并让其在句子中使用它；（5）朗读的流畅性。研究者针对1~3年级的学生，并且基于他们的年级，让他们参与这五个测试中的某几个。

结果变量通过艾奥瓦基本技能测试（Iowa Test of Basic Skills，ITBS）的子测验获得，包括：（1）词汇；（2）分析单词结构的能力；（3）理解口头呈现的单词和词组的能力；（4）语法知识和拼写；（5）阅读理解；（6）由6个子测验成绩综合而成的整体阅读能力。

抽样过程

在做相关研究时，研究者应该选择一个能代表他们所关注的总体的样本。理论上，样本应该从定义的总体中随机选取。

阅读研究的样本选自密歇根州地区当地教育机构或学区，由在2002—2003学年接受"阅读第一"（Reading First）基金资助的学校中的学生构成。"阅读第一"是一个项目，这个项目给高贫困、低成绩的学校提供资源，让他们帮助学生成为成功的阅读者。这一样本符合该研究的目的，因为许多在"阅读第一"学校就读的学生有阅读失败的危险，因此尽快地识别这些学生非常重要，这样才能在阅读上给予他们干预，防止失败。

相关研究可能包括代表不同总体的样本。阅读研究就包括一年级、二年级和三年级学生样本，这使研究者能考察不同的预测变量是否在每个年级上都有效。例如，词汇知识可能是一个对一年级末的阅读成绩来说的好预测，但对二年级末却不然。

测量

与其他定量研究设计一样，自变量和因变量能通过任何一种在第六章中描述的方法来测量。这些方法包括测验、态度量表、问卷、访谈和直接观察。

阅读研究中的数据测量基于两个测试，即上面描述过的DIBELS和ITBS。此外，席林和他的同事们收集了关于学生的种族特点和面临的各类风险（经济劣势、不精通英语、缺陷状况）的人口学数据。他们的文章中没有描述收集这些数据的方法。

结果

席林和他的同事们运用相关统计对他们的数据进行了多种分析。一种分析是将在学年开始时在DIBELS上所测得的朗读流畅性（ORF）的得分，与在学年接近结束时在ITBS上子测试和综合测试上的得分进行关联。ORF的测量内容是让每位学生大声朗读三段。一分钟内在中间段落上朗读正确的单词数即为学生的ORF得分。

表12.6呈现了相关分析的结果。我们发现ORF得分与所有ITBS测试的得分和综合测试的得分有着相当高的相关性（通常在0.50及以上）。相关统计在0.50及以上意味着学生的ORF得分能很好地预测他们ITBS得分。这一发现适用于二年级和三年级学生样本。

表12.6中的每一个相关系数都涉及两个变量，使它们成为二元系数。这种特殊类型的系数（参见表12.3）没有在报告中阐述。然而，它们极有可能是积差相关系数，因为两个变量都产生连续得分。同样，积差相关系数在研究报告中非常普遍，以致研究者很少特别说明，只有当他们用其他类型的二元相关时，才会特别指出来。

表12.6 DIBELS朗读流畅性与二年级和三年级的春季ITBS课程的相关性

ITBS子测验	DIBELS朗读流畅性		
	秋季	冬季	春季
二年级：			
词汇	0.61	0.65	0.64
单词分析	0.59	0.63	0.62
听力	0.29	0.33	0.33
语言	0.59	0.65	0.64
阅读理解	0.68	0.75	0.75
综合阅读	0.69	0.75	0.75
三年级：			
词汇	0.57	0.58	0.56
单词分析	0.63	0.68	0.63
听力	0.36	0.37	0.37
语言	0.67	0.69	0.68
阅读理解	0.63	0.65	0.63
综合阅读	0.65	0.67	0.65

注：所有$p<0.001$。

资料来源：Tabel 3 on p. 437 of Schilling, S. G., Carlisle, J. F., Scott, S. E., & Zeng, J. (2007). Are fluency measures accurate predictors of reading achievement? *Elementary School Journal*, 107 (5), 429-448.

研究者同样使用多元回归来确定为了更好地预测学生在ITBS的得分，是用DIBELS测量中的一项，还是用该测量中的多项更合适。表12.7呈现了其中一个分析。我们看到，对于二年级来说，在秋天的ORF得分很好地预测了他们在冬天的ITBS上的得分（$R^2=0.475$）。R^2是相关系数r的平方。因为R^2的数学特性符合研究需要，一般用它来代表多元回归分析的结果。

表12.7 以秋季DIBELS子测试预测ITBS综合阅读

流畅性变量	部分R^2	R^2模型	F值*
朗读流畅性	0.475	0.475	1,949.64
单词使用	0.014	0.468	57.76
无意义单词	0.005	0.493	19.58

注：秋季一年级$n=2,231$，冬季$n=2,369$；秋季二年级$n=2,156$。

*所有的$p<0.001$。

资料来源：Adapted from Table 4 on p. 438 of Schilling, S. G., Carlisle, J. F., Scott, S. E., & Zeng, J. (2007). Are fluency measures accurate predictors of reading achievement? *Elementary School Journal*, 107 (5), 429-448.

看一下表12.7，我们看到学生的单词使用的得分提高了预测其ITBS得分的正确性。与ORF的得分结合，R^2增加到0.488。增加一个得分变量（无意义单词的流畅性），使R^2增加到0.493。因此，我们发现ORF的得分能很好地预测学生在ITBS上的得分，但是若干DIBELS测量得分的组合（见表12.7中有"R^2模型"一列）只是略微地提高了预测的准确性。

席林和他的同事们通过额外的分析来更加具体地阐明，好的预测变量（ORF）怎样帮助教师更早地辨别可能面临阅读困难的学生。关于二年级的一个分析，呈现在表12.8中。ORF的得分被分成了三类。例如，学生在一分钟内能准确地读出26个或者更少单词被定义为有阅读困难的风险。学生以很快的速率准确地阅读被定义成有一些风险或者低风险。

表12.8　二年级ITBS得分的预测（ORF秋季得分低于25%与25%及以上）

ITBS综合阅读	秋季DIBELS朗读流畅性			ITBS合计
	危险 （<26wpm）	一些危险 （26wpm–43wpm）	低危险 （>43wpm）	
低于25%	692	177	37	906
等于或高于25%	224	430	599	1,253
DIBELS合计	916	607	636	2,159

资料来源：Adapted from Table 5 on p. 437 of Schilling, S. G., Carlisle, J. F., Scott, S. E., & Zeng, J. (2007). Are fluency measures accurate predictors of reading achievement? *Elementary School Journal*, 107 (5), 429-448.

现在假设表12.8中呈现的数据已经收集了一学年，并且我们希望将其运用到接下来的学年中。同样，假设在这两学年中，教学条件和学生总体保持不变。什么是用于确定某个学生是否会出现阅读困难或取得一些成功的最好预测量？我们将在ITBS中阅读分数低于25%的学生定义为有阅读困难（或阅读失败），将在ITBS中阅读分数等于或高于25%的学生定义为阅读成功。

在没有任何预测信息的情况下，我们最好的估计是，所有2,159个样本学生都会阅读成功。当有1,253个学生阅读成功时，对于58%（1,253÷2,159=58%）的学生来说，我们的预测是正确的。反之，如果我们估计所有学生将会阅读失败，那么对于42%（906÷2,159=42%）的学生来说，我们的预测是正确的。

现在让我们运用学生在秋季ORF上的得分去预测他们在春季的阅读成功或者失败。假设我们基于学生的ORF的得分，可以知道这个学生有阅读失败的风险。如果我们预测一个学生将会阅读失败，那么对于75%（692÷916=75%）的学生来说，我们的预测是正确的。

假设我们基于学生的ORF的得分可以知道这个学生有阅读失败的风险。如果我们预测学生将会阅读成功，那么对于70%（430÷607=70%）的有一些风险的学生来说，我们是正确的。最后，假设我们基于ORF的得分知道一个学生处于低风险。如果我们预测学生将会阅读成功，那么对于94%（599÷636=94%）的低风险的学生来说，我们是正确的。

这个例子说明了，相关研究的价值在于预测阅读失败。研究表明，与没有任何信息的预测（42%）相比，运用ORF会有更好的预测（75%、70%和94%）。如果集中的阅读教学资源有限，则应建议教育者关注已经通过ORF得分判断为有风险的学生，而不是对所有学生平均分配资源（结果是不集中分配）。

讨论：对实践的启示

相关研究报告的讨论部分一般包括主要发现的总结，分析研究设计和执行中可能存在的缺陷和不足。例如，席林和他的同事们（2007）做了下面的观察：

> 在解释这些结果时，读者同样应该记住，在这一年的研究中，教师也受到鼓励，使用DIBELS的结果去决定对学生实施何种阅读教学。（第442页）

那么，一些在一学年的结束时已经被ORF归为有风险或者阅读失败的学生，可能实际上因为教师干预，已经成为阅读成功的学生。如果这是真的，它将会低估用ORF预测的有效性。没有教师的干预，学生中阅读失败的人数会增加，从而加强了用低ORF得分预测低ITBS得分的效力。

相关研究报告的讨论部分有时包括评论研究发现对实践的启示。例如，在他们报告的讨论部分，席林和他的同事们建议教师在学年结束时，运用ORF得分反映的风险去辨别可能在年末的ITBS中得分处于最低25%的学生。用ORF评价的方法相对简单易行，它能带来有价值的信息，以帮助教育者特别注意那些对平常的课堂指导不作出反应且在学年末成为阅读障碍者的学生。

评价一个相关研究

附录2中列举的标准与如何评价相关研究有关。下面以问答形式陈述了另一些标准，用以评价相关研究的质量。这些问题与第十一章（分组比较研究）的问题相同，因为它们都与评价相关研究有关。

- 研究者建立变量间的因果模型了吗？

相关研究设计是用来确定因果关系的。因此，评价时要注意研究者是否清楚说明了哪些变量是假定的原因以及哪些变量是假定的结果。同样，还要考察研究者是否提供了理论来说明一个变量影响另一个变量的原因。

- 研究者从他们的结果中得出合适的因果推论了吗？

相关研究能够揭示因果关系，但是它们不能确切地说明变量A对变量B的影响。检查报告的陈述，研究者应避免得出此种很确凿的结论或者声明，即如果研究者控制变量A（例如，执行一个新的措施），变量B（例如，改进学生的学习）将会发生变化。

一个范例：相关研究如何帮助解决实际问题

下面是一个有关大学先修课问题的例子。

大学高级讲师保罗·冯·布鲁姆（Paul Von Blum）的一篇题为《先修课程（AP）削弱了博雅教育吗？》的文章发表在2008年9月3日的《教育周刊》（*Education Week*）上。冯·布鲁姆写道："近期在洛杉矶加利福尼亚大学，我40年来人文和社会科学的从教经历说服了我，先修课的作用被高估了，具有讽刺意味的是，这可能是对博雅教育的轻视而不符合博雅教育的深层次目标。"

冯·布鲁姆声称高中AP课程"主要是训练识记和考试"。因此，他认为，在高中有着大量AP经历的大学生在毕业时"很少体验真正的学习以及缺乏批判思维能力"。

Von Blum, P. (2008, September 3). Are advanced placement courses diminishing liberal arts education? *Education Week*, 28 (2), 26-27.

许多高中投入相当比例的预算去开发适宜于他们学生的AP课程。此外，学生参加每一门AP考试需要交注册费。冯·布鲁姆提出了这样一个问题，这些努力和花费能否带来两个希望的结果：批判思维能力和"体验真正的学习"。他的担心有道理吗？相关研究可以帮助回答这个问题。

解决问题的第一个步骤是界定或者发展培养批判思维能力和"体验真正的学习"的有效措施，更通俗地说，就是内在的学业动机。研究者可以选择一个即将高中毕业的学生样本。自变量是AP经历，它可以通过这些学生参加的AP课程和AP测试的数量来测量。其他更多测量可以通过学生的课程年级给每个AP课程赋权重和通过学生测试的得分给每个AP测试赋权重。两个因变量是学生批判思维能力得分和内在学业动机得分，可以在学生高中毕业时测量获得数据，到他们大学毕业时再测一次。

如果冯·布鲁姆的推断是正确的，我们会发现与AP相关的测量得分与学生的批判思维能力得分以及内在学业动机得分相关度低或没有关联，这些得分要么是在高中毕业时测得，要么是大学毕业时测得。如果证据支持冯·布鲁姆的推断，那就揭示了一个重要的实际问题。教育者需要重新思考高中AP课程的价值，并且可能重新设计或减少其在课程中的比例。

反之，如果我们发现学生AP得分与他们在批判思维能力得分及内在学业动机得分呈正相关，冯·布鲁姆的推断将会被驳倒。这一发现将会使教育者，学生和其他人重拾对高中AP课程效果的信心。这一信心可能使教育者和政策制定者对这些课程提供更多支持，并且鼓励更多的学生参与。

自测题

1. 相关研究_____。
   A. 可以用来探索因果关系
   B. 可以用来提供因果关系的确凿的证明
   C. 可以用来研究因果关系，而分组比较研究没有这一目的
   D. 涉及控制自变量，而分组比较研究没有此种方式的控制

2. 相关研究主要是为了_____。
   A. 至少将一个变量的数值的范围缩减成一个种类
   B. 深入研究一个变量的特征
   C. 提供至少一个变量的所有观测值
   D. 确定所研究的变量中哪些构成自变量

3. 相关系数提供的信息是关于_____。
   A. 两个变量间关联的程度，但没有关联的方向
   B. 两个变量关联的方向，但没有关联的程度
   C. 两个变量间的线性关系
   D. 两个变量间关联的方向和程度，但没有线性关系

4. 审视散点图所获得的信息是关于_____。
   A. 从足够的研究参与者中得到的数据能否探索因果关系
   B. 两个变量间的关系是线性的还是非线性的
   C. x轴变量是y轴变量的原因还是结果
   D. 以上都正确

5. 相关系数的增加意味着_____。
   A. 两个变量间的因果关系的方向更不明确
   B. 相关联的两个变量很可能彼此间有非线性关系
   C. 两个相关变量间很可能呈负相关的趋势
   D. 一个变量的值能更好地预测另一个变量的值

6. 典型相关研究中的零假设说明_____。
   A. 样本所代表的总体的真正的相关系数为正值

B. 样本所代表的总体的真正的相关系数为零

C. 自变量与因变量间的关系具有统计显著性

D. 相关系数的效应量是0.33或者更大

7. 如果研究者希望确定多个自变量对单个因变量的影响，那么最合适的统计方法是_____。

   A. 分层线性模型

   B. 路径分析

   C. 多元回归

   D. 因素分析

8. 如果研究者希望确定两个变量间的关系是否被不同水平的"嵌套"影响，那么最合适的统计方法是_____。

   A. 因素分析

   B. 分层线性模型

   C. 判别分析

   D. 典型相关

9. 相关研究设计可以包括_____。

   A. 多个预测变量

   B. 只有一个预测变量

   C. 只有彼此负相关的预测变量和结果变量

   D. 只有彼此正相关的预测变量和结果变量

10. 在相关研究的报告中，研究者应该_____。

    A. 与实践相比，更关注他们的发现对理论的启示

    B. 辨别和讨论研究的缺点

    C. 不去猜测所看到的两个变量间关系是否提示了因果关系

    D. 不呈现相关系数所对应的效应量

本章参考文献

Mason, C. A., Cauce, A. M., Gonzales, N., & Hiraga, Y. (1996). Neither too sweet nor too sour: Problem peers, maternal control, and problem behavior in African American adolescents. *Child Development*, 67, 2115-2130.

Schilling, S. G., Carlisle, J. F., Scott, S. E., & Zeng, J. (2007). Are fluency measures accurate predictors of reading achievement? *Elementary School Journal*, 107 (5), 429-448.

后续学习材料

Grimm, L. G., & Yarnold, P. R. (Eds.). (2000). *Reading and understanding more multivariate statistics*. Washington, DC: American Psychological Association.

本书及其前身《学习并理解多元统计》（1995）全面介绍了多元统计方法以及它们所能回答的研究问题的类型。在所涉及的方法中有相关、多元回归、路径分析、因素分析、多元方差分析以及判别分析。

Harrison, D. M., & Raudenbush, S. W. (2006). Linear regression and hierarchical linear models. In J. L. Green, G. Camilli, & P. B. Elmore (Eds.), *Handbook of complementary methods in education research* (pp. 411-426). Mahwah, NJ: Lawrence Erlbaum.

作者在这一章通过一个解释性的研究问题解释了两个多元相关的方法。这个问题关注学生家庭的社会经济地位是否与他们的学业成绩相关。

Wainer, H., & Velleman, P. F. (2006). Statistical graphics: A guidepost for scientific discovery.In J. L. Green, G. Camilli, & P. B. Elmore (Eds.), Handbook of complementary methods in education research (pp. 605-621). Mahwah, NJ: Lawrence Erlbaum.

作者展示了不同类型的表格（包括散点图在内）怎样帮助研究者厘清观察到的两个变量间关系的特征。

第十三章

实验研究

■ 重要观点

1. 如果教育改革在付诸实践之前通过严格的实验对其效果进行测验,就不会经常出现教育中各种改革的"昙花一现"。
2. 实验的本质特点就是研究者或合作者在特定情境中进行实验干预。
3. 典型的实验包括四个阶段:(1)实验组和控制组的构建;(2)对结果变量进行前测;(3)使两组在一段时间内处于不同的实验条件下;(4)对结果变量进行后测。
4. 实验报告的引言部分应该陈述这项实验的重要性、实验目的、变量以及相关文献综述。
5. 随机控制组前后测实验有三个特征:(1)至少有两组,各组受到不同的干预或者其中一组不受干预;(2)将样本个体随机分派到不同实验条件下;(3)实施一个或多个前测和后测。
6. 在随机控制组前后测实验中,实验干预及其他变量都可能对结果变量产生或多或少的影响。
7. 如果实验数据满足特定的条件,我们就能运用统计分析进行调整(如协方差分析等)来克服前测结果中实验组和控制组之间已经存在的差异。
8. 在不同类型的定量研究设计中,实验研究尤其是在真实情境中进行的实验,对于实践有最重要的意义。
9. 如果不能随机分派,准实验是可行的选择,特别是在实验组和控制组能影响后测变量的关键变量能保持一致的情况下。
10. 析因实验使研究者能够确定自变量中哪一个变量对因变量有影响,以及是否存在只有在特定的条件下才起作用的自变量。
11. 如果能尽可能地排除影响实验组和控制组在结果变量上能观察到的差异因素中的无关因素,那么实验就有内在效度。
12. 在教育研究中,一般影响实验的内在效度的无关因素有历史效应、成熟效应、测验效应、工具效应、统计回归、样本差异、选择和成熟交互效应及受试者流失。
13. 如果实验处理的信度没有考虑到研究者对每项实验条件的具体要求或实验缺乏足够的效力，那么这项实验是不可靠的。
14. 一项实验的结果若能推广到其他个体、环境和时间段，那么这项实验就有一定的外在效度。
15. 单一个案实验选择对单个个体或多个个体进行干预与应用，而群组实验选择对数量较多的个人或群体进行干预与应用。
16. 单一个案实验的典型特征包括基线和处理条件，行为分析，集中于发生率较低的人群，对每一个实验的参与者进行详细的描述，对一个测量的反复研究，以及对数据进行图表整理。

关键术语

A-B-A-B研究设计（A-B-A-B research design）
A-B-A研究设计（A-B-A research design）
损耗（attrition）
基线状态（baseline condition）
行为分析（behavior analysis）
行为矫正（behavior modification）
控制情境（control condition）
因变量（dependent variable）
差异性选择效应（differential-selection effect）
生态效度（ecological validity）
实验（experiment）
实验情境（experimental condition）
受试者流失（experimental mortality）
外在效度（external validity）
无关变量（extraneous variable）
因素（factor）
析因实验（factorial experiment）

群组实验（group experiment）
历史效应（history effect）
自变量（independent variable）
工具效应（instrumentation effect）
交互效应（interaction effect）
内在效度（internal validity）
成熟效应（maturation effect）
多基线研究设计（multiple-baseline research design）
总体效度（population validity）
后测（posttest）
前测（pretest）
随机抽样的前后测控制组实验设计（pretest-posttest control-group experiment with randomization）
准实验（quasi-experiment）
随机分派（random assignment）
倒返阶段（reversal phase）

选择和成熟交互效应（selection-maturation interaction effect）
单一个案实验（single-case experiment）
统计回归（statistical regression）
测验效应（testing effect）
处理状态（treatment condition）
处理信度（treatment fidelity）
有效教育策略资料中心（What Works Clearinghouse）

教育实践中实验研究的实用性

理查德·斯诺（Richard Snow）是一位教育研究者，他曾经把教育改革视为一种"灵丹妙药的花园"（Fletcher, Tobias, & Wisher, 2007）。其他人认为教育改革是一股来来去去的潮流。当学区发动一场新的改革的时候，一些有经验的老教师就会说："我们以前已经尝试过这样的改革，可是毫无作用。为什么还要再试呢？"

时下盛行的教育改革包括将规模大的学校在同一校上划分成小规模学校；新计算机硬件及教学软件的应用；基于脑科学研究的教学；根据学生的不同学习风格来教学；特许学校和教育券制度；为没有取得足够进步的学生开设暑期学校和特殊辅导。每一种教育革新都有它自身值得提倡之处和受到批评之处。尽管某些改革会在这儿或那儿开展一段时间，但很难保证改革将被制度化并且长期地改善教育。

我们应该怎么解决教育实践时尚主义的问题呢？从研究角度出发，很有必要实施两种措施：第一，必须加强实验的严谨性，以此来确定某项教育改革是否有效。第二，当改革从实验阶段发展到全面实施及为教育者所接受的阶段时，必须谨慎考虑"买入"的必要性，是否存在陷阱以及一些意料之外的副作用。

在这一章，我们要论述什么样的实验才是严谨的实验。至于研究者如何决定一项特殊的教育改革要成为复杂世界中教育实践的组成部分需要经历哪些阶段和考验，在关于项目评价的章节（第二十章）将和大家探讨。

现在，联邦政府政策也开始关注严谨的教育实验。在2005年，美国教育部就颁布了关于给予致力于严谨实验研究的研究者优先地位的新的规定（Glenn, 2005）。联邦政府于2002年创立的**有效教育策略资料中心**（What Works Clearinghouse）（详见第五章）就是为了通过严谨的实验证明教育革新计划的科学性及有效性。

当然，仅仅靠实验获得的证据来证明改革计划是否有利于教育实践是不充分的。教育者的提倡与支持、富有远见的领导、临床技能以及合理运用财政资源的能力也是同等重要的。然而，没有实验性证据的支撑，即使计划周密，这些专业技能也是徒劳的。

实验研究的特征

实验（experiment）是指研究者通过操控一个变量（例如教学方法或技术）来确定它对另一个变量是否产生影响（例如学生在课堂上的课业行为）的实证研究。如果实验做得好，研究者便可以断定第一个变量促成了或者没有促成第二个变量的变化。在研究变量之间是否存在因果关系方面，实验研究比其他任何一种定量研究（描述研究、相关研究或因果比较研究）都更有效。

如前所述，实验的本质特点就是操控。实验者进入实验情境中，他们或实验合作者改变（即操控）情境中的某些组成部分。这些合作者可能是受过专门培训的研究助理或者专业教育者。

实验操控也可以是研究者对某一情境进行一定的干预。例如，研究者可能在教师允许的情况下，通过让教师采用实验课程或新的教学方法来对教师的日常课堂教学进行干预。

有的时候，干预在研究报告中被称为条件、实验条件、处理条件或自变量。例如，研究报告可能这样陈述：实验参与者都被安排到不同的实验情境中。**实验情境**（experimental condition）是指这样一种情境，一组研究参与者在情境中受到干预，以确定这种干预对因变量的影响。另一种相对应的是**控制情境**（control condition），即另一组研究参与者不受干预或受到另一种干预，以便与实验组的结果进行对照。

分组比较研究和相关研究不依据干预而是依据自然出现的变化。例如，一些班级学生数量比其他班级要少，不是由于研究者的干预，而是由于学校政策、日程计划或者其他因素。研究者发现，班级规模的这些变化和学生的学业成就是相关的：学生在规模较小的班级中普遍学到的更多。

尽管这些发现很奇妙，但那并不代表如果我们缩小了学区的班级规模，学生的学习就必然会进步。班级的其他特点可能与规模小融合在一起（例如，经验较多的教师可能被优先分配到小班），而这些特点可能是促进学生学习的真正原因。

然而，在实验中研究者并不是依据自然出现的变化，而是自己操控情境。在我们的例子中，他们可能会缩小一组班级的规模而另一组班级规模保持不变。进而，持续掌控两组学生之间所有其他因素一致。这样就能判定所观察的实验结果的差异是由研究者的干预所致。教育者们也因此相信，如果他们以同样的方式去操控教育情境，他们也可以观察到同样的研究结果。

实验研究的阶段

在选择了研究参与者之后，实验的进行通常包括四个阶段。

第一，参与者被随机分派到实验组或者控制组。**随机分派**（random assignment）是指每一位参与者进入任何一组的机会都是均等的。这样，一开始存在的小组差异就不大可能是结果变量中所观察到的差异的原因。例如，假如参与者中有一定比例的男性，随机分派就使得这些男性在实验组和控制组中有相似的比例。

第二，两组在实验开始前都要接受测试，通常称为**前测**（pretest），这个测试和第四阶段的测试（后测）内容一样。通过分析前测的结果，可以了解实验开始前实验组和控制组的相似程度，以免影响干预变量与结果变量的关系的探讨，且在干预后进行重测，然后与控制情境相比较以确定干预带来的变化程度。

第三，实验组接受某种干预，而控制组要么接受另一种干预，要么不接受任何干预。

第四，对实验组与控制组在实验想要影响的测量变量上的数据进行比较。这个变量就叫作**因变量**（dependent variable），有时也叫作标准变量或结果变量，因为研究者假定参与者在这个变量的测量分数是依赖于干预的。因变量是由**后测**（posttest）测量的。后测就是干预结果的总结，内容与前测是一样的。

本章的大部分内容，从下面开始都是关于**群组实验**（group experiment），即在每一组的实验情境中有10个或更多的研究参与者。在本章的最后部分，我们也会描述单一个案实验，即对包含一个参与者或少数几个参与者的干预。

实验研究的例子

接下来的研究证实了实验研究与实践问题的相关性。在每一个研究中，我们将界定随机程序以及自变量和因变量。

不同班级规模的影响

  Finn, J. D., & Achilles, C. M. (1990). Answers and questions about class size: A statewide experiment. *American Educational Research Journal*, 27 (3), 557-577.

关于班级规模（自变量）的研究是过去20年来最重要的教育实验之一。在实际的课堂中研究者进行了大规模的设计严密的实验。STAR计划（Student/Teacher Achievement Ratio，学生/教师的成绩比率）由田纳西州的立法机关资助，这项实验自从被研发起就成为联邦和州政府所资助的其他实验的典范。

小学学生被随机分派到三种不同的实验情境中：（1）有一位有教师资质的教师和二十多个学生的班级；（2）教辅班级（一位有教师资质的教师、一位没有教师资质的教师助理，二十多个学生）；（3）小型班级（一位有教师资质的教师和大约十五个学生）。这些学生会在被安排的情境中最长待四年（从幼儿园到三年级）。因为每年都有新生入校，所以一些学生能在实验情境中待四年而后来进来的学生只能在实验情境中待一年、两年或三年。

因变量是每一学年末通过斯坦福成就测验量表测量出来的阅读、词汇、数学学习成绩。

比德尔和柏林（Biddle & Berliner，2002）在图13.1中总结了阅读成绩这一因变量的结果。如果仔细观察这些数据，你就能看到同一年级的小型班级儿童比其他实验情境中的儿童在阅读方面进步更大。例如，在一学年年底，小型幼儿班比大型幼儿班的学习进度要领先半个月。四年后，小型班儿童要比大型班儿童学习进度领先7.1个月。

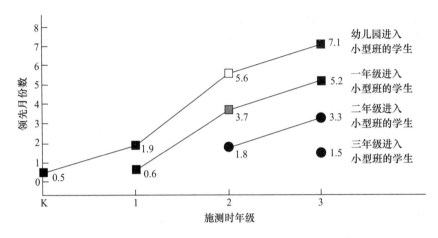

图13.1　同年级小型班学生阅读成就得分的平均领先月份数

资料来源：Figure1 on p. 17 of Biddle, B. J., & Berliner, D. C. (2002). Small class size and its effects. *Educational Leadership*, 59 (5), 12-23.

观察图13.1的另一个发现是就读于小型班的时间长短也在影响阅读成绩。比如，在三年级快结束时，那些仅仅在小型班待两年的学生（即在二年级进入实验情境的学生）比大型班的学生在阅读方面要领先3.3个月。然而，他们的同班同学若从幼儿园就在小型班学习，就会比大型班学生领先7.1个月。

后续的研究探讨三年级结束时，当实验组学生进入标准规模班级中（这即是实验干预的结束），学生的学业成绩如何。结果表明一直到高中，这些学生都要比其他学生在学业成就方面高很多。

如前所述，实验研究的结论不一定能直接推动整个教育实践的发展。尽管缩小班级规模被证明很有效，但是花费也很大。小型班级需要更多教师和更多教室，这些都需要成本投入。因此，教育政策制定者和公众很有必要权衡成本和收益，以及思考这些收益背后的价值。

不同版本的历史教科书的作用

Harniss, M. K., Caros, J., & Gersten, R. (2007). Impact of the design of U. S. history textbooks on content acquisition and academic engagement of special education students: An experimental investigation. *Journal of Learning Disabilities*, 40 (2), 100-110.

研究者研究了美国的历史教科书发现，教科书没有详细描述一系列相关的历史事件和运动，没有把这些事件和运动的关系陈述清楚。研究者希望研制出新的实验教材来克服这些不足。

为了检验这种实验教材的有效性，研究者随机分派了两组中学学生，这些学生除了一位八年级的学生以外，要么来自特殊教育班级，要么是平时表现比较差的学生。处理情境包括使用实验教材教学20周，控制组要求使用传统的哈考特·布雷斯·朱万诺维奇·霍尔特（Harcourt Brace Jovanovich Holt）出版的教材教学20周。

这项实验包括对参与实验的学生一系列的结果变量的测验：测验对两种教科书内容的掌握；使用全美教育进展评估的一套问题；对课本中词汇的每周测验；口语阅读流利程度测验；对学生学业行为的观察；对教学中学生回答教师问题的准确性的评价。研究者还测验了一系列与教学和课堂管理实践相关的因变量。

这项实验的主要发现就是，使用实验教材的学生比起使用传统历史教科书的学生在几项历史内容测验中得分更高，表现出更多的学业行为，回答问题的准确度更高。

这一实验有很大的实践意义，它证实了教材的设计会影响学生的学习情况。在这个历史教科书案例中，研究发现表明，明确说明不同的历史事件和运动之间的关系有利于特殊教育学生的学习，也可能有利于其他学生的学习。

不同类型的教师教育的作用

Glazerman, S., Mayer, D., & Decker, P. (2006). Alternative routes to teaching: The impacts of Teach for America on student achievement and other outcomes. *Journal of Policy Analysis and Management*, 25 (1), 75-96.

"为美国而教"计划（Teach for America，TFA）于1989年成立，目的是为了增加教师数量以填补数量庞大的弱势群体学校职位的空缺。TFA新成员在整个暑假要接受连续五周的教育培训，然后才能去学校担当普通教师职位。相比之下，大多数传统路径的新教师在胜任这项职位之前，需要接受1—4年的课程学习和实践经验的积累。

公众对TFA的质疑在于，尽管这些新成员有很强的学科背景，他们是否能够与标准的教师教育计划的毕业生水平相当呢？研究者设计了一项实验来寻找答案。

研究者不可能随机分派参与者进入TFA计划还是标准的教师教育计划。因此，他们安排TFA毕业的教师与非TFA的教师在相似的环境中教相似的学生。随机分派学生到TFA教师和非TFA教师分别所教的班级，这些学生都是一年级到五年级的学生。

主要的因变量就是阅读和数学成绩。其他因变量涉及教师特点（比如职业期望和专业发展经验）及学生行为（如偏科倾向和留级）。

这项实验的主要发现是TFA的教师所教的学生比非TFA的教师所教的学生在数学成绩方面要高。而两组学生在阅读能力方面和学生行为方面水平相当，差异不大。

这些发现并不支持关于TFA的教师没有标准教师教育计划培养出来的毕业生合格的质疑。根据研究者的目的，该实验是为了支持TFA及为低收入的社区提供一种可选择的方案："站在社区及面临聘用TFA的教师的学校角度，这项研究表明TFA提供了一群很有吸引力的教师候选人。"（Glazerman et al., 2006，第95页）

随机控制组前后测实验报告的特征

表13.1描述了随机控制组前后测实验研究报告的典型特征。在接下来的部分，我们将讨论每一种特征并用一个具体实验来阐释这些特征。这个实验涉及一项教中学生生活技能和避免毒品的技巧，是由马文·艾森（Marvin Eisen）、盖尔·泽尔曼（Gail Zellman）和大卫·默里（David Murray）设计实施的（2003）。

表13.1 实验研究报告的基本结构

特征	实验研究
引言	陈述研究假设、研究问题、研究目的及文献综述。研究意图就是创制一项实验方案或其他干预措施，然后设置一个或多个控制情境来对比探究其成效
研究设计	每位研究参与者被分配到实验组或控制组。如果可能，分配的程序最好是随机分配以保证每位参与者进入每个组的概率均等。前测（也叫基线测量或自变量）主要为了观察进入实验情境与控制情境前参与者的身份与水平。后测（也叫结果测量、标准测量或因变量）用来探究实验方案或其他干预措施的结果
抽样过程	研究者选择出适合参加实验方案或其他情境的参与者样本
测量方法	实际上任何一种测量方法都能收集自变量与因变量的数据
数据分析	对前测与后测测量结果进行描述性统计计算。通过方差分析及多元回归分析探求实验组与控制组在后测中产生差异的统计意义。两组在前测中存在的差异要通过协方差分析及多元回归分析来控制
结果讨论	总结研究的主要发现，讨论研究的不足和局限性。考虑该研究对进一步研究和专业实践的意义

这项研究从各种有效实验设计中选择了研究者们最为认可的实验设计。因为它能够有效控制影响实验内在效度的无关变量，本章将稍后对其展开论述。

引言

实验报告的引言部分应该陈述实验的重要性、实验的具体目的以及关注的主要变量。还应该包括文献综述,以便于人们理解这项实验如何拓展研究理论。

我们举的案例实验(Eisen et al.,2003)满足有效教育策略资料中心(http://ies.ed.gov/ncee/wwc/references/standards)所指出的证据标准。研究者在报告开始的部分就论述了青少年致瘾物质滥用的严重性。例如,他们引用了一些研究发现:有15%的八年级学生在吸烟,有14%的学生在调查之前的一个月内有过酗酒行为。报告中还提到,目前已经制定出几项针对中学生致瘾物质滥用的防控方案,但被证明没有多大成效。这项实验的意图就是评价青少年技能计划(Skills for Adolescence,SFA)的有效性。在20世纪90年代末之前,超过50,000位受过训练的教师及学校其他人员使用过这项计划。

研究设计

随机抽样的前后测控制组实验设计(pretest-posttest control-group experiment with randomization)的关键特征其实在这个名称中就能看出。在研究报告中这一名称术语也可以用随机实地实验(randomized field trial)或真实验(true experiment)等替代。

包括一组控制组。我们所描述的研究是一个控制组实验,因为它至少包含两组研究参与者,一组接受主要关心的干预而另一组接受另一种干预(或不干预)。另一种实验安排就是一组接受计划的所有内容而另一组接受按一定比例减少的计划内容,还有一组继续日常的活动安排。

在致瘾物质滥用的防控实验中,实验组参加了SFA计划。这一计划"利用社会影响和社会认知方法教学生认知-行为技能以增强自尊心和个人责任感,能够有效与人交流,做合理的决策,抵制一些不良的社会影响及保护自己的权利,增加致瘾物质使用常识"(Eisen et al.,2003,第887页)。控制组的学生接受致瘾物质教育,该教育的内容由教师和学校管理者自行决定。

随机分派研究参与者。实验设计的第二个特征是随机安排研究参与者,组成实验组和控制组。随机分派不等于随机选择,随机分派是指用一些操作程序来保证来自某一总体的所有个体被选择参加该研究的机会是均等的。

我们可以采用不同的方法进行随机分派。比如,把所有研究参与者的名字列成清单。然后在随机数字表中随意挑选一个起始数字。把第一个数字分配给名单中的第一个参与者,第二个随机数字分配给第二个参与者,等等。然后按数字顺序把名字排序。最后,我们把首个名字归入实验组,第二个归入控制组,第三个再归入实验组,以此类推。

随机分派并不能保证实验组和控制组的成员各方面水平都相当。例如,在有的情况中,男性数量在一组或另一组中的比例会高很多,尤其是在总体的实验被试数量较少的情况下。随机分派只能确保在实验组和控制组的被试安排过程中没有系统性的偏差。如果随机分派方法导致两组在重要因素上存在明显的差异，那么研究者应该考虑重新进行随机分派。

SFA的实验案例选择的是四个美国十大都市的中学作为被试。符合实验条件的被试被随机分派到实验情境和控制情境中。这样，不同学校的教师要么采用SFA计划，要么用其日常的致瘾物质滥用防控计划。

前测和后测的实施。实验设计的第三个特征就是至少对实验组和控制组的学生进行一次前测和一次后测。这一特征使得研究者通过实验组和控制组结果的对照，确定由实验条件导致的两组差异的程度，得出实验结论。

即便测验时各组的平均分存在差异，前测的数据也可以用来对实验组和控制组做统计性调整，以使二者在一定程度上保持相当水平。如果统计调整得有效，那么这两组后测的结果差异就可以归因于实验干预而不是两组的前测差异。这样的统计调整需要通过协方差分析（详见第九章）或多元回归（详见第十二章）来完成。

前测所测量出来的变量是自变量，因为前测测量的个体特征（如学习成绩、态度、自尊等）在个体进入实验情境之前就存在。后测所测出的结果就是因变量，因为后测中个体特性是在实验干预后才测得的。

在因果关系中，实验干预和控制条件是原因，后测的变量是结果。但前测的变量也可能是后测的结果的原因。例如，一位学生在前测中阅读成绩很高，假如用同样的测试手段测量，那么不管他在实验组还是控制组，他的后测的阅读成绩都会很高。

抽样过程

对于任何研究设计，研究者都应该从他们想要推广研究成果的人群中选择一些具有代表性的样本。那些实施SFA实验的研究者谈到，"尽管决策者、健康部门管理人员、教育者及防控专家投入了大量的努力，但青少年致瘾物质滥用问题在美国依然严重"（第884页）。青少年致瘾物质滥用问题的严重性使研究者决定从青少年群体尤其是七年级学生中选择一部分作为研究样本加入SFA计划或进入控制情境。

为了让学生参与实验，研究人员需要征求家长的同意与支持。学校中71%的学生家长同意学生参加实验。

前测需要在学生被试上六年级时就进行。在学生升七年级时就可以将其分成实验组和控制组。在七年级快结束时进行第一轮后测。一本出版物陈述了该实验后测后SFA的效果（Eisen, Zellman, Massett, & Murray, 2002）。在八年级快结束时又对学生进行后测，以探究一年后SFA的持续效果如何。这些后测是我们这一部分主要描述的内容。

可以预料到的是，样本在从六年级的前测到八年级的后测过程中会出现损失。有87%的经历过七年级后测的学生参加了八年级的后测。

测量方法

实验设计的前测和后测包含一些具体的测量方法，如测验、问卷、访谈以及直接观察，这在第六章已经论述过。在防控致瘾物质滥用实验中，前测和后测都运用了问卷调查法，有英文版和西班牙语版的，学生可以根据自己爱好选择不同版本。问卷中测量的主要变量是学生自己报告的以往以及问卷调查前30天里，对酒精、烟、大麻、可卡因以及其他非法药品的使用。

另外，学生问卷中还测量了其他变量：今后三个月是否打算使用致瘾物质；对朋友和同辈群体的致瘾物质滥用的看法；对致瘾物质使用是否有利于与人交往的看法；对致瘾物质的有害作用的理解；对放学后父母对孩子去向的监视的感受；寻求刺激的倾向；性别、家庭结构及种族等不同的人口学特征。

结果分析

方差分析（详见第九章）能用来分析实验数据。在方差分析中，将实验组和控制组后测结果的平均数进行比较来确定实验组的后测平均数是显著高于还是低于控制组的后测平均数。

协方差分析（详见第九章）也经常用到。这些统计技术就能用来判定在对两组的前测平均数存在的差异进行调整之后，一组后测平均数是否不同于另一组。

多元回归是分析实验数据的另一种技术（详见第十二章）。在防控致瘾物质滥用的实验中，实验情境（SFA计划与学校传统的致瘾物质滥用防控计划）组成一个变量。这是一个二分变量，因为它有两种取值：每一所被试学校都分为SFA计划或非SFA计划。SFA取1，而非SFA计划取0，反之亦可。

相关分析中另一个变量就是每一个样本的后测分数。如果SFA取值为1，非SFA取值为0，正相关系数就意味着参加SFA计划的学生的后测平均分高于参加学校日常的致瘾物质滥用控制计划的学生。还可以检验其他变量（前测变量等）是否独立于前测对后测产生影响或与其他已加入到回归变量共同影响后测。

我们对在实验中使用方差分析、协方差分析及多元回归这些技术的解释进行了简化。真正理解这些技术在实验中如何起作用的需要对统计有深入的研究。如果您没有这方面知识，您也可以通过阅览研究者对数据统计的描述尤其是数据的平均数和标准差来简单了解实验的结果。

艾森和他的同事（2003）主要通过比较参加SFA组学生与控制组学生的致瘾物质滥用比例来分析他们的数据，他们调节了两组之间在实验之前有致瘾物质滥用比例上的差异。这些差异总体来讲比较小。例如，22.85%的SFA组学生在30天里会饮酒，而控制组的比例是23.18%；11.32%的SFA组成员在30天里会吸大麻而控制组的比例是13.79%。

另一个发现就是学生在从上六年级到八年级这段时间里，致瘾物质使用会大大增加。比如，研究者发现学生在上六年级时，两组只有3.5%的人在30天时间里吸烟，但是当学生上八年级时再进行调查，12.47%的SFA组学生和11.48%的控制组学生在30天里都在吸烟。

研究者还发现了其他一些重要的统计显著性差异。他们发现，在前测的问卷调查中有酗酒行为的学生里，那些参加了SFA计划的学生的酗酒行为比例（27%）在后测问卷调查中要比参加学校常规的致瘾物质滥用防控计划的学生比例（37%）要低一些。对前测中没有发现有酗酒行为的学生，在后测中两组的酗酒行为比例没有多大差异（SFA组=12%；控制组=12%）。

讨论：对实践的启示

实验设计的讨论部分显然包括对主要的研究结论的概括和对研究局限性的分析。在讨论致瘾物质滥用的防控实验的局限性时，研究者写道："有的学生家长没有交回同意学生加入研究的表格或者是不同意学生参与实验，就不能假定他们和那些按要求同意参与实验的家长一样。"（Eisen et al., 2003，第896页）我们在样本选择部分就提到过，只有71%的家长同意学生加入这项研究，这一点是大家主要关心的。

研究者的实验报告中提供了家长不交回知情同意书原因的多种解释，如学生没有给家长表格或家长看不懂表格之意和不会填表格。这些解释表明那些没有归还同意书的学生与那些交回同意书的学生有很多性格上的不同。这些个体特性使得他们接受致瘾物质滥用防控计划的程度不同。

在各种定量研究设计中，实验研究对于实践有最重大的作用和意义，尤其是当实验研究能够对学生、教育者或其他群体产生积极作用时。原因在于实验者会对一种情境进行干预然后改善这个情境。教育者如果在自身的情境中仿照研究者的研究方法与程序就可能得到同样的效果。如果实验研究是在更真实的环境中进行而不是在实验室进行，那其得到同样效果的可能性就更大。

从事SFA实验的研究者基于他们的研究发现认为："这些研究结果为研制有效的控制计划提供了第一手的资料。一些商业上可利用并广泛使用的防止计划的部分内容，在干预后能够推迟至少一年大麻使用或早发型酗酒行为。"（Eisen et al., 2003，第896页）

我们自己的推测是SFA计划如果能持续实施数年而不是仅仅对七年级学生干预一年的话，得到的效果会好很多。当然，在更多的实验验证之前，这仅仅是一种推测。

其他群组实验设计

如前所述，随机抽样的前后测控制组实验设计总是研究者优先考虑的实验设计。其他实验设计在有特殊的实验目的或实施实验的环境和条件所局限的情况下也是可以考虑的。

表13.2列出了在设计实验时研究者可以选择的所有实验设计类型。在这里我们将详细讨论其中的两种。表格中没有出现的其他形式的设计通常是这些实验设计的扩展形式。其中最普遍的扩展形式就是在实验设计中加入额外的对照组。例如，致瘾物质滥用防控计划在学生上七年级时开始实施；控制组实施的是学校常规的致瘾物质滥用防控计划。这种设

计可以扩展，增加一个实验情境中让一些在七年级参加实验的学生在八年级时接受额外的关于致瘾物质使用的教育。这样的情况下统计分析就包含对三个组而不是两个组的后测平均数的比较。

表13.2 实验设计的类型

实验设计的类型	说明
单组实验设计	
单组后测设计 XO	效果最弱的设计，没有方法衡量结果变量在多大程度上是由干预所导致
单组前后测设计 OXO	效果较差。能用来做探究实验，尤其适用于研究者能够估算出不对被试进行实验干预的情况下前测与后测的差异的情况
控制组实验设计	
随机控制组前后测设计 ROXO ROYO	非常有效的设计。本章描述的致瘾物质滥用防控的教育实验就是典型例子
非随机控制组前后测设计 OXO OYO	比较有效的实验设计。有时被称为准实验。因为不随机分派被试，所以很难判断前测与后测的差异变化是由于实验处理所导致还是因为先前两组所存在的差异所致
随机控制组后测设计 RXO RYO	比较有效的实验设计。尤其适用于有足够证据证实前测能增加后测结果的差异（全部或部分源于前测而不仅源于实验干预）的情况
非随机控制组后测设计 XO YO	效果非常差的设计。前测与后测产生的变化不能准确判定，因为没有前测很难确定后测的变化是由于实验干预所致还是两组之间一开始就存在的差异所导致
析因实验设计	
两因素设计 ROX_1Y_1O ROX_1Y_2O ROX_2Y_1O ROX_2Y_2O	非常有效的设计。它的目的在于判定几种实验干预或被试特点对前后测结果差异的因果影响。两因素设计还能扩展到三因素或四因素

R=随机分派研究被试到实验组或控制组
O=对前测或后测观测
X=实验条件
Y=控制组或对照组

准实验设计

在实验室进行实验研究，很容易采用随机化方法分派被试。例如，很多关于学习过程的实验对象都是大学生，经常是心理学或教育学班级的学生。他们被叫去一个特殊的房间（类似于实验室），随机分派到实验情境中。每次的干预持续时间少于一小时。参加实验的学生能够获得学分或者额外的奖励。

在真实生活环境（经常叫作田野环境）中的实验，尤其是那些需要延长实验时间的实验，对学校人员的要求更高。随机分派学生或教室加入到实验情境中可能会打断日常学校教学活动。因此，学校人员和家长就可能会拒绝这样的要求。

这就需要研究者自己作出选择，要么放弃实验，要么不采用随机方法分派被试。如果实验计划或干预似乎很有效，研究者就不会放弃验证其成效的努力。因此，研究者可以选择另一种实验设计——**准实验**（quasi-experiment）设计，即带有控制组但不能随机分派被试的实验。这个标签有消极意义。但是实际上，如果在选择实验被试时采取措施尽可能地使两组差异缩小的话，准实验能够得出非常有用的结论。

比较常见的方法是研究者和学校相关人员一起选择学校和教师来实施实验计划或干预。例如，在致瘾物质滥用防控实验中，研究者就要寻找愿意尝试SFA计划的学校。一旦选择出一些学校，研究者和学校人员就可以找那些与实验组的学校特点相类似的学校而形成控制组。通过这种方法就能从一定程度上确保实验组和控制组在后测中所观察到的差异是因为不同实验计划的采用而不是因为研究者所担心的先前两组就已经存在的差异。

析因实验设计

在这种实验类型中，**因素**（factor）和**自变量**（independent variable）的含义类似。这些因素被视为先于通过后测因变量而存在的自变量，因此，可能会对因变量有因果关系的影响。术语**析因实验**（factorial experiment）用来指同一研究中，有两个或多个因素（即自变量）的设计。

在致瘾物质滥用防控实验中，教师、学校心理咨询顾问及其他学校人员都可以实施SFA计划。假设学校心理咨询顾问实施该计划的效果是最好的，因为他们本身在学生情绪与行为问题上受过专门培训。为了验证假设，我们可以采用两因素设计：一是计划的类型；二是实施者的类型，如表13.3所示。①

表13.3 两因素设计示例

实施者类型	计划的类型	
	SFA计划	学校常规计划
教师	1区	2区
心理咨询顾问	3区	4区

---

① 原书中该表没有表序和表题，考虑到阅读方便，故加。——译者注

从表13.3中可看出，实验计划就分成四种不同的实验处理区，每一区都包含不同的计划和实施者。假如我们有40位被试教师，就能随机将其分派到1区和2区，假如有40位被试心理咨询顾问，就能随机分派到3区和4区。

我们可以使用方差分析或协方差分析来处理析因实验设计的问题。第一，哪一类型的实施者执行该计划使学生的表现效果（在八年级结束时致瘾物质滥用行为的减少）较好。第二，排除实施者的影响之后，我们能够判断哪一种计划所导致的学生结果会变得更好。

第三，我们可以考查计划与实施者的交互作用。**交互效应**（interaction effect）是指一种自变量仅仅在实验设计的特定条件下对因变量的因果影响。例如，心理咨询顾问会比一般教师实施SFA计划更有效，但是心理咨询顾问和教师在实施学校的常规计划时效果相当。如果我们能够观察到这一发现，就能说研究出现了交互效应。

我们所描述的析因实验设计仅仅是两因素设计。根据具体实践需要也可以设计三因素或更多因素的设计。

实验内在效度的威胁因素

越来越多的项目采纳决策是建立在有充分实验证据的基础之上的。因此，教育者需要了解如何判定实验设计方案是否有效。尤其要判断一项实验设计所能观察到的实验结果到底是由实验处理所致还是由其他无关变量所致。

无关变量（extraneous variable）是指除了操作变量之外可能会对结果变量有因果影响的变量。如果研究中出现了无关变量，研究者就无法准确判断进行实验处理后，实验组和控制组在因变量上所观测到的结果差异究竟是实验干预所导致还是因为无关变量的缘故。

例如，假设刚巧实施学校常规计划小组里的男学生比例比SFA计划的男学生比例高。再假设男生比女生出现致瘾物质滥用行为的比例高。

现在假设我们发现SFA计划里的学生在结果变量中会比常规学校致瘾物质滥用防控计划里的学生表现得更好。这种发现的一种解释是SFA计划比常规计划更有效。另一种同样合理的解释是并不是SFA有效，而是因为SFA计划中的男生比例比常规计划中男生的数量少才产生了比较好的结果。如果性别因素等无关变量存在，就无法或很难确定SFA计划对结果变量的实际影响。

理想情况下的实验是没有无关因素出现，这样的实验设计就可以说是高**内在效度**（internal validity）的，即实验组之间所观测到的结果变量的差异仅仅是由操作变量所致。如果一种实验的内在效度很低，那就意味着结果变量的差异既可能由操作变量所致也可能由无关变量所造成。

唐纳德·坎贝尔（Donald Campbell）和朱利安·斯坦利（Julian Stanley）（1963）认为有八种无关变量会影响实验的内在效度。我们将逐一解释这些实验内在效度的威胁因素会如何影响上述实验的结果。当然还有已经被确认的其他无关变量，但这八种影响反映了在实验设计和实验操作中研究者通常会面临的挑战。

历史效应

实验操作持续的周期时间若比较长，实验外的其他事件就可能影响结果变量。实验处理以外的事件影响了因果变量，这就是出现了**历史效应**（history effect）。

在上述的致瘾物质滥用防控教育实验中，学生参加的SFA计划在六年级中持续了很长一段时间。在这段时间里及后来的追踪阶段（直到八年级快结束时才对学生进行后测），可能发生很多其他的事件影响学生的致瘾物质滥用行为。然而，这项实验设计包括随机分派被试，有对照组，这样两组都可能经历到类似的事件。

实验组的后测结果统计分析就能够与控制组的结果统计分析相互对照，所观测到的结果差异就能反映SFA计划的效果。这样，历史因素这一无关变量就可以被剔除了。

成熟效应

实验操作随着时间慢慢推移，实验被试的身心各方面都会发生一定的变化。例如，随着被试年龄的增长，他们可能会身体素质更好、更乐观或者经历其他情绪或生理上的变化。坎贝尔和斯坦利把所有的这些变化都定义为成熟的形式。如果实验中这些发展性的变化影响了结果变量，我们就称发生了**成熟效应**（maturation effect）。

在我们所分析的实验中，SFA计划与随机分派的控制组相对照，两组都要经历成熟效应，于是成熟效应就得到了控制。

测验效应

许多教育实验都会有一个前测，然后是实验处理和控制情境，最后以一个后测结束。如果前测与后测内容相似或这两个测验的相距时间较短，那么被试在后测中所显现的进步可能仅仅是因为他们在前测中的经验，也就是说，他们变得"精于考试"（test wise）。

倘若重复测验影响了结果变量，那么就出现了**测验效应**（testing effect）。但这种效应在致瘾物质滥用防控实验中是不大可能起作用的，因为前测和后测之间时间间隔将近两年。

工具效应

如果每次实验采用不同的测试手段和技术或工具，那前测到后测可能也会出现学习的显著变化。假设在我们前述例子致瘾物质滥用防控实验中，前测用访谈法提问而后测以问卷的形式来问同样的问题。这样的做法就可能很难判定实验组和控制组的前测与后测的变化原因是实验处理还是测验工具的变换所致。如果实验测试工具或技术的变化影响了结果变量，那就出现了**工具效应**（instrumentation effect）。

统计回归

任何时候，我们在实验中使用前测–后测方法来评估学生学习的进步情况时，学生在前测中分数或高或低，但在后测时学生分数都会呈现自然向群体平均数靠拢的倾向，这种现象称为**统计回归**（statistical regression）。

例如，假设实验组的学生的前测平均分在国家规范的测试中处于第15个百分位。当这组学生再次接受相同或相似的测验（后测）时，无论是否接受实验处理，他们都可能会得到一个更高的平均分。因为他们第一次测验所取得的较低的分数可能不仅仅是由于自身较低的能力，还有一些偶然因素所致，比如在参加测验的那天身体不舒服，或在某些题上猜错了答案，等等。

再一次测验时，这些偶然因素不太可能再次出现。因此，这时他们测验分数的提高并不取决于实验处理。同样地，由于偶然因素，当对在前测中分数很高的学生们进行再次测验时，他们的分数也有可能回归，即向平均分靠拢。

如果所有的或大部分研究被试在实验中的一个关键变量上过高或过低，那这项研究就该考虑统计回归的影响。例如，研究中若包括天才儿童被试，就极容易在前测-后测中受统计回归的影响。为了避免此因素的干扰，在设计研究的测试题时题目难度要适中，以便大部分的研究被试成绩不会太高。

差异性选择效应

如前所述，在准实验设计中，选择实验组和控制组的被试程序与随机选择被试不是一回事。如果两组所选择的被试存在差异，那么两组被试各方面的不同就会导致结果的偏差。

两组被试各方面不等就影响了结果变量，这就出现了**差异性选择效应**（differential-selection effect）。于是就很难正确解释实验组和控制组在后测上所能观测到的差异是因为实验处理还是两组被试各方面不等的缘故。为了在一定程度上避免由于选择差异而造成解释上的困难，最好的方法是合理选择控制组被试，努力做到使其和实验组被试在一些关键特征方面差异不大。

选择和成熟交互效应

除了成熟是特定的混淆变量外，这个无关变量类似于差异性选择效应。假设参加一个新的阅读计划研究的一年级学生来自一个学区，而控制组的一年级学生从另一个学区总体中抽选。由于不同学区会有不同的入学政策，控制组学生的平均年龄比实验组学生的平均年龄大六个月。

假设实验后，实验组的学生所取得的进步大于控制组的学生，那么这些结果是反映了实验处理的作用还是成熟的影响？由于对实验组和控制组学生采用的是不同的选择方法，研究者们无法坚定地给出这个问题的准确答案。由于两组的被试呈现出不同的发展水平，因此这种无关变量就称为**选择和成熟交互效应**（selection-maturation interaction effect）。

受试者流失

受试者流失（experimental mortality），普遍被称为"**损耗**"（attrition），是指在实验处理过程中研究被试的流失。如果从实验组中途退出的被试与从控制组退出的被试具有不同特性，这种被试的流失就会导致实验结果解释上的困难。

例如，致瘾物质滥用防控实验中对损耗数据的分析显示，37%参加前测的回答近来已吸大麻的学生不能参加八年级后测的问卷答题。相比之下，仅仅23%参加前测回答近来没有吸大麻的学生不能完成后测测试。由于这些不同的损耗，在计划实施一年后，我们不能判定与控制组对照，SFA计划在防止学生吸大麻问题上是否有效。

直接影响实验处理的威胁因素

教育者都知道，不同的教师会以不同的方式实施同一种课程。课程的主要部分可能存在于所有教师的课堂中，一些教师侧重于强调特定的话题，而另一些教师会涉及一些课程中没有出现的内容。然而，在实验中，所有的被试都必须根据实验设计来实施实验计划。如果随意实施，这项计划就可能无效。有时尽管根据开发者的要求实施计划可能会取得一定效果，但这一计划还是会被列入无效的改革之中。研究报告需要明确阐述实验的特点，即实验**处理信度**（treatment fidelity），是指根据研究者或计划开发者的具体要求来实施实验操作的程度。

在致瘾物质滥用防控实验中，SFA计划包括40次会话，每次持续35—40分钟。然而，实验操作者发现教师的会话的真实次数会出现变化。根据教师的自我陈述，会话次数平均是32.74次。由此，这项实验计划实施的信度不是很完美，偏离了该计划的具体要求，也因此削弱了该计划的有效性。

影响实验计划实施的另一个威胁因素是实验操作的效力。一项计划的强弱可以表现为很多维度，比如时间长短、强度、教学设计水平及个人实施计划的能力技巧。举个例子来说，在医学界，研究人员经常用适量的新药来实验。这种药可能有效，但如果药量太多或太少或者试验时间太短，结果就可能是无效的。

在致瘾物质滥用防控实验中，实施SFA计划的教师都要参加为期三天的SFA培训。三天的培训是否足够呢？这些问题在报告中没有得到回答。然而，事实上，后测显示的计划实施的结果表明培训的次数至少在最低限度上是足够的。

查阅了艾森和他同事的后测结果发现，参加SFA计划的学生在几个变量上都比控制组的学生取得更好的结果。然而，我们认为两组的致瘾物质使用比例都高得惊人。似乎需要一个比实验计划更强效的计划，以大幅降低致瘾物质滥用比例到"零容忍"水平（"zero tolerance" level）。

实验外在效度的威胁因素

实验的成本昂贵，因此就有很多实验干预仅仅局限于有限的时间里在一种情境中采取小样本进行操作。如果实验干预的结果被证明是有效的，那么教育者就想知道这项实验是否能成功推广到其他情境其他个体中。在研究术语中，这就叫作实验的外在效度。实验都有其**外在效度**（external validity），即实验结果能推广到其他个体、其他情境及其他时间的程度。布拉赫特和格拉斯（Bracht & Glass, 1968）通过对实验的分析，总结了影响外在效度的三方面因素：总体效度、个体变量和生态效度。

总体效度

在第六章，我们已经给出了**总体效度**（population validity）的定义，即实验结果可以从特定的研究样本推广到抽取样本的总体中去的程度。为了确定总体效度，研究者必须评估研究样本、抽取样本的可获得总体以及研究结果所要推广的更大的目标总体之间的相似程度。

研究者若能搜集更多材料证明该研究样本、可获得总体以及目标总体之间有更多的相似性，在将研究结果推广到目标总体时就会更有信心，缺少这样的证据会威胁实验的外在效度。

在实践中，想把研究成果应用于具体情境的教育者对研究样本和目标总体之间的相似性不是非常感兴趣，他们关注的是研究样本与当地环境中个体的相似性。为了确定这种相似性，教育者应该关注研究报告中样本的所有相关信息，比如年龄、性别、学业能力倾向、种族、社会经济地位以及他们所居住的社区的特点等。在此基础上把这些信息与想要应用研究结果的地区的个体相比较。

个体变量

另一个影响外在效度的因素是研究样本的各方面特征与实验干预发生交互作用的可能性。当实验结果可以应用于具有特定特征的研究被试（如测验焦虑较轻的人），而不能应用到具有其他特征的被试（如具有高测验焦虑的人）时，就出现了交互作用。这种交互作用被认为是可能的并且很重要，可以运用析因实验（本章前面阐述过）来证实它的存在和影响性。

如果一项实验具有很高的外在效度，那么实验结果就可以应用于多种个体，而不是仅仅能运用于有特定特征的个体。当然，倘若研究者明确表明这项实验结果只适合于有这一特征的个体，我们就可以说这项实验对这一群体来说有很高的外在效度。

生态效度

生态效度（ecological validity）是实验结果能从实验情境推广到实践情境的程度或范围。它取决于实验的情境条件与想要应用实验结果的情境条件的相似程度。通常情况下，实验情境与实践情境之间的差别越大，能推广这些实验结果的几率就越小。

单一个案实验

单一个案实验（single-case experiment）（也称为单一个体实验），指通过对单个个体进行实验处理来判断实验干预有效性的研究。当研究者想要观察干预是否对个体特定行为和技巧有效时，会采用单一个案实验而不是群组实验。

比如，采用单一个案实验设计，研究者可以诊断一个患有诵读困难症的学生的阅读问题，设计一套个体化的策略去解决它，然后再通过重复收集不同阶段的数据来严格检验这一策略的效果。不管个体情况有多么独特，单一个案实验都能对该问题展开调查研究。

有些研究者把单一个案实验看成是本章前面出现的某一群组实验设计中的弱化形式。实际上，单一个案实验设计严密，且很耗时，其数据收集工作也与包含实验组与控制组的实验设计一样多。操作单一个案实验的研究者与操作群组实验的研究者一样都要考虑实验的内在效度和外在效度。

单一个案实验的实验干预经常包含一些形式的行为分析与行为矫正。**行为分析**（behavior analysis）包括仔细观察个体在情境中的神情举止、对个体不正常行为的判定及对目标行为的具体要求等。**行为矫正**（behavior modification）包括强化、模仿、区别训练等技巧来增加或减少特定行为的频率。

这些情境中单一个案实验的目的在于判断某种行为分析和行为矫正技术对于个体特殊问题的解决是否有效。因此，单一个案实验对于改善实践行为具有直接的意义。以下的一些期刊论文标题列举了单一个案实验所能解决的一系列实践问题：

Didden, R., Korzilius, H., van Oorsouw, W., & Sturmey, P. (2006). Behavioral treatment of challenging behaviors in individuals with mild mental retardation: Meta-analysis of single-subject research. *American Journal on Mental Deficiency*, 111 (4), 290-298.

Onslow, M. (2004). Ryan's programmed therapy for stuttering in children and adults. *Journal of Fluency Disorders*, 29 (4), 351-360.

Powers, S. W., Piazza-Waggoner, C., Jones, J. S., Ferguson, K. S., Daines, C., & Acton, J. D. (2006). Examining clinical trial results with single-subject analysis: An example involving behavioral and nutrition treatment for young children with cystic fibrosis. *Journal of Pediatric Psychology*, 31 (6), 574-581.

Schaefer, J. E. (2002). The effects of peer-buddies on increased initiation of social interaction of a middle school student with Down syndrome and her typical peers. *Down Syndrome Quarterly*, 7 (3), 1-8.

下一节我们将陈述单一个案实验的一些特征。并以琳达·梅克林（Linda Mechling）、大卫·加斯特（David Gast）及贝丝·克罗宁（Beth Cronin）（2006）的研究为例，该研究对两位患有中度精神发育迟滞（moderate mental retardation）和自闭症谱系障碍（autism spectrum disorder，ASD）的中学生进行研究干预来改善他们的生活表现能力。

尽管越来越多的儿童被诊断为患有自闭症，但总人数中此病的发生率较低。因此，像本章的第一部分那样采用群组实验设计选择足够的研究样本是比较困难的,更为可行的选择是采用单一个案实验设计。再者,实验干预的目的是改变学生比较特殊的行为,这要求对自闭症儿童的需要进行仔细的行为分析。单一个案实验设计尤其适合这种特殊行为和使其改变的研究。

单一个案实验设计报告的特征

表13.4描述了单一个案实验设计报告的典型特征。我们在下文会一一阐述。

表13.4 单一个案实验设计报告的基本结构

特征	实验研究
引言	陈述研究假设、研究问题或研究目的以及相关文献综述。研究意图就是设计一项实验方案或其他实验干预,然后与一个或多个控制组对照,判定实验干预的有效性
研究设计	研究设计通常分好几个时间段。一个或多个时期是基线条件下观测,没有实验干预;也有一个或多个时期是在实验处理条件下观测个体行为
抽样过程	研究者选择一个或少数有特定问题的被试做样本。这些问题通常有明显的行为表现并且所患人数不多
测量方法	通过观察被试出现特殊问题行为的次数或频率填观察量表。受过训练的观察者在实验过程中的每一时期(基线和处理)以固定的时间间隔完成观察量表
数据分析	通常的数据分析都把所观察到的数据以图表的形式呈现。图表的y轴代表特殊行为的频率,x轴代表观察到的问题行为发生的时间点
结果讨论	总结研究的主要结论,同时思考并陈述研究存在的问题与局限性,以及该研究对进一步研究和专业实践的启示

引言

报告的引言部分应该陈述单一个案实验的意义及重要性、实验具体目的、主要变量等。还应该包括文献综述,使读者了解本研究对丰富研究理论的贡献。

在这个自闭症实验中,研究者首先对关于能促进自闭症治疗的各种强化方式的研究发现进行了梳理(强化在行为理论中是一个技术术语,类似于奖励)。他们发现这些自闭症儿童喜欢那些非自闭症儿童所不感兴趣的刺激,他们喜欢有选择的奖励。然而,研究者还发现,具体的强化物会随着时间的推移慢慢失效,而且一些适合自闭症儿童的强化物并不是随时都可用的。

在了解研究理论的基础上,梅克林(Mechling)和她的同事们提出了实验目的:"我们必须努力满足:(1)给患有自闭症谱系障碍(ASD)的儿童提供各种强化物,激发其兴趣；（2）通过新颖且不同的刺激物防止儿童厌烦，本研究希望通过使用视频技术及一些先进技术提供高偏好项目的选择，来激发这些儿童的动机。"（第8页）

研究设计

单一个案实验可以有不同的设计形式，但都包含两个元素：基线状态与处理状态。**基线状态**（baseline condition）就是研究被试在正常条件下的行为表现，通常用字母"A"表示。**处理状态**（treatment condition）是指实验处理的一系列状态下个体的行为变化，通常用字母"B"表示。在**A-B-A研究设计**（A-B-A research design）中研究者会观察个体在正常状态下的行为一段时间，然后引入实验干预，并在实验干预状态下观察被试行为变化，最后一段时间又重新回到正常状态并在正常状态下观察被试的行为变化。

自闭症实验主要采用**A-B-A-B研究设计**（A-B-A-B research design）。这种设计类似于刚才描述的A-B-A研究设计，只是又多了一个阶段，即再次在实验干预状态下对被试行为进行观察。如果实验干预是有效的，我们将会看到：

- 在引入实验干预后（B），被试出现了研究所期望的行为改变；
- 在实验干预停止后（A），被试的行为回到了原来的状态；
- 再次引入实验干预后（B），被试重新出现了研究所期望的行为改变。

A-B-A-B研究设计有很高的内在效度，因为它有一个**倒返阶段**（reversal phase）。倒返阶段包括第二个状态A，即去掉假设已经引起初始行为改变的实验干预（第一个状态B）来展示对目标行为的积极控制。还包括再次的重复干预（第二个状态B），提供了证实实验干预效果的额外证据。

一些行为在重复干预结束后，可能不会回到原来的状态。而且，对被试实施了干预然后停止，观察其是否回到原来状态，这在道德上可能并不允许。例如，假设一位研究者希望通过对被试进行咨询而降低其焦虑水平，并评估咨询的效果如何。如果被试的焦虑水平在实验干预过程中确实降低了。但在道德上，研究者不能为了观察被试的焦虑水平是否回到测试前的水平，就停止对被试进行有效的咨询干预。

在这些情况下，研究者可以采用**多基线研究设计**（multiple-baseline research design），这种设计会选择一些在自然情境下不会出现的状态作为对照来确定实验干预的效果。例如，研究者可能选择三种不同的行为来论证干预措施的有效性。如果实验干预施加到第一种行为中并改善了这种行为而其他两种行为保持不变，那就能证明实验干预是有效的，行为的改变是因为实验干预的结果而不是其他因素所致。

下一步就是将实验干预施加给第二种行为，如果这种行为得到改善而第三种行为无变化，又为实验干预的有效性提供了更多的证据。最后，再对第三种行为施加干预，如果第三种行为得到改善，那就有充足的实验证据证明实验干预的有效性。

在自闭症实验中，两名被试学生唐纳德和杰克森（Donald and Jackson）完成了他们平时独立完成的任务环节，每天一到两次，每次30分钟。具体包括三项学习任务，比如阅读简单指示、根据故事内容回答"wh-"问题以及根据写好的菜单订餐等。在这些学习任务完成后，学生有十分钟时间阅读预先筛选好的强化阅读材料或参与强化活动。

在基线状态（A）中，学生花十分钟在老师给他们挑选的强化物上（在期刊论文中，这些强化物被称为"实体强化"）。这些强化物都是学生先前已经选择好的最钟爱的刺激物。唐纳德喜欢苏斯博士（Dr. Seuss）的书和坐在帐篷里这两项强化物，而杰克森喜欢弹球和听音乐。

在实验处理状态（B）中，出现了各种各样的强化物，且所有强化物都包含一分钟左右的电脑视频。一些视频展示了学生（唐纳德和杰克森）如何与他们之前选择的喜欢的刺激物互动。而另一些视频展示了学生与教室中没有的且学生喜爱的刺激物的互动。对于唐纳德来说，比较喜欢的刺激物是社区里度假的美景及自己熟悉的大人的表情。而杰克森喜欢的刺激物是社区的合唱及自己参加合唱队的合唱。

在十分钟的强化期间，在电脑屏幕上给学生出示了三张照片，每一张代表一种喜欢的刺激物。学生选择其中一张并且观看相应的一分钟的视频。这一操作过程再重复九次，选择每张照片都有相同的几率。

抽样过程

单一个案实验主要针对有特殊需求人群且人群中发生率较低（如自闭症）的问题，这种实验主要用来检验直接作用于个体的实验干预的有效性。因此，尽管随机抽样是非常有效的选择样本的方法，但对于单一个案实验来说几乎是不可能的。

研究者需要做的是对每一个研究被试的特征进行详细的描述，这样才能帮助教育实践者判断他们所帮助的学生是否有类似的特征。研究者也可以在相似的个体中重复实验设计，来判定实验干预效果是否再次出现。如果重复效果出现，教育者就能更加确信这项实验干预对于那些与实验参与者相似的学生来说也是有效的。

在自闭症实验的报告中，梅克林和她的同事们选择了两个实验被试，每一个都是独自完成各自的实验。他们对每个被试进行了非常详细的描述。在其研究中，我们了解到其中一位名叫杰克森，在实验期间是13岁2个月。他在6岁的时候被专业心理学家利用两种评估方法诊断为自闭症及轻度精神发育迟滞。另一位学生唐纳德，14岁零4个月大，4岁的时候被执照心理学家利用两种评估方法诊断为自闭症及中度精神发育迟滞。除了提供这些信息外，研究者还详细描述了学生智力水平和学习需要。

测量方法

一般来说，单一个案实验与群组实验不同，没有前测和后测。单一个案实验是多次重复测量来判断个体行为是否发生变化，即从一种状态（基线或处理）变化到另一种状态。很多时候，测量方法就是直接观察个体发生目标行为的次数和持续时间。如果目标变量是一种学习结果，那么研究者可能重复使用一种简短的测试。如果目标变量是类似焦虑等情绪状态，观察者就要用纸笔量表来描述并衡量个体所出现的不同程度的情绪状态。

在自闭症实验中,实验的目标行为就是杰克森和唐纳德在理论上需要30分钟的任务环节中完成三项学习任务所花费的时间。观察者要记录在基线状态和实验处理状态下任务环节持续时间的长短。

当然,如果观察者不能精确记录任务环节持续的时间,那这些观察数据就是无效的。因此,需要通过把任务环节的三分之一部分录下来检测观察者测量的可靠性。另一位观察者可以通过看视频来独立记录任务环节的持续时间。结果发现这一观察者的数据和那些直接观察这两位学生行为收集而来的数据是高度相似的。

实验结果

自闭症实验的研究结果显示在图13.2中。图像表示法在单一个案实验报告中是标准形式。图13.2包括两个图像,每个图代表一个学生的行为变化。每个图的虚线垂直线表示学生行为从一种状态(基线或处理)变化到另一种状态的转换点。每个数据点就是杰克森和唐纳德在任务环节中完成所有的学习任务所花费的时间。

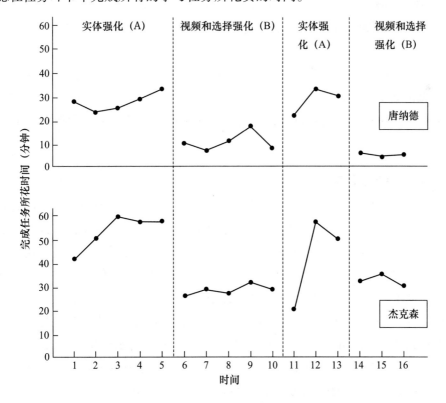

图13.2 不同状态下完成三项任务所花的时间

注:Rf=强化

资料来源:Figure1 on p. 11 of Mechling, L. C., Gast, D. L., & Cronin, B. A. (2006). The effects of presenting high-preference items, paired with choice, via computer-based video programming on task completion of students with autism. *Focus on Autism and Other Developmental Disabilities*, 21 (1), 7-13. Copyright © 2006 by Sage Publications. Reprinted by permission of Sage Publications.

从图13.2中可以看出，当他们的强化物是选视频后观看视频时，这两位学生能用更少的时间完成他们的任务。实体强化物就没有这么有效。

就像我们在群组实验中所讨论的那样，很多因素会威胁对实验效果因果解释的效度。在自闭症实验中，我们需要考虑这样一种可能性，即可能是其他因素而不是选择视频强化物使得杰克森和唐纳德以更快的速度完成了他们的学习任务。

但实验采用了A-B-A-B研究设计，图13.2的实验结果提供了非常有力的证据，排除了其他因素干扰。如果一种强化物的作用是由多因素导致的，不管是什么类型的强化物，任务环节的持续时间在基线状态变化到处理状态时将会相对不变。而图13.2排除了这种解释，因为在这两种状态的转化中，这些数据点变化幅度较大。

基线状态和处理状态的安排顺序提供了另一种可能的因果解释。在实体强化物状态结束后进入视频与选择状态，有人会认为，当时间结束后，被试学生就非常熟悉这些观察者和任务环节的程序；因此，被试就会在下一个时间段（视频或选择）以更快的速度完成任务。

然而，A-B-A-B研究设计包含两种状态。当实体强化物再次引入时，学生持续时间又再次增加了。这些结果就把被试熟悉观察者和操作程序作为实验结果的原因这样的解释排除了。

描述统计量能够用来分析单一个案实验所产生的数据。比如，研究者报告说唐纳德在第一个基线状态（实体强化物）完成任务环节的平均时间是27.8分钟，在第一个视频选择状态完成任务的平均时间是11分钟。这些描述统计量能够补充从图像中直接观察到的信息。

讨论：对实践的启示

单一个案实验报告的讨论部分要包括对主要研究发现的总结，对研究局限性的分析以及对深入开展研究的建议。例如，在自闭症实验中，梅克林和她的同事注意到实体强化物情境并不允许学生自己选择强化物而视频强化情境允许学生自己选择。因此，我们并不知道在（1）提供选择的机会；（2）观看视频；（3）观看视频及提供选择这三个选项中，哪一个是使视频强化情境的结果大大优于实体强化物的情境的原因。研究人员建议，需要进一步研究来判断具体是三种可能中的哪一个导致了视频强化情境成了有效的实验干预。

研究者还讨论了他们的实验发现对专业的实践发展的启示。例如，在自闭症实验中，研究者作了以下陈述："通过视频技术展示学生喜欢的物品或活动，是给学生提供新颖的、有意义的、受喜爱的刺激物的一种有效可行的方式，是一种正向的强化。"（Mechling et al., 2006，第12页）

这种"可行"的技术发现很可能受到自闭症孩子家长和教师的欢迎。他们又多了一种有效的方法来改善这一特殊且人数不断上升的群体的学习水平。此外，这些研究发现能够有效促进为其他群体服务的新技术的开发，也包括正常学校里的学生群体，这样也能提高他们的学习效率。

对实验研究的评估

附录2中列举的标准与如何评价实验研究相关。下面以问答形式陈述了另一些标准，能够帮助你判断群组实验的效力是否会被描述研究常会有的问题削弱。这些标准在本章已经详细解释了，我们在这里仅简略提及。

- 研究者是否随机分派实验组和控制组的被试？

看报告中研究人员以何种方式分派被试到不同情境。随机分派方法未必能保证不同组的相似性，因此，也要看研究者是否对随机分派的不同组在人口学变量和其他相关变量上进行了比较。如果没有使用随机抽选被试的方法，检查两组之间有多大相似性对研究者来说相当重要。

- 研究者是否关注到会影响实验研究的内在效度和外在效度的因素？

查阅研究报告并判断实验的内在效度是否受到本章所阐述的这八大威胁因素的影响。类似地，查看报告并判断实验的外在效度是否受到本章所阐述的三大威胁因素的影响。

- 研究参与者是否遵循了研究者设计的实验组或控制组的条件？

核查研究报告来确定研究者是否收集数据来判断被试在多大程度上遵循实验情境或控制情境的要求。

- 实验是否对被试施加足够的干预呢？

判断实验干预强度是否足以对实验的因变量产生影响。然后查阅研究报告中的实验干预的施加强度是否与你的判断相一致。

单一个案实验也能够通过附录2所列的评估标准来评估。这里再额外陈述一些评估标准。

- 实验数据的测量点是否足以显示某种变化趋势？

在每个干预情境和控制情境中，应该测量足够的因变量数据以便能清楚地看到行为的变化趋势。你可以通过查看这种实验报告的研究图像来判断这些行为的变化趋势是否清晰。

- 实验设计包括一个控制情境吗？

查阅研究报告判断控制情境是否与实验情境形成鲜明的对照。两种情境的结果应该有很大的不同来推断实验干预是真正有效。如果实验干预有效果，判断这一效果是否比控制情境所产生的任何效果都要好很多。

一个范例：实验研究如何帮助解决实际问题

教育者、出版商及企业家一直都在寻找新方法来提高学生的学习效率。比如，《华盛顿邮报》(*Washington Post*)报道了一条关于由美国一家名为MetaMetrics的教育测评公司开发的创新学习服务的消息。这种服务给每位学生分发了一个号码，称为蓝思（Lexile），这个蓝思对应着学生在州标准阅读测验中的学习成绩。教师和家长可以将学生的蓝思指数输入系统的在线数据库，数据库会根据学生的阅读水平列出相应的书单。

《华盛顿邮报》报道，弗吉尼亚州的教育部已经采用了MetaMetrics的研究，认为这种方法将提升学生的阅读技能。这一部门的一位工作人员做了以下论述：

> 小学教学服务主任马克·艾伦（Mark Allan）说道："当孩子能根据自身的阅读理解程度来阅读，他们就会更喜欢阅读，更想阅读，不会觉得有挫败感。"
>
> Glod, M. (2008, November 13). Tool translates test scores into reading lists. *Washington Post*. Retrieved from www.washingtonpost.com.

这些教育工具看起来比较有效，并且一个州的教育部都这么支持这种方法的使用。但这种方法真的那么有效果吗？这个问题可能在下面所描述的实验中可能会得到最好的回答。

我们首先选择出同一年级的学生样本。按照蓝思分数将这些学生划分为弱、中、强三种阅读水平的小组。然后把三个组的学生分别随机分派到实验组或控制组中。实验组的学生被要求阅读一本书籍的前几页内容，这本书籍是根据他们的蓝思分数所确定的阅读水平选出的。而控制组也安排了同样的任务，唯一不同的是控制组的学生所读的书的阅读理解水平要比学生的蓝思分数高很多。

每个组都是在不同的但同样舒适的环境下阅读，在整个活动中有一位教师指导他们。一段时间后，学生被要求完成两个测试：（1）衡量他们到底有多喜欢刚阅读的这本书的态度测试；（2）关于他们所读之书的理解的测试。

我们的假设是那些阅读根据他们的蓝思分数水平挑选的书的学生要比阅读超过他们蓝思分数水平的书的学生对书籍的兴趣更大，对书的内容的理解更深刻。我们还假设这一差异将在不同阅读水平群体中都有体现。

如果实验结果证实假设成立，那么实验结果将作为支持蓝思测评在语言教学中广泛应用的有力证据。当然，证据也并不一定能支持这个结论，因为实验是在类似实验室的情境中进行的。然而，这些研究发现能够刺激投资机构赞助在自然环境中的大规模实验。随着研究资料证据的积累或支持或反对这种教育工具，教育者将在是否将这一教育工具推广到自己的学校教育系统中这一问题上作出明智的决定。

自测题

1. 实验研究与分组比较研究和相关研究的不同之处在于_____。
   A．在正常的自然条件下进行观察
   B．研究实验组与控制组中被试自然出现的变化
   C．在实验室或真实生活情境中引入实验干预
   D．对于教育实践的发展没有多大意义

2. 随机抽样的前后测控制组实验设计_____。
   A．很容易操作但内在效度低
   B．没有准实验设计那么有效
   C．一般被认为是最有效的实验设计
   D．从特定总体中随机选择研究被试

3. 在随机抽样的前后测控制组实验设计中，_____。
   A．前测所测量到的变量是唯一的自变量
   B．前测所测量到的变量是因变量
   C．前测所测量到的变量及实验干预都是自变量
   D．实验干预是因变量

4. 在随机抽样的前后测控制组实验设计中，两组的统计差异可以通过_____得出。
   A．方差分析
   B．协方差分析
   C．多元回归
   D．以上都正确

5. 一项准实验设计并不包括_____。
   A．随机分派被试到实验组和控制组
   B．前测
   C．后测
   D．自变量的操作

6. 统计回归很可能出现于_____。
   A．前测与后测间隔时间较短
   B．前测中被试的成绩过高或过低
   C．前后测中使用了不同的测量工具
   D．以上都正确

7. 如果_____，一项实验就具有实验处理信度。
   A．实验处理没有受到被试个性特征的影响
   B．实验组与控制组的被试的选择采用同样的方法

C. 实验处理控制了所有的影响实验效果的无关变量

D. 根据实验开发者的具体要求来进行实验处理

8. 下列情况都是实验外在效度的影响因素除了_____。

   A. 总体效度的缺乏

   B. 生态效度的缺乏

   C. 选择和成熟交互效应

   D. 实验干预与被试个体特征的交互影响

9. 单一个案实验的基线状态_____。

   A. 是正常情境下被试的行为表现

   B. 实验干预下的一系列状态

   C. A-B-A-B研究设计中不需要

   D. 与群组实验中的被试的随机选择有相同的意图

10. 典型的单一个案实验_____。

    A. 带有多种后测,每一种都要测量不同的因变量

    B. 多次重复进行同一测试,每一次都测量相同的因变量

    C. 有两种不同的测试,一种测量自变量,另一种测量因变量

    D. 仅仅有一个基线状态

本章参考文献

Biddle, B. J., & Berliner, D. C. (2002). Small class size and its effects. *Educational Leadership*, 59 (5), 12-23.

Bracht, G. H., & Glass, G. V. (1968). The external validity of experiments. *American Educational Research Journal*, 5, 437-474.

Campbell, D. T., & Stanley, J. C. (1963). Experimental and quasi-experimental designs for research on teaching. In N. L. Gage (Ed.), *Handbook of research on teaching* (pp. 171-246). Chicago: Rand McNally.

Eisen, M., Zellman, G., Massett, H., & Murray, D. (2002). Evaluating the Lions-Quest "Skills for Adolescence" drug education program: First-year behavior outcomes. *Addictive Behaviors*, 27 (4), 619-632.

Eisen, M., Zellman, G. L., & Murray, D. M. (2003). Evaluating the Lions-Quest "Skills for Adolescence" drug education program: Second-year behavior outcomes. *Addictive Behaviors*, 28 (5), 883-897.

Fletcher, J. D., Tobias, S., & Wisher, R. A. (2007). Learning anytime,anywhere: Advanced distributed learning and the changing face of education. *Educational Researcher*, 36 (2), 96-102.

Glenn, D. (2005, March 11). New federal policy favors randomized trials in education research.*Chronicle of Higher Education*, p. 16.

Mechling, L. C., Gast, D. L., & Cronin, B. A. (2006). The effects of presenting high-preference items,paired with choice, via computer-based video programming on task completion of students with autism. *Focus on Autism and Other Developmental Disabilities*, 21 (1), 7-13.

后续学习材料

Cook, T., & Sinha, V. (2006). Randomized experiments in educational research. In J. L. Green, G. Camilli, & P. B. Elmore (Eds.), *Handbook of complementary methods in education research* (pp. 551-566). Mahwah, NJ: Lawrence Erlbaum.

本书作者阐述了实验的基本原理，并探讨了当今时代，实验研究在丰富教育理论方面的重要作用。他们还对支持和反对实验研究的观点进行了评论，并认为如果实验研究结合其他研究方法使用会更有效果。

Kennedy, C. H. (2005). *Single-case designs for educational research*. Boston: Pearson.

作者对单一个案实验的具体操作进行了非常详细的描述。书中包含如何提出研究问题、选择合适的个案研究设计、测量因变量以及分析数据等章节。

第四部分

运用质性研究方法解决实际问题

第十四章
质性研究中的案例研究

■ 重要观点

1. 与教育类期刊或专业出版物上的案例故事不同，案例研究的效度和信度都需要符合研究标准。
2. 质性案例研究需要基于自然情境，从研究者（客位）和参与者（主位）的视角对某一现象的具体事例进行深入研究。
3. 质性案例研究反映了解释主义观点（interpretivist view），表明真实不是客观的，而是由个人建构的。
4. 质性案例研究报告的引言部分通常要陈述拟回答的问题、拟讨论的议题以及拟达到的目的。
5. 大多数质性案例研究的目的是描述、评价或解释特定现象。
6. 选择质性研究的案例主要采用目的性抽样的方法，这就需要寻找现象中那些信息丰富的事例。
7. 质性研究的关键任务是建构、意义创建和解释，所以数据收集主要依靠研究者自己把控。
8. 质性研究者通常需要亲历反身性（reflexivity）的过程，即通过自我反思明确问题、加强沟通，努力降低个人对所研究现象的偏见。
9. 在质性案例研究中，最常见的数据收集方式是个体或焦点团体（focus group）访谈、参与式观察（participant observation）、文献与媒体材料述评以及纸笔测试。访谈通常是开放和非正式的，类似于自然交谈。
10. 对案例研究数据的解释性分析，是建立在扎根理论的原则基础之上的，它需要按照不同类别和分组，对各部分数据进行编码，确定信息的不同层次，为数据创建意义。
11. 案例研究者通常在收集数据的同时就开始分析数据了，数据收集工作将一直继续下去，直到新的数据对分析现象没有新贡献为止。

12. 案例研究者有时通过反思性分析来研究数据，这有赖于研究者的个人直觉和判断力。
13. 案例研究者需要慎重考虑其研究发现对其他情境的适用性问题，并通过案例深描，帮助读者对案例的适用性作出自我判断。
14. 很多切实可行的策略可以帮助案例研究者提高其研究发现的可信度，这些策略包括：分析研究的用途、让参与者更多介入、结合定量数据、开展长期观察、编码检验、使用参与者检核、进行三角验证、确保情境的完整性等。
15. 长期以来，质性研究者们已经建立起了质性研究的传统，从中我们可以总结出一些通用的质性研究方法，但学者们研究现象的类型不同，还结合了专门的研究技术。

关键术语

适用性（applicability）
审查跟踪（audit trail）
案例（case）
案例焦点（case focus）
案例故事（case story）
案例研究（case study）
因果模式（causal pattern）
证据链（chain of evidence）
编码检验（coding check）
持续比较（constant comparison）
构念（constructs）
批判性研究（critical research）
结晶化（crystallization）
主位视角（emic perspective）
客位视角（etic perspective）
田野研究（fieldwork）
焦点小组（focus groups）
扎根理论（grounded theory）
深入研究（in-depth study）
局内人（insider）
解释性分析（interpretational analysis）
解释主义（interpretivism）

关键信息提供者（key informant）
参与者检核（member checking）
多种声音（multivocality）
局外人（outsider）
参与观察者（participant observer）
模式（pattern）
表演民族志（performance ethnography）
现象（phenomenon）
实证主义（positivism）
目的性抽样（purposeful sampling）
质性研究传统（qualitative research tradition）
反思性分析（reflective analysis）
反身性（reflexivity）
关系模式（relational pattern）
滚雪球抽样（snowball sampling）
隐性知识（tacit knowledge）
主题（theme）
理论饱和（theoretical saturation）
深描（thick description）
三角验证（triangulation）

质性案例研究如何帮助教师解决实际问题

在分享对教育问题的理解时,很多教师喜欢讲故事。他们讲述自己学生时代的经历——常常追溯到童年时代。有些是关于教育成功的令人愉快的故事,也有一些关于教育学生的令人沮丧的故事。许多教师能很快将富有洞见的、感人的描述指向学生的在校表现,如为什么吉米(Jimmie)、切尼娃(Chaneva)或奥利弗(Oliver)今年取得了好的或不好的成绩。随着学校推行新的项目,他们的故事还会延续。

许多想成为教师的人告诉我们,他们发现现场经验(field experience)比师范教育课程更有价值。原因之一也许是:在现场,他们的学习更多建立在故事基础之上,这些故事来自其他实习教师、指导教师及其他人,还有他们自己和其他同学的经历。很多事件给新教师传递着这样的信息:"这就是我们做事的方式""如果想在这个学区谋得一份工作,你就得这么做。"

一则案例故事的例子

布鲁斯·比德尔(Bruce Biddle)和唐纳德·S. 安德森(Donald S. Anderson)(1986)认为,有些已发表的质性研究成果,充其量只能被看作是案例故事而非案例研究。为理解两者的区别,读者可以参阅刊载于《教师杂志》(*Teacher Magazine*)的一篇名为《教学的秘密:从孩子那里寻找答案》(*Teaching Secrets: Ask the Kids*)的文章。作者塞克斯(Ariel Sacks)是纽约市的一名教师,撰写此文时,她已从教四年。[①]

该文是一个案例故事。**案例故事**(case story)以一种富有趣味的方式描述一系列相关事件。案例故事的目的并不在于判断所描述事件的效度,也不为它们在其他情境中的适用性提供证据。然而,该文及其他案例故事都富有启发性和趣味性,它们给教师们带来了希望,让他们觉得自己同样可以改善自己的课堂教学。

那么,这样的故事能在多大程度上给其他教师的实践提供有益的指导呢?这个问题没有明确的答案,因为该文并没就塞克斯女士关于她的学生"更有成效地学习"或"能非常自觉地利用时间"等判断提供证据。用比德尔和安德森的话来说,案例故事"是用来说明作者已经作出的结论的"。

与案例故事不同,**案例研究**(case study)是系统的质性调查研究。它在自然情境中对特定现象中的事例进行深入研究,它融合了研究者本人和研究参与者两方面的视角,并遵循一定程序,对研究结论的效度和适用性进行检验。研究者可以参考塞克斯女士根据其经验总结的观点,然后用严谨的案例研究或其他研究方法,对这些观点加以检验。

下面我们将解析案例研究的特征。

[①] 该案例故事的全文,参见http://www.edweek.org/tm/articles/2007/09/11/03tln_sacks_web.h19.html。——译者注

案例研究的主要特点

案例研究的特点主要源自民族志，后者是最早的质性研究形式之一。通常，民族志学者在研究时会将自己置身于不同文化中，对其中的文化行为、信念和人工制品进行全面研究（见第十六章）。

我们将从以下四个方面揭示案例研究的主要特点，这些特点都反映了民族志研究的渊源。我们将以奥菲利亚·加西亚（Ofelia García）和莱斯利·巴莱特（Lesley Bartlett）（2007）有关双语教育的案例研究报告为例说明这四个特点。

对特定现象中具体事例的研究

案例研究旨在阐明一种具体的**现象**（phenomenon），它包括一系列过程、事件、个体、项目或者研究者感兴趣的其他事件或情景。教育现象可以是学校机房里的日常工作、某一门课程、担任相似工作的教师，或者像学区内学校委员会的会议这样的事件。在选择**案例**（case）进行深入研究之前，研究者首先必须厘清拟研究的现象，案例是发生在特定时间和地点的事例。

加西亚和巴莱特的案例研究的是一个实施双语教育的机构，这就是研究者关注的特定现象。通常现象有很多方面，所以研究者必须选择研究焦点。**案例焦点**（case focus）代表特定现象的各个方面，资料收集和分析将集中在这些方面上。

在我们的例子中，研究者希望探究一种有别于大多数双语学校的教育模式。作为该现象的一个事例，他们选择的特殊案例是格雷高里奥·卢培龙（Gregorio Luperón）高中，该校位于纽约郊区，是一所专门为母语是拉丁语的新移民学生设置的双语高中。在350名学生中，85%来自多米尼加共和国，82%在美国生活了3年或更短时间。在收集和分析数据时，研究者主要关注这一类型双语高中的优势与不足。

对案例的深入研究

根据定义，案例研究是对特定现象的**深入研究**（in-depth study），这意味着要大量收集某个（或某几个）被选择用来代表该现象的案例数据。这些数据主要包括口头陈述、图像或者实物，但也可能要收集一些定量数据。

收集数据通常需要很长时间，使用多种数据收集方法。在我们的例子中，研究者采用的数据收集方法包括以下几种。

（1）在长达9个月的时间里，对较低程度的英语（作为第二语言）课堂、西班牙语课堂和其他科目（content-area）的课堂每周进行参与式观察；

（2）将作为第二语言的英语1级和2级的新注册学生分7个小组，用西班牙语实施焦点访谈；

（3）对该校5位教师和2位管理人员进行访谈；

（4）对一些英语是第二语言的教师实施了焦点团体访谈，另外一个焦点团体访谈对象是西班牙语教师；

（5）在研究第一年，由作者协助对每月一次的教师专业发展会议做记录。

研究者还根据自己以及参与者对学校双语项目的经验来收集数据。数据收集持续了一年多时间。

如此广泛的数据采集过程，为我们揭示了做一项深入的案例研究究竟意味着什么。在该案例中，研究的深度取决于研究者本人对特定研究对象的战略决定，而不是样本学校本身的情形，关于后者，我们可以用典型的定量研究去完成。

对自然情境中特定现象的研究

杰罗姆·科克（Jerome Kirk）和马克·米勒（Marc Miller）（1986）把质性研究定义为社会科学研究的一种取向，它是研究者"在研究对象自己的领地上观察他们，用研究对象自己的语言和术语开展交流"（第9页）。这种研究取向是典型的**田野研究**（fieldwork），是研究者在自然情境中与参与者互动的过程。

在教育中，田野研究的背景通常是学校或其他教育机构。在这些地方教育研究者能找到他们感兴趣的研究参与者。然而，我们需要记住，学生、教师和其他学校活动参与者在校外也有丰富的生活。因此，在审视教育案例研究（或其他类型研究）时，你不妨关注一下研究者是否在其他教与学的自然场景（例如在家里）实施了田野研究。

在这里呈现的双语教育研究中，似乎所有数据都在学校采集。加西亚和巴莱特指出，"大多数教师是多米尼加人，而且都是移民。校长……也是多米尼加人"（第7页）。"格雷高里奥·卢培龙高中的绝大多数课程用西班牙语教学"，这反映了学校师生的人口构成和独特的双语教育模式（第17页）。

主位视角和客位视角

案例研究旨在结合研究参与者的经历，获得对复杂现象的理解。换句话说，研究者必须从参与者的视角来理解现象，同时又要保留自己的观点。采用参与者对研究现象的理解，就是**主位视角**（emic perspective）。获取主位视角的一般做法是研究者对参与者进行非正式谈话，并观察他们在现场的自然行为。

同时，研究者需要保留作为调查者自己的视角。作为局外人，他们对研究现象的观点就是所谓的**客位视角**（etic perspective），它有助于研究者对案例进行概念和理论分析，并帮助其他研究者了解案例研究对于知识发展的贡献。

在双语教育的案例研究中，研究者以不同方式表达了参与者的主位视角。包括交替用西班牙语和英语引用细节，以反映学生和教师对不同问题的观点，例如，他们对学习英语的必要性和养成学生双语价值观的看法。在案例报告的"致谢"部分中，研究者提到有三位研究参与者阅读了案例研究报告的初稿。

来自哥伦比亚大学师范学院的这两位研究者，又用不同方法反映了研究的客位视角。他们回顾了20世纪60年代以来双语教育的发展，援引了政治和法律上的重大事件，描述了双语教育的各种模式。同时，借助研究参与者的视角，研究者分析了格雷高里奥·卢培龙高中双语教育模式的优点。为了保持不同观点的平衡，研究者还讨论了该教育模式存在的问题，例如，学校同质学生群体的环境导致学生的社会隔离感。研究者还担心，这种双语教育模式可能会阻碍多米尼加学生在身边社区之外有效地为人处事的能力。

案例研究举例

案例研究和一般意义上的质性研究可以提供丰富的知识来源，教师可以利用它们鉴别、探究和解决他们遇到的实践问题。因此，我们希望拓展读者对案例研究表达的各种现象以及用来探究这些案例的研究取向的理解。为此，请思考下面三则案例研究。

一项关于教师发展的案例研究

罗扎·雷金（Roza Leikin）（作为研究者）和谢莉·罗塔（Shelly Rota）（作为教师）合作开展了一项实践者取向的研究，探究教师是如何通过教学过程和反思来学习的（Leikin & Rota，2006）。罗塔是一位小学数学教师，她既是研究对象也是研究者之一。该研究聚焦于她的探究式数学课堂教学过程，关注教师是如何管理全班讨论课的。

罗塔的探究式教学基于这样的假设：知识是由学习者建构的，而不是直接从教师或其他资源那里获得的。她推行这一教学方法，有这样一些考虑：第一，她想提高学生的课堂参与（class contributions）及学习效果；第二，她和雷金试图探索自己及其他教师如何才能轻松且充满自信地教学；第三，他们希望揭示教师如何激励学生的探索精神并理解数学的真谛，而不是靠死记硬背数学概念。

他们从教学的两个方面分析了教师行为的变化。第一，课堂讨论的结构。观察课堂讨论中随着数学作业从陈述知识点、寻求正确答案向知识探索的转变，教学行为发生了哪些变化。第二，课堂组织。分析教师的课堂组织要素的变化。

雷金和罗塔断断续续地对罗塔的课堂拍摄了15个月的录像，然后对录像内容进行分析。课堂组织的分类方式借鉴了先前的研究成果。为了分析讨论课的结构，研究者在扎根理论（Strauss & Corbin，1990）的基础上提出了若干主题。集中分析罗塔的三节课，分别代表了她专业发展的三个方面。

雷金和罗塔（2006）运用时间轴图（timeline diagram）发现，第一次课堂不如第二、第三次课堂组织得好，后两次课堂"各项教学活动层次分明，课堂组织的设计目标与实际情况十分吻合"（第51页）。例如，研究者们发现，因为表达不清，第一次课堂上教师需要将教学任务重复介绍四遍；但是"当第二和第三次课上呈现新材料时……教师明显地在新知识与早先学过的相关学习材料之间建立起了联系"（第52页）。

在课堂话语（classroom discourse）方面，随着课堂教学的推进，学生参与变得更加积极，教师也更加积极地回应环境的变化。这里，研究者们确立了四个讨论主题：激发主动性、鼓励回应、总结回应以及倾听与观察。在前三个主题里，他们又界定了六类教师的课堂讨论行为：提问、陈述转换、准确复述学生的语言、构建逻辑链、陈述事实以及提供反馈。

雷金和罗塔总结道：

> 从课堂组织、讨论结构和讨论活动的质量看，研究者们观察到谢莉在探究式课堂管理能力方面取得的进步……谢莉的教学行为变得更加灵活……对学生更能表达信任感。（2006，第61页）

研究者们提出了一种教师课堂讨论活动的模式，他们认为在分析教师教学能力时该模式"能起到很好的诊断作用"（第64页）。"例如，该模式分析显示，教学能力越强的教师，越能对环境的刺激作出反应，越能鼓励学生的猜想能力，越能在学生想法的基础上设计出真正的学习途径"（第64页）。通过对学生课堂讨论活动的分析，我们也看到了他们身上发生的重要变化，包括更加积极地参加班级讨论，更有可能在陈述中"构建逻辑链"而不是单纯"陈述事实"（第62页）。

雷金和罗塔提醒我们，虽然教学行为是可教的，但是它们需要教师自己去领悟，它们"不能通过精确的语言描述出来"（第64页）。换句话说，没有简单的公式可以帮助教师提高教学能力，他们必须对自己所教学科、学生以及教与学过程中所承担的角色有清晰的认识，并在此基础上灵活地构建自己的教学行为。

一项关于教学技术专家工作的案例研究

由利·奥斯班德（Leigh Ausband，2006）完成的一项案例研究调查了一个学区的教学技术（instructional technology，IT）专家们参与学区课程工作的情况。该学区位于南卡罗来纳州的中部，覆盖48所学校，案例研究对象包括一名已经卸任和三名现任的教学技术专家。奥斯班德本人以前也是这个学区的教学技术专家，他最关心的实际问题是学区应该如何界定和组织这类专家的工作，以提高他们对课程工作和课堂教学的影响力。

研究者利用先前学者提出的主题与分类方式，描述了学区的课程工作及教学技术专家工作的不同侧面。他确立了反映学区课程工作特点的五个主题：（1）课程与教学；（2）专业工作；（3）项目管理；（4）项目协调；（5）与学校教职工的交流。然后研究者绘制了一个表格，比较了不同类型的课程和教学技术工作的异同。他将这个表格作为对有关文献和研究参与者观察结果进行分析的框架，并在此基础上提出了个人访谈和焦点小组访谈问题。研究者对访谈整理所得的文字记录和其他数据进行了编码，本章后面将深入讨论本案例研究的方法论程序。

奥斯班德发现，教学技术专家的工作发挥着三方面功能：（1）改进和变革课程；（2）评估教学；（3）评估项目和开展研究。这些新功能呼应了技术专家们的看法，即信息技术与课程工作息息相关。用一名专家的话说，"我认为现在没有技术就没有课程……今天没有技术的参与，我们就无法开展教学工作"（2006，第12页）。

教学技术专家将他们的实际工作职责描述为：

> 和教师一起工作，帮助他们通过课程教学和研讨活动，把技术整合到课程中；帮助教师利用技术制订课程计划；在教师开发技术档案袋（technology portfolios）时为他们提供支持……利用学区课程委员会和部门联合领导小组成员的便利，教学技术专家可以参与制定教学目标、完善课程、确立计划、实施评估、修订政策和章程、处理疑难问题、参与项目管理。（Ausband，2006，第13页）

奥斯班德发现，教学技术专家担心有不少障碍制约他们投身课程工作。这些障碍包括：不能参与决策；没有足够的在校工作时间。另外还有沟通、关系和领导等方面的问题。例如，奥斯班德指出，教学技术专家

> 认为学区的课程专家并不关注课程与技术相结合的问题……[而且他们]更像是"课程工人"而不是"课程专家"，因为大部分课程专家不懂技术，并没有将技术看作是课程的一部分。（2006，第14页）

基于上述案例研究的发现，奥斯班德建议将教学技术专家和课程专家安排到学区组织中的同一部门工作，以便更好发挥双方的合作与协作功能。奥斯班德还建议将他们的功能合二为一，发挥"教学技术—课程专家的角色"的作用（IT-curriculum specialist role）。

一项关于教育私营化的案例研究

帕特里夏·伯奇（Patricia Burch，2006）所做的一项案例研究描述了美国基础教育（K-12）私营化进程中发生的根本性变化。教育私营化涉及学校通过与校外公司签订合约，管理一些基本的学校工作，小到学校的具体事务，大到整个学校系统的接管。到目前为止，对该现象的研究反映了两派对立的观点：（1）支持教育私营化者认为，将公共教育服务外包给非政府部门，有助于提高服务质量，并降低成本；（2）反对者认为，私营化对公共教育构成巨大威胁，加剧了已有的不同种族、社会阶层和地域学生之间的不平等局面。

伯奇（2006）认为，这些观点都忽视了导致私营化发展的新现实因素。她利用社会学家提出的组织场域理论（organizational field theory）来解释这些新的现实情况。伯奇指出，

这里代表三类组织的机构（即地方教育部门、非营利性和营利性的非政府部门、联邦政府）都可以纳入同一组织场域。本案例研究聚焦于这些机构之间的相互关系。

伯奇的案例研究使用了几种数据收集和分析方式。通过检索过去20年政府所签订教育合约的年度报告和其他文献，她总结了基础教育阶段四种主要的签约领域。然后她分析了十大学区在网上公布的政策文件，分析它们的签约过程以及《不让一个孩子掉队法》（2001年）各项规定带来的影响。

她的分析表明，在考试开发和应试准备方面，公司每年的收入增长从40%提高到70%；在数据管理和报告发表上的收入增长从19%提高到46%；在补课服务上的收入增长从86%提高到300%；在课程设计上的收入增长从20%提高到150%。伯奇还发现：

> 1992年到2003年间，与标准化考试有关的印刷材料的销售额增长了近三倍，从二亿一千一百万美元跃升到五亿九千二百万美元……在考试开发和准备这一领域，四家最大公司中的一家，2003年的销售额和利润分别为四十四亿美元和五亿六千万美元。（2006，第2589页）

伯奇发现，过去供应商的主要角色是"印制用来提高学生考试成绩的教材和试题"（2006，第2589页）。现在供应商的角色扩展了，它们将考试与学区改革的其他方面联系在一起。伯奇总结道，供应商们"过去的角色是评价的设计者，如今转变为教育标准执行系统的设计者，以及提前干预措施（pre-packaged interventions）的设计者"（2006，第2590页）。

为了分析新教育私营化在地方改革中的落实情况，伯奇在三个学区实施了为期三年的质性研究。研究发现，为了推行地方改革，这些学区将学校服务外包给了供应商。作者还对其中一个学区做了深入的案例研究。

在该案例研究中，伯奇发现，2000年到2004年的改革延续了先前强调的评价制度，但"评价工作的重点从标准化考试、学区范围的成绩评价和基于课堂的评价，转向只关注参照常模的标准化考试"（2006，第2598页）。伯奇认为，产生这一转变的原因是"《不让一个孩子掉队法》规定的对高利害性问责制（high-stakes accountability）的预期"（2006，第2598页）。

她研究的学区开始花更多的钱去购买校外的产品和服务。该学区和一家本地公司签订了合约，后来这家公司被一家全国性企业收购。伯奇的报告指出，与当地公司相比，全国性企业与学校的关系少了很多个人化色彩，对学区需求的回应也不够积极。

在报告的讨论部分，伯奇指出，私营化的初衷是减少政府规制和集权化治理的色彩，但现实情况是，联邦政府在教育中的作用在增加，它影响着当前教育私营化的方式和程度。

质性研究的本质

我们已经分析了案例研究的基本特点,并介绍了三个案例研究的范例。在本章的后面,我们将介绍案例研究报告设计的具体要素。作为后续介绍的铺垫,我们首先简要总结质性研究的本质。

正如我们在第一章分析的那样,质性研究多建立在解释主义的认识论基础之上。根据**解释主义**(interpretivism),现实世界是通过参与其中的个体建构的。因此,人们只能从特定个人的角度,根据他们不同时间的主观感受来理解现实世界及其意义。任何现象或事件——一本书、一座山或者一场高中足球赛——都不能看作是独立于参与者的存在。

质性研究的一个主要目的是发现社会现象的意义之本质。作为质性研究的基本方法,案例研究是对个体赋予自然情境中特定事例(即案例)以意义的深入研究。

与解释主义形成对照,直到20世纪后期,主导哲学和自然科学的认识论哲学可称为**实证主义**(positivism),它假设真实世界是外在的,人们可以通过如物理学或医药和工程技术这样的专业领域使用的定量研究策略来认识这个世界。我们建议读者回顾一下第一章的表1.3,那里有更多关于质性研究者和定量研究者在分析教育和社会现象时所使用方法的差异比较。

质性研究有时因其关注案例而被称为案例研究。然而,因为有些案例研究采用了实证主义的方法,因此我们没有将质性研究等同于案例研究。本章中,我们关注那些采用了解释主义方法的案例研究。

质性研究的传统

在本章的开头,我们指出质性研究具有多样化的研究传统。每一种传统都有一批拥护者,他们对一些特定的现象表现出兴趣,并且用公认的方法开展研究。很多研究者(例如Gall, Gall, & Borg, 2007; Jacob, 1987; Lancy, 1993; Tesch, 1990)都试图分析**质性研究传统**(qualitative research tradition)并对其进行分类。我们在表14.1中罗列的这些质性研究"理论传统",是由迈克尔·奎恩·巴顿(Michael Quinn Patton)提出来的(2002,第132页)。表14.1中列举了16种质性研究传统以及每种视角的主要学科基础。从这里出发,读者可以探寻自己感兴趣的质性研究类型。

应该记住的是,在不同时期里,这些研究传统有分有合。例如,在表14.1中我们可以看到两种民族志取向:民族志(有时称为"整体民族志")和自传式民族志。在《塞奇质性研究手册》(*Sage Handbook of Qualitative Research*, Denzin & Lincoln, 2005)中,有八章的标题带有"民族志"(ethnography)一词:(1)批判性民族志(critical ethnography);(2)表演民族志(performance ethnography);(3)公共民族志（public ethnography）；（4）作为街头表演的批判性民族志（critical ethnography as street performance）；（5）观察背景重构的民族志（recontextualizing observation: ethnography）；（6）自传式民族志（autoethnography）；（7）在线民族志（online ethnography）；（8）功能重构的民族志（refunctioning ethnography）。这些章节的内容表明，某一质性研究传统可以转变或发展成其他的质性研究形式。

表14.1 多样化质性研究及其理论传统

	视角	学科基础	中心问题
1	民族志	人类学	这一人群的文化是什么？
2	自传式民族志	文学艺术	我对这种文化的亲身体验与该文化、情境、事件或生活方式有着怎样的联系，从中可以引出哪些思考？
3	实在检验（reality testing）：实证主义和实在论取向（realist approaches）	哲学、社会科学和评价学	真实的世界到底是什么样的？我们如何建立一定程度的确定性？如何对可验证模式作出合理解释？就我们目前所知，什么是真理？我们如何使研究发现尽可能与真实世界相符合？
4	建构论（constructionism）/建构主义（constructivism）	社会学	特定情境中人是如何建构真实（reality）的？这些人所称的认识、"真理"、解释、信念和世界观是什么？他们的建构结果对其行为以及那些与他们互动的人意味着什么？
5	现象学（phenomenology）	哲学	这个人或这群人对该现象中生活体验的意义、结构和本质是什么样子的？
6	启发式探究（heuristic inquiry）	人本主义心理学	我对这一现象的体验是什么？对同一现象有过强烈体验的人又是什么样的？
7	民族方法学（ethnomethodology）	社会学	人们怎么理解他们的日常活动，从而以社会接受的方式行动？
8	符号互动论（symbolic interaction）	社会心理学	构成人们互动意义的共同符号和理解是什么？
9	符号学（semiotics）	语言学	符号（词语、标识）在特定情境中是如何承载和传达意义的？
10	解释学（hermeneutics）	语言学、哲学、文艺批评、神学	人类产生某种行为，或者生产某种体现一定意义的产品的条件是什么？
11	叙事学（narratology）/叙事分析（narrative analysis）	（诠释性的）社会科学：文艺批评、非虚构文学	该叙事或故事如何解释个人及其周围的世界？为了理解和阐明叙事赖以存在的文化与生活，我们该如何解释该叙事的内容？

续表

	视角	学科基础	中心问题
12	生态心理学（ecological psychology）	生态学、心理学	个体如何在特定环境中、通过特定行为实现其目标？
13	系统理论（systems theory）	跨学科	这一系统如何、为何作为一个整体而发挥作用？
14	混沌理论：非线性动力学（chaos theory: nonlinear dynamics）	理论物理学、自然科学	无序现象的潜在秩序（如果有的话）是什么？
15	扎根理论（grounded theory）	社会科学、方法论	通过系统的比较分析，产生了什么理论？通过田野调查而形成的理论如何解释所发生和所观察到的一切？
16	研究导向（orientational）：女性主义研究（feminist inquiry）、批判理论（critical theory）、酷儿理论（queer theory）及其他	政治、文化和经济的观念	在该现象中，某视角是如何表现出来的？

资料来源：Exhibit 3.6 on pp.132-133 of Patton, M. Q. (2003). Qualitative research & evaluation methods (3rd ed.). Thousand Oaks, CA: Sage.

尽管巴顿（2002）整理的清单已相当全面，但它并没有包括我们认为同属质性研究传统的其他类型，如"行动研究"和"历史研究"。虽然这些质性研究传统被归到更加宽泛的研究类型中，但作为研究方法，它们依然具有独特性。

在本书的下面章节中，我们将介绍五种在教育研究中有很大影响的质性研究传统：叙事研究（第十五章）、民族志与批判性研究（第十六章）、历史研究（第十七章）以及行动研究（第十九章）。另外两章介绍了质性研究的特色应用：混合途径研究（第十八章）和评价研究（第二十章），前者将定量和质性研究的方法结合在一起，后者则在评价研究中分别（或同时）运用质性和定量的方法论。

案例研究报告的特点

表14.2概括了案例研究报告的基本特点。本章接下来将结合大卫·埃米利亚诺·萨帕塔·马尔多纳多（David Emiliano Zapata Maldonado）、罗伯特·罗兹（Robert Rhoads）和特雷西·拉吉·布伊诺维斯塔（Tracy Lachica Buenavista）（2005）所做的案例研究来说明这些特点。该案例研究旨在考察一项关于如何防止少数民族学生进入大学后中途辍学的创新项目。

表 14.2　案例研究报告的基本结构

组成部分	内容
引言	陈述研究假设、问题或目标。综述相关文献。研究的目的通常是描述、解释或评价一个与实践问题相关的现象
研究设计	研究者描述将要研究的案例及其各方面。研究者还要描述案例所处的情境，需要决定从主位视角还是从客位视角（或者同时从两种视角）来研究案例。如果案例研究是建立在特定的质性研究传统的基础上，也要详细说明
抽样过程	研究者需要介绍在研究中使用的目的性抽样策略，并说明为什么选择该策略
测量方法	案例研究通常通过访谈和观察收集数据。其他研究手段还包括定量的纸笔测试
数据分析	研究者介绍如何使用解释性分析（通常基于扎根理论的原理），或者运用反思性分析解读案例研究的数据。研究者还要描述数据分析所得的主题和模式
讨论	总结研究的主要发现，指出研究的缺点和局限，以及研究发现对进一步研究、理论发展和专业实践的启发

引言

在案例研究报告的引言部分，研究者通常不陈述研究假设，但是他们常常会指出希望回答的问题，或者他们想要阐述的议题。引言部分也介绍案例研究的一般目的，描述、解释或评价特定的教育现象。下文我们还将对这一问题作简要说明。

描述。很多案例研究的目的在于清楚地描述教育现象，归纳出相关的概念。这些案例研究通常需要对现象进行**深描**（thick description），通过一系列陈述，重构现象的情境和背景，让读者明白研究参与者赋予的意义和意图。"深描"一词来源于人类学，但现在在质性研究中被广泛使用。

评价。案例研究者们已经开发了若干质性的评价手段（见第二十章）。研究者运用这些评价方法对特定现象进行案例研究，并对这些现象进行评判。例如，拉里·库班（Larry Cuban，1997）实施了一项历史的案例研究，其题目便反映了该案例研究的评价目的：《没有改革的变革：1908—1990年斯坦福大学医学院的案例》。

解释。有些案例研究要解释特定的现象。研究者在一个案例或多个案例中寻找现象之间的联系。例如，研究者也许观察到，美国教师在国际学校中的表现存在很大差异，这种差异体现在：（1）他们对这类学校教学的理解；（2）他们对当地文化的理解。设想研究者发现，教师对教学的理解与他们对文化的理解相关，他们据此可以说发现了一种模式，也就是说，在一个案例或多个案例中的两个或更多现象之间存在系统性联系。如果研究发现了某一系统性关系，但没有阐明其原因，就被称为**关系模式**（relational pattern）；如果研究发现了某个变量与其他变量存在因果关系，就被称为**因果模式**（causal pattern）。

我们认为，"学生主导的提高大学生保持率项目"（student-initiated retention project，SIRP）的案例研究，其主要目的是解释特定的现象，因为研究者声称要提出一种关于最佳实践的新理论，提高有色人种学生的大学教育保持率。马尔多纳多和他的同事在案例研究报告的开头就指出，在过去20年中，"很少有高等教育的话题，像学生保留率这样受到如此多的关注"（2005，第605页）。研究者指出，现在学院和大学都强调要让学生在合理的时间内毕业，"这点对于有色人种学生来说尤其重要，因为他们的辍学比例超过大学生的平均辍学率"（2005，第606页）。研究者们指出，过去推出的提高学生保留率的举措收效甚微，因此需要寻找新的途径。

接下来，研究者们介绍了研究对象——"学生主导的提高大学生保持率项目"。他们解释道："'学生主导的提高大学生保持率项目'代表了由学生组织创建项目和建立支持系统的协同努力。在很大程度上，这些项目和支持系统*由学生自我组织、自主运行、自筹经费，而且主要为有色人种学生提供服务。*"（Maldonado et al.，2005，第606页，斜体字部分从原文直接引用）很多规模较大的公立院校已将这项工作落实到一些重大项目中，目的就是促进学生的保持率，帮助他们取得学业成功。

马尔多纳多和同事明确了研究目标：（1）对当前有关大学生保持率问题研究的主要理论提出批判性分析；（2）结合研究者在"学生主导的提高大学生保持率项目"中的工作经验和先前的理论，提出新的概念框架；（3）用新概念框架分析两所重点院校"学生主导的提高大学生保持率项目"的调查结果。

研究者的概念框架考察了大学生的就学体验如何受到文化资本、社会资本、集体主义和社会实践（social praxis）这四项因素的影响，以及就学经验如何反过来影响这些因素。这些因素关乎学生个体和组织的权力，决定了他们在大学体验中的境况，并共同塑造了他们的高等教育经验。研究者所综述的概念主要源自保罗·弗莱雷（Paulo Freire，1970）对"囤积式教育"（banking method of education）（第613页）的批判性观点。"囤积式教育"将教师看作是无所不知的饱学之士，而学生则处于被动地位，是空置着等待教师填充事实和信息的容器。

研究设计

上文我们曾经介绍了质性案例研究的四个主要特点。这里的案例研究要考察"学生主导的提高大学生保持率项目"，选取了加利福尼亚大学伯克利分校和威斯康星大学麦迪逊分校作为研究对象。研究者在自然情境（也就是在两所大学的校园里）开展研究，有色人种学生在这样的环境里生活、学习、参加各自学校的"学生主导的提高大学生保持率项目"。研究者对两个案例进行了深入分析，并希望能体现自己（即客位视角）和学生的视角（即主位视角）。

马尔多纳多和他的同事们（2005）声称，他们的案例研究建立在质性研究的批判性理论研究传统的基础之上。这样的研究也被称为**批判性研究**（critical research），它需要分析"经济、种族问题、阶级、性别、意识形态、话语、教育、宗教和其他社会制度及文化动力学在建构社会系统中的互动方式"（Kincheloe & McLaren，2000，第281页）。批判性研究重点关注社会掌权者所宣传的不公正与压制，是如何塑造人们的世界观的。研究者努力让研究参与者投入到研究过程中，以解放自己并赋予自己以权力。

抽样过程

在质性研究中，案例的选择有赖于**目的性抽样**（purposeful sampling）。研究者运用自己的判断，选择那些研究现象中拥有丰富信息的事例。

巴顿（2002）总结了16种案例研究者能使用的目的性抽样策略。这些策略涉及案例的选择，一定程度上反映了研究者的兴趣。例如，基于学生数学能力的均质抽样，只考虑了学生的平均数学能力，而不包括那些数学能力高或低的学生。其他的策略反映了案例选择的观念理性（conceptual rationale），例如，有时选择某个案例是因为研究对象的知名度，有时则是因为研究对象具有重要的政治意义。

马尔多纳多和他的同事们"选择了伯克利和麦迪逊两处校园的'学生主导的提高大学生保持率项目'，是因为我们对这两个项目的规模和范围有充分的了解"（2005，第616页）。在我们看来，这样的抽样策略属于巴顿（2002）所说的"标准抽样"（criterion sampling），该标准就是：这两所大学的"学生主导的提高大学生保持率项目"综合体现了这类项目的特点。

马尔多纳多和他的同事（2005）将研究参与者的抽样聚焦于每位"学生主导的提高大学生保持率项目"的学生组织者。这些被抽取的对象曾经是"学生主导的提高大学生保持率项目"所在高校的学生，他们积极参与了"学生主导的提高大学生保持率项目"的组织和领导。研究者对45位学生组织者进行了访谈，其中34位在案例研究时正任职于"学生主导的提高大学生保持率项目"，另外11位之前曾在该项目工作过。两所大学的"关键信息提供者"或其他研究参与者提供了昔日组织者的名单。这里的**关键信息提供者**（key informant）是指那些因掌握了特定信息或拥有特定地位，而对取得研究现象的主位视角具有特殊价值的个体。

学生组织者的选择也可以采用另一种抽样策略，即**滚雪球抽样**（snowball sampling），即案例由那些认识能提供相关的详尽数据者的人推荐。

除了对学生组织者进行抽样，马尔多纳多及其同事（2005）还访谈了两所学校6位了解"学生主导的提高大学生保持率项目"情况的全职专业人员。这些样本有助于研究者结合不同类型个体的视角，对"学生主导的提高大学生保持率项目"进行深描。

数据收集步骤

在质性研究中，数据收集的主要工具被认为是研究者自己（Lincoln & Guba，1985）。这种观点反映了质性研究中"建构""意义赋予"和"解释"的中心地位。

只要合乎研究目的，案例研究者可以采用任何数据收集的方法。或许研究者开始案例研究时使用了一种数据收集的方法，逐渐地可能转向（或增加）其他方法。这种数据收集的策略叫作**三角验证**（triangulation），也被称为**结晶化**（crystallization）（Richardson & St. Pierre, 2005），指在研究同一个现象时使用多种方法收集数据，以便确认研究结果或处理不一致的研究发现。三角验证还意味着使用不同的数据来源、分析方法或理论来检验案例研究的结果。接下来，我们将介绍案例研究中最常用的几种数据收集方法。

访谈。研究者们常常对现场参与者进行访谈。他们一般使用开放式问题，这样研究参与者可以按照自己的方式自由回答，而不必从一套设定的答案中做选择。访谈可以在自然的对话过程中以非正式方式展开。如果有很多被访者，或者主持访谈者不止一个人，研究者可以选择使用访谈指南（interview guide），勾勒出一套准备与每位被访者探究的话题。

焦点小组（focus groups）是一种群体访谈形式，有多位受访者参与到由一位有经验的访谈者引导的讨论中。由于这些受访者可以相互交谈和倾听，他们可能表达出那些在他们单独受访时不会涌现的情感或想法。

观察。案例研究者通常在自然情境中长时间对个体进行观察。他们可能对他们的观察进行录像、做笔记或者录音。很多研究者努力成为**参与观察者**（participant observer），也就是说，他们在自然情境的活动中和参与者开展互动，建立同情和信任关系，加深对现象的理解。这些研究者通常在离开研究现场之后记录下他们的观察。

案例研究者也可能观察物质文化。例如，彼得·曼宁（Peter Manning）和贝特西·卡勒姆-斯旺（Betsy Cullum-Swan）（1994）使用质性研究的符号学传统，对麦当劳餐馆做了一项案例研究，探究了口头和图形标识系统传达意义的方式。他们研究了麦当劳店内的标志系统如何通过要素设计〔包括菜单牌、灯光、户外广场、食物器皿、餐具以及食物上的"麦"（Mc-）标签等〕表达意义。

文献和媒体材料分析。案例研究者经常分析在现实情境中发现的书面交流材料。遵循解释主义的认识论，这些研究者认为文本意义会随着读者、时间、文本等情景出现的不同而发生变化。例如，沙韦（G. Genevieve Patthey-Chavez, 1993）在她关于文化冲突的案例研究中做了文献分析，这一文化冲突发生在洛杉矶一所高中的拉丁裔学生与代表主流文化的教师之间。她通过解读当地报纸上的一篇文章，揭示学校致力于将移民学生同化到社会主流文化中的使命（不论这些移民学生是否愿意被同化）。

纸笔测试。在一些案例研究中，研究参与者需要填写问卷、做测试题或完成其他形式的自我报告。当研究者无法接触到每位参与者，而要收集的数据也并非针对个人的时候，案例研究者通常会采用问卷调查的方法。如果设计得当，调查问卷能够引出有深度的信息，伊斯梅尔·叶海亚（Ismail Yahya）和加里·穆尔（Gary Moore）（1985）所做的研究就是这方面的例子。研究者们设计的调查问卷包括一些希望获得详细回答的开放性问题，他们在给被采访者递送问卷时附寄了录音带,请求被采访者将他们的回答录下来。

纸笔测试经常被用于定量研究,但是在质性案例研究中它也很有用。例如,在一项教师对两位一年级学生的期望与学生实际阅读成绩之间错位的案例研究中,克劳德·戈登堡(Claude Goldenberg, 1992)同时采用了质性和定量的数据收集方法。他对每位孩子的课堂行为做了质性观察,对他们的阅读能力进行两次标准化测验。戈登堡发现,过去阅读分数较低的那位孩子在阅读方面确实提高了,这可能是因为教师对该学生采取了更多的干预措施;然而阅读分数较高的那位学生在班上依然处于阅读水平较低的那一组。

学生保持率研究中的数据收集。在"学生主导的提高大学生保持率项目"研究中,马尔多纳多及其同事(2005)在他们的调研所到之处都实施了访谈和观察的方法,并收集了相关的文献。他们对伯克利校区做了3次各两天的访谈,对麦迪逊校区做了1次四天的访谈。他们对45名研究参与者分别进行了正式的结构化访谈,每位访谈的持续时间从1到2小时不等,他们对访谈都录了音,并逐字誊写。

在伯克利,研究者在"学生主导的提高大学生保持率项目"组织者的办公室进行了观察,这些组织者当时忙于计划活动、会见招生和学业预警中心(retention center)的工作人员。在麦迪逊,研究者利用各种非正式场合以及校外的工作场所,对项目组织者实施了观察。

马尔多纳多和他的同事(2005)在报告中提及,其中两位研究者曾经负责"学生主导的提高大学生保持率项目"的组织工作,因此,他们应被看作局内人而不是局外人。在案例研究中,**局内人**(insider)一般是实践者,他对所研究的实践问题有内在或本地的视角;比较而言,**局外人**(outsider)对所研究的实践问题带有外部的视角。

重视局内人的独特体验无疑帮助研究者提高了研究的可信度,也鼓励了局内人更好地进入研究现场。然而,这份案例研究报告并没有提及研究者使用了**反身性**(reflexivity)。反身性是研究者用以发现自我偏见的自我反思过程,作者需要在解释中考虑这些偏见因素,并尽可能减少偏见对数据收集和解释带来的负面影响。

数据分析

案例研究中,研究者在收集数据的同时就开始分析数据了。他们努力探寻研究结果的类型,只要能深入阐释研究现象,研究者可以随时添加或修改数据收集的程序。他们持续这一操作过程,直到达成**理论饱和**(theoretical saturation)。理论饱和指在比较理论构念(theoretical constructs)与体现其意义的实证指标(empirical indicators)的过程中,当进一步的数据收集和分析不再对研究现象有任何新贡献时,我们就说达到了理论饱和。达到理论饱和后,研究者可以总结他们的分析了。

解释性分析。在分析数据时,案例研究者可以使用解释性分析(Miles & Huberman, 1984)或者反思性分析(下面将对此加以讨论)。**解释性分析**(interpretational analysis)

需要对案例研究数据进行细致考察和分组，充分描述、评价或解释所研究的现象。解释性分析的目的是要从案例研究中寻找最能赋予数据以意义的构念、主题和模式。

构念（constructs）是从被观察现象的共同点中推演出来、用以解释或阐明这些现象意义的概念。例如，在琼斯（Jones）小姐的一年级班级中，教师的很多行为和言论似乎旨在维持班级秩序。在对琼斯班级的观察中可以推演出"班级管理"这一重要构念。**主题**（theme）是一个案例中突出、重复出现的特征。假定这样一个情景，琼斯小姐在课堂上开始讲解一个话题，此时很多学生开始说笑，彼此大呼小叫，或者在班级里不停跑动。这样的行为事件凸显了该班级的一个主题特征，即学生乐此不疲地扰乱琼斯的教学活动。**模式**（pattern）代表一个案例或多个案例中两个或多个现象之间的系统性关系。如果琼斯总是忽视这些捣乱的学生并继续讲课，那么研究者可以提出这样的假设：教师行为（对被干扰视而不见）和学生行为（继续捣乱）之间存在因果关系的模式。

解释性分析的一个经典模式是基于扎根理论的（Glaser & Strauss, 1967）。**扎根理论**（grounded theory）贯彻这样的原则：质性研究者应该在数据基础上发现理论。他们通过归纳数据发现理论，而不是使用演绎方法——事先提出理论或假设以解释所研究的现象。

实施扎根理论的步骤是：（1）记录数据（记录的内容通常是从访谈或观察中得来的文本）；（2）将文本拆分为若干片段（例如，分成若干句子或若干行文字）；（3）确立分类方式，以反思文本中出现的重要概念性或结构性要素；（4）对每一个片段进行编码，并将其与所有分类相对应。当所有片段数据被编码分类后，研究者通过持续比较，进一步细化分类方式。**持续比较**（constant comparison）是对片段中每个编码事例进行比较，以揭示数据共性的过程，这些共性反映了编码类别的深层次意义以及它们之间的关系。揭示这些意义和关系不只依靠频次统计，更有赖于研究者对数据的解释——即赋予数据以意义。

"学生主导的提高大学生保持率项目"的研究者指出，他们在数据分析时"同时采用了演绎法和归纳法"（Maldonado et al., 2005，第618页）。在研究之初，他们提出了对传统的"通过提高学生保持率促进社会整合和文化多元性观点"的批判性假设。从这一假设出发，研究者运用文化资本、社会资本、集体主义和社会实践这些"理论要点"（conceptual points），分析"学生主导的提高大学生保持率项目"的成效（第609页）。如同下文"研究发现"部分介绍的那样，研究者从他们的数据中提出了三个一般性主题，这些主题与他们最初研究假设中的理论要点高度一致。这些主题是建立在研究者的演绎逻辑而不是与扎根理论相一致的归纳法基础之上的。

然而，"学生主导的提高大学生保持率项目"研究者指出，为探寻成功开发和实施"学生主导的提高大学生保持率项目"的过程，他们也使用了归纳法。他们通过在数据中寻找规律、模式和话题以形成编码分类，发现学生组织者是如何影响各自院校的"学生主导的提高大学生保持率项目"以及如何受这些项目影响的。通过这种方法，他们发现"意料之外的问题或认识领域，我们对它们知之甚少，难以先期提出有意义的理论和假设"

(Maldonado et al., 2005, 第618页)。在"研究发现"部分,我们将举例说明如何通过归纳法从数据中发现具体模式。研究者们还测评了其中两位研究人员对该项目数据编码的认同程度——85%的数据编码被两位学者认为是"令人满意"的。

分析质性数据的计算机软件。与"学生主导的提高大学生保持率项目"研究一样,很多已出版的质性研究成果在数据分析中并没有提到电脑软件的应用情况。这些案例研究通常用人工方法(如使用3×5的卡片)将数据片段整理到不同类别中。然而,当案例研究数据涉及多种媒介形式的数据时,或者需要分析的数据量很大时,或者需要进行复杂分析时,电脑软件可以加快数据分析的速度。这里介绍三款当前可供我们使用的质性数据分析的电脑软件。

DataSense公司推出的NVivo目前已开发到第十版(见网址 www.datasense.org/system_requirements.html)。该程序擅长处理复杂、非结构或者多媒体的信息,如田野笔记、录像、转录文本以及录音。这个版本取代了先前QSR国际软件的版本,包括更早的NVivo版本和NUD*IST[即"非数字、非结构数据:索引、搜索和理论化"(Non-numerical, Unstructured, Data: Indexing, Searching, and Theorising)]软件版本4、5和6。

Qualis Research公司推出了一款名为Ethnograph的用于民族志学研究的软件程序,下载网址是www.qualisresearch.com。网站提供了在线快速浏览服务,展示了创建项目和对数据文件进行编码的基本操作方法。

ResearchWare公司推出了HyperRESEARCH,其网址是www.researchware.com。质性研究者可以借助这款先进的软件程序分析文本、图表、音频和视频数据。HyperRESEARCH的免费限期版可下载,而且提供在线指导。

反思性分析。上文已经提及,解释性分析有赖于明确的分类编码系统。比较而言,**反思性分析**(reflective analysis)更多需要案例研究者根据直觉和个人判断分析数据。这样的分析结果之所以具有反思性,是因为一方面它反映了研究者分析时采用的概念框架,另一方面它反映了研究者对特定现象深入和极具个人色彩的思考过程。

反思性分析与艺术工作可有一比,因为视觉艺术家通常会反思他们体验过的现象,然后形象地把它们的表象和本质刻画出来。类似地,专业的评论家和鉴赏家在研究一件艺术品时,既要鉴赏它的美学要素和"信息",又要评判其艺术价值。

很多案例研究者会投身到类似的反思和刻画活动中。例如,一些涉及评价的案例研究(见第二十章)遵循了反思性分析的步骤,人们称其为"教育性批评与欣赏"(educational connoisseurship and criticism)。评论家使用这种方法,一方面说明教育项目、产品及方法的特点和目的,另一方面可以帮助教育工作者明辨他们的优势和不足。如同艺术或文学评论家通过经验发展其反思能力一样,教育评估者必须储备经验,以便机智地运用反思性分析工具。

反思性分析是创造性开展案例研究(或者一般意义上的质性研究)的重要手段。创造性开展质性研究的形式还包括**表演民族志**（performance ethnography），在这种方法下，民族志学者对舞台再现的文化现象进行观察（Alexander，2005）。例如，乔妮·琼斯（Joni Jones，2002）筹划了一场名为《探寻奥孙河①》（*Searching for Osun*）的演出，其关注的焦点是在约鲁巴族人心中神圣的奥孙河的方方面面。纪念奥孙河是尼日内亚文化的一部分，"这一文化最触动她的部分包括舞蹈、音乐、占卜、奥孙河与孩子的关系、妇女生育以及食物准备"（第1页）。表演者设想了约鲁巴人生活中的人物原型，被邀请的观众作为参与者走进这个表演空间，加入到舞蹈、用餐仪式以及其他具有约鲁巴生活特色的表演中。

反思性分析的其他形式包括诗歌、朗诵、喜剧、讽刺性文学和视觉社会科学（visual social science）（Harper，2005）。在实施这些质性研究方法时，我们很难将数据分析过程和研究发现的报告区分开来，因为报告本身反映了研究者的数据分析方式。

劳拉·理查德森（Laura Richardson，1992）认为，使用反思性分析的质性研究者一般具有后现代的敏感性。正如我们在第一章所阐述的，后现代主义质疑任何形式的分析和报告（包括主流科学报告）的权威性。后现代主义者认为，诗歌和街头艺术与传统意义上的文本、引文和观察一样，都是具有合法性的案例研究报告形式。

研究发现

如同案例研究的常见做法，马尔多纳多及其同事（2005）在"研究发现"部分呈现了从口头数据（如田野笔记、访谈记录、录像等）提炼出的若干主题。与此形成对照，定量研究者从数字化信息中提炼出统计数据来呈现研究发现。

"学生主导的提高大学生保持率项目"的主要研究发现，是通过演绎法分析数据获得的。研究者通过三个基本问题或主题，分析"学生主导的提高大学生保持率项目"中的集体行动策略。下面分别介绍这三个主题，其中部分发现是研究者对项目及其组织者的数据进行归纳分析获得的。

主题1：形成必要的知识、技巧和社交网络。围绕这一主题，马尔多纳多及其同事（2005）从原先的假设出发，提出了"文化资本"和"社会资本"的概念。例如，"学生主导的提高大学生保持率项目"用以促进学生学术成功的活动包括：辅导项目、学习小组、有组织的自修教室、指导项目以及直接帮助有色人种学生与教师开展交流。举例而言，苏珊（Susan）是伯克利分校一位拉丁裔的项目组织者，她知道向教师提问是可接受且有用的举动，她认为参加"学生主导的提高大学生保持率项目"，是受到了"不要无批判地接受知识"观念的激励（Maldonado et al.，2005，第621页）。

另一个与此主题相关的归纳发现是，"学生主导的提高大学生保持率项目"有助于学生组织者加深对于主流文化和本族文化认同的理解，同时有助于拓展他们平衡地融入这两种文化的能力。此外，"学生主导的提高大学生保持率项目"培养了学生的公众演讲、领

---

① 奥孙河是尼日利亚一条河的名字，发源于北部的群山，流经约鲁巴族地区，然后在拉各斯东部入海。——译者注

导、组织和批判性思维的技能，同时为他们提供了一个处理个人事务、拥有持续支持和资源的社交网络。

主题2：建立学生对特定社区（包括民族和种族社区）的归属感。该主题与研究者提出的"集体主义"理论有关。在归纳分析的基础上，研究者发现，"学生主导的提高大学生保持率项目""旨在促进学生对自身文化遗产的归属感"（Maldonado et al., 2005，第623页），帮助学生更好地了解每个民族社区的需求以及他们在帮助实现这些需求中应扮演的角色。"为了建立一个团结的少数民族社区"（第624页），"学生主导的提高大学生保持率项目"还承担了不同种族群体之间沟通的角色。

主题3：挑战压迫性的社会及制度规范。通过演绎分析的方法，研究者把这一主题与"社会实践"的概念联系起来。归纳分析的结果显示，"学生主导的提高大学生保持率项目"鼓励学生参与到改进教育质量、推动变革、实现工作制度化、服务种族或民族社区的过程中。这些举措挑战了当前"阻隔有色人种群体接受高等教育的社会和制度规范"（Maldonado et al., 2005，第625页）。

研究发现还指出，"学生主导的提高大学生保持率项目"组织者希望"在与本种族或民族社区更加协调的文化规范基础上"重新设计大学制度（Maldonado et al., 2005，第625页），并最终提高少数民族学生的保持率。研究者的报告指出，学生组织者和"学生主导的提高大学生保持率项目"参与者都竭力反对课堂上和大学里的种族主义做法。这些学生通过参与学生管理这样有组织的工作来影响大学决策。

研究者在结论中指出，大多数"学生主导的提高大学生保持率项目"和相关活动与社会同化的立场相对立，却呼应了研究者原先提出的假设。换句话说，"学生主导的提高大学生保持率项目"的基本理念并不鼓励有色人种学生同化到主流文化中，相反它鼓励这些学生在自己的种族和集体社区内发展智力和社交能力。研究者采用的是批判性的研究取向，这份报告是关于"学生主导的提高大学生保持率项目"使命的一份宣传书。

解释性分析的分层。虽然不同研究的编码过程和编码层次在表述或执行方式上不尽一致，但对质性数据进行编码是质性数据分析一个常见的环节。虽然编码分层并非一目了然，但通过质性数据编码过程的一系列分类陈述，我们可以发现编码分层系统。例如，詹姆斯·麦克米伦（James McMillan）和莎莉·舒马赫（Sally Schumacher）（2006）介绍了三个水平的分层——编码、类别和模式。但他们并没有在同一项研究中展示这些层次。

为了更好地说明分层编码系统的层次，我们对卡尔·奥尔巴赫（Carl Auerbach）和路易斯·希尔福斯坦（Louise Silverstein）（2003）的一项研究结果加以分析，该研究以美国文化背景下父亲角色转换的理论为基础。在对海地裔美国父亲的研究中，奥尔巴赫和希尔福斯坦发现的数据"表明这些海地裔、信仰基督教的父亲们建构了一种新的父亲角色定义，它更具社会进步性、能带来更多的个人满足感，而与传统海地社会中的父亲角色不同"（第141页）。

奥尔巴赫和希尔福斯坦的编码和数据分析体现了三个层次的数据。下面我们逐一介绍这三个层次，并在表14.3中加以举例说明。

第一层次：文本分类。数据分析之初，研究者选择那些他们认为与研究主题有关的文本片段，然后他们提出一系列直观的文本分类（low-inference text-based categories）来解释或概括这些文本片段。举一个表14.3中的文本分类例子："1. 我的梦想就是做像父亲那样的人"。该表格展示了16个基于文本的分类。

表14.3　对美籍海地裔父亲研究的理论构念、敏化概念和文本分类样例

Ⅰ．二元文化下的性别角色张力	
A．对传统海地父亲的满意方面	50%
1．我的梦想就是做像父亲那样的人	
2．父亲非常勤劳	
3．我喜欢父亲对待母亲的方式	
B．对传统海地父亲角色的不满意方面	60%
4．我父亲从不说我爱你	
5．成年人不爱玩	
6．当别人说你父亲来了时，你就跑到屋里	
7．我父亲关心别人家的孩子，却不怎么关心我	
Ⅱ．建构更令人满意的父亲身份定义	
A．“好”父亲的定义	100%
8．我的工作是照顾家庭	
9．你不是孩子们的老板，你更像是他们的朋友	
10．当孩子需要你的时候，你得回应他们	
11．你招呼孩子，对他说我爱你	
12．耶稣是我的角色模范	
B．自我意识的提升	75%
13．这样的自我意识改变了你，重塑了你	
14．看着孩子一天天成长是一件美丽的事情	
Ⅲ．意识形态的推进	
A．上帝让一切成为可能	75%
15．在上帝领域中我们是合作者	
16．那不是你做的事情，是上帝要做的	

注：N=20. 表中的百分数指抽样中使用敏化概念的父亲的百分比。

资料来源：摘自Auerbach, C. F., & Silverstein, L. B. (2003). *Qualitative data: An introduction to coding and analysis*. New York: New York University Press一书第146页上的表B–2。

第二层次：敏化概念（sensitizing concepts）。研究者随后将分类后的文本整合成中间层次的敏化概念群。这些概念或直接或间接地反映了文本分类所代表的主题。表14.3列举了一个敏化概念的例子："A. 对传统海地父亲的满意方面"。该表格展示了五个这样的概念，每个概念的单词以大写字母开头。

第三层次：理论构念。最后，研究者将这些敏化概念组合成高层次的理论构念。这些理论构念为研究者的数据分析所得提供"整体观"（big picture）或理论解释。表14.3向读者展示了三个理论构念："Ⅰ. 二元文化下的性别角色张力""Ⅱ. 建构更令人满意的父亲身份定义""Ⅲ. 意识形态的推进"。

从表14.3的数据，我们能够追踪研究者的编码过程。例如，在敏化概念"A. '好'父亲的定义"下五个有编号的陈述，都是基于文本的分类，从"8. 我的工作是照顾家庭"到"12. 耶稣是我的角色模范"，都描述了好父亲的特征。

接下来的敏化概念"A. '好'父亲的定义"和"B. 自我意识的提升"都呈现了理论构念"Ⅱ. 建构更令人满意的父亲身份定义"。在最高分析层次上，我们看到了上文提及的三个相关的理论构念。

总之，奥尔巴赫和希尔福斯坦对美籍海地裔父亲的研究，展示了从案例研究中获得的数据是如何被编码成三个层次的：文本分类、敏化概念和理论构念。这样的解释性分析的方法不太难学，而且对研究实践问题很有应用前景。

讨论

案例研究报告的讨论部分主要包括对研究发现的总结、对实践与未来研究的建议、该研究的局限和将来的研究如何克服这些局限的建议。

在报告的讨论部分，马尔多纳多及其同事详细叙述了参与"学生主导的提高大学生保持率项目"的学生为促进变革所做的前瞻性努力。研究者们总结道：这些努力"与弗莱雷倡导的变革型教育（transformative education）的观点（1970）相一致"（2005，第633页）。他们还指出：在现有文献介绍的提高大学生保持率的各种举措中，"学生主导的提高大学生保持率项目"是最佳模式。最后，研究者们认为，这一项目的学生组织者的社会变革视野及他们对民主的贡献，"应该超越他们大学生涯而延伸到更广泛的时空"（2005，第634页）。

这些研究结论表明，研究者运用批判性研究的框架解读社会及其中的个人。在这些研究者看来，"学生主导的提高大学生保持率项目"的做法，是有色人种大学生获得解放和权力的必要条件，这与批判理论家的研究与实践主题完全一致。

检验案例研究发现的适用性

定量研究学者关心其研究发现是否能推广到参与研究的特定群体以外的样本和群体。

质性研究者关心的问题多少有些不同：教育工作者该如何将特定案例的研究发现应用于各自的工作环境中？一般来说，**适用性**（applicability）指个人对案例研究的发现有助于理解其他情境中的实践问题，或可以用来支持或反对相关理论的一种判断。

案例研究的发现是研究者持续运用创造性分析手段处理数据的结果。因此，人们可能会认为，这样的研究发现仅局限于研究案例本身。然而，大多数质性研究者相信，案例研究的发现可以应用到其他场合。

确定案例研究发现适用性的一种方法，是考虑研究者选择案例的抽样策略。如果研究者选择了典型或极端的案例，那么该研究发现应该适用于其他类似的案例。如果研究者采用了多案例设计（multiple-case design），他们通常采用跨案例分析的方法，帮助读者判断这些研究发现与其他案例的相似性。揭示相似性表明这些研究发现也适用于其他类似的环境和个体。

另一个关于适用性的观点认为，应该由读者自己对案例研究发现的适用性作出判断。根据这种观点，要由读者而非研究者判断研究的案例与他们所处情境是否类似。研究者可以"深描"构成案例的情境和研究参与者，帮助读者作出关于适用性的判断。

再有一种关于适用性的观点认为，案例研究类似于文学作品中的故事或"充满人文趣味"的新闻报道。阅读这样的案例研究报告可以加深你对感兴趣或关心的教育现象的理解。而且，这些研究中的观点和预测有助于你提高探索和完善教育实践的能力。

评价案例研究的质量和严谨性

本章介绍的案例研究反映了解释主义的现实观。这种观点反对通过客观手段可以发现外部世界的观点。解释主义者认为，案例研究的每一位作者、研究参与者及读者对案例研究的意义与价值都可以有他（或她）自己的独特解释。

解释主义的研究者们运用了很多策略以证明他们研究发现和方法的可靠性和可信度。通过分析这些研究者的文献，我们曾总结过17种这样的策略（Gall，Gall，& Borg，2007）。这些策略主要用来确保：（1）研究是经过精心设计的；（2）为了给相关现象提供丰富的信息，已经收集了足够的数据；（3）读者能够确定这些发现是否及如何应用到他们各自的工作情境中。

接下来，我们将介绍本章及其他文献所讨论的案例研究中被有效使用的策略。为确保这些案例研究的评价有助于解决你的实际问题，我们建议你关注研究者们是如何成功使用这些策略来提高研究质量和严谨性的。表14.4列举了案例研究的评价策略及相应的自测问题。我们还建议你仔细阅读本书附录3，该附录囊括了一系列在评价质性研究报告时要考虑的问题。

表 14.4 评价案例研究质量和严谨性时需考虑的问题

评价策略	问题
有用性	本研究对相关的实践问题有用吗?
参与者的介入	研究报告中是否揭示了研究参与者的主位视角?
定量数据的使用	如有必要,是否使用了定量数据来支持质性观察?
长期观察	研究者是否用足够长的时间来观察案例研究的对象?
编码检验	如果数据经过编码,研究者是否检验过编码的信度?
参与者检核	研究参与者是否核实过报告的准确性和完整性?
三角验证	研究发现是否得到不同数据收集方法、数据来源、分析者以及理论的支持?
情境的完整性	研究者是否对案例的历史、背景、参与者及文化进行了深度描述?
证据链	研究问题、数据、数据分析和研究发现之间是否有清晰且有意义的联系?
研究者的反思	研究者是否就影响他们案例研究取向的个人假设、价值观、理论取向和偏见做了说明?

有用性

最有用的案例研究会聚焦读者关心的话题,并为他们提供思考实际问题解决之道所需的信息。对教育工作者的有用性,是我们本章选择案例研究的一个标准。例如,在教师借助探究性数学教学开展学习的案例研究(Leikin & Rota,2006)中,读者可以思考如何改进自己评价和指导学生学习的技巧。而在教育工作者如何组织和指导学区教学技术专家的工作,帮助他们最大限度地影响教与学方面,奥斯班德(2006)关于教学技术的案例研究是很有价值的。

参与者的介入

一些案例研究从研究概念化到撰写最终报告的各个阶段都有参与者的介入。这一策略有助于研究者获取参与者主位视角的理解,并将其清晰地传达给读者。

奥尔巴赫和希尔福斯坦(2003)指出,参与者介入有助于推进社会行动议程(social-action agenda)。参与性研究关注参与者的声音,并且认定个人的生活经验并没有一套标准模式,而是因人而异的。这就需要研究者在设计研究方案时检视自己的偏见,分析那些有助于改善参与者生活的问题。

雷金和罗塔(2006)对通过教学过程开展教师学习的案例研究体现了上述策略。罗塔是研究报告的合作者,也是研究的对象,她完全以研究者身份参与研究。在第十九章关于行动研究的部分,我们将进一步分析实践者如何作为研究者参与其中的问题。

定量数据的使用

案例研究者可以结合简单的定量分析结果来充实重要的研究发现。通过这样的方式,研究者可以明确特定的研究发现是否具有典型性，抑或是个别或极端情况。

伯奇关于教育私营化新趋势的案例研究（2006）使用了预算数据，揭示了自《不让一个孩子掉队法》实施后，供应商承接学校管理事务后获得大批经费的现象。

在另一项案例研究中，雷金和罗塔（2006）提供了一名教师在一学年不同时段的三节课上不同教学活动时间分配的基本定量信息，从中作者观察到了教师在数学探究课教学技能的提高情况。

长期观察

案例研究者常常在较长时间里观察一种现象，使用多种方法收集数据。这样可以让研究者深入分析现象，通过三角验证对貌似矛盾的现象进行证实或证伪。

在对高中双语教育的案例研究中，加西亚和巴莱特（2007）在班级里进行了为期9个月、每周一次的观察，并且参加为期一年的月度教师发展研讨会。雷金和罗塔在案例研究（2006）中陆续录制了15个月的数学探究课，并选择了其中三节课加以分析。伯奇对教育私营化的研究（2006）是一项为期三年的质性研究项目，期间研究者共访谈了250多名研究参与者。

编码检验

在"学生主导的提高大学生保持率项目"的案例研究中，马尔多纳多及其同事（2005）对他们的分类进行了编码检验。**编码检验**（coding check）的目的在于确定不同研究者对质性数据使用相同分类方法时获得结果的一致性程度。研究者对样本数据分类的检验显示，在类别细分方面，两位研究者的一致水平达到85%。为提高后续编码的一致性，他们还讨论了编码偏差的问题。

参与者检核

马尔多纳多及其同事（2005）指出，他们使用参与者检核的方法是为了提高研究发现的真实性。在**参与者检核**（member checking）过程中，为确保研究的准确性和完整性，研究者让研究现场的参与者对研究报告中的表述发表看法。他们实施参与者检核的方法是："让所有研究参与者审读访谈记录，并请若干志愿者审读了报告的初稿"（第619页）。研究者还指出，研究报告是他们与学生活动积极分子"以对话方式"（第633页）共同创作的产物。这些程序能保证案例研究兼顾研究者的客位视角和研究参与者的主位视角。

三角验证

案例研究者常常使用不同的数据收集方法、数据来源、分析人士以及理论检验他们的研究发现，以实现三角验证或结晶化（crystallization）的目的。这个过程可能有助于问题的聚焦，也可能有助于对同一现象研究结果的明显矛盾之处澄清原因。例如，在研究有争议或充满矛盾的现象时，研究参与者自我报告的内容可能与更直接的方法（如观察、文件分析）获得的数据不一致。

本章讨论的大部分案例研究都采用了多样化的数据收集方法和策略来加强三角验证。在教学技术的案例研究中，奥斯班德（2006）分析了不同的文件，观察了三位研究参与者，对每一位参与者进行了单独访谈，并实施了一次由三名研究参与者共同出席的焦点小组访谈。

马尔多纳多及其同事（2005）努力通过参与者的不同视角，对不同的"学生主导的提高大学生保持率项目"进行深描。他们对各院校与"学生主导的提高大学生保持率项目"相关的45名学生组织者和6位专业人员实施了深度访谈和观察，还查阅了每个调查点的文件，并参与了"学生主导的提高大学生保持率项目"的各类活动。

情境的完整性

帮助读者充分理解案例研究的一个重要策略，是介绍案例研究所发生的情境，即案例的历史、物理环境、文化特征、社会规范及其他背景特征。

由于参与者在不同背景下会表达不同的声音，研究者必须对情境的**多种声音**（multivocality）保持敏感，也就是说，要认识到研究参与者不必用同一种声音说话，相反，他们可以表达不同的兴趣和观点。研究者还需要关注**隐性知识**（tacit knowledge），即非语言的线索，这些线索承载了"语言难以表达的、情景化的理解，它们通常体现在点头、沉默、幽默以及细微的调皮表情中"（Altheide & Johnson，1998，第492页）。

加西亚和巴莱特（2007）对纽约一所独立的双语高中的研究，就对师生所处的环境进行了描述，并引述了他们的话语，表明研究者注意到了他们研究报告所处情境的完整性。

证据链

为了帮助读者充分理解一项案例研究，报告部分需要对研究设计及研究发现作详细说明。可能是因为案例研究报告通常篇幅较长，而期刊对成果发表又有字数限制，所以研究细节常常被删除。就理想状况而言，在解释案例研究的设计和研究发现时，作者需要提供**证据链**（chain of evidence），也就是说，需要在案例研究报告中明确和合乎逻辑地说明研究问题、原始数据、数据分析过程和研究发现之间的关系。

提供证据链的工作通常包括**审查跟踪**（audit trail），这是一份记录研究者数据收集和分析过程的书面材料。审查跟踪有助于其他研究者对研究方法论的合理性进行检验，并在随后的研究中再次使用这样的方法或拓展已有研究。

研究者的反思

由于研究者本人是案例研究主要的"测量工具"，因此研究者也可能成为研究结论偏见、错误的源头，从而令读者困惑。为了克服这一潜在问题，研究者有时要自我反思，也被称作反身性（reflexivity），这是研究者对自身在研究情境中的角色及他们提出的假设、世界观及对研究现象的个人与理论倾向进行思考的过程。反身性有助于澄清研究中客位视角的偏见，并在可能的情况下，纠正由这些因素导致的任何非意向性偏见或错误。

本章中我们援引的所有案例研究中，作者关于研究具体现象的决定，都明显受到他们个人和专业经验的影响。然而，关于研究者是否进行了反思的问题，这些案例研究报告一般着墨不多。因此，读者必须借助自我反思，辨别他人研究过程中的各种观点是否带有偏见。

一个范例：案例研究如何帮助解决实际问题

网络课程正迅速发展。看看佛罗里达州的一份报纸，想想那里发生了什么。

> 大批佛罗里达学生明年可能放弃公立小学和中学教育，转而选择在家学习网络课程——这一选择可能会改变公立教育的格局。
>
> 朱尼·福塞尔（Joni Fussell）说："我对这一改变非常激动，因为我的目标是通过这种方式让孩子读完12年级之前的全部课程。"她8岁的女儿从一月份开始，就一直利用他们位于Altamonte Springs家的厨房电脑上课。
>
> 佛罗里达虚拟学校为高中生提供网络课程……2001年，学生完成了6,765门半个学分的课程，到去年这类课程增加到137,450门。
>
> Weber, D. (2008, November 10). In Florida, virtual school could make classrooms history. *Orlando Sentinel*. Retrieved from www.orlandosentinel.com.

有时，研究受到简单问题的激发——"这里发生了什么事情？"毫无疑问，教师及管理者都想知道：与学校情景不同的网上学习经验是如何影响学生的。下面介绍的一则案例研究可以说明教师们的好奇心与问题。

网络课程的很多方面都值得探究，但案例研究需要聚焦其中的几个方面以便进行深描。我们确立的研究焦点是：父母与孩子之间是如何就网上课程内容开展交流的。因此，我们的案例研究对象是一位家长和一名孩子，就是文中描述的这一对母女。

我们打算只研究一个案例，因为我们希望在教学活动发生的同时，可以对这一家庭的情况进行集中、实时观察。如果条件允许，我们希望选择每周的任何一天去这家观察，观察活动持续整个学期。我们收集数据的主要工具是记笔记。我们将在父母与孩子参与在线教学活动时，记录下家长及孩子所有主要的看法及活动。我们还打算对家长和孩子进行定期访谈。另外，我们打算访谈其他家庭成员和学校指派监督孩子学习的教师。

我们最初的研究问题包括：当孩子与计算机互动时，父母和孩子的交谈包括哪些话题？在开展网上教学时，家长和孩子参与了哪些主要活动？家长、孩子、其他家庭成员、监督教师及其他相关人员如何看待在线教学的主要优点和弊端？我们还将针对研究过程中可能出现的其他问题收集数据。

自测题

1. 在质性案例研究中，研究者努力做到以下这些方面，除了_____。
    A. 对现象进行深入研究
    B. 在自然环境中对现象进行研究
    C. 对现象保持一种客观的视角
    D. 反映研究参与者对研究现象的视角

2. 在案例研究中寻找因果模式，是为了_____现象。
    A. 描述
    B. 解释
    C. 评价
    D. 概括

3. 质性研究者使用目的性抽样策略是为了_____。
    A. 降低选择非典型案例的可能性
    B. 排除研究更多案例的必要性
    C. 选择最便于深入研究的案例
    D. 选择对研究目的来说"信息丰富"的案例

4. 一般来说，在质性研究中收集数据的主要工具是_____。
    A. 用以收集数据的问卷或其他自我报告
    B. 记录现场事件的录音或录像
    C. 研究者自己
    D. 研究者的关键信息提供者

5. 在解释性数据分析中，研究者一直在_____。
    A. 寻找数据内在的模式
    B. 给数据赋予意义
    C. 寻找数据中自然出现的内容
    D. 使用其他研究者提出的分类方法

6. 那些希望案例研究数据分析中依靠直觉和判断分析的研究者，最有可能使用_____分析。
    A. 解释性
    B. 结构性
    C. 反思性

D. 叙事性

7. 反思性案例研究报告往往需要_____。

   A. 一种客观的写作风格

   B. 用计算机分析数据

   C. 按照传统方式组织话题

   D. 有力传达研究者的声音

8. 质性研究者相信，在案例研究中处理偏见的最好方法是_____。

   A. 诚实地考察研究者身份和信念可能带来的偏见

   B. 将质性数据与定量数据进行比较

   C. 请那些与实地参与者相似的个体收集数据

   D. 研究与自己少有利害关系的现象

9. 如果研究者想提高案例研究发现在其他情境中的可适用性，那么_____是不明智的做法。

   A. 研究非典型个案

   B. 研究多个案例

   C. 将自己的案例和其他研究者类似的案例研究进行比较

   D. 对自己的案例进行深描

10. 一般来说，质性研究传统_____。

    A. 不使用与案例研究相关的方法来研究现象

    B. 建立在实证主义基础之上

    C. 在研究现象时使用不同学科的方法

    D. 主要基于物理科学的模式

本章参考文献

Alexander, B. K. (2005). Performance ethnography: The reenacting and inciting of culture. In N. K. Denzin & Y. S. Lincoln (Eds.), *The Sage handbook of qualitative research* (3rd ed., pp. 411-442). Thousand Oaks, CA: Sage.

Altheide, D. L., & Johnson, J. M. (1998). Criteria for assessing interpretive validity in qualitative research. In N. K. Denzin & Y. S. Lincoln (Eds.), *Handbook of qualitative research* (pp. 485-499). Thousand Oaks, CA: Sage.

Auerbach, C. F., & Silverstein, L. B. (2003). *Qualitative data: An introduction to coding and analysis*. New York: New York University Press.

Ausband, L. T. (2006). Instructional technology specialists and curriculum work. *Journal of Research on Technology in Education*, 39 (1), 1-21.

Biddle, B. J., & Anderson, D. S. (1986). Theory, methods, knowledge, and research on teaching. In M. C. Wittrock (Ed.), *Handbook of research on teaching* (3rd ed., pp. 230-252). New York: Macmillan.

Burch, P. E. (2006). The new educational privatization: Educational contracting and high stakes accountability. *Teachers College Record*, 108 (12), 2582-2610.

Cuban, L. (1997). Change without reform: The case of Stanford University school of medicine, 1908-1990. *American Educational Research Journal, 34*, 83-122.

Denzin, N. K., & Lincoln, Y. S. (Eds.). (2005). *The Sage handbook of qualitative research* (3rd ed.). Thousand Oaks, CA: Sage.

Freire, P. (1970). *Pedagogy of the oppressed* (M. B. Ramos, Trans.). New York: Grove Press.

Gall, M. D., Gall, J. P., & Borg, W. R. (2007). *Educational research: An introduction* (8th ed.). Boston: Pearson.

García, O., & Bartlett, L. (2007). A speech community model of bilingual education: Educating Latino newcomers in the USA. *The International Journal of Bilingual Education and Bilingualism, 10* (1), 1-25.

Glaser, B., & Strauss, A. (1967). *The discovery of grounded theory.* Chicago: Aldine.

Goldenberg, C. (1992). The limits of expectations: A case for case knowledge about teacher expectancy effects. *American Educational Research Journal, 29*, 517-544.

Harper, D. (2005). What's new visually? In N. K. Denzin & Y. S. Lincoln (Eds.), *The Sage handbook of qualitative research* (3rd ed., pp. 747-762). Thousand Oaks, CA: Sage.

Jacob, E. (1987). Qualitative research traditions: A review. *Review of Educational Research, 57*, 1-50.

Jones, J. (2002). Performance ethnography: The role of embodiment in cultural authenticity. *Theatre Topics, 12* (1), 1-15.

Kincheloe, J. L., & McLaren, P. (2000). Rethinking critical theory and qualitative research. In N. K. Denzin & Y. S. Lincoln (Eds.), *Handbook of qualitative research* (2nd ed., pp. 279-313). Thousand Oaks, CA: Sage.

Kirk, J., & Miller, M. L. (1986). *Reliability and validity in qualitative research.* Beverly Hills, CA: Sage.

Lancy, D. F. (1993). *Qualitative research in education: An introduction to the major traditions*. New York: Longman.

Leikin, R., & Rota, S. (2006). Learning through teaching: A case study on the development of a mathematics teacher's proficiency in managing an inquiry-based classroom. *Mathematics Education Research Journal, 18* (3), 44-68.

Lincoln, Y., & Guba, E. (1985). *Naturalistic inquiry.* Beverly Hills, CA: Sage.

Maldonado, D. E. Z., Rhoads, R., & Buenavista, T. L. (2005). The student-initiated retention project: Theoretical contributions and the role of self-empowerment. *American Educational Research Journal, 42* (4), 605-638.

Manning, P. K., & Cullum-Swan, B. (1994). Narrative, content, and semiotic analysis. In N. K. Denzin & Y. S. Lincoln (Eds.), *Handbook of qualitative research* (pp. 463-477). Thousand Oaks, CA: Sage.

McMillan, J. H., & Schumacher, S. (2006). *Research in education: Evidence-based inquiry* (6th ed.). Boston: Pearson.

Miles, M. B., & Huberman, A. M. (1984). *Qualitative data analysis: A sourcebook of new methods*. Beverly Hills, CA: Sage.

Patthey-Chavez, G. G. (1993). High school as an arena for cultural conflict and acculturation for Latino Angelinos. *Anthropology and Education Quarterly, 24*, 33-60.

Patton, M. Q. (2002). *Qualitative evaluation & research methods* (3rd ed.). Thousand Oaks, CA: Sage.

Richardson,L. (1992). The consequences of poetic representation: Writing the other,rewriting the self. In C. Ellis & M. G. Flaherty (Eds.),*Investigating subjectivity: Research on lived experience* (pp. 125-140). Newbury Park,CA: Sage.

Richardson, L., & St. Pierre, E. A. (2005). Writing: A method of inquiry. In N. K. Denzin & Y. S. Lincoln (Eds.), *The Sage handbook of qualitative research* (3rd ed., pp. 959-978). Thousand Oaks, CA: Sage.

Strauss, A. L., & Corbin, J. (1990). *Basics of qualitative research: Grounded theory procedures and techniques*. Newbury Park, CA: Sage.

Tesch, R. (1990). *Qualitative research: Analysis types & software tools*. Bristol, PA: Falmer.

Yahya, I. B., & Moore, G. E. (1985, March). On research methodology: The cassette tape as a data collection medium. ERIC Document Reference No. ED262098.

后续学习材料

Auerbach, C. F., & Silverstein, L. B. (2003). *Qualitative data: An introduction to coding and analysis*. New York: New York University.

本书详细介绍了质性研究中关于编码和数据分析的最新成果。作者们结合自己关于美籍海地裔人、潜在监护人以及同性恋父亲中"为人之父"问题的案例研究，解析了质性研究的计划、设计、实施以及解释的过程。

Liu, X. (2007). *Great ideas in science education: Case studies of noted living science educators*. Rotterdam, Netherlands: Sense Publishers.

这本书汇集了八位在世教师的案例，这八位教师在科学教育领域都作出了重要贡献。通过揭示"个人历史"（history in person），本书追踪了每位教师硕果累累的研究生涯，同时分析了他/她们的工作对发挥各级教育中科学教学潜力的意义。本书的案例研究对于那些关注特定教育领域教与学改革问题的教育工作者具有参考价值。

Merriam, S. B. (1998). *Qualitative research and case study applications in education*. San Francisco: Jossey-Bass.

本书是在梅里亚姆所著《教育中的案例研究》（1988）基础上修订和扩充而成的。本书详细介绍了案例研究及一般质性研究设计的各个阶段。书中详细描述了不同情境中成人学习者的三个真实案例研究。

第十五章

叙事研究

■ 重要观点

1. 叙事研究是对故事的系统分析,读者可以将研究发现用于分析更广泛的议题并解决实践问题。
2. 叙事提供了丰富的数据,因为人们可以讲述很多关于自己和他们所处社会的故事。
3. 个人故事通常围绕突发事件展开——那些意料之外、难以解决或令人困惑的事件。
4. 叙事研究可以针对林林总总的叙事,可以是群体叙事、个人叙事或研究者叙事;也可以是已发生的故事和研究过程中发生的故事;或者是历史故事和当前故事;还可以是书面故事、口头故事或表演性故事。
5. 叙事研究从研究参与者那里获取数据,这些数据反映了参与者在自然状态下的思考或说话方式,传递出个性化且通常是感性化的意蕴。
6. 叙事是教师和其他教育工作者之间常用的交流方式,通过这样的交流他们了解自己的学生、实践活动和工作环境。
7. 很多叙事研究的设计主要遵循这样的思路:揭示个体经历或发现故事的来龙去脉,然后"复述"这些故事,分析故事的结构和意义。
8. 叙事研究的数据收集主要依靠访谈法,并通过其他类型的数据(如备忘录、照片和会议记录)加以补充。
9. 分析叙事研究的数据时,需要在个人故事中寻找重要事件,将这些事件组织到一个有意义的时间结构中,再将这些事件和结构放到一个理论框架中加以分析。
10. 有时,叙事研究者在分析叙事数据中需要参与者的合作。
11. 解释研究参与者的故事,可以帮助教育工作者更好地理解他们自己以及身边人(如学生和同事)的故事。

关键术语

编码框架（coding frame）
承诺书（commitment script）
辩证法（dialectic）
突发事件（disruption）
内在叙事（internal narrative）
日志（log）
叙事（narrative）
叙事身份（narrative identity）
叙事研究（narrative research）

两极对立（polarity）
前进式故事结构（progressive story structure）
退缩式故事结构（regressive story structure）
研究性叙事（research narrative）
滚雪球抽样（snowball sampling）
稳定的故事结构（stable story structure）
故事（story）

作为研究焦点的叙事

在第十四章中，我们向你介绍了案例研究。我们认为，案例研究是最常见和最基本的一类质性研究。我们还从《教师杂志》上选取了一个典型的案例故事，指出案例故事并不构成案例研究，因为它们没有使用普遍认可的研究方法来收集和分析数据，在阐述实际问题时，也没有为读者发掘潜在的理论意义或价值提供有利条件。

故事并不构成研究，这并不意味着故事不重要。故事在人们的生活中具有非常重要的意义，也非常值得研究。事实上，教育学者和社会科学研究者越来越关注发生在人们身边的故事。本章将帮你理解学者们是如何研究故事的。**叙事研究**（narrative research），有时也叫**叙事探究**（narrative inquiry），是对生活经验中的故事进行系统研究、解释并报告相关的研究结果。

根据利维亚·波兰依（Livia Polanyi, 1985）的观点，**故事**（story）是对发生在过去特定时间、关于特定事件的原始记述；而**叙事**（narrative）是事后的描述，即在一个建立起来的精确的时间序列中，按照具体节点逐一呈现所发生的事件（Polanyi, 1985）。

研究性叙事（research narrative）可以定义为对一系列事件有组织的解释。这个定义中的每个词都很重要。首先，请注意研究性叙事是有组织的（organized）。设想我们让一名实习教师（student teacher）讲述她自己的经历。她的故事可能会从一个事件跳到另一个事件，从她中学阶段的经历跳到大学课堂。她讲述的事件有些是同时发生的，有些是有先后顺序的，有些则回溯到以前的某个时间。研究者的任务是把这些描述组织到一个有意义的时间序列中。

根据我们定义的第二个方面，研究性叙事不仅复述研究参与者故事中的事件，而且还对这些事件进行解释。例如，实习教师可能会讲述被主持课堂教学的实习指导教师（cooperating teacher）批评的经历。通过实习教师对这些经历作出的反应，我们可以发现她的自我效能感在逐步提高，研究者就可以利用已有的关于自我效能的研究和理论（Skaalvik & Skaalvik, 2007）作为解释框架，对实习生教学经历进行一般性的解释。

也许在她讲述的故事中，实习教师将遇到的教学问题归咎于他人，而将成功归因于自己的努力。据此，研究者可以用实习生的归因来解释其在实习期间所经历的问题。如果遇到这样的情况，研究者可以将归因理论（Lam & Law, 2008）作为解释框架，分析特定或一般实习生的教学经历。

我们定义的第三方面表明，研究性叙事是关于一系列事件的研究。换言之，叙事首先说发生了事件甲，然后说发生了事件乙，继续说完所发生的最后一个事件。当然，故事还涉及人物、背景、情感、思想以及其他现象。然而，故事的这些构成要素本身并没有意义。只有当这些要素与故事中的事件相联系时，它们才获得意义。例如，一位新教师可能强调在实习教学体验中兴奋和低落的情绪。这些情绪波动只有与她关于教师故事的特定事件联系起来时，才能在研究性叙事中获得意义。

叙事研究与案例研究的区别

在叙事研究中，一位或多位研究参与者的故事都可以看作一个个的案例。例如，研究者对每位参与者进行深度访谈，将参与者的故事放到生活情境中，鼓励参与者讲述有个人意义的故事。诚如我们在第十四章看到的，案例研究也包含这些研究要素。

这两种研究最主要的区别在于：案例研究是在自然情境中研究一种现象，而叙事研究则旨在对故事进行解释。举例来说，假设一位研究者对实习生的教学体验感兴趣。研究者通过长时间对一位实习生（即研究参与者）进行访谈和观察。他们发现，实习生会评论实习指导教师的言行，其中有些评论是有益的，有些评论则无关宏旨甚至是有害的。

案例研究的学者可能将上述现象确立为一个主题，即实习指导教师如何帮助或制约实习生获得教学技能。当然，研究者可能要研究其他案例（例如，其他新近完成教学实习的新教师），专门针对这个主题进行访谈和观察。研究者甚至会访谈和观察一些实习指导教师，了解他们如何看待实习生获得教学技能的指导工作。

比较而言，叙事研究的核心要素始终是研究参与者的故事——不管是故事的整体，或者故事中的某些事件。研究者可能特别关注实习指导教师对实习生教学技能形成的促进或制约作用，但这样的分析是在实习生的故事情境中展开的。因此，叙事研究是质性研究的一个专门类型，其探究的焦点是研究参与者的故事。

叙事类型与叙事身份

在西方文化中，故事是人们自然或正式对话的重要组成部分："她说如何如何，而我说如何,然后她如何如何,然后我又如何如何……"你可能已经很多次听到人们以这种结构讲述他们的个人经历,而且你自己也以这样的方式跟别人讲述你的故事。故事可以有多种表现形式,包括口头对话、公开发言,或者以书面形式(如电子邮件、私人日记及书面文章)讲述。

内在叙事也许是一种更加普遍的叙事方式。**内在叙事**(internal narrative)是大多数人清醒时的思想活动和自我对话——不管他们是否意识到这样的心理活动。越来越多的研究者致力于记录个人如何通过内在叙事描述他们的日常体验、自我反思以及周围世界对他们生活的影响。

无论是共享还是内在的,个人叙事都赋予日常生活以秩序和意义。叙事为个体提供认识自我的结构,或者说为他们提供**叙事身份**(narrative identity)。个体通常生活在各式各样的社会环境中,并持续地体验着生活的变化,所以可以说他们拥有很多"叙事身份"。研究者发现,当人们经历一次**突发事件**(disruption),即生活中意想不到的、艰难的或令人不安的事情时,他们往往会将这样的经历付诸于叙事。

除了个人叙事,群体、社区和社会也会建立起关于它们当前和过去的历史叙事。通过叙事的方式,个人和群体确立各自的身份,并在生活经历中表明自己存在的连续性。他们还通过叙事表达共同的愿望。叙事研究有助于说明这些群体是如何通过叙事来获得自我认知的。

心理学家发现,个人的叙事身份与其福祉密切相关。在研究青少年安全感与他们婴儿期初始对主要看护者的依赖关系时,格伦·瑞斯曼(Glenn Reisman,2007)发现,在童年早期显示出高度安全依赖的叙事,预示着青春期恋爱关系或一般人际关系中可观察的、同样性质的特点。瑞斯曼总结道:"如果个体早期生活事件能形成完整的叙事,这样的经历就能为成功的成人关系奠定重要的心理基础。"(第4页)

教育叙事研究的例子

教育中的叙事研究多是对教师故事的分析。这反映了讲故事在教师职业生涯中的核心地位。教师经常通过讲故事帮助学生学习、塑造学生的态度和行为。与其他教师分享故事,是同事之间信息共享传统的一部分,也是老教师向新教师传输学校文化的一种方式。

还有一些叙事研究关注学生的故事。学生叙事常常来自论文或日记这样的书面作业。教师研究学生的叙事,一方面可以了解学生的生活经历,另一方面也可以分析学生是如何理解和习得语言能力的(Conle,2003)。除了书面作业,教师还可能在课前、课堂上及课后或偶尔在校外与学生的非正式谈话中听到故事。

下面这些叙事研究及其结论与教育实践问题密切相关。

官方叙事与学生叙事

高德伯格（Tsafrir Goldberg）、丹·波拉特（Dan Porat）和巴鲁克·施瓦茨（Baruch Schwarz）（2006）用叙事研究的方法，分析了学生撰写的关于以色列民族融合政策（Melting Pot policy）问题的文章。这项政策反映了以色列对20世纪50年代从其他国家大规模移民到以色列的犹太人的官方立场。以色列政府打算通过这一政策，让来自其他国家的犹太移民融入现有人口，从而建立一个新的国家。

被调查的学生尚未在学校课程中正式学过"民族融合政策"。他们需要写一篇关于该政策的文章，内容包括：（1）对该政策的认识；（2）移民是否受益或受累于该政策；（3）实施该政策对建立以色列国家是否是必要，抑或这是一项破坏性的政治改革。

在105位参与研究的学生中，约有一半是来自伊斯兰国家的米兹拉希（the Mizrahi）犹太移民[①]的后裔，还有一半是来自基督教国家的德系（the Ashkenazi）犹太移民后裔（或者他们本人就是移民）。研究者分析了每一位学生的叙事，然后根据族群（米兹拉希或德系犹太人）分析他们的文化模式以及关于大规模移民的官方叙事和学生叙事的一致性程度。

研究者分别从定量和质性两个角度分析了学生的文本。定量分析用来统计学生表达不同观点的比例。质性分析用来概括学生故事中的文化模式。研究者借鉴了社会文化理论，解释了学生如何通过历史的社会表征（social representation）这一文化工具，理解他们当下在以色列的生活。

该研究报告发现，学生们的故事通常与学校教科书中官方的犹太复国主义的叙事有很大差异。官方叙事往往强调"救赎考验"（ordeal of redemption），它将大规模移民政策描绘成必要的甚至是英明的政策，伴随而至的困难在所难免。相比之下，学生的故事表现出更多差异化的叙事，包括"无意义的牺牲"（46%的学生文章中有这样的表述）、"错误的悲剧"（27%的学生文章中有这样的表述）、带有痛苦和牺牲的"救赎考验"（25%的学生文章中有这样的表述）。

只有上述第三种表述形式涉及救赎的主题，与官方犹太复国主义的叙事类似。为了说明"无意义的牺牲"叙事方式，研究者引用了一位来自德系犹太裔大户人家名叫吉奥拉（Giora）的学生的话。他用六个词总结了整个移民的同化过程："奉献的居民、受伤的移民、毁灭性的一步"（Goldberg et al., 2006，第333页）。研究者在报告中指出："从另外一些极端的例子中，我们发现了复杂的描述方式，阿龙（Alon）的描述就是其中一例。阿龙的父亲来自米兹拉希家庭，当年他家从叙利亚冒险徒步移民至以色列。"（第333页）

> 民族融合教育策略是有害的，充满了对移民的歧视，因为总体上，是当地居民在制定规则和教育决策，而移民没有发言权……移民拥有自己的知识，但这些知识只适应于他们原来的国家，在以色列却不够用了……从踏入新土地开始，

[①] 源自巴比伦时代中东和高加索犹太社区的犹太人。——译者注

不同文化和阶层之间就出现了裂痕，任何不能顺应民族融合潮流的人都要"被抛弃"。（第333页）

总体而言，70%的学生表达了对"民族融合政策"的批判态度，18%的学生则持赞成立场。研究者认为，这些发现反映了一个移民时代重要的"反叙事"（counternarrative），凸显了米兹拉希移民的受压抑和德系移民对所遭受苦难的"集体失忆"（collective amnesia）。研究者认为，学生们对移民政策的悲观看法，表明"他们试图以自己的视角理解当下的社会环境，并建立一种与这个观点对应的身份与责任感（或无责任感）"（Goldberg et al.，2006，第344页）。

这项研究非常有用，因为它增进了教育者对多元文化教育中可能出现的教育实践问题的理解；它有助于教育者形成对学生问题的敏感性，了解学生如何理解过去、接受或拒绝课本所传递的历史叙事；它还可以帮助教师理解为什么来自不同文化背景的学生，对课程中呈现的历史叙事和当前叙事的反应大相径庭；最后，该叙事研究启示我们，如何将学生论文及其他写作样式作为一种资源，探究学生对来自其他文化的个体的态度。

教师的职业发展

谢丽尔·克雷格（Cheryl Craig，2006）对她经历的两次职业困惑（dilemmas）进行了一项扩展的自我叙事探究，第一次职业困惑出现在她做中学教师的时候，第二次出现在她成为一名大学终身教授的时候——当时，她参与了一项全国性学校改革项目的地方评估。美国中南部某州的五位校长邀请克雷格参加这一项目评估，用克雷格自己的话说，她是"带着规划和过程性评价顾问这样一种模糊不清的角色，来到了这些开展这一重要教育改革项目的学校"（第1168页）。克雷格刚从加拿大移民到美国，她对所任教授的这所大学还比较陌生。克雷格接受了这次邀请。在与校长们协商自己的咨询角色时，她是这样定位的：

> 既不代表学校，也不代表学区；既不代表地方的改革运动，也不代表国家改革运动；既不以大学雇员的身份，也不以独立顾问的身份。在这样的模糊处境中，我采取了"模棱两可"（betwixt and between）的立场。（第1169页）

克雷格的研究报告主要描述了改革中发生的冲突。例如，她讲述了当地教育改革中的政治变革，包括教师角色上的重大分歧；领导方式的变化——"高度保守势力的联盟……试图扼杀那些挑战和动摇这个中南部州现状的改革，这会让领导者倍感挫折"（2006，第1170页）。她看到当地的改革只是复制了标准的教育官僚体制，在这样的体制中，大学学者比一起合作的中小学教师拥有更高的地位、更大的权力，对此她表达了担忧和幻灭感。

克雷格真切感受到自己的"困惑"（2006，第1173页），是因为她发现在11个案例研究现场的规划和评估咨询专家中，她是在公开发布的学校报告中单独被评头论足的那个人。虽然事先有保证"出于对专业人员的尊重"（第1171页），评估报告不会单独提及个人。

在试图梳理和解释改革项目评估工作中出现的重大问题时，克雷格承认自己"并没有刻意调整自己的处事方式，以迎合保守的意识形态环境"（2006，第1172页）。她指出自己错过了本可做适当调整的时机。

克雷格在研究结论中指出，这种困境与她早年任中学教师所经历的困境相似。在早年的困境中，她发现：

> 我和其他教师教书育人的重要性被贬低了。人们都是通过考试成绩笼统地概括和宣传学生表现和教师工作的。（2006，第1173页）

她还从教育评估现象中总结了一条重要的教训：

> 如果"神圣的"评估故事的基础没有改变，无论参与者是定量研究者还是质性研究者，无论被评估者是教师还是规划与评估顾问，这些都不再重要。根植于教育事业中的霸权将扮演一如既往的角色——除非评估者的行为和评估过程本身，能与被评估者的角色和工作同步改革。（2006，第1174页）

该叙事研究的结果为那些寻求解决实际问题的教育改革者提供了一堂警示课。具体而言，我们从这一研究了解到，学校改革及其评估本身可能成为问题的一部分。通过阅读克雷格的叙事，学校领导者和项目评估参与者（见第二十章）可以汲取智慧，为协调变革过程中各利益方的冲突找到解决之道。

关于教学真实状况的故事

马丁·科塔兹（Martin Cortazzi，1993）对来自11所英国学校的123位小学教师进行了简短的个人访谈。所有教师至少各讲述了一个故事，大部分讲述了4至10个故事，有一位教师讲述了17段叙事，教师们总共讲述了856段叙事。此外，在与教师会面或非正式谈话过程中，研究者记录下了105段叙事。研究者告诉教师们，"该研究的目的在于询问教师的日常经验，建构一幅教学的真实图景"（第119页）。访谈涉及与教学相关的六个基本话题：

1. 昨天或上周发生了什么事情？每天都发生这样的事情吗？有不寻常的情况吗？
2. 今年你们班孩子的整体状况如何？有表现突出的孩子吗？
3. 近来你班上有孩子取得显著进步吗？

4. 你与家长相处中有什么困难吗？
5. 你在教学中遇到过什么特别棘手的事情吗？
6. 你在教学中遇到的最有趣的事情是什么？

访谈结束时，当被问及对教学工作是否有美好印象时，大多数教师的回答是肯定的。科塔兹在访谈报告中指出：

> 相当一部分叙事具有表演色彩——尤其在直接引述的对话部分。通过手势和语言节奏，教师让他们的故事栩栩如生，教师们讲述中的音高和音调的丰富性明显高于日常讲话，他们使用不同的语音语调来模仿孩子们的讲话方式。（1993，第119页）

叙事通过主题来组织和分析素材，帮助澄清教师的思想，并分析特定教学情境中的问题。为了分析这些叙事，科塔兹使用了拉波夫（W. Labov）和维尔兹基（J. Waletsky）（1967）提出的社会情境下的语言模式，在叙事结构中确立了六个要素（如表15.1所示）。最后一个选择性的"尾声"（Coda）旨在将听众的注意力拉回现实世界，类似电影或小说结尾处的"剧终"（The End）。图15.1展示的是使用该模式进行叙事分析的一则例子。

表15.1　拉波夫和维尔兹基评价模式下的叙事结构

结构	问题
摘要	叙事的主题是什么？
情况介绍	涉及谁？何时？何事件？何地？
深化	然后发生了什么？
评价	这又说明了什么？
结果	最后发生了什么？
尾声	

资料来源：Table 5 from page 45 of Cortazzi, M. (1993). Narrative analysis. London: Falmer.

科塔兹（1993）发现，图15.1所示叙事体现了拉波夫和维尔兹基（1967）提出的叙事结构。它从一个简单的介绍（摘要）开始，然后为读者提供叙事的情境（情况介绍）。接下来是教师讲述的一个较长篇幅的故事（深化），随后是对故事意义的解释（评价）。

摘要

　　有时候，只要我一进教室就想："哦，不，我讨厌这些事情，一直在做数学和英语作业，他们也一样讨厌这些事情"，只要一冲动我就会想起做点什么

情况介绍

　　就在期中前夕，期中前的几周，他们一直在上数学课，英语课，数学课，英语课，周而复始，都是老一套

深化

　　因此课间休息之后，我走进教室想："这样不够好。我们必须要做一些不同的事情"，而且我想，"让我们做一回主角（star turn）"。当我走进门的时候，你知道，我确实有点儿吃惊。大约有十分钟，他们继续做原来的事情。突然，我开始拖拽东西，把各种各样的物品拖到一起，我把灭火器拖拽到地板的一边，然后倾倒了一些东西、一卷壁纸、一瓶墨水和一些杂物，孩子们一定以为我疯了或什么的。于是我拿来七把椅子围成一个圆圈，他们突然意识到我要做什么，都显得很兴奋，然后我在每把椅子上放了一件物品，并说明我们打算做什么，你知道。他们每个人有三十秒，在三十秒结束的时候，我就吹哨

评价

　　我从他们那里发现的绝对令人惊讶，你知道，他们都非常渴望尝试这样的事情，即使那些平时非常安静的孩子也如此。故事情节以及我从孩子们那里获得的想象绝对让你难以置信，你知道，他们真的非常喜欢

尾声

　　后来这样的事情我们做了好几次，而且我们打算这一周继续做

评价

　　我想，那一定是我曾经上过的最好的一次课，只是一时冲动，而且他们确实非常喜欢而且从中学到很多美好的东西。这是我第一次真正让孩子们表达自己的想法，让他们解释事物，你知道，这真让我惊讶

图 15.1　叙事分析的例子

资料来源：From p. 121 of Cortazzi, M. (1993). Narrative analysis. London: Falmer.

　　图15.1的例子显示有两种"评价"，我们将第二种"评价"归为"结果"。至于教师为何将其放在"尾声"的后面，我们猜想是这位教师觉得有必要提供一个结果，很大程度上它是对前面"评价"环节的复述。

　　为了解释教师叙事中出现的一般内容，科塔兹从大量叙事中找出10种"**两极对立**"（polarity）。每一种"两极对立"反映了非此即彼的二元对立，这种对立性揭示了叙事中故事所传递的核心思想。图15.1呈现的叙事体现了若干"两极对立"。例如，"灵活性与计划性"的对立意味着："为了孩子们的利益，当遇到'突发事件'时，教师要

有灵活性"（Cortazzi，1993，第125页）；而另一方面教师"需要按照计划实施教学"（Cortazzi，1993，第125页）。这种"两极对立"体现在教师"尝试做不同的事情……（并）开始'做一回主角'的决定中"（Cortazzi，1993，第121页）。

该叙事中展示的另一种"两极对立"，涉及"突破学习"与"循序渐进"的关系。科塔兹将"突破学习"描述为"学习发生的真正时刻"（1993，第125页），他还指出，这样的学习通常是被教师用形象化方式描述出来的。"突破学习"通常难以解释，显得神奇和神秘。用教师们的话来说，这样的学习是个例、不可预测或者只是偶发罢了。通过图15.1的叙事，我们看到了这种"两极对立"。当时这位教师是这样陈述的：

> 我从他们那里发现的绝对令人惊讶……我曾经上过的最好的一次课，只是一时冲动……这是我第一次真正让孩子们表达自己的想法，让他们解释事物，你知道，这真让我惊讶。

日常教学体现了"突破学习"与"教师们持有的缓慢和循序渐进的学习观念"的对立，也维持着两者的平衡（Cortazzi，1993，第128页）。

科塔兹对96个关于儿童"突破学习"故事的分析，揭示了三个基本隐喻：作为顿悟的学习（例如，某些事情豁然开朗了）、作为领悟的学习（例如，逐渐理解某个事物）以及作为运动的学习（例如，在不断跳跃的过程中形成理解）。科塔兹评论道："通过分析教师故事中所专注的叙事，我们可以间接考察教师的思维方式。"（1993，第128页）。

图15.1的叙事还揭示了另外两种"两极对立"。当教师感到"惊讶""激动"或"非常高兴"时，就会出现"享受与折磨"的"两极对立"（第131页）。作为两极中的相反一方，"教学被描述成'艰苦的工作''一种磨砺''跋涉'或'挣扎'"（第131页）。

图15.1中叙事的教师三次提及她对"做一回主角"的那次课堂效果的惊讶之情："我从他们那里发现的绝对令人惊讶""绝对让你难以置信""这真让我惊讶"。该叙事中凸现的另一个"两极对立"是"社会性与认知性"。根据科塔兹的说法，"社会性与认知性"的对立

> 揭示了教师叙事中可以预料的两方面教育问题。事实上，指向"认知性"一极的素材很少。即使在那些关注孩子学习的叙事中，也很少有明确关于学习内容或学习方法的细节。比较而言，"社会性"一极的有关素材不断被提到：教师们反复强调孩子的"兴趣""投入""愉快""兴奋"。（1993，第131-132页）

图15.1的叙事提到孩子们"都显得很兴奋"，两次提及"他们真的很喜欢"（1993，第121页）。

科塔兹继续比较和分析了教师对备课和学习的看法，以及他们对灵活性和学生突破学习的理解。结果表明，虽然教师们承认自己做了教学准备工作，但是很多叙事还是显示，教师们会灵活考虑孩子们的兴趣和娱乐需求，这为学生的突破学习创造了机会。总体而言，在这些小学教师的叙事中，学习认知和教师教学计划方面的内容很少有涉及。

科塔兹（1993）对教师叙事的分析深刻揭示了教师在课堂上与学生互动之际的"现场思考"。这类研究可以帮助教师及那些提供指导、培训或与之共事的教育工作者分析大量的实践问题。叙事研究的结果可以帮助教师在推进学习目标实现的同时，重新思考那些充满趣味且富有启发性的教学方式。例如，教师培训师可以帮助教师从事叙事活动，为他们备课提供新思路，鼓励学生参与创造性活动并从中获得快乐，而不是坐等偶发的学习突破。第十四章中关于教师专业发展的那则案例研究，就是帮助教师更好备课的。

叙事研究报告的特点

教育叙事研究在设计、关注点和应用性方面日趋多样化。教育叙事研究没有标准的方法论。我们介绍了叙事研究文献中提及的关于这一研究方法的一些特点，但也有一些特点我们没有介绍。在表15.2中，我们总结了叙事研究报告的共同特点。

表15.2 叙事研究报告的一般构成

构成	内容
引言	陈述研究问题或目标，综述相关文献。研究目的通常是对实践问题相关的现象进行描述、解释或评估
研究设计	一般的叙事研究有两个主要阶段：（1）从研究参与者那里引出与研究目的有关的故事；（2）重新讲述故事，以便对故事的事件进行有组织的解释
抽样过程	研究者介绍所采用的目的性抽样的策略，并解释选择特定的抽样策略的原因
研究方法	叙事研究主要运用访谈法引出研究参与者的故事。其他方法包括定量研究等
数据分析	根据描述、解释、评价等不同的研究目的，数据分析方法也各有不同。分析意味着要重新讲述经过组织的故事（包括有关事件及其情境）。解释研究参与者的故事时，可以采用已有的叙事研究方法论文献中的故事结构，也可以采用研究者自己创立的结构
讨论	总结研究的主要发现，分析研究的缺点和局限。此外，还要揭示已有发现对进一步的研究、理论发展和专业实践的启示

引言

叙事研究报告的引言部分包括了对研究目的、研究问题或研究假设的陈述，以及相关的文献综述。例如，丹·麦克亚当斯（Dan McAdams）和瑞吉纳·洛根（Regina Logan）

(2006)在一本专著的其中一章,分析了叙事中的自我创造(creation of self)问题。在这份报告中,两位作者对大学教授的个人生活故事进行了探索性研究。为了探究"叙事身份"的发展,他们希望找到连接创造性工作与这些教授个人生活的关系模式。研究者们试图构建教授们的创造性工作模式,寻找他们职业生涯中"工作和爱好两条主线的平行轨迹"(第106页)。

任何叙事研究的主要目的都在于描述。上述研究报告的作者描述了发生在教授个体身上的故事。然而,研究报告不是将研究参与者讲述的故事逐字记录下来。正如我们在本章前面所述,参与者的故事必须经过"复述",故事的各个细节才能按照事件、背景、人物、思想和情感组织成一个整体。

很多叙事研究的另外一个研究目的是解释,研究者力图在叙事中发现故事的因果模式。例如,如果故事中有突发事件,那么研究者有可能探究引起突发事件的原因及其后果。研究者可以从故事本身寻求解释,或借助与故事相关的理论。

叙事研究一般不会超越研究结局去预测未来。但研究者依然可以询问参与者如何设想故事结局之后的情形。确实,在第一轮研究结束之后,对故事未来走向做一项后续的叙事研究,是有其研究价值的。

叙事研究还可能设定评价性目的,无论参与者作出自己的评价,或者研究者作出评论,都构成科塔兹(1993)教师叙事研究的基本特征。

研究设计

叙事研究的设计包括两个阶段。在第一阶段,研究者从参与者那里引出包括自己感兴趣现象的故事。在第二阶段,研究者通过系统解释和组织由参与者讲述的事件,"复述"该故事。

在关于大学教授的叙事研究中,麦克亚当斯和洛根(2006)一开始就引出了那些有助于澄清探究焦点的故事,这一焦点就是教师的创造性工作和个人生活的相互关系。他们选取了这类故事的一批样本,然后在研究的第二阶段,对这些故事进行分析,探究这两种生活经验的相互影响。

抽样程序

凡是案例研究中的目的性抽样方法(见第十四章)都可用于叙事研究。在麦克亚当斯和洛根(2006)的叙事研究中,研究者访谈了15位教授,分别取样于自然科学、工程学和人文领域。研究者选择了那些被同事认为在学术工作中具有非凡创造力和生产力的教授作为研究对象。这里采用了巴顿(2002)所谓的**滚雪球抽样**(snowball sampling),即案例是由那些相互认识的个人推荐的,他们最有可能提供相关和丰富的数据。然后,麦克亚当斯和洛根(2006)将叙事分析的重点集中在两位男教授和两位女教授身上,他们分别是一所研究型大学的计算机科学教授、一所小型文理学院的文学教授、一所大型公立大学的罗马语教授,以及一位从成功商人转型为大学教师的历史学教授。

数据收集过程

如同克雷格（2006）的研究报告那样，叙事研究的方法之一是自我叙事。我们曾在上文介绍了克雷格从中学教师到大学教师过渡中遇到的困境。不过，叙事研究主要的数据收集方法还是访谈法。研究者们发现，当受邀向一位令人尊敬的听众讲述自己的故事时，大多数研究参与者还是愿意花足够的时间，细说他们的个人生活细节。此时，参与者会珍惜这样的机会，他们希望研究者帮助自己梳理重要的生活事件。不过，研究者有时需要"三顾茅庐"才能赢得参与者的信任，并帮助他们确立关于生活经历的反思性思维框架。研究者还需要收集每位参与者的背景资料和个人信息，这些在数据分析阶段通常是非常有用的。叙事研究中常常还要收集其他信息来丰富和补充访谈数据。例如，研究者可以鼓励参与者撰写个人日记，提供反映重要生活经历的照片，或在他们（或其他人）讲述故事过程中对其进行录像。

麦克亚当斯和洛根（2006）对样本中的每一位富有创造性的学者进行了个别访谈。研究者要求参与者描述各自学术生活的整体轨迹，然后聚焦于他们故事中的四个特定场景：（1）个人开始对特定学术领域产生兴趣的最初场景；（2）专业发展的辉煌之际；（3）专业发展的低谷；（4）专业发展的转折点。访谈话题聚焦于个人的学术生活及其如何与个人生活契合或冲突的。

在实施访谈时，研究者需要考虑自己的立场以控制叙事进程。在访谈中，研究者可以选择保持中立，最大限度地减少自己的谈话，确保和研究参与者的沟通自如、流畅。另一方面，研究者可能需要组织自己的语言，将参与者的回答纳入特定的方向。研究者还需要考虑后续研究中遇到模棱两可或有趣的观点时，该采用什么样的研究方法。

除了进行个体访谈，研究者还可能对研究参与者实施焦点团体访谈（见第十四章）。焦点团体对于形成集体或群体叙事特别有用。

无论对个体还是团体实施访谈，研究者一般都要对访谈内容进行录音，然后转录成书面材料。转录的文稿很有价值，因为它们可以帮助研究人员准确掌握参与者所说的话，研究者或研究团队可以反复推敲这些内容。此外，转录的文稿也有助于深化数据分析。

一些研究者会利用现存的叙事，如上文介绍的对学生关于20世纪50年代以色列大移民政策论文的分析。回忆录、电影和其他媒介也可以提供用以分析的叙事。例如，詹妮弗·特里（Jennifer Terry）做过一项叙事分析，回顾了作家托妮·莫里森（Toni Morrison）的第四部小说《所罗门之歌》（*Song of Solomon*）（第93页）是如何形成"她强有力的叙事行为"的，这部小说旨在伸张非洲裔美国人的经验及其文化认同，在关于美国权力的历史结构的传统叙述中建立一种反叙事（counternarrative）。

数据分析

当研究者对自我叙事或选择用来研究的叙事了然于胸之际，她就可以开始数据分析了。例如，如果叙事来自访谈，研究者常常在访谈总结后不久为每次访谈做日志。**日志**

（log）是对特定访谈所涉及话题的记录，也包括对访谈期间发生的有趣事件（尤其是突发事件）及其处理过程的记录。日志有助于研究者关注叙事的重要方面——例如，面部表情或大笑这些非语言特征，在理解被访者表述的意义时也许至关重要。同时，在访谈期间，访谈者应该注意自己的思想和情绪反应。研究者的思想和反应都是重要的数据，因为所报告的叙事是研究参与者与研究者合作的产物。

根据研究者的描述、解释或评价目的的不同需要，数据分析体现为不同的阐释方式。如果研究目的是描述，就需要将数据组织成一个连贯的故事。这项任务需要一定的解释技巧，因为数据可能包罗万象，既有一次或多次访谈的信息——研究者随后对参与者的回答进行加工，还有来自备忘录、文献及与故事有关的其他物品（artifacts）的补充数据。另外，研究者还要描述每个事件所处的环境，如背景、对事件有影响的个体以及他们的行为、思想和情感等。

通过阅读各叙事所做的小结，研究者对其中的主要问题逐渐有了想法。然后，他们可以提出一个关于各种叙事的编码框架。**编码框架**（coding frame）是一种用来理解叙事整体意义及相关的特定问题的分析框架。图15.1中的故事结构就是编码框架的一个例子。

如果数据分析的阐释阶段旨在作出解释，那么研究者需要将故事的所有事件编织到一个反映因果关系的结构中。所有的故事都有一个结构，最简单的结构包括开头、过程和结尾。由拉波夫和维尔兹基（1967）提出的叙事结构（如图15.1所示），是对故事基本结构更详细的描述。这两种结构都可用来组织故事的事件，但这样的故事组织方式没有多少解释价值。

肯·格根（Ken Gergen）和玛丽·格根（Mary Gergen）（1984）提出了三种故事结构，它们对于揭示人们生活故事的意义特别有用。第一是**前进式故事结构**（progressive story structure），阐述那些朝着一个目标发展的事件；第二是**退缩式故事结构**（regressive story structure），阐述在实现目标过程中遇到的阻碍性事件，或者那些导致放弃目标的消极性事件；第三是**稳定的故事结构**（stable story structure），阐明很少或没有给个体环境带来变化的事件。

这三种结构都可以将事件组成故事，且每一种结构都可进一步细化，以更好地解释一事件如何引发另一事件。例如，研究者可能将参与者看作积极的行动者（agents），他们试图掌握自己的命运，自我确立目标。如果该故事采用了退缩式结构，研究者可以分析参与者遇到了哪些障碍？采用了哪些策略来克服这些障碍？根据这些策略的成败情况，研究参与者又如何作出下一步行动的？

如果数据分析的解释阶段的重点是评价，那么研究者需要分析参与者对项目、个人及其他故事构成要素的评价。研究者需要设法解释为什么个人作出了这些决定，产生的结果又是什么。

麦克亚当斯和洛根（2006）数据分析的目的是解释性的。他们想了解教授们的创造性工作和个人生活是如何相互影响的。通过分析教授们的故事，并以先前他们对极富创造性的个体（如达尔文）的研究作为补充，他们作出了如下理论分析：

> 总之，本叙事解释了以下问题：（1）主人公最早如何在童年或青少年时期遇到一个问题或困惑，激发个体从事后来的学术工作；（2）主人公遇到的问题如何帮助他们树立对世上某事或某人的理想化形象；（3）该形象如何启发或体现个人的审美观；（4）这一问题、形象或审美观如何建立起相应的辩证法，协调生活中相互冲突的爱好或境遇；（5）编织个体创造性工作的故事的辩证法，如何在个人生活方面发挥作用，如何在编织个人爱情、家庭及人际关系方面的故事中发挥作用。（第93页）

这个理论模型的关键构念是**辩证法**（dialectic）的概念。辩证法体现为个人生活故事中具有同等重要性、同样强大但又对立的价值观或思想之间的矛盾关系。

例如，文学教授的生活叙事聚焦于她皈依基督教以及她研究中世纪宗教的过程。麦克亚当斯和洛根（2006）发现，鲁宾（Rubin）（化名）教授生活的核心辩证法是在"整合与分裂"之间的抉择（第100页）。决定皈依宗教和将学术研究方向聚焦到特定历史时期的宗教，反映了鲁宾故事的核心辩证法中"整合"的视角。与此形成对照，她用"分裂"一词概括了她早期生活的特征，那时她感到自己在"内心精神、学术、情感上"都处于"流放"状态（第96页），这导致了她后来皈依基督教。

关于用辩证法的概念解释生活故事，在麦克亚当斯和洛根对杰里·丹尼特（Jerry Dennett）（化名）——美国一所研究型大学计算机科学教授——的数据分析中有进一步体现。丹尼特教授的课程涉及机器人、计算机编程和人工智能。从六年级开始，丹尼特就立志制造出完美的机器人，现在初衷未改。他对思维的运作方式非常感兴趣，他的目标是设计出能与不可预知环境互动并作出适当反应的系统。机器人系统必须能"识别"物理环境、执行任务，并以有效、目标明确的方式移动而不发生任何碰撞。总之，这样的系统能自我控制——如同它们要模仿或代替的人类那样。

麦克亚当斯和洛根发现，"解决问题中遇到冲突和自我调控，是丹尼特生活故事的核心内容"（2006，第91页）。自研究生教育阶段开始，他与五位女性有过刻骨铭心的爱情，其中包括一位和他结婚又离婚的。在叙事访谈中，他说到每一段感情都是他渴望拥有的，但像他父亲所经历的那样，每次都失之交臂。通过叙事，我们看到他依然在"设计"完美的、能自我调控的伴侣。

因此，可以如此描述这位教授生活中的辩证法："丹尼特对完美机器人的设想及其展示的审美观建立起他叙事身份中鲜明的辩证法……一方面，他展示出完美机器人所具有的自如、优雅的行动；另一方面，他又表现出混乱、笨拙及难以预测的行为"（McAdams & Logan，2006，第95页）——不仅在一些机器人身上，而且在自己生活的最亲密的关系中，他都观察到了自己的这些特征。

麦克亚当斯和洛根将丹尼特的生活故事描述为"承诺书",对此,他们如此解释:

> 天才人物在人生早期就拥有特殊的优势,他们利用自己的优势,全力实现自己的潜能。他们持之以恒,不畏艰难,相信苦尽甘来。

承诺书(commitment script)可定义为人生早期的一项决定,从此个体专注于特定的、能彰显自己得天独厚优势的方向。不管前途如何坎坷,个体都认同这样的付出和经历是值得的。在我们看来,"承诺书"类似本章前面解释过的格根和格根(1984)"前进式故事结构"的理念。

在丹尼特的案例中,当他在六年级计算机编程课上展示出早熟的能力时,他的"承诺书"就开始谱写了。而在此之前,丹尼特一直是表现欠佳的学生,但他的成绩提高很快,他开始在当地一家名为Radio Shack的美国电子产品公司研究计算机和机器人。从那时起,机器人成了"丹尼特的专业生活故事中的理想化形象。这是一个他想希望达或实现的蓝图"(McAdams & Logan,2006,第93—94页)。这个目标促使他"不畏艰难,相信苦尽甘来"(第94页)。

讨论

叙事研究报告的讨论部分与案例研究报告的讨论部分类似(见第十四章)。讨论部分需要总结研究的主要发现,分析研究的缺点和局限,探讨研究发现对实践及进一步研究的启示。案例研究中衡量适用性和质量的标准同样适用于叙事研究。

如同麦克亚当斯和洛根(2006)的研究那样,叙事描述包含了可能适用于你生活中不同个体的真理。例如,这些描述能够帮助你理解学生或同事的某种兴趣是如何形成的,这些兴趣如何影响或受制于他们的个人生活。更重要的是,这样的研究可以养成你对冲突(或辩证法)的敏感性,你的学生和同事要实现自我认同和自我实现,就必须努力解决这些冲突。

评价叙事研究

叙事研究是建立在质性研究方法基础之上的。因此,你可以参照本书附录3的内容,对这类研究进行评价。下面再提出两个问题,以帮助你评价一项叙事研究的质量。

- 研究者是否充分引发了参与者故事的细节?

参与者可能浮光掠影地讲述他们的故事,仅仅关注故事中的人物、事件及地点。而在一项好的叙事研究中,研究者会深入探究参与者的陈述,分析他们在这些事件中的感受、内在动机以及他们对事件为何如此发展的理解。

- 研究者是否对故事作出了可靠的解释？

叙事研究的报告必须包括对参与者故事的解释。你需要判断该解释是否可以得到实证数据的证明，这些实证数据就是报告中包含的故事细节。

一个范例：叙事研究如何帮助解决实际问题

在很多人看来，当前美国教师的劳动力结构存在问题。人们担心现有的劳动力结构是否充分代表了这个国家的多样化人口。这种担心反映在下面这则新闻中。

> 如果不涉及触犯劳动法的问题，托马斯·德维托（Thomas DeVito）校长会考虑在报纸上刊登这样的广告："教师招聘：应聘者需为男性。"
>
> 他所在的Ferryway学校，男生略多于女生，但男教师是"稀有物种"——35个班级中只有4个是男教师带班的……
>
> 整个州乃至全国的情况同样如此。尽管最近人们在鼓励更多男性走进课堂，但是男教师的数量一直在减少。根据马萨诸塞州最新的数据，2007年男教师的比例为24%，而15年前这一比例是32%；从全国来看，男性教师的比例只有25%，为40年来最低。
>
> Vaznis, J. (2008, November 16). Hunt is on for more men to lead classrooms. *Boston Globe*. Retrieved from www. boston. com.

如德维托所言，如果不能刊登招聘广告，学校如何吸引更多男性教师从教？我们需要通过研究来回答这个问题。叙事研究或许是一种选择。

虽然男性教师在教师群体中所占比例不高，但是毕竟还存在这支队伍。研究者可以找到小样本的男教师——也许其中一部分为刚入职者；一部分已进入职业生涯中期；一部分则有很长的教龄。研究者还可以研究不同学校教育阶段的男性教师——小学、初中和高中。

研究者可以通过个别访谈引出男性教师的故事，向他们询问各种各样的问题：你是如何进入教师这一行的？之前你从事过其他职业吗？作为一名教师，你最大的收获是什么？遇到的最大挫折是什么？对于那些正考虑从教的男性朋友，你想对他们说些什么？

最后呈现的故事有助于我们更好地分析吸引男性从教、促使他们安心从教或转行的各种因素。分析结果可以为行政人员和教师培训师提供策略参考，以提升男性从教的比例。另外，研究者可以为生涯咨询师"量身定制"这样的故事，为有志于教师工作的男性朋友描绘一幅未来职业生涯的图景。

自测题

1. 叙事研究者分析叙事是因为_____。
   A. 讲故事是人类理解自己生活意义的主要方式
   B. 在大多数文化中，叙事是一种常见的交流形式
   C. 叙事可以帮助人们深刻洞察生活的挑战
   D. 以上都正确

2. 研究者发现，个体关于他们早期与抚养人共同生活的经验的叙事往往_____。
   A. 与他们当前的人际关系几乎没有联系
   B. 能准确地预测他们当前人际关系的质量
   C. 难以揭示他们关于早期生活经历负面记忆的细节
   D. 难以揭示他们关于早期生活经历正面记忆的细节

3. 与定量研究者收集的数据相比较，叙事研究的数据更可能是_____。
   A. 高度个人化、情感化并集中于重要事件
   B. 在表达数据意义时无须进行系统分析
   C. 揭示参与者的真实经验与他们自述经验之间的差异
   D. 进行不同文化群体之间的比较

4. 在许多叙事研究的设计中，研究者主要通过_____来收集数据。
   A. 运用新理论分析现有的叙事
   B. 对研究参与者实施访谈
   C. 反思自己的生活经验
   D. 以上都正确

5. 在叙事研究中，焦点小组主要用来_____。
   A. 从个体研究参与者那里获取自我叙事
   B. 确定个人叙事是否准确
   C. 形成集体或群体叙事
   D. 对从不同文化群体获得的叙事进行比较

6. 对叙事访谈做日志记录能够帮助研究者_____。
   A. 突出叙事的重要方面
   B. 关注那些可能具有重要意义的非语言特征
   C. 熟悉所研究的叙事
   D. 以上都正确

7. 研究者提出叙事的编码框架，主要是为了_____。
   A. 将叙事分解为不同的主题
   B. 详细阐述叙事中提出的问题
   C. 将该叙事涵盖的事件放到时间序列中
   D. 根据特定的理论框架解释叙事
8. 在叙事研究中，承诺书_____。
   A. 反映个人坚持不懈地追求早期人生目标的叙事
   B. 是研究者用来确保所有访谈话题无一遗漏的口头协议
   C. 反映了研究参与者的个人目标与专业目标之间的冲突
   D. 是帮助研究者阐释个体叙事意义的一种理论

本章参考文献

Conle, C. (2003). An anatomy of narrative curricula. *Educational Researcher, 32* (3), 3-15.

Cortazzi, M. (1993). *Narrative analysis*. Washington, DC: Falmer.

Craig, C. J. (2006). Dilemmas in crossing the boundaries: From K-12 to higher education and back again. *Teaching and Teacher Education, 23* (7), 1165-1176.

Gergen, K. J., & Gergen, M. M.(1984). The social construction of narrative accounts. In K. J. Gergen & M. M. Gergen (Eds.), *Historical social psychology* (pp. 173-190). Hillsdale, NJ: Lawrence Erlbaum.

Goldberg, T., Porat, D., & Schwarz, B .B. (2006). "Here started the rift we see today": Student and textbook narratives between official and counter memory. *Narrative Inquiry,* 16 (2), 319-347.

Labov, W., &Waletsky, J. (1967). Narrative analysis: Oral versions of personal experience. In J. Helm (Ed.), *Essays on the verbal and visual arts* (pp. 12-44). Seattle, WA: American Ethnological Society.

Lam, S., & Law, Y. (2008). Open attitudes, attribution beliefs, and knowledge of Hong Kong teacher interns in an era of education reform. *Asia Pacific Journal of Education, 28* (2), 177-187.

McAdams, D. P., & Logan, R. L. (2006). Creative work, love, and the dialectic in selected life stories of academics. In D. P. McAdams, R. Josselson, & A. Lieblich (Eds.), *Identity and story: Creating self in narrative* (pp. 89-108). Washington, DC: American Psychological Association.

Patton, M. Q. (2002). *Qualitative research and evaluation methods* (3rd ed.). Thousand Oaks, CA: Sage.

Polanyi, L. (1985). *Telling the American story: A structural and cultural analysis of conversational storytelling.* Norwood, NJ: Ablex.

Reisman, G. I. (2007, Fall). The legacy of early experience: Prospective and retrospective evidence for enduring effects. *Psychology Times*, 1, 4.

Skaalvik, E. M., & Skaalvik, S. (2007). Dimensions of teacher self-efficacy and relations with strain factors, perceived collective teacher efficacy, and teacher burnout. *Journal of Educational Psychology, 99* (3), 611-625.

Terry, J. (2007). Buried perspectives: Narratives of landscape in Toni Morrison's *Song of Solomon. Narrative Inquiry, 17* (1), 93-118.

后续学习材料

Chase, S. E. (2005). Narrative inquiry: Multiple lenses, approaches, voices. In N. K. Denzin & Y. S. Lincoln (Eds.), *Sage handbook of qualitative research* (3rd ed., pp. 651-679). Thousand Oaks, CA: Sage.

蔡斯是一名社会学和女性研究的教授。她结合自己对女性督学的叙事研究，分析了叙事研究的各种形式和叙事研究者面临的各类问题。本书很好地阐释了叙事研究的复杂性和多样性，揭示了这一研究方法对于我们理解教育工作者生活的价值。

Connelly, F. M., & Clandinin, D. J. (2006). Narrative inquiry. In J. L. Green, G. Camilli, & P. B. Elmore (Eds.), *Handbook of complementary methods in education research* (pp. 477-487). Mahwah, NJ: Lawrence Erlbaum.

该书阐述了叙事研究的出发点；分析了三种常见视角，即"即时性"（temporality）、"社会性"（sociality）和地点；描述了叙事研究设计时需要考虑的问题；提供了如何从原始现场文本转化为研究文本的指导原则。

Freidus, H. (2002). Narrative research in teacher education: New questions, new practices. In N. Lyons & V. K. LaBoskey (Eds.), *Narrative inquiry in practice: Advancing the knowledge of teaching* (pp. 160-172). New York: Teachers College Press.

这是作者一项为期三年研究的总结。在这项研究中，作者为那些开展学生基本素养提升项目的优秀教师提供专业发展机会。通过焦点团体访谈，作者将教师对职业认可（validation）、社区和专业成长三者的看法作为分析主题。

第十六章
民族志与批判性研究

■ 重要观点

1. 批判性民族志沿袭了质性研究的传统，融合了早期质性研究的民族志和新近发展起来的批判性研究的特点。

2. 无论从研究者本人（客位）还是研究参与者（主位）角度看，民族志研究都需要对自然情境中的文化现象进行深入分析。

3. 文化造就了人类这一独特的种群，文化也是民族志的研究重点。

4. 文化是由传统、符号、仪式和人工制品构成的模式，这些要素彰显了一定社会和人群的特点。

5. 民族志学者通过揭示文化的不同侧面来解释文化现象。文化中的个体因身处其中而对这些文化侧面难以察觉。

6. 教育民族志学者既研究文化习得（即个体学习如何在特定文化中行动）的过程，也研究文化传递（即一种文化如何将其要素向新成员传播）的过程。

7. 技术为参与式观察和深描提供了新契机，而参与式观察和深描都是民族志研究的主要特征。

8. 批判性研究关注众多文化现象中普遍存在的不平等权力关系带来的负面影响，分析这种影响产生的原因，并力图推翻这种不平等关系。

9. 就价值取向而言，批判主义者旨在凸显和推翻被大多数主流研究者熟视无睹的被压迫文化实践。

10. 批判性教育研究吸收了众多研究和理论传统，尤其汲取了文化研究和批判教育学的传统。

11. 批判性民族志运用多种民族志方法，探索教育情境中的不平等权力关系，分析这些关系对于研究参与者和研究者本人的意义。

12. 与其他质性研究方法相比，批判性民族志的研究策略是对研究者和研究参与者所主张的各种"真理"进行确认。

13. 批判性民族志研究者旨在揭示特定场合中的文化，分析这些场合及其他学者研究类似场合时普遍存在的系统性关系，最后对此类关系进行理论诠释。

关键术语

能动性（agency）
反压迫教育（anti-oppressive education）
边界教育学（border pedagogy）
意识觉醒（conscientization）
批判性民族志（critical ethnography）
批判主义者（criticalists）
批判教育学（critical pedagogy）
批判性研究（critical research）
文化习得（cultural acquisition）
文化研究（cultural studies）
文化传递（cultural transmission）
文化（culture）
解构（deconstruction）
对话式数据生成（dialogical data generation）
解放（emancipation）
主位视角（emic perspective）
认识论（epistemology）
民族志（ethnography）
人种学（ethnology）
客位视角（etic perspective）
女性主义（feminisms）
霸权（hegemony）
解释学循环（hermeneutic circle）
整体描述（holistic description）
整体民族志（holistic ethnography）
工具理性（instrumental rationality）
内化的压迫（internalized oppression）
意义场域（meaning fields）
微观民族志（microethnography）
独白式数据收集（monological data collection）
规范-评价性真理主张（normative-evaluative truth claims）
规范（norms）
客观真理主张（objective truth claims）
参与式观察（participant observation）
后现代主义（postmodernism）
实践（praxis）
特权（privilege）
重构分析（reconstructive analysis）
再生产（reproduction）
主观性真理主张（subjective truth claims）
文本（text）
深描（thick description）
拷问（troubling）
声音（voice）

批判性民族志在研究教育实践问题中的应用

本章将介绍一种相对新型的质性研究传统——批判性民族志（critical ethnography）。我们将分析这一方法是如何在民族志（ethnography）和批判性研究的质性研究传统基础上发展起来的。

我们首先简单介绍民族志，接着解析批判性研究对民族志的影响，最后重点分析教育研究中采用批判性民族志的目的和方法。

民族志研究的特点

民族志（ethnography）是对特定文化的特征及其模式进行直接和深入的研究。阅读民族志研究的报告有助于读者加深对与自身文化迥异的其他文化的理解。民族志始于人类学领域。它的很多结构特征类似于本书第十四章介绍的质性案例研究。大卫·兰斯（David Lancy, 1993）提出，民族志是"质性方法的原型（prototype）"（第66页）。

民族志研究中的案例可以是单一个体，也可以扩展到整个社区、社会或制度。与质性案例研究一样，在民族志研究中，研究者也需要：

- 研究某种现象中的特殊实例（民族志研究的案例就代表了某种文化或文化的某些方面）。
- 对特定现象进行深入研究。
- 在自然情景中研究特定现象。
- 呈现田野研究参与者（主位）和研究者（客位）两个视角。

关注文化或文化的不同方面

文化是民族志研究的核心概念。**文化**（culture）可以定义为不同传统、符号、仪式以及人工制品的模式（pattern），这些模式反映了特定社会和人群的特征。许多早期的民族志学者长期生活在非西方社会的环境中，他们通常考察宗教仪式、婚姻和亲属关系一类的现象，这些现象在特定社会中是仪式化的。研究者们认为，对所谓"原始"文化现象的研究可以揭示这类现象发展的普遍模式。

早期民族志学者寻求一种**整体描述**（holistic description），旨在对特定地域人群的独特文化模式进行完整的描述与分析。这项工作所代表的研究传统被称为**整体民族志**（holistic ethnography）。玛格利特·米德（Margaret Mead, 1930）和布罗尼斯拉夫·马林诺夫斯基（Bronislaw Malinowski, 1922）的研究，即是此类研究广为人知的例子。

民族志学者确信，正是人类生活的文化造就了人类物种的独特性。一方面，文化使特定人类群体生活一处，依赖共享的意义和价值体制而生生不息；另一方面，这种体制蕴藏着对立或受压迫的群体，他们的文化代表了不同的共享意义和价值。考察文化受压迫的过程是批判性民族志研究的核心。在本章下文，我们还将讨论这一问题。

个体的信仰和行为反映了他们作为不同群体（如种族、年龄、宗教及职业）成员的不同文化。研究者发现，文化的某些方面（如家庭结构、社会化过程、宗教背景、休闲活动和仪式行为等）对个人和群体生活有特别显著的影响。例如，教育民族志学者可能关注学生生活中那些过渡性、仪式性的事件，如入托、收到成绩单、暑假或毕业典礼等场合。

通过对现有民族志研究的进一步考查，我们发现特定社会或社会团体的文化并非始终是一个整体，相反，它们更像是默雷·韦克斯（Murray Wax，1933）所称的"充满碎片和补丁的拼凑物"（第101页）。每一项民族志研究都为更广泛的文化描述提供了碎片化信息。"拼凑式"文化发展模式的研究，意味着文化的某些方面要比其他方面更容易界定。例如，关于美国学校中教师文化的研究多于对学校领导文化的研究，这在一定程度上是因为掌权群体往往不愿意向外人展示他们的文化特点。

兰斯（1933）指出，如今的世界文化正日益趋同。他认为，是财富，而不是地理位置的独特影响，成为特定文化群体生活方式的主要决定因素。

如今大多数民族志学者不再将文化作为一个整体来综合研究，而是聚焦于特定文化群体或社会文化的特定方面，这可称为**微观民族志**（microethnography）。

霍根（Kathleen Hogan）和柯瑞（Catherine Corey）（2001）进行的一项民族志研究，揭示了广受关注的微观民族志的研究途径。在一个五年级的课堂，研究人员以"客座科学教师兼研究人员"的身份实施了课堂观察，旨在发现"当教师试图创设一种科学文化时，课堂上会发生什么"（第215页）。在课堂上测试植物生长时，教师会引导全班学生按照实验科学的规范来操作（如强调操作的严谨性、可控性和合作性）。教师还会引导学生设计实验，比较不同混合肥料在促进植物生长中的不同作用，同时要求学生评价其他同学的实验计划。

研究人员发现，在设计实验和同伴反馈两方面，学生表达了多数课堂上常见的个人主义诉求，却没有按照科学规范理性地论证观点。例如，大多数学生想拥有一棵能自主处置的植物，对他人的计划则持批评意见，却不发表支持性评论。霍根和柯瑞（2001）主持的民族志研究认为，教师要改善学生学习科学的指导方式，不但要增进学生对科学概念的理解，而且要关注学生在学习过程中的文化规范和价值观的养成。

对个体的自然主义研究

如今，许多民族志学者选择在自己居住地附近研究亚文化，在自然情境下采集关于文化成员的数据。研究者采用隐蔽的方法（如非正式观察和谈话）收集数据，让田野研究参与者感到轻松自在。同时，研究者尽力让自己融入研究环境，以增进参与者对研究者的信任，同时加深研究者自身对文化现象的理解。

从熟悉的事物中挖掘新意

传统上，民族志研究者力图"从熟悉的事物中挖掘新意"（Spindler & Spindler，1992）。这一目标包括：从研究者的**客位视角**（etic perspective）（即局外人）分析文化现象——对研究者来说，这一现象是陌生的；同时试图从参与者的**主位视角**（emic perspective）（即局内人）理解这种文化现象——对局内人来说，这一现象是熟悉的。

民族志研究者至少有三种"从熟悉的事物中挖掘新意"的方式。首先，他们可以让自己融入一种迥异于自身环境的文化；其次，可以研究自己社区内他们不熟悉的某一种亚文化；最后，也可以从另一种亚文化（而非他们自己的亚文化）的视角，调查他们熟悉的亚文化。

以第三种方式为例，非裔美国教授麦迪逊（D. Soyini Madison，2005）描述了她在加纳参与的关于街头游行的民族志研究，游行是对四名纽约警员枪杀一名非裔美国年轻人阿马多·戴尔（Amadou Diallo）的事件表示抗议。研究表明，在"我心中的家乡——非洲"（第539页）和"我出生的家乡——美国"（第539页）之间，种族主义"依然存在，并且还在伤害人们"（第539页），她从一个网站上逐字摘录了三段对话，这个网站三年后仍在庆贺戴尔被枪击的事件，其中不乏对白人权力、希特勒和白人身份的自鸣得意。

民族志研究者"从熟悉的事物中挖掘新意"的另一种方式，就是关注某种特定现象——身处其中的文化成员似乎意识不到这些现象的存在，他们视其为理所当然。举例来说，在研究大学体育团队的文化时，民族志研究者可能会关注在比赛规则之外可接受或不被接受的行为方式，如首发球员和替补球员在暂停时围绕教练不同的站立方式。

深描

在撰写研究报告时，民族志研究者通常会对所研究的文化现象进行深描。**深描**（thick description）是对实地情景进行非常详尽的叙述，并大量引用田野研究参与者（field participants）的原话。深描可以把文化生动地再现给读者。此外，民族志研究者有时使用英语中的"一般现在时"进行描述，这样可以加深读者关于所研究现象的恒久性和普遍性的印象。这类风格的民族志研究报告还向读者表明：有关描述不仅针对当下的特定个案，也适用于已经研究过的其他类似个案。

民族志研究与一般案例研究的差异

与一般质性研究中的案例研究（见第十四章）相比，民族志研究有其特殊性。后者通常要比一般的案例研究花更长时间，需要开展更加深入的数据收集工作。同时，由于某些现象可能出现在不同文化环境中，民族志研究者经常需要进行比较研究，这种比较被称为**人种学**（ethnology）。相比之下，案例研究者通常把研究范围限定在某一特定的文化环境中。最重要的是，教育领域的案例研究可以关注教育的任何方面，而教育民族志聚焦那些影响学校教育和教学过程的文化侧面。

教育民族志学者们对作为文化过程的学习做了大量研究。他们讨论了学习主要是文化习得还是文化传递的问题。**文化习得**（cultural acquisition）指个体掌握（有时是免于习得）共同文化中的概念、价值观、技能和行为的过程；而**文化传递**（cultural transmission）是指规模较大的社会结构有目的地干预文化中新成员的生活，以提升或抑制个体学习共同文化中特定的概念、价值观、技能和行为的过程。

文化习得和文化传递的概念在民族志学者分析学业成就差异时起着重要作用。学业成就差异指美国及其他西方文化中不同校园文化（如不同种族或民族）下有记录的学生成绩和辍学水平的持续差距。

大卫·兰斯（1993）回顾了1960—1980年间发表的大量民族志的研究成果，这些研究探索了处于文化转型过程的年轻人对公立教育的适应情况，其中包括对非洲和巴布亚新几内亚村庄以及美洲土著和美国黑人社区文化的研究。兰斯评论道：

> 所有研究都显示了持续的"失败"：无论教师还是孩子们身上，我们几乎看不到快乐。没有任何迹象表明，学生们的学业取得了令人满意的进步，他们没有通过教育"爬出贫民窟"，"摆脱居住地"或"变得更加自信"。越来越多的研究少数族裔教育问题的人类学家都把学业失败作为他们研究的出发点。（第41页）

兰斯对批判主义者一个惯常的假设提出了质疑，这一假设认为，"少数族裔学生的学业失败必须追溯到这样一个事实：这些贫穷、不会说英语、充满文化差异的孩子们必然会受到公立学校有偏见的对待"（第50页）。兰斯引用了自己关于美国国际开发署（Agency for International Development）20世纪60年代在利比里亚建立的乡村学校教育成效研究成果中的一段话：

> 那种非正式的、随意的、带有乡村特色的教学，在现在的学校中已难觅踪影。现在，学生必须在较短时间里……用一门外语掌握大量新知识。结果……"只有灌输，没有教育"。学生脑子里灌满了西方的价值观和抱负，却摒弃了传统的乡村价值观，但这种教学的质量实在乏善可陈，随着教育层次的不断提高，学生所学难以确保他们取得持续成功。（1993，第39-40页）

为了探究美国许多少数族裔学生学业成就逊色于主流文化学生的原因，非裔美国学者约翰·奥格布（John Ogbu，1978）利用教育和社会等级理论模式开展了研究，这一理论模式认为，学习过程是文化习得的过程。奥格布声称，那些出生在美国、长期处于经济不利处境的少数族裔之所以不愿投资教育，是因为他们认为这样做不会给自己带来任何经济回报。还有一些研究文化习得问题的质性研究者分析了个体能动意识（sense of agency）的形成。**能动性**（agency）指不同文化情境下个体感知的改变生活环境的能力。

民族志学者乔治·斯宾德勒（George Spindler）和路易斯·斯宾德勒（Louise Spindler）（1992）指出，强调文化习得是学业差距的重要原因，容易使人们在解释个体学习问题时"指责受害者"。这两位研究者认为，只有分析不同社会如何利用其文化资源来组织个体学习的条件和目的，民族志才能更好地帮助人们理解学习过程。因此，这两位学者将研究重点放在文化传递上，分析了学校和其他机构如何促进或阻碍不同文化背景下个体特定的学习类型。下文关于批判性民族志的讨论中，我们将回到学业成就差距的主题上。

民族志研究的案例

下面我们用两则案例说明民族志研究在理解当代教育实践问题中的应用。

一个有关视频博客的民族志

Young, J. R. (2007, May). An anthropologist explores the culture of video blogging. *Chronicle of Higher Education*, 53 (36), p. A42.

现代科技（尤其是互联网）的发展，对民族志研究的设计和结果影响巨大。扬（Young）描述了迈克尔·威舍（Michael Wesch）的一项研究工作。威舍是堪萨斯州立大学的文化人类学助理教授，他与九位本科生合作对在线社区展开了一项民族志调查。

威舍的研究团队自称"数字民族志工作小组"。他们对视频网站YouTube开展了文化研究。如今成千上万的人们将自己制作的短片上传到该视频网站。这个工作小组向YouTube网站上传了一段关于社交网络的视频和被称为Web 2.0的互动工具。关于威舍的学生和其他用视频回复博主的在线报告，读者可以从研究团队的网站（http://mediatedcultures.net）浏览。

"数字民族志工作小组"制作了一个名为"当代学生视角"的集体视频，呈现了一个巨大的大学讲堂。起初讲堂里空空如也，而后挤满了上百名学生。学生们逐次举起类似日记本的标志牌，上面写有关于他们经历的大学学习与外面世界脱节的文字，其中包括：

- 我的老师中只有18%能叫出我的名字。
- 毕业时我将背负20,000美元的债务！
- 超过10亿的人每天收入不到1美元。
- 我没有造成那些问题。
- 但它们却成了我的问题。

该视频公布后，许多人开始用自己的视频博客或影像网志（vlogs）给予回复。

由于民族志研究涉及"参与式观察"（participant observation）（对此下文有定义），因此网络视频的制作和分享是世界范围开展民族志研究和学习的理想手段。类似这样的视频有助于教师和学生运用YouTube或其他网站，调查他们自身或其他学生关于社会问题的看法。采用这一手段师生还可以分析：与那些只在课堂听课或只阅读书面材料的学生相比，接触视频博客的经历对学生的学习过程有何影响。

一项有关学习的民族志

Anderson, K. T., & McClard, A. P. (1993). Study time: Temporal orientations of freshmen students and computing. *Anthropology and Education Quarterly*, 24, 159-177.

安德森（Anderson）、麦克拉德（McClard）与其他两名研究小组成员探究了以下问题：大学生如何看待学习的意义；他们对利用时间的看法和实际利用时间的情况；使用计算机对这些学生文化有何影响。

研究团队花了整整一学年的时间，对一幢新近配备了计算机的新生宿舍中的大部分学生进行了实地调查。"参与式观察"是他们收集数据的主要方法。**参与式观察**（participant observation）要求研究者在参与群体中给自己确立一个有意义的身份，同时保持研究者的角色。实际上，其中一位研究者在这幢宿舍楼居住了整整一学年，他几乎是一名"全天候"的参与式观察者。

研究者还通过正式和非正式访谈以及问卷调查的方法收集数据。问卷调查的数据包括用定量方法考察学生对电脑使用情况的自我评定，以及他们在学习和其他活动上的时间分配情况。另一种直接获得定量数据的方式，是在宿舍网络中通过计算机程序跟踪测量每个学生使用电脑的时间。这些都是定量方法服务于针对特定文化的质性研究的例子。

在研究报告中，安德森和麦克拉德大段引用了几位学生的观点，从学生的主位视角解释了他们对学习和时间的意义构建。研究者发现，在学生看来，学习过程中的休息也是学习时间的组成部分。事实上，学生们花在休息上的时间比研究者认为的真正的学习时间更长。

由于学习过程中的休息是社交活动时间，研究者们起初认为大多数学生会游手好闲。然而从学生角度看，学习间隙的休息是他们学习不可或缺的部分。学生们认为，他们在学习之余可以和其他同学一起解决学业问题，而这些问题在正式学习情境或仅靠一己之力是无法完成的。学习之余验证自己的学术观点，可以给学生以安全感。研究者认为，大学生利用时间的方式在很大程度上体现了农民的时间观，而不像"朝九晚五"上班的工人。

本研究对于各年龄段学生的教师都有启发意义。它告诉教师：如果要帮助学生最大限度地发挥自己的学习潜能，就需要从学生的视角理解学习；教师可指导学生如何利用学习时间，帮助学生培养学习技巧；教师还可鼓励学生开展小组学习，并为此创造条件。

作为一个探索和实践领域的批判性研究

我们现在转而考察批判性研究及其对教育研究的贡献。**批判性研究**（critical research）（因其强烈的理论导向，这一研究有时被称作批判性理论）采用多种方法，揭示并帮助修正那些盛行于全球社会和各种文化中的不平等权力关系带来的负面影响。

由于专注于批判性探索和实践，开展批判性研究的学者有时被称作**批判主义者**（criticalists）。在质性研究中，**实践**（praxis）是指"做正确的事情，并在与他人互动中将这些事情做好"的一种实际行动（Schwandt，2001，第207页）。

当然，通过研究改进教育的想法，不是批判性研究者独有。目前许多教育研究（不论是质性研究还是定量研究）都试图提升那些处境不利群体的学习和机会。批判性研究区别于其他研究方法之处，在于它特别关注社会公正问题，努力通过研究和理论挖掘导致文化不平等的根源，并通过实践扭转这种不平等现象。由于学校及其他教育系统对几乎每位社会成员都会产生深刻的影响，批判性研究者理应特别关注整个教育系统。

批判主义者所研究的问题举例

人们每天看到的电视新闻、阅读的杂志和网络新闻报道上涉及他们及周围人社会福利问题的消息，几乎无一例外地受到政治利益的操纵、扭曲或捏造。例如，美联社于2008年6月报道了美国国家航空航天局（NASA）总检察长办公室发布的一份报告。该报告称，国家航空航天局"忽视和歪曲"了2004年至2006年间关于全球变暖的研究成果，并取消了一场关于臭氧污染的新闻发布会，因为发布会时间离2004年总统选举日期太近（"Watchdog"，2008）。

如今的新闻媒体越来越多地报道人们正经历的经济和健康灾难方面的故事。例如，美联社曾报道，如今美国各地的食物银行（food banks）正日益面临"僧多粥少"的窘境（Nieves，2008）。文章补充道：

> 据劳工部消息，四月份出现了18年以来最大幅度的食品价格上涨。与此同时，由于通货膨胀，工人的周平均工资第七次下调……在路易斯安那州首府巴图鲁日（Baton Rouge），公立学校系统的学生把自己的免费或廉价午餐藏起来，带回家当晚餐（Nieves，2008，第A-5页）。

批判性研究超越了对此类事件的常规报道，它力图了解和挑战导致和维系这些问题的潜在的政治和经济力量。

教育中的批判性研究可以看作是反压迫教育的一种形式。按照凯文·熊代（Kevin Kumashiro，2002）的观点，**反压迫教育**（anti-oppressive education）需要"不断透过我们教和学的现状"（第6页），达到拷问教育和教育研究的批判性目的。**拷问**（troubling）就是揭示那些被传统教育实践所维护的、广为接受但具有压迫性的文化实践背后的理念。

为了挑战"定量研究比质性研究更缜密、更客观或更可靠"的观念，卡斯皮肯（Carspecken）发展了一套用以指导批判性社会研究的方法论理论，该理论提出的研究设计和解释方法经得起严密的效度测试。卡斯皮肯的研究具有批判性研究的价值导向，他试图揭示教育中被占统治或主导地位的权力所隐藏或消除的问题（Carspecken，1996）。卡斯皮肯的批判性民族志模式（本章后面将对此加以讨论）在价值导向和方法的客观性上都具有批判意义。

上述两位批判主义学者描述了这一领域研究者秉持的主要假设（Kincheloe & McLaren，1994）。与卡斯皮肯对这些假设所做的总结类似，我们将这类研究分为两类：一类反映了批判主义者的价值取向，另一类反映了学者的认识论取向。接下来我们分别介绍这两类研究假设。

批判性研究的价值取向

批判性研究者提出了关于社会的四种假设。如下文所述，这些假设反映了学者们对社会正义价值的高度重视。

强调特权和受压迫问题。 批判主义者认为，每个社会都系统性地赋予某些文化群体以特权，同时压迫其他文化群体。**特权**（privilege）就是社会中占有优势文化的成员享有的不成比例的权力、资源和人生机会。这些特权通过霸权在社会得到广泛强化。**霸权**（hegemony）指特权文化群体通过能够行使权力的各种文化机构，维护其对其他群体控制的各种方式。

根据彼得·麦克拉伦（Peter McLaren，2003）的观点，政治系统、刑事司法系统和教育系统是最明显地反映和促成霸权利益的文化机构。这些特权机构通常热衷于维持现状以保护他们的特权。批判性研究试图揭示不同群体和个人（包括特权享有者和被压迫者）的真正利益（如需要、诉求和特权）。

低特权的维持。 批判主义者认为，特权在某种程度上是通过**内化的压迫**（internalized oppression）而得到维系的，即个体通过其思想和行为与社会弱势地位相匹配，不经意地维持了自己的低特权。这是一个受压迫境遇**再生产**（reproduction）的过程，即新出生或新加入弱势文化的成员接受霸权，并按照霸权旨意行事。用麦克拉伦的话来说，霸权是一场"强势者赢得被压迫者的认同、被压迫者不知不觉参与对自己的压迫活动的斗争"（1998，第182页）。

批判性研究强调导致无特权个体行为与弱势社会地位相一致的各种因素。通过访谈和叙事分析的方法，批判性研究者试图表明：随着个体意识到自己在实现潜能过程中根深蒂固的机会受限，无特权的群体会产生挫败和无力之感。也许更重要的是，此类研究积极引导受压迫群体争取更大的自主权，最终获得解放，即采取行动、改变受压迫文化成员的意识，帮助他们摆脱压迫。

压迫的多重性。 批判主义者认为，关注单一压迫形式（如种族歧视）的倾向，会掩盖各种压迫形式之间的联系和它们对特定个体生活产生的协同影响。学者们认为，为了解和对抗压迫，有必要从各类文化中鉴别出那些将人们隔离开来并施加压迫的文化，并分析各类文化是如何共同产生影响的。

熊代（2002）在其《拷问教育》（Troubling Education）一书中，讲述了他访谈过的一些同性恋激进主义者（queer activists）的故事，通过"解读"他们的多重身份、文化和受压迫经历，阐释这一同性恋现象。熊代在书中用诗歌形式讲述了一个名叫帕博（Pab）的少年的故事。帕博出生在尼泊尔，现住美国，被认定是女同性恋者。通过这首诗，熊代阐释了亚裔美国女同性恋者所经历的"无法实现的身份"，她们纠结于亚洲人、亚裔美国人、女性和同性恋者这些身份相互冲突的文化期待中。和其他亚裔同性恋美国妇女一样，"无论在亚裔美国人社区还是在主流社会，帕博都显得微不足道"（第95页）。

主流研究在维持压迫现状中的作用。 从事批判性研究的学者认为，主流的教育研究工作推动了基于阶级、种族、性别和其他文化类别的被压迫制度的再生产。批判性研究的学者发现，尽管学术研究的取向日益多样，大多数教育研究仍采用实证主义的认识论（见本书第一章），并且研究人员多为社会中上阶层的白人男性。在这些研究人员看来，他们有关科学、真理和善良的研究假设都具有普适性。

在批判主义研究者看来，主流的教育研究实际上维持了对其他文化的压迫态势。批判性研究的学者尤其反对出于教育生产率最大化的需要而开展教育预测和控制方面的研究。批判主义研究者认为，这类研究反映了**工具理性**（instrumental rationality），这是一种"手段比结果或目的更重要"的文化成见。雷克斯·吉布森（Rex Gibson, 1986）认为，智商测量运动典型地反映了这种成见的缺陷和不公正性：

> 工具理性是一种试图支配他人、自以为是、运用权力为自己利益服务的思想投射。这一思想冷冰冰地遵循狭隘的效率原则，粗暴地运用经济领域的评价标准，这样做的结果是显而易见的……那些综合性学校及工人阶级家庭的学生的利益难以保证。（第8-9页）

在批判理论家看来，当前依据标准化测试来评估和强化学生学业成就的做法，说明教育系统已经被工具理性所支配。

批判性研究的认识论取向

认识论（epistemology）是哲学研究的一个分支，旨在研究知识的本质，探索知识的获得和验证过程。围绕知识获取的方法，批判性研究的学者提出了他们的认知假设。以下我们分别论述这些假设。

知识中的权力关系。 批判主义者假设，所有的思想都要通过社会和历史所构建的权力关系得以调和。这个假设意味着：学生、教师和其他人群在教育中形成的信念和知识，不可避免地受到他们在教育系统内外体验到的权力和主流文化的影响。因此，只有深入到具体的情境,我们才能理解教师和学生所表达的信仰和知识。

以"学生对教师停止讲话的要求不予理睬"这一情景为例。基于学生对这位教师的看法、他们与这名学生的交往情况以及教师下达命令时课堂的情形,有些学生可能会认为,这名继续说话的学生是个捣乱分子,而有些学生可能把他看成是哥儿们或者英雄。

批判主义者认为,任何教育现象都可以通过文本分析确定其背后的权力关系。例如,麦克拉伦(2003)指出,多元文化主义(一项旨在改善不同文化背景学生之间关系、推进他们顺应社会的教育期望的运动)仍然是一项主流、进步的议程,具有极其重要的意义,但从一开始它就体现了概念和政治上的妥协性。

琼·帕克-韦伯斯特(Joan Parker-Webster,2001)的一项批判性民族志分析了教育工作者在阅读和语言艺术课程中落实多文化主题时所遇到的困难。帕克-韦伯斯特发现,对于在课程中应当设置怎样的主题,接受培训的白人教师和非裔美国教师的理解有很大分歧。例如,帕克-韦伯斯特引用一名白人教师桑德拉(Sandra)的话:"所以,一切不同于你日常生活的事情就意味着多元文化。你知道,嗯,像同性恋的事情。"(第44页)对此,帕克-韦伯斯特评论说:"这一表述反映了桑德拉表面上包容差异的自由立场,与她根深蒂固的一元化思维之间的矛盾"(第44页),而这正是多元文化主义的核心问题。

知识的价值本质。批判主义者相信,理解事实永远不能脱离对价值观的分析,不能忽略关于"何为有价值"的主导性假设。批判主义者反对这样的观念:教与学的研究过程可以做到中立或价值无涉。事实上,批判性研究者对于"客观现实"这一概念本身提出了质疑。像其他质性研究者一样,批判主义研究者认为,关于人类本质和行为所有的所谓事实,都是社会构建的,因此对事实可以有多种解释,并可以由人类行动来修正。

人们经常将批判性研究与后现代主义联系起来。在第一章我们曾提及,**后现代主义**(postmodernism)是一种哲学思想,它主张任何一种认识人类世界的方法都不能凌驾于(即优于)其他方法之上。批判主义者质疑任何一种声称在理解和改善人类状况方面具有永恒和普适意义的理论或方法。同时,他们自己始终坚持采取各种形式的社会探索和行动,推动处境不利个体和人群的解放,这印证了金奇洛和麦克拉伦(Kincheloe and McLaren,1994)所说的"反抗的后现代主义"(resistance postmodernism)(第144页)。

批判主义研究者还认为,人们对如何开展教和学的认识,总是包含预设的价值观和信念体系,这些强化了社会上优势群体的权力。一些批判主义研究者(Apple,2003)声称,就连表面上看来最具"常识性的"教育概念,如学业成绩、改革、革新、标准等,都是由教育体制中某些特权群体构建的,并为特权群体的利益服务。

资本主义文化在建构知识中的作用。批判主义者认为,每一个人的"文本"都可以在资本主义生产和消费的文化背景中得以解释。在批判性研究中,**文本**(text)一词指代任何客体、事件或具有交流价值的话语事例。对于批判主义者来说,大多数文本的形式和内容反映了主流文化的价值标准,进而与资本主义价值体系下的标准相一致。

批判主义者认为，教育和研究中的文本大都疑点重重（这些文本通常歪曲个体的真实经历），因此他们要对这类文本进行解构。**解构**（deconstruction）假设任何文本都没有固定意义，如果不加限制地诠释，这些文本就会产生多样、有时是相互矛盾的意义。比如在对教师写给学生家长的信进行解构时，批判主义者会分析信中每个词语可能的内涵，给出多种文本解释，而不同解释之间没有优劣之分。

职业化运动可以作为解构文化文本的另一个例子。我们大多数人把电视上的足球赛或高尔夫锦标赛看作一种娱乐形式，它也是少数优秀运动员的致富之路。现在让我们来看看如下解构（Bourdieu，1991）：

> 职业化运动不仅仅助长了沙文主义和性别歧视，而且毋庸置疑，它区分了专业人士和"外行人"。专业人士代表掌握了专业技术的行家，外行人只能屈尊为消费者的角色，这种分野常常成为集体意识中的深层结构，体育运动进而带来了最具决定性的政治影响。（第364页）

对批判主义者来说，职业化运动同样存在大量需要深入分析的被压迫问题，如在比赛过程和个人生活中某些运动员的暴力行为；运动生涯之后他们出现身体疾病的可能性；普通球迷负担专业球赛门票的困难；等等。

批判主义研究者率先对学校之外的社会力量所发挥的教育作用进行调查，尤其调查那些时尚商业文化产品带来的影响。年轻人（或许是所有人）的共同话语和兴趣越来越集中在所谓的"娱乐媒体"上，其中包括电影、歌曲甚至广告。雪莉·斯坦伯格（Shirley Steinberg）和乔·金奇洛（Joe Kincheloe）（1997）在《儿童文化：商业对儿童成长的影响》（*Kinderculture: The Corporate Construction of Childhood*）一书中指出，随着商业越来越多地扮演教育年轻人的角色，校园内外商业产品、形象和信息无孔不入，美国时尚经济和技术环境已导致了童年成长危机。

斯坦伯格和金奇洛强调，那些习惯了传统的文化传承方式的教师，需要重新思考商业文化给教师带来的影响。保罗·弗莱雷（Paolo Freire，1974）把传统教育模式称作囤积式学习（banking model of learning），知识被"囤积"进学生的思想，再按照教师的要求呈现或"提取"出来。弗莱雷曾在祖国巴西引导和鼓动了劳动人民的解放运动，他"率先提出了'教学即挖掘'（teaching as mining）的思想，教师的首要责任［原文如此］是将知识从学生那里牵引出来——这需要教师考虑教育现场中学生已有的知识"（Hughes，2008，第249页）。

正如上文迈克尔·威舍发布的"当代学生视角"视频所示，批判主义者已发现，诸如债务、贫穷和人数众多而缺乏人情味的课堂等，构成了如今许多大学生教育经验的核心要素（Young，2007）。批判主义者认为，各级教育的教师都需要反思和回答这样的问题：这些要素是如何阻碍学生的动机和学习的？

文化文本在维护特权中的作用。 文化文本（包括但不局限于语言）或许是表达和维护特权差别最强有力的手段。在批判主义者看来，任何话语、物件或事件都具有传播价值，都可以作为文本来分析。

批判主义者认为，个体意识可以通过所体验的文本或用文本表达自身体验的过程得到强化或抑制。课堂上使用的正式和非正式语言（包括肢体语言、手势或者沉默），以及课程所采用的不同话语形式［如双语教育或全语言教学（whole-language instruction）］，都是教育者运用语言维护或抵制霸权的例子。

批判性研究者用"声音"的概念研究教育制度中用以表达统治或被压迫的文本（Giroux，1992）。**声音**（voice）指具有特定社会身份的个体，在沟通中通过维护或反抗社会主导和从属文化的话语而被重视、被忽略或被赋权的程度。

琼·韦克（Joan Wink，1997）在她一本有关批判教育学的专著中，用"意识觉醒"的概念分析如何让被边缘化的声音走到公共话语的前台。**意识觉醒**（conscientization）是弗莱雷（1974）在《受压迫者教育学》（*Pedagogy of the Oppressed*）中提出的概念，指个体逐步意识到自己在维护文化过程中的作用，这些文化过程与他们原先信奉的基本价值观相悖，最后这些个体找到"声音"，质疑自己在文化过程中的角色，并转变这样的角色。

韦克的研究以"家庭参与"（family involvement）问题的意识觉醒为例，表明教师有必要"以声音和勇气质疑自我，质疑教师在维持自己并不认同的教育过程中所扮演的角色"（1997，第26页）。瑞妮（Rainey）和卡门（Carmen）是一所招收较多拉丁裔学生学校的两位教师，她们在讨论学生家庭的需求问题。瑞妮是一名新教师，以前从未接触过墨西哥学生，但她真心想帮助这些孩子们。而卡门用西班牙语授课，一辈子在与墨西哥孩子打交道。在她们的谈话中，瑞妮说她可以通过计算机检索大学图书馆的资料，了解拉丁裔学生家庭的需求。卡门点了点头，并补充道："或许，我们还可以问问家长。"（1997，第31页）在后来的家长会上，两位教师询问了家长，家长们则表达了他们的需求。

在我们看来，教师分析家庭需求的实例并没有削弱研究的价值。相反，它恰恰说明：教师有必要直接与作为他们服务对象的家长和学生共同开展研究，而不是一味依赖主流研究文献中的知识。韦克的专著用大量案例解释了教师行动（特别是他们与学生的语言交流）如何赋予或剥夺特定个体的日常权力。

批判性思维对研究的贡献

以上介绍的八种假设反映了批判主义者对研究目的的思考。一方面，这些研究者认为文化压迫具有广泛影响，并在学术界得到普遍认同。另一方面，这些研究者试图平衡他们的批判主义思想。他们深信，解放非特权群体可以改善所有群体和个体的生命。批判主义者还通过解构自己对解放议程的表述，对解放理论的权威性提出质疑。他们强调，任何问题都不存在基本、普遍的答案，而教育的主要作用在于鼓励人们不断质疑和讨论每个问题的意义及其影响。

有人谴责批判性研究宣扬了关于资本主义、世界性的市场文化和美国及其他西方社会政治制度的消极观念。在抨击资本主义制度不平等方面，批判主义者与马克思主义站在了一起。同时，批判性研究推动了民主原则，将民主视为发现和纠正这些不平等性的最佳手段，他们"反对物质或经济决定论"（Seymour-Smith，1986，第59页）。批判性研究的学术思想可以激发人们对主流的教育实践和研究进行批判性反思。

批判性教育研究的基础

接下来，我们讨论批判性教育研究的主要基础、理论取向和设计特点。我们首先介绍对教育有重大影响的两种批判性研究传统——文化研究和批判教育学。然后简要介绍理论在批判性研究中的关键作用。本章最后将介绍批判性民族志的质性研究传统。

文化研究

在一些传统学科中，**文化研究**（cultural studies）是较早采用的质性研究传统，后来这一研究传统在其他学科中得以推广。文化研究者旨在探索文化现象背后的经济、法律、政治和社会基础（Nelson，Treichler，& Grossberg，1992），同时，文化研究者对资本主义文化的不同方面进行解构，特别将文学、艺术和历史作品作为研究对象。

许多文化研究者的写作非常抽象，似乎也没有经过实地考察。然而，文化研究与教育实践有直接关系。文化研究者描述性分析的对象通常包括教育者的工作环境（如中小学、大学）和工作类型（如会议活动、杂志文章）。

性别和种族问题是文化研究的两个专门领域。女性研究（feminist research）有时被称为**女性主义**（feminisms），它反映了与众不同的研究焦点和方法。它注重研究女性日常生活中的文化意义是如何塑造女性自身的文化生活和经验的（Olesen，1994）。批判女性主义者通过大量研究，对各种文化文本（如电影和流行文学）进行分析和解构。这些文本通常把女性描述为：（1）男性的性对象；（2）要肩负家务、生儿育女、照顾家人等职责；（3）被视为弱势、地位低下的性别；（4）通常是异性恋者（Agger，1992）。

就种族问题而言，文化研究者会对每个可识别的种族或民族进行研究。虽然也有部分被研究的文化群体成员从事此类研究，但大多数种族文化研究者都是白人。在非洲裔美国学者约翰·斯坦菲尔德二世（John Stanfield II，1994）看来，这一领域的大部分"主流研究者"歪曲了研究对象，并试图掩盖而不是突显非白人种族和民族对社会的贡献。斯坦菲尔德认为，那些主流研究者竭力将他们对非裔美国文化的研究纳入到"社会科学更正统的规范"中（第177页），因此，他们"忽视、排斥或重新解释了"（第177页）非裔美国学者生活中那些最能给人以自主权、最能展示常态的方面。

斯坦菲尔德所指**规范**（norms）可定义为一系列指导个体信念和社会行为的未明言的规则和假设，在上述案例中，即指那些主流（即白人）学者的规则。斯坦菲尔德呼吁摆脱早先调查研究的主流方式，转而采用从有色人种世界发展起来的本土化质性研究方法。例如，斯坦菲尔德建议"收集口述史信息，让被研究的有色人种更清楚地表达关于如何构建自我世界的完整解释"（1994，第185页）。他还主张从事这类研究的学者摒弃自己关于时间、空间和精神世界的观念，转而领会本土研究对象故事的含义。

最近一个由美国陆军提出的文化研究新思路（Mulrine，2008），对教育研究不乏启发意义。这项研究旨在帮助美国海外驻军更好地理解当地人和文化群体，加强与这些国家的有效合作。根据安娜·莫琳（Anna Mulrine）的新闻报道，位于利文沃斯堡的外国军事和文化大学（the University of Foreign Military and Cultural Studies）最近在巴格达安置了第一支大学毕业生分队（绰号"红色分队"）。莫琳写道：

> 红色分队队员的工作……包括对普遍存在的假设提出质疑，防止"陷入某种趋同思维"……内部有人说道："等一等，不要那么急。"（2008，第30页）

红色分队队员在伊拉克调查了美国军事行动中使用警犬所带来的影响。在伊拉克文化中，人们普遍视狗为不洁、有时甚至是邪恶之物。另一项任务是调查伊拉克人心目中自己民族"最伟大的一代"是什么——类似美国人心目中"最伟大的一代"是"二战"老兵。

红色分队的指挥官拉格兰中校（Lt. Col. Ragland）称，当他提议雇用12岁的伊拉克男孩打杂时，几乎没有人支持他，因为这是"一项违背美国儿童劳动法的行为"。他继续道：

> 我们已经对12岁的美国孩子有了先入为主的印象。但是在伊拉克，这些孩子除了年龄尚小，他们已是家庭的主要劳力——参与了经济、管理和日常工作……我们在以己度人（2008，第32页）。

根据莫琳的观点，如果美国人在伊拉克实行不雇用12岁儿童的政策，"可能会失去一些帮助和影响伊拉克人日常生活的机会"（2008，第32页）。

这个例子说明了文化研究工作者面临的一些问题，也说明了他们的认知是如何帮助应对和尝试处理自身和其他文化的价值差异和偏见问题的。

批判教育学

批判性理论旨在帮助受压迫者获得解放，所以批判性教育研究与教育实践紧密相关。在此我们将**批判教育学**（critical pedagogy）定义为基于批判性研究目的和价值观的教学实践。

批判教育学的一个例子是位于底特律的"詹姆斯和格雷斯·李·博格斯中心"（the

James and Grace Lee Boggs Center）的工作。这一批判性教育工作是独立或跨教育机构实施的。如机构的网站（www.boggscenter.org）所描述的，该中心的工作包括发起社区活动，鼓励社区所有孩子参与学习，同时改善社区环境恶化的状况。具体活动包括社区园艺、壁画活动及为实现系统性变革而成立基金会等。

作为一名20世纪60年代的社会活动分子，博格斯从她的观察中觅得了希望，"新一代人开始认清自己的使命，他们比20世纪60年代领导社会运动的那一代人更加开放"（1998，第272页）。在另一篇文章中，博格斯（2003a）认为，我们必须成为希望看到的世界变化的那一部分：

> 我们应该教会孩子们具备这样的认识：人类具有按照有理性的目的和计划去改变和创造现实的独特能力。学习……并不是灌输人们这样的想法：从此他们就能找到一份好工作、赚到大钱。（第5页）

博格斯通过该中心和她在世界范围建立起来的网络的影响力，持续推动批判性教育实践。最近在《基督教科学箴言报》（Christian Science Monitor）的一篇文章，提及在底特律的闲置空地上以建立花园的方式实施了大量社区项目。报道对该中心启动城市花园运动赞誉有加（Bonfiglio，2008）。

理论在批判性研究中的作用

批判性研究强调理论在解释社会中的作用，探索被压迫群体获得解放的方式。例如，亨利·吉鲁（Henry Giroux，1988）发展了一套用以分析美国及其他西方文化教育的批判性理论。吉鲁的理论始于美国公立教育处于危机的假设。他认为，这种危机最明显地表现在：一方面铺天盖地地宣传美国文化是最高形态的民主；另一方面，越来越多的迹象宣告了这种宣传的破产。例如，吉鲁指出，参加选举投票的人数在减少（虽然在2008年总统竞选中，这一趋势有所扭转）；普通人群的文盲率在提高；越来越多的美国民众认为，社会批评和社会变革无助于维系美国的民主制度。

在吉鲁看来，"差异政治学"（politics of difference）是当今教育问题及其解决方案的标准对话方式，而现在他准备放弃这一观念。因为吉鲁认为，针对差异性，常规教育对话强调"民主的"处理方式，这导致以下压迫性趋势：一种趋势是形成不同文化类型中个体的地位尊卑，如老年人高于青年人、异性恋者高于同性恋者、健全人高于残疾人。出现这种尊卑差序是因为内在的文化或个体因素，让一部分人理所当然地表现出高人一等的姿态。

另一种可能的趋势是鼓励学生接受一元化观念——因为文化差异于事无补，因此可以视而不见——正如过去所谓的"色盲"（color blindness），或者采取积极措施，消除文化差异。这一趋势强化了这样的观点，即学校和美国社会本质上是一个"大熔炉"。为了促进社会和谐，文化差异应当随时间推移而被消除。

在抛弃"差异政治学"概念的同时，吉鲁（1988）提出了关于批判教育学的一个具有后现代（见本书第一章）和解放意义的理论——**边界教育学**（border pedagogy）。"边界"一词传达了这样的观念：个人和群体之间的文化差异具有渗透性，且可以改变，不能死板地套用"非此即彼"的传统社会分类方式。因此，在分析文化现象时，"边界教育学"拒绝用"非此即彼"和一元化的观念，作为描述或评价不同个体或文化群体文化特征的依据。

吉鲁主张，"公立学校之间的竞争无法撇清与当前各种社会问题的干系。这些社会问题不仅具有政治性质，同样也具有教育学意义"（1992，第199页）。按照吉鲁的理论，差异性问题具有核心地位，它是公民身份和民主公共生活的关键理念，应该以此为目标来组织学校和教学活动。以吉鲁的理论反观教学，各级学校的教育者都需要重新界定知识劳动和研究本身的本质，以便让教育者和学生都"成为这个世界上有见识、能奉献的行动者"（1988，第208页）。

吉鲁提到，如果把他的理论真正落实到学校工作中，学生就无须学习如阅读、语言艺术或科学这样的统一科目。相反，学生有机会探寻不同文化历史之间的"边缘地带"，以此作为批判性分析的据点和开展实验、培养学生创造力和发挥学生潜能的潜在资源。学生还可用自身经验直观地分析权力产生的根源及其影响，理解不同形式的社会主导力量是如何在历史长河和社会环境中构建起来的。而教师则可以探索如何利用他们的权威，帮助学生从这些内化的受压迫意识和外在资源的统治中解放出来。最终，学生可以学会批判性阅读，了解他们接触的不同话语是如何规范文化文本的，明辨这些文本所表达的不同意识形态的利益。

斯坦菲尔德、莫琳、博格斯和吉鲁的研究都对批判教育学作出了贡献。韦克在关于批判教育学专著的第三版中有一章"批判教育学：它究竟来自哪里？"（2004），简要回顾了批判理论传统中许多其他理论家的研究成果。

批判性民族志研究报告的特点

批判性民族志（critical ethnography）是一种结构化的批判性研究方法，它用民族志研究方法探究特定文化中的权力关系和压迫形式。为了解释批判性民族志的设计元素，我们将介绍卡斯皮肯（Carspecken，1996）主持过的一项对TRUST计划的评估项目。这是一项针对学业成绩不佳、校际流动率高的学生而特别提出的筛选（也叫抽离）计划。TRUST计划由一位小学的副校长创立，此人是卡斯皮肯以前的一名学生。

在TRUST计划的研究报告中，卡斯皮肯介绍了该批判性民族志研究的所有步骤，还分析了许多学校当前面临的普遍性问题。卡斯皮肯的学生（Carspecken & Walford，2001）最近还开展了其他批判性民族志研究，但在设计的全面性方面都不如TRUST计划。

引言

卡斯皮肯（1996）的研究报告首先介绍了一所名为韦斯特·佛瑞斯特（West Forest）（化名）的小学，该校专门招收休斯敦市低收入社区的孩子，原本这里的学生来自中产阶级的白人家庭。后来随着当地经济的急剧衰退，学校招收了大量少数族裔的贫困学生，这些学生常常从一所学校转到另一所学校，学校的转学率很高。

学校副校长罗伯特设计了一项"抽离计划"，即让有学习困难的低收入家庭的孩子离开课堂，以减少"经常性的教学中断"（第32页）。卡斯皮肯评价道：

> 罗伯特很清楚，抽离政策通常会因偏见而伤害到学生，但他相信，这样的风险可以得到控制，关键在于让参加TRUST计划的学生跟上教学进度，让他们尽快返回正常的课堂。

罗伯特同时希望，抽离计划能提升学生的自我意识和自尊，增进他们解决冲突的能力。

卡斯皮肯认为，以前类似的计划通常是为了"控制"破坏课堂纪律的学生，而不是真正"帮助"他们。他想探究TRUST计划是否也如此，并试图"深入了解筛选制度的影响，厘清我们目前对权力、文化、身份和社会再生产等问题的理解"（1996，第28页）。学校管理者认为，卡斯皮肯的研究仅仅为了"考察TRUST计划是否管用"（1996，第33页），而卡斯皮肯则认为，自己的研究目的更为多样：确定破坏课堂教学的行为是否因TRUST计划而真正降低了？学生参加TRUST计划后，解决冲突的技能和自尊是否提高了？

在进入研究现场以前，批判性民族志学者会明确研究问题。他们还会分析自己的价值取向，以便对研究偏见保持清醒的认识，并设法处理这些偏见。卡斯皮肯提出的问题比较笼统、具有灵活性和综合性。他列举的研究问题包括：学生参与TRUST计划的遴选程序是什么；在TRUST课堂上教师教了些什么，学生学到了什么；TRUST计划与学校、社区和更广泛社会经济因素的关系是什么。卡斯皮肯的研究报告集中反映了TRUST计划的调查发现，并在此基础上对实施批判性民族志研究的各个设计要素提出了建议。

研究设计、抽样、测量和结果

卡斯皮肯（1996）的批判性民族志方法论可分为五个阶段。

第一阶段：独白式数据收集。 独白式数据收集（monological data collection）意味着在这一阶段只有研究者"发出声音"，研究者从相对超脱的观察者的角度做原始记录。此举的出发点与质性案例研究中的客位视角相呼应。研究者力图以低姿态开展被动的观察，对研究田野参与者的言语和非言语行为进行深描。

研究者通过上述途径可以获得客观数据；如果其他研究者实施同样的研究，也很可能获得相似的数据。这些数据旨在支持**客观真理主张**（objective truth claims），这样的主张可由多路径获得，也就是说，不同观察者都可以参与、赞同并直接验证这些主张。

为了在第一阶段获得这些数据，研究者通常很少运用推论性语汇，同时频繁记录不同时间发生的事件，偶尔附加一些观察者的评论和背景信息，并用不同字体忠实地记录言语行为（speech acts）。研究者从第一阶段研究者（客位）视角获得的信息，可以与第三阶段参与者（主位）视角获得的数据进行比较，研究者在其中扮演"谈话和讨论推进者"的角色（第52页）。

卡斯皮肯对TRUST计划做了充分介绍，刻画了学校周围颓败的社区环境，描述了一位名叫阿尔弗雷德（Alfred）的白人教师身上体现的理想主义和奉献精神。卡斯皮肯对TRUST计划的深描对象包括教室的空间布局以及作者观察到的详细的学生互动情况。

卡斯皮肯（1996）还提供了一份塞缪尔（Samuel）在一次考试前和阿尔弗雷德互动情况详细记录的"独白式数据"。塞缪尔是一名非裔美籍和白种人的混血儿。以下描述是该记录的部分要点：

- 关于研究参与者行动的描写（如，"塞缪尔将试卷丢在地上，哼起轻快的曲子"，第53页）
- 用斜体标注教师和学生的评论（如，来自阿尔弗雷德的评论，"我们正处在关键点上"，第54页）和研究者的非评论性描述（如，对于阿尔弗雷德而言，"语调还是平静的"，第54页）
- 研究者对参与者特点言论的两条解释性评论（如，对于阿尔弗雷德而言，"似乎'你我都很清楚现在的状况，而你拒绝讨论，但是我有耐心'"，第54页）。

从上述摘录，我们可以看到研究者试图描述师生考试之争中的权力表达方式。

第二阶段：初步的重构分析。 接下来，批判性民族志学者要对原始记录进行分析，辨析其中的互动模式及其显见的意义。**重构分析**（reconstructive analysis）是研究者对第一阶段收集的数据进行再建构，揭示特定言论和行为可能的意义，并开始对数据进行编码。

重构分析需要对**意义场域**（meaning fields）进行编码，即分析现场其他人员对研究参与者的言语和非言语行为所暗含的意义。编码始于低层次的推论，下例所示即是较低层次的编码："不做课堂作业的原因：（1）生病；（2）'今天诸事不顺'；（3）'作业太难了'"（Carspecken，1996，第148页）。接着，编码开始更高层次的推论。学生冲突：（1）学生指责同伴；（2）"你的妈妈"（第148页）。这一阶段的编码需要辨析原始记录中的文化主题和系统性因素，但参与者很少直接提及这样的主题或因素。卡斯皮肯认为，研究者"必须成为'虚拟的参与者'才能阐明意义场域"（第98页）。

以下是研究者对塞缪尔和阿尔弗雷德互动情况初步的意义重构的片段。其中，"阿"指教师阿尔弗雷德，是记录的对象；"观察者"代表研究观察者的评论；"意义"代表意义场域，是研究者对先前陈述可能的意义的解释；另外，用"或者"表示其他可能的意义。

> 阿：阿尔弗雷德抬头往塞缪尔的方向看去，面部平静而柔和［观察者：这是一副淡然、无所谓和"没什么大不了"的表情］。
>
> 阿：塞缪尔，现在走吧，去考试。以理所当然的口吻对塞缪尔说话，似乎在说"没什么大不了的，我们都知道，考试时间到了"。
>
> ［意义：阿尔弗雷德通过其行为传达了一种社会距离；没有寒暄，不带微笑。他看了看试卷，谈论起考试时，似乎他与塞缪尔的关系只是当时他正在考虑的众多事情之一。（或者）阿尔弗雷德的行为表明他在控制紧张感，他意识到将要与塞缪尔发生冲突，只是借助看试卷的方式让冲突延后。］（Carspecken，1996，第97页）

在第二阶段，研究者还要考虑参与者的**主观性真理主张**（subjective truth claims）。这些主张是研究者根据间接获得的参与者的某些思想和感受作出的推断。

在这一阶段，研究者还要求参与者表明某些立场，据此研究者可以推断参与者的**规范–评价性真理主张**（normative-evaluative truth claims），包括关于道义、善良、举止得体等问题的社会性认同。与第一阶段不同，参与者在这一阶段经常会表达一些新的或出乎意料的想法。

为了说明第二阶段的数据，卡斯皮肯引用了阿尔弗雷德和塞缪尔的一段对话，涉及塞缪尔的家庭状况，包括：他妈妈头天晚上在家吗？她去哪儿了？妈妈不在家的时候，塞缪尔对她可能的行为有什么想法和感受？研究者列举了从阿尔弗雷德与塞缪尔对话的评论中引申出的"真理主张"。

> **可能的主观主张**
>
> **明显、直接的**
>
> "我关心你"，"我想了解你"，"我想帮你解决问题"
>
> **不太明显、不那么直接的**
>
> "我是一个友善、体贴的老师"（身份主张），"我是真诚的"
>
> **可能的客观主张**
>
> **非常明显、非常直接的**
>
> "事情就发生在你家，许多孩子都觉得不安"

高度背景性、有隔阂和想当然的

"你住家里","你和其他人——妈妈和祖母住在一起",(或者——只是可能)"黑人家庭有很多家庭问题"

可能的规范-评价性主张

非常明显、非常直接的

"谈谈感受是有好处的"

不太明显的、不太直接的

(或者)"你妈妈的做法太糟糕了"(Carspecken,1996,第112页)

意义推论需要借助阐释学,这是研究者通过分析文本各部分与整体的关系来理解人类现象的过程。以上述互动研究为例,阿尔弗雷德的每一段言论代表了部分意义,所有被记录下来的阿尔弗雷德的言论和非言语行为则代表了整体意义。

卡斯皮肯将对文本意义解释的整个过程称作**解释学循环**(hermeneutic circle)。这一过程体现为五个特征,它们可以"提升我们对日常生活中不经意使用的推论过程的认识"(第102页)。以下从研究者角度,对这五个特征加以说明。

(1)站在参与者的立场,设想自己身处参与者的情景,"设想自己处于该情境中他人的位置"(第99页),以达到解释情境意义的目的。

(2)熟悉不同研究参与者的文化,辨识具有文化典型性的言论,或者"在具有文化典型性的互动中建构起来的言论"(第99页)。

(3)反思研究者采用的文化规范,明晰研究参与者典型的文化表述。举例来说,在阿尔弗雷德第二次表达看法后,塞缪尔并没有开始考试,于是阿尔弗雷德沉默了。对此,卡斯皮肯分析道(1996),阿尔弗雷德的沉默表明他不知道下一步该如何是好,也可能表明阿尔弗雷德希望塞缪尔意识到自己需要应答,还可能表明阿尔弗雷德希望塞缪尔明白,如果不回应将受到惩罚。那么,研究者就要分析过去关于同一研究参与者的调查数据,或者收集更多关于这些参与者的数据。

(4)就研究者认可的有效规范与研究参与者个体认可的有效规范进行比较。比如,阿尔弗雷德等待回应的时间,比卡斯皮肯认为的正常回应时间要长一些。为此,研究者需要反复观察阿尔弗雷德的言行,以确认或推翻这一推论。

(5)在观察特定研究参与者的行为时,区分个体的性格类型对其行为的影响(如对音调和面部表情的影响)与文化因素对其行为影响的差异。

第三阶段:对话式数据的生成。在第三阶段,研究者开始**对话式数据生成**(dialogical data generation)。研究者通过创设对话情景,帮助参与者用他们自己的词汇、隐喻和观点分析问题。研究者运用对话式数据检测研究参与者的主观主张和规范-评价性真理主张的有效性。

研究者需要为每一个研究主题设定访谈问题，包括：（1）设计非常具体的"导入性问题，每一个问题都能开启一个主题"（Carspecken，1996，第157页）；（2）设计"暗藏"的问题，研究者不直接提出这些问题，以免对采访的过度引导，但需要被访者就这些问题发表看法；（3）可能提出的后续问题，确保研究参与者提供关于主题的更充分的数据。

研究者对参与者陈述的回应方式可分为六个等级，从"1.温和的鼓励"到"6.高度推论的解读"。回应所代表的数字越大，表明研究者越不应该采用这样的反应方式。这一阶段获得的数据经常会挑战前一个阶段收集的信息，在这一研究过程中，参与者被赋予了更大的控制权。正如卡斯皮肯指出的：

> 访谈和小组讨论引发了许多主观性真理主张。这是一个与外界隔绝的世界，人们在里面相信、感受、期冀、评价和经历着各种事物……这个世界常人难以进入。我们凭借真诚和真实的自我陈述，了解他人的主观世界。（1996，第165页）

卡斯皮肯列举了提高第三阶段主张有效性的若干程序：（1）确认受访者在做访谈陈述时前后表达是否一致；（2）重复采访同一位受访者；（3）采用参与者检核的方法（见第十四章）；（4）采用非引导性访谈技术。卡斯皮肯认为，研究者需时刻准备在田野研究中"受伤害"，因为研究中获得的认知"可能会真切地影响到［原文如此］你"（第169页）。卡斯皮肯继续写道：

> 我们愈少使用阻止人们平等发言机会的权力，就愈会感到实际的威胁。但只要我们诚实地开展研究，即便"受到伤害"，我们最终将取得更大的主动权，因为这将改变我们的观念，开阔我们的视野，并推动我们内心的成长。（1996，第170页）

卡斯皮肯认为，这一过程类似"宣泄的有效性"（cathartic validity）（Lather，1986），即"研究者通过田野研究改变自我、获得成长……这一过程通常会挑战压迫的文化形态"（第170页）。

第四阶段：发现系统性关系。 卡斯皮肯对TRUST计划研究成果的讨论出现在他分析模式的不同阶段，在此我们做一简单概括。

在减少破坏课堂纪律现象方面，TRUST计划似乎取得了一些成效。在第一阶段的最初两份田野记录中，卡斯皮肯写道："去年这一天，有600名学生被送到TRUST课堂，而今年只送了300名学生。"（1996，第51页）"自TRUST计划实施以来，因破坏上课纪律而受训诫的学生数有所下降，因为被送到TRUST教室会被看作是有辱名声的事情"（第51

页）。

在TRUST计划参与学生解决冲突技能的习得方面（这也是学校管理层为这一计划设定的目标之一），卡斯皮肯提供了有说服力的证据。卡斯皮肯特别关注师生互动情况，"师生冲突能在非强制的情况下获得解决"（第152页）。通过学生之间互动情况的观察，卡斯皮肯证明"当学生在课外使用阿尔弗雷德所教的表达方式时"（第152页），学生"已经内化了关于自我和选择的隐晦的信息"（第152页）。

在此，我们没有看到研究者关于学生参加TRUST计划后其自尊心是否发生变化的讨论。

在第四阶段，研究者们比较了本次调查获得的发现与其他类似研究的发现，从中研究者们发现了系统性关系，即在不同研究中观察到的参与者的行为具有广泛相似性，折射出一般文化的特点。这种系统性关系与跨案例研究的可推广性（generalizability）具有相似之处（见第十四章），因为它们都让读者自己决定：特定场合的研究结果是否适用于其他情境。

在TRUST计划中，系统性关系之一是学生通过主导或顺从其他学生，"重新协调"了课堂的紧张气氛。比如，塞缪尔是一名混血儿，与白人妈妈和白人祖母共同生活。他在学校的行为具有卡斯皮肯所谓"文化同构"（cultural isomorphisms）的系统性关系特征。在TRUST计划的研究中，"文化同构"指在学校环境中，研究参与者努力改变互动模式，以使自己的行为更加接近让他们感到舒适的校外文化。

按照卡斯皮肯的观点（1996），塞缪尔"在学校经常提及自己在家里学到的内容，以不让自己在学校有低人一等的感觉"（第198页）。遇到需要协调课堂的紧张气氛——比如当教师解释课本上的概念时——"塞缪尔通常开始闲聊一些在家的话题，这些话题让他备受鼓舞……在家里，获得积极的身份认同的规则在自己的掌控中"（第198页）。

卡斯皮肯发现的系统性关系也广泛出现在保罗·威利斯（Paul Willis）关于工人阶级"哥儿们"的经典研究中（1977）。卡斯皮肯认为，威利斯的研究是最早的批判性民族志研究之一。威利斯发现，在学校、家庭和工作三种社会情境中，青少年的行为存在互通性，他将其称为"再生产循环"（reproductive loops）。威利斯发现，年轻人努力回避学校安排的活动（比如，做布置的作业），而参加这些活动无疑有助于将自己的地位从工人阶级提升到中产阶级，但年轻人又将这样的行为看作是对家庭文化的抛弃。通过对家庭情景的研究，威利斯发现所有被调查年轻人的父亲都属于工人阶级，且都在待业状态。当这些年轻人毕业时，他们从事了与体力劳动相关的工作。

第五阶段：运用社会理论模型解释研究结果。 在第五阶段，研究者将第四阶段分析所得的利益和权力关系作为解释要素，进一步提升推论层次。在TRUST计划研究中，卡斯皮肯（1996）对威利斯的经典研究与TRUST项目参与者通过协调其文化遗产以维护尊严和自尊的做法进行了对照分析。卡斯皮肯指出，参与TRUST计划的学生偏爱那些体现暴力、种族关系和传统的性别刻板印象的电子游戏、电视节目和流行音乐。卡斯皮肯解释道，学生使用这类媒体的倾向，反映了帕克·弗罗斯特（Park Forest）及周边社区许多家庭恶劣的生活环境。卡斯皮肯还提及参与TRUST项目的学生应对恶劣生活环境的方式，比如，说话语气强硬，喜欢美化暴力行为等。

通过"再生产"的理论建构，我们可以分析威利斯的研究和卡斯皮肯的TRUST计划研究结论之间的相似点，并将上述这些主题和发现联系起来。这里，"再生产"指个体行为在不同环境中保持一致——特别与现行的、具有长远历史的社会系统保持一致。这一界定与我们早先对"再生产"的定义相呼应，因为这一概念诠释了参加TRUST计划的学生是如何接受他们所在社会的压迫文化模式，并在行为上与后者保持一致的。

在威利斯的研究（1977）中，年轻人父母所经历的家庭职业历史构成了一个社会系统，在学校教育期间和之后，年轻人通过自己的行为再生产着这一社会系统。社会系统就是模式化的人类行为（如工作），它因不断的再生产而得以延续。尽管TRUST计划带来了部分积极的效果，但是卡斯皮肯在"第五阶段和TRUST计划研究"部分（1996，第205页）的讨论还是清晰地表明，如同威利斯笔下的工人阶级"哥儿们"一样，参加TRUST计划的学生在很大程度上再生产了他们周围的社会条件。

结论

卡斯皮肯（1996）对参加TRUST计划学生的文化特征作了如下概括：

- 需要快速长大，不断地用身体自卫
- 必须得去上学，但学校不是他们实现理想的地方
- 学校是被其他种族和阶级成员控制的地方，这些人企图对学生施加权威
- 在家有严酷的管教，而家长抵制任何来自他人的支配他们家庭的企图

卡斯皮肯还描述了这些文化特征造成的影响：

> 因此，在学校里这些孩子会设法确立严厉的权威关系（这是他们唯一敬畏的权威形式），但同时他们竭力抵抗任何形式的权威。社区文化不利于学业成功；学校功课很少得到家庭的支持；在这些孩子认识的家长中，极少因受过学校教育而过上某种成功的生活。在学校，虽然像阿尔弗雷德这样的老师在努力帮助这些孩子，但他们发现很多时候力不从心。（1996，第206页）

卡斯皮肯接着从更广泛意义上描述了帕克·弗罗斯特所处的环境。它与"美国的经济制度、休斯敦的经济状况、我们社会的种族和阶级分层的现状、中等和上等阶层凭借政治

权力建立起来的符合自身利益的教育政策"相联系（1996，第206页）。

卡斯皮肯指出，在经济下滑阶段，大批社会底层的人通常会失去工作，而当经济复苏时，他们重回工作却只能进入地位低下的岗位。卡斯皮肯认为，掌握课程和教学大权的州法律制约了学校为全体学生获得高薪工作做准备而进行的改革。卡斯皮肯总结道："虽然学校最终可以让参与TRUST计划的孩子免于游走街头，但是他们依然是不学无术的劳动者。"（1996，第206页）

评估民族志和批判性民族志

民族志学者和批判主义者所做的研究以质性研究方法为基础。因此，读者可以运用本书附录3中关于质性研究报告的问题来评估民族志和批判性民族志。

民族志学者和批判主义者通常选取若干案例，分析社会中的特定文化或权力关系。读者可以参考本书第十四章论及的案例评估策略，分析民族志和批判性研究的质量和严谨性。

在民族志和批判性民族志研究中，区分主位视角和客位视角非常重要。读者需要评估数据收集和分析过程中这些视角是如何呈现的。以下是阅读这类研究报告时读者需要考虑的几个问题。

- 报告采用主位视角了吗？

在报告中寻找证据，证明研究者特别留意收集了参与者对自身文化及自己扮演角色看法的数据。这类证据包括：参与者的原话、他们的书面文字和其他交流材料、关于他们活动的日志等。

- 报告采用客位视角了吗？

在报告中寻找证据，证明研究者对所研究现象的价值观和信仰进行了自我反思。还要观察研究者是否试图澄清个人偏见对数据收集和分析可能带来的偏差。这些反思需要贯穿研究的各个阶段；当研究现象充满争议，或研究对象与研究者自身背景和经验迥异时，更需要反思。

一个范例：民族志与批判性研究如何帮助解决实际问题

2006年，美国教育部放松了对公立学校男女分班教学的限制。根据"全国单性别公立教育协会"（the National Association for Single Sex Public Education）统计，目前，美国至少有442所学校提供单性别教育。

根据亚拉巴马州莫比尔（Mobile）县一个名为Press-Register报纸的报道，当地一所中学最近开始在所有科目提供单性别教育。这所学校的教师声称，这样做可以帮助所有学生学到更多，因为教师可根据男女学生的不同需求安排教学。被提及的好处还包括：可以在一堂课中为男生们提供一两次"大脑休息"（brain break），让他们四处走走；可以让女生们在课堂上更积极地发言。该校校长说学生日常平均出勤率上升了2%，被送到办公室训话的学生则有所减少。当然，并不是所有人都对男女分班教学感到十分满意。

> 美国公民自由协会女权项目（ACLU's Women's Rights Project）副主任埃米莉·马丁（Emily Martin）认为，如果因为男女学习方式不同就采用不同的课程，那么男女学习差异的理论本身就有问题，因为这会导致教育的不公平。
>
> 全国单性别公立教育协会的伦纳德·萨克斯（Leonard Sax）认为，部分孩子可以从中受益，而其他孩子则不能。萨克斯建议，公立学校可以让家长选择孩子是否接受单性别教育。
>
> （资料来源：Havner, R. (2008, November 24). Single-sex classes attracting both praise and concern. *Press-Register*, Mobile, Alabama. Retrieved from www.al.com/news/press-register.）

人们对单性别教育的担忧引发出权力关系和压迫的问题，比如：学校是否正在再生产性别歧视和不公平模式，从而对所有学生产生负面影响？单性别课堂是否会因为低质量的教学而对某类学生带来压迫？当社会上人们没有因性别不同而被另眼相待时，学校教育按照性别实施分类教育恰当吗？在单一性别的课堂上，如何在分班和学生相处时能满足那些男同性恋、女同性恋、双性或者变性学生的需要？

我们可以通过一项批判性民族志研究来回答上述问题。

研究者可以对实施单性别教育的学校进行研究，其中一个是全男生班级，一个是全女生班级，两个班级都上同一门课。样本量不大，但足以让研究者在较长时段内（比如一学年）深入收集民族志数据。

为了不干扰班级文化，可以给男生班级指派一名男性研究者，给女生班级指派一名女性研究者。这两名研究者可以作为研究观察者融入班级文化中，以学生身份参与到学习活动中。

研究者可以对班级活动进行详尽记录，可以是正式活动（如一名教师的讲话），也可以是非正式活动（如学生之间的闲聊、学生打电话或听音乐播放器）。研究者应记录下任何反映性别或者性取向的、来自学生或教师的语言或活动。研究者还可以考察学生完成作业和测验的情况，观察学生在教室之外的校园活动。如果能确保不显得突兀，研究者还可以观察家长和孩子或教师的互动情况。通过收集到课堂内外的数据，研究者可以分析这些信息是否反映了性别的刻板印象，或者是否存在校园霸凌这类压迫性的权力关系。安排到两个班级的两位民族志学者一开始可以独立分析各自数据，然后他们可以比较双方的观察和解释，以检测研究结果的可信度。

自测题

1. 当研究者运用民族志探究先前并不熟知的周围的亚文化时，他们的主要目的是_____。

    A. 对田野研究参与者进行自然主义的观察

    B. 从熟悉的事物中挖掘新意

    C. 对文化现象进行深度描述

    D. 进行跨文化比较

2. 民族志学者之所以关注文化研究，是因为他们相信_____。

    A. 文化的影响让人类成为一个特殊的种群

    B. 从对原始文化的研究可以揭示西方文化的演变

    C. 世界上具有独特性的文化的数量在增加

    D. 来自世界不同地方人们之间的相似性，可以通过文化要素获得最好的解释

3. 在描述一种文化现象时，民族志学者通常力求_____。

    A. 在不同文化中考察这一现象

    B. 强调所研究文化中地位较高者的视角

    C. 用研究者自己的视角去协调关于现象的相互冲突的观点

    D. 平衡主位和客位的视角

4. 一些教育民族志学者认为，某些族群学生常见的学业成绩差，应归咎于这些族群对教育投资的不足，因为他们认为这不会给自己带来经济回报。这种解释认为，影响学生成绩的因素有_____。

    A. 文化习得

    B. 文化同化

    C. 学校组织

    D. 教师偏见

5. 当今世界，区分不同文化群体生活方式的主要特征是_____。

    A. 教育水平

    B. 财富

    C. 国籍

    D. 宗教

6. 在批判性研究的学者看来，主流的研究实践主要是通过什么方式维持文化压迫的？_____
   A．忽视对少数种族和民族的研究
   B．坚持关于真理、科学和善恶的统一假设
   C．质疑所有文本的意义
   D．对阶级、种族和性别因素在个体获得文化成就中的影响不作区分

7. 批判主义者指出，一些研究者先入为主地将手段看作高于结果，或者以_____的观点看待目的。
   A．工具理性
   B．声音
   C．文化同化
   D．解构

8. 霸权是指_____。
   A．批判主义者概念化的获得解放的方式
   B．一种由批判主义者倡导的社会公正的概念
   C．存在于非特权文化群体成员之间的主位视角的差异
   D．特权文化群体对非特权文化群体的统治

9. 对一个文本的解构指_____。
   A．用被压迫文化群体能够理解的语言复述文本
   B．确认文本所反映的文化主题和系统性因素
   C．让占优势文化群体的成员澄清文本含义
   D．考察文本的含义和各种可能的意义

10. 批判性民族志研究中，我们需要_____。
    A．在数据收集的各阶段都有田野研究参与者的配合
    B．证明被动观察所得数据与田野研究参与者对话所得数据的一致性
    C．根据系统性关系的新、旧理论，分析从特定研究场合调查所得的结果
    D．主要通过收集数据，印证客观真理主张

11. 以下哪个是关于学校文化压迫再生产的例子？_____
    A．一方面向来自贫困家庭的学生传授如何顺从的技能，另一方面向来自富裕家庭的孩子传授如何取得成功的技能
    B．设计关于禁止婚前性行为的教育课程
    C．将历史教科书中的叙述当作事实来教学
    D．以上都是

12. 一位批判主义者对一本高中的美国历史教科书进行解构，结果很可能是_____。
    A．确定文本的真正含义

B. 确定文本的多元、通常是相互矛盾的含义

C. 取得与美国历史主流观点一致的解释

D. 以上都是

13. "意识觉醒"是用来_____的过程。

A. 改进学生的课堂行为

B. 鼓励个体质疑或改变被压迫处境的文化实践

C. 推动包括多元文化主题在内的课堂活动

D. 以上都是

本章参考文献

Agger, B. (1992). *Cultural studies as critical theory.* Washington, DC: Falmer.

Anderson, K. T., & McClard, A. P. (1993). Study time: Temporal orientations of freshmen students and computing. *Anthropology and Education Quarterly,* 24, 159-177.

Apple, M. W. (2003). *The state and the politics of knowledge.* New York: Routledge Falmer.

Boggs, G. L. (1998). *Living for change: An autobiography.* Minneapolis: University of Minnesota Press.

Boggs, G. L. (2003a, January). *We must be the change.* Paper based on a presentation at the University of Michigan, 2003 Martin Luther King Symposium, Ann Arbor, MI. Retrieved from www3. boggscenter. org.

Boggs, G. L. (2003b, February). A paradigm shift in our concept of education. Paper presented at the workshop *Transnationalism, ethnicity, and the public sphere* at the Center for Critical Theory and Transnational Studies, University of Oregon, Eugene, OR.

Bonfiglio, O. (2008, August 21). Detroit grows green. *Christian Science Monitor,* p. 17.

Bourdieu, P. (1991). Sport and social class. In C. Mukerji & M. Schudson (Eds.), *Rethinking popular culture: Contemporary perspectives in cultural studie*s (pp.357-373). Berkeley: University of California Press.

Carspecken, P. F. (1996). *Critical ethnography in educational research: A theoretical and practical guide.* New York: Routledge.

Carspecken, P. F., & Walford, G. (Eds.). (2001). *Critical ethnography and education.* Oxford, UK: Elsevier Science.

Freire, P. (1974). *Pedagogy of the oppressed.* New York: Seabury.

Freire, P. (1994). *Pedagogy of hope: Reliving pedagogy of the oppressed.* New York: Continuum.

Gibson, R. (1986). *Critical theory and education.* London: Hodder & Stoughton.

Giroux, H. A. (1988). Critical theory and the politics of culture and voice: Rethinking the discourse of educational research. In R. R. Sherman & R. B. Webb (Eds.), *Qualitative research in education: Focus and methods* (pp. 190-210). New York: Falmer.

Giroux, H. A. (1992). Resisting difference: Cultural studies and the discourse of critical pedagogy. In L. Grossberg, C. Nelson, & P. A. Treichler(Eds.), *Cultural studies* (pp. 199-212). New York: Routledge.

Hogan, K., & Corey, C. (2001). Viewing classrooms as cultural contexts for fostering scientific literacy. *Anthropology and Education Quarterly*, 32, 214-243.

Hughes, S. A. (2008). Teaching theory as "other" to white urban practitioners: Mining and priming Freirean critical pedagogy in resistant bodies. In J. Diem & R. J. Helfenbein (Eds.), *Unsettling beliefs: Teaching theory to teachers* (pp. 245-271). Charlotte, NC: Information Age.

Kincheloe, J., & McLaren, P. (1994). Rethinking critical theory and qualitative research. In N. K. Denzin & Y. S. Lincoln (Eds.), *Handbook of qualitative research* (pp. 138-157). Thousand Oaks, CA: Sage.

Kumashiro, K. (2002). *Troubling education: Queer activism and anti-oppressive pedagogy*. New York: Routledge Falmer.

Lancy, D. F. (1930). *Qualitative research in education: An introduction to the major traditions*. White Plains, NY: Longman.

Madison, D. S. (2005). Critical ethnography as street performance: Reflections of home, race, murder, and justice. In N. K. Denzin & Y. S. Lincoln (Eds.), *The Sage handbook of qualitative research* (3rd ed., pp. 537-546). Thousand Oaks, CA: Sage.

Malinowski, B. (1992). *Argonauts of the Western Pacific*. New York: Dutton.

McLaren, P. (1998). *Life in schools: An introduction to critical pedagogy in the foundations of education* (3rd ed.). New York: Longman.

McLaren, P. (2003, February). Critical pedagogy in the age of neo-liberal globalization: The domestication of political agency and the struggle for socialist futures. Paper presented at the workshop *Transnationalism, ethnicity, and the public sphere* at the Center for Critical Theory and Transnational Studies, University of Oregon, Eugene, OR.

Mead, M. (1930). *Growing up in New Guinea: A comparative study of primitive education*. New York: William Morrow.

Mulrine, A. (2008, May 26). To battle groupthink, the army trains a skeptics corps. *U. S. News & World Report*, pp. 30, 32.

Nieves, E. (2008, May 27). Food banks finding more clients, fewer donations. Mobile, AL: *Register-Guard*, pp. A-1, A-5.

Nelson, C., Treichler, P. A., & Grossberg, L. (1992). Cultural studies: An introduction. In L.

Grossberg, C. Nelson, & P. A. Treichler (Eds.), *Cultural studies* (pp. 1-22). New York: Routledge.

Ogbu, J. U.(1978). *Minority education and caste: The American system in cross-cultural perspective*. New York: Academic Press.

Olesen, V. (1994). Feminisms and models of qualitative research. In N. K. Denzin & Y. S. Lincoln (Eds.), *Handbook of qualitative research* (pp.158-174). Thousand Oaks, CA: Sage.

Parker-Webster, J. (2001). In P. F. Carspecken & G. Walford (Eds.), *Critical ethnography and education* (pp. 27-60). Oxford, UK: Elsevier Science.

Schwandt, T. A. (2001). *Dictionary of qualitative inquiry* (2nd ed.). Thousand Oaks, CA: Sage.

Seymour-Smith, C. (Ed.). (1986). *Dictionary of anthropology*. Boston: G. K. Hall.

Spindler, G., & Spindler, L. (1992). Cultural process and ethnography: An anthropological perspective. In M. D. LeCompte, W. L. Millroy, & J. Preissle (Eds.), *Handbook of qualitative research in education* (pp. 53-92). San Diego, CA: Academic Press.

Stanfield, J. H. II (1994). Ethnic modeling in qualitative research. In N. K. Denzin & Y. S. Lincoln (Eds.), *Handbook of qualitative research* (pp.175-188). Thousand Oaks, CA: Sage.

Steinberg, S., & Kincheloe, J, (1997). *Kinderculture: The corporate construction of childhood*. Boulder, CO: Westview.

Watchdog says NASA censored studies. (2008, June 3). Mobile, AL: *Register-Guard*, p. A9.

Wax, M. (1993). How culture misdirects multiculturalism. *Anthropology and Education Quarterly*, 24, 99-115.

Willis, P. (1977). *Learning to labour: How working class kids get working class jobs*. London: Gower.

Wink, J. (1997). *Critical pedagogy: Notes from the real world*. White Plains, NY: Longman.

Wink, J. (2004). *Critical pedagogy: Notes from the real world* (3rd ed.) Boston: Addison-Wesley Longman.

Young, J. R. (2007). An anthropologist explores the culture of video blogging. *Chronicle of Higher Education*, 53(36).

后续学习材料

Anderson-Levitt, K. M. (2006). Ethnography. In J. L. Green, G. Camilli, & P. B. Elmore (Eds.). *Handbook of complementary methods in education research* (pp. 279-295). Mahwah, NJ: Lawrence Erlbaum.

该文献清晰地总结了民族志的目的、方法及其在教育研究中运用的历史。作者讨论了民族志研究者对研究参与者应该承担的责任，还简要介绍了民族志研究的设计和分析环节。

Angrosino, M. V. (2005). Recontextualizing observation: Ethnography, pedagogy, and the prospects for a progressive political agenda. In N. K. Denzin & Y. S. Lincoln (Eds.), *The Sage handbook of qualitative research* (3rd ed., pp. 729-745). Thousand Oaks, CA: Sage.

该文献分析了观察法在民族志研究中渐变而关键的作用，介绍了将观察法作为教育方法在社会公正服务学习（service learning）中的意义，还分析了后现代主义、种族和认识论问题中的观察法研究。

Carspecken, P. F., and Walford, G. (Eds.). (2001). *Critical ethnography and education.* Kidlington, UK: Elsevier Science Ltd.

本书介绍了休斯敦大学的学者们在卡斯皮肯（Phil Carspecken）提出的批判性民族志理论方面的研究成果。本书首先介绍了统领全书的卡斯皮肯独树一帜的理论，接下来七章描述了由卡斯皮肯的研究生们完成的专题研究，主题包括：职前教师对多元文化文学的看法；在暴力和压迫问题的教学中，师生如何就规范意义的看法进行协调；非洲裔学生应对标准化考试的方式；在一所建构主义的特许学校和一所经过改造的学校中，教学指导所体现的权力关系。

Wink, J. (2004). *Critical pedagogy: Notes from the real world* (3rd ed.). Boston: Addison-Wesley Longman.

本书作者总结了本人和其他基础教育教师的教学经验，对教学和其他方面的教育实践进行了清晰的批判性研究。本书阐释了批判教育学的术语以及批评性理论传统中不同学者的观点。作者鼓励教师对自己教学中的假设进行经常性反思，并就如何通过课堂活动给师生赋权提出了建议。该书的第三版增补了学习模式和家长参与这两章新内容。

第十七章

历史研究

■ 重要观点

1. 历史研究主要运用质性方法收集和分析数据。

2. 历史研究对教育工作者有多方面的意义：它可以作为学校课程的内容；也可以作为理解现行教育实践和政策的基础；还可以作为规划教育发展的资源。

3. 历史学家通过搜索引擎、书目索引掌握一手和二手史料，还可以通过收集口述历史掌握关于过去的数据。

4. 历史以文件、录音、照片及其他可视媒体、故事等形式被保存下来，并在社会的口述传统、纪念物和人口普查资料、统计数据摘要等量化资料中被不断复述。

5. 历史数据的效度通过内部和外部考证得以确立。

6. 随着个人兴趣和研究主题的变化，历史学家在不断重构历史。

7. 历史学家运用关键概念和因果推论来解释历史数据。

8. 如同其他研究类型一样，历史学家在将自己的研究结论推广到直接研究的个人和情境之外时需要谨慎从事。

9. 使用定量数据有助于加强历史解释的普遍性，并为认识当时的历史提供一种常人视角。

10. 与其他类型的研究报告不同，历史研究报告通常以故事的形式呈现调查结果。历史学家将自己认为有意义的主题，按照重要时间节点铺陈开来。

11. 历史研究报告通常会罗列大量注释，每个注释都是支持作者特定发现或主张的一手或二手史料。

关键术语

档案馆（archive）
偏见（bias）
概念（concept）
文件（document）
外部考证（external criticism）
伪造（forgery）
未来学（futurology）
历史研究（historical research）
内部考证（internal criticism）
口述史（oral history）
当下主义（presentism）
一手资料（primary source）
定量历史材料（quantitative historical materials）
量化历史（quantitative history）
重建主义者（reconstructionist）
记录（record）
纪念物（relic）
资料库（repository）
修正主义历史学家（revisionist historian）
搜索引擎（search engine）
二手资料（secondary source）

历史研究的本质

几乎人人都在读历史——国别史、战争史、组织史或传记、自传中的人物史。有人通过电视"阅读"历史，比如肯·伯恩斯（Ken Burns）导演的美国内战系列电视片。许多电影的题材也来自具有重大历史意义的事件，例如"泰坦尼克号"（*Titanic*）、"女王"（*The Queen*）和"颤栗航班"（*United* 93）。

本章中，我们将考察用以"创造历史"的研究过程。**历史研究**（historical research）是通过系统地搜索和组织数据，以更好地了解历史现象及其可能的因果关系的过程。

当代历史学家一般认为，过往的历史研究只是对事件或生活的编年记载，因而将这些文献搁置起来。他们自己的作品通常篇幅较短，并将历史事实置于特定的解释框架，揭示这些事实的内涵和意义。本章中，我们将历史研究看作一种质性研究传统，因为即使不是全部采用质性方法，历史研究仍依赖于采用这一方法收集和分析数据。

本书其他章节介绍的研究方法都涉及数据创建。例如，当研究者观察或实施测试，以考察某个教学项目的有效性时，他们就是在创建数据。但历史研究者主要从现存的日记、官方文件和纪念物这一类资料中发现研究数据。当然，有时历史研究者也访谈个人以获取其对往事的回忆资料，这种形式的历史研究被称作口述史，它也是在创建数据。

历史研究在教育中的作用

每年都会发表和出版大量教育史研究方面的期刊文章和书籍。下列文献呈现了这一研究领域的部分主题。

Berube, M. R. (2004). *Radical reformers: The influence of the left in American education*. Greenwich, CT: Information Age Publishing.

Campbell, C., & Sherrington, G. (2006). *The comprehensive public high school: Historical perspectives*. New York: Palgrave Macmillan.

Erickson, C. K. (2006). "We want no teachers who say there are two sides to every question": Conservative women and education in the 1930s. *History of Education Quarterly*, 46 (4), 487-502.

Johnson, W. G. (2008). "Making learning easy and enjoyable": Anna Verona Dorris and the visual instruction movement, 1918–1928. *Linking Research and Practice to Improve Learning*, 52 (4), 51-58.

Kohlstedt, S. G. (2008). "A better crop of boys and girls": The school gardening movement,1890–1920. *History of Education Quarterly*, 48 (1), 58-93.

已经有如此纷繁复杂的教育现实问题有待解决，我们为何还要去研究历史呢？对此，一种公认的答案是："那些漠视历史教训的人，注定会重蹈覆辙。"

上述问题的另一个答案是"观史而鉴今"。有各种强大的力量影响着当前的教育制度，这些力量还将继续发挥作用。比如，上面列举的研究文献中有两项分析了保守力量和激进的改革派对教育实践的影响。研究这些影响因素有助于我们推断当前的教育改革是将持续下去，或将调整，还是将消失。

一些历史研究追溯教育实践的发展历程，并分析这一进程中的关键人物。上文引述的关于安·维罗娜·多丽斯的文献就属于这类研究。研究者肯定了她对我们当今所称的"教学技术"作出的影响深远的贡献。作为教育领域的专业工作者，我们需要来自现实生活中的英雄来激励我们，并向我们证明改进教育实践是有可能的。

在研读上文提到的学校园艺运动的历史研究文献之前，我们未曾意识到历史上居然掀起过这样一场运动。这项历史研究本身充满了趣味，但还有更深远的价值。通过对过去近一个世纪兴衰历程的回顾，历史研究可以帮助教育者反思这场学校园艺运动对当今学校教育的意义。例如，该研究向读者表明，在面对当今的环境问题时，学校课程应该如何发挥作用。

总之，历史研究为我们提供了一种与过去持续对话的渠道。随着新问题的提出，我们对历史事件的认识也在改变。对历史的认识可以为我们认识现实提供新的思维方式，激发我们改进教育实践的思路。

修正主义的历史观

一些被称为**修正主义历史学家**（revisionist historian）或**重建主义者**（reconstructionist）的研究目的，是为了揭示那些他们确信在过去历史描述中被遗漏、被歪曲的各种现象。这些研究者更宏大的目的是，让教育工作者敏锐地观察过去的做法，意识到过去实践的目的和影响虽看似不公，却一直延续至今，因此有待改革。例如，一项关于19世纪中叶马萨诸塞州教育改革的历史研究表明，改革是如何服务于统治阶级的经济利益，却遏制民众的民主诉求的（Katz, 1968）。

又如，一项对20世纪上半叶美国西南部学校的研究发现，那里广泛存在针对墨西哥裔美国儿童的种族隔离教育（Gonzalez, 1990）。冈萨雷斯（G. Gonzalez）认为，这一政策因本地区白人的经济利益而变本加厉。这些研究警示教育者，当前教育实践和改革中可能存在类似的问题，这样我们便有可能加以防范或修正。

对于教育历史学家是否应该以及如何将自己的研究结论与教育决策相结合的问题，人们依然存有争议。一些历史学家认为，他们应该直接影响决策，而其他学者则认为，如果卷入决策过程太深，就会破坏历史学科的完整性。多那托（Donato）和拉泽森（Lazerson）（2000）对这些观点进行了评述，并提出他们的建议：

> 教育政策是在特定历史背景下提出和实施的。通常情况下，政策有赖于对历史的假设以及人们确信的那些历史事件。教育史学家有责任将他们讲述的故事带入政治领域，因为如果他们不这样做，这些无须为历史研究的学术性负责的人们，就会讲述那些成为常识的故事。而更糟糕的情况是，历史学家们讲述的故事完全被束之高阁。（第10页）

我们支持另一种关于历史学研究与政策关系的观点，即在讨论实践问题的最佳方案时，教育工作者和政策制定者应该探寻包括修正主义的历史观在内的所有相关史实。

未来学

有一类研究叫**未来学**（futurology），它专门考察未来的图景。有些未来学的研究以当前趋势为基础，另一些未来学研究则通过模拟（simulation）和游戏（gaming）设想未来的情景。预测未来主要基于统计逻辑或对历史事件的理性推理。

于是，历史研究又多了一个目的——帮助教育者界定和评价特定教育现象的未来走势。如果我们了解某些个人或群体过去的行事方式，就可以在一定程度上预测他们未来的行事方式。例如，通过研究某些立法委员过去的表决记录，我们就可以较好地预测他们会如何对即将到来的教育法案进行表决。

历史研究的方法

接下来，我们将分步骤介绍历史研究的过程：（1）甄别史料来源；（2）考证历史证据；（3）解释历史数据。当然，请记住，许多研究者会在这些步骤之间来回跳跃。请看一位历史学家对自己研究过程的描述（Carr, 1967）：

> 对于我而言，只要遇到一些重要的材料，就会有提笔的冲动，于是我就开始写作。这样的情况不只出现在研究的初始阶段，也可能出现在任何其他研究时间、地点。此后，阅读和写作便同时进行。随着阅读的不断推进，我写作的内容会随时增加、削减、修改或者完全删除。写作指导、引领并丰富着我的阅读历程，因为我写作越深入，就越清楚自己需要寻找什么样的材料，也就越能理解自己研究发现的意义所在。（第32-33页）

卡尔的这段描述或许可以让你联想到案例研究的过程（参见第十四章）。开始有一个大概的研究计划，但随着数据收集和分析的深入，新的研究问题会不断涌现，新的研究参与者会加入，新的数据来源也会被发现。

甄别史料来源

正如我们先前解释过的那样，历史学家的主要目的不是"创造"数据，而是根据他们所研究问题的需要去"发现"数据。这些数据可以从多方面渠道获得，历史学家仔细考虑可以获得数据的渠道类型，哪些个人或机构最可能从事相关的研究，哪些地方最可能储存这样的数据。这些思考为初步的资料搜索工作打下了基础。随着诠释架构的不断发展，或者研究由旧的数据源转向新的数据源，历史学家就可以修订原先临时性的搜索计划。

关于历史学家通常使用的数据源类型，参见本书第三章——通过搜索引擎和书目索引（bibliographic indexes）寻找二手和原始的数据源。

搜索引擎和书目索引

历史学的文献研究通常从利用搜索引擎开始。你或许还记得第四章中关于**搜索引擎**（search engine）的定义，它是帮助读者从出版物数据库中甄别那些符合研究主题要求的数据的软件。纸质的书目索引也可以作为重要的数据来源。

第四章介绍的许多普通的搜索引擎和书目索引对于历史文献研究也同样适用。此外，你还可以从这些普通搜索引擎和书目索引中甄别出那些与自己研究课题相关的研究者。图17.1列举的都是一些很有用的搜索引擎和书目索引。

美国：历史与生活（America: History and Life）

可查找从史前到当今美国和加拿大历史的搜索引擎。圣·巴巴拉：ABC-CLIO公司。

《传记和家谱总索引》（*Biography and genealogy master index*），网址：www.gale.com

囊括全世界数百万当代和历史人物传记的纸质索引。每年更新。

传记参考书银行（Biography Reference Bank），网址：www.hwwilson.com/databases/biobank.htm

能查询超过55万个人的履历资料、照片和文章的搜索引擎。

《美国和加拿大家谱、历史图书馆，档案馆及藏品目录》（*Directory of genealogical and historical libraries, archives and collections in the US and Canada*）（2002年版）．科罗拉多州博尔德（Boulder）：Iron Gate出版社。

可查阅超过1.4万份储存于图书馆、家谱、博物馆的家族和历史材料的纸质索引。

弗里泽（R. H. Fritze）、**库茨**（B. E. Coutts）、**维纳尼克**（L. A. Vyhnanek）著：**《史学研究参考资料指南》**（*Reference sources in history: An introductory guide*）（2003年）（第二版）。圣·巴巴拉：ABC-CLIO公司。

历史研究领域综合性的工具书指南。

美国历史统计（Historical Statistics of the United States），电子邮箱：hsus@cambridge.org

一个关于美国历史的定量数据源。数据分为五大类：人口、工作和福利、经济结构和成就、经济部门、管理和国际关系。提供电子和纸质版本。

全国手稿收藏品联合目录（National Union Catalog of Manuscript Collections）。网址：www.loc.gov/coll/nucmc/nucmc.html

查询全国性历史文献和档案的搜索引擎。

美国报纸项目（United States Newspaper Program）。网址：www.neh.gov/projects/usnp.html

该数据库收集了自18世纪至今美国发行报纸的微卷版。该网站还拥有报纸电子数据库。

图17.1 历史研究的搜索引擎和纸质文献索引

二手资料

历史研究中，作者在描述事件时可能不依赖直接观察，而是援引事件亲历者或参与者的描述。记载了这些描述的文献或其他记录形式（如录音）被称为**二手资料**（secondary source）。大量的报刊文章、电视新闻报道都属于二手资料，因为记者是通过采访目击者获得信息的。在记述学校课程和日常管理情况的年度报告中，如果撰写者采用的数据来自其他个人（如学校行政人员或教师），那么，这样的报告也属于二手资料。

大多数史学家在研究初期会广泛查阅二手资料,以确定他们要研究的问题和最有价值的数据类型。有时他们决定只采用二手资料中涉及原始数据的信息,而不直接追溯这些原始数据的来龙去脉。在另外一些情况下,历史学家会直接去考证一手资料。在决定是否直接考证一手资料时,历史学家会考虑这样一些因素:二手资料作者的信誉度如何;作者的分析框架是否与自己的匹配;一手资料是否容易获得。

一手资料

历史研究中的**一手资料**(primary source)指任何来自过去保存下来的信息源(如一本日记、一首歌曲、一幅地图、一套考试成绩单或其他物件),或由历史现象的目击者或参与者创建的记述历史现象的信息源。历史学家可采用的一手资料包括四类:(1)文本和其他媒介;(2)口述史;(3)纪念物;(4)定量历史材料。下面我们逐一介绍这几类一手资料。

文本和其他媒介。手写或打印的文本材料都是历史研究中最常用的一手数据源。林肯和古巴(Lincoln & Guba, 1985)将这一类材料分成**文件**(document)和**记录**(record)两种。"文件"仅用于个人目的(如写给朋友的一封书信,或一本私人日记);"记录"用于正式目的(如一份法律合同、一份遗嘱或一篇报刊文章)。"文件"和"记录"采用手写、打印、电脑生成等文本形式。其中有些可能已经出版,有些则未出版;文本的体裁也各不相同(有报纸文章、诗歌或小说)。

历史学家分析的部分文本材料,原本就是为了记录已发生的事件(如回忆录或学校年鉴);部分文本材料当时只为眼前之需(如学校备忘录或教师命题的试卷),这些材料不是作为史料以备将来之用的。

如今,视觉媒介被越来越多地用来存储和传达信息——例如,电视、影片、CD、DVD、数码照片和互联网视频流(streaming videos)。格罗夫纳和劳恩(Grosvenor & Lawn, 2001)认为,这些媒介可以记录下教育历史事件和实践中的重要证据。

口述史。许多文化以民谣、传说和其他口头语言的形式,为后人保留下关于历史事件的记载。历史学家可以对这些口头叙述做录音,将其作为一手资料加以利用。历史学家还可以对那些目击或参与具有历史意义事件的个体实施访谈,对访谈内容进行录音,整理成文字,最后形成书面材料。使用现存关于过去的口头叙述,或者汇集这些口头叙述材料,就构成了通常所说的**口述史**(oral history)。

凯伦和斯通(Kelen & Stone, 1996)所著《失声的故事》(*Missing Stories*)一书是口述史研究的例子。研究者调查了美国犹他州的八个文化社区,对352名个体进行了长时间访谈,对访谈内容进行了录音并转录成文字。此书呈现了其中88名个体的故事,他们向读者讲述了代表各自社区历史的故事。

纪念物。纪念物(relic)指那些能提供关于历史信息的各类物件。如果研究者想了解历史上教育实践的相关信息，学校设备、电脑、学校建筑规划图、教材、作业本、教学游戏等都是纪念物。舒梅克尔和瓦依达（Sheumaker & Wajda，2007）曾编纂了一部关于这类物品和其他物质文化的百科全书，其中折射了美国历史的片段。

定量历史材料。另一重要的一手资料是**定量历史材料**（quantitative historical materials），它是有关教育现象的数字信息。与文件和记录一样，数字信息也可以纸质或电脑文档的形式记录和保存。人口普查记录、学校预算、学校考勤记录、教师的打分卡、考试成绩及其他量化数据的汇编，都是对历史学家有用的数据。在本章后半部分，我们将讨论如何在历史研究中使用和分析定量材料。

档案馆。我们可以在当地博物馆或档案馆发现类似日记、手稿、学生成绩单一类的一手数据材料，以及像老照片、教室设备这样的纪念物。**档案馆**（archive）也被称为**资料库**（repository），是存储一手资料（特别是那些年代久远或稀有珍品）的专门场所。档案馆可以妥善保管这些资料，并有条件地对外开放。

历史学家通常须通过特别手续才能获得一手资料，如向档案馆出具书面申请，以获准对内部史料进行研究。研究者还需要说明他们的借阅期限以及将如何记录材料，或许还要解释他们计划如何应用这些史料。

考证历史证据

教育工作者如果希望将历史研究的结论运用于实践，就必须确保历史学家用以分析的史料是有效的。否则，教育工作者对当前实践的看法会被错误的历史观歪曲。否定纳粹大屠杀（Holocaust）的故事给当代社会带来了困扰，这些故事也号称是建立在"充分的"历史证据基础上的。这一事例警示我们，历史研究务必遵循严格的验证程序。确保史料的有效性，意味着这些资料是必须真实的，包含的信息必须是准确的。接下来，我们依照这两条基本标准，介绍验证史料来源的程序。

确定史料真实性的程序

历史研究中，确定一手数据源真实性（authenticity）的过程被称为**外部考证**（external criticism）。外部考证过程关注的不是一手数据的内容本身，而是那些貌似或声称的数据之源，是否是真正的数据来源。此处，"来源"指作者、事发地、出版日期、出版商或赞助机构等这方面的信息，通常我们可以在第一手数据的引文中看到这些信息。

引文的数据可能看起来清晰、具体，但还是可能存在问题。虽然一手数据的作者会被列举出来，但这样的标注并不可靠。有些一手数据（如笔录的演讲稿）是由他人代笔的，署名作者并非实际作者。有时，作者为了隐藏身份而采用了笔名。如果一手数据源有多个署名作者，我们几乎无法判断某一部分历史问题文稿的作者，究竟是这些署名作者中的哪一位。还存在另外一种可能：材料的作者是**伪造**（forgery）的，却宣称作者是真实的。举例来说，某一本日记的作者并不一定与日记中事件的亲历者为同一人。

通常我们可以轻易地从保存材料的地方（或材料本身就表明了出处）得知一手数据的来源。但要确认材料的原始日期，难度就大一些。如果没有明确标明日期，我们可以从一手材料的参考文献中推断出可能的日期，也可以从档案文件柜的摆放顺序判断日期。我们必须谨慎地确认材料的日期，因为人们很容易在日期方面犯错误。例如，每年新年伊始，有人容易将年份错误地写成上一年。

为了验证一手数据源的真实性，历史学家需要提出或检验关于权威来源的不同假设。例如，他们可以假设某一份材料是某个组织的一名下属撰写的，真正作者并非署名的那个人。如果历史学家提出的种种假设都站得住脚，他们就可以在很大程度上确定一手材料的真实性（虽然不能绝对确认如此）。历史学家对材料真实性的任何质疑，应该在其研究报告中注明。

确定史料准确性的程序

确认一手史料中信息准确性的过程被称为**内部考证**（internal criticism）。在实施内部考证时，研究者会围绕史料提出各种问题：人们有可能如作者所描述的那样行事吗？所描述的事件有可能在时间上如此接近地相继发生吗？作者提及的预算数字合理吗？

研究者会认为史料描述的某一事件或情景不可能发生，但不能据此对数据源抱不信任的态度。大家能记得：人的一生中一些貌似绝不可能的事情确实发生了。

内部考证要求研究者对史料表述的合理性和表述者的可信度作出判断。可以遵照如下标准判断材料作者的可信度：（1）所叙述的事件中，作者是否在现场；（2）作者是否参与了事件，或者只是旁观者；（3）作者是否有资质准确地描述此类事件；（4）作者对事件的情感投入程度如何；（5）作者对事件结局是否有既得利益。

但即使能力再强、再诚实的目击者，对相同的事件往往也有不同的看法。当研究者发现人们对某一事件的叙事大相径庭时，他们不能就此得出"全对"或"全错"的结论。正如卡尔（1967）指出的："我们不能因为'横看成岭侧成峰，远近高低各不同'，就认为实际上山脉根本没有形状，或者认为它的形状数不胜数。"（第30–31页）。卡尔认为，历史学家的任务是融合不同目击者的描述（虽然明知其有主观性），然后解释材料（也是主观的过程）以期发现实际发生的事件。

我们还需要仔细考证历史事件描述中的**偏见**（bias）问题。凡带有偏见者，会持有一套固定的观察事物的方式，而忽视、歪曲或误解某些事实。如果某个人强烈地希望所描述的事件成为"真理"，他就很可能形成带有偏见的信息。历史学家通过分析史料中观点表达者的种族背景、党派、宗教信仰和社会地位等因素，评估产生偏见的可能性。历史学家还会考证史料中情绪化或过激的语言，这些语言可以折射出说话者对某个问题立场的倾向性。

如果研究者发现某人在公开场合和私下场合的陈述不一，并不意味着他在公开场合的陈述是没有价值的史料。事实上，这种差异本身就是分析陈述者及其所处社会环境的历史证据。

解释历史数据

在解释"内部考证"的概念时，我们曾提及，目击者对特定事件的印象会因其能力、个人立场、与该事件的关系而不同。历史研究者的情况也类似。历史学家需要根据自己选择的历史证据及其对这些证据的理解，撰写关于过去的不同的故事。

因为历史不可避免地涉及解释，随着研究兴趣和研究问题的转移，历史学家会持续地重构历史。例如，近几十年里，修正主义历史学家在教育研究领域独领风骚。就如我们在上文阐释的那样，这类研究者放弃关于教育史传统或通行的视角而另辟蹊径。

历史研究者需要谨慎地避免一种解释偏见——**当下主义**（presentism），即用新近的概念和视角去解读历史。历史研究者需要发现自己当下研究的时代和环境下的不同概念是如何被使用的。例如，"校长"（school principal）一词在不同历史时期有不同内涵。

历史研究中的因果推论

历史研究的一项基本任务是分析历史事件的前因后果，寻找诸如以下这些问题的答案：什么事件触发了智力测验运动？为什么几十年前美国的教育工作者如此自然地接纳了英式开放课堂（open-classroom）的教学方法[①]？美国校长角色的起源是什么？

历史研究中的因果推论是解释一组事件如何直接或间接引发另一组事件的过程。历史学家无法通过直接观察揭示历史事件之间的因果关系，但他们可以为自己的因果关系推论提出假设。

有些历史学家提出的假设认为，人们在不同文化和时代的行为具有相似性，因此这些学者利用当前普遍接受的因果关系模式解释看起来相似的历史情形。例如，有研究者发现19世纪美国的一所大学的学生逃课并发起针对大学管理层的示威活动。假设研究者发现这一事件发生在校方作出限制学生某些权利或特权的规定之后，这位研究者可能就此推论是这些规定引起了学生的抗议。这一推论的逻辑是：20世纪60年代美国大学校园里类似的一系列事件，也引发过学生的抗议活动。

还有一些历史学家相信，历史事件是独一无二的，因此历史不会重演。照此逻辑，一时发生的事情可以帮助我们理解另一时发生的事情，但前者不能解释后者。同样道理，凡是将先前发生的事件视为后续事件的先兆的历史学家，须谨防"当下主义"的倾向——如我们前面论述的，在解释历史事件时，同一概念的今昔内涵已不同。

在试图解释过去事件的原因时，历史学家通常会考察不同的起因。他们可能把历史上发生的教育事件归因于某些关键人物的行动，强有力思想的实践，科学技术的进步，或者

[①] 以非正式教育为特点的开放课堂运动起源于"二战"后的英国，20世纪70年代传入美国。——译者注

经济、地理、社会或心理因素。

还有一些历史学家采取兼收并蓄的方式，综合各种因素解释历史事件。例如，泰亚克（Tyack，1976）曾研究美国义务教育兴起的历史。他解释道，大约到了1890年，美国已经建立起普及性小学教育制度，招收孩子的数量与日俱增。在那段时期，大多数州制定了义务教育法，但没有切实执行。泰亚克将这段时期的美国义务教育制度形容为"象征性阶段"（symbolic stage）。

泰亚克将起始于20世纪初期的第二阶段总结为"官僚阶段"（bureaucratic stage）。他指出，在这一时期

> 学校系统的规模在扩大，复杂性在增加，新的官僚控制手段已经出现，围绕义务教育的意识形态冲突在弱化，一些强有力的法律获得了通过，学校行政人员采取复杂手段将逃学的孩子带回了校园。到了20世纪二三十年代，越来越多的州要求年轻人接受中等教育。到了20世纪50年代，中等教育变得如此普及，以至于离校学生（school-leavers）被称为辍学者（dropouts）。（1976，第60页）

但问题出现了：为什么美国学校在法律的强制力下逐渐走向了义务教育？对此，泰亚克提出了五种因果关系的解释，分析了这些解释能在多大程度上回答这一问题。例如，种族文化学的解释（ethnocultural interpretation）认为，出现义务教育是因为人们相信教育可以将唯一"正确的"行为准则灌输给下一代。当时来自南欧、东欧国家移民的涌入威胁到美国的经济和文化，种族文化学的解释在一定程度上是对美国社会应对移民潮挑战的努力的一种认可。移民涌入引发了长期居住在这个国家的部分宗教和种族群体的极大忧虑。

另一种解释来自经济学的人力资本理论。这一解释认为，义务教育制度源自这样一种信念，即教育可以提升劳动者的生产力和可管理性（manageability）。

泰亚克提出的美国义务教育制度势头日盛的原因，可以部分解释历史证据，但难以解释其他历史证据。为此需要提出新的解释理论。泰亚克指出，新的解释理论可以帮助历史学家"对历史有更复杂和准确的认识，并更好地了解目的和结果之间的复杂关系——无论对于历史的行动者，或希望重建这些行动者生活的历史学家，莫不如此"（1976，第89页）。

历史学家对历史事件的来龙去脉了解越多，他们就越可能发现这些事件背后多样化的原因。因此，比较可靠的做法是将早先发生的某个事件视为后继事件的原因之一，而非唯一原因。历史学家还可以通过选择不同的语言表达方式，来传达因果关系的解释强度（如，"这是一个重要的影响因素……"，或者"这是影响……的诸多因素之一"）和确定性（如，"非常有可能……"，或者"可能的情况是……"）。

寻找历史证据的普遍性

如同其他质性研究者一样，历史研究者并不打算探究他们感兴趣的全部个体、环境、

事件或物件。相反，他们通常只研究一、两个案例。选择怎样的研究案例部分取决于资料的可获得性。例如，为了解19世纪小学教师的教学环境，历史学家可能需要考证那个年代教师的日记、信函及其他书面记录材料。但研究者研究这些材料有前提条件——教师的这些书面材料须保存完好，且研究者容易获取这些材料。

在寻找研究结果对于当时其他教师的普遍性意义之前，研究者需要考虑是否其他教师也可能提供类似的数据。要从其他教师身上发现能否得到相似的研究结论，办法之一是考察在不同情境下，教师是如何看待自己的教学经历的。比如，研究者可以询问：教师为出版而描写的教学经历，与他们写在日记和信函中的个人工作经历是否相似。

历史解释的另一个潜在问题是历史数据对于个体的普遍性。例如，历史学家从某个一手资料中发现，一位教师对特定教育问题发表了自己的意见。但该言论并不表示这位教师在之前或之后会发表相同的意见。研究者必须寻找更多的证据，以确认这位教师所言是否是其一贯的看法。

历史研究中使用定量数据

定量材料在历史研究中已得到广泛使用，一个原因是，依据大量精挑细选的定量数据得出的结论，要比依据案例研究得出的结论更具有普遍性。定量材料的另一个优势是，研究者可以借助这些数据总结不同的历史观和不同个体的历史体验，这种方法有时被称为历史研究的"常人法"（common-man approach）。相反的，先前的历史研究通常关注少数杰出人物。

巴顿（Button, 1979）指出，"常人法"关注"自下而上的历史——关于草根的历史"（第4页）。鉴于历史记录通常很少关注来自草根的观点，巴顿认为，历史学家必须挖掘各种资源以反映这些观点。

> 例如，关于巴克斯顿（Buxton）镇（南北战争前安大略省的一处黑人避难所）的定量研究，有必要汇总1861年、1871年和1881年人口普查手稿中大概1,5000个词条以及镇审计员和教会的记录……研究者需要编辑和处理数据，很不幸这些数据会出现自相矛盾之处，这样的历史研究成果中缺少知名人物，甚至连人名都没有出现。尽管如此，这种新的历史研究方法已经并将继续增进人们对历史的认识，平衡我们长期以来只关注"杰出人物"的倾向。（第4页）

这类研究被称为**量化历史**（quantitative history），因为它们使用了电子数据库，其中囊括了用电脑和统计技术分析所得的数字数据。

历史研究报告的特点

历史研究报告有别于其他类型的研究报告。主要区别在于：这类研究报告多以专著而非期刊论文形式发表。之所以如此，是因为历史学家通常需要讲述涉及面广泛的故事。

例如，教育家的传记可能横跨人物的一生。教育家不同的人生阶段（特别是其职业生涯的不同阶段）需用独立的章节来描述。每当描写到教育家关键的人生阶段，为了更好地说明教育家的行为和贡献，作者需要结合地方和更广泛层次的政治、经济、文化及其他背景。

学术期刊上发表的历史研究论文，与定量研究和大多数质性研究的格式并不相同。大部分历史研究文章讲述的是一个故事，其中包括：按照年代先后陈述的事件；与事件有关的人物；事件所处的环境；对人物的行为和思想产生影响的社会因素。研究者的解释贯穿于整个故事中。

罗斯马尼亚（Rousmaniere，2007）发表的一篇名为《走进校长办公室：对北美地区校长的社会史研究》（*Go to the principal's office: Toward a social history of the school principal in North America*）的文章就是关于美国学校领导角色演变的论文，该文呈现了这一类研究报告的特点。这里我们将分析另一份历史研究报告，为读者揭示教育史研究中常见的一些特点。

陈述研究目的

特蕾西·斯特弗斯（Tracy Steffes，2008）曾对1900—1933年间的乡村学校进行了一项历史研究。虽然从那段历史起始到如今已过去了一个多世纪，作者研究的乡村学校问题及其解决之道，对我们认识今天的教育问题依然意义重大。当时乡村学校的最大问题是：与城市学校相比，这些学校的资源严重缺乏，这种不平等现象在如今贫困地区的学校还在上演。

如同其他历史研究报告一样，斯特弗斯在其论文中陈述了她的研究目的，这是她提出的命题，需要通过历史证据和论证加以支持：

> 本文认为，研究乡村学校问题有助于推进对当地学校的干预措施，并使这样的干预合法化；明确在各州发展历程中对学校的资助方式、规范和管理制度的建设。（第181页）

换句话说，斯特弗斯计划研究：特定的实践问题如何推动州一级教育管理部门的建立，它们与地方学校系统的特殊关系如何。这篇文章用了主要篇幅描述并解释历史证据，以支持文章的上述主题。

历史年代学

许多历史研究报告是根据年代顺序组织材料的。上文关于乡村学校的研究也是如此。斯特弗斯（2008）按照从1900年到1933年的年代顺序，将报告分成四个主要部分。如下所示，每一部分有各自的主题标签，每个主题又包含了对重要事件的概述。

- 明确乡村学校面临的问题。20世纪初的乡村学校，校舍通常只有一间教室。后来人们逐渐意识到，工业化进程中城市学校的设备齐全、规模庞大，而乡村学校却落后了。教育工作者和公共部门的领导者意识到，这一城乡差距将威胁到国家的经济和社会结构。

- 地方学校致力于解决乡村学校问题的改革失败了。旨在提升乡村学校办学水平的改革收效甚微。20世纪第二个十年和20世纪20年代实施的改革措施包括：增加当地税收来资助办学；关闭一批规模小的办学点，实行学校合并；建造更大规模、更现代化的校舍。另一项重要的改革举措是：以郡一级（county-level）治理取代地方学区的控制权，成立了郡教育局；设立群督导等管理人员岗位；征收郡一级税收支持学校发展。很明显，郡一级的治理加强了，但乡村基层希望尽可能维持地方的控制权。

- 乡村教育机会均衡化：建立政府资助及标准制度。第一次世界大战期间入伍者的文盲率很高，且体质羸弱。公众关注这个问题并向政府施压，希望政府采取相应的行动。州政府需要设法确保包括乡村学校在内的所有学校都能提高教育质量。主要措施之一是：由州政府向地方学校系统提供经费支持，帮助推行类似学校合并这样的改革。20世纪第二个十年和20世纪20年代，各州政府逐步将经费援助与州的办学标准执行情况挂钩。如此一来，那些无法筹措与州政府配套经费的，或者无法通过投资获得州政府支持而只能勉强达标的学区，就被甩在后面了。

- 领导和监管：州教育局得到发展。随着州政府越来越多地承担起帮助乡村学校及其他资源匮乏学校发展的职责，它们也显露出力不从心的一面。许多州开始发展州教育局。供职于这些部门的平均人员数从1890年的不到3人，增加到1930年的54人。这些州政府机构主要负责对本地学区的监管。监管人员不能强行要求学区统一执行州的办学标准，但它们有各种办法鼓励和劝说地方学校达到州的标准，并按照"最佳实践"标准办学。

按照主题描述的历史年代学有助于读者从众多发生在学区、郡及州教育局的事件中找到发展脉络。确保地方的控制权，学区更有可能对区内学校投入财力和精力，但出现的问题是一些学区内学校的办学水平低下。而州教育局面临的困难在于：强制干预会被视为对地方控制权这一近乎神圣惯例的一种侵犯，那么如何在不采取强制措施的情况下帮助那些办学状况不佳的学校呢？

从历史研究中得到启示

有些历史学家只对研究发现作出解释，让读者自己对照实践问题去总结研究的意义。还有一些历史学家则从研究结论中引申出对于现实的经验教训，斯特弗斯关于乡村学校的研究就属于此类。作者提出了若干研究启示，但她也提醒："历史经验告诉我们，地方控制权和州一级集权化之间的关系错综复杂、难以一言蔽之。"（2008，第219页）

斯特弗斯注意到，如今地方、州和联邦对教育的控制权关系并没有理顺。研究发现，教育工作者抵制联邦政府《不让一个孩子掉队法》提出的要求和对学生实施州一级统一测试的做法。教育工作者不希望联邦和州政府凌驾于地方之上，替那些与学生利益关系最密切的人（包括学生家长和教师）做决定。

斯特弗斯从对1900年到1933年乡村学校历史研究中得到的一个重要启示是：有了郡和州政府的支持，地方学校的控制权就可以在提高学校质量中发挥积极作用，但同样也存在消极因素。作者认为，地方控制的积极作用体现在：

> 地方控制的制度可以利用本地人的自豪感和拥戴力量，推动学校追求最佳办学实践、实验和创新……更为重要的是，即使遭遇普遍的反征税的民怨，社区对"自己的"地方学校的认同感也有助于扩大对学校的支出和投资力度。（2008，第217页）

当然，地方控制也存在消极因素。

> 这一制度在当时确实部分缓解了乡村和城市教育差距扩大的态势，还确立了统一的学校办学基准。但此举也默认并固化了各地种族和经济发展不平衡的格局。将办学自主权交由地方政府，容易听任各地忽视少数族群的利益。由于各学区贫富不均，将学校资助与当地财产税挂钩，意味着经济差距将成为在学校治理改革中人们要无奈接受的永恒的现实条件。（2008，第218页）

在少数民族问题上，斯特弗斯注意到这样的现象，一些乡村学校并没有强制要求墨西哥裔和非洲裔学生上学，也没有为学生提供到合并后的学校上学的接送服务。

斯特弗斯对1900年—1933年农村学校的历史研究，没有明确提出联邦、州、地方政府在改善学校办学中的最佳角色定位。她只告诉读者各级政府之间的分工合作能发挥积极的作用，但这样也会带来不利影响。基于这样的认识，我们便可以深入思考未来改善学校教育质量的计划。例如，我们可以确定任何一级政府（无论是地方、州或联邦政府）都无法独自实现提高教育质量的目标；同样我们也不能认为某一级政府无关紧要而弃之一边。教育工作者和各级政府的决策部门应该携手共商教育合作大计，充分发挥各部门的积极作用，弥合那些会对学生和社区产生负面影响的政策漏洞。

历史概念

本章上文曾提及，历史学家有时需援引出现在某个历史时期的概念。此时，研究者必须避免"当下主义"倾向，不能将过去概念的用法套用到现在的语境中。"监管"（supervision）一词是乡村学校历史研究报告的关键概念。在描述州教育局兴起时，斯特弗斯认为，"监管"是"州建立教育管理体制的举措之一，也是这些部门确立的职责所在"（2008，第208页）。

如今，教育中supervision一词被赋予了更多含义，其中包括"评估教师或学校是否达到了某些标准",或者仅指"督察教师或学校没有参与不当行为"。supervision一词还指"督察教师或学校以帮助他们提高自身能力的过程"。为避免当下主义的错误,我们应该注意使用历史概念时,是否意指这些内涵(或其他内涵)的某一种。

因为"监管"是这份研究报告的核心概念,斯特弗斯仔细地将这一概念置于历史背景加以解释。

> "监管"包含了"检查"和"指导"两层意思。设立"监管"一职旨在提升地方学校管理人员的专业领导力。在监管过程中,州一级的官员会被派往地方学校,实地考察学校和地方管理人员的工作,向他们提出工作改进建议,宣传新实践和新理念,协调各项地方工作……一方面,"监管"是一项教育质量提升工程,另一方面也是从专业化角度,对提升"最佳实践"的均衡化水平提出了高目标。(2008,第208页)

联系20世纪初期的时代背景对"监管"概念进行细致解读,有助于我们立足特殊的历史阶段(而非自我经验)来理解这一概念。

对历史研究的评价

教育中的历史研究比其他类型的研究更难评价,因为历史研究报告通常不会就证据收集和分析的方法展开讨论。尽管如此,我们依然有必要用批判性的视角解读历史研究报告。

阅读历史研究报告时,以下问题有助于你保持批判性的视角。

● 报告是否参考了一手资料?

如果历史学家所分析的文件是由历史事件参与者或者目击者撰写的,那么基于这些文件的解释会更加可靠。

● 报告是否对一手资料进行了外部考证?

教育史学家接触到的研究文献不太可能是伪造或来源不明的。然而,如果某一份历史文件是基本研究文献,我们还是有必要考虑一下文件是否可能有假,或者文件的真实作者是否可能不是署名作者。

● 报告是否通过内部考证以确认史料表述的准确性?

上文中我们提出了评价材料作者可信度的五个标准:(1)所叙述的事件中,作者是否在现场;(2)作者是否参与了事件,或者只是旁观者;(3)作者是否有资质准确地描述此类事件;(4)作者对事件的情感投入程度如何;(5)作者对事件结局是否有既得利益。

● 历史学家的解释是否反映了偏见?

历史研究中难免有偏见。修正主义历史学家已经向我们表明,历史事件是如何被其他历史学家轻视或忽视的。寻找那些细微的证据，发现历史学家在表达对特定教育事件的观点时，是否反映了其既得利益。

● 报告是否有可靠的因果推论？

社会事件和个人活动往往受多种因素的影响。如果历史报告只分析了单一因素，就有可能排斥了其他重要的因素。同时，要考虑因果推论是否可以得到报告中呈现的证据的支持。

● 历史学家是否对报告呈现的证据作了过度概括？

历史学家通常只研究特定个体或事件，却从中概括出教育的大趋势。需要考察这样的概括是否能得到报告中证据的证明。

● 历史学家是否恰当地使用了教育概念？

如本章先前解释的那样，如今使用的教育概念的内涵，与历史上同一概念的内涵存在差别。因此，需要观察历史学家是否对历史上如何界定和使用有关概念作了说明。

一个范例：历史研究如何帮助解决实际问题

过去几十年间，特许学校作为传统公立学校之外的新生力量得到了发展。倡导者们宣称，这类学校比传统公立学校更具创新性、更富有成效。最近的一则无线电广播节目对这场特许学校运动提出了有意思的观点。这档节目的开头是这样的。

> 明尼苏达州在颁布全国第一个特许学校法规之后的近二十年里，双子城①（Twin Cities）的特许学校学生成绩持续不佳，种族隔离状况比传统公立学校更严重，并迫使传统的公立学校也走向种族隔离。
>
> 这些研究结论来自明尼苏达大学种族和贫困问题研究院发布的一份新报告《未兑现的承诺》（Failed Promises）。
>
> 资料来源：Weber, T. (2008, November 26). Study: Charter schools promote segregation, perform worse than traditional schools. Retrieved from http://minnesota.publicradio.org.

特许学校的立法者们压根儿都没有想到，这些学校会引发如此众多的争议。这则广播引述的研究报告称这类学校为"未兑现的承诺"。然而这则广播节目也引用了几所官员和家长感到满意的特许学校。其中一所特许学校招收了大批刚移民到美国的苗族（Hmong）学生。该校的校长说："就我接触过的家长而言，他们讨论更多的是'欢迎''舒服'等方面的话题而不是教育……我能理解他们，因为如果孩子感到不开心，你怎么能期望他们

---

① 即州首府圣保罗和附近的州最大城市明尼阿波利斯。——译者注

学到知识呢？"

当前的形势是否反映了那些倡导和投票支持特许学校立法人士的初衷和期待呢？这个问题需要历史研究来回答，我们即将分析的这项研究就是一例。这一问题很有意思，因为明尼苏达州是第一个通过特许学校立法的州，因此有丰富的历史记录可供研究。

历史研究没有现成的方法论可资利用，所以我们的研究可以按照不同方向来推进。我们可以在一开始全面回顾法律文本，聚焦立法的目的、期待的结果以及指导思想。然后，我们考察相关的文件，如立法委员撰写的备忘录、预算分析报告、倡导者提交的书信和文件、立法建议，另外还可以补充来自立法委员和利益相关者的口述史——他们都积极参与了立法有关的各项活动。

如同《未兑现的承诺》或其他针对明尼苏达州特许学校的文献一样，这里的研究可以对立法之初和眼前的情形进行比较。如果时间和资料允许，还可以选取特许学校运动进程中的其他关键时间节点进行研究。

这项研究可以为教育工作者和其他利益相关者确立下一步行动提供重要思路。例如，历史研究可能表明，如今的特许学校似乎在按照立法的既定使命运行，但这些学校还需要更多的资源，并调整办学思路。历史研究还可能表明，特许学校已经严重偏离立法的初衷，需要重新确立基本理念。

没有历史研究提供视角，教育工作者就会陷入持续的困惑中，不知道特许学校或其他教育改革运动的历史脉络和未来可能的走势。

自测题

1. 所有教育研究者都可以被看作历史学家，主要是因为他们_____。
   A. 是在评述过去研究的基础上设计课题的
   B. 研究不同现象之间因果关系
   C. 解析研究结论的现实意义
   D. 就自己的课题提出未来研究的方向
2. 在历史研究中，文献研究一般_____。
   A. 是研究过程中一个相对次要的部分
   B. 提供研究数据
   C. 是在分析数据之后进行的
   D. 关注二手资料
3. 在历史研究中，由一位19世纪的校长写的个人日记，最有可能被看成是_____。
   A. 二手资料

B. 文件

C. 纪念物

D. 记录

4. 在历史研究中，从所研究年代保留下来的实物被称作_____。

   A. 记录

   B. 二手资料

   C. 资料库

   D. 纪念物

5. 确定某个历史文献的来源是否真实的过程，有时被称作_____。

   A. 内部考证

   B. 历史编纂考证

   C. 外部考证

   D. 修正主义

6. 对文件进行内部考证是为了_____。

   A. 发现赝品

   B. 确定出版物中作者和日期是有效的

   C. 确定文件传播的范围

   D. 确定文件文本中信息的准确性

7. 在历史研究中，当下主义是指_____。

   A. 认为现在比历史更重要

   B. 用当下的概念解释过去的事件

   C. 认为不能基于对过去事件的研究而预测未来

   D. 修正主义历史研究的一系列假设

8. 历史研究者通常认为定量材料在_____方面比其他类型一手资料更好。

   A. 研究历史现象的独特性

   B. 研究无文字记载文化的历史

   C. 研究特定历史时期的全体人群特征和趋势

   D. 描述各历史时期的杰出个人

9. 历史研究中的因果推断过程，是研究者_____。

   A. 通过分析把历史现象的因果关系归结为一系列事件

   B. 将某一历史现象的原因浓缩到某一组因素

   C. 用当代概念解释过去事件

   D. 用批判的眼光看待以前以积极面示人的历史事件

本章参考文献

Button, H. W. (1979). Creating more usable pasts: History in the study of education. *Educational Researcher*, 8 (5), 3-9.

Carr, E. H. (1967). *What is history*? New York: Random House.

Donato, R., & Lazerson, M. (2000). New directions in American educational history: problems and prospects. *Educational Researcher*, 29 (8), 4-15.

Gonzalez, G. (1990). *Chicano education in the era of segregation*. Philadelphia: Balch Institute Press.

Grosvenor, I., & Lawn, M. (2001). Ways of seeing in education and schooling: Emerging historiographies. *History of Education*, 30, 105-108.

Katz, M. B. (1968). *The irony of early school reform: Educational innovation in mid-nineteenth century Massachusetts*. Cambridge, MA: Harvard University Press.

Kelen, L. G., & Stone, E. H. (1996). *Missing stories*. Salt Lake City: University of Utah Press.

Lincoln, Y. S., & Guba, E. G. (1985). *Naturalistic inquiry*. Beverly Hills, CA: Sage.

Sheumaker, H., & Wajda, S. T. (Eds.). (2007). *Material culture in America*. Santa Barbara, CA: ABC-CLIO.

Steffes, T. L. (2008). Solving the "Rural School Problem": New state aid, standards, and supervision of local schools, 1900-1933. *History of Education Quarterly*, 48 (2),181-220.

Tyack, D. B. (1976). Ways of seeing: An essay on the history of *compulsory schooling*. *Harvard Educational Review*, 46, 55-89.

后续学习材料

Barzun, J., & Graff, H. F. (2004). *The modern researcher* (6th ed.). Belmont, CA: Wadsworth.

本书是历史研究方法论的经典著作之一。作者对历史研究者的工作进行了全面描述，包括查询事实、考证、解释和撰写报告的策略。

Henry, A. (2006). Historical studies: Groups/institutions. In J. L. Green, G. Camilli, & P. B. Elmore (Eds.), *Handbook of complementary methods in education research* (pp. 333-355). Mahwah, NJ: Lawrence Erlbaum.

作者描述了历史研究中的修正主义方法。她为那些"身处边缘"的历史学家，或那些被主流历史研究边缘化、势单力薄、被歪曲误解的研究群体摇旗呐喊。

Rury, J. L. (2006). Historical research in education. In J. L Green, G. Camilli, & P. B. Elmore (Eds.), *Handbook of complementary methods in education research* (pp. 323-332). Mahwah, NJ: Lawrence Erlbaum.

作者概述了当今历史研究的各种方法,还提供了进一步研究不同主题所需的参考资料。

Yow, V. R. (2005). *Recording oral history: A guide for the humanities and social sciences* (2nd ed.). Walnut Creek, CA: AltaMira.

作者分析了访谈法的策略和口述史研究中的伦理问题。本书深入介绍了三类口述史研究项目:社区研究、传记研究和家族史研究。

第五部分

综合运用定量和质性研究方法解决实际问题

第十八章

混合途径研究

■ 重要观点

1. 研究者需要掌握多种研究方法，因为适用于一种目的的单一方法可能不适用于其他目的。例如研究个人外显行为的方法很难适用于对个人内心世界的研究。
2. 混合途径研究既使用定量的方法，又使用质性的方法，两种方法同时使用或接替使用，来解决相同或相关的研究问题。
3. 混合途径研究设计可以根据以下方面划分为各种类型：（1）定量方法和质性方法是同时使用还是接替使用，如果是接替使用，哪种方法使用在先；（2）更注重定量方法还是质性方法；（3）是否有明确的理论框架来引导整个研究。
4. 混合途径研究设计依据以下目的的不同而相互区别：（1）使用质性方法来解释定量研究的结果；（2）使用一个理论框架来引导研究的设计和对研究结果的解释；（3）使用定量方法和质性方法来三角验证研究结果。
5. 混合途径研究报告的引言部分应该解释研究的重要性，陈述研究问题或假设，呈现相关文献综述。
6. 在混合途径研究中，抽样过程因定量或质性成分的不同而不同；然而，一般会选择一个代表特定总体的样本。
7. 混合途径研究不对使用的测量方法做任何限制。
8. 混合途径研究报告既包括定量的结果（一般是基于数据的分析），也包括质性的结果（一般是基于观察性或口头资料对主题的分析）。
9. 混合途径研究报告的讨论部分包括对研究发现的总结，对进一步研究和实践的启示以及本研究的局限。

关键术语

同时型三角验证研究设计（concurrent-triangulation research design）

混合途径研究（mixed-methods research）

顺序-解释型研究设计（sequential-explanatory research design）

顺序-转换型研究设计（sequential-transformative research design）

运用多重研究方法的必要性

包括实验研究在内的任何一种研究方法都不足以对教育的各个方面进行全面的考察。于是，在教育研究界逐渐形成各种研究者的阵营，他们为了研究某种特定的教育问题而使用他们开发的某种特定的方法。本书已在第三部分和第四部分介绍了其中几种主要的研究方法。

过去三十多年来，研究方法基本上可以被归纳为两类：定量的研究方法和质性的研究方法。研究方法专家们关于这两类研究之间的区别以及孰优孰劣争论不休。在20世纪七八十年代，鉴于人们对定量研究方法的认识不足，在一定程度上，质性研究方法从那时起就开始在这场争论中占据上风（Teddlie & Tashakkori，2003）。

如今，定量研究方法和质性研究方法在教育和社会科学研究中已经达成了和谐共存的状态。人们越来越意识到，这两种研究方法其实可以合力推动同一项研究，解决同一个教育问题。这种研究一般被称为混合途径研究。

混合途径研究（mixed-methods research），是一种同时或相继地运用定量的和质性的方法来收集和分析数据，用以解决相同或者相关问题的研究。由这个定义可知，要设计一项混合途径研究，就要同时掌握定量研究和质性研究两种方法。

为了解释混合途径研究，首先，让我们描述一个教育实践中的实际问题，以此来说明如何运用定量研究或质性研究，或者同时运用两种研究来解决这个问题。方便起鉴，我们在这里再次展示在第一章出现过的一张表，在这里标记为表18.1。这张表罗列了定量研究和质性研究的关键特征，并将这些特征相互对照，呈现出两种研究方法的主要区别。

我们的教育实践问题摘自一份近期的报告：《无处可用的文凭》（*Diploma to Nowhere*）（2008）。这份报告由倡导教育改革的组织"强大的美国学校"（Strong American Schools）出版。2008年9月，美国各大报纸纷纷刊登这份报告的摘要。以下是《今日美国》（*USA Today*）的报道：

对于数百万刚刚进入大学校园的学生来说，这是一个严峻的事实：即使拥有高中毕业证书，但学生并没有作好上大学的准备。

一项新的研究表明，事实上，三分之一的美国大学生不得不参加补修课程。每年，大学和纳税人需要分别支付23亿美元和29亿美元来为这部分学生埋单，用于资助他们补习那些他们本应在高中阶段就应掌握的知识。

这项报告指出了一个严重的实际问题。在下文中，我们将详细解释如何通过提出不同的研究问题从而要求用不同的研究方法来解决这个问题，这些对应的研究方法分别是定量研究方法、质性研究方法和混合途径研究方法。

表18.1 定量研究和质性研究的区别

定量研究	质性研究
假定一个客观的社会现实。	假定社会现实是由参与其中的人所建构的。
假定社会现实在不同的时间和情境中是相对不变的。	假定社会现实在局部的情境中被持续建构。
从机械论的角度看待社会现象中的因果关系。	在解释社会现象中的因果关系时人的目的被赋予主要的作用。
对研究参与者和他们的情境采取客观的、分离的姿态。	研究者本人与研究参与者直接相关，实现共享观点和互相关心。
研究总体或代表总体的样本。	研究个案。
研究行为或其他可观察的现象。	研究个体创造的内在含义和其他内部现象。
研究自然情境中或人为情境中人类的行为。	研究自然情境中的人类活动。
将社会现实分解为变量。	对社会行为发生的整个场景作整体的考察。
用预想的概念和理论去确定收集什么样的数据。	数据收集后再找出概念和理论。
用数字数据代表社会环境。	用口头和图像数据来代表社会环境。
用统计方法分析数据。	用分析归纳的方式分析数据。
用统计推断程序来将研究发现从样本推广至某个确定的总体。	通过确定个案发现在其他情况下的应用性来推广个案发现。
撰写非个人化的、客观的研究报告。	撰写解释性的报告，报告反映出研究者对数据的建构，及研究者明白读者也将对报告内容形成自己的建构。

资料来源：Gall, M. D., Gall, J. P., & Borg, W. R. (2007). *Educational research: An introduction* (8th ed.). Boston: Allyn & Bacon: 32. 版权属Pearson Education，收录已得到许可。

定量研究方法对应的研究问题

《无处可用的文凭》提出的一个研究问题是需要补修教学的大学生的比例是否因他们所毕业的高中不同而不同。我们提出这个问题是因为我们想知道，是否一些高中在学生的大学预备方面做得比其他学校好。

显然，要回答这个问题需要运用定量研究中的描述研究法（参见第十章）。我们可以在全美高中里随机抽取一个样本，调查在某一年从每所样本高中毕业并在大学完成了至少一年学业的学生，从中得出从每所高中毕业的学生中需要在大学里补修的学生的比例。

质性研究方法对应的研究问题

我们提到的那篇新闻报道中有一段简短的介绍，是关于一个名叫克莉斯汀娜（Christina）的学生，她的高中英语成绩是A，但是进入加利福尼亚长滩社区学院后，她却需要补修英语。

文章提供了一些克莉斯汀娜本人的说法，她觉得之所以出现补修英语这样挫败的事是因为她的高中老师当初对她的要求不够高。这些评论向我们提供了几个可以研究的问题：克莉斯汀娜在读高中时认为她的老师对她要求有多高？她能自己调控那些学习要求吗？如果可以重新来过，她希望有什么样的高中经历？

要回答这些研究问题显然要运用质性研究中的案例研究法。因为我们感兴趣的是一个特定的学生以及她所感受到的事实。而且，我们的研究假设并非是中立的。因为我们想了解存在于高中与大学的教学之间的权力关系：这个学生有权力去调节她学习的课程的学术要求吗？假如她可以获得足够的信息（如：大学和职场的智力要求），她是否会做出明智的选课决策？

既适用于定量研究也适用于质性研究的研究问题

让我们再来考虑《无处可用的文凭》提出的另一个问题：为什么一些高中毕业生进入大学需要补修课程？单从这个问题，我们无法直接判断需要运用定量的研究方法还是质性的研究方法。事实上，两种方法都可以使用。表18.1列出可以用来解决这个问题的两种研究方案，其中一个是定量研究，一个是质性研究。

个案研究与群体研究或样本研究。我们的质性研究将采用个案研究。确定一所有较高比例的毕业生进入大学后需要补修教学的高中。通过对这所学校的深入研究，我们希望发现导致这个结果的各种因素。

我们的定量研究将抽取两组大学生作为样本，一组由不需要参加补修教学的大一新生组成，另一组由参加了补修课程的大一新生组成。两组被试抽取自同一所大学。通过研究两个样本，我们希望发现与补修教学的需要相关联的各种因素。

有意因果关系与机械因果关系。通常，质性研究者假定人们能为达到某些目标而形成意向。也就是说，他们有能力确定他们自己的因果关系。所以在我们的质性研究中，将会采访部分高中学生，看他们正在为升大学做哪些准备。我们也会采访他们的老师，看他们正在为使学生升入大学做些什么努力。我们将分析从这些采访中获得的资料，并将采访几位大学教授，看他们对于学生们和教师们为升学而做的努力有什么看法。

我们的定量研究将不对意向性做出假设，而是采用非实验的分组比较研究设计（参见第十一章）。我们将对比补修与不补修的大一新生两组样本在个性特征、学业成绩和学习技能等方面的测量结果有什么差异，由此推断引起学生补修的可能因素。在这个研究设计中，这些因素被视为学生的静态特征，而非他们不断形成的追求成功的动态意志。

发现新的概念或理论与使用已有的概念或理论。在质性研究中，我们会录下学生和教师的访谈内容。根据从原始访谈中得到的信息，决定是否对学校管理者和顾问、家长、同学或其他人开展另外的访谈。运用扎根理论（参见第十四章）的程序，研究者将分析访谈资料，把它们分类编码，得出一些结构、主题或模式以揭示导致学生需要补修的可能因素。

在定量研究中，我们从文献回顾中来发现各种已被揭示的导致学生需要补修的因素，并了解这些因素是如何通过定量研究被检测出来的。另外，我们还可以通过检验其他已知理论来验证其他因素（如学生动机理论和自我概念理论）。我们将选择最有可能的因素放在两组样本身上进行比较。两组样本在一些因素上表现出的差异将被认为是造成学生进入大学需要补修的可能原因。

可见，质性研究的目的是发现概念和理论。而定量研究的目的是运用已知的概念和理论来获取新知识。

对上面列举的定量研究和质性研究的分析。上文已经指出了定量研究和质性研究在研究同一个问题时的不同特征。我们还可以根据表18.1中所列的其他特征来详细说明，但这些已足够清晰，你可以照此来进行分析。

需要指出的是，我们的分析并未倾向于某种研究。两种列出的研究方法都是有价值的，都能为解决我们的研究问题提供重要的知识：为什么有些高中毕业生进入大学后需要补修？

另一个需要注意的问题是，我们之前是分别独立地描述了每种研究。实际上，我们可以设计一个单独的研究，而不是独立的两个。这就需要"混合"两种研究方法来构成一个更大的研究，一部分是定量的，一部分是质性的，两种研究方法相互补充，提供影响大学水平补修教学的不同因素。

在接下来的部分，我们将更详细地分析定量研究与质性研究如何在一项单独的研究中混合使用以相互补充，而不是彼此独立。

混合途径研究的类型

经过几十年的发展，研究者已经创造出了几种适用于不同目的的混合途径研究。一些研究者（如Creswell，Plano Clark，Gutmann，& Hanson，2003）开发了几种类型的设计供研究者在设计一项混合途径研究时选择。

这些类型中没有一个被确定为混合途径研究的标准。但是有一点是达成共识的，即混合途径研究方法这个术语只是指那些既运用了定量的方法又运用了质性的方法的研究。因此，同时运用两种定量研究方法的（如描述研究和实验研究）或两种质性研究方法的（如叙事研究和批判性民族志）都不能算是混合途径研究。一项研究必须反映出表18.1中所列的两种研究方法的部分或全部特征才能被归入混合途径研究。

混合途径研究设计的类型根据定量研究方法与质性研究方法是同时运用还是相继运用两种情况做了独立的分类。一些分类还将继时性的设计区分为定量方法应用在先或质性方法应用在先两种类型。一些分类将一项研究中更注重定量方法还是质性方法做了区分。最后，还可将理论指导下的混合途径研究与没有理论指导的混合途径研究作以区分。

在接下来的部分里，我们介绍几种对于帮助教育实践者解决问题非常有用的混合途径研究设计。我们所采用的是约翰·克雷斯韦尔（John Creswell）、维基·普莱诺·克拉克（Vicki Plano Clark）、米歇尔·古特曼（Michelle Gutmann）、威廉·汉森（William Hanson）（2003）等人的分类。以下的案例说明的是他们的分类中的三种主要的混合途径研究设计。

用质性方法解释定量研究的结果

研究者可以分两个阶段来设计一个质性研究。第一阶段是运用本书第三部分中讲到的设计之一来设计一个标准的定量研究。第二阶段是设计一个质性研究用来理解第一阶段的研究结果。特别是在探究未知的教育现象时，第二阶段能够为研究者理解他们的定量研究结果提供很大的帮助。这种既包括定量研究，又包括质性研究的研究符合混合途径研究设计的特征。

布伦特·伊戈（L. Brent Igo）、肯尼思·柯瓦（Kenneth Kiewra）和罗杰·布鲁宁（Roger Bruning）（2008）曾使用这种混合途径研究设计来研究学生的记笔记行为。研究的第一阶段是一个测量学生在学习网络文本时的记笔记行为的实验。之前有研究发现，大多数学生倾向于选择文中的一些段落，复制并粘贴到计算机的文档里（大概就是使用微软word之类的软件），而不是输入自己归纳的笔记。

然而，伊戈等人引证的资料中至少有一项研究发现大多数高中生在学习先修课程时更倾向于输入自己的笔记。另一项研究则发现，限制学生可以复制和粘贴的网络文本的字数可以促进学习。在这个实验中，只允许学生往一个电子表格的每一个单元格里粘贴7个字的笔记。对于限制字数的积极影响的一种解释是，限制可以粘贴的字数促使学生参与到深层的认知加工过程中以决定选择复制和粘贴哪些字。

伊戈和他的同事们（2008）设计了一项实验，将大学生随机分派到4种处理情境下。每组学生学习一篇关于三种学习理论的网络文本，文章有1,796字。学生可以把笔记复制和粘贴到一个电子表格里，表格包含3列（每一列对应一种学习理论）和11行（每一行包含一个不同的主题，如定义、假设、对教学的影响）。实验条件是每组学生可以复制和粘贴不同的字数到单元格里，分别是：（1）7个字；（2）14个字；（3）21个字；（4）无限制字数。

第一天学习这个文本以及复制和粘贴笔记（7，14，21或无限制字数）后，学生们在第二天参加三个测试，以鉴定他们对所学知识的事实复述、概念认知和关系推断情况。研究者的假设是：

> 被限制复制和粘贴7个字、14个字和21个字的学生将会比无限制字数的学生在事实复述、概念认知和文本中几种思想的关系推断三个方面都表现得更好。
> （Igo et al.，2008，第153页）

这种假设基于的原理是复制的字数限制迫使学生参与到对文本更深层的认知加工过程中。

考试的结果如表18.2所示。出人意料的是，研究者的假设并没有得到实验结果的验证。无限制字数组的学生比其中两组限制了字数组的学生表现得更好（限制了14个字的组和限制了21个字的组），跟限制了7个字的组的学生表现得一样好。

表18.2 实验组的平均值和标准差

	无限制字数组	限制了21个字的组	限制了14个字的组	限制了7个字的组
事实测试				
平均值	4.77	2.63	2.00	4.87
标准差	3.79	2.44	1.84	3.84
关系测试				
平均值	2.73	1.00	0.54	2.39
标准差	2.41	1.45	0.88	2.21
概念测试				
平均值	8.05	6.96	6.67	7.87
标准差	2.88	2.42	2.44	2.32

资料来源：Table on p. 156 of Igo, L. B., Kiewra, K. A., & Bruning, R. (2008). Individual differences and intervention flaws: A sequential explanatory study of college students' copy-and-paste note taking. *Journal of Mixed Methods Research*, 2 (2), 149-168. Copyright © 2008 by Sage Publications. Reprinted by permission of Sage Publications.

这个意外的结果向研究者提出了一个问题："为什么无限制字数组的学生跟限制了7个字组的学生表现得一样好？"（Igo et al.，2008，第157页）他们继而在研究的第二阶段应用质性研究方法来解答这个问题。他们分析了学生的笔记表格，并且采访了12位来自四个不同组的被试。

研究者从对学生的笔记表格的分析中发现，在这次实验中，无限制字数组学生复制和粘贴的字数（$M=24$）比之前的那次研究中的学生复制和粘贴的字数（$M=42$）少很多。而且在那次研究中粘贴了最多字数的学生在后测中没有那些粘贴字数最少的学生表现得好。

因此，这次的研究显示虽然无限制字数组的学生可以自由粘贴，但他们粘贴的内容其实相对是具有选择性的。他们自我施加的选择性意味着他们可能比研究者所假设的更多地参与了认知加工过程。

伊戈和他的同事们（2008）就复制和粘贴过程中的认知加工过程采访了学生，看他们是否在将笔记粘贴到单元格后做了调整；如果调整了，为什么调整。研究者逐字记录了采访内容来分析。

他们的分析揭示，在学习网络文本并复制粘贴笔记时可能出现三种不同的加工。学生阅读文本，把选中的内容（7个字、14个字、21个字或无字数限制）复制到单元格中；或者，学生将他们所复制粘贴的内容完全替换成复制来的另一部分内容；或者，学生调整他们所复制来的内容。

研究者在采访记录中归纳出五个主题，简要来说，无限制字数组的学生更全神贯注于文本本身，而其他三个组的学生既要关注文本又要考虑复制粘贴的字数限制，这被证明是分散了学生的注意力。例如，一个无限制字数组的学生这样描述："我就是把我认为最合适的条目填进去……我没想要去改变……我只是凭着我的直觉做。"（Igo et al.，2008，第161页）相反，在限制了21个字组的一个学生这样说："在一些单元格里，我粘贴了一些多出的东西……我把它们除去。"在限制了14个字组的一个学生说："我经常复制两个看起来都可以的句子放到单元格里，然后再把他们削减到14个字。"（Igo et al.，2008，163–164页）

与限制了14个字组和限制了21个字组相比，限制了7个字组的学生表达了更少的复制粘贴带来的注意力分散。根据质性研究结果，研究者得出的结论是较少的注意力分散使得他们表现得更像无限制组。另一个结论是更多的注意力分散致使14个字组和21个字组在四个实验对比组中表现出最低的学习水平。

伊戈和他的同事们（2008）从结论中提取出一些实用的建议，供教师指导学生学习网络文本时如何使用复制和粘贴的方法。主要的建议是，学生无论复制和粘贴多少文本，教师所要做的是促进学生在复制时具有选择性。他们建议教师应该鼓励学生尽管去复制和粘贴段落中的关键句子或者主要思想。换句话说，记笔记是为了促进对文本中所包含的信息的深层加工，而不是为记笔记而记笔记。

根据克雷斯韦尔等人的混合途径研究类型学（2003），这个研究设计是顺序–解释型研究设计。根据他们的分类，**顺序–解释型研究设计**（sequential-explanatory research design）

是指首先搜集和分析定量数据，然后搜集和分析质性数据并用以解释定量研究的结果。

理论视角指导下的混合途径研究

约翰·帕米利（John Parmelee）、斯蒂芬·珀金斯（Stephynie Perkins）和朱迪思·塞尔（Judith Sayre）（2007）实施了一项混合途径研究来探讨政治广告对大学生的影响。他们使用了"框架理论"（framing theory）来指导他们的研究设计和解释。根据这个理论，大众传媒和其他社会团体通过报道某些事件而不报道其他事件来吸引公众的注意力，以此来按照他们的意图来塑造社会现实。

恩特曼（R. M. Entman, 1993）这样解释框架形成的过程："框架是选择所感知的现实的某些方面，并使之在传播文本中更加突出，用这样的方式，促成某个特定问题的界定、因果解释以及/或者如何处理的忠告。"（第52页）

帕米利和他的同事引用框架理论来帮助他们理解年轻人在竞选中投票率较低的问题。他们选取的竞选事件是2004年总统大选，乔治·W. 布什（George W. Bush）和约翰·克里（John Kerry）分别是共和党和民主党的候选人。

混合途径研究的第一阶段是质性数据的搜集和分析。研究者选取了32名年龄在18–28岁的大学生作为一个样本。其中包括登记在册的民主党派、共和党派和无党派选民，以及未登记的投票者。据此，学生被分为四个组，共同观看八条由克里和布什阵营打造的政治广告，每一组被试在观看广告后讨论以下三个主要话题：

（1）政治广告曾以何种方式成功或不成功地来说服你？

（2）在这个研究里呈现的广告是怎样试图说服你的？

（3）你会做些什么来使政治广告更好地吸引大学生？（Parmelee et al., 2007，第188页）

研究者将每一组的讨论进行了录音，根据每段录音整理出文字，然后依据持续比较法（参见第十四章）来分析每一个主题。这个质性分析的结果如图18.1所示。

帕米利和他的同事通过解释这些主题说明了这些广告塑造的框架几乎跟大学生无关。而且，负面广告加深了他们对成人权威人物原本就存有的讥讽。

第二阶段是定量分析八条布什和克里的电视广告的内容，这些内容包括13个议题：堕胎、教育、环境、卫生保健、工作、医药/社会保险、外购、处方药、干细胞、税收、助学金、恐怖主义和伊拉克战争。研究者还根据广告中是否出现了18–24岁的青年人的画面或者在表述中提到了青年人进行编码。

内容分析显示，在八条广告中只有一条面向大学生群体。而且，这条广告只涵盖了以上提到的13个议题中的一个。研究者引用了一位22岁大学生被试的话：

> 我只是觉得所有这些广告都在说同一件事，它们有点忽视我们这个年龄群体。而且还有一点贬低，好像我们不会去投票一样，你知道吗？所以，如果它们更多地面向我们这个年龄群体，我们可能会更多地参与（Parmelee et al., 2007, 第191页）。

> 1. 政治广告无法吸引参与者是因为他们关心的以下议题没有在广告中得到反映或者并非从他们的视角来反映：
> （1）健康保险（他们无力负担保健计划或其他）
> （2）教育议题（广告没有讨论高等教育的重要议题，如助学金）
> （3）伊拉克战争
> （4）反恐战争
> （5）就业
> （6）税收
> 2. 在视觉上，对广告演员的选择忽略了大学生形象
> 3. 学生对很多广告中的负面性质持愤世嫉俗的态度
> 4. 学生喜欢一些广告中的幽默
> 5. 参与者通常从网站或其他来源获取政治信息
> 6. 建议政治广告讨论与某年龄群体相关的重要议题时要与那个群体具有更多相关性
> 7. 如果在广告中强调普遍选举的重要意义，这些广告会更易接受
>
> **图18.1　讨论中集中出现的主题**
>
> 资料来源：Table 1 on p. 190 of Parmelee, J. H., Perkins, S. C., & Sayre, J. J. (2007). "What about people our age?" Applying qualitative and quantitative methods to uncover how political ads alienate college students. *Journal of Mixed Methods Research*, 1 (2), 183-199. Copyright © 2008 by Sage Publications. Reprinted by permission of Sage Publications.

帕米利和他的同事根据框架理论来解释这些发现。他们总结出，电视广告中的政治议题的框架作用具有减弱它们对大学生的意义和重要性的效果，这种功能被称作"削减性框架"（2007，第192页）。研究者提到几种方案来改变这种框架，例如增加广告中的议题与年轻人之间的相关性，以引起学生的敏感性和贴近学生的风格。

教育实践者还可以从这项研究结果中得到其他一些改进学校教育的启示。例如，可以检视学校的社会研究课程，看所教的重要历史事件是否包含与学生年龄相仿的人物以刺激学生以此来作为自己认识世界的方式的参照。

研究者声称他们的混合途径研究是基于顺序–转换型研究设计。根据克雷斯韦尔等人（2003）的界定，**顺序–转换型研究设计**（sequential-transformative research design）是指使用一个理论视角来指导质性研究和定量研究阶段的数据搜集、分析和解释，其中质性研究阶段和定量研究阶段谁先谁后都可以。在这个研究案例中，指导研究的方法和对结果的解释的理论视角是框架理论。

使用质性方法和定量方法来三角验证研究结果

林恩·霍夫曼（Lynn Hoffman）和凯瑟琳·诺提斯（Katharyn Nottis）（2008）实施了一项混合途径研究来了解八年级学生是如何激发动机来应对政府要求的高风险测试。这项

研究呈现了一种独特的混合途径研究设计。

引导这项研究的两个最重要的问题是："学生认为影响他们在高风险考试情境下动机的策略是什么？""学生认为有效的备考因素是怎样的？"（第212页）

霍夫曼和诺提斯为回答这些问题收集了两种数据。一种是定量测量，使用包括20个问题的问卷调查。以下是问卷中的两项：

- 我很感谢早上学生会的通告和海报祝我们在考试中好运。
- 我想尽力证明我们八年级这一班是最棒的。（2008，第221页）

学生根据自身感受对每一项问题用五点量表进行评价，1表示对自己没有影响，5表示有很大影响。

质性数据在学生回答完上述问卷后也马上收回。学生被要求给学校校长写一封信，向校长提供如何帮助学生努力学习来应对高风险考试的主意。霍夫曼和诺提斯通过对这些信做质性分析来确定内容中的共同主题。

下一步是对定量和质性结果的整合解释。"从质性数据中分析出的主题与从定量数据中的结果进行比较，来确定一致或不一致的观点。"（2008，第214页）从问卷数据中得出的结果一般都能得到定性数据的支持。例如，得分最高的两个问卷项是："在考试结束后想参加野餐"和"喜欢考试期间教师提供的食物"。这个结果与学生给校长的信中的评论是一致的，如："知道我们在考试后会有一个盛大的野餐使我很想尽力考好。野餐为我的努力学习提供了一种特别的东西，我知道如果我不够努力，我就不够资格享受野餐。"（第215页）从质性和定量数据源得到的不同数据的一致性可增强结果的效度。

在克雷斯韦尔等人的类型学中（2003），霍夫曼和诺提斯（2008）的混合途径研究遵循一个同时型三角验证研究设计。**同时型三角验证研究设计**（concurrent-triangulation research design）是指几乎同时搜集质性和定量数据然后比较两种方法搜集来的数据是否互为验证。

需要注意的是，在这个定义中，我们使用的术语是互为验证（corroborate），以表示两套数据分析出相似的结果。研究者也可以使用其他的相同意思的术语。霍夫曼和诺提斯使用的是趋同（convergence）。克雷斯韦尔等人（2003）在著作中互换使用术语确证（confirm）、交叉复核（cross-validate）和互为验证（corroborate）（第229页）来指代定量结果和质性结果的相似或不同解释。他们还在给这个研究设计命名时使用了另一个术语，即三角验证。我们把这些术语呈现出来，因为你可能在阅读混合途径研究报告时遇到其中的某些或全部。

阅读混合途径研究报告

混合途径研究报告因组织方式的不同而不同。根据研究目的的不同，定量和质性的方法和结果可能以不同的组合来呈现。然而，混合途径研究报告还是有一些共同特点。为了说明这些共同点，我们使用一份梅格·施莱潘巴赫（Meg Schleppenbach）、卢西亚·弗莱维斯（Lucia Flevares）、琳达·西姆斯（Linda Sims）和米歇尔·佩里（Michelle Perry）的混合途径研究报告（2007）作为例子。这项研究调查了数学教学实践中的一个普遍问题，即教师应如何在数学教学中回应学生的错误。

引言

在混合途径研究报告的引言部分，研究者应当解释这项研究的重要性，以及要解决或验证的研究问题。他们应当指出使用混合途径研究来验证这些问题或假设的正当理由，还应当提供一份相关的文献综述。

在施莱潘巴赫等人的研究报告的引言部分，作者指出，国家数学教师委员会（National Council of Teachers of Mathematics）出版的《数学教师专业标准》（*Professional Standards for Teaching Mathematics*）（1991）强调学生的发言是促进学生的数学学习的一个重要途径。发言的主要作用不是帮助学生获得正确答案，而是帮助学生思考和理解数学。

这项研究的主要目的是探究学生在数学学习中出现什么样的错误，以及教师如何回应这些错误才能促进数学发言和理解。研究者在文献综述中发现，学生错误这种教室现象对于促进这些目标的达成具有特别的价值。例如，他们引用了一项实验（Borasi, 1994），这项实验发现学生的错误如果被教师恰当利用，可能会成为对数学概念和推理的"探究的跳板"。

研究者选择从多种视角来研究学生的错误。这个目标通过观察在中国和美国两种不同文化下的教师回应学生错误的不同反应来实现。为了保证研究聚焦，施莱潘巴赫等人提出了三个核心问题：

> 在回应学生的错误方面，中国教师在教学实践中的表现与美国教师的表现看起来不同吗？如果不同，两者有怎样的不同？我们可以从这些不同中得出什么？
> （2007，第134页）

研究者在引言中说他们特别希望能从数据分析中了解是否一些教师的实践比其他人能更有效地鼓励数学发言、探究和理解，这扩展了上面列出的第三个问题。这些陈述表明研究者的研究兴趣在于把他们的研究结果应用到教育实践中。

研究设计

施莱潘巴赫和她的同事们（2007）没有明确地把他们的研究称为混合途径研究。然而很明显，他们的设计既使用了定量方法，也使用了质性方法。他们使用定量方法来获得教师和学生在真实的教室环境中的观察数据，还使用质性方法针对听课内容访谈教师，听取他们的教学哲学，并分析教师的回应。

更为重要的是，研究者把两类数据进行整合来达成更大的目标："这些（访谈）陈述和（教室）实践，根据对于错误的理解以及实践的不同，被整合呈现为四个主题，目标是考察教师关于错误的理解是如何被转化为有关错误的基于探究的实践的。"（2007，第137页）这个说法表明研究者没有把定量数据作为质性数据的附属，也不是把质性数据作为定量数据的附属，他们重视每种类型的数据对于检测教师在数学教学中促进学生的探究、发言和理解的作用。

抽样过程

混合途径研究可以容纳多种抽样过程。研究者选择哪种抽样方法取决于他们打算运用哪种定量方法和质性方法来解决他们的研究问题或验证假设。

无论选取哪种抽样方法，至少在研究的定量阶段，抽取代表某一特定总体的样本是需要的。这样做，阅读研究报告的人就能知道研究的结果是否可以适用于他们所关注的总体。目的性抽样策略（参见第十四章）一般被用在质性研究阶段。

施莱潘巴赫等人（2007）选择了能够代表各种总体的样本：从中国选取10位一年级教师和14位五年级教师，从美国选取5位一年级教师和12位四—五年级教师。这样的抽样使得他们可以在两个数学教学模块中研究学生错误：一年级水平的位值和四—五年级水平的分数运算。分数运算在中国是五年级的教学内容，在美国是四年级或五年级的教学内容。

研究者声称参与研究的教师组成的是一个方便样本（参见第六章）而不是从特定总体中随意抽取的样本。之所以这样做，他们解释说："因为我们不是随机选择教师，所以在做出推论时更加小心。"（2007，第135页）

两个国家的教师所工作的不同学校并不是匹配的，所以我们不能肯定，学生和教师的行为上的差异是反映了文化差异还是其他因素的差异。但是，研究者指出，跨文化对比并不是这个研究的关键兴趣。他们的兴趣在于在更大的范围内观察教师的行为和信念以归纳出教师如何利用学生的错误来促进数学探究、发言和理解。

测量方法

混合途径研究没有规定使用哪种测量方法。在第六章和第四部分各章中介绍过的方法都可以被用来搜集数据。

施莱潘巴赫等人（2007）录下了他们所抽取的24位中国教师和17位美国教师的46节数学课。他们只分析每节课中的全班教学部分。这个决定基于以下两个考虑：一是小组或课堂部分的合作他们无法听清楚；二是他们相信发言和探究的行为模式更多地是发生在全班教学中。

研究者的报告没有呈现他们访谈教师的问题。而且，他们也没有说明是不是所有的教师都被问了相同的问题，以及是不是所有跟进的问题都是根据教师的回答而发出的。研究者只是说明了访谈的设计是为了让教师说明他们是如何准备那节被录像的课的，那节课的重点是什么，课上发生的意外事件是什么，他们使用了什么方法来应对学生在数学能力上的差异，以及他们的数学教学哲学是什么。

结果

在混合途径研究中,描述性和推论性统计量经常被用来分析定量数据。案例研究中的分析技巧(见第十四章)经常被用以分析质性数据。定量和质性分析经常是被分别分析然后再整合在一起。在我们的这个数学教学的案例中就是这种情况。

定量结果。 施莱潘巴赫等人(2007)计算了在每一节录像课堂的全班教学中学生发生错误的次数。他们还计算了全班教学在课堂中发生的总体时间。错误频次除以总体时间得出每分钟的错误数。

研究者发现,不同的课(位值和分数)和不同的国家(中国和美国)之间的每分钟发生的错误平均数差别不大。最低的每分钟错误平均数是美国的位值课的0.40(相应的中国课的平均数是0.50),最高的每分钟错误平均数是美国的分数课的0.55(相应的中国课的平均数是0.44)。于是我们发现,学生在学习数学时发生错误相当地频繁,在全班教学中大约每两分钟发生一次错误。

研究者开发了一个编码体系来将教师对学生错误的反应进行归类。一种类型是教师表态,另一种是教师追问。这两大种类以及它们的子类请见表18.3。表18.3中所列的统计数据是学生在位值课上的错误数。分数课的结果与之相似。

表18.3 位值课上中美两国教师对学生错误的每种类型的教师反应的比例均值

教师反应的类型	中国教师的比例均值	美国教师的比例均值	t值
教师表态	0.16	0.34	2.65*
告诉学生答案是错误的	0.03	0.10	0.92
给出正确答案	0.08	0.05	0.89
无视错误	0.02	0.05	0.77
提供解释或引导方向	0.04	0.14	2.32*
学生立即自己纠正错误	0.003	0	0.69
教师追问	0.84	0.66	2.65*
复述问题	0.28	0.15	1.76
澄清问题	0.11	0.03	2.76*
要求再给出一个答案	0.09	0	5.57**
询问对答案的确定性或是否同意	0.11	0.25	3.33*
叫别的学生来回答问题	0.22	0.24	0.28
要求学生解释他的答案	0.03	0	1.61

*$p<.05$

**$p<.001$

资料来源:Adapted from Table 1 on p. 139 of Schleppenbach, M., Flevares, L. M., Sims, L. M., & Perry, M. (2007). Teachers' responses to students mistakes in Chinese and U. S. mathematics classrooms. *Elementary School Journal*, 108 (2), 131-147.

施莱潘巴赫等人(2007)发现两个国家的教师都倾向于以追问而不是表态来回应学生的错误。最普遍的做法是他们会问出现错误的同一个学生同一个问题或者拿这个问题去问另一个学生。

尽管中国教师和美国教师都喜欢以追问而不是表态来应对学生的错误,不过中国教师这样做的频率更高。

这些定量结果告诉了我们在数学教学中学生错误的普遍性以及教师是如何应对学生错误的。它们提供了一个观察课堂的窗户,但它们并没有告诉我们为什么教师会以那种方式回应学生的错误,以及是否一种回应方式比另一种方式更好。要想知道这些答案,我们还得看看研究者的质性分析结果。

质性结果。 研究者从访谈数据和课堂录像的分析中提取出四个主题。

(1)创造一个支持错误的课堂环境。教师们持有一种信念,学生的错误是帮助教师发现学生的学习需要的一个便利途径。因此,他们努力向学生传达这样一种观念:不要害怕出错。一位中国教师的说法是:

> 我不会打击出错的学生,并且会鼓励他们自信地说出自己的想法。说错了也没有关系。你敢于说出来,就很了不起。用这种方式,所有的学生都能站出来表达自己的观点,这样他们的问题也就暴露出来,我们才可以在第一时间解决他的问题。(Schleppenbach et al., 2007,第140页)

这种看重学生错误的观念得到质性研究结果的支持:实际上,错误是普遍的,几乎每两分钟就会出现一次错误。

(2)创造"好错误"。样本中的一些教师故意提问一些很可能会回答不正确的学生。例如,在一堂分数课中,一位教师问学生如何写"整体1"。显然,学生们刚刚学习过分子与分母相同的分数等于1,所以一些学生说16分之16是整体1。这位教师就把这个错误当作一个机会向学生说明,16分之16被分割成了16份,所以不是一个单独的整体。

研究者评论说这种牵引出"好错误"的做法可能是教师鼓励学生的数学探究和发言的有效方式。

(3)反省,反省,再反省。一些教师认为反省是一种帮助学生从他们的错误中学习的有效技巧。例如,他们提到中国教师的一种行为,即让出错的学生保持站立,教师问另一个学生,得到正确的答案,然后教师让刚才出错的那位同学大声复述正确的答案。

这是一种反省的形式,让出错的学生有机会重新思考并用正确答案来代替。中国教师运用的另一种反省形式是提供补习课,针对导致错误的问题给予反复出错的学生以指导。

(4)学生解决错误。研究者发现在他们的质性结果中,中国教师比美国教师更经常地在学生出错后追问。他们分析了质性数据以后得出一个文化差异的解释。

他们的分析使研究者得出如下解释："我们得出的结论是中国教师强调追问是为了鼓励学生通过努力，自己解决问题而不是马上去纠正他们的错误。"（Schleppenbach et al., 2007，第143页）强调追问的中美教师有很多不同的方法来发出追问，例如让学生解决更多的问题来看他们是否能发现自己思考中的错误，或者让其他同学提供帮助。

讨论

跟其他各类的研究报告一样，混合途径研究报告通常也要包含一份研究结果的总结，并将研究结果延伸，探讨它们对实践和进一步研究的意义。例如，施莱潘巴赫等人复述了他们的研究结果，即错误在数学教学中是普遍的，并推论出"学生的自尊并没有受到打击，而且对学生来说，这比错误不被鼓励能够更好地改正错误并学到更多数学知识"（2007，第145页）。

从研究者对教师访谈和课堂录像中得出的推论，可以被进一步的研究所检验。研究者可以利用质性或定量方法，或两者结合来检验在不同的教室中，即错误受到鼓励和尊重以及错误不受鼓励和尊重的两种教室中，学生的结果（自尊与数学学习）是否不同。

另外，研究者反思了他们关于教师如何纠正学生错误的研究结果，即应该立刻纠正错误，还是继续问问题以鼓励学生通过自己的努力来更正错误得出正确答案。他们认为，"显然，给学生时间以纠正他们的错误，与对一个错误的讨论持续太长时间之间是有细微差别的"（Schleppenbach et al., 2007，第145页）。研究者可以推测出这个"细微差别"在什么地方，以及如何设计一项定量或质性或混合途径研究以探究出一些决策规则，包括什么时候、持续多长时间，才能最好地让学生发现他们发生数学错误的根源。

教育实践者也可以从研究者的结果中来反思，他们是如何处理学生的数学错误或其他学科的错误。他们可以通过非正式的同事间的帮助来进行这种反思，或者也可以尝试正式的行动研究来反思（参见第十九章）。

一份混合途径研究报告也会在讨论部分提出本研究的不足之处。例如，施莱潘巴赫等人通过研究中国和美国的课堂得到了丰富的定量数据和质性数据。然而，他们的这种抽样仍然给进一步探究其他文化环境下的课堂留下了空间。

在报告中，研究者承认，"我们没有看到学生们围绕错误争论时高水平的发言行为"（2007，第146页）。他们解释说，国家数学教师委员会和很多数学教学专家都推荐这种发言行为。针对这个局限，可以设计另外的研究来验证在教室中这种行为的发生以及它的可能的优缺点。

评价混合途径研究报告

混合途径研究的最本质特征是它们既运用定量研究方法又运用质性研究方法。因此，评价一项混合途径研究，可以运用本书附录2来评价其中的定量研究报告，运用本书附录3

来评价其中的质性研究报告。此外，也可以提出以下问题来针对混合途径研究报告进行评价。

- 研究者是否既运用了定量研究方法又运用了质性研究方法？

如果答案是否定的，这不是一项混合途径研究报告。可以通过分析去验证它是属于本书所涉及的哪种研究设计。

- 研究者是否将定量和质性研究方法有机结合，以达到单一研究方法难以实现的分析问题的效果？

在这一章，我们描述了三种有效的混合途径研究设计：（1）使用质性方法解释定量结果；（2）检验一项理论的效度和实用性以解释定量和质性数据；（3）利用质性方法和定量方法三角验证研究结果。

一个范例：混合途径研究如何帮助解决实际问题

我们很多人的经验是，如果我们或我们的父母想知道我们在学校中表现如何，只能依靠教师在一个学期中给我们的一份或两份报告单。在线评分系统将要改变这一切。下面是我们摘录的一段新闻报道。

> 越来越多的华盛顿学区的学生和家长可以在计算机上即时查询学生分数的变化……
>
> 学生在学校或家长在工作时，就可以登录系统查看到一次不交作业对积分的影响……
>
> 孩子们对这项教育技术的进展抱有不同的态度。稳居光荣榜的学生比那些成绩不稳定的学生更倾向于接受这个在线评分系统。
>
> DeVise, D. (2008, November 3). Online grading systems mean no more changing D's to B's. Retrieved from www.washingtonpost.com.

在线评分系统是改善学习的一项新技术。但它真的是一个进步吗？可以设计一项研究来检测在线评分系统本身以及它与传统评分法相比是否有利。对此，混合途径研究值得一试。

我们建议这项混合途径研究的第一阶段设计一个定量研究的实验。仍在使用传统评分法的学校可以成为研究样本。这些学校被随机分为两组，实验组将采用在线评分系统，控制组仍然使用传统的评分法。

在线评分系统建好后，我们就可以比较实验组和控制组学生的成绩。我们还可以在学校中组织标准化测验，以及进行态度测量，来比较两组的差别。

上面所引用的新闻报道中称成绩好的学生比成绩低的学生更能从这个在线评分系统中获益。我们可以将学生在标准化测验中的成绩分为两个实验组（高成绩组和低成绩组）来检测这种说法的可能性。我们将在对照组也这样进行。我们的数据分析将决定，这个在线评分系统是否对高成绩学生和低成绩学生有不同的影响。

研究的第二个阶段包括案例研究，使用质性方法。我们的案例研究在实验组和控制组中随机抽取小样本的学生。通过对控制组学生的访谈来了解他们对所熟悉的传统评分法的反应，通过对实验组学生的访谈来了解他们对在线评分系统的反应。

我们期待我们的质性数据能帮助我们解释实验研究的数据。例如，假定我们发现使用在线评分系统的学生获得更高的分数。这个发现本身并不能告诉我们这个效果是如何产生的。案例研究的数据可能为它提供一个解释。

比起单一的定量研究或质性研究，这种类型的混合途径研究可能对正在考虑使用在线评分系统的教育者更有帮助。

自测题

1. 能对一个实践问题得出具有统计显著性的结果的设计良好的实验_____。
   A．就足以得出结论而不需要混合途径研究
   B．仍然会有不能解决的重要问题，需要由混合途径研究来解决
   C．质性研究可以更好地进行重复研究
   D．如果能搜集和量化观察性的数据就能构成一种混合途径研究了

2. 使用混合途径研究的一个主要原因是_____。
   A．质性测量结果不准确，所以需要用定量测量来复核
   B．在读研究报告时，一些读者会在统计结果中发现更多意义，另一些读者会在案例故事和主题中发现更多意义
   C．质性研究的价值备受争议，所以如果有定量研究作质性研究的补充，质性研究才会获得合法性
   D．如果研究被试知道自己将会接受访谈，他们会更乐于参加测试

3. 一项混合途径研究中，质性研究方法被用来解释定量研究结果，这种混合途径研究被称为_____。
   A．顺序型解释设计
   B．顺序型探究设计
   C．顺序型变革设计
   D．顺序型三角验证设计

4. 一项由理论视角指导的混合途径研究被称为_____。

   A．顺序型解释设计

   B．顺序型探究设计

   C．顺序型变革设计

   D．顺序型三角验证设计

5. 混合途径研究中的三角验证是用来判断_____。

   A．研究者对访问记录的编码是否统一

   B．定量和质性结果是否都支持先前在同一问题上的研究

   C．定量和质性结果是否存在一致的观点

   D．研究的被试是否同意研究者在质性数据中对事件的描述

6. 在一项混合途径研究中，_____。

   A．定量阶段和质性阶段必须使用同一种抽样方法来获取样本

   B．不宜使用随机抽样方法

   C．在质性研究阶段使用的个案应该决定定量研究阶段如何选择样本

   D．为定量研究选择一个代表特定总体的样本是可取的

7. 在一项混合途径研究中，共同的情况是_____。

   A．对定量研究结果的呈现和讨论在前，对质性研究结果的呈现和讨论在后

   B．定量和质性研究结果在不同的部分呈现

   C．都遵循这样的顺序：每一个质性研究结果呈现在前，相应的定量研究结果呈现在后

   D．分别呈现定量和质性研究的结果，没有对两类结果的整合的解释

本章参考文献

Borasi, R. (1994). Capitalizing on errors as "springboards for inquiry": A teaching experiment. *Journal for Research in Mathematics Education*, 25, 166-208.

Colleges spend billions on remedial classes to prep freshman. (2008, September 19). *USA Today*. Retrieved from www.usatoday.com/neus/education/2008-09-15-colleges-remedialclasses_N.htm.

Creswell, J. W., Plano Clark, V. L., Gutmann, M. L., & Hanson, W. E. (2003). Advanced mixed methods research designs. In A. Tashakkori & C. Teddlie (Eds.), *Handbook of mixed methods in social and behavioral research* (pp. 209-240). Thousand Oaks, CA: Sage.

Entman, R. M. (1993). Framing: Toward clarification of a fractured paradigm. *Journal of Communication*, 43, 51-58.

Hoffman, L. M., & Nottis, K. E. K. (2008). Middle school students' perceptions of effective motivation and preparation factors for high-stakes tests. *NASSP Bulletin*, 92 (3), 209-223.

Igo, L. B., Kiewra, K. A., & Bruning, R. (2008). Individual differences and intervention flaws: A sequential explanatory study of college students' copy-and-paste note taking. *Journal of Mixed Methods Research*, 2 (2), 149-168.

National Council of Teachers of Mathematics (NCTM). (1991). *Professional standards for teaching mathematics*. Reston, VA: Author.

Parmelee, J. H., Perkins, S. C., & Sayre, J. J. (2007). "What about people our age?" Applying qualitative and quantitative methods to uncover how political ads alienate college students. *Journal of Mixed Methods Research*, 1 (2), 183-199.

Schleppenbach, M., Flevares, L. M., Sims, L. M., & Perry, M. (2007). Teachers' responses to student mistakes in Chinese and U. S. mathematics classrooms. *The Elementary School Journal*, 108 (2), 131-147.

Strong American Schools. (2008). *Diploma to nowhere*. Retrieved from www. strongamericanschools. org/diploma-nowhere.

Teddlie, C., & Tashakkori, A. (2003). Major issues and controversies in the use of mixed methods in the social and behavioral sciences. In A. Tashakkori & C. Teddlie (Eds.), *Handbook of mixed methods in social and behavioral research* (pp.3-50). Thousand Oaks, CA: Sage.

后续学习材料

Hanson, W. E., Creswell, J. W., Plano Clark, V. L., Petska, K. S., & David, J. (2005). Mixed methods research designs in counseling psychology. *Journal of Counseling Psychology*, 52 (2), 224-235.

文章将混合途径研究的设计进行了分类,简要介绍了各种类型,并详细解释了其中两种主要类型。

Smith, M. L. (2006). Multiple methodology in education research. In J. L. Green, G. Camilli, & P. B. Elmore (Eds.), *Handbook of complementary methods in education research* (pp. 457-475). Mahwah, NJ: Lawrence Erlbaum.

作者概述了混合途径研究并介绍了她运用该研究方法所做的对州政府要求的评价和拓展训练(Outward Bound)评价的研究。

Tashakkori, A., & Teddlie, C. (Eds). (2003). *Handbook of mixed methods in social and behavioral research*. Thousand Oaks, CA: Sage.

这本书有26章,均由混合途径研究专家所写。如果你正在计划进行一项混合途径研究,书中研究设计、取样策略、数据搜集策略、数据分析方法和整合混合途径研究结果等内容将会非常实用。

第六部分

运用其他研究方法解决实际问题

第十九章

行动研究

■ 重要观点

1. 与其他类型的研究相比，行动研究与教育者的实践联系更为紧密，所以它具有更大的解决实践问题的潜力。

2. 教育者实施行动研究可以有不同的目的：个人目的、专业目的和政治目的。

3. 在实施一项行动研究之后，教育者以某种形式向同事报告他们的研究结果，并通常会采取新一轮的行动来继续他们的研究。

4. 系统的数据收集、分析和反思是行动研究区别于教育者采用的其他问题解决方法的特征。

5. 一个好的行动研究项目可以帮助教育者理解新的实践活动，并为他们提供显示这些实践活动对真实情境下教学和学习的影响的实验数据。

6. 行动研究有利于提高教育者的教育理论水平，改善他们的教学工作及与同事的互动。

7. 遵循行动科学的原理，教育者可以发现并解决他们信奉的理论与实际行为之间的不一致。

8. 行动研究主要由对要研究的实践问题具有内部视角的局内人来实施。但局外人可以在研究设计和解释研究结果方面提供帮助，以帮助局内人尽量避免对其研究主题的主观情感，并对个人改变和社会变革给予支持。

9. 行动研究者在进行研究设计时可以利用一些效度标准来帮助他们的研究达到最大程度的可靠性和可信性。

关键术语

行动研究（action research）
行动科学（action science）
催化效度（catalytic validity）
合作行动研究（collaborative action research）
民主效度（democratic validity）
对话效度（dialogic validity）
信奉的理论（espoused theory）
局内人（insider）
局内人研究（insider research）
意向性（intentionality）

结果效度（outcome validity）
局外人（outsider）
参与式行动研究（participatory action research）
实践者研究（practitioner research）
程序效度（process validity）
反思（reflection）
自我研究（self-study research）
系统性（systematicity）
教师研究（teacher research）
行动式理论（theory-in-action）

行动研究的历史

行动研究（action research）是一种教育者为改进他们的专业实践而在日常工作环境中实施的研究。这种研究类似于一些研究者所谓的**实践者研究**（practitioner research）（Zeichner & Noffke，2001）、**教师研究**（teacher research）（Cochran-Smith & Lytle，1999）、**局内人研究**（insider research）（Kemmis & McTaggart，2000）和**自我研究**（self-study research）（Zeichner & Noffke，2001）。当研究者和参与者合作解决一个实践问题时，这种研究还被称为**参与式行动研究**（participatory action research）（Reason & Bradbury，2001）。

行动研究在"二战"期间的流行得益于社会心理学家库尔特·勒温（Kurt Lewin，1946）的推动。勒温发现，学术研究的方法和结果只能在学术出版物上发表，而对社会或实践者的工作影响极小。因此他开创了行动研究方法，这是一种社会成员和职业实践者可以一起促进积极的社会变革的研究方法。

在一项研究中，勒温把许多家庭主妇召集起来讨论怎样用动物内脏代替普通的肉来做饭。当时由于肉类供应短缺，美国政府想鼓励人们购买这种价格较便宜的肉。勒温的这一行动研究表明了小组讨论在改变人们对某个重大社会问题的态度及人们对这一重大社会问题所采取的后续行动方面的价值。

行动研究在20世纪四五十年代被广泛应用，但之后行动研究在美国的应用就减少了，这是因为研究（research）一词的含义开始被学术研究者和公众理解为主要基于实验室的实验研究。20世纪60年代，澳大利亚和英国的一些教育者又使行动研究再度复兴，并广泛使用该方法。如今，行动研究在美国越来越流行，特别是在从事教师教育准备项目的老师当中。

应用行动研究解决实践问题

相比正规研究，行动研究更多地指向实践目的。一项行动研究项目的品质取决于它能否满足教育实践者此时此地的需要。所以作为教育者日常实践活动的一部分，行动研究比正规研究更容易设计和实施。

表19.1对比了行动研究与正规研究的不同特征。这些特征突出了行动研究作为教育者用以改善实践的工具的特性。如表19.1所示，行动研究在每一个方面都与正规研究具有不同的取向，而且一般都更简单。

表19.1 行动研究与正规研究特征对比

研究概览	行动研究	正规研究
研究目的	解决本地实践问题	生产可推广的知识
研究重点	自己的实践问题或工作目标	教育研究者感兴趣的问题
确定问题的方法	有限的文献阅读，强调二次文献	广泛的文献回顾，强调一次文献
研究者的特征		
研究者的构成	一个或多个中小学教育工作者，或与大学人员合作	大学研究者
研究者的资历	与问题相关的实践经验；研究的基本知识或经验	扎实的研究文献基础和研究方法训练
研究的特征		
样本选择	以自己的当事人或学生作为便利样本	在特定总体中抽取随机的或有代表性的样本
研究方法	易实施的程序，渐现式设计，研究周期短	严格的研究设计和控制，研究周期长
测量	简单的或现成的	基于效度和信度的选择
数据收集和分析	强调描述统计量和结果的实践意义	强调深度的质性编码和解释或统计显著性的检验
研究报告	与同事或出版方通过互联网进行非正式的分享	在刊物上发表或在会议上正式宣读报告
结果的应用	根据积极的研究结果改变自己的实践	增加教育的知识基础

行动研究实例

行动研究被教育及其他各种专业学科的实践者所运用。教育实践者可能是出于个人原因或者为了获得学位及资格要求而进行行动研究。他们可能是为了验证一个他们自己的理论或者其他理论视角,如提倡教育中的民主变革的批判性研究(见第十六章)的理论视角(Carr & Kemmis,1988)。以下是几个由教师完成的行动研究实例。

中学校园霸凌事件

>Drosopoulos, J. D., Heald, A. Z., & McCue, M. J. (2008). *Minimizing bullying behavior of middle school students through behavioral intervention and instruction.* Chicago: St. Xavier University. ERIC Document Reproduction Service No. ED500895.

这项研究是由三位教师为申请硕士学位所做的。他们首先通过对学生和家长的问卷调查来了解霸凌事件在学生身上的发生情况。他们通过其他研究的结果了解到,一半的学生曾有过至少一次被欺负的经历。

三位教师试验了用各种干预方式来减少霸凌事件的发生,有一部分是直接邀请学生参与到试验中。例如,由学生创作反霸凌海报并张贴在学校的霸凌常发地,由学生创作反霸凌歌(rap)并在班里表演。

在实施这些干预措施的前后,三位教师在学校中各个场所直接观察学生的表现,对比霸凌事件发生情况的变化。他们发现,在实施干预措施后,各种类型的校园霸凌事件总体上减少了31%,其中骂人事件减少得最多。

三位教师陈述了他们各自对这个变化的看法。其中一位教师说:

>在学习了霸凌的定义、霸凌的多种形式,以及霸凌所导致的终身精神创伤之后,多数学生会为他们过去对别人采取的那些行为感到羞愧……既然我知道了这个干预项目对学生确实会起作用,在以后的教师生涯中,我每个学期都会实施。
>(Drosopoulos et al.,2008,第70页)

三位教师研究者向ERIC提交了他们的论文。论文全文可以在ERIC的网站(www.eric.gov)查阅。

中国大学生的需要

>Schippers, M. (2008). *Student support in China: Addressing the perceived needs of undergraduate English department students.* ERIC Document Reproduction Service

No. ED499780.

这项行动研究的实施者玛格丽特·西培尔（Margriet Schippers）是一位在中国大学任教十年的西方文化课教师。为了了解学生的需要，西培尔自己做起了作为教师的行动研究者。她综合运用定量和质性的方法，对一个学生样本进行访谈，对另一个学生样本实施问卷调查。

西培尔的学生们表达的需要包括：学习的技巧，包括时间管理，以及如何适应大学生活、发展自信、进行职业规划的指导等。学生还表达了对当前大学在培养他们的情感和社会化发展方面的不满，以及对大学使用辅导员的不满。

以这些发现为基础，西培尔提出了她的行动方案，即为学生提供新的支持性课程，教他们"小组合作（学生可以学习角色分化并找到自己喜欢的小组角色）、加德纳的多元智能理论（学生可以更多知道自己的优点和缺点）、基本的咨询技巧、学习技巧如时间管理和做笔记、做课堂展示的技巧、工作面试技巧、马斯洛的需要层次理论、日记作为反思工具以及目标设置"（第48页）。西培尔还提到了一个对自己的帮助："对教师专业发展的意义在于，我更清楚学生的愿望和不足，就可以在课堂教学中更好地满足这些需求。"（第19页）

这项研究表明行动研究不需要马上带来专业实践的改变。一项行动研究可以是对现状的认真分析，由此发现不足和条件，为设计进一步的干预措施以及在专业实践中进行应用打下基础。

互惠教学的效果

Holt, C. (2008). *Does reciprocal teaching increase student achievement in 5th grade social studies*? Retrieved December 18, 2000, from http://actionresearch.altec.org.

教师研究者克里斯特尔·霍尔特（Crystal Holt）在她自己的教室中对那些因为缺乏阅读技能而在社会研究课程上非常吃力的学生实施了这项行动研究。她决定尝试一项被正规研究证实非常有效的教学技巧：互惠教学（reciprocal teaching）。在互惠教学中，教师和学生轮流引导解释课文段落意义的对话。引导者要努力归纳课文、提出问题、澄清陈述，并预测接下来的内容。

霍尔特在她的22个学生中实施了一项实验，其中一半学生阅读课文，听教师讲解，集体做笔记。另一半学生阅读同样的课文，但参与互惠教学。她和另外三位教师商讨设计了互惠教学的做法。

通过对社会学习课学习效果的前测与后测，霍尔特发现，互惠教学组比常规教学组学得更好。而且，她对自己的专业实践有了新的认识：

> 在做这项研究之前，我很反对学生在教学时间讲话和做不适当的评论。在日常教学中实施了互惠教学之后，我注意到，不适当的谈话停止了，而高层次的思考和评论越来越多。我真的相信，如果给他们表达的机会，学生会表现得更好。

这段评论表明了行动研究的一个重要特性：即使你可以通过专业出版物了解到某种技巧的好处（例如互惠教学），然而只有通过做行动研究，让它们发生在自己的工作中，研究者才能使这些好处落到实处。

设计行动研究的特征

我们对如何设计一项行动研究项目的解释借鉴了杰弗里·格兰斯（Jeffrey Glanz, 1998）提出的行动研究模型。在他的六个步骤的基础上，我们增加了最后一步，即报告行动研究的结果。行动研究者并不总是按照这里呈现的顺序来开展研究。有时行动研究者以采取一个新的行动开始，然后再收集数据（Schmuck, 1997）。相似地，尽管在格兰斯的模型中，反思是在采取行动之后，但其实反思在一个研究项目中的多个结点都是适当的。

一些行动研究模型包含明确的开始和结束。一般来说，把行动研究作为申请学位或课程作业的一部分时，这种关于明确的开始和结束的描述才是准确的。而当教育实践者把行动研究融入他们的日常工作中时，它更像是一个持续循环的活动。

我们通过参考由华莱士·希克斯（Wallace Shilkus, 2001）做的一项研究来描述行动研究项目的典型步骤。

第一步：确定研究问题

希克斯（2001）在做了17年初中工艺教师后，最近又返回大学攻读硕士学位。希克斯"想知道怎样把工艺和中学生联系起来"（第143页）。他把自己的行动研究项目作为申请硕士学位的研修课程的一部分，并为之设定了目标。具体来说，他想探索不同的教学方法以激活学生的多元智能，寻求不同的激励方式来调动所有学生包括那些不容易调动的学生的积极性。

在希克斯实施研究期间，很多学校正在课程中缩减工艺这门课。所以希克斯也想通过这项研究验证工艺对学生智力发展的贡献，尤其是在中学。他希望藉此使人们认识到工艺这门"濒危学科"（第114页）的重要性。

在行动研究中，希克斯使用交错式教学和同伴互教两种方法来指导学生设计和建造二氧化碳动力赛车。他安排七年级和八年级的"老生"先教四年级的"新生"，然后再教他研究生班的成人同学。

第二步：收集数据

希克斯的七年级和八年级学生、与他们一起合作的四年级"新生"，还有希克斯的研究生班的同学，都为研究提供了数据，而且他们之间互相交流学习经验，帮助彼此学习。

在交通工具技术课上，希克斯观察到，要制造一部成功的二氧化碳动力赛车，需要学生具备多种能力。他发现加德纳的多元智能理论（Gardner，1983）对于定义这些学生需要学习的技术的类型以使他们体验到成功非常实用。希克斯在报告中写道："学生的日志有助于我……了解这些学生的优缺点。"（2001，第145页）这个过程很重要，因为他要确保配对教学的学生相互匹配。同时，希克斯持续地观察教室的活动，并对参与实验的三个组进行前测和后测。

在对每组数据进行分析之后，希克斯又使用了其他的数据收集策略：他的研究生班同学描述课堂气氛的日志、中学生在实验室教授研究生设计和建造赛车的两个小时的录像以及后来所有研究参与者参加的赛车淘汰赛的录像。

第三步：分析和解释数据

希克斯用具体的实例描述在课堂上的设计、建造以及教学活动：

> 在很多时候，我看到学生的课堂参与积极性和课堂行为有了明显的改善。学生们在课堂上形成了一个教学体系（不仅仅是与他们所教的人）。我观察了许多要求额外任务的学生，他们愿意而且也喜欢帮助别人。我看到了一个团队的诞生。（2001，第146页）

在赛车淘汰赛上，"我的一些中学班的学生评论说，四年级学生的设计比成人班的设计好一些"（第148页）。后来进行的调查表明，与设计赛车相比，这些研究参与者更喜欢制作赛车。

这些成人也报告说，在一个陌生的环境下扮演学生的角色使他们明白了许多东西。希克斯研究生班的一位家政课老师的话进一步证明了教师站在学生角度设计教学活动的重要性："我现在意识到，在我的缝纫课上，学生们肯定都感到有些沮丧。我还以为自己能够从学生的角度看问题呢，我现在才认识到以前的想法是错误的，真是让人豁然开朗！"（2001，第148-149页）

从这项研究中，希克斯得出的结论是，根据多元智能理论框架设计教学活动，有助于调动那些不容易调动的学生的积极性，提高了学生的社会化技能，而且符合学生多样的学习风格。

第四步：采取行动

典型的行动研究包括在行动上做出改变并观察改变的结果。前面已经提到了希克斯采取的一系列行动：采用交错式教学和同伴互教的方法，让"老生"教四年级"新生"和研究生班的学生。希克斯辅导他的学生扮演指导者的角色，帮助"新生"和成人扮演工艺学生的角色，他们中的大部分人对这些角色都是不熟悉的。

第五步：反思

反思（reflection）是指教育实践者从快节奏的、充满问题的实践世界中抽身出来，去思考或与他人交流他们的实践的意义、价值和作用。这种反思可以引导教育实践者制定新的任务，发现行动研究的新主题，并能更清楚地看到当前的做法的优缺点。

希克斯没有在报告中特别提到他使用了反思，但他列举了很多在行动研究过程之中和之后的思想变化。例如：

> 我已经在我自己身上和我的学生身上看到了研究带来的变化。以不同的方式提供信息调动了更多的学生，而不只是那些在传统课堂里表现优异的学生……我只是希望我的学生能学到的东西与我从这个项目中学到的东西一样多。（2001，第149页）

大卫·霍布森（David Hobson，2001）把写日志视为一种产生"实践笔记"的重要工具（第19页）。图19.1是我们归纳的他将记录行动研究日志作为反思的基础的具体建议。

---

1. 使用8.5×11英寸的标准纸张并放在三孔活页夹中，以方便去除、添加或重新排序。为了方便携带，你可能喜欢6×9英寸的活页夹、空白的教学计划书、易贴本或螺旋圈记事本。
2. 在每一条目上标记日期和时间，以方便根据时间来浏览进展。每一个新的条目都写在新的一页上，这样便于显示出重复出现的地方，也便于重新排序。
3. 确保写日志的时间，可以选择一个不被打扰的固定时间，或者在教室里学生写字的时候写。
4. 采用描述性语言来直接记录观察到的或体验到的细节，以方便回顾。
5. 采用反思性语言来评论、联想和总结意义。
6. 采用复式日志记录法，一栏用来描述，另一栏用来反思。
7. 每天记下当天最重要的事、引起你注意的事，以及导致状况持续突出的原因。
8. 记下每一个你认识的重要教师的名字并给予描述，寻找他们的共同点。描述你的教学经验的基础以及对每一发展阶段的反思。
9. 检验你刚刚阅读的材料，把调查的结果写进日志。
10. 写一个"日志的日志"，回顾你的整个日志，寻找主题和突出的段落，让一个朋友读出那些你标出的段落。
11. 在每堂课结束时，让你的学生提交"下课纸条"，反思他们的学习、问题和期望。

图19.1　记录行动研究日志的建议

资料来源：Adapted from Hobson, D. (2001). Action and reflection: Narrative and journaling in teacher research. In G. Burnaford, J. Fischer, & D. Hobson (Eds.), *Teachers doing research* (2nd ed., pp. 7-27). Mahwah, NJ: Lawrence Erlbaum.

第六步：实践的持续或调整

后来进行的调查表明，与设计赛车相比，他的研究参与者更喜欢制作赛车，因此，希克斯认为他需要想办法把设计赛车"变得更有趣"（2001，第148页）。在考虑了学生对赛车设计的建议以及观察了车赛后，希克斯在所有的赛车课上增加了评论单元。从学生的评论中，他了解到，学生在开始设计和建造他们自己的赛车之前，希望先看到一件完成的作品。因此，他调整了教学顺序，让学生首先观摩别人设计赛车的过程。这个教学活动同时给设计赛车的学生和观察设计过程的学生带来了反馈和动力。

第七步：准备研究报告

希克斯的行动研究报告发表在《教师做研究》（*Teachers Doing Research*）（Burnaford, Fischer, & Hobson，2001）一书中，该书中还有其他教师进行的详细实例。这是一个精致的、已出版的行动研究范例，表明了行动研究对专业发展的价值。通过这个研究，希克斯能够与他的研究生班同学互动，向他们学习，并让他们成为研究的参与者。他还得到了课程教学者的指导，他们正是《教师做研究》一书的两位主编。

行动研究报告还可以通过期刊和书籍以外的其他传播途径来传播。科克伦–史密斯（Cochran-Smith）和多农（Donnell）（2006）指出，行动研究引领了"多种存储、检索、编码和传播实践者的探究的新途径，包括光盘（CD-ROMs）、网站和其他电子新技术，以及公众演讲和出版的新方式，如多方会谈、读者剧院、诗歌等等"（第512页）。

行动研究与教育实践者采用的其他解决问题的方法的区别

表19.1显示了行动研究与正规研究的区别。现在我们来简要分析行动研究与教育实践者常用的解决实践问题的途径的区别。教师通常借助于与同事交流、参加研讨会、从专业期刊中获取观点等途径来寻求帮助，或者依靠他们的直觉在实践中尝试新事物。

但问题是，从这些途径中得来的观点能确实改善学生的学习吗？从全美教育进展评估和《不让一个孩子掉队法》对美国学生学习的总体质量的调查来看，这些途径虽然被广泛使用，却效果不佳。就解决实践问题来说，行动研究有两个重要特征优于这些途径：系统性和意向性。

科克伦–史密斯和多农（2006）曾用这两个概念来澄清包括行动研究在内的实践者研究的特性。他们把**系统性**（systematicity）描述为包含"收集和记录信息的有序方法，记录实践情境内外的经验，某些形式的书面记录……（和）对于记录不全的事件遵循有序的方法进行回忆、反思和分析"（第510页）。

意向性（intentionality）则是指"实践者的探究是计划性的、审慎的，而不是自发的、随意的"（Cochran-Smith & Donnell，2006，第510页）。很多教师经常检查作业、试卷和学校常规产生的其他形式的学生文本。行动研究鼓励教师创造额外的数据来具体查看他们在做什么，以及从学生的反应来看他们这样做的结果如何。为此他们可以收集学生学习的新数据，并突出他们的教学手段的变化与学生的学习之间的特殊关系。

有些行动研究报告只是简单的主观概括总结，诸如说采取新行动以后，学生们"反应积极"或"成绩提高了"。为了最大限度地影响自己和他人的实践，我们建议行动研究报告的作者不仅要具体说明他们采取了哪些行动，还要尽量呈现出研究结果背后的收集数据、分析和解释的程序。

行动研究的目的和益处

行动研究被认为有三个主要目的——个人目的、专业目的和政治目的（Zeichner & Noffke，2001）。在实践中，就像本章引用的这些真实的研究案例中所反映的，大多数教育实践者实施行动研究并不是为了单一目的，而是三种目的的混合。下面我们简要归纳一些行动研究的益处，并参考之前希克斯的研究来逐一解释。

（1）行动研究有助于建立促进教育实践所需要的理论和知识基础。教育者开展自己的行动研究时，他们学着用自己能够理解的术语来重构教育理论和研究结果，学着在自己的工作环境中不断尝试更有效的实践。希克斯采用交错式教学和同伴互教的方法说明他把新概念应用到了自己的整个教学中。

有机会亲自试验新的教学策略的教育者，反过来可以为教学专业发展和教育理论研究作出贡献。例如，马德琳·亨特（Madeline Hunter，1994）是在加州大学洛杉矶分校（UCLA）的实验学校做主任时开始以非正式的方式对改进教师课堂教学的几种方法进行实验的。她个人的创造性使得一种叫作从教学理论到实践（Instructional Theory into Practice）的教学方法得以问世。这种方法对教学实践产生了重大影响，也激发了许多围绕其有效性开展的正规研究。

（2）行动研究有助于教育实践者的专业发展。希克斯的报告显示他的行动研究增强了他应用他人研究结果的能力，以及开展和报告自己的研究的能力。他不仅发展了做研究需要的技能，也提高了阅读、解释和应用他人研究的能力。而且，他在做研究时修习的这门教育课程有助于他完成硕士学位。

（3）行动研究能够建立起一个同事网络系统（collegial networking system）。**合作行动研究**（collaborative action research）是指由从事同一种类工作的（例如中小学教师）或从事不同种类工作的（例如中小学教师和大学教师）两个或多个教育实践者参与的研究。这种合作可能还需要这些研究活动所指向的对象的参与。

例如，希克斯的研究合作者包括他的初中学生、四年级"新生"及其老师、希克斯的研究生班同学。他们都不只是研究的参与者，还参与了研究本身的设计和实施。希克斯因此建立了一个丰富的交流网络，有助于减轻教师个体在独自研究时经常经历的孤立感，并为将来的合作提供机会。

（4）行动研究有助于实践者以系统的方式发现问题和解决问题。希克斯的行动研究要求他和他的学生及同事清晰地确定问题并以系统的方式寻找和尝试可能的解决办法，此外还需要他们对行动的结果进行反思并与他人交流讨论。因此，系统的行动研究使实践者认识到那些规范化的想当然的常规是可以被打破的，同时也可以使实践者建立起信心，让他们相信那些在工作中遇到的看似棘手的问题是可以解决的。

（5）行动研究的优点是它可以被运用于教育实践的各个层次和各个领域。希克斯的研究不仅跨越了两个教育层次（四年级小学生和他的初中学生），而且包括了他工作的学校及他们正在求学的大学。行动研究可以在某个教室、某个部门进行，可以在整个教育机构进行，也可以在地区层面、国家层面或国际层面上开展。

行动研究中的行动科学

克里斯·阿吉里斯（Chris Argyris）和唐纳德·舍恩（Donald Schön）（1974）提出的行动科学理论为设计能够带来真正变化的行动研究提供了理论基础。用**行动科学**（action science）可以发现和处理行动研究中实践者**信奉的理论**（espoused theory）（实践者对如何解决实践问题的信念）与他们的**行动式理论**（theory-in-action）（实践者在工作中的实际行为）可能存在的不一致。

例如，一位九年级历史教师苏菲（Sophie）认为自己课堂提问时注重培养学生的高层次思维能力。如果她在课堂上实际提出的大部分是知识性和理解性问题，那她就没有触及思维模式分类中的高层次认知部分（例如Bloom，1956；Wiggins & McTighe，1998）。

行动研究有助于发现这种不一致及其引起的问题。苏菲可以通过行动研究提高自己的提问技巧。她可以收集关于她的某些课堂行为和学生对这些行为的反应的数据。例如，她可以录下自己上的一堂课，然后进行自我分析。这是一种曾被广泛应用于教师教育的微格教学法（microteaching）（MacLeod，1995）。对于那些希望完成的行动，她可以填写一张观察等级表来评估自己做到了多少。她还可以请同事或大学的教师教育者听她的课并给予反馈意见。

这一过程有助于苏菲发现自己信奉的理论与行动式理论的不一致。这样她就可以采取新的行动，使自己的行为更加接近自己想要达成的信念。

托马斯·哈奇（Thomas Hatch）的一项研究（1998）证实了行动科学在发现实践问题方面的价值。1991年，四个大型的学校发展组织应"新美国学校发展公司"（the New American Schools Development Corporation）的课题征集，联合开展了"针对所有学生的真实教学评价（ATLAS）社区项目"，目的是为全国各地的学校带来变革。哈奇指出，这些组织的领导者们所信奉的理论之间的严重差异使得他们对基本的学校困境采取了不同的对策，这"使得（他们）很难做出任何决定，同时也很难实施学校发展所需的合作工作"（第24页）。

合作行动研究中的局内人和局外人问题

行动研究的目的能否实现在很大程度上取决于行动研究项目的参与者。有些教育实践者（尤其是中小学教师）认为自己是**局内人**（insider），即对于正在被研究的实践问题拥有内部视角的个体。他们可能不愿意与**局外人**（outsider）合作，例如大学教授或研究机构的学者等被视为对研究问题拥有外部视角的人。斯蒂芬·凯米斯（Stephen Kemmis）和罗宾·麦克塔格特（Robin McTaggart）（2000）指出，对"局外人"观察者的解释的依赖会使教师的自信心降低，让人感觉好像"局外人"的研究比教师的研究效度更高。

在后来的著作中，麦克塔格特（2003）从另一个角度讨论了局内人和局外人的问题。他认为对大学教授等学者来说，提高中小学教育实践者的价值的最好方式之一是尽量参与他们的行动研究。麦克塔格特这样说的理由是，教育实践不仅包括中小学教学，还包括各种教育系统和机构的所有主要教育职能。他指出，所有的教育者都是其从事的教育实践活动的某个或某些方面的实践者，任何一个实践者都能通过与他人合作来影响其他方面的实践。因此，他认为通过行动研究而采取的行动想要取得实效，就必须能够影响教育实践的各个主要方面：课程、教育管理实践、教师教育以及教育研究实践。

麦克塔格特（2003）发现了三种方法，这些方法可以使相对于中小学教师来说属于局外人的大学教授等学者，在与中小学教育者进行合作行动研究时很好地发挥自己的作用。首先，他认为这些学者能够帮助行动研究的局内人充分地检验基于特定的研究结果和解释的证据的可靠性。这种检验既来自"与研究参与者同位的……持续的社会政治过程"（sociopolitical process）（第9页），也来自系统的数据收集和分析。

第二，麦克塔格特赞成学者支持局内人和研究参与者表达其对研究问题的感受，这些感受通常是强烈的，而且可以推动或阻碍下一步的行动。麦克塔格特认为，局外人还能够帮助局内人分析，为了社会变革的利益，哪些感受是合理的，而哪些最好调整或搁置。

第三，在麦克塔格特看来，通过进行合作研究，学者们可以为研究参与者个人政治活动（political agency）的发展提供主要支持，为实现变革的决策提供具有批判性意识的群体。虽然他也承认，学者们的优越组织环境可能使他们不善于承担这些合作角色。然而，他指出，如果他们愿意"慢慢进入政治生活"（第14页），他们就能在一个真正具有参与性的行动研究过程中成为与其他局内人平等的参与者。

评价行动研究项目的可靠性和可信性

行动研究者需要考虑他们设计和实施研究的方式，以使研究结果和报告对于研究者和其他人来说是可靠的和可信的。对于主要依赖于定量研究的行动研究项目，可以依照本书附录1提供的标准以及描述研究（参见第十章）、分组比较研究（参见第十一章）、相关研究（参见第十二章）和实验研究（参见第十三章）中的特定标准来评价这些研究。

对于另外一些主要依赖于质性研究设计的行动研究项目，可以依照本书附录3提供的标准来评价。那些用来评价案例研究（参见第十四章）的策略也是可以借鉴的。另外，还可以参考加里·安德森（Gary Anderson）和凯瑟琳·赫尔（Kathryn Herr）开发的专门评价行动研究的五个效度标准：（1）结果效度；（2）程序效度；（3）民主效度；（4）催化效度；（5）对话效度。下面逐一介绍这五个效度标准。介绍每一个标准时，本章引用了某些行动研究实例以及提高此类效度的特殊方法。

有时要判断一项行动研究的质量，可能缺乏必要的信息，这类研究通常没有完整的、正式的研究报告。可以通过访谈弥补这一缺陷。对行动研究者或者他们的同事、工作对象进行访谈，可以了解前面讲过的行动研究的几个步骤是怎样进行的。这些或其他的效度标准，可以向你提供评价一个具体的行动研究所需的信息。

结果效度

结果效度（outcome validity）指的是采取的行动在多大程度上解决了研究问题。当然，严格的行动研究关注的不仅仅是某一个具体问题的解决。它的目的是帮助研究者更深刻地理解问题，而这通常会导致新的问题的产生。因此这一标准还强调反思的重要性，强调研究者应不断地采取新行动解决仍然存在的或新出现的问题。

巴巴拉·莱文（Barbara Levin）和特蕾西·罗克（Tracy Rock）（2003）对五对进行合作行动研究的实习教师（preservice）和有经验的教师（experienced teachers）进行了研究，当时那些实习教师正在有经验的教师（导师）的课堂上进行专业发展实习。莱文和罗克分析了对参与者进行的访谈以及参与者的书面报告和录音报告。他们描述了这些实习教师对这种合作的缺点的看法（如时间紧张、依赖别人完成自己的职责、接触导师的机会少）。同样重要的是，他们论证了这个合作研究的结果对实习教师是有益的（比如，获得他们导师的视角、帮助和反馈）。

程序效度

程序效度（process validity）指的是行动研究各个阶段所使用程序的适宜性。问题的发现和解决在多大程度上促使研究者不断地学习就是程序效度的一个方面。三角验证（包括多种视角或多种数据来源）也有助于提高程序效度。如果行动研究以叙事体如诗歌、民间传说或趣闻逸事等形式来报告，那么读者想知道的是，这些是不是对事件的准确描述，而不是纯粹的主观叙述或引人注意的夸张。

玛莎·史蒂文斯（Martha Stevens, 2001）在教六年级随班就读的有学习障碍的学生时开展了行动研究。她持续地考察这些学生的学习并相应地调整自己的行动，以此来改善学习环境。例如，她调整了课程来鼓励学生的自我管理。另外，基于对有学习障碍的学生阅读教学的相关研究文献的学习，为了使自己的学生能够接受普通教材里的信息，她对这些内容做了录音,并把作业内容改得更通俗易懂。六年的资料表明这些学生的阅读技能和写作技能进步都比较明显,主流环境和随班就读的环境中学生的考试分数和成绩都有提高。

民主效度

民主效度(democratic validity)指的是行动研究中的利益关系各方在多大程度上进行合作。民主效度还与这些人的不同视角和物质利益是否被考虑进去有关。在这里,"多种视角"不是对多种数据进行三角验证的基础,而是一个道德问题和社会公正问题。

希克斯(2001)的行动研究就是一个很好的例子。为了回答"如何让工艺课程教学成为一个所有学生都积极参加的学习过程"这一问题,他考虑了多方的视角。他不仅调查了他教的中学生,还调查了四年级的"新生"和他研究生班的同学。他不仅把他们作为调查对象,而且把他们作为合作研究者。

催化效度

催化效度(catalytic validity)指的是行动研究在多大程度上重新定位、关注和激励研究参与者,使研究参与者对相关实践有一个新的认识。行动研究者通过撰写研究日志来记录他们的反思和观点的转变,这种方式有助于提高这方面的效度。

这一标准还涉及实践者研究在多大程度上实现了研究的解放潜能(emancipatory potential)。换句话说,催化效度评价行动研究依据的是它在多大程度上促进了广大教育者和利益相关者积极寻求摆脱沉闷与压抑、发扬社会正义的参与热情。

例如,安查里·凯亚努瓦特(Anchalee Chayanuvat)和鲁库纳普拉斯特(Duangta Lukkunaprasit)(1997)是泰国一所大学的两名英语教师。他们通过行动研究来为入校的天才学生设计提高他们英语技能的课程。他们的研究结果中包括一些给英语天才班的建议:

> 我们的课程更强调口语表达和写作,而且包括课外比较难的有挑战性的阅读材料,同时利用学生的课外学习活动(如布置一部电影,看了以后进行口头讨论)。(第164页)

凯亚努瓦特和鲁库纳普拉斯特的研究证明,通过提供这种课程来增加学生释放他们的天赋的机会,使学习具有更多可能性,是有助于解放学生的。

对话效度

对话效度(dialogic validity)反映的是研究者就研究结果的形成及对研究结果的解释与同事进行信息交流和评议的程度。为了做到这一点,研究者可以与他人进行合作研究,也可以与其他行动者或一位扮演批判者角色、认为不该如此解释数据的朋友进行批判性、反思性对话。这些努力有助于确保行动研究的问题及其结果在实践者团体具有直觉上的"适宜性",也能提高对话效度。

史蒂文斯（2001）和她的六年级随班就读学生的行动研究就包含了她与学生、她与学生的其他教师以及她与学生家长之间的大量对话。其他教师对她的研究结果和材料的积极回应也反映了该研究在她所在的中学教学团体中的"适宜性"。

一个范例：行动研究如何帮助解决实际问题

学生和有些人经常质疑家庭作业的价值。就像下面这段从最近的报纸上摘录的文章所显示的：

> 近年来，学生、家长、教师和博士们在争论平时家庭作业的价值，大家都慷慨激昂，观点不一。当被问到在感恩节或其他学校放假期间是否要给学生布置作业时，大家同样是慷慨激昂，观点不一。
> 一些教师，如英语教师BN说，不要给学生布置任何额外的或补习的功课。
> 其他人，如一位二年级教师SC说他们在假期给学生布置家庭作业是为学生好。
>
> Schencker, L. (2008, November 26). School's out, but homework's not. *Salt Lake Tribune*. Retrieved from www.sltrib.com.

该文章还提到了家长、学生和教授，他们有的赞成有的反对布置需要在假期离校期间完成的家庭作业。人们在这件事上出现了惊人的观点分歧。围绕这个争论，就可以做一个行动研究。

假设你是一位需要决定假期是否为学生布置家庭作业的教师。你知道学生需要为学校的考试、州际能力测试做准备。从正面来说，你相信家庭作业能够帮助他们巩固和拓展他们在课堂上学到的东西。但是从反面来说，你觉得你和你的学生需要在假期里得到真正的休息。

为了帮助你做决定，你可以先浏览一下支持或反对布置家庭作业的研究文献，特别是在学校放假期间要不要布置作业的文献。你也可以和学校其他教师谈谈，看他们是什么意见。在与同事交流的过程中，假如你发现同年级的另一位教师——琼（Joan），跟你有同样的困惑，你就可以和琼一起来做一个合作行动研究，一个在她的班里，一个在你的班里。你们的目标可以是探究在学校放假期间布置家庭作业到底好还是不好。如果好，布置什么类型的家庭作业是适宜的。

你和琼可以设计一个问卷来调查学生对于平时作业和假期作业的态度。也可以问问学生对每一种类型的假期作业，他们抱有什么样的积极或消极的情感。

你也可以在问卷中设置一个开放式的评论题，以此来发现更多的个别学生的意见。如果你的问卷是记名式的，你还可以对比成绩好的学生和成绩不好的学生对作业的反应有什么不同。

当下一个假期来临的时候，你可以不布置作业，而琼布置一份学生较为喜欢的作业类型。然后你可以调查你班里的学生对于一个没有作业的假期感觉如何，琼可以调查她班里的学生对那种他们喜欢的作业感觉如何。你们可以在放假之前进行一次小测试，在假期结束后再进行一次测试，比较那些假期做了作业的学生和假期没有作业的学生对所学知识的掌握程度的差异。

从这个行动研究中得出的结果可以帮助你和琼发展出一个有利于学生学习的布置作业的办法。你和琼也可以跟你们的学生分享这个研究结果，这或许可以减少他们对家庭作业的抵触情绪。

自测题

1. 行动研究有以下目的，除了_____。
    A. 帮助实践者的专业发展
    B. 建构理论性的、概括性的知识
    C. 在教育者之间建立一个同事网络系统
    D. 帮助实践者发现问题并寻求系统的解决途径
2. 行动研究的质量对下列哪一项的依赖程度最小？_____
    A. 使用设计缜密的收集数据和分析数据的方法
    B. 对研究者和同事之间的合作的促进
    C. 为教育的知识基础所作的贡献
    D. 对研究者的实践的影响
3. 行动研究者的反思_____。
    A. 在行动研究项目开始阶段尤其重要
    B. 主要是在数据收集和解释阶段进行
    C. 是对自己行为的意义、价值和影响进行的思索
    D. 需要和研究参与者进行对话
4. 行动研究要解决的问题通常通过_____来发现。
    A. 教育实践者对阻碍其实现工作目标的障碍进行思索
    B. 阅读教育文献
    C. 系统的需求分析
    D. 向局外人咨询

5. 行动研究者在研究文献中发表其研究成果的主要目的是_____。

   A. 让更多的人了解其研究结果

   B. 鼓励其他教育者就自己实践中的问题开展行动研究

   C. 证明行动研究有多么严格

   D. 提高本人在当地教育界的地位

6. 行动研究要取得成功，研究者应当_____。

   A. 在开始研究之前进行大量的学习以掌握有关研究的知识和技能

   B. 在设计行动研究之前，要进行相关文献综述

   C. 讨论研究结果的理论意义

   D. 把研究结果应用于自己的实践

7. 在罗宾·麦克塔格特看来，与基础教育阶段教育者合作进行行动研究时，学者们通过_____的方式才能很好地起到自己的作用。

   A. 鼓励坚持实证主义客观性原则

   B. 提供研究设计的结构

   C. 为实现关于变革的承诺提供具有批判意识的群体

   D. 以上都正确

8. 在行动研究中考虑所有利益相关者的立场和利益是直接提高其_____效度的方法。

   A. 民主

   B. 催化

   C. 对话

   D. 程序

9. 教育行动研究与正规研究的最大区别在于_____。

   A. 行动研究关注于改善教与学

   B. 行动研究是一种审慎的探究，在收集和记录信息时采用有序的方式

   C. 行动研究的实施着眼于研究者自己的实践

   D. 行动研究可以应用于教育实践的各个层面和方面

10. 行动科学对行动研究最大的作用在于_____。

    A. 发现和解决研究参与者信奉的理论与行动式理论的不一致

    B. 为合作行动研究确定合适的参与者

    C. 使局内人在与局外人合作的过程中，使局内人免于自信降低

    D. 增加研究结果的政治影响

本章参考文献

Anderson, G. L., & Herr, K. (1999). The new paradigm wars: Is there room for rigorous practitioner knowledge in schools and universities? *Educational Researcher*, 28 (5), 12-21, 40.

Argyris, C., & Schön, D. A. (1974). *Theory in practice: Increasing professional effectiveness*. San Francisco: Jossey-Bass.

Bloom, B. S. (Ed.). (1956). *Taxonomy of educational objectives: Classification of educational goals. Handbook 1: Cognitive domain*. New York: Longman.

Burnaford, G., Fischer, J., & Hobson, D. (Eds.) (2001). *Teachers doing research* (2nd ed.). Mahwah, NJ: Lawrence Erlbaum.

Carr, W., & Kemmis, S. (1988). *Becoming critical: Educational knowledge and action research*. London: Falmer.

Chayanuvat, A., & Lukkunaprasit, D. (1997). Classroom-centered research at Chulalongkorn University Language Institute. In S. Hollingsworth (Ed.), *International action research: A casebook for educational reform* (pp. 157-167). London: Falmer.

Cochran-Smith, M., & Donnell, K. (2006). Practitioner inquiry: Blurring the boundaries of research and practice. In J. L. Green, G. Camilli, & P. B. Elmore (Eds.), *Handbook of complementary methods in education research*. Washington, DC: American Educational Research Association.

Cochran-Smith, M., & Lytle, S. L. (1999). The teacher research movement: A decade later. *Educational Researcher*, 28(7), 15-25.

Drosopoulos, J. D., Heald, A. Z., & McCue, M. J. (2008). *Minimizing bullying behavior of middle school students through behavioral intervention and instruction*. Chicago: St. Xavier University. ERIC Document Reproduction Service No. ED500895.

Glanz, J. (1998). *Action research: An educational leader's guide to school improvement*. Norwood, MA: Christopher-Gordon.

Hatch, T. (1998). The differences in theory that matter in the practice of school improvement. *American Educational Research Journal*, 35, 3-31.

Hobson, D. (2001). Action and reflection: Narrative and journaling in teacher research. In G. Burnaford, J. Fischer, & D. Hobson (Eds.), *Teachers doing research* (2nd ed., pp. 7-27). Mahwah, NJ: Lawrence Erlbaum.

Holt, C. (2008). *Does reciprocal teaching increase student achievement in 5th grade social studies?* Retrieved from http://actionresearch.altec.org.

Hunter, M. (1994). *Enhancing teaching*. New York: Macmillan.

Kemmis, S., & McTaggart, R. (2000). Participatory action research. In N. K. Denzin & Y. S. Lincoln (Eds.), *Handbook of qualitative research* (2nd ed., pp. 567-605). Thousand Oaks, CA: Sage.

Levin, B. B., & Rock, T. C. (2003). The effects of collaborative action research on preservice and experienced teacher partners in professional development schools. *Journal of Teacher Education*, 54, 135-149.

Lewin, K. (1946). Action research and minority problems. *Journal of Social Issues*, 2(4), 34-46.

MacLeod, G. (1995). Microteaching in teacher education. In L. W. Anderson (Ed.), *International encyclopedia of teaching and teacher education* (2nd ed., pp. 573-577). Tarrytown, NY: Elsevier Science.

McTaggart, R. (2002). Action research scholar: The role of the scholar in action research. In M. P. Wolfe & C. R. Pryor (Eds.), *The mission of the scholar: Research and practice* (pp. 1-16). New York: Peter Lang.

Reason, P., & Bradbury, H. (Eds.). (2001). *Handbook of action research: Participative inquiry and practice.* Thousand Oaks, CA: Sage.

Schippers, M. (2008). *Student support in China: Addressing the perceived needs of undergraduate English department students.* ERIC Document Reproduction Service No. ED499780.

Schmuck, R. A. (1997). *Practical action research for change.* Arlington Heights, IL: IRI/Skylight.

Shilkus, W. (2001). Racing to research: Inquiry in middle school industrial arts. In G. Burnaford, J. Fischer, & D. Hobson (Eds.), *Teachers doing research* (2nd ed., pp. 143-149). Mahwah, NJ: Lawrence Erlbaum.

Stevens, M. C. (2001). Laptops: Language arts for students with learning disabilities: An action research curriculum development project. In G. Burnaford, J. Fischer, & D. Hobson (Eds.), *Teachers doing research* (2nd ed., pp. 157-170). Mahwah, NJ: Lawrence Erlbaum.

Wiggins, G., & McTighe, J. (1998). *Understanding by design.* Alexandria, VA: Association for Supervision and Curriculum Development.

Zeichner, K. M., & Noffke, S. E. (2001). Practitioner research. In V. Richardson (Ed.), *Handbook of research on teaching* (4th ed., pp. 298-330). Washington, DC: American Educational Research Association.

后续学习材料

Burnaford, G., Fischer, J., & Hobson, D. (Eds.). (2001). *Teachers doing research*(2nd ed.). Mahwah, NJ: Lawrence Erlbaum.

本书为在当地、大学、全国以及国际环境中开展教师研究提供了指导原则，书中介绍的许多教师研究的详细实例设计巧妙，表达清楚，富有启发性。

Fishman, S. M., & McCarthy, L. (2000). *Unplayed tapes: A personal history of collaborative teacher research.* Urbana, IL: National Council of Teachers of English.

本书总结了作者进行的以及指导他人进行的"局内人–局外人"合作教师研究的经历。

Marion, R., & Zeichner, K. (2001). *Practitioner resource guide for action research.* Oxford, OH: National Staff Development Council. ERIC Document Reproduction Service No. ED472207.

本书是一本关于实践者开展行动研究的总汇，主要内容包括实践者研究网络、刊登行动研究报告的杂志和网站、资助渠道以及有关行动研究的参考文献等方面的信息。

第二十章

评价研究

重要观点

1. 项目评价是很困难的，这是因为项目很少有一致的有效性，而且不同的利益相关者对有效的定义也不同。
2. 项目一般包括课程材料、教学方法、评价程序及专业发展的内容。另外，每一个项目都是在一定的文化下运作的。
3. 评价研究在每一个阶段都是负载价值的和具有政治性的。
4. 大部分评价研究都需要考虑项目的利益相关者及其诉求。
5. 目标评价模式强调项目能在多大程度上帮助学生达到特定的学习目标。
6. 需求评价模式是测量目前的情形和期望的情形之间的差距，以便教育者对于是否改进现有项目或开发新项目做出决定。
7. CIPP项目评价模式是一个全面的评价，因为它涉及项目的所有方面：利益相关者的需求和问题、备选方案、工作计划和预算、项目活动及项目的有效性。
8. 回应性评价模式使用质性方法来确认和描述利益相关者的问题和顾虑，强调利益相关者之间公开、安全的对话。
9. 研究与开发（R&D）是一个系统的模式，它用来开发以证据为基础的项目和产品。形成性评价和终结性评价是这种模式不可缺少的部分。
10. 评价研究报告一般参照定量研究报告、质性研究报告或混合途径研究报告的形式。
11. 由12个主要教育组织的代表组成的教育评价标准联合委员会制定了一系列评价教育项目和产品质量的标准。

关键术语

CIPP模式（CIPP model）
情境评价（context evaluation）
有效性评价（effectiveness evaluation）
渐现式设计（emergent design）
评价研究（evaluation research）
形成性评价(formative evaluation)
影响评价（impact evaluation）
投入评价（input evaluation）
教育评价标准联合委员会（Joint Committee on Standards for Educational Evaluation）
全美教育进展评估（National Assessment of Educational Progress）
需求评估（needs assessment）
基于目标的评价（objectives-based evaluation）
绩效目标（performance objective）
过程评价（process evaluation）
产品评价（product evaluation）
项目（program）
项目文化（program culture）
研究与开发（research and development, R & D）
回应性评价（responsive evaluation）
利益相关者（stakeholder）
终结性评价（summative evaluation）
可持续性评价（sustainability evaluation）
可推广性评价（transportability evaluation）

在教育决策中运用评价研究

教育领域的**评价研究**（evaluation research）是利用定量或质性的方法，或同时运用两种方法对教育领域中特定方面的有效性进行判断的过程。达成这个判断的过程是复杂的，因为"有效性"本身是一个多层面的概念，对于不同的利益相关者具有不同的含义。而且教育项目和过程很少是一致有效的，它们一般都是既有益处又有弊端的，而且可能只是在一定条件下才有效。

尽管复杂，评价研究在教育中已经变得越来越重要。公立学校在民主社会中至关重要，但花费也很大。因此，公众和政策制定者想要知道他们的钱是不是花得值得。在实践中这就意味着他们会资助那些有效的项目，淘汰那些无效的项目。

从一项最近由美国国会委托学术竞争力委员会（Academic Competitiveness Council）实施的评价中，可以看出评价对政府资助和决策所具有的突出作用。以下是从ERIC引用的委员会报告中评价结果的摘要（文件标识码：ED496649）：

> 学术竞争力委员会负有检查现有联邦资助的科学、技术、工程和数学

（STEM）项目的有效性，以及提高国家STEM教育水平的责任。为此，它对115个STEM项目进行了评价。委员会的评价结果显示，尽管在过去的几十年中，联邦在科学和数学教育上投入不菲，但并没有有力的证据证明STEM教育有显著改善，却有证据表明有很多无效的重复投入。

如果教育者对这类评价无动于衷，投入到科学教育和其他教育项目的资助将会越来越少。如果政策制定者和其他组织认为不只是由学术竞争力委员会评价的这些项目，而是大多教育项目都是无效的，教育专业人员没有能力去改善，这种局面的出现将是不可避免的。

这是对宏观方面的评价。就近来说，评价研究也在时刻影响着每一位教育者。在你的教师生涯中，你可能被要求学习一个新项目，在这个新项目下进行教学或者执行这个新项目。例如，假设正在普通学校教学的你被邀请去一所新的特许学校任教，无疑，你会对新学校的有效性感兴趣。它为谁而设？有证据证明它比普通学校的教育效果更好吗？这种类型的学校有什么风险和弊端？在那里教学你会感到舒服吗？

文献中的评价研究或许可以帮你回答这些重要的问题。如果你找不到，你和你的同事或许只能在实施项目的过程中来知晓答案。如果项目是有效的，那正好；如果不是，你可能会问自己为什么当初没有提前研究这个项目以发现这些缺陷。

本章的目的是帮助你不只从你的亲身体会，而且是从评价研究的结果来了解项目的有效性。

评价研究的范例

研究者可以对教育事业的很多方面做评价研究。下面这些期刊文章的标题显示出这个领域是多么广泛。

Arancibia, V., Lissi, M. R., & Narea, M. (2008). Impact in the school system of a strategy for identifying and selecting academically talented students: The experience of Program PENTA-UC. *High Ability Studies*, 19 (1), 53-65.

Black, E. W., Fertig, R. E., & DiPietro, M. (2008). An overview of evaluative instrumentation for virtual high schools. *American Journal of Distance Education*, 22 (1), 24-45.

Eteokleous, N. (2008). Evaluating computer technology integration in a centralized school system. *Computers & Education*, 51 (2), 669-686.

Gaudet, C. H., Annulis, H. M., & Kmiec, J. J. Jr. (2008). Building an evaluation framework for a competency-based graduate program at the University of Southern

Mississippi. *Performance Improvement*, 47 (1), 26-36.

Pence, H. M., & Macgillivray, I. K. (2008).The impact of an international field experience on preservice teachers. *Teaching and Teacher Education*, 24 (1), 14-25.

Schull, C. P., & Anderson, E. A. (2008).The effect of home visiting and home safety on children's school readiness. *European Early Childhood Education Research Journal*, 16 (3), 313-324.

在第五章已经提到的有效教育策略资料中心的网站上（http://ies.ed.gov/ncee/wwc），你可以找到更多评价研究的实例。美国教育部发起和资助的这个机构反映了它对通过评价来指导政策制定和影响学校改革项目的方向的日益重视。

作为评价研究焦点的项目

仔细想一下你会发现，评价在整个教育事业中无处不在。教师评价学生的学业成就和行为；管理者评价教师；学校董事会评价学区；学区评价每一所学校；教材选取委员会评价新教材。

然而我们这一章的焦点是项目评价的方法。**项目**（program）是为达到明确阐述的目标而设计的一系列系统的、可推广的材料和活动，可以在多种情境下使用。在教育中，项目一般包括通过课文材料和其他媒介传递的课程、教学方法、评估程序，或许还有教职工发展内容，来帮助教育者正确地实施该项目。所有这些元素都是一体化的，以便它们能够在多种不同的学校场所得以实施。例如，根据这个定义，由主要出版社出版的小学阅读课本系列就属于项目。

此外，萨维尔·库什纳（Saville Kushner）和克莱姆·阿德尔曼（Clem Adelman）（2006）认为项目包含更多的成分：

> 项目一般会展现出"项目文化"。这就是说，它们有规则、传统、作用、个人与集体间的张力、社会化过程的组织条理、一个区分某些想法和行动是否属于这个项目的被广泛认同的边界……不仅是成员适应项目，项目也融入成员的生活。（第712页）

基于这个陈述，我们把**项目文化**（program culture）定义为：构成一个项目的技术规范的规则、传统和作用，以及当项目中个人的需求和愿望与这些规范发生冲突时发挥作用的张力。

当教育者被要求采用一个新项目来代替他们正在使用的项目时，项目文化就会突显出来。他们可能想知道这个新项目在多大程度上会增加他们本来就已经很多的工作量。他们可能也想了解那些推动新项目的背后的力量,特别是当他们喜欢现有的项目时。这些担心在他们看到评价证据表明新项目的有效性后才有可能缓解。

作为政治活动的评价研究

所有的研究都负载价值。比如,研究者选择研究这个教育问题而不是另一个问题本身就表示了一个价值判断,即他认为这个问题比那一个问题更重要或更有趣,或者更可能吸引到资助,有利于研究者的职业发展。

评价研究承载更多的价值,因为研究者的直接目标就是基于他们的实验结果来对一个项目进行价值判断。而且,项目牵涉到的个人也会对这个评价是否公正作出价值判断。

如果牵涉到项目的每一个人都分享同样的价值标准,评价研究就可以顺畅进行了。但事实是,评价教育项目时很少出现这种情况。一个教育项目有很多特点,其中一些特点可能吸引一部分人却排斥另一部分人。因此,个人和组织团体可能会为了项目的决定权而相互竞争。例如是采用还是否决一个项目,怎样评价以突出它的优点,或者怎样评价以最小化或隐藏它的缺点。

这种项目评价中权力和影响力的竞争,尤其是当利益很大的时候,就使得评价研究在本质上演化为一个政治活动。如果一个项目有非常突出的文化特征,政治的强度可能增加。例如,一个为少数民族团体设计的项目由多数民族教育者和研究者来设计和评价时,就会发生这种情况。

由于项目评价的政治本性,研究者发现在评价研究一开始,有必要确定相关的利益相关者。**利益相关者**(stakeholder)指的是与某个被评价的现象有关或将受到评价结果影响的个体。满足一个项目的所有利益相关者的需求通常是不容易的,然而尽可能地考虑到这一点是必要的。否则,一些利益相关者的声音可能被埋没并由此损害评价研究的完整性。

评价研究的常见模式

在几十年做评价研究的过程中,研究者对自己的工作进行反思,并创造了一些如何做评价研究的正规模式。丹尼尔·斯塔弗尔比姆(Daniel Stufflebeam)和安东尼·欣克菲尔德(Anthony Shinkfield)(2007)提出和比较了26种评价模式。

在接下来的部分,我们将描述其中的五种模式。这五种模式在文献中最为常见,而且它们能够解释模式之间的差异范围。这些差异主要来自于是否关注利益相关者的利益和项目文化,或项目是否能达到可测量目标的有效性。

如果你计划做一个项目评价,了解这些模式可以帮助你决定哪一种最适合你的目的。如果你是一个评价研究中的利益相关者,了解这些模式将会使你更清楚研究的目标和程序。

基于目标的评价

基于目标的评价（objectives-based evaluation）关注的是一个教育项目在多大程度上帮助学生达到与之相关的学习目标。我们在第十章提到过的**全美教育进展评估**（NAEP），就属于这种评价模式。NAEP是一个由联邦资助的项目，每年评估学生在阅读、数学、科学、写作、历史、地理和其他学科的学习目标上的表现。

NAEP依据的是拉尔夫·泰勒（Ralph Tyler，1949）开发的课程教学评价模式。泰勒指出学校教学应围绕特定的课程目标来组织，而且教学的成功程度应当依据学生在多大程度上达到了这些目标来判断。

直到今天，美国学校体制仍然大体遵循泰勒模式的原理。课堂、学区、州和联邦的评价也绝大部分是评价学生在课程目标上的表现。项目设计将教师奖金与学生学习结果联系起来，识别和补救"失败"学校也同样是泰勒模式的体现。

比较学生在一个新项目中的学习结果与接受传统项目的学生的学习结果的教育实验所反映的就是基于目标的评价。有效教育策略资料中心搜集和评论了一些这样的研究，旨在为教育实践者提供具体的教育项目是否有效的证据。

需求评估

需求评估（needs assessment）是用来识别与社会、组织和人表现相关的需求以及将它们划分优先顺序的一系列程序（McKillip，1987）。需求（need）通常被定义为期望的状态或情形与实际的状态或情形之间的差异。

例如，理查德·密汉斯（Richard Mihans，2008）分析了一个已发表的学校人员的调查（全国教育统计中心，2006）。他发现在2003—2004学年，有64,954所公立中小学有教学岗位空缺。即使在将来的几十年里，学生入学率也将同时继续增加，教学岗位空缺还会继续增多。因此，在现有教师数和教师需求数之间存在一个差距。

这个差距就成为一个需求，或者换句话说，一个实际问题。密汉斯提出解决这个问题的主要途径是使教师能够安心从教。他提出五个可能达成这个目标的条件：（1）提高工资；（2）来自管理者的更多支持；（3）更多接受导师指导的机会；（4）更好的工作条件；（5）更多的专业自主权。

密汉斯对教育体系的具体需求的分析和对解决方案的建议可能被用作开发提高教师保有率的新项目的基础。当然这些项目还需要接受有效性评价。

需求评估可以被看作是项目开发的第一步。通过评估现有条件，研究者来决定它们是令人满意的还是需要改进的。基于研究数据提出需求，可以使要求获得资源来改善现有项目或开发新项目变得容易一些。

CIPP模式

斯塔弗尔比姆（2003）提出情境–投入–过程–产品（context-input-process-product，

CIPP）模式来帮助教育者评价项目。这个模式也可以用来评价项目、人事、机构和其他实体。字母缩写CIPP代表的是对一个项目从头到尾进行真正全面的评价所需要实施的四种类型的评价：情境、投入、过程、产品。

- **情境评价**（context evaluation）是对项目的需要、资源及利益相关者、员工和受益人的问题的评价。
- **投入评价**（input evaluation）是对准备进行的项目的备选方案、工作计划和资金预算的评价。
- **过程评价**（process evaluation）是对项目活动的记录和评价。
- **产品评价**（product evaluation）是对项目目标达成程度的评价。

产品评价包括四个子部分：

- **影响评价**（impact evaluation）是对一个项目是否影响到了预期受众的评价。
- **有效性评价**（effectiveness evaluation）是对项目结果的质量和显著性的评价。
- **可持续性评价**（sustainability evaluation）是对项目在短期和长期内是否成功地制度化的评价。
- **可推广性评价**（transportability evaluation）是对一个项目能否在其他情境中被使用和制度化的评价。

斯塔弗尔比姆（2007）开发了几套检核表来指导评价者与利益相关者，其中包括每一种类型的评价及评价的其他方面，如为评价制定合同协议和撰写最终的报告。表20.1展示了有效性评价的检核表。

大多数项目开发者和管理者可能不具备完成一个完整的CIPP模式项目评价的资源，然而，他们可以在所有条款中选择那些对他们的具体情况而言最重要的和可行的部分。

回应性评价

斯塔克（Stake，2004）提出的回应性评价是最早的质性评价方法之一。**回应性评价**（responsive evaluation）主要是确认和描述利益相关者的问题（即不同利益相关者之间的争论点）和关注点（即利益相关者有所担心或想证实的事情）。这些问题和关注点往往使得评价研究的关注范围和焦点较之基于目标的评价更为广泛和丰富。

回应性评价有四个阶段：（1）发起和组织评价；（2）确定主要问题和关注点；（3）收集有用信息；（4）报告结果并提出建议。在第一阶段，要确定利益相关者。此外，评价者与当事人就某些具体问题达成协议，如将要评价的现象、评价目的、查阅记录的权利以及有关保密和匿名的承诺。

在第二阶段，通过与各种各样的利益相关者直接接触，确定他们的主要问题和关注点。评价者要试图弄明白利益相关者的问题和关注点背后的不同价值观。例如，在对某个学校体制中的管理结构进行评价时，评价者可能发现有些利益相关者重视高质量的课程和成绩责任制，而有的利益相关者则更加重视决定制定过程中代表权的平等以及合理的决定制定过程。

表20.1 有效性评价

有效性评价是对项目结果的质量和显著性的评价。

评价者的活动	当事人/利益相关者的活动——评估/报告结果
□访谈关键利益相关者，例如社区领导、受益人、项目领导者和员工，以及其他利益方，来获取他们对项目的积极和消极的评价结果	□使用有效性评价结果来测量项目对受益人的积极和消极影响 □如果相关，使用有效性评价结果来测量项目对社区或相关环境的积极和消极影响
□在可行和适当时，对选定的受益人进行深度的个案研究	□使用有效性评价结果将重要的副效应进行分类并评判
□请一位评价组成员和一位项目成员提供所需的文件记录来验证项目对受益人的影响的范围、深度、质量和显著性	□使用有效性评价结果检查项目计划和活动是否需要改变
□如果合适，请一位评价组成员汇编和评估项目对社区的影响的信息	□使用有效性评价结果来准备和发布项目说明报告
□请一位目标中立评价者*来评估项目确实做了什么并确认其全部影响，包括积极的和消极的、预期的和非预期的	□使用有效性评价结果制定一个项目成功的底线评估
□获取关于在别处实施的类似项目的性质、成本和成就的资料，并通过与这些"批判性竞争者"的比较来判断本项目的有效性	□使用需求评估数据（从情境评价结果中得到）、有效性评价结果与其他相似项目的对比，来制定一个项目显著性的底线评估
□在简要报告（可以整合进更大的报告中）中汇编有效性评价的结果，并呈送给当事人和约定的利益相关者	
□在反馈环节讨论评价结果的有效性	
□完成有效性评价报告，并呈送给当事人和约定的利益相关者	
□把有效性评价结果整合到更新的项目文件中并最终整合进最终评价报告中	

*目标中立评价者（goal-free evaluator）是指签约的评价者，根据协议，他事先不知项目的目的，要做的事是评估项目实际做法和实际结果，而不管它的目标是什么。这项技术能够非常有效地确认项目积极或消极的副效应或非预期结果，描述项目实际在做的，而不管它说明的程序是怎样的。

资料来源：Adapted from The Evaluation Center, Evaluation Checklists Website: www.wmich.edu/evalctr/checklists/cippchecklist_mar07.pdf. Retrieved November 7, 2008.

在第三阶段，评价者收集利益相关者的关注点、问题和价值观方面的更多信息，以及有关将要评价的现象和将用以评价现象的标准方面的描述性信息。

回应性评价的最后阶段是报告研究结果和提出建议。通常采用案例研究的报告形式（参见第十四章）来描述利益相关者的关注点和问题。评价者经过与利益相关者协商，根据已经收集的信息进行评价，并提出建议。

进行回应性评价时，评价者不是在一开始就确定研究设计。他们采用的是**渐现式设计**（emergent design），意思是说随着评价者不断深入了解利益相关者的主要问题和关注点，评价研究的设计也不断变化。与第十四章介绍过的扎根理论的分析方法一样，回应性评价者不断地从利益相关者那里获取信息，直到正在获得的信息与已经收集的信息重叠。

利益相关者之间的对话对回应性评价来说至关重要。然而，对话也可能无法解决被评价项目的问题和关注点。坦尼克·埃布玛（Tineke Abma，2006）指出，对话的真实目标不是达到完全的一致。"对话可能达成一致，但如果自我和相互的理解增加了或者对差异的体谅增强了，这种对话也算是成功了。"（第31页）埃布玛列出了可以促进回应性评价中利益相关者之间公开对话的八个准则，见图20.1。

---

1. 在评价项目中包括进所有利益相关者。在评价中把利益相关者作为同伴和合作者。对那些可能感觉被其他利益相关者消音的个体给予特别的关注。

2. 对所有利益相关者给予尊重。尊重所有利益相关者，尤其是对那些感觉被消音或者没有权利的个体，通过给予深度的、非正式的一对一的访谈来表示尊重。

3. 建立信任。通过访谈利益相关者和平等地参与在利益相关者"地盘"上的活动来建立信任。

4. 检查利益相关者的环境来确定他们对隐私的需要。了解利益相关者是否担心他们对项目的评论可能使他置于危险之中。尊重他们的隐私权和匿名权。

5. 形成同质的讨论小组。如果一些利益相关者感到易受攻击，把他们安排在他们自己的讨论组。看到与自己感受类似的人，能够帮助利益相关者在对项目表达他们的意愿时感到舒服。

6. 用故事来创造开放的对话。让利益相关者分享相关的故事来传达他们对项目的关注。人们通常会在相互分享故事的小组里感到舒服。

7. 避免微妙的排除机制。注意某些利益相关者被排除在小组对话之外的迹象，尤其是那些具有较低身份的人。小组的一些成员可能试图通过非口头语言或批评性的言辞来压制另一些成员的声音。促进每个人的自由表达。

8. 与所有的利益相关者小组互动。如果利益相关者形成有关项目的具有不同身份的小组（如行政管理者、教职工、当事人、社区成员），要公正对待。一个负责的评价者应当是所有群体的发言人，向其他群体传达每一个群体的独特声音。

图20.1 促进回应性评价中利益相关者之间有效对话的八个准则

资料来源：Adapted from Abma, T. A.(2006). The practice and politics of responsive evaluation. *American Journal of Evaluation*, 27(1), 31-43.

所有类型的研究方法都要求研究者对研究参与者的需求保持敏感。项目评价中的参与者是那些身处政治过程的利益相关者，因此，评价者需要利用一些准则，如在图20.1中所示的，来确保利益相关者在提供评价数据时感到安全。如果他们看到评价者尊重他们，如

果他们知道他们所说的话不会导致任何政治性的报复，他们更可能感到安全。

回应性评价是基于质性方法的，还有其他的评价也是这样。斯塔弗尔比姆和欣克菲尔德（2007）还描述了其他使用质性方法的评价模式。

教育研究与开发

评价在教育**研究与开发**（research and development，R & D）中起着重要作用。R & D 是对教育项目和教育资料［以下称为产品（products）］进行开发、改进和评估的系统过程。R & D 有时用基于研究的产品开发（research-based product development）这一术语来表示，这表明如下事实：（1）目标是尽可能地根据研究结果来开发一个产品；（2）开发的过程是以研究为基础的。如果你想要开发你自己的产品（如软件或一套课程指南），要实现这个目标，你可能在开发出这项产品并完成一篇文章或学位论文的同时，也在做这项产品的研究。

迪克（Dick）、凯里（Carey）和凯里（Carey）（2005）提倡教育 R & D 的系统方法模式。该模式的十个步骤见图20.2。你可以看到，第一步就是我们前面介绍过的需求评估。在该模式中，进行需求评估的目的是确定将要开发的产品的目标。

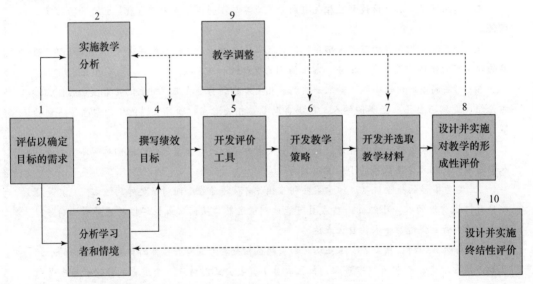

图20.2　教育研究与开发模式的十个步骤

资料来源：Adapted from figure on pp. xxii-1 in Dick, W., Carey, L., & Carey, J. O. (2005). *The systematic design of instruction* (6th ed.). Boston: Allyn & Bacon. Published by Allyn and Bacon, Boston, MA. Copyright © 2005 by Pearson Education. Adapted with permission from the publisher.

第二步，教学分析，即通过需求评估确定的教学目标所需要的特定的技能、程序和学习任务。

第三步是为了确定学习者开始学习任务时的起始行为（有时称为使能目标，enabling

objectives）的水平，以及学习者的其他影响学习的特点（如特殊的性格特征，比如考试焦虑），或者是教学情境和学到的技能最终运用的情境。

在第四步，撰写**绩效目标**（performance objective），开发者就学生在教学之后应该达到的目标进行具体的书面表述。之后要开发用来检验这些目标的实现情况的评价工具（第五步），开发合理的教学策略（第六步），开发新的教学材料或从现有的材料中选择教学材料（第七步）。

R & D系统模式的第八步、第九步和第十步涉及形成性评价和终结性评价的划分，这种划分是由斯克里文（Scriven，1967）提出的。斯克里文发现，在实践中评价有两种不同的功能，一种是形成性评价，一种是终结性评价。

第八步，**形成性评价**（formative evaluation），是在教育产品开发过程中收集其相关资料，以帮助开发者和评价者决定产品在发布之前是否需要进行修改，如果需要，需要什么样的修改。形成性评价也用来判断最终能否开发出有效的产品，如果不能，则要决定终止进一步的开发并禁止产品的发布。

如图20.2所示，形成性评价贯穿于整个开发过程的前期阶段。例如，开发者可能对第四步中产品的目标进行形成性评价，研究诸如目标的明确性和全面性这些问题。根据评价结果，他们可能删去某些目标、修改某些目标或增加一些新的目标。开发了教学材料（第七步）后，他们可能会进行更多的形成性评价，进一步修改绩效目标，使其与产品内容更加一致。

在产品初具雏形的阶段（即已具备一套相对完整的必要元素），可以进行更彻底的形成性评价。这种形成性评价是在实地测验的情形下进行的。实地测验是对产品的试用。与预期使用最终产品的正常操作情境相比，实地测验有以下特点：（1）研究参与者人数较少；（2）开发者更多地参与实践；（3）对情境有更多的控制。

在工作中，你有时会参与到一个项目或产品的形成性评价中。评价研究的知识可以帮助你在形成性评价过程中成为一个好的参与者。你的专业反馈可以作为改进项目或产品的基础，以使它以后对很多其他教育者来说是有效的。

第十步，**终结性评价**（summative evaluation），开发过程（即第一步到第九步）结束后，进行终结性评价，以确定最终产品在真实的情境下是否达到了它的目的。终结性评价也可以用来比较最终产品相对于同类其他产品来说效果如何。

终结性评价通常由开发者以外的人来进行，但如果能够通过适当的控制来减少评价者偏见，评价也可以由开发小组成员进行。如果终结性评价论证出一个产品是有效的，我们就可以把它视为循证（evidence-based）产品。我们在第一章解释过，循证实践在教育和其他专业领域越来越重要。

教育文献中多数项目评价研究是终结性评价。作为一个教育者，在阅读有关评价研究的文献时，你最感兴趣的可能是那些与你的工作环境相类似的条件下的教学项目、方法和资料所进行的终结性评价。这些评价有助于你确定这些产品在与你所在的情形相类似的情境下是否有效。

怎样阅读评价研究报告

大部分评价研究是在与学校体系、政府机构或其他组织的合约之下进行的。这些报告是服务于委托人的，并且有可能包含敏感信息，因此在公开出版的文献中很难读到。

这些报告所面向的读者中，有人可能对研究方法和术语所知甚少。因此，这种评价报告一般是非技术性的，报告的重点是结果所揭示的东西，而不是得出这些结果的方法。

另一部分评价研究是为了评估一些正在广泛使用的项目或者有希望能解决重要的实践问题的项目。这些研究一般是有意要在广为流通的教育期刊中发表的。我们要讨论的就是这种类型的报告。

首先要说明的是，绝大部分评价研究使用定量的、质性的或混合的方法。如果一项评价研究使用定量的方法，它的报告会采用我们在第三部分中描述的定量研究报告的形式。这些报告中有很多是为检验一个项目的有效性的实验。例如杰拉尔德·尼泽克（Gerald Knezek）和朗达·克里斯滕森（Rhonda Christensen）（2008）为了评价小学水平的技术密集型项目而实施的一项实验。图20.3是我们从ERIC下载的这篇文章的摘要。读这份摘要你就会发现这个研究使用的是定量的方法。具体来说，是一项实验研究（参见第十三章）。

1. Effect of Technology-Based Programs on First- and Second-Grade Reading Achievement (EJ786438)

Author(s): Knezek, Gerald; Christensen, Rhonda
Source: Computers in the Schools, v24 n3-4 p23-41 Jan 2008
Pub Date: 2008-01-18
Pub Type(s): Journal Articles; Reports - Research
Peer-Reviewed: Yes

Descriptors: Reading Comprehension; Reading Achievement; School Districts; Effect Size; Grade 1; Grade 2; Educational Technology; Reading Instruction; Rural Schools; Faculty Development; Program Effectiveness; Program Evaluation; Computer Uses in Education; Comparative Analysis; Reading Skills

Abstract:
Data gathered from 25 rural public school districts in Texas during 2002-2003 were used to assess the impact of educator professional development and technology-intensive classroom learning activities on first- and second-grade students' reading achievement. Students from 18 school districts received the treatment while students from 7 randomly selected districts matching the treatment demographic criteria served as controls. Major findings were that the program was effective in fostering reading accuracy at the first- and second-grade levels and reading comprehension at the second-grade level. Effect sizes (ES) for identified areas of impact among treatment versus comparison sites were in the range of ES = 0.19 to ES = 0.65, meaningful values which are reinforced by alternative measures of significant (p less than 0.05) impact. These findings compare favorably with previously published studies of similar, successful educational interventions involving technology and reading.

图20.3　使用定量方法的评价研究摘要

另一方面，如果一个项目评价使用的是质性方法，它很可能是一项案例研究。因此，研究报告很可能采用第十四章中的报告形式。例如派屈克·麦奎伦（Patrick McQuillan）和伊夫斯·所罗门-费尔南德斯（Yves Salomon-Fernandez）（2008）为了确定薄弱学校的教职工对来自州一级的提高学生学业成绩的干预措施的反应而实施的研究。这些薄弱学校是由《不让一个孩子掉队法》界定的。该法要求那些学校在2014年前每年在所有学生的英语/语言艺术和数学能力上有足够进步。

研究者在两所薄弱中学和一所薄弱高中的教职工中收集了质性数据。他们对这些学校里的16位教师及行政人员进行访谈，对每所学校做了两次观察，并分析了各种文件。这些教师和行政人员构成了该研究的利益相关者。

麦奎伦和所罗门-费尔南德斯（2008）使用了基于扎根理论的持续比较（参见第十四

章）来发现数据中的主题和模式。他们的报告列出了11个主题，每一个主题反映利益相关者对州一级的干预措施的态度。每一个主题都注有教师和行政人员的访谈评论。图20.4呈现了其中的两个主题，一个是积极的，一个是消极的，来展示这项评价研究的结果。

这些结果有助于其他利益相关者（如联邦和州官员、教育者的专业机构）理解外部命令对于必须实施命令的人群的影响。如果所有利益相关者的关注点和期望都能被听到和得到尊重，教育实践问题就更有可能得到更好的解决。

主题1：州干预的益处

行政人员的说法

"我从教师那里得到了数不清的支持和合作……这儿的绝大多数人在放学后也要花大量时间，他们做了比我期望的还多得多的努力……促使教师们检查他们所做的……我感谢马萨诸塞州综合系统（Massachusetts Comprehensive System）把我的教职工凝聚起来……这是我在教育方面最有价值的经验。"（第17页）

教师的说法

"对那些没有认真考虑过他们正在做的事的较差的教师有一些积极的影响。他们不得不提高门槛。（事实上，）我们都要努力迎接这个挑战……我们被推动着更多地反思自己。这是积极的一面。"（第18页）

主题2：干预对学校的消极影响

教师的说法

"我们不能像一所真正的学校那样工作，因为我们所有的注意力都要放在那些教育部（Department of Education，DOE）要求我们做的事上……好像我们做事不是因为这对我们的孩子最好……而是符合DOE的规定。你做事的时候不得不想，'这符合DOE规定的条例吗？这能达到DOE的期望吗？'"（第20-21页）

行政人员的说法

"我总是在为州里准备材料……这真的把我从教学和班级工作中拉出来了……花费太多精力了……上级监管是好事，但也有局限……这是我工作中最困扰的部分。"（第21页）

图20.4　薄弱学校州一级干预的质性评价报告的主题和引言

资料来源：McQuillan, P. J., & Salomon-Fernandez, Y. (2008). The impact of state intervention on "underperforming" schools in Massachusetts: Implications for policy and practice. *Education Policy Analysis Archives*, 16 (18), 1-40.

评价一项评价研究

你可以通过回答本书附录2（定量研究）、附录3（质性研究）和附录4（特定研究设计）中的问题来判断绝大部分评价研究报告的质量。

另外，你可以参考由**教育评价标准联合委员会**（Joint Committee on Standards for Educational Evaluation，1994）制定的项目评价权威标准。这个委员会由来自美国12个主要教育组织的代表组成，其中包括美国学校管理协会（American Association of School Administrators）、美国教师联合会（American Federation of Teachers）和美国教育研究协会（American Educational Research Association）。

如图20.5所示，联合委员会明确规定了30个项目评价标准，并把它们归为四类：实用性标准、可行性标准、合宜性标准和准确性标准。你可以利用这些标准判断读到的评价研究的适宜性或者用来设计自己的评价研究。

实用性标准：评价对相关人群的信息量、及时和有用的程度。
1. 确定利益相关者。所有受到评价影响的群体要被包括进来。
2. 评价者的可靠性。评价者应该是称职的和可信的。
3. 信息的范围和选择。收集的信息应与评价的问题和利益相关者的关注点直接相关。
4. 确定价值标准。解释评价者对结果做出价值判断的基础。
5. 报告清晰度。评价者的报告应全面并容易理解。
6. 报告时间表和发布。评价报告包括中期报告应及时向使用者发布。
7. 评价影响。进行评价应是为了激励利益相关者的适宜行动。

可行性标准：评价设计在多大程度上满足以下两点：（1）适合进行研究的情境；（2）符合成本效益。
1. 实践程序。评价程序是实用的且对参与者有尽量少的不利影响。
2. 政治可行性。评价者与相关利益群体合作并阻止任何对评价过程的破坏。
3. 成本效益。评价产生的效益和其花费最好能收支平衡。

合宜性标准：评价在多大程度上合法和合伦理地进行。
1. 服务目标。评价应有助于满足他们的委托人和社会的需求。
2. 正式的协议。评价的正式双方应签署责任协议。
3. 主体的权利。评价中个人的权利和福利应受到保护。
4. 互动。评价者应对研究参与者给予尊重。
5. 完整和公正的评估。被评价实体的优缺点都要被完整和公正地探讨。
6. 结果的公开。有权知晓和受到结果影响的个人都应当被告知评价结果。
7. 利益冲突。如果发生利益冲突，应公开和公正地处理。
8. 财政责任。评价的资源支出应审慎并负道德责任。

准确性标准：评价程序的正当、可靠程度及对评价项目价值的全面评价。
1. 项目记录。评价项目的所有相关方面都应被详细记录。
2. 情境分析。影响评价的项目情境的各方面都应被详细描述。
3. 描述目的和程序。评价的目的和程序应被详细描述。
4. 辩护信息来源。详细描述数据来源以便判断它们的充分性。
5. 有效的信息。数据收集程序应产生有效的解释。

6. 可靠的信息。数据收集程序应产生可靠的结果。
7. 系统的信息。应该检查评价数据，如有需要则要校正。
8. 定量信息分析。在评价研究中分析定量信息需要给予详尽并且清晰的解释。
9. 质性信息分析。在评价研究中分析质性信息需要给予详尽并且清晰的解释。
10. 正当的结论。研究者应为他们的结论提供明确的理由。
11. 中立的报告。评价报告应避免个人偏见和主观情感。
12. 元评价。评价应使用符合以上标准的形成性评价和终结性评价。

图20.5　有效评价的类型和相关标准

资料来源：Adapted from Joint Committee on Standards for Educational Evaluation (J. R. Sanders, Chair). (1994). *The program evaluation standards* (2nd ed.). Thousand Oaks, CA: Sage.

联合委员会在考虑项目评价范围时，没有把针对教育者的评价包括进去。其原因是在这之前联合委员会另外单独制定了一套人事评价标准（联合委员会，1988）。他们还为评估中小学课堂教学的评价实践单独制定了一套标准（联合委员会，2002）。

一个范例：项目评价如何帮助解决实际问题

教育的一个主要问题是有些学生无法适应主流学校的课程和管理。为此，教育者开发了另一种学校模式，比如下面这条新闻所描述的：

> 四个洛杉矶青少年说他们曾处于辍学的边缘，但是在好莱坞选择性教育和工作中心（Hollywood's Alternative Education and Work Center）得到的个性化关心使得他们确立了新的方向，如今，他们四个都在为上大学努力。
>
> ASCD SmartBrief, July 18, 2008, summarizing an article in the *Los Angeles Times*, July 17, 2008.

学校和政府官员可能想知道这个选择性模式是不是值得在地区范围内甚至全国范围内推广，以使其他潜在的辍学生都能由此受益。然而，只是通过新闻中引述的证言是无法断定这个项目的有效性的。评价研究可以提供更好的证明。

项目评价的专家可以向教育者、行政管理人员和其他利益相关者展示多种评价模式。可以选择基于目标的评价、需求评估、CIPP模式或回应性评价。

这些利益相关者可能有各种各样的问题，但或多或少是基于资助这个针对潜在辍学生的特别学校模式的成本与效益。选择性教育和工作中心对这些学生来说是一个好环境吗？

学生能够获得有价值的知识、技能和价值观吗？学校的管理有效吗？关于学校的课程、教学进度和其他管理性特征有足够的文件记录证明他们能够并入其他新的或已有的学校中吗？

如果利益相关者想得到所有这些问题的答案，CIPP模式是一个好选择。利益相关者可以到CIPP网站上浏览检核表条目。他们可以选择模式中他们最关心问题的部分（影响、有效性、可持续性、可推广性）进行阅读。

这种项目评价提供的证据有助于利益相关者决定下一步的行动。例如，他们可能发现，选择性教育和工作中心对某些潜在辍学生是有帮助的，但对另一些则是无效的。这个结果可能导致他们资助学校管理者来扩展课程和资源来帮助那些需求尚未被满足的学生群体。

自测题

1. 项目文化是指_____。

   A．一个项目评价研究包含的那些明确的和隐微的观念

   B．项目开发者和教育者的作用及其之间的关系

   C．当个人牵涉在项目中时发挥作用的传统、规则和作用

   D．一种关注于项目需要适应的研究文化的评价研究模式

2. 利益相关者是指_____。

   A．提出评价请求的人

   B．任何一个将受到评价结果影响的人

   C．用成本收益分析来评价某一项目的评价者

   D．用个人的解释来评价某一现象的评价者

3. 全美教育进展评估和有效教育策略资料中心的工作主要是基于_____。

   A．需求评估

   B．CIPP模式

   C．基于目标的评价

   D．以上所有

4. 需求评估一般包括_____。

   A．测量目前的情形和期望的情形之间的差距

   B．通过访谈了解利益相关者在一个充分发挥功能的项目中的需要

   C．对计划实施的干预措施的成本和效益进行估计

   D．确定在一批项目中哪一个项目拥有接受资助的优先权

5. CIPP评价模式强调_____。

   A．利益相关者的需求和问题

B．项目的工作计划和预算

C．项目的影响和可推广性

D．以上所有

6. 回应性评价的一个主要特征是它_____。

   A．着重于确定利益相关者的问题和关注点

   B．在收集数据之前明确评价设计

   C．和被评价的项目的目标有关

   D．要找到调和不同利益相关者的不同观点的方法

7. 教育研究与开发中形成性评价的主要目的是_____。

   A．说明产品在操作情境下的有效性

   B．开发过程结束后对项目进行评价

   C．获得信息以指导项目的修改和进一步开发

   D．满足资助项目开发的上级部门的要求

8. 与形成性评价不同，一个项目的终结性评价通常_____。

   A．贯穿于整个研究与开发过程

   B．是为了确定是否终止产品的开发

   C．是为了确定利益相关者群体对项目有效性持有不同意见的原因

   D．是为了确定最终项目的有效性

9. 项目评价研究报告_____。

   A．很少出版，因为评价过程可能涉及敏感的政治事务，利益相关者希望保密

   B．如果研究是基于目标的评价则只在专业期刊出版

   C．一般依照历史研究的形式而不是案例研究的形式

   D．一般依照定量研究和案例研究的形式

10. 教育评价标准联合委员会的项目评价标准_____。

    A．适用于对教师和学校行政人员的评价

    B．适合于教师用来设计他们自己的测验

    C．由一个代表美国主要教育机构的委员会开发

    D．没有具体的实施项目评价的伦理标准，因为不同的学区和其他机构有不同的伦理标准

本章参考文献

Abma, T. (2006). The practice and politics of responsive evaluation. *American Journal of Evaluation*, 27 (1), 31-43.

Bollag, B. (2007). Federal programs to improve science education are not well reviewed, panel finds. *Chronicle of Higher Education*, 53 (37), A19.

Dick, W., Carey, L., & Carey, J. O. (2005). *The systematic design of instruction* (6th ed.). Boston: Allyn & Bacon.

Joint Committee on Standards for Educational Evaluation. (1988). *The personnel evaluation standards: How to assess systems for evaluating educators*. Thousand Oaks, CA: Corwin.

Joint Committee on Standards for Educational Evaluation. (1994). *The program evaluation standards: How to assess evaluations of educational programs* (2nd ed.). Thousand Oaks, CA: Sage.

Joint Committee on Standards for Educational Evaluation. (2002). *The student evaluation standards: How to improve evaluations of students*. Thousand Oaks, CA: Corwin.

Knezek, G. & Christensen, R. (2008). Effect of technology-based programs on first- and second-grade reading achievement. *Computers in the schools*, 24(3-4), 23-41.

Kushner, S., & Adelman, C. (2006). Program evaluation: A democratic process. In J. L. Green, G. Camilli, & P. B. Elmore (Eds.), *Handbook of complementary methods in education research* (pp. 711-726). Mahwah, NJ: Lawrence Erlbaum.

McKillip, J. (1987). *Need analysis: Tools for the human services and education*. Thousand Oaks, CA: Sage.

McQuillan, P. J. & Salomon-Fernandez, Y. (2008). The impact of state intervention on "underperforming" schools in Massachusetts: Implications for policy and practice. *Education Policy Analysis Archives*, 16 (18), 1-40.

Mihans, R. (2008). Can teachers lead teachers? *Phi Delta Kappan*, 89(10),762-765.

National Center for Education Statistics. (2006). *2003-04 Schools and staffing survey*. Retrieved from http://nces.ed.gov/pubsearch/pubsinfo.asp?pubid=2006313.

Scriven, M. (1967). The methodology of evaluation. In R. E. Stake (Ed.), *Curriculum evaluation: American Educational Research Association Series on Evaluation, No.1* (pp.39-83). Chicago: Rand McNally.

Stake, R. E. (2004). *Standards-based and responsive evaluation*. Thousand Oaks, CA: Sage.

Stufflebeam, D. L. (2003). *The CIPP model for evaluation*. In T. Kellaghan and D. L. Stufflebeam (Eds.), *The international handbook of educational evaluation* (Chapter 3). Boston: Kluwer Academic Publishers.

Stufflebeam, D. L. (2007). *CIPP evaluation model checklist* (2nd ed.). Retrieved from www.wmich.edu/evalctr/checklists/cippchecklist_mar07.pdf.

Stufflebeam, D. L. & Shinkfield, A. J. (2007). *Evaluation theory, models, and applications*. San Francisco: Jossey-Bass.

Tyler, R. W. (1949). *Basic principles of curriculum and instruction: Syllabus for Education 360*. Chicago: University of Chicago Press.

后续学习材料

Altschuld, J. W., & Witkin, B. R. (1999). *From needs assessment to action: Transforming needs into solution strategies*. Thousand Oaks, CA: Sage.

作者说明了如何进行需求评估以及如何运用评估结果设计促进机构变革的行动研究。

Evaluation Center at Western Michigan University. (n.d.). Evaluation checklists. Retrieved from www.wmich.edu/evalctr/checklists.

该网站提供了一些经过鉴定的检核表，评价者可用来设计和进行各种各样的评价研究。每个检核表都附有基于评价文献的理论基础以及从实践中获得的教训。

Patton, M. Q. (2002). *Qualitative research and evaluation methods* (3rd ed.). Thousand Oaks, CA: Sage.

作者说明了如何用质性研究方法来进行评价研究。主题涵盖评价的伦理问题、焦点小组、计算机辅助的数据分析和判断质性评价研究的标准。

Sanders, J. R., & Sullins, C. D. (2006). *Evaluating school programs: An educator's guide* (3rd ed.). Thousand Oaks, CA: Corwin.

本书适合于需要对学校项目实施评价的教育者。作者介绍了一个有五个步骤的评价模式，该模式基于学校发展且对应《不让一个孩子掉队法》的原则。

Worthen, B. R., Sanders, J. R., & Fitzpatrick, J. L. (2004). *Program evaluation: Alternative approaches and practical guidelines* (3rd ed.). Boston: Allyn & Bacon.

作者讨论了项目评价的目的，并详细介绍了七种不同的项目评价方法。本书为计划、实施和运用评价提供了实用性指导原则。

自测题答案

第一章 运用研究成果改善教育实践
1. B 2. D 3. A 4. D 5. C 6. B 7. B 8. A 9. D 10. C

第二章 做你自己的研究：从提案到最终的研究报告
1. B 2. D 3. A 4. C 5. A 6. B 7. D 8. C 9. A 10. B

第三章 开展并撰写你自己的文献综述
1. B 2. B 3. C 4. A 5. C 6. D 7. B 8. A 9. C 10. D

第四章 在文献综述中运用搜索引擎
1. B 2. C 3. D 4. A 5. B 6. B 7. B 8. C 9. D 10. B

第五章 运用已有的文献综述
1. D 2. A 3. C 4. C 5. A 6. B 7. D 8. B 9. B 10. A

第六章 定量研究报告的分析与评价
1. B 2. C 3. C 4. A 5. D 6. B 7. B 8. A 9. A

第七章 运用描述统计量研究实践问题
1. B 2. D 3. B 4. C 5. A 6. B 7. D 8. A 9. C 10. D

第八章 统计结果的实际意义
1. C 2. D 3. A 4. A 5. B 6. C 7. B 8. D 9. D 10. B

第九章 统计显著性检验
1. C 2. A 3. B 4. A 5. B 6. D 7. A 8. B 9. B 10. D

第十章 描述研究
1. C 2. D 3. A 4. B 5. C 6. C 7. D

第十一章 分组比较研究
1. B 2. D 3. A 4. C 5. B 6. D 7. A 8. C 9. A 10. C

第十二章 相关研究
1. A 2. C 3. D 4. A 5. D 6. B 7. C 8. B 9. A 10. B

第十三章　实验研究
1. C　　2. C　　3. C　　4. D　　5. A　　6. B　　7. D　　8. C　　9. A　　10. B

第十四章　质性研究中的案例研究
1. C　　2. B　　3. D　　4. C　　5. B　　6. C　　7. D　　8. A　　9. A　　10. C

第十五章　叙事研究
1. D　　2. B　　3. A　　4. B　　5. C　　6. D　　7. B　　8. A

第十六章　民族志与批判性研究
1. B　　2. A　　3. D　　4. A　　5. B　　6. B　　7. A　　8. D　　9. D　　10. C
11. D　　12. B　　13. B

第十七章　历史研究
1. A　　2. B　　3. B　　4. D　　5. C　　6. D　　7. B　　8. C　　9. A

第十八章　混合途径研究
1. B　　2. D　　3. A　　4. C　　5. C　　6. D　　7. B

第十九章　行动研究
1. B　　2. C　　3. C　　4. A　　5. B　　6. D　　7. C　　8. A　　9. C　　10. A

第二十章　评价研究
1. C　　2. B　　3. C　　4. A　　5. D　　6. A　　7. C　　8. D　　9. D　　10. C

附录1
质性/定量研究计划书撰写指南

本附录由一组问题和操作指南构成。完成这些操作步骤后，你就可以草拟一份研究计划大纲，并在此基础上撰写一份正式的研究计划书。如果你希望详细了解本附录的各部分，请参阅本书第二章。

1. **研究目的**
   A. 本研究的目的是_____。（用一两句话简要陈述研究目的）
   B. 你的研究最直接的研究基础是什么？（选择最关键的三至五份出版物）
   C. 你的研究是如何建立在已有研究基础之上的？
   D. 你的研究将对教育研究和实践有何贡献？

2. **研究问题、假设、变量和案例描述**
   A. 列举你的研究问题或假设。
   B. 如果你计划验证假设，简要说明该假设来自何种理论。
   C. 如果你准备做一项定量研究，列举你将要研究的变量，明确哪些是自变量，哪些是因变量，哪些两者都不是。
   D. 如果你准备做一项质性研究，描述用以数据收集与分析的案例特征。

3. **文献检索**
   A. 列出你将用以查找相关出版物的搜索引擎和索引。
   B. 列举你将在使用搜索引擎和索引时参考的关键词（keywords）和主题词（descriptors）。
   C. 找出与研究相关的已出版的文献综述（如果有的话）。

4. **研究设计**
   A. 描述你所选择的研究设计：描述研究、因果比较研究、相关研究、实验研究、案例研究或其他质性研究传统、评价研究或行动研究。

B. 如果你准备做一项定量研究，哪些因素会威胁到研究设计的内部效度？（内部效度指控制无关变量，使所观察到的效果可完全归因于自变量的程度。）为了减小或避免无关因素的干扰，你会采取什么措施？

C. 如果你准备做一项定量研究，制约研究设计结果可推广性（generalizability）（即外部效度）的因素有哪些？为使研究发现更具推广性，你会采取什么措施？

D. 如果你准备做一项质性研究，将用什么标准判断研究设计结果的可信度？

5. 抽样

A. 如果你准备做一项定量研究，描述研究对象的总体特征。
B. 如果你准备做一项质性研究，描述拟研究的现象和包含现象要素的案例。
C. 明确你的抽样程序和抽样单元。
D. 说明你的样本量，并解释为什么选取的样本量是充分的。
E. 说明样本是否分组，如果分组，描述各小组的特征。
F. 如果你的研究有志愿者参与，说明志愿者的特征是否会影响研究发现的可推广性。

6. 数据收集方法

A. 对于你计划研究的每一个变量（参见本附录2.C），说明你是否将通过测试、问卷、访谈、观察程序或内容分析测量它们。说明准备利用已有的测量工具，或是需要自己开发测量工具。
B. 对于上述每一个测量手段，说明将涉及哪些类型的效度和信度，你将如何检验它们。
C. 如果你准备做一项质性研究，说明数据收集将借助客位视角还是主位视角，或者两者兼而有之；你将如何收集与案例特征相关的数据（参见本附录2.D）；如何确立研究者本人在参与数据收集过程中的角色。

7. 数据分析程序

A. 如果可能，你会如何使用描述统计和推断统计分析研究中的每一个问题或假设？
B. 如果你准备做一项质性研究，说明是否使用解释式（interpretational）、结构式（structural）或反思式（reflective）的分析方法。

8. 伦理学与人际关系

A. 你的研究会给研究参与者带来什么样的风险（如果存在某种风险的话）？你会采取什么措施尽量减少这些风险？
B. 研究是否需要得到学校科研伦理审查委员会的批准？如果需要的话，描述审查的程序。
C. 你将如何进入研究现场？如何取得研究参与者的合作？

9. 时间安排

A. 建立一个时间表，有序地安排研究的所有主要步骤。说明每一步大约需要多少时间。

附录2
如何评价一份定量研究报告

下列问题可以帮助你评价一份定量研究报告的各组成部分。你可以通过阅读研究报告，寻找与这些问题相关的信息。我们也举例解释了这些问题的答案。这些例子引自我们曾经做过的定量研究评价工作。

定量研究可以采取不同的研究设计手段。关于定量研究中研究设计的评价问题，参阅本书附录4。

引言部分

1. 根据研究者所属研究机构、信念、价值观或理论取向，研究报告呈现的研究问题、方法和发现恰当吗？

所需信息。 我们通常可以在研究报告标题的下方、整篇报告的结尾或报告所发表期刊的结尾，看到研究者所在机构的信息。同时，你还需要在报告中找到研究者们的信念、价值观及教育理论取向，以及它们对研究工作影响的证据。

举例。 绝大多数学者过去关注学习活动的认知模式，因此，与行为导向的教学方法相比，这些研究者更强调认知导向的教学方法的好处。

2. 在叙述研究对象（如教学方法、项目、课程）时，研究者是否表露了喜欢或不喜欢的偏见？

所需信息。 寻找研究者们在描述教学方法、项目、课程等研究对象时使用的积极或消极的形容词或其他措辞。

举例。 研究者们把一群作为研究参与者的学生描绘成难以对付、缺乏学习动机和没有组织性的。但报告并没有证据印证这些特点。在这样的情况下，这些描述就表明研究者们对研究对象的消极态度。

3. 研究报告的文献综述部分是否足够全面？是否囊括了你熟悉的研究主题有关的文献材料？

所需信息。 考察研究报告中提到的各项研究。特别注意研究报告是否引用了研究主题相关的最近的文献综述；或是否说明了研究者们努力获得更全面的文献综述。

举例。 研究者们就课程问题相关的综合性文献评述得出了结论。研究者们也说明了他们的研究是如何建立在现有研究综述的结论和建议基础上的。

4. 研究报告中的每一个变量是否有清晰的界定？

所需信息。 明确所研究的全部变量（也称"构念"）。对每一个变量，确定在报告中是否有了界定，是如何界定的。

举例。 所研究的变量之一是内在动机。该变量在研究报告中是这样界定的：因学习可以增进自尊而产生的学习愿望。但这一界定与文献中其他研究的界定不同，其他研究认为，内在动机是因学习行为和学习内容带来满足感而产生的学习愿望。

5. 每一个变量的测量是否与变量的界定一致？

所需信息。 确定每一个变量在研究报告中是如何测量的。

举例。 研究者们考察了自尊的问题，却没有对这一概念加以界定，因此无法确认对自尊的测量是否与界定一致。

6. 是否直接陈述了研究假设、研究问题或研究目的？如果是，这些陈述是否清晰？

所需信息。 考察研究报告中陈述的每一项研究假设、研究问题或研究目的。

举例。 研究者陈述了一个总的研究目的。陈述是清晰的，但未就具体的研究变量提供充分的信息。

7. 研究者们是否令人信服地论证了研究假设、研究问题或研究目的的重要性？

所需信息。 考察研究者提出研究假设、问题或目的的依据。

举例。 研究者们表明对假设的验证方法来自某一项理论。研究者们还表明，如果假设得到研究的证实，可以进一步支持该理论的有效性——这一理论目前一直被用来设计新的阅读课程。

方法部分

8. 通过抽样程序获得的样本，是否在目标总体中具有代表性，或者是否在你所在的人群中具有普遍性？

所需信息。 确认研究者们用以选择样本的程序是什么。

举例。研究者们在一所学校选择了若干班级（非随机）。关于这些学生仅有的信息便是他们的平均能力水平和性别分布情况。我无法从报告的描述中判断样本是否与我们学校的情况相似。

9. 研究者是否划分了亚群体以深化对现象的认识？

所需信息。确定研究者是否将样本分割成若干亚群体，如果是，他们是如何划分的。

举例。研究者们确定了课程实施对男女学生带来的效果。这一信息是有价值的。但研究者们没有分析课程对不同族群学生产生的影响。这是一个疏忽，因为课程可能包含的文化偏见会对某些族群的学生产生不利影响。

10. 每一种测量手段对于样本而言是否合适？

所需信息。确定研究者们是否根据人群特点开发了相应的测量工具。

举例。ABC阅读测试工具是20年前为当时的小学生开发的。现在研究对象虽然还是小学生，但这一测量工具已经失效，因为历经20年，学生和阅读课程已今非昔比。

11. 研究中的测量手段对于研究目标而言是否有效？

所需信息。考察研究者们在报告中所有表明测量手段有效性的证据。

举例。研究中采用了XYZ测试手段，是因为据称它可以预测职业教育项目的成功。然而，研究者们只从一项研究的证据判断这一测量手段的有效性，而该研究中的职业教育项目与研究者们所调查的项目性质十分不同。

12. 研究中的测量手段对于研究目标而言是否可靠？

所需信息。考察研究者们在报告中所有展示测量手段可靠性的证据。

举例。研究者们让观察者对30堂西班牙语课中的每一位学生完成任务的行为进行评分。研究者让观察者运用评分系统对相同的5堂课进行评分，对结果进行两两比较，以检验不同观察者之间评分的可靠性。结果发现，观察者90%的评分结果是一致的。由此表明评分过程具有较好的可靠性。

13. 如果采集了定量数据，对这类数据的分析是否提高了整体研究设计的严谨性？

所需信息。确定研究者们在报告中提供了关于研究参与者、研究程序或研究发现方面的定量信息。

举例。为了解释实验组和控制组之间学生课堂行为没有差异的调查结果，研究者提及教师曾分享过这样的信息：控制组学生在观察者在场的时候表现积极。

14. 研究程序是否恰当，并有清晰的表述，他人只要愿意也可以重复同样的研究过程？

所需信息。确定研究报告中使用的不同研究程序，观察这些程序在报告中出现的先后顺序。

举例。在实验课程之前，研究者实施了三种类型、时长为一节课的前测。该前测看似简短，但对学生而言难度太大，导致他们不能正常发挥水平。另外，实验课程的某些环节（如学生需当堂完成的作业类型），并没有在报告中描述清楚；研究者也没有说明前测是在课程结束后多久才实施的。

结论部分

15. 研究是否使用了合适的统计技术？这些技术使用得当吗？

所需信息。确定研究报告中描述的统计技术。

举例。研究者们计算了五次测试成绩中的中位数，但他们没有指出分数的区间（即最低分数和最高分数）。这一信息对分析工作十分重要，因为本次研究对象是异质性很高的学生群体。

16. 研究报告是否考虑了统计结果的实际显著性？

所需信息。发现效应量统计或从规范性标准的角度解释描述统计的情况。

举例。研究者们发现了实验组和控制组在科学成就测试中的差异。他们计算了实验组的效应量，以确定学生平均的百分位数，并将其与控制组学生的成绩分布情况进行了比较。

讨论部分

17. 数据分析的结果是否支持作者结论中的研究发现？

所需信息。确认研究者认为的主要研究发现。

举例。研究者们在结论中指出，实验组的学习状况好于控制组。但这一结论只是对所测试四个标准中的两项标准而言的。

18. 研究者是否对研究发现给出了合理解释？

所需信息。确认研究者们是如何解释研究发现的，并且关注他们是否考虑了其他可能的解释。

举例。研究者在结论中指出，以记叙文风格编写的教材，不如传统的以说明文风格编写的教材教学效果更好。研究者们对此的解释是：记叙文有助于吸引和保持学生的阅读兴趣，但容易分散他们对事实性信息的注意力，而这些信息会出现在以后的考卷上。这样的解释听起来有道理，但研究者们没有提出支持这一解释的论据。

19. 研究者们是否将自己的发现与已有的理论或其他已有研究建立起联系?

所需信息。确认研究者讨论发现时提及的其他理论及相关研究成果。

举例。研究者们讨论了他们的发现如何在概念内涵上扩展了学习和任务绩效的强化理论。

20. 研究者们是否从研究发现中合理地提出了对实践工作的启示?

所需信息。确认研究者从发现中提出了对实践的启示。

举例。学校行政人员越是鼓励自我导向的教师发展方式,教师的工作积极性就越高。然而这一结论仅仅依据问卷调查的结果,问卷中教师们表达了对自身发展方式的期待。只根据被测者对教师发展方式的偏好这样有限的数据,就认为教师工作积极性会因此而提高,这样的推断是不足为信的。需要通过实验证据来支持这样的论断。

21. 研究者们是否基于自己研究结果提出进一步研究的建议?或者为回答由研究发现引发的问题而对未来研究提出建议?

所需信息。明确研究者在报告中提出的相关主题的未来研究建议,以及这些未来研究可以回答的问题。

举例。研究者们注意到,学生在实验的倒返阶段(reversal phase)要比基线阶段(baseline phase)表现出更严重的问题行为。研究者们建议开展进一步研究,探索在哪些条件下容易出现这样的"后倒返阶段强化"(post-reversal intensification)现象。

附录3

如何评价一份质性研究报告

下列问题可以用来帮助你评价一份质性研究报告的各组成部分。在每一个问题下面，我们都提出了回答问题时你需要在研究报告中识别的信息。同时，我们还通过例子回答了这些问题。这些例子来自我们从事质性研究评价工作的实践经验。

质性研究涉及不同的研究设计手段。关于研究设计的评价问题，参见本书附录4。

引言部分

1. 根据研究者所属研究机构、信念、价值观或理论取向，研究报告呈现的研究问题、方法和发现恰当吗？

所需信息。我们通常可以在研究报告标题的下方、整篇报告的结尾或报告所发表期刊的结尾，看到研究者所在机构的信息。同时，你还需要在报告中找到研究者们的信念、价值观及教育理论取向，以及它们对研究工作影响的证据。

举例。开展本课题研究之前，研究人员已经在城市的贫民地区学校执教多年。这一研究经历让他们更深刻地认识到城市贫民学校中学生和教师面临的问题。

2. 在叙述研究对象（如教学方法、项目、课程）时，研究者是否表露了喜欢或不喜欢的偏见？

所需信息。寻找研究者们在描述教学方法、项目、课程等研究对象时使用的积极或消极的形容词或其他措辞。

举例。研究者们采用了所谓的"教育性欣赏和批判"的研究方法，考察了一所中学的足球队。这一方法本身带有评价性质，因此，毫不奇怪，研究人员对球队中的个体作了很多正面和负面的判断。

3. 研究报告的文献综述部分是否足够全面？是否囊括了你熟悉的研究主题有关的文献材料？

所需信息。考察研究报告中提到的各项研究。特别注意研究报告是否引用了研究主题相关的最近的文献综述；或是否表明了研究者们努力获得更全面的文献综述。

举例。研究人员在开始收集数据之前就完成了文献查询工作。但从质性研究的角度而言，这一研究程序并不可取。因为研究问题和假设是随着数据收集的进程而逐渐浮现的。研究人员本应持续地检索文献，以探明其他学者是如何评说研究者们提出的问题和假设的。

研究过程

4. 通过抽样，研究报告是否提供了特别有意思的案例，读者可以据此对所研究的现象有更深入的认识？

所需信息。确认研究者在选取样本过程中采取的目的性抽样方式。

举例。研究者们采用了深度抽样（intensity sampling），选取了一名高中校长作为研究对象。该校长曾获得多个奖项，并因"扭转学校困境"而广获赞誉。她是一个很好的案例研究对象，因为她的情况能满足研究者关于行政人员教学领导力的研究需要。

5. 研究中采用的数据采集方法是否适合研究者所探究的现象？

所需信息。考察研究者表明数据采集方法合理性的全部证据。

举例。研究者采集数据的主要方法是参与者观察。研究中的若干引语表明，这些参与者被他们所观察的对象视为"荣誉成员"（honorary members），可见参与者有很好的条件收集他们期待中的事件或行为的相关数据。

6. 数据采集的强度（intensity）如何？

所需信息。确定研究者观察某一个体、情境或时间的时间跨度，观察过程是连续性或时断时续的。如果采用了文件分析的方法，研究者是否广泛查询了相关文件，分析文件的细致程度如何；如果采用了访谈法，那么在深入提问之前，研究者是否与现场参与者建立了良好的关系，为了进一步验证数据，研究者是否在后续的访谈中追问了敏感话题。

举例。研究者的目的是了解小学教师如何在学期之初确立课堂日常规范和纪律制度。研究者在开学的头三周观察了教师的日常行为。这本身没有问题。然而，研究者假设：教师只在每天上学之初向学生解释规范和纪律，所以研究者只观察了每天上学第一个小时的课堂活动。这一假设的有效性值得怀疑。

7. 数据采集过程是否确保现场参与者能反思主位视角？

所需信息。考察研究者试图反思现场参与者的主位视角的相关信息。

举例。研究者希望了解儿童对学前教育的看法。但发现当成人在正式场合向儿童提问时，研究环境会让儿童感觉不自在。于是，研究人员营造了娱乐性较强的氛围，采访者在与儿童共同游戏的过程中，不经意间向儿童提出问题。

8. 研究者是否对数据来源和数据采集方法进行三角验证，以检验研究发现的可靠性？

所需信息。对此通过从两种或更多方法收集的数据，考察它们是否可以相互印证，或存在有意义的差异。

举例。研究者采集了两方面的观察数据：一是学生与同伴共处时的自我指涉（self-references）；二是学生与研究者一对一对话时的自我认知（self-perceptions）。

9. 研究过程是否恰当，报告中是否明确陈述了研究过程？

所需信息。确认研究中使用的各种研究程序以及这些程序在研究报告中出现的先后顺序。

举例。研究者收集数据的主要程序是向学生询问他们在解答数学题目时的有关问题。读者可以向研究者索取研究中所提的问题。因此看起来这项研究可以重复进行。

研究发现

10. 研究报告是否对不同研究对象回答问题的方式和他们的行为做了深描？

所需信息。确认研究中具体描述被访者言行的笔墨在整个报告中所占的分量。

举例。研究者们提出了指导教师与新入职教师接触过程中遇到的十个问题。遗憾的是，作者对这十个问题的表述语焉不详，没有通过例证描述这些问题在实践中的具体表现。

11. 研究报告的写作风格是否赋予研究对象以生命力？

所需信息。确认研究报告中任何使用图示、文学性语句的地方（如图片、明喻或暗喻的使用）；或使用的特别体裁（如诗歌、歌曲、故事）以传达研究现场中个体的特殊视角。

举例。在历史研究报告中，作者用照片展示了20世纪初只有一间教室的这些学校及那里的教师和学生的境况。报告记录了当时一支典型的校歌，还有一则关于一名男孩不幸遭遇的新闻报道——在一个冬天，这名男孩在上学路上走失在一片树林中。

12. 在总结研究发现的过程中，报告是否从收集到的数据中引申出具体的问题或假设？

所需信息。确认报告中陈述的每一个研究假设或问题，分析它们是如何建立在调查数据基础之上的。

举例。研究者集中笔墨记述了引发教师罢工的事件。但报告没有就这些事件是如何发生的，提出可供后续研究验证的假设。

13. 研究如何收集定量数据，研究者是否对这些数据作出了恰当的描述和分析？

所需信息。确认报告中的定量数据。

举例。研究者分析了三位教师助手的工作情况，并提及"他们的主要工作时间用于孩子的个别帮助和收发作业"。这里的时间容易量化，因此研究者原本可以收集一些时间分配方面的数据，并报告数据的收集方式和标准差。

14. 研究者是否建立起了强有力的证据链？

所需信息。确认报告中研究者从头至尾就每一个决定所作的原因解释。

举例。研究者希望调查新近移民学生如何在贫困城区的学校适应同学彼此相处的方式。研究者培训了来自不同移民文化背景的高中生，请他们收集观察到的数据并开展访谈。之所以采用这样的数据采集方式，是因为研究者认为，学生收集的数据比成人研究者的更生动、鲜活。这一解释看起来有道理，因此我们可以认为它有助于强化研究发现有效性的证据链。

15. 研究者是否使用了参与者检核的方法，以确保现场参与者信息的准确性，并能对他们的观点进行反思？

所需信息。确认报告中关于研究者邀请受访者审阅研究报告内容准确性和完整性方面的信息。

举例。研究人员邀请若干名被访小组的成员（学生、教师、家长）审阅研究报告的初稿。其中一名被访人员花了大量时间阅读了该报告，并提出了有益的反馈意见。后来该成员被署名为研究报告的作者之一。

讨论

16. 研究人员是否反思了自己的价值观和视角，这些价值观和视角如何影响研究结果，研究人员采取了什么措施以最大限度地减少这种影响？

所需信息。寻找研究者描述他们关于所研究现象的想法或感受方面的信息；他们又如何将主观反应渗透到数据收集和分析中的。

举例。报告中提到研究人员在一次讨论中对有学生处理与同伴关系的方式表示了失望之情。报告还提到，研究人员同意自己对参与调查个体的态度应该更尊重和友好，并计划在每一轮现场调查结束后，以日志的方式记录下自己的感受。

17. 研究人员是否通过多种渠道获得证据以支持研究结论？

所需信息。确认研究者作出的结论，关注每一条结论是如何得到数据分析支持的。

举例。研究者在结论中提及教材选用委员会遭遇的挫败感——他们不能从出版商那里得到书面的说明材料，也不能向出版商代表当面提出质疑。这种挫败感体现在不同的文字描述中：与部分教材选用委员会成员访谈的分析；与委员会座谈现场的记录；委员会主席写给州教育部负责教材选用的主管的信函；等等。

18. 研究人员是否对研究发现作出了合理的解释？

所需信息。确认研究者们是如何解释研究发现的，并且关注他们是否考虑了其他可能的解释。

举例。研究者发现，在所调查的学校，同伴指导（peer coaching）的做法并不可行。研究者将失败归咎于学校缺乏支持性环境，特别是该校缺乏教师协作的传统。但研究者没有提及另一个有说服力的解释：教师并没有为同伴指导做好充分准备。

19. 研究发现的可推广性是否得到恰当的阐释？

所需信息。研究者对发现的可推广性是否有说明，如果有，这样的说明是否恰当。

举例。研究者没有就案例研究结论是否可以推广到被研究教师以外的教师身上作任何说明。事实上，如果将研究结论运用到其他教师那里，将带来重大的现实意义。很遗憾，研究者们并没有讨论研究结论的可推广性问题。报告没有提供足够的关于教师专业教育方面的数据，因此读者难以将研究与自身实践联系起来。

20. 研究者们是否从研究发现中恰当地提出了对实践工作的启示？

所需信息。确认研究者从发现中提出了对实践的启示。

举例。研究者发现学生可以从参与社区志愿者服务的经历中获得多方面的收益。因此，研究者鼓励教师支持学生社区服务项目。因为在研究发现中阐述了学生参与社区服务的好处，研究者提出的建议有充分的依据。

附录4
如何评价一份研究报告中的研究设计

附录2列举的问题可以帮助你评价定量研究报告；类似地，附录3列举的问题则可以帮助你评价质性研究报告。在本附录中，我们将提出评价不同研究设计的一系列问题。我们从相关章节中将这些问题汇聚起来，关于这些问题更详细的阐释，读者可以回看有关章节最后部分关于研究设计评价的内容。你也可以从本书的目录中查询到这些问题的所在章节。

描述研究（第十章）
- 如果研究者把他们的研究发现从样本推广到某个特定的总体，他们是否运用一定方式证明了推广的合理性？
- 如果样本是从总体中随机抽取的，研究者对统计结果的样本误差进行测量了吗？
- 研究者是通过试点研究开发问卷、访谈或观察量表吗？
- 是否确保了用于调查的题目的高质量？

分组比较研究（第十一章）
- 研究者建立变量间的因果模型了吗？
- 除了研究者选择的变量不同，比较组是不是在所有方面都相似？
- 在研究者提出的结论中，对可能的因果关系的表述，是否采用了试探性的语言而非肯定语气？

相关研究（第十二章）
- 研究者建立变量间的因果模型了吗？
- 在研究者提出的结论中，对可能的因果关系的表述，是否采用了试探性的语言而非肯定语气？

分组实验（第十三章）
- 研究者是否随机分派实验组和控制组的被试？

- 在实验过程中,研究者是否关注了参与者的流失情况?
- 研究者是否关注到会影响实验研究的内在效度和外在效度的因素?
- 研究参与者是否遵循了研究者设计的实验组或控制组的条件?
- 实验是否对被试施加足够的干预呢?

单一个案实验(第十三章)

- 实验数据的测量点是否足以显示某种变化趋势?
- 实验设计包括一个控制情境吗?

案例研究(第十四章)

- 本研究对相关的实践问题有用吗?
- 研究报告中是否揭示了研究参与者的主位视角?
- 如有必要,是否使用了定量数据来支持质性观察?
- 研究者是否用足够长的时间来观察案例研究的对象?
- 如果数据经过编码,研究者是否检验过编码的信度?
- 研究参与者是否核实过报告的准确性和完整性?
- 研究发现是否得到不同数据收集方法、数据来源、分析者以及理论的支持?
- 研究者是否对案例的历史、背景、参与者及文化进行了深度描述?
- 研究问题、数据、数据分析和研究发现之间是否建立了清晰且有意义的联系?
- 研究者是否就影响他们案例研究取向的个人假设、价值观、理论取向和偏见作了说明?

叙事研究(第十五章)

- 研究者是否充分引发了参与者故事的细节?
- 研究者是否对故事作出了可靠的解释?

民族志与批判性研究(第十六章)

- 报告采用主位视角了吗?
- 报告采用客位视角了吗?

历史研究(第十七章)

- 报告是否参考了一手资料?
- 报告是否对一手资料进行了外部考证?
- 报告是否通过内部考证以确认史料表述的准确性?
- 历史学家的解释是否反映了偏见?
- 报告是否有可靠的因果推论?

- 历史学家是否对报告呈现的证据作了过度概括?
- 历史学家是否恰当地使用了教育概念?

混合途径研究(第十八章)

- 研究者是否既运用了定量研究方法又运用了质性研究方法?
- 研究者是否将定量和质性研究方法有机结合,以达到单一研究方法难以实现的分析问题的效果?

行动研究(第十九章)

- 研究者是否陈述了为解决那些推进研究开展的问题而采取的行动?
- 研究者是否采用了多个视角和数据来源,以实现对研究发现有效性的三角验证?
- 研究者是否解释了自己的研究工作对于专业发展的贡献?
- 研究者是否和所有与研究问题有关的个体开展了合作?
- 研究者是否表明研究项目激活了参与者的思想,让他们对工作有了新的看法?
- 为了形成研究发现和解释,研究者是否与同事展开了对话?

评价研究(第二十章)

- 研究的信息量是否丰富、有效并对相关人员有价值?
- 评价设计方案是否与研究环境匹配?
- 评价设计方案是否能节省成本?
- 评价研究是否符合法规和伦理?
- 为判断研究项目的价值,评价研究是否提供了有效、可靠和全面的信息?

术 语 表

A–B–A–B研究设计（A–B–A–B research design）：一种单一个案实验类型。在实验中，研究者设置一个基线状态（A），然后实施处理（状态B），再设置第二个基线状态（第二个A），然后再实施处理（第二个B），在这个过程中反复测量所有状态中的目标行为。

A–B–A研究设计（A–B–A research design）：一种单一个案实验类型。在实验中，研究者设置一个基线状态（A），然后实施处理（状态B），再设置第二个基线状态（第二个A），同时反复测量所有状态下的目标行为。

摘要（abstract）：出版物中所含信息的简要总结，通常由作者或为搜索引擎的出版机构工作的标引者撰写。

可获得总体（accessible population）：能抽取研究所需样本的易获取的总体。

行动研究（action research）：也称"局内人研究"（insider research）、"参与式行动研究"（participatory action research）、"实践者研究"（practitioner research）、"自我研究"（self-study research）、"教师研究"（teacher research），是实践者为改进自身的专业实践而在工作场所开展的研究。

行动科学（action science）：在行动研究中，运用行动理论帮助专业人员发现和解决他们信奉的工作理论与其践行的理论（theories-in-action）（即实际行为）不一致的问题。

年龄等值（age equivalent）：用常模组中获得某个测量分数的个体平均年龄表示的原始分数。

年龄歧视（ageism）：在批判理论中，针对特定年龄阶段人群的贬损或剥削行为。

能动性（agency）：在质性研究中，个体感知的改变生活环境的能力。

协方差分析（analysis of covariance）：在调整前测中组间最初差异之后，判断两组或多组间在后测中的平均数差异是否具有统计显著性的统计过程。

方差分析（analysis of variance）：判断某次测量中两组或多组平均数的差异是否具有统计显著性的过程。

"与"算符（AND connector）：搜索引擎的特征之一，用户可以用该连接符在数据库中查询同时包含两个关键词的引文文献。

反压迫教育（anti-oppressive education）：教育研究和实践的一个领域，旨在质疑传统的教育实践，揭露和纠正这些实践维护下的各种形式的文化压迫。

美国心理学会循证实践首席专家工作小组（APA Presidential Task Force on Evidence-Based Practice）：由美国心理学会委派的一个委员会，其任务是开发心理学家在专业实践中的研究和能力标准。

适用性（applicability）：在案例研究中，个体对研究成果可以用来解释其他环境下的现实问题或验证某种理论的判断。

应用研究（applied research）：旨在改进实践工作的研究。

档案馆（archive）：也称"资料库"，为存储文件的设施，以确保文件得到妥善保存并对其使用进行管理。

人为二分（artificial dichotomy）：由研究者或其他人赋予仅有两个值的变量。

损耗（attrition）：也称"受试者流失"，在实验处理过程中研究参与者的流失。

审查跟踪（audit trail）：记录研究者数据收集和分析过程的书面材料。审查跟踪有助于其他研究者对研究方法论的合理性进行检验，并在随后的研究中再次使用这样的方法或拓展已有研究。

基线状态（baseline condition）：在单一个案的实验中，被观察个体行为所处的一种或多种自然状态。

基础研究（basic research）：用来理解被观察行为的内在过程和结构的研究。

行为分析（behavior analysis）：在单一个案的实验中，在特定环境下对个体进行细致观察，分析那些异常的和被期待的行为。

行为矫正（behavior modification）：在单一个案的实验中，采取强化、模仿、识别力培训等技术，提高或降低特定行为的出现频率。

钟形曲线（bell-shaped curve）：见"正态概率分布（normal probability distribution）"。

偏见（bias）：在看待事物时，习惯性地忽视、歪曲或误判某些事实的心理状态。

文献引文（bibliographic citation）：描述出版物作者、标题、出版机构、出版日期、论文或书籍章节页码、简短摘要的文字说明。

二元相关统计（bivariate correlational statistic）：描述样本的两个测量点得分关系强度的统计。

边界教育学（border pedagogy）：一种批判教育学理论，将个体间和群体间的差异看成是相互渗透、不断变化的，而非传统的社会范畴那样界限分明。

典型相关（canonical correlation）：一种多元回归分析类型，通过对样本两个或更多变量的测量，预测几个标准变量的综合指数。

案例（case）：在质性研究中，在特定时空下用来研究某个现象的事例。

案例聚焦（case delineation）：在案例研究中，集中调查某一现象的局部特征的过程。

案例焦点（case focus）：集中进行数据收集和分析的现象侧面。

案例故事（case story）：以富有趣味性的方式对一系列事件的详尽描述，它对所描述事件的效度以及研究发现在其他情境的适用性不作判断。

案例研究（case study）：一种质性研究方法，在自然状态下从参与者和研究者的视角，对某一现象的特定事例进行的深入研究，它同时关注研究发现的效度和可适用性。

催化效度（catalytic validity）：在行动研究中，考察研究项目能在多大程度上重新确立研究参与者的导向，聚焦和激发他们的注意力，以使他们对自己的实践有全新的看法。

类别量表（categorical scale）：也称"称名量表"，以类别赋值的一种测量手段，这些类别具有相互排斥且没有次序的属性。

因果比较研究（causal-comparative research）：见"分组比较研究（group comparison research）"。

因果模式（causal pattern）：在案例研究中，单一或多个案例研究被发现的特定现象之间的系统性关系，这种关系被赋予因果联系。

因果关系（causal relationship）（也称cause-and-effect relationship）：定量研究中的一种假设或经验性表达，其中以某一时间测量的变量作为原因，它对随后测量的另一个作为结果的变量具有影响作用。

天花板效应（ceiling effect）：因为测验项目的难度有限，研究参与者都得到最高分数或接近最高分数的一种状况。

集中趋势（central tendency）：反映某个分数分布中具有代表性的值点，如平均值或中位数。

证据链（chain of evidence）：在质性研究中，对某项研究结论可靠性的判断。主要考察研究问题、原始数据、数据分析程序和结果之间是否有清晰、有意义的联系。

图表短文（chart essay）：用直观的方式将读者的注意力指引到一项研究结果的某些方面。

卡方检验 [chi-square（χ^2）test]：统计显著性的一种非参数检验，当数据涉及两个或更多分类变量的频数时，用这一检验对零假设作出接受或拒绝的决定。

CIPP 模式（CIPP model）：见"情境—投入—过程—产品模式 [Context-Input-Process-Product（CIPP）model]"。

引文（citation）：见"文献引文（bibliographic citation）"。

引文管理器（citation manager）：帮助用户便捷、有条理地保存和提取文献引文的软件。

引文滚雪球检索（citation pearl growing）：选用一篇相关文献，在此基础上查找更多的文献。

临床专业知识（clinical expertise）：在满足学生或其他客户需求过程中，就某项专业实践的循证基础和恰当性作出事实和伦理判断的能力。

封闭式题目（closed-ended item）：在态度或其他问题的测试中，强制要求被试个体从给定选项中作出抉择的题目。

科克伦协作组织（Cochrane Collaboration）：为改善循证医学实践，对医疗干预措施的研究发现进行系统整理的一家国际性组织。[①]

编码检验（coding check）：考察不同研究者数据分类编码的一致性程度，以确定数据的可靠性。

编码框架（coding frame）：在叙事研究中，一种用来理解叙事整体意义及所引发问题的分析框架。

定群研究（cohort study）：在不同时间点收集某一组人群数据的研究方法。在数据收集的不同时间，会从人群中抽取不同的样本，旨在考察该人群在不同时段的变化及其原因。

合作行动研究（collaborative action research）：来自不同机构或学科的专业人士为解决某一实践问题而共同收集、分析数据，向相关部门或人士报告研究结果，并实施行动方案以解决问题。

承诺书（commitment script）：叙事研究中的故事片段，表明人生早期的一项决定，从此个体专注于特定的、能彰显自己得天独厚优势的方向。在这样的决定下，不管前途如何坎坷，个体都义无反顾。

比较组（comparison groups）：在分组比较研究中，被选用的某一变量存在自然差异的两个或多个样本；在实验研究中，为验证不同干预变量或控制条件带来的影响而选择的两个或多个样本。

概念（concept）：对具有一个或多个共同特质的个体、事件或物体进行归类的构念。

同时性测验效度证据（concurrent evidence of test validity）：也称"同时性效度"。个体在新测验中的得分，与较早的同一构念测验中得分的相符程度——后者在新测验之前或之后不久进行。

同时型三角验证研究设计（concurrent-triangulation research design）：在混合途径研究中，几乎在同一时间收集定量和质性研究数据，然后分析两类数据的结果以判别彼此的关联性。

同时性效度（concurrent validity）：见"同时性测验效度证据（concurrent evidence of test validity）"。

置信区间（confidence interval）：估计的样本总体参数取值范围的可信度。

置信限（confidence limit）：置信区间中的较高或较低值。

意识觉醒（conscientization）：在批判理论中，个体逐渐发现自己的声音和勇气，并质疑和改变自己在维护有悖自我基本价值观的文化过程中的作用的过程。

后果性测验效度证据（consequential evidence of test validity）：某项测验所测量构

[①] 该组织以英国流行病学家和内科医生科克伦（Archie Cochrane）命名——译者注。

念的内在价值观，与答题者、将测验结果用于决策的人士或其他利益相关者的价值观的一致程度。

后果效度（consequential validity）：见"后果性测验效度证据（consequential evidence of test validity）"。

常量（constant）：研究设计中不同研究参与者之间不允许有变化的构念。

持续比较（constant comparison）：在质性研究中，对经过编码的数据进行比较的过程，旨在发现这些数据的共同点，揭示这些编码的意义及其与其他编码的区别。

构念（construct）：从被观察现象的共同点中推导出的概念。

构念效度（construct validity）：见"效度（validity）"。

内容分析（content analysis）：对从文件或其他传播媒介获得的信息进行分类和编码，并分析每个类别的频度。

与内容有关的测验效度证据（content-related evidence of test validity）：也称"内容效度"，测验的题目能代表测验设计时希望测量的知识点的程度。

内容效度（content validity）：见"与内容有关的测验效度证据（content-related evidence of test validity）"。

情境评价（context evaluation）：在"情境—投入—过程—产品模式"中，对项目的利益相关者、员工、受益人的需求、资产和问题进行的评估。

情境—投入—过程—产品模式［Context-Input-Process-Product（CIPP）model］：用来评估一个项目随着时间推延而逐步展开的不同方面（需求、问题、预算、不同方案、功能、成效）的一种评价研究。

连续变量（continuous variable）：运用区间或比率尺度，对所有数值都进行连续测量的变量。

控制情境（control condition）：在实验研究中，一组没有接受干预的研究参与者与实验组进行比较的情形。

测验效度的辐合证据（convergent evidence of test validity）：个体在某项测验中的得分与测量同样概念的其他测验得分呈现正相关的程度。

相关研究（correlational research）：定量研究的一种方法，试图通过相关统计发现变量之间相关关系的方向和程度。

相关系数（correlation coefficient）：关于样本的两个或更多被测量变量分数分布的相互关系的数学表达方式。

标准变量（criterion variable）：在实验研究中，指干预因素介入之后被测试的变量；在相关性研究中，指研究者用其他测量手段获得的分数预测特定样本的变量。

批判性民族志（critical ethnography）：一种质性研究传统，综合运用批判性理论和民族志方法研究某个文化中的权力关系和压迫形式。

批判主义者（criticalists）：将研究作为社会和文化批判手段的研究者或理论家。

批判教育学（critical pedagogy）：基于批判理论的目的和价值观的应用性教学体系的统称。

批判性研究（critical research）：也称"批判性理论"，一种质性研究传统，旨在揭露某个文化中权力关系的本质，并通过研究帮助该文化的成员从各种形式的压迫中解放出来。

克隆巴赫系数（Cronbach's alpha）：一种表达信度的系数，用以反映个体在测试各题目得分的一致性程度。

横断面研究（cross-sectional study）：通过收集不同年龄或不同发展阶段的样本在某个时间点的数据，研究样本总体在某一段时间的变化。

结晶化（crystallization）：见"三角验证（triangulation）"。

文化习得（cultural acquisition）：个体主动习得或避免习得普通文化所反映的概念、价值观、技能和行为的过程。

文化研究（cultural studies）：分析文学、艺术、历史和其他学科中传达的经济、法律、政治及其他文化现象本质的一种质性研究传统。

文化传递（cultural transmission）：某个较大规模的社会结构有目的地干预个体的生活，以促进（有时是阻碍）其对特定概念、价值观、技能和行为学习的过程。

文化（culture）：某个群体成员特有的被代代相传，或由原有成员传给新成员的传统、象征物、行为习惯和人工制品（artifacts）。

数据库（database）：搜索引擎中所有被标引的出版物的引用文献。

解构（deconstruction）：对文本进行的批判性分析，它假设一个文本没有确定的意义；词语只能通过其他词语才能获得意义；不同的文本使用方式可以引申出多样且经常是相互矛盾的文本解释。

民主效度（democratic validity）：对某一行动研究项目在多大程度上考虑了所有利益相关者的视角和利益的可信度的判断。

因变量（dependent variable）：研究者假定的出现在一个变量（即"自变量"）之后，且是这一变量结果的那个变量，这一结果可能是自然形成的，也可能是由干预因素引起的。

描述研究（descriptive research）：定量研究的一种形式，旨在通过测量事先设定的变量，描绘样本或总体的特征。

描述统计量（descriptive statistics）：用来组织、总结及表达一系列数据的数学方法。

主题词（descriptor）：文献检索时研究者用来筛选所需出版物的术语。

辩证法（dialectic）：在叙事研究中，个体生活故事中重要的价值观或观点与其他同样强有力的价值观和观点之间的对立关系。

对话式数据生成（dialogical data generation）：批判民族志研究的一个阶段，期间研究者通过让研究参与者用自己的语言、隐喻和思想揭示问题的方式来收集数据。

对话效度（dialogic validity）：在行动研究中，判断研究同行对实践者或研究者如何获得研究结果及其解释的看法的一致性程度。

二分变量（dichotomous variable）：只有两个值的变量。

差异分析（differential analysis）：判断从整体样本观察到的两个变量之间的关系，是否与使用调节变量（moderator variable）后分组考察这两个变量的关系一样。

差异性选择效应（differential-selection effect）：在准实验研究中，实验组和控制组的研究参与者不是随机而是通过一个程序来选择。

定向假设（directional hypothesis）：对于某一组研究参与者将取得比其他组更高测试得分的预期。

直接观察（direct observation）：在研究参与者的某种行为或某个事件发生的同时收集数据。

判别分析（discriminant analysis）：一种多元回归的形式，研究者可以借此判断某一样本若干自变量的测量得分，能在多大程度上预测不同类别因变量的测试得分。

突发事件（disruption）：在叙事研究中，指个人生活中那些意外、艰难、令人困扰的遭遇，研究者通过解释过程赋予这些遭遇以意义。

文件（document）：在历史研究中，那些为个人而非官方目的撰写的文本材料。

生态效度（ecological validity）：在实验研究中，对结果可以被推广到局部情境的程度的估计。

教育研究（educational research）：对教育实证数据的系统收集和分析，旨在发展关于教育的有效和普遍的知识（即对教育现象的描述）；预测未来的教育事件或表现；发现教育实验干预的效果；或解释教育现象背后的基本过程。

教育资源信息中心［Education Resources Information Center（ERIC）］：一家接受美国联邦政府资助、旨在提供教育类文献的搜索引擎和数据库的机构。

效应量（effect size）：关于两组测试对象平均得分差异的大小，或者关于某一样本中两个变量测试成绩分布的关系强度的统计。

有效性评价（effectiveness evaluation）：在"情境—投入—过程—产品模式"中，从项目参与者的角度，评估该项目产出的质量和意义的过程。

解放（emancipation）：在批判理论中，为解放受压迫文化群体而帮助他们采取行动、转变意识的过程。

渐现式设计（emergent design）：随着评价者对利益相关者面临的主要问题和兴趣认识的深入，评价重点也随之改变的一种评价形式。

主位视角（emic perspective）：在质性研究中，研究参与者对社会现实的认识和理解。

濡化（enculturation）：某种文化习俗和观念传递给该文化中年轻人和新成员的过程。

认识论（epistemology）：哲学的一个分支，研究知识的本质以及获得和证实知识的过程。

教育资源信息中心（ERIC）：见"教育资源信息中心［Education Resources Information Center（ERIC）］"。

信奉的理论（espoused theory）：在行动理论中，专业人士关于他们应该如何处理实践问题的看法。

民族志（ethnography）：对某一特定文化特征的直接、深入的研究。

人种学（ethnology）：对特定现象在不同文化中表现方式的比较研究。

民族科学（ethnoscience）：为揭示某种文化的认知结构而对该文化的语义系统进行的研究。

客位视角（etic perspective）：在质性研究中，研究者对研究参与者所处社会现实的概念化和理论化的理解。

评价研究（evaluation research）：对特定项目、组织和其他现象的优劣、价值或作用进行系统判断的过程。

循证实践（evidence-based practice）：将最佳研究成果与实践者临床知识和价值结合起来解决实践问题的一种艺术。

电子表格（Excel）：由微软（Office for Windows）或苹果（Mac）办公操作系统提供、通常用于教育研究的计量统计软件程序。

实验（experiment）：一种定量研究方法，通过操控一个处理变量以确定它对另一个或其他多个因变量的影响。

实验情境（experimental condition）：在实验研究中，一组实验参与者接受干预以确定其对因变量的影响。

受试者流失（experimental mortality）：见"损耗（attrition）"。

探索性案例研究方法（exploratory case study method）：结合相关的定量研究和非研究性叙述，并整合案例研究结果的一种研究方法，旨在揭示每个案例的独特性和普遍性。

外部考证（external criticism）：在历史研究中，确定史料来源真实性的过程，即判定外显的或声称的史料来源是否与实际出处一致。

外在效度（external validity）：在定量研究中，研究结果可以推广到研究课题以外的个体和情境的程度。

无关变量（extraneous variable）：在不同实验组之间存在差异且可能对因变量产生影响的非处理变量。

表面效度（face validity）：通过非正式方式检查测试项目能涵盖希望测量内容的程度。

因素（factor）：也称"潜在变量"，在因素分析中，"因素"指对相互关联变量的某个子集的特征的数学表达；在实验设计中，"因素"与"自变量"同义。

因素分析（factor analysis）：将所测量的一组变量减少到少数几个因素的相关分析过程。

析因实验（factorial experiment）：包含多个因素（即多个自变量）的实验。

女性主义（feminisms）：对女性的生活经历及其如何受到各种文化现象影响的问题进行的各种研究，也称"女性主义研究"（feminist research）。

实施的忠诚度（fidelity of implementation）：个体在实施某一项目或程序时，遵照开发者或其他个体确立的规范行事的程度。

田野研究（fieldwork）：在质性研究中，研究者在自然情景下通过与研究参与者交往来收集数据。

固定变量（fixed variables）：在分组比较研究的设计中，不能操控的那些个体或团体特征。

焦点小组（focus groups）：一种群体访谈形式，在一名有经验的访谈者带领下，一群个体可以相互交谈，或许还能表达那些在个别访谈中不会出现的情感和想法。

伪造（forgery）：在历史研究中，被声称是某一个体的文件或纪念物，但事实上这些物品都是被伪造的。

形成性评价（formative evaluation）：项目或产品尚未完成时实施的一种评价，目的是判定该项目或产品是否需要或如何加以改进，抑或需要放弃。

灰色文献（fugitive literature）：没有广泛传播或不易获取的出版物。

未来学（futurology）：在历史研究中，通过分析过去事件或模拟的方式探究未来可能性的一种研究方法。

***F*值**（*F* value）：一种方差分析统计，以判定接受或拒绝原假设。

增益分数（gain score）：个体的后测得分减去前测得分的结果。

年级等值（grade equivalent）：一种衍生分数，将某名学生测试的原始分数用特定年级段其他学生取得相同的平均成绩来解释。

扎根理论（grounded theory）：在质性研究中，研究者直接分析自己收集到的数据，在不受外界因素影响的情况下归纳和发展理论，而不是在研究之前先创设一种理论。

分组比较研究（group comparison research）：也称"因果比较研究"，一种定量研究方法，通过比较因变量不同的群体，发现这些群体的自变量是否也存在差异；或者通过比较自变量不同的群体，发现这些群体的因变量是否也存在差异。

群组实验（group experiment）：在实验研究的设计中，每一个处理和控制条件都包含了一个由若干研究参与者组成的样本，而非包含单一个案。

成长模型（growth model）：测量和统计分析学生在某一时期内学习成效的研究方法。

霸权（hegemony）：特权群体利用他们所控制的文化机构维护其对从属群体的统治地位。

解释学循环（hermeneutic circle）：通过理解文本或其他沟通方式的不同部分来理解其整体意义。

分层线性模型［hierarchical linear modeling（HLM）］：确定两个变量的相关性是否受到不同"嵌套"（nesting）程度影响的统计技术。

高推断性变量（high-inference variable）：需要研究者就所观察到的行为推断出内在因素（如认知、情感过程）的变量。

历史研究（historical research）：系统搜寻数据以回答关于过去现象问题的研究类型，旨在更好地理解这些现象，分析其中可能的因果关系。

历史效应（history effect）：在实验研究中，实验干预过程中其他事件（它们不是干预变量的一部分）对因变量产生的影响。

整体描述（holistic description）：对毗邻生活在特定区域的一组人群的独特文化模式进行综合描述和分析。

整体民族志（holistic ethnography）：一种质性研究传统，试图对居住地相近的某个群体的整个文化进行全面的描绘和分析。

假设（hypothesis）：研究者从理论或推论中引出的对两个或多个变量之间相互联系的预计。

影响评价（impact evaluation）：在"情境—投入—过程—产品模式"中，对某一项目是否影响到目标人群的评估。

自变量（independent variable）：研究者假设的出现在另一个变量之前，且对另一个变量（因变量）产生影响的那个变量。

深入研究（in-depth study）：在质性研究中，运用不同方法、长时间地收集大量数据，以获得对于案例的深入理解。

推断统计（inferential statistics）：研究者根据样本的描述统计所得的数据推断总体特征的数学过程。

投入评价（input evaluation）：在"情境—投入—过程—产品模式"中，对特定项目的不同方案、工作计划和预算进行的评价。

局内人（insider）：在行动研究和质性研究中，在所研究的环境中被看作掌握了关于研究问题直接知识的实践者或其他个体。

局内人研究（insider research）：见"行动研究（action research）"。

教育科学研究所（Institute of Education Sciences）：美国教育部下属的教育研究机构，旨在通过支持科学研究提高学生的成绩。

机构科研伦理审查委员会（institutional review board）：具有一定资质的机构中，按照专门规章制度，确保研究参与者免受伤害或威胁的委员会。

工具理性（instrumental rationality）：一种认为手段比目的更重要的思想；在批判理论中，该术语用于描述那些强调预测、控制以及产出最大化，而不强调目的价值高于一切的研究和理论。

工具效应（instrumentation effect）：在实验研究中，因测量工具变化而非实验处理导致的前测与后测结果的变化。

意向性（intentionality）：在行动研究中，有计划和谋虑而非自发的实践者探究。

交互效应（interaction effect）：在特定实验研究的设计中，自变量对因变量产生的影响。

内部考证（internal criticism）：在历史研究中，确定史料信息的准确性及其价值的过程。

内在叙事（internal narrative）：在叙事研究中，大多数个体在清醒状态下（不管是否意识到）持续的思想流和自言自语。

内化的压迫（internalized oppression）：在批判理论中，个体通过思想和行动上对社会底层规范的顺从，在不经意间延续了他们的权力缺失状态。

内在效度（internal validity）：在实验研究中，研究者控制无关变量以使任何可观测的效果都可以清晰地归因于处理变量的程度。

解释性分析（interpretational analysis）：分析质性研究数据、确立描述和解释研究现象的构念、主题和模式的过程。

解释主义（interpretivism）：作为一种认识论，认为社会现实离不开个体持续参与社会实践过程中建立起来的意义。

评分者信度（inter-rater reliability）：观察相同事件、分析相同试题或其他材料时，不同评分者打分的一致程度。

等距量表（interval scale）：没有绝对零点的测量量表，其中任何相邻两点间的距离是相同的。

访谈（interview）：通过研究者和被研究个体之间的直接互动来收集数据。

题目一致性（item consistency）：通过相关性分析方法，衡量某一测试中所有题目能够测量同一构念的程度。

题目反应理论（item response theory）：一种心理测量理论，它假设：某项能力上水平不同的个体，在相应能力的测试中表现不同。这一理论还是一种构建试题的方法，即呈现在每一个体面前的题目难度，由他（她）在先前题目中表现出的能力水平决定。

教育评价标准联合委员会（Joint Committee on Standards for Educational Evaluation）：由12个重要教育组织的代表组成的委员会，其宗旨是创建学校课程质量的评价标准。

关键信息提供者（key informant）：在质性研究中，拥有特殊知识或地位、对获取所研究社会现实的主位视角特别重要的个体。

关键词（keyword）：用于搜索引擎的词或词组，可借此在数据库（文献索引、网站等）确定包含该词或词组的所有词条。

克鲁斯克尔-瓦利斯显著性检验（Kruskal-Wallis test of statistical significance）：一种统计显著性的非参数检验，用来确定两个以上的小组在一个测量变量的分数分布差异是否具有统计显著性。

潜在变量（latent variable）：见"因素（factor）"。

潜在变量因果模式（latent variable causal modeling）：见"结构方程模式（structural equation modeling）"。

线性相关（linear correlation）：统计样本的两个变量测量得分分布情况的一种方法，它基于这样的假设：一个变量得分的分布增加了，另一变量得分的分布也随之增加。

最佳拟合线（line of best fit）：在相关性研究中，能帮助研究者从散点图x轴值最佳地预测y轴值的线条。

列表服务器（Listserv）：互联网上管理电子公告牌和论坛的软件程序，用户可以利用这一程序实现互动。

文献综述（literature review）：围绕特定研究话题或问题，通过标准化的搜索程序，系统查询相关出版物，依据一定标准判定现有研究成果的价值。

日志（log）：访谈研究中对访谈所涉及话题的记录，记录内容还包括访谈过程中出现的有趣或突发事件，以及这些事件得以处置的过程。

逻辑回归分析（logistic regression analysis）：一种多元回归方法，用某一样本的两个及以上变量的得分，预测它们在类别测量中的得分情况。

纵向研究（longitudinal research）：定量研究的一种形式，描述样本特征或行为模式在一定时期内的变化。

低推断性变量（low-inference variable）：如果某一变量只需观察者考察某一行为，就可以判断其是否体现特定的行为构念，这一变量就是低推断性变量。

曼-惠特尼U检验（Mann–Whitney U test of statistical significance）：一种统计显著性的非参数检验，以确定观测到的两个组在一个测量变量的分数分布差异是否具有统计显著性。

误差幅度（margin of error）：包含了一个整体参数的随机样本统计值的变化范围。

匹配法（matching procedure）：在实验研究或小组比较研究中，一种保持各小组无关变量均衡化的技术。借助这样的方法，当各小组的因变量出现差异时，就不能归因于无关变量而只能归因于自变量。

成熟效应（maturation effect）：在实验研究中，因研究参与者在实验过程中自身的发展性变化而非实验处理导致的前后测结果的变化。

平均数（mean）：一种测量集中趋势的数值，首先将样本中的个体得分相加，然后将得到的和除以样本中个体数。

平均差（mean absolute deviation）：在得分的分布中，每一个分值与实际平均分数离散的平均数，而不考虑这种离散是正向还是负向的。

意义场域（meaning fields）：在批判理论中，研究现场中其他人对研究参与者的言论或非语言行为的意义的推断。

测量误差（measurement error）：个体在某次测验中的实际得分，与该个体在精确测试手段下的实际得分的差异。

中位数（median）：一种反映集中趋势的测量值，相当于分数分布的中间点。

参与者检核（member checking）：质性研究者用来检查其重构的主位视角的程序，

方法是让现场参与者重新审查研究报告表述的准确性和完整性。

元分析（meta-analysis）：把对同一现象的不同定量研究的结果统合成单一计量（称为"效应量"）的方法。

微观民族志（microethnography）：对某个群体文化的特定方面进行的研究。

混合途径研究（mixed-methods research）：同时或前后运用质性和定量技术，收集和分析数据，以解释相同或相关的研究问题。

众数（mode）：反映集中趋势的测量值，反映分数分布中出现频度最高的得分。

调节变量（moderator variable）：在相关研究中，变量Z影响变量X预测变量Y的程度。由于Z值的不同，变量X和变量Y之间的相关性可能出现差异。

独白式数据收集（monological data collection）：批判民族志研究的最初阶段，在这一阶段只有研究者在"说话"，从非参与性观察者的视角对实地参与者的活动进行"深描"。

多基线研究设计（multiple-baseline research design）：在单一个案的实验中，通过运用不同情景而不是选择自然发生的环境为基线，考察干预变量带来的效应。

多元回归（multiple regression）：判断一个标准变量与两个或多个预测变量之间相互关系强度的一种统计程序。

多元相关统计（multivariate correlational statistics）：描述三个或多个变量间关系强度的统计。

多元描述统计量（multivariate descriptive statistics）：用来描述两个或多个变量测试分数分布之间关系的统计。

多种声音（multivocality）：指某种文化或社会群体的参与者不是以一个声音讲话，而是表达不同兴趣和观点的一种情形。

叙事（narrative）：在叙事研究中，遵循精确的时间顺序，将特定时刻发生的事件建构起来的故事。

叙事身份（narrative identity）：个体从他（她）的经历建构起来的故事中形成的自我意识。

叙事研究（narrative research）：对描述生活经历的故事的系统研究和解释。

叙事总结（narrative summary）：一种整合质性研究结果的方法，使用前后一致的写作风格简要描述每一项研究。

全美教育进展评估［National Assessment of Educational Progress（NAEP）］：由国会授权、大规模、持续的对美国中小学生的代表性样本进行的各学科领域知能的评价。

需求评估（needs assessment）：用来确定和突显期望情形与实际情形之间差异的一系列程序。

负相关（negative correlation）：两个测量变量间的一种相关关系，当变量X的分数比较高时，变量Y的分数相应较低。

嵌套（nesting）：一个变量处于组织结构不同层级的状况，比如，学生"嵌套"于某一个班级；班级"嵌套"于一所学校；而学校"嵌套"于一个学区。

《不让一个孩子掉队法》（*No Child Left Behind Act*）：由美国国会通过的一系列对各州教育提出要求的法规，包括要求制订不同年级所有学生应达到的基本能力标准。

称名量表（nominal scale）：也称"类别量表"，以类别赋值的一种测量手段，这些类别具有相互排斥且没有次序的属性。

统计显著性非参数检验（nonparametric test of statistical significance）：统计显著性检验的一种类型，它不依赖于所测变量的分数分布或形式提出的假设。

正态曲线（normal curve）：见"正态概率分布（normal probability distribution）"。

正态曲线下面积（normal curve area）：在正态分布曲线下，均数（以z值0表示）与另一z值之间的面积大小。

正态概率分布（normal probability distribution）：也称"正态曲线"和"钟形曲线"，在图表上以均数为中心的对称、钟形曲线的分数分布。

规范-评价性真理主张（normative-evaluative truth claims）：在批判民族志中，关于世界上各种行动的道义、善良、得体等问题社会性认同的实际情况或应该如何的假设。

规范化群体（norming group）：代表一个确定总体的较大样本，这一样本在测试中的得分成为后续参加该测试者成绩的参考标准。

常模参照测验（norm-referenced test）：一种旨在广泛采用、附有参照标准图表的测试。该测试的实际使用者可以将所获得的学生成绩，与年龄、年级相当学生的总体成绩进行比较。

规范（norms）：没有言明的影响个体社会行为的一系列背景性规则和假设。

"否"算符（NOT connector）：搜索引擎的特征之一，用户可以用该连接符在数据库中排除包含了特定关键词的引文文献。

零假设（null hypothesis）：研究者希望通过统计显著性检验加以拒绝的预测。

基于目标的评价（objectives-based evaluation）：运用定量和质性的研究方法，判断某一项目或课程材料在多大程度上帮助学生实现了既定的学习结果。

客观真理主张（objective truth claims）：在批判民族志中，那些可以通过多种途径接触到的主张，表明这些主张愿意接受外界考验，同时也广受认同，也表明这些主张经得起不同观察者的直接验证。

观察者偏见（observer bias）：观察者理解事物时的某种心理定式，在这样的心理定式下，某些事件或行为会被忽略、扭曲或篡改。

单尾统计显著性检验（one-tailed test of statistical significance）：一种单向评价零假设的测试。例如，一项测试只考虑总体A均值大于总体B均值的可能性，但不考虑总体B均值大于总体A均值的可能性。

开放式题目（open-ended item）：在有关态度及其他类型的量表中，答题者可以按照自己的意愿回答问题的试题。

  口述史（oral history）：历史研究的一种类型，其中参与或目睹了过去某个事件的个体被要求叙述对事件的回忆。

  "或"算符（OR connector）：搜索引擎的特征之一，用户可以用该连接符在数据库中查找同时包含两个或其中一个关键词的引文文献。

  顺序量表（ordinal scale）：不同数值可以按照大小排序的一种测量，但任何两组相邻数值的差可能并不相同。

  结果效度（outcome validity）：对行动研究项目可信程度的一种判断，考察新的行动在多大程度上解决了研究项目拟解决的问题。

  异常值（outlier）：与所研究的其他个案有巨大差异（如出现极端的测量值）的个体或情形。

  局外人（outsider）：在行动研究中，指那些在研究环境以外工作的人，或那些被认为对所研究的实践问题拥有外部视角的人。

  p 值（p）：见"概率（p）值 [probability（p）value]"。

  定组追踪研究（panel study）：对同一个样本的多个数据收集点进行调查，以探索某些个体身上发生的变化及其可能的原因。

  参数（parameter）：应用于总体而非某一样本的统计量。

  统计显著性参数检验（parametric test of statistical significance）：检验统计显著性的一种类型，它依赖于对所测变量分数分布的假设和变量的计分方式。

  参与观察者（participant observer）：在质性研究中，那些在一组研究对象中负责收集研究数据、同时被研究者赋予有意义身份的人。

  参与式行动研究（participatory action research）：见"行动研究（action research）"。

  路径分析（path analysis）：用来检验三个或更多被测变量之间因果联系推论效度的统计方法。

  模式（pattern）：在案例研究中，两个或更多案例现象之间的系统性关系。

  pdf文件（pdf file）：由Adobe Acrobat软件创建的电子文档。

  皮尔森积差相关系数（r 值）[Pearson product–moment correlation coefficient（r value）]：一种广泛使用、表明样本两个变量测量得分分布之间的关系程度的统计方式。

  实行同行评审的期刊（peer-reviewed journal）：在科学研究中，那些所载文章需要经专家评价其研究质量和价值的期刊。

  百分等级（percentile rank）：一种表达分数等级的方式，表明在一个变量测量中凡是得分在某一原始分数及以下的个体的百分比。

  表演民族志（performance ethnography）：民族志学者通过舞台再现方式来观察文化现象的研究。

实际作业测量（performance measure）：评价个体完成复杂、真实任务时表现出的技能的一种测试。

绩效目标（performance objective）：在研究和开发活动中，关于学习者在接受一个项目或一组材料教学之后能够做什么的详细描述。

现象（phenomenon）：在质性研究中，研究者需要考察的任何过程、事件和特征。

菲德塔卡帕和盖洛普联合民意测验（Phi Delta Kappa/Gallup Polls）：年度全国性的民意测验，由盖洛普公司和教育调查机构菲德塔卡帕共同赞助，分析公众对于美国学校教育各方面的态度。

两极对立（polarity）：叙事研究中所反映的非此即彼的二元对立，这种对立性揭示了叙事中故事所传递的核心思想。

总体（population）：作为研究对象的完整的一组个体、团体、事件或实体。

总体效度（population validity）：从特定样本中获得的研究结果可以推广到抽取样本的总体的程度。

正相关（positive correlation）：两个变量分值分布之间的一种相关性，当变量X的分数比较高，变量Y的分数也相应比较高。

实证主义（positivism）：一种认识论的立场，认为现实是客观存在的，人们可以通过类似于自然学科中发展起来的科学手段来研究这一现实。

后现代主义（postmodernism）：一种广泛的社会和哲学运动，它对有关人类行为理性的假设、对实证主义认识论的运用、对任何宣称在探索真理方面享有优势地位的人类事业（如科学）提出了质疑。

后测（posttest）：实验中，在干预介入后实施的测量，以确定实验处理的效果。

实际意义（practical significance）：在统计学中，对研究结论有关人员有意义的统计结果。

实践者研究（practitioner research）：见"行动研究（action research）"。

实践（praxis）：在批判理论中，将理论转化为实践的过程，目的是在与他人互动中做正确的事情，并把事情做好。

预测研究（prediction research）：利用某一时间采集的数据来预测未来行为或事件的研究。

预测性测验效度证据（predictive evidence of test validity）：也称"预测效度"，指个体在一个时间点的测验得分能够预测他们将来某个时间测验得分的程度。

预测效度（predictive validity）：见"预测性测验效度证据（predictive evidence of test validity）"。

预测变量（predictor variable）：当研究者将某个时间测得的一个变量与随后测量的另外一个标准变量相关联时，前者就是预测变量。

当下主义（presentism）：历史研究中存在的一种偏差，指运用当前的概念和观点来解释过去的现象。

前测（pretest）：在实验处理之前实施的测量，目的是为与后测结果的比较提供基础。

随机抽样的前后测控制组实验设计（pretest–posttest control-group experiment with randomization）：一种包括干预、前测和后测的实验研究，其中一个组接受干预，另外一个或其他组不接受干预，或者接受其他形式的干预，小组的样本是随机抽取的。

一手资料（primary source）：在一般研究中，一手资料指由实际从事调查研究的个体撰写的出版物。在历史研究中，一手资料指由过去流传下来的、目击者或参与者提供的任何信息。

特权（privilege）：在批判理论研究中，指过多授予社会上优势文化群体的权力、资源和人生机会，也指过度授予某个特定群体或个体的上述权力。

概率（p）值 [probability (p) value]：对一个从总体抽取样本的统计结果只是偶然所得的可能性的数学表达方式。

过程评价（process evaluation）：在"情境—投入—过程—产品模式"中，对项目活动的一种评价。

程序效度（process validity）：行动研究项目各个阶段程序的充分性。

产品评价（product evaluation）：在"情境—投入—过程—产品模式"中，对一个项目成功与否的评价。

积差相关系数（r）[product–moment correlation coefficient (r)]：对产生连续分数的两个变量的方向和彼此关联程度的数学表达方式。

项目（program）：具有明确目标、适用于不同环境且有系统的材料或活动序列。

项目文化（program culture）：项目执行过程中的规则、仪式和角色；也指项目中不同个体的需要、偏好和诉求之间的矛盾关系。

进步话语（progressive discourse）：一种流行的科学观，认为任何人在任何时候都可能对某一项研究或研究方法论提出批评，如果这种批评有价值，就应该聆听并加以考虑。

前进式故事结构（progressive story structure）：在叙事研究中，那些事件指向目标逐步展开的故事。

比例随机抽样（proportional random sampling）：分层随机抽样的一种变形，其目的是保证样本的每一个分组中个体的比例与总体中个体的比例相同。

《美国心理学会出版手册》（*Publication Manual of the American Psychological Association*）：被广泛参考的，包含教育类学位论文、期刊论文和研究报告的具体撰写规范的手册。

目的性抽样（purposeful sampling）：在质性研究中，选取对于特定研究目的而言可能包含丰富信息的个案的过程。

p值（p value）：见"概率（p）值 [probability (p) value]"。

质性研究（qualitative research）：基于个体是通过意义和解释构建社会现实的假设

的一种研究；这些构建是短暂和情景化的；主要研究方法是通过在自然情景下深入研究个案以发现这些意义和解释。

质性研究传统（qualitative research tradition）：指对社会现实的本质持有相似看法的一群质性研究学者所采用的研究方法、在他们看来值得研究的问题、回答这些问题所需的技术以及这些学者的研究成果。

定量历史材料（quantitative historical materials）：包含保存下来的、可作为历史研究一手资料的数字信息。

量化历史（quantitative history）：一种历史研究的方法，它利用包含数字信息的电子数据库进行研究，这些数字信息通常需要借助电脑统计技术加以分析。

定量研究（quantitative research）：基于由社会环境特征确立的客观现实具有跨时空恒定性假设的一种研究；主要的研究方法是收集样本中可观测行为的数字数据，并对它们进行统计分析。

准实验（quasi-experiment）：一种实验组和控制组的研究参与者不是随机而是按一定程序选取的实验研究。

问卷（questionnaire）：旨在测量许多变量的一套纸笔或电脑测试题。

相关系数（r）：见"皮尔森积差相关系数（r值）[Pearson product-moment correlation coefficient（r value）]"。

研究与开发（R&D）：见"研究与开发（research and development）"。

随机分派（random assignment）：在实验研究中，使个体或群组有同等机会被安排在实验组或控制组的过程。

随机样本（random sample）：小组成员完全是从总体中随机抽取的样本。

全距（range）：测量分数分布离散程度的一种统计，其值等于最高得分与最低得分之差再加1。

等级（rank）：也称"排序"，用以表示某一变量的个体得分与其他个体得分之间的相对位置。

比率量表（ratio scale）：变量的值可以排序的一种测量工具，其中相邻两个值之间是等距的，并且存在一个真实的零点。

原始分数（raw score）：个体在测量中获得的、未经过任何进一步统计处理的分数。

重建主义者（reconstructionist）：也称"修正主义历史学家"，指这样的历史学家，他们在研究某种现象时认为，情景的某些方面被之前的历史记述遗漏或歪曲了。

重构分析（reconstructive analysis）：批判民族志研究者对独白式数据生成阶段收集的数据进行分析的过程，旨在描绘现场参与者的互动模式以及这些模式的意义。

记录（record）：出于官方目的而非个人使用目的而准备的一类文件。

反思（reflection）：在行动研究中，实践者从实践世界退出来，对自身工作的意义、价值和影响进行思索并与他人交流看法的过程。

反思性分析（reflective analysis）：质性研究者依靠自己的直觉和个人判断，对所收集数据进行的一种分析。

反身性（reflexivity）：在质性研究中，研究者对自己的社会现实建构者和解释者身份进行研究的行为。

反驳（refutation）：科学的知识主张经受检验、挑战和证伪的过程。

退缩式故事结构（regressive story structure）：在叙事研究中，叙述在实现目标过程中遇到的阻碍性事件，或者那些导致放弃目标的消极性事件的故事。

关系模式（relational pattern）：在案例研究中，如果单个或多个案例中的两个或更多现象之间存在系统性联系，但未被认为具有因果关系，那么这一关系就是"关系模式"。

信度（reliability）：测验或其他测量手段没有测量误差的程度。

信度系数（reliability coefficient）：一种确定测验或其他测量手段没有测量误差的相关系数。

纪念物（relic）：在历史研究中，任何一个外观特征能够提供有关过去信息的实物。

重复（replication）：为提高最初研究结果的确信程度而在类似条件下对不同研究参与者重复进行研究的过程。

资料库（repository）：也称"档案馆"，为存储文件的设施，以确保文件得到妥善保存并对其使用进行管理。

代表性检核（representativeness check）：在质性研究中，一种用以确定某项研究发现对获得该发现的研究现场（field site）而言是否具有典型性的程序。

再生产（reproduction）：一种批判理论的观点，认为低收入和少数族群成员遇到的许多学习问题，源于那些维护和加强对这些群体的文化压迫的教育实践。

研究与开发（research and development）：通过形成性和总结性评价，系统地对课程和教材进行发展和完善的过程。

研究性叙事（research narrative）：在叙事研究中，对事件有组织的解释。

测验效度的应答过程证据（response-process evidence of test validity）：受试者参与测验时运用的程序与测验所隐含的构念相一致的程度。

回应性评价（responsive evaluation）：关注利益相关者问题和想法的一种评价研究。

倒返阶段（reversal phase）：在单一个案的实验中，为了重新设置基线状态（A）而撤销实验处理（状态B）的过程。

修正主义历史学家（revisionist historian）：见"重建主义者（reconstructionist）"。

r 值（r value）：见"积差相关系数（r）[product-moment correlation coefficient（r）]"。

便利样本（sample of convenience）：见"志愿者样本（volunteer sample）"。

抽样误差（sampling error）：从总体中随机抽样获得的统计值与总体统计值之间的

差异。

量表（scale）：代表一个变量赋值区间的一组数字。

散点图（scattergram）：也称"点聚图"，描绘两个变量之间相关关系的图示，其中一个变量的分数标在 x 轴上，而另一个变量的分数标在 y 轴上。

点聚图（scatter plot）：见"散点图（scattergram）"。

雪费检验（Scheffé's test）：一种用于两两比较三个或更多组别均值的 t 检验。

搜索引擎（search engine）：一种可以帮助用户通过数据库找到符合自己特定标准的文献或其他内容的计算机软件。

二手资料（secondary source）：在文献研究中，二手资料指作者对他人完成的研究出版物的评述；在历史研究中，二手资料指由非直接证人记述的有关某一事件的文件或其他传播媒介。

选择和成熟交互效应（selection-maturation interaction effect）：在实验中不是由实验处理，而是由实验组和控制组的研究参与者在实验过程中的差异导致前、后测结果的变化。

自我研究（self-study research）：见"行动研究（action research）"。

顺序-解释型研究设计（sequential-explanatory research design）：混合途径研究过程中，在收集和分析质性数据之后，收集和分析定量数据，然后对定量发现进行分析。

顺序-转换型研究设计（sequential-transformative research design）：混合途径研究过程中，用特定理论指引定量和质性研究的数据收集、分析和解释；定量研究或质性研究都可以先期进行。

简单随机抽样（simple random sampling）：让总体中所有个体都有同等和独立的成为样本中一员的机会。

单一个案实验（single-case experiment）：只对单一个体或群体实施干预以确定其对一个或多个因变量产生影响的一种实验。

偏态（skewness）：指一种非对称性的得分分布，其中绝大多数分数集中在均值的一侧，只有小部分分数分布在均值的另一侧。

滚雪球抽样（snowball sampling）：质性研究中的一种抽样方法，其中由原先选定的一个或多个案例提供的信息，引发其他个体可能提供更多相关、丰富的数据。

稳定的故事结构（stable story structure）：在叙事研究中，那些所发生的事件并未（或很少）改变个体处境的故事。

利益相关者（stakeholder）：指参与被评价现象的，或受到评价结果影响的，或对评价结果感兴趣的个体。

标准差（standard deviation）：测量一组分数偏离平均值程度的量度。

测量标准差（standard error of measurement）：用于估计个体实际分数所处区间的统计量。

标准分数（standard score）：用分数分布的标准差为单位，表示个体在考试或其他测量中的原始得分。

《教育与心理测验标准》（*Standards for Educational and Psychological Testing*）：由若干专业组织发表、用于衡量考试或其他测量手段质量的权威指南。

统计量（statistic）：描述测量中样本得分的某一特征的数字。

统计回归（statistical regression）：在进行重复测量时，前测中获得极高或极低分数的个体，其分数在后测时更向平均值接近的趋势。

统计显著性（statistical significance）：基于统计测试的一种推断，即从研究样本中获得的结果足以推广到选取样本总体之中。

状态模型（status model）：评价学校在提高学生学习成绩方面的能力的一种方法，让某一年级的学生每年都接受测试，并对他们在不同年份取得的成绩进行比较。

故事（story）：在叙事研究中，个体对发生在过去某个时间的事件的描述。

分层随机抽样（stratified random sampling）：在总体中确定具有某些特征的子小组，并从每个子小组中随机抽取样本的程序。

结构方程模式（structural equation modeling）：也称"潜在变量因果模式"，用来检验关于变量间因果关系的某一理论效度的统计程序，每一变量都已经过一种或多种工具的测量。

主观性真理主张（subjective truth claims）：在批判民族志中，现场参与者对自身境况作出的主张。只有特殊人群才有资格论及这些经历，也就是说，只有现场参与者本人才拥有这些主张所依据的经历。

平方和（sum of squares）：通过计算全部方差（每个原始得分减去均数）之和获得的一组得分的全部变异性数量。

终结性评价（summative evaluation）：一种旨在确定某一已完成项目价值的评估，尤其关注该项目与其他同类项目的比较。

调查研究（survey research）：一种描述性调查的形式，通过标准问卷、访谈和纸笔测验收集有关研究参与者的信念、态度、兴趣或行为的信息。

可持续性评价（sustainability evaluation）：在"情境—投入—过程—产品模式"中，评估一个项目在短期和长期内是否成功实现了制度化。

系统性（systematicity）：在行动研究中，对实践情景内外经验的系统记录和分析。

规范表格（table of norms）：基于较大规范群体的测试原始分和相应的年龄等值、年级等值及其他数值的表格呈现。

隐性知识（tacit knowledge）：被研究个体无法用语言表达，或过于想当然以至于没有论及的隐含意义。

目标总体（target population）：具备研究者关注的那些特征的整个群体或其他实体，研究者希望将研究结果推广到或应用到这样的总体。

教师研究（teacher research）：见"行动研究（action research）"。

测验（test）：对个体在某一课程领域掌握的知识、理解的深度或能力进行的测量，通常根据被试答对测验题目的数量来计算总分数。

测验效应（testing effect）：在实验中，反复实施的前测对后测成绩产生的影响。

统计显著性检验（test of statistical significance）：为了确定是否可以在某个概率水平上排除研究者的零假设而进行的数学计算程序。

重测信度（test-retest reliability）：也称"测验稳定性"，被试在某次测试中的成绩，与间隔一段时间后他们参加相同测试的成绩之间的一致性程度。

测验稳定性（test stability）：见"重测信度（test-retest reliability）"。

测验效度（test validity）：见"效度（validity）"。

文本（text）：在批判研究中，任何具有沟通价值的文化话语、物件或事件；尤其指那些用来传达和维护社会中不同文化群体之间特权关系的沟通方式。

主题（theme）：在质性研究中，被研究的案例身上反复出现的显著特征。

理论饱和（theoretical saturation）：对理论构念与其意义的实证指标进行比较后的结果，如果进一步的数据收集和分析不能对认识所研究的对象有新的贡献，就可以认为达到了理论饱和。

理论（theory）：根据一套基本的构念以及把这些构念联系起来的原则而对特定现象所做的解释。

行动式理论（theory-in-action）：在行动理论中，指专业人士在工作中的实际行为。

深描（thick description）：在质性研究中，包含丰富细节、详尽再现某个情景及其环境（包括情景中的意义和目的）的研究报告。

可推广性评价（transportability evaluation）：在"情境—投入—过程—产品模式"中，对一个项目是否可以适配和融入其他环境的评价。

处理状态（treatment condition）：在实验中对实验组实施的干预，旨在确定此干预对因变量的影响。

处理信度（treatment fidelity）：实验干预的实施符合研究者或项目开发者要求的程度。

趋势研究（trend study）：通过不连续地在总体中收集不同时段的不同数据，描述变化过程的一种研究。

三角验证（triangulation）：也称"结晶化"，在质性研究中，使用多种数据收集方法、多种数据来源、多个分析者或理论，以提高研究结果的准确性。

拷问（troubling）：在反压迫教育中，对人们广为接受但具有压迫性的文化实践进行质疑的过程。

真实二分（true dichotomy）：实际中只有两个值的变量。

真实分数（true score）：假设可以获取理想的绩效测试手段，个体可能在这样的测试中取得的成绩。

截词（truncation）：在电子数据库中检索包含相同词干的单词的方法，例如，利用词干"sign"可以检索所有包含这组字母的单词，如signature，signing，signs等。

t检验（t test）：一种统计显著性检验，确定是否可以排除两个样本来自相同总体的原假设。

独立样本均值的t检验（t test for independent means）：一种t检验的类型，假设抽取两个样本的两个总体之间互不关联。

相关样本均值的t检验（t test for related means）：一种t检验的类型，假设抽取两个样本的两个总体之间相互关联。

杜克检验（Tukey's test）：用于多个组别均数比较的一种t检验。

双尾统计显著性检验（two-tailed test of statistical significance）：从两个方向检验原假设的测试：一种测试考虑总体A的均数大于总体B的可能性；另一种测试考虑总体B的均数大于总体A的可能性。

第一类错误（Type I error）：当原假设事实上是正确时，对这一假设加以拒绝。

第二类错误（Type II error）：当原假设事实上是错误时，对这一假设加以接受。

效度（validity）：在一般研究中，指满足特定研究设计标准的研究结果的准确性；在测试中，事实和理论对特定情境下测试分数分析的支持程度。

值（value）：一个变量中一个可识别的点。

变量（variable）：构念的定量表达方式，指个体或其他实体在构念上可能表现出的多种可能性。

方差（variance）：分数在分布中偏离平均数的程度，等于标准差的平方。

声音（voice）：在批判理论中，属于特定社会类别或具有特定身份的个体，通过维持或挑战主导性和从属性社会文化的话语，从而获得优势地位、保持沉默或被赋予权力。

志愿者样本（volunteer sample）：也称"便利样本"，不是通过系统的抽样策略而是通过个体愿意参与某项研究而获取的样本。

有效教育策略资料中心（What Works Clearinghouse）：美国教育部下属的一家研究机构，其任务是创建改善学生学习及其他结果的干预举措方面研究成果的数据库，并发布便于读者使用的相关研究报告。

维尔克松符号等级检验（Wilcoxon signed-rank test）：与统计显著性t检验对等的一种非参数检验。

通配符（wildcard）：搜索引擎中，（英文）截词检索特征的一部分，其中的截词符号通常采用星号（*），借此可以在电子数据库中查到所有带有相同词干的单词。

x变量（x variable）：研究者假设的、对另一变量（因变量或y变量）结果具有影响的自变量。

y变量（y variable）：研究者假设的、由另一变量（自变量或x变量）导致的因变量。

Z分数（z-score）：用标准分数表示原始分数的方式，即以标准差为单位表示一个原始分数到分数分布均值的距离。

人 名 表

（按英文名字母顺序排列）

R.阿贝尔森（Abelson, R.）
T.埃布玛（Abma, T.）
C.M.阿基里斯（Achilles, C.M.）
M.J.亚当斯（Adams, M.J.）
C.阿德尔曼（Adelman, C.）
B.阿格（Agger, B.）
B.K.亚历山大（Alexander, B. K.）
M.C.阿尔金（Alkin, M. C.）
D.L.阿塞德（Altheide, D. L.）
J.W.阿特休尔（Altschuld, J. W.）
D.S.安德森（Anderson, D. S.）
G.L.安德森（Anderson, G. L.）
K.T.安德森（Anderson, K. T.）
L.W.安德森（Anderson, L. W.）
K.M.安德森-莱维特（Anderson-Levitt, K.M.）
M.W.阿普尔（Apple, M. W.）
A.B.阿奇博尔德（Archibald, A. B.）
C.阿吉里斯（Argyris, C.）
C.F.奥尔巴赫（Auerbach, C. F.）
L.T.奥斯班德（Ausband, L. T.）
W.奥蒂（Auty, W.）

K.C.巴雷特（Barrett, K. C.）
R.J.巴罗（Barro, R. J.）
J.巴罗索（Barroso, J.）
L.巴莱特（Bartlett, L.）
J.巴尔赞（Barzun, J.）
S.A.巴索（Basow, S. A.）
E.鲍姆（Baum, E.）
P.M.巴克斯特（Baxter, P. M.）
S.拜拉克塔尔（Bayraktar, S.）
C.贝赖特（Bereiter, C.）
M.贝伦茨（Berends, M.）
D.C.柏林（Berliner, D. C.）
L.A.贝斯特（Best, L. A.）
S.巴夫南尼（Bhavnani, S.）
B.J.比德尔（Biddle, B. J.）
R.K.布兰克（Blank, R. K.）
R.布兰克（Blank, R.）
B.S.布卢姆（Bloom, B. S.）
M.A.博克（Bock, M. A.）
G.L.博格斯（Boggs, G. L.）
B.博拉格（Bollag, B.）
O.邦菲利奥（Bonfiglio, O.）

R.博拉西（Borasi, R.）

W.R.博格（Borg, W. R.）

N.D.博斯（Bos, N. D.）

P.布尔迪厄（Bourdieu, P.）

A.R.波杰克（Bozack, A. R.）

G.布雷西（Bracey, G.）

G.H.布拉赫特（Bracht, G. H.）

H.布拉德伯里（Bradbury, H.）

R.布鲁宁（Bruning, R.）

T.L.布伊诺维斯塔（Buenavista, T. L.）

N.C.博布勒斯（Burbules, N. C.）

P.伯奇（Burch, P.）

M.P.伯克（Burke, M. P.）

G.伯福德（Burnaford, G.）

H.L.巴罗斯（Burross, H. L.）

伯特，西里尔（Burt, Cyril）

巴顿（Button, H. W.）

G.卡米利（Camilli, G.）

D.T.坎贝尔（Campbell, D. T.）

T.坎贝尔（Campbell, T.）

L.卡波特斯特（Capotosto, L.）

J.O.凯里（Carey, J. O.）

L.凯里（Carey, L.）

J.F.卡莱尔（Carlisle, J. F.）

J.卡罗斯（Caros, J.）

E.H.卡尔（Carr, E. H.）

W.卡尔（Carr, W.）

P.F.卡斯皮肯（Carspecken, P. F.）

W.B.卡什（Cash, W. B., Jr.）

A.M.考斯（Cauce, A. M.）

P.查利拉（Chalela, P.）

M.A.钱德勒（Chandler, M. A.）

S.E.蔡斯（Chase, S. E.）

A.凯亚努瓦特（Chayanuvat, A.）

D.A.蔡尔德（Child, D. A.）

K.蔡（Choi, K.）

R.克里斯滕森（Christensen, R.）

D.J.克兰迪宁（Clandinin, D. J.）

M.科克伦-史密斯（Cochran-Smith, M.）

R.科（Coe, R.）

J.科恩（Cohen, J.）

J.H.科姆罗（Comroe, J. H., Jr.）

C.康利（Conle, C.）

F.M.康奈利（Connelly, F. M.）

T.库克（Cook, T.）

H.库珀（Cooper, H.）

J.科尔宾（Corbin, J.）

C.柯瑞（Corey, C.）

M.科塔兹（Cortazzi, M.）

C.J.克雷格（Craig, C. J.）

J.W.克雷斯韦尔（Creswell, J. W.）

B.A.克罗宁（Cronin, B. A.）

L.库班（Cuban, L.）

R.崔宗-加西亚（Cuizon-Garcia, R.）

B.卡勒姆-斯旺（Cullum-Swan, B.）

G.卡明（Cumming, G.）

L.达林-哈蒙德（Darling-Hammond, L.）

J.大卫（David, J.）

P.德克尔（Decker, P.）

N.K.登青（Denzin, N. K.）

J.R.德西蒙（DeSimone, J. R.）

L.德瓦尼（Devaney, L.）

D.德维斯（DeVise, D.）

W.迪克（Dick, W.）

J.迪姆（Diem, J.）

J.多尔蒂（Doherty, J.）

M.L.唐纳森（Donaldson, M. L.）

R.多那托（Donato, R.）

K.多农（Donnell, K.）

S.M.唐宁（Downing, S. M.）

E.德拉斯高（Drasgow, E.）

R.D.德里普斯（Dripps, R. D.）

J.D.德罗斯普洛斯（Drosopoulos, J. D.）

J.K.达西（Duthie, J. K.）

A.爱因斯坦（Einstein, A.）

M.艾森（Eisen, M.）

C.埃利斯（Ellis, C.）

P.B.埃尔莫尔（Elmore, P. B.）

N.恩格（Engec, N.）

R.M.恩特曼（Entman, R. M.）

F.埃里克森（Erickson, F.）

P.埃文斯（Evans, P.）

J.F.费根（Fagan, J. F.）

F.菲德勒（Fidler, F.）

J.D.芬恩（Finn, J. D.）

J.费希尔（Fischer, J.）

S.M.菲什曼（Fishman, S. M.）

J.L.菲茨帕特里克（Fitzpatrick, J. L.）

M.G.弗莱厄蒂（Flaherty, M. G.）

J.D.弗莱彻（Fletcher, J. D.）

L.M.弗莱维斯（Flevares, L. M.）

L.弗林（Flynn, L.）

E.M.弗利（Foley, E. M.）

F.J.福勒（Fowler, F. J., Jr.）

H.弗莱德斯（Freidus, H.）

P.弗莱雷（Freire, P.）

J.P.高尔（Gall, J. P.）

M.D.高尔（Gall, M. D.）

A.M.盖洛普（Gallup, A. M.）

O.加西亚（García, O.）

W.加德纳（Gardner, W.）

D.L.加斯特（Gast, D. L.）

A.A.乔治（George, A. A.）

D.杰拉尔德（Gerald, D.）

K.J.格根（Gergen, K. J.）

M.M.格根（Gergen, M. M.）

R.格斯滕（Gersten, R.）

R.吉布森（Gibson, R.）

H.A.吉鲁（Giroux, H. A.）

J.格兰斯（Glanz, J.）

B.格拉泽（Glaser, B.）

G.V.格拉斯（Glass, G. V.）

S.格莱泽曼（Glazerman, S.）

D.格伦（Glenn, D.）

M.格洛德（Glod, M.）

G.W.格勒克纳（Gloeckner, G. W.）

T.高德伯格（Goldberg, T.）

C.戈登堡（Goldenberg, C.）

P.戈尔德施米特（Goldschmidt, P.）

G.冈萨雷斯（Gonzalez, G.）

N.冈萨雷斯（Gonzalez, N.）

T.L.古德（Good, T. L.）

H.F.格拉夫（Graff, H. F.）

E.格雷厄姆（Graham, E.）

J.L.格林（Green, J. L.）

L.G.格林姆（Grimm, L. G.）

L.格罗斯伯格（Grossberg, L.）

I.格罗夫纳（Grosvenor, I.）

S.格伦特（Gruenert, S.）

E.G.古巴（Guba, E. G.）

M.古特曼（Gutmann, M.）

M.R.D.哈克特（Hackett, M. R. D.）

P.A.亨塞莱（Haensly, P. A.）

T.M.哈拉迪娜（Haladyna, T. M.）

G.E.豪尔（Hall, G. E.）

E.P.哈勒（Haller, E. P.）

B.哈蒙德（Hammond, B.）

W.E.汉森（Hanson, W. E.）

L.L.哈洛（Harlow, L. L.）

M.K.哈尼斯（Harniss, M. K.）

D.哈珀（Harper, D.）

D.M.哈里森（Harrison, D. M.）

T.哈奇（Hatch, T.）

R.哈夫纳（Havner, R.）

D.霍金斯-西蒙（Hawkins-Simons, D.）

A.Z.希尔德（Heald, A. Z.）

S.赫布勒（Hebbler, S.）

L.V.赫奇斯（Hedges, L. V.）

R.J.赫芬贝（Helfenbein, R, J.）

J.赫尔姆（Helm, J.）

赫尔曼（Helman）

A.亨利（Henry, A.）

K.T.亨森（Henson, K. T.）

K.赫尔（Herr, K.）

L.J.赫斯基思（Hesketh, L. J.）

R.S.希尔伯格（Hilberg, R. S.）

Y.平贺（Hiraga, Y.）

D.霍布森（Hobson, D.）

L.M.霍夫曼（Hoffman, L. M.）

K.霍根（Hogan, K.）

C.R.霍兰德（Holland, C. R.）

S.霍林斯沃思（Hollingsworth, S.）

C.霍尔特（Holt, C.）

A.豪利（Howley, A.）

A.M.休伯曼（Huberman, A. M.）

S.A.休斯（Hughes, S. A.）

M.亨特（Hunter, M.）

S.赫维茨（Hurwitz, S.）

N.赫琴斯（Hutchens, N.）

L.B.伊戈（Igo, L. B.）

W.艾萨克森（Isaacson, W.）

E.雅各布（Jacob, E.）

B.约翰逊（Johnson, B.）

J.M.约翰逊（Johnson, J. M.）

S.M.约翰逊（Johnson, S. M.）

B.K.琼斯（Jones, B. K.）

J.琼斯（Jones, J.）

R.乔塞尔森（Josselson, R.）

S.M.考尔多什（Kardos, S. M.）

L.G.卡茨（Katz, L. G.）

M.B.卡茨（Katz, M. B.）

D.考夫曼（Kauffman, D.）

L.G.凯伦（Kelen, L. G.）

T.凯勒根（Kellaghan, T.）

A.E.凯利（Kelly, A. E.）

S.凯米斯（Kemmis, S.）

C.H.肯尼迪（Kennedy, C. H.）

K.A.柯瓦（Kiewra, K. A.）

B.基尔伯恩（Kilbourn, B.）

J.L.金奇洛（Kincheloe, J. L.）

J.科克（Kirk, J.）

A.克林格（Klinge, A.）

G.尼泽克（Knezek, G.）

K.T.诺尔斯（Knowles, K. T.）

D.科拉尔（Kollars, D.）

J.S.克拉伊奇克（Krajcik, J. S.）

D.R.克拉斯霍（Krathwohl, D. R.）

K.克里彭多夫（Krippendorff, K.）

K.熊代（Kumashiro, K.）

A.库尔茨（Kurz, A.）

S.库什纳（Kushner, S.）

V.K.拉博斯基（LaBoskey, V. K.）

W.拉波夫（Labov, W.）

S.拉姆（Lam, S.）

D.F.兰斯（Lancy, D. F.）

S.莱恩（Lane, S.）

W.拉森（Larson, W.）

P.拉瑟（Lather, P.）

Y.劳（Law, Y.）

M.劳恩（Lawn, M.）

F.劳伦茨（Lawrenz, F.）

M.拉泽森（Lazerson, M.）

M.D.勒孔特（LeCompte, M. D.）

J.李（Lee, J.）

N.L.利奇（Leech, N. L.）

R.雷金（Leikin, R.）

B.B.莱文（Levin, B. B.）

K.勒温（Lewin, K.）

A.利布里奇（Lieblich, A.）

Y.S.林肯（Lincoln, Y. S.）

M.W.利普西（Lipsey, M. W.）

E.刘（Liu, E.）

X.刘（Liu, X.）

R.L.洛根（Logan, R.L.）

D.鲁库纳普拉斯特（Lukkunaprasit, D.）

A. E.卢科斯基（Lupkowski, A. E.）

A.卢特斯（Lutkus, A.）

N.莱昂斯（Lyons, N.）

S.L.莱特尔（Lytle, S.L.）

G.麦克劳德（MacLeod, G.）

D.S.麦迪逊（Madison, D. S.）

D.E.Z.马尔多纳多（Maldonado, D. E. Z.）

M.马利克（Malek, M.）

B.马伦（Malen, B.）

B.马林诺夫斯基（Malinowski, B.）

P.K.曼宁（Manning, P. K.）

T.C.曼斯菲尔德（Mansfield, T. C.）

R.马里昂（Marion, R.）

R.J.马尔扎诺（Marzano, R. J.）

C.A.梅森（Mason, C. A.）

D.迈耶（Mayer, D.）

D.P.麦克亚当斯（McAdams, D. P.）

L.麦卡锡（McCarthy, L.）

M.麦卡斯林（McCaslin, M.）

A.P.麦克拉德（McClard, A. P.）

M.J.麦丘（McCue, M. J.）

J.麦奇莉普（McKillip, J.）

P.麦克拉伦（McLaren, P.）

J.H.麦克米伦（McMillan, J. H.）

J.F.麦克纳马拉（McNamara, J. F.）

P.J.麦奎伦（McQuillan, P. J.）

R.麦克塔格特（McTaggart, R.）

J.麦克泰格（McTighe, J.）

M.米德（Mead, M.）

L.C.梅克林（Mechling, L. C.）

K. A.梅格耶瑞（Megyeri, K. A.）

B.迈耶（Meier, B.）

S.B.梅里亚姆（Merriam, S. B.）

R.密汉斯（Mihans, R.）

J.米勒姆（Milem, J.）

M.B.迈尔斯（Miles, M. B.）

K.K.米勒（Miller, K. K.）

M.L.米勒（Miller, M. L.）

W. L.（Millroy, W. L.）

K.J.米切尔（Mitchell, K. J.）

N.米切尔（Mitchell, N.）

G.E.穆尔（Moore, G. E.）

R.莫兰（Moran, R.）

G.A.摩根（Morgan, G. A.）

T.莫里森（Morrison, T.）

P.A.莫斯（Moss, P. A.）

C.穆克吉（Mukerji, C.）

S.A.穆莱克（Mulaik, S. A.）

A.莫琳（Mulrine, A.）

D.M.默里（Murray, D. M）

B.奈尔-奇维特鲁（Nail-Chiwetalu, B.）

C.纳尔逊（Nelson, C.）

S.尼科尔斯（Nichols, S.）

B.C.尼卜林（Niebling, B. C.）

E.尼夫斯（Nieves, E.）

M.A.尼波尔得（Nippold, M. A.）

S.E.诺夫克（Noffke, S.E.）

K.E.K.诺提斯（Nottis, K. E. K.）

D.农纳利（Nunnaley, D.）

M.M.奥德姆（Oden, M. M.）

R.T.奥加瓦（Ogawa, R. T.）

J.U.奥格布（Ogbu, J. U.）

V.奥利森（Olesen, V.）

E.奥斯托夫（Osthoff, E.）

C.S.帕克（Parke, C. S.）

J.帕克-韦伯斯特（Parker-Webster, J.）

R.S.帕马（Parmar, R. S.）

J.H.帕米利（Parmelee, J. H.）

H.帕特里克（Patrick, H.）

M.Q.巴顿（Patton, M. Q.）

M.佩里（Perie, M.）

S.C.珀金斯（Perkins, S. C.）

L.W.佩纳（Perna, L. W.）

M.佩里（Perry, M.）

K.S.佩特斯卡（Petska, K. S.）

J.E.费伦（Phelan, J. E.）

D.C.菲利普斯（Phillips, D. C.）

B.S.普莱克（Plake, B. S.）

V.L.普莱诺·克拉克（Plano Clark, V. L.）

L.波兰依（Polanyi, L.）

K.波普尔（Popper, K.）

D.波拉特（Porat, D.）

A.波特（Porter, A.）

J.普赖斯尔（Preissle, J.）

C.R.普赖尔（Pryor, C. R.）

A.G.拉米雷斯（Ramirez, A. G.）

S.W.劳登布什（Raudenbush, S. W.）

P.里森（Reason, P.）

J.G.里德（Reed, J. G.）

G.I.瑞斯曼（Reisman, G. I.）

E.R.赖斯纳（Reisner, E. R.）

R.罗兹（Rhoads, R.）

L.理查德森（Richardson, L.）

V.理查德森（Richardson, V.）

D.S.里德利（Ridley, D. S.）

L.A.里特（Ritter, L. A.）

A.T.罗奇（Roach, A. T.）

R.罗伯逊-内伊（Roberson-Nay, R.）

D.Z.鲁宾逊（Robinson, D.Z.）

T.C.罗克（Rock, T.C.）

P.罗斯奇斯基（Roschewski, P.）

L.C.罗斯（Rose, L.C.）

S.罗塔（Rota, S.）

D.罗森博格（Rothenberg, D.）

K.罗斯马尼亚（Rousmaniere, K.）

H.罗恩（Rowan, H.）

J.L.鲁里（Rury, J. L.）

W.L.拉瑟福德（Rutherford, W. L.）

A.塞克斯（Sacks, A.）

Y.所罗门-费尔南德斯（Salomon-Fernandez, Y.）

M.桑德洛斯基（Sandelowski, M.）

J.R.桑德斯（Sanders, J. R.）

J.塞尔（Sayre, J.）

D.J.谢默（Schemo, D. J.）

L.申克尔（Schencker, L.）

S.G.席林（Schilling, S. G.）

M.西培尔（Schippers, M.）

M.施莱潘巴赫（Schleppenbach, M.）

R.W.施洛瑟（Schlosser, R. W.）

R.A.史穆克（Schmuck, R. A.）

D.舍恩（Schön, D.）

M.舒德森（Schudson, M.）

M.J.舒尔茨（Schultz, M. J.）

S.舒马赫（Schumacher, S.）

T.A.施万茨（Schwandt, T. A.）

B.B.施瓦茨（Schwarz, B. B.）

S.E.斯科特（Scott, S. E.）

M.斯克里文（Scriven, M.）

C.西摩-史密斯（Seymour-Smith, C.）

R.R.谢尔曼（Sherman, R. R.）

H.舒梅克尔（Sheumaker, H.）

W.希克斯（Shilkus, W.）

A.J.欣克菲尔德（Shinkfield, A. J.）

L.B.希尔福斯坦（Silverstein, L. B.）

L.M.西姆斯（Sims, L. M.）

V.辛哈（Sinha, V.）

E.M.斯卡维克（Skaalvik, E. M.）

S.斯卡维克（Skaalvik, S.）

R.E.斯莱文（Slavin, R. E.）

L.D.史密斯（Smith, L. D.）

M.L.史密斯（Smith, M. L.）

N.L.史密斯（Smith, N. L.）

J.史密森（Smithson, J.）

R.斯诺（Snow, R.）

G.斯宾德勒（Spindler, G.）

L.斯宾德勒（Spindler, L.）

D.A.斯夸尔斯（Squires, D. A.）

R.E.斯塔克（Stake, R. E.）

J.H.斯坦菲尔德二世（Stanfield, J. H., II）

J.C.斯坦利（Stanley, J. C.）

T.L.斯特弗斯（Steffes, T. L.）

J.H.斯泰格尔（Steiger, J. H.）

S.斯坦伯格（Steinberg, S.）

M.C.史蒂文斯（Stevens, M.C.）

C.J.斯图尔特（Stewart, C.J.）

E.H.斯通（Stone, E. H.）

E.H.斯托顿（Stoughton, E. H.）

E.A.圣皮埃尔（St. Pierre, E. A.）

A.L.施特劳斯（Strauss, A.L.）

D.A.斯塔布斯（Stubbs, D. A.）

D.L.斯塔弗尔比姆（Stufflebeam, D.L.）

V.M.休（Sue, V.M.）

C.D.萨林斯（Sullins, C.D.）

K.S.泰伯（Taber, K. S.）

R.塔格特（Taggart, R.）

A.塔沙克里（Tashakkori, A.）

C.特德利（Teddlie, C.）

L.M.特曼（Terman, L. M.）

J.特里（Terry, J.）

R.特施（Tesch, R.）

R.撒普（Tharp, R.）

B.汤普森（Thompson, B.）

S.托拜厄斯（Tobias, S.）

P.A.特莱希勒（Treichler, P. A.）

D.B.泰亚克（Tyack, D. B.）

R.泰勒（Tyler, R.）

J.瓦尼斯（Vaznis, J.）

L.F.韦莱兹（Velez, L. F.）

P.F.威勒曼（Velleman, P. F.）

W.P.沃格特（Vogt, W. P.）

P.冯·布卢姆（Von Blum, P.）

H.魏纳（Wainer, H.）

S.T.瓦依达（Wajda, S. T.）

R.T.瓦尔贝格（Walberg, R. T.）

J.维尔兹基（Waletsky, J.）

G.沃尔福德（Walford, G.）

M.韦克斯（Wax, M.）

H.C.韦克斯曼（Waxman, H.C.）

R.B.韦布（Webb, R. B.）

D.韦伯（Weber, D.）

T.韦伯（Weber, T.）

O.文特（Wendt, O.）

M.威舍（Wesch, M.）

K.惠勒（Wheeler, K.）

J.怀特（White, J.）

G.怀特赫斯特（Whitehurst, G.）

G.威金斯（Wiggins, G.）

C.R.H.威利（Wiley, C. R. H.）

A.威廉斯（Williams, A.）

P.威利斯（Willis, P.）

D.B.威尔逊（Wilson, D. B.）

J.韦克（Wink, J.）

R.A.威舍（Wisher, R. A.）

B.R.威特金（Witkin, B. R.）

M.C.维特罗克（Wittrock, M. C.）

M.P.沃尔夫（Wolfe, M. P.）

B.R.沃森（Worthen, B. R.）

I.B.叶海亚（Yahya, I. B.）

P.R.亚诺尔德（Yarnold, P. R.）

M.L.耶尔（Yell, M. L.）

R.K.殷（Yin, R. K.）

J.R.扬（Young, J. R.）

V.R.尤（Yow, V. R.）

K.M.蔡克纳（Zeichner, K. M.）

G.L.泽尔曼（Zellman, G. L.）

J.曾（Zeng, J.）

J.张（Zhang, J.）

主题索引

（按英文字母顺序排列）

A-B-A-B 研究设计（A-B-A-B research design） 301–304

A-B-A研究设计（A-B-Aresearch design） 301

研究报告摘要（Abstracts in research reports） 120

学术竞争力委员会（Academic Competitiveness Council） 466

可获得总体（Accessible population） 125

行动研究（Action research） 15，446

　　评价（evaluation of） 456–459

　　特征（features of） 450–453

　　实践问题（problems of practice） 447

行动科学（Action science） 455

大学先修课程（Advanced placement courses） 276–277

年龄等值（Age equivalent） 178

能动性（Agency） 371

美国心理学会（American Psychological Association） 6

　　循证实践首席专家工作小组（Presidential Task Force on Evidence-BasedPractice） 6

　　出版手册（Publication Manual） 30，40，41，65，69，120，185，200

协方差分析（Analysis of covariance） 204，207–208，241，243，245，287，289，290，294

方差分析（Analysis of variance） 204，207，241，243，245–248

"与"算符（AND connector） 85

反压迫教育（Anti-oppressive education） 374

案例研究适用性（Applicability of case studies） 335–336

应用研究（Applied research） 16

档案馆（Archive） 406

人为二分（Artificial dichotomy） 265

督导与课程开发协会电子简讯（ASCD SmartBrief） 10

哮喘（Asthma） 189

损耗效应（Attrition effect） 296–297

审查跟踪（Audit trail） 339

自闭症（Autism） 187，300–304

自传式民族志（Autoethnography） 323

基线状态（Baseline condition） 301

基础研究（Basic research） 11，16

行为分析（Behavior analysis） 299

行为矫正（Behavior modification） 299

钟形曲线（Bell-shaped curve） 162

研究偏见（Bias in research） 18，407

文献引文（Bibliographic citation） 64，75

文献索引（Bibliographic index） 75

书目（Bibliographies） 77

二列相关（Biserial correlation） 265

二元相关（Bivariate correlation） 264

大块时间课时制（Block Scheduling） 241–248

书评（Book reviews） 77

《出版书籍名录》（Books in Print） 78

边界教育学（Border pedagogy） 383

电子公告板（Bulletin boards，electronic） 64

霸凌事件（Bullying） 448

典型相关（Canonical correlation） 266，268

案例故事（Case story） 315

案例研究（Case study） 315

 评估（evaluation of） 336–340

 特点（features of） 324–335

 焦点（focus for） 316

催化效度（Catalytic validity） 458

类别量表（Categorical scale） 153

宣泄的有效性（Cathartic validity） 388

因果关系（Causality） 237，325，408–409，426–427

因果比较研究（Causal-comparative research） 238

天花板效应（Ceiling effect） 186

集中趋势（Central tendency） 157–159

证据链（Chain of evidence） 337，339

混沌理论（Chaos theory） 324

图表短文（Chart essay） 70

特许学校（Charter schools） 415

卡方检验（Chi-square test） 204，208，245

CIPP模式（CIPP model） 470–471，479–480

引文管理器（Citation manager） 90

引文滚雪球检索（Citation pearl growing） 88

班级规模（Class size） 284–285

课堂教学（Classroom instruction） 352–356

 质量（quality of） 221

 互惠教学（reciprocal teaching in） 449–450

临床专业知识（Clinical expertise） 6–7

封闭式题目（Closed-ended item） 130

科克伦协作组织（Cochrane Collaboration） 6，97

编码检验（Coding check） 337，338

编码框架（Coding frame） 359

定群研究（Cohort study） 224

合作行动研究（Collaborative action research） 454

承诺书（Commitment script） 361

概念（Concepts） 413–414，427（参见"构念"，constructs）

同时性测验效度证据（Concurrent evidence of test validity） 135

同时型三角验证研究设计（Concurrent-triangulation research design） 433

置信区间（Confidence interval） 199–201，230

置信限（Confidence limit） 200

意识觉醒（Conscientization） 379

后果性测验效度证据（Consequential evidence of test validity） 135

常量（Constant） 123

持续比较（Constant comparison） 330，431，476

建构主义（Constructivism） 323

构念（Constructs） 16，35，330

 案例研究（in case studies） 330

 描述研究（in descriptive research） 226

 质性研究（in qualitative research） 100

 定量研究（in quantitative research） 120–123，152，237

内容分析（Content analysis） 132，431

与内容有关的测验效度证据（Content-related

evidence of test validity） 134
情境评价（Context evaluation） 471
情境—投入—过程—产品模式（Context-Input-Process-Product model） 470–471, 479–480
列联系数（Contingency coefficient） 265
连续变量（Continuous variable） 255
控制情境（Control condition） 283
控制组（Control group） 288
便利样本（Convenience sample） 127, 447
测验效度的辐合证据（Convergent evidence of test validity） 135
相关研究（Correlational research） 255
    评估（evaluation of） 275
    特征（features of） 270–275
    与分组比较研究的联系（in relation to groupcomparison research） 254
相关统计（Correlational statistics）
    二元（bivariate） 264–265
    多元（multivariate） 266
    显著性检验（significance tests for） 266–270
相关系数（Correlation coefficient） 165, 257, 263–264
相关比率（Correlation ratio） 265
混合途径研究的验证（Corroboration in mixed-methods research） 433
标准变量（Criterion variable） 266, 271
批判性民族志（Critical ethnography） 367, 383
    评估（evaluation of） 391
    特点（features of） 383–391
批判主义者（Criticalist） 374–379
批判教育学（Critical pedagogy） 381–382
批判性研究（Critical research） 326–327
    评估（evaluation of） 391
    特点（features of） 383–391
克隆巴赫系数（Cronbach's alpha） 137

横断面研究（Cross-sectional study） 224
交叉复核（Cross-validate） 433
结晶化（Crystallization） 328
文化习得（Cultural acquisition） 370
文化同构（Cultural isomorphism） 389
文化研究（Cultural studies） 380
文化传递（Cultural transmission） 370
文化（Culture） 368
《教育期刊常用索引》（Current Index to Journals in Education） 76
教学一致性（Curriculum alignment） 30, 33–53

数据库（Database） 37
解构（Deconstruction） 378
民主效度（Democratic validity） 458
因变量（Dependent variable） 165, 237, 284
描述研究（Descriptive research） 14
    评估（evaluation of） 231
    特征（features of） 222–225
描述统计量（Descriptive statistics） 155
    集中趋势（for central tendency） 157–163
    相关（for correlation） 164–165
    分组比较（for group comparisons） 166–167
主题词（Descriptor） 37
叙事研究中的辩证法（Dialectic in narrative research） 360
对话效度（Dialogic validity） 458
对话式数据生成（Dialogical data generation） 387
早期基本语言技能的动态指标（DIBELS） 271
二分变量（Dichotomous variable） 265
差异分析（Differential analysis） 266, 269
差异性选择效应（Differential selection effect） 296
《无处可用的文凭》（Diploma to Nowhere） 424–425
定向假设（Directional hypothesis） 203–204
判别分析（Discriminant analysis） 266, 267–268

电子论坛（Discussion forums, electronic） 64
叙事研究中的突发事件（Disruption in narrative research） 349
博士论文（Dissertation） 78
历史研究文件（Documents in historical research） 405
毒品教育（Drug education） 287-291

生态心理学（Ecological psychology） 324
生态效度（Ecological validity） 298
教育资源信息中心（Education Resources Information Center） 75，102
教育研究（Educational research） 13［参见"研究（research）"］
有效性评价（Effectivenessevaluation） 471-472
效应量（Effect size） 97-98，184，246，266
批判性研究中的解放（Emancipation in critical research） 375
渐现式设计（Emergent design） 473
主位视角（Emic perspective） 317，369
经验主义（Empiricism） 13，38
百科全书（Encyclopedias） 103-106
认识论（Epistemology） 19，376
教育公平（Equity in education） 231，239-240
教育资源信息中心（ERIC） 75-76，102
信奉的理论（Espoused theory） 455
相关比率（Eta） 265
研究中的伦理（Ethics in research） 11，38-39
民族志研究（Ethnographic research） 368
　评估（evaluation of） 391
　特征（features of） 368
人种学（Ethnology） 370
民族方法学（Ethnomethodology） 323
客位视角（Etic perspective） 317，369
研究的评价（Evaluation of research） 486-498

评价研究（Evaluation research） 15
　评价（evaluation of） 477-479
　特征（features of） 476-477
　模式（models of） 469-475
循证实践（Evidence-based practice） 5
电子表格（Excel） 167
实验情境（Experimental condition） 283
受试者流失（Experimental mortality） 296
实验研究（Experimental research） 15
　评估（evaluation of） 305
　特征（features of） 283
　单一个案（single-case） 298-304
　类型（types of） 292
解释性的非实验研究（Explanatory nonexperimental research） 238
解释研究（Explanatory research） 15
探索性案例研究方法（Exploratory case study method） 100
纵向研究（Ex post facto research） 238
外部考证（External criticism） 406
外在效度（External validity） 298
无关变量（Extraneous variable） 294
外在的激励（Extrinsic motivation） 111

表面效度（Face validity） 134
因素（Factor） 293
因素分析（Factor analysis） 270
析因实验（Factorial experiment） 293
女性主义理论（Feminist theory） 324，380
田野研究（Fieldwork） 317
固定变量（Fixed variable） 242
焦点小组（Focus group） 328
伪造（Forgery） 407
形成性评价（Formative evaluation） 475
框架理论（Framing theory） 431

灰色文献（Fugitive literature） 75
未来学（Futurology） 402
F值（F value） 205

增益分数（Gain score） 186–188
盖洛普民意测验（Gallup Poll） 218
性别差异（Gender differences） 240
推广性（Generalizability） 389
  历史研究的（in historical research） 409–410
  质性研究（in qualitative research） 335
谷歌学术（Google Scholar） 79
年级等值（Grade equivalent） 178
扎根理论（Grounded theory） 324，330，476
分组比较研究（Groupcomparison research） 166
  评价（evaluation of） 248
  特征（features of） 241
群组实验（Groupexperiment） 284
进步的成长模型（Growth model of gain） 188

手册（Handbooks） 106
霸权（Hegemony） 375
解释学（Hermeneutics） 323，387
分层线性回归（Hierarchical linear regression） 266
高推断性变量（High-inference variable） 132
历史研究（Historical research） 400
  评价（evaluation of） 414
  特点（features of） 410
实验中的历史效应（History effect in experiments） 295
分层线性模型（HLM） 268–269
整体描述（Holistic description） 368
整体民族志（Holistic ethnography） 368
家庭作业（Homework） 459
假设（Hypothesis） 35，123
  定向（directional） 203

零（null） 202

影响评价（Impact evaluation） 471
全纳教育（Inclusive education） 230
自变量（Independent variable） 165，237，293
深入研究（In-depth study） 316
工艺教育（Industrial arts education） 450–453
推断统计（Inferential statistics） 201–202
投入评价（Input evaluation） 471
局内人视角（Insider perspective） 329，369，456
教育科学研究所（Institute of Education Sciences） 9，108
机构科研伦理审查委员会（Institutional review board） 38
教学技术（Instructional technology） 319–320
工具理性（Instrumental rationality） 376
工具效应（Instrumentation effect） 295
意向性（Intentionality） 453
交互效应（Interaction effect） 207，247，294
内部考证（Internal criticism） 407
内化的压迫（Internalized oppression） 375
内在叙事（Internal narrative） 349
内在效度（Internal validity） 294
解释性分析（Interpretational analysis） 329–330
解释主义（Interpretivism） 19，322
评分者信度（Inter-rater reliability） 137
等距量表（Interval scale） 153
访谈（Interviews） 130，328
  在个案研究中（in case studies） 328
  在描述研究中（in descriptive research） 225
  在叙事研究中（in narrative research） 358
智商（IQ） 256
题目一致性（Item consistency） 137
题目反应理论（Item response theory） 138

主题索引

肯德尔交错系数（Kendall's tau） 265
关键信息提供者（Key informant） 327
关键词（Keyword） 76，83
克鲁斯克尔-瓦利斯显著性检验（Kruskal-Wallis test） 245

国会图书馆在线目录（Library of Congress Online Catalog） 76，103，107
线性相关（Linear correlation） 260
最佳拟合线（Line of best fit） 260
列表服务器（Listserv） 64
文献综述（Literature reviews） 27，37，60-70，124-125
 评价（evaluation of） 109-110
 组织（organization of） 67
 专业（professional） 101
 系统（systematic） 97
逻辑回归（Logistic regression） 266，267-268
叙事研究中的日志（Logs in narrative research） 358-359
纵向研究（Longitudinal research） 224
低推断性变量（Low-inference variable） 132

杂志（Magazines） 80
曼-惠特尼 U 检验（Mann-Whitney U test） 245
误差幅度（Margin of error） 200，230
抽样匹配（Matching in sampling） 243
数学教学（Mathematics instruction） 144，434-438
成熟效应（Maturation effect） 295
平均差（Mean absolute deviation） 160
意义场域（Meaning field） 385
平均数（Mean score） 157
测量（Measurement）
 误差（error） 136
 类型（types of） 129-132
 量表类型（types of scales in） 152-154
 效度（validity of） 133-136
媒体材料分析（Media analysis） 328
中位数分数（Median score） 158
参与者检核（Member checking） 338
《心理测量年鉴》（Mental Measurements Yearbook） 139
元分析（Meta-analysis） 6，97-99
微观民族志（Microethnography） 369
微格教学法（Microteaching） 455
混合途径研究（Mixed-methods research） 424
 评价（evaluation of） 438-439
 类型（types of） 428-433
众数（Mode） 158
调节变量（Moderator variable） 269
独白式数据收集（Monological data collection） 384
多元线性回归（Multiple linear regression） 266
多基线研究设计（Multiple-baseline research design） 301
多元相关（Multivariate correlation） 266-270
多元描述统计量（Multivariate descriptive statistics） 164-167
多种声音（Multivocality） 339

全美教育进展评估（NAEP） 150，175，219，470
叙事分析（Narrative analysis） 323
叙事身份（Narrative identity） 349
叙事研究（Narrative research） 347
 评价（evaluation of） 361-362
 特点（features of） 356-361
全美教育进展评估（National Assessment of Educational Progress） 150，175，219，470
国家教育统计中心（National Center for Education Statistics） 79
需求评估（Needs assessment） 470

负相关（Negative correlation） 260

分层线性模型中的嵌套（Nesting in hierarchical linear modeling） 269

报纸文章（Newspaper articles） 80

《不让一个孩子掉队法》（*No Child Left Behind Act*） 9, 149, 187, 271, 321, 412, 453, 476

称名量表（Nominal scale） 152, 159

非线性相关（Nonlinear correlation） 260

统计显著性非参数检验（Nonparametric test of statistical significance） 210, 247

正态曲线（Normal curve） 161, 179

 面积（areas of） 182

正态概率分布（Normal probability distribution） 162

规范-评价性真理主张（Normative-evaluative truth claim） 386

规范化群体（Norming group） 177

常模参照测验（Norm-referenced test） 177

规范（Norms） 380

 批判性研究（in critical research） 380–381

 测量（in measurement） 177

"否"算符（NOT connector） 85

非数字、非结构数据：索引、搜索和理论化（NUD*IST） 331

零假设（Null hypothesis） 202

基于目标的评价（Objectives-based evaluation） 470

客观真理主张（Objective truth claim） 385

观察方法（Observation methods） 131, 338

单尾统计显著性检验（One-tailed test of statistical significance） 204

网络教学（Online instruction） 340, 439

开放式题目（Open-ended item） 130

口述史（Oral history） 405

"或"算符（OR connector） 85

顺序量表（Ordinal scale） 153

结果效度（Outcome validity） 457

结果变量（Outcome variable） 284

异常值（Outlier） 158

局外人视角（Outsider perspective） 329, 456

定组追踪研究（Panel study） 224

参数（Parameter） 126, 154

统计显著性参数检验（Parametric test of statistical significance） 209, 247

参与式观察（Participant observation） 372, 373

参与式行动研究（Participatory action research） 446

路径分析（Path analysis） 266, 269

案例研究模式（Patterns in case studies） 330

pdf文件（pdf file） 86

皮尔森积差相关系数（Pearson product-moment correlation coefficient） 265

实行同行评审的期刊（Peer-reviewed journal） 60

百分比（Percentage） 186

百分等级（Percentile rank） 178

表演民族志（Performance ethnography） 332

实际作业测量（Performance measure） 129

绩效目标（Performance objective） 475

个体变量（Personological variable） 298

现象学（Phenomenology） 323

现象（Phenomenon） 316

Φ系数（*Phi* coefficient） 265

菲德塔卡帕和盖洛普联合民意测验（Phi Delta Kappa/Gallup Poll） 218, 230

体育课（Physical education） 249

试点研究（Pilot study） 40

点二列相关（Point-biserial correlation） 265

叙事研究中的两极对立（Polarity in narrative research） 354

制定政策（Policy-making） 4, 13

总体（Population） 195

效度（validity） 127-128，298

正相关（Positive correlation） 260

实证主义（Positivism） 19，322

后现代主义（Postmodernism） 16，377

后测（Posttest） 284，289

统计的实际意义（Practical significance of statistics） 173，194

实践者研究（Practitioner research） 446

实践（Praxis） 374

预测研究（Prediction research） 14，271

预测性测验效度证据（Predictive evidence of test validity） 134

预测性的非实验研究（Predictive nonexperimental research） 238

预测变量（Predictor variable） 271

当下主义（Presentism） 408

前测（Pretest） 284，289

前测-后测控制组实验（Pretest-posttest control-group experiment） 288

一手资料（Primary source） 405

批判研究中的特权（Privilege in critical research） 375

私营化教育（Privitization of education） 320-321

实践问题（Problems of practice） 9，315

　行动研究（action research） 447

　分组比较研究（group comparison research） 238

　统计量（statistics） 211

过程评价（Process evaluation） 471

程序效度（Process validity） 457

产品评价（Product evaluation） 471

积差相关（Product-moment correlation） 265

专业发展学校（Professional development school） 120

项目（Programs） 468

　文化（culture of） 468

　评估（evaluation of） 12

进步话语（Progressive discourse） 17

前进式故事结构（Progressive story structure） 359

筛选计划（Project Trust） 383-391

比例随机抽样（Proportional random sampling） 127

心理学文摘数据库（PsycInfo） 76

《美国心理学会出版手册》（Publication Manual of the American Psychological Association） 30，40，41，65，69，120，185，200

目的性抽样（Purposeful sampling） 327

p值（p value） 202

质性研究（Qualitative research） 18

　与定量研究比较（compared with quantitative research） 18

　设计（designs for） 141

　评价（evaluation of） 493-497

　特征（features of） 20，322

　在混合途径研究中（in mixed-methods research） 428-433

　传统（traditions of） 322

量化历史（Quantitative history） 410

定量研究（Quantitative research） 18

　与质性研究比较（compared with qualitative research） 18

　评价（evaluation of） 488-492

　混合途径研究（in mixed-methods research） 428-433

　测量（measurement in） 128-141

　抽样法（sampling procedures in） 125-127

准实验（Quasi-experiment） 293

酷儿理论（Queer theory） 324

问卷（Questionnaires） 130，225-229

　在线（Internet-based） 227

相关系数（r） 265

研究与开发（R&D） 474
随机分派（Random assignment） 283
随机实地实验（Randomized field trial） 288
随机样本（Random sample） 197
全距（Range） 160
等级（Rank） 153，177
等级相关（Rank-difference correlation） 265
比率（Ratio） 187
比率量表（Ratio scale） 154
原始分数（Raw score） 173
阅读教学（Reading instruction） 175，219-220，305-306
互惠教学（Reciprocal teaching） 449
重构分析（Reconstructive analysis） 385
修正主义的历史观（Reconstructivist history） 402
历史研究记录（Records in historical research） 405
研究反思（Reflection in research） 339，452
反思性分析（Reflective analysis） 331
反身性（Reflexivity） 19，329
可反驳性（Refutability） 17-18
退缩式故事结构（Regressive story structure） 359
关系模式（Relational pattern） 325
关系研究（Relational research） 238
信度（Reliability） 136
 系数（coefficient） 136
 访谈（of interviews） 228
 问卷（of questionnaires） 228
 测验（of tests） 138
纪念物（Relic） 405
补习教育（Remedial education） 424-427
重复研究（Replication research） 17，28
资料库（Repository） 406
批判性研究中的再生产（Reproduction in critical research） 375
再生产循环（Reproductive loop） 389

研究（Research）
 偏见（bias） 18
 特征（characteristics of） 16
 设计（design of） 37，141
 伦理学（ethics） 38
 与实践的关系（in relation to practice） 8，11-13，16
研究与开发（Research and development） 474
研究性叙事（Research narrative） 348
研究提案（Research proposals） 27
 提纲（outlining of） 30
 质性（qualitative） 486-487
 定量（quantitative） 486-487
《教育资源》（Resources in Education） 76
测验效度的应答过程证据（Response-process evidence of test validity） 135
回应性评价（Responsive evaluation） 471
倒返阶段（Reversal phase） 301
修正主义历史学（Revisionist history） 402
等级相关（rho） 265
乡村学校（Rural schools） 411
抽样（Sampling） 37，125-128
 在个案研究中（in case studies） 327
 在相关研究中（in correlational research） 272
 在描述研究中（in descriptive research） 224-225
 误差（errors） 126
 在实验中（in experiments） 289
 在分组比较研究中（in group comparison research） 242-243
 在纵向研究中（in longitudinal research） 224-225
 在混合途径研究中（in mixed-methods research） 435
 在叙事研究中（in narrative research） 327
 随机（in random） 126
 在单一个案实验中（in single-case experiments）

302

统计分析系统（SAS） 167

量表（Scale） 129，152

散点图（Scattergram） 164，259

点聚图（Scatter plot） 164，259

雪费检验（Scheffé's test） 205

学校文化（School culture） 256

科学教育（Science education） 144，180

搜索引擎（Search engine） 37，64，75，403

二手资料（Secondary source） 404

选择和成熟交互效应（Selection-maturation interaction effect） 296

自我研究（Self-study research） 446

符号学（Semiotics） 323，328

顺序-解释型研究设计（Sequential-explanatory research design） 430

顺序-转换型研究设计（Sequential-transformative research design） 432

简单随机抽样（Simple random sampling） 126

单一个案实验（Single-case experiment） 298

偏态（Skewness） 163

青少年技能计划（Skills for Adolescence Program） 288

滚雪球抽样（Snowball sampling） 327，357

社会研究教学（Social studies instruction） 168

社会科学统计软件包（SPSS） 167

测量稳定性（Stability of measurement） 137

稳定的故事结构（Stable story structure） 359

本期关注问卷（Stages of Concern Questionnaire） 225

利益相关者（Stakeholder） 469

标准差（Standard deviation） 161

测量标准差（Standard error of measurement） 138

标准分数（Standard score） 179

《教育与心理测验标准》（Standards for Educational and Psychological Testing） 133

统计量（Statistic） 154

统计分析系统（Statistical Analysis System） 167

社会科学统计软件包（Statistical Package for the Social Sciences） 167

统计回归（Statistical regression） 295–296

统计显著性（Statistical significance） 194

统计量（Statistics） 173

    计算（calculation of） 167，211

    描述（descriptive） 155

    多元（multivariate） 164

    实际意义（practical significance of） 173

增益状态模型（Status model of gain） 187

质性研究故事（Stories in qualitative research） 315

分层随机抽样（Stratified random sampling） 127

结构方程模式（Structural equation modeling） 266，269

学生（Students）

    大学（college） 431，448

    小学（elementary） 221

    少数民族（ethnic-minority） 324

    辍学者（dropout） 479

    性别差异（gender differences among） 391–392

    低水平（low-achieving） 150，383

    流动性（mobility of） 240

    坚持上学（school persistence of） 257

研究（Studying） 428–431

主观性真理主张（Subjective truth claim） 386

平方和（Sum of squares） 160

终结性评价（Summative evaluation） 475

调查研究（Survey research） 218

可持续性评价（Sustainability evaluation） 471

符号互动论（Symbolic interaction） 323

系统性（Systematicity） 453

系统理论（Systems theory） 324

规范表格（Table of norms） 177
隐性知识（Tacit knowledge） 339
目标总体（Target population） 125
教师教育（Teacher education） 107，120–122，286–287，318–319，351–352
教师研究（Teacher research） 446
教师薪水（Teacher salaries） 155–157，163–165
"为美国而教"计划（Teach for America Program） 286
教学（Teaching）［见"课堂教学（Classroom instruction）"］ 352–356
测验效应（Testing effect） 295
重测信度（Test-retest reliability） 137
测验（Tests） 129，225–228
　开发（development of） 140–141
　信度（reliability of） 136–138
　效度（validity of） 133–136
统计显著性检验（Tests of statistical significance） 203
　在相关研究中（in correlational research） 266–270
　在分组比较研究中（in group comparison research） 246
　解释（interpretation of） 210
　类型（types of） 204
测验稳定性（Test stability） 137
四分相关（Tetrachoric correlation） 265
批判性研究文本（Text in critical research） 377
主题（Themes） 330
　在个案研究中（in case studies） 330
　在评价研究中（in evaluation research） 477
　在实验研究中（in experimental research） 290
　在混合途径研究中（in mixed-methods research） 432–433
理论饱和（Theoretical saturation） 329
理论（Theory） 16，35，427

行动式理论（Theory-in-action） 455
论文（Thesis） 78
深描（Thick description） 325，370
可推广性评价（Transportability evaluation） 471
处理状态（Treatment condition） 301
处理信度（Treatment fidelity） 297
趋势研究（Trend study） 224
三角验证（Triangulation） 18
批判性研究中的拷问（Troubling in critical research） 374
真实二分（True dichotomy） 265
真实验（True experiment） 288
真实分数（True score） 136
截词（Truncation） 84
t检验（t test）
　相关系数的（for correlation coefficients） 204
　在分组比较研究中（in group comparison research） 246
　独立样本均值的（for independent means） 204，205
　相关样本均值的（for related means） 204，205
杜克检验（Tukey's test） 205
双尾统计显著性检验（Two-tailed test of statistical significance） 204
第一类错误（Type I error） 203
第二类错误（Type II error） 203

大学教授（University professors） 357–261

效度（Validity）
　催化（catalytic） 458
　民主（democratic） 458
　对话（dialogic） 458
　生态（ecological） 298
　外在（external） 298

历史研究的（of historical research） 406

内在（internal） 294

访谈的（of interviews） 228

问卷的（of questionnaires） 228

结果（outcome） 457

总体（population） 298

程序（process） 457

测验（test） 133

研究价值（Values in research） 375

变量值（Values of variables） 152

变异性（Variability） 159–163

变量（Variable） 36，123，152

连续（continuous） 255

标准（criterion） 266，271

因变量（dependent） 165，237，284

二分（dichotomous） 265

无关（extraneous） 294

固定（fixed） 242

高推断性（high-inference） 132

自变量（independent） 165，237

低推断性（low-inference） 132

调节（moderator） 269

结果（outcome） 237，284

个体（personological） 298

预测（predictor） 266，271

x（x） 237

y（y） 237

方差（Variance） 161

视频博客（Video blogging） 372

批判研究中的声音（Voice in critical research） 379

志愿者样本（Volunteer sample） 127

科学网（Web of Science） 79

有效教育策略资料中心（What Works Clearinghouse） 9，97，108，282

广泛相关（Widespread correlation） 265

维尔克松符号等级检验（Wilcoxon signed-rank test） 245

通配符（Wildcard） 84

x变量（x variable） 237

y变量（y variable） 237

受教育年限（Years of schooling） 195–197

Z分数（z-scores） 179–183

本书拓展阅读文献

以下文献对于读者更进一步理解各种研究方法的实践意义很有帮助,有兴趣的读者可以按图索骥,深入学习。

第一章 运用研究成果改善教育实践
Willis, J. (2007). The gully in the "brain glitch" theory. *Educational Leadership*, 64 (5), 68-73.

第三章 开展并撰写你自己的文献综述
Price, S. L. (2002). Shifting the paradigm from "at risk" to "at promise": A review of the construct of resilience and its educational applications. Unpublished master's paper. Eugene: University of Oregon.

第五章 运用已有的文献综述
Marzano, R. J., & Pickering, D. J. (2007). The case for and against homework. *Educational Leadership*, 64 (6), 74-79.

Bayraktar, S. (2001-2002). A meta-analysis of the effectiveness of computer-assisted instruction in science education. *Journal of Research on Technology in Education*, 34, 173-188.

第八章 统计结果的实际意义
Popham, W. J. (2005). Can growth ever be beside the point? *Educational Leadership*, 63 (3), 83-84.

第十章 描述研究
DeSimone, J. R., & Parmar, R. S. (2006). Middle school mathematics teachers' beliefs about inclusion of students with learning disabilities. *Learning Disabilities Research &*

Practice, 21 (2), 98-110.

第十一章　分组比较研究

Oshima, T. C., & Domaleski, C. S. (2006). Academic performance gap between summer-birthday and fall-birthday children in grades K-8. *Journal of Educational Research*, 99 (4), 212-217.

第十二章　相关研究

Sgoutas-Emch, S. A., Nagel, E., & Flynn, S. (2007). Correlates of performance in biological psychology: How can we help? *Journal of Instructional Psychology*, 34 (1), 46-53.

第十三章　实验研究

McDonald, L., Moberg, D. P., Brown, R., Rodriguez-Espiricueta, I., Flores, N. I., Burke, M. P., & Coover, G. (2006). After-school multifamily groups: A randomized controlled trial involving low-income, urban, Latino children. *Children & Schools*, 28(1), 25-34.

Amato-Zech, N. A., Hoff, K. E., & Doepke, K. J. (2006). Increasing on-task behavior in the classroom: Extension of self-monitoring strategies. *Psychology in the Schools*, 43 (2), 211-221.

第十四章　质性研究中的案例研究

Sacks, A. (2007, September 11). Teaching secrets: Ask the kids! *Teacher Magazine*. Retrieved January 17, 2009 from www. teacher magazine. org.

Nowacek, E. J., & Mamlin, N. (2007). General education teachers and students with ADHD: What modifications are made? *Preventing School Failure*, 51 (3), 28-35.

第十五章　叙事研究

Stoughton, E. H. (2007). "How will I get them to behave?": Preservice teachers reflect on classroom management. *Teaching and Teacher Education*, 23 (7), 1024-1037.

第十六章　民族志与批判性研究

Gordon, J. A. (2002). From gangs to the academy: Scholars emerge by reaching back through critical ethnography. *Social Justice*, 29 (4), 71-81.

第十七章　历史研究

Rousmaniere, K. (2007). Go to the principal's office: Toward a social history of the school principal in North America. *History of Education Quarterly*, 47 (1), 1-22.

第十八章 混合途径研究

Hoffman, L. M., & Nottis, K. E. K. (2008). Middle school students' perceptions of effective motivation and preparation factors for high-stakes tests. *NAASP Bulletin*, 92 (3), 209-223.

第十九章 行动研究

Lehmann, A. W. (2000). Student-generated discussion in the senior secondary English classroom. *Networks: An On-Line Journal for Teacher Research*, 3 (2). http://journals. library. wisc. edu/index. php/networks/article/view/142/141.

第二十章 评价研究

Myers, C. B. (2008). Divergence in learning goal priorities between college students and their faculty: Implications for teaching and learning. *College Teaching*, 56 (1), 53-58.

北京大学出版社教育出版中心

部分重点图书

一、北大高等教育文库·大学之道丛书

大学的理念	[英]亨利·纽曼 著
德国古典大学观及其对中国的影响(第三版)	陈洪捷 著
哈佛,谁说了算	[美]理查德·布瑞德利 著
美国大学之魂(第二版)	[美]乔治·M. 马斯登 著
大学理念重审:与纽曼对话	[美]雅罗斯拉夫·帕利坎 著
什么是博雅教育	[美]布鲁斯·金博尔 著
美国文理学院的兴衰——凯尼恩学院纪实	[美]P. E. 克鲁格 著
高等教育公司:营利性大学的崛起	[美]理查德·鲁克 著
学术部落及其领地	[英]托尼·比彻等 著
公司文化中的大学	[美]埃里克·古尔德 著
美国现代大学的崛起	[美]劳伦斯·维赛 著
大学的逻辑(第三版)	张维迎 著
我的科大十年(续集)	孔宪铎 著
教育的终结——大学何以放弃了对人生意义的追求	[美]安东尼·克龙曼 著
欧洲大学的历史	[美]威利斯·鲁迪 著
美国高等教育简史	[美]约翰·赛林 著
哈佛通识教育红皮书	[美]哈佛委员会 著
知识社会中的大学	[美]杰勒德·德兰迪 著
高等教育理念	[美]罗纳德·巴尼特 著
知识与金钱——研究型大学与市场的悖论	[美]理查德·布瑞德雷 著
美国大学时代的学术自由	[美]罗杰·盖格 著
高等教育何以为"高"——牛津导师制教学反思	[英]大卫·帕尔菲曼 主编
美国高等教育通史	[美]亚瑟·科恩 著
现代大学及其图新	[英]谢尔顿·罗斯布莱特 著
印度理工学院的精英们	[印度]桑迪潘·德布 著
麻省理工学院如何追求卓越	[美]查尔斯·韦斯特 著
后现代大学来临?	[英]安东尼·史密斯 弗兰克·韦伯斯特 主编
高等教育的未来	[美]弗兰克·纽曼 著
学术资本主义	[美]希拉·斯劳特等 著
美国公立大学的未来	[美]詹姆斯·杜德斯达等 著
21世纪的大学	[美]詹姆斯·杜德斯达 著
理性捍卫大学	眭依凡 著
美国高等教育质量认证与评估	[美]美国中部州高等教育委员会 编
大学之用(第五版)	[美]克拉克·克尔 著
废墟中的大学	[加拿大]比尔·雷丁斯 著
高等教育市场化的底线	[美]大卫·L. 科伯 著
世界一流大学的管理之道——大学管理决策与高等教育研究	程星 著
美国的大学治理	[美]罗纳德·G. 艾伦伯格 编

二、21世纪高校教师职业发展读本

教授是怎样炼成的	[美]唐纳德·吴尔夫 著
给大学新教员的建议	[美]罗伯特·博伊斯 著
学术界的生存智慧	[美]约翰·达利等 著

如何成为卓越的大学教师	[美]肯·贝恩 著
给研究生导师的建议	[英]萨拉·德兰蒙特等 著
如何提高学生学习质量	[英]迈克尔·普洛瑟等 著

三、北大高等教育文库·学术规范与研究方法丛书

如何成为优秀的研究生(英文影印版)	[美]戴尔·F.布鲁姆等 著
如何撰写与发表社会科学论文：国际刊物指南(第二版)	蔡今中 著
科技论文写作快速入门	[瑞典]比约·古斯塔维 著
给研究生的学术建议	[英]戈登·鲁格
	玛丽安·彼得 著
如何为学术刊物撰稿：写作技能与规范(英文影印版)	[英]罗薇娜·莫瑞 著
如何撰写和发表科技论文(英文影印版)	[美]罗伯特·戴
	巴巴拉·盖斯特尔 著
社会科学研究的基本规则	[英]朱迪思·贝尔 著
如何查找文献	[英]莎莉·拉姆奇 著
如何写好科研项目申请书	[美]安德鲁·弗里德兰德
	卡罗尔·弗尔特 著
高等教育研究：进展与方法	[美]马尔科姆·泰特 著
教育研究方法(第六版)	[美]梅瑞迪斯·高尔、乔伊斯·高尔 等著
社会研究：问题、方法与过程	[英]迪姆·梅 著
跨学科研究：理论与实践	[美]艾伦·瑞普克 著
社会科学研究方法100问	[美]尼尔·萨尔金德 著
如何利用互联网做研究	[爱尔兰]尼奥·欧·杜恰泰 著
如何成为学术论文写作高手	[美]史蒂夫·华莱士著
——针对华人作者的18周技能强化训练	
参加国际学术会议必须要做的那些事	[美]史蒂夫·华莱士著
——给华人作者的特别忠告	

四、北大开放教育文丛

西方的四种文化	[美]约翰·W.奥马利 著
人文主义教育经典文选	[美]C.W.凯林道夫 编
教育究竟是什么？——100位思想家论教育	[英]乔伊·帕尔默 主编
教育：让人成为人——西方大思想家论人文和科学教育	杨自伍 编译
我们教育制度的未来	[德]尼采 著

五、高等教育与全球化丛书

激流中的高等教育：国际化变革与发展	[加拿大]简·奈特 著
全球化与大学的回应	[美]简·柯里 著
高等教育变革的国际趋势	[美]菲利普·阿特巴赫 著
高等教育全球化：理论与政策	[英]皮特·斯科特 著
发展中国家的高等教育：环境变迁与大学的回应	[美]戴维·查普曼
	安·奥斯汀 主编

六、北京大学研究生学术规范与创新能力建设丛书

法律实证研究方法(第二版)	白建军
学位论文撰写与参考文献著录规范	段明莲
传播学定性研究方法	李琨
生命科学论文写作指南	白青云
学位论文写作与学术规范	肖东发、李武
学术训练与学术规范——中国古代史研究入门	荣新江

七、科学元典丛书

天体运行论	[波兰]哥白尼 著
关于托勒密和哥白尼两大世界体系的对话	[意]伽利略 著
心血运动论	[英]哈维 著
笛卡儿几何(附《方法论》《探求真理的指导原则》)	[法]笛卡儿 著

自然哲学之数学原理	[英]牛顿 著
牛顿光学	[英]牛顿 著
惠更斯光论(附《惠更斯评传》)	[荷兰]惠更斯 著
怀疑的化学家	[英]波义耳 著
化学哲学新体系	[英]道尔顿 著
化学基础论	[法]拉瓦锡 著
海陆的起源	[德]魏格纳 著
物种起源(增订版)	[英]达尔文 著
人类在自然界的位置(全译本)	[英]赫胥黎 著
进化论与伦理学(全译本)(附《天演论》)	[英]赫胥黎 著
热的解析理论	[法]傅立叶 著
狭义与广义相对论浅说	[美]爱因斯坦 著
薛定谔讲演录	[奥地利]薛定谔 著
基因论	[美]摩尔根 著
从存在到演化	[比利时]普里戈金 著
地质学原理	[英]莱伊尔 著
人类的由来及性选择	[英]达尔文 著
人类和动物的表情	[英]达尔文 著
条件反射——动物高级神经活动	[俄]巴甫洛夫 著
大脑两半球机能讲义	[俄]巴甫洛夫 著
计算机与人脑	[美]冯·诺伊曼 著
希尔伯特几何基础	[德]希尔伯特 著
电磁通论	[英]麦克斯韦 著
居里夫人文选	[法]玛丽·居里 著
李比希文选	[德]李比希 著
关于两门新科学的交谈	[意大利]伽利略 著
世界的和谐	[德]开普勒 著
人有人的用处——控制论与社会	[美]维纳 著
人类与动物心理学讲义	[德]冯特 著
行为主义	[美]华生 著
心理学原理	[美]詹姆斯 著
玻尔文选	[丹麦]玻尔 著
遗传学经典文选	[奥地利]孟德尔等 著
德布罗意文选	[法]德布罗意 著
相对论的意义	[美]爱因斯坦 著

八、其他好书

向史上最伟大的导师学习	[美]罗纳德·格罗斯 著
大学章程(精装本五卷七册)	张国有 主编
教育技术：定义与评析	[美]艾伦·贾纳斯泽乌斯基等 著
未来的学校：变革的目标与路径	[英]路易斯·斯托尔等 著
美国大学的通识教育：美国心灵的攀登	黄坤锦 著
中国博士质量报告	中国博士质量分析课题组 著
博士质量：概念、评价与趋势	陈洪捷等 著
中国博士发展状况	蔡学军 范巍等 著
教学的魅力：北大名师谈教学(第一辑)	郭九苓 编著
科研道德：倡导负责行为	美国医学科学院、美国科学三院国家科研委员会 撰
国立西南联合大学校史(修订版)	西南联合大学北京校友会 编
我读天下无字书	丁学良 著
大学与学术	韩水法 著
大学何为	陈平原 著
科学的旅程	[美]雷·斯潘根贝格 [美]黛安娜·莫泽 著